国家卫生健康委员会"十三五"规划教材

全国高等学校教材

供卫生监督、预防医学等专业用

U0644317

食品安全与监督管理

主　审　孙长颢

主　编　李　颖

副主编　肖　荣　闻　颖

编　者（以姓氏笔画为序）

王　慧（上海交通大学）　　　　　苑林宏（首都医科大学）

牛玉存（哈尔滨医科大学）　　　　罗　杰（国家药品监督管理局高级研修学院）

冯任南（哈尔滨医科大学）　　　　赵　艳（哈尔滨医科大学）

朱慧莲（中山大学）　　　　　　　赵秀娟（哈尔滨医科大学）

刘烈刚（华中科技大学）　　　　　侯绍英（哈尔滨医科大学）

孙长颢（哈尔滨医科大学）　　　　闻　颖（哈尔滨医科大学）

李　颖（哈尔滨医科大学）　　　　黄国伟（天津医科大学）

杨建军（宁夏医科大学）　　　　　韩宏伟（国家食品安全风险评估中心）

肖　荣（首都医科大学）　　　　　蓝荣琦（哈尔滨市南岗区市场监督管理局）

张　磊（国家食品安全风险评估中心）　裴晓燕（国家食品安全风险评估中心）

武晓岩（哈尔滨医科大学）

人民卫生出版社

图书在版编目（CIP）数据

食品安全与监督管理/李颖主编. —北京：人民
卫生出版社，2019
ISBN 978-7-117-27030-4

Ⅰ.①食… Ⅱ.①李… Ⅲ.①食品卫生法－中国－教
材 Ⅳ.①D922.16

中国版本图书馆 CIP 数据核字（2019）第 240002 号

人卫智网	www.ipmph.com	医学教育、学术、考试、健康，
		购书智慧智能综合服务平台
人卫官网	www.pmph.com	人卫官方资讯发布平台

食品安全与监督管理

主　　编：李　颖
出版发行：人民卫生出版社（中继线 010-59780011）
地　　址：北京市朝阳区潘家园南里 19 号
邮　　编：100021
E - mail：pmph @ pmph.com
购书热线：010-59787592　010-59787584　010-65264830
印　　刷：保定市中画美凯印刷有限公司
经　　销：新华书店
开　　本：787×1092　1/16　印张：28
字　　数：681 千字
版　　次：2019 年 12 月第 1 版　2019 年 12 月第 1 版第 1 次印刷
标准书号：ISBN 978-7-117-27030-4
定　　价：79.00 元

打击盗版举报电话：010-59787491　E-mail：WQ @ pmph.com
质量问题联系电话：010-59787234　E-mail：zhiliang @ pmph.com

前　言

　　食品安全事件的频发凸显食品安全监督管理的重要性，食品安全监督管理人才的培养成为高校的重要任务。卫生监督专业为国内普通高等教育院校首办本科专业，食品安全与监督管理是该专业的必修专业课程，尚无针对性较强的教材。本教材在《营养与食品卫生学》和《食品安全学》以及《食品安全监督管理学》等相关教材的基础上，将《中华人民共和国食品安全法》等法律法规和规章的法律条文融入相应的知识体系中，且引用了原食品药品监督管理行政部门和农业行政部门官网中最新相关食品安全监督管理法律法规以及相关政策的解读，力争做到教材内容与国家最新发布的政策法律法规等规定相一致。

　　本教材包括营养与健康、食品安全与监督管理、风险评估与预警三部分主要内容。其中营养与健康是使学生了解食物、营养与健康的关系，基本理论和概念；食品安全与监督管理是使学生掌握食品卫生是导致食品安全问题的重要因素，食品安全质量管理体系及认证是保障食品卫生安全的重要管理措施，依据食品安全相关的法律法规和食品安全标准加强食品安全的监督管理，是保障消费者身体健康的必不可少的重要监管措施；风险评估及预警的主要任务是使学生掌握风险评估及预警的理论和方法，培养学生对生产运营系统的安全性的认识，能够分析系统存在的主要危害因素，对其进行安全性评价，确定风险的可接受程度，同时对不同的风险进行预警。

　　本教材的特点是重点突出，理论性和实践性强，有利于学生对食品安全与监督管理课程的学习和掌握，从而培养出具备食品安全监督管理人员基本素质，有良好沟通协调能力，富有团队合作精神的应用性复合型专门人才。

　　该教材是在人民卫生出版社的指导下，由全国多所高等院校、国家食品安全风险评估中心、国家药品监督管理局高级研修学院等多个部门的专家共同编写，适用于卫生监督、预防医学等专业研究生、本科生、大专学生，以及相关技术和监督管理人员。

　　在教材编写过程中，特别感谢相关专家的审阅和哈尔滨医科大学公共卫生学院营养与食品卫生学教研室各位老师的认真校对，以及所有支持、帮助本教材编写和出版工作的领导、同行和编者！

　　本教材的编写历经 4 年之久，期间以讲义的形式在哈尔滨医科大学卫生监督专业使用，并且经历了食品安全法律法规、规章以及食品安全标准等颁布、修订等重大变化,虽然我们对文稿进行反复讨论和修改,但编者的水平有限,不足之处在所难免,恳请同仁读者批评指正,当非常感谢!

李　颖

2019 年 5 月

目　录

绪　论

人类生存的最基本需要是什么？吃、穿、住、行。吃在前。也就是说"吃"或"饮食"是维持人类生存的第一需求。但饮食又是一把双刃剑：既能给人类健康带来益处，同时又能给人类健康带来害处，包括中毒、损害、甚至死亡。可见饮食至少包括了两门学科：研究饮食给人类健康带来的益处——营养学（nutrition science）和研究饮食给人类健康可能带来的害处——食品卫生学（food hygiene）。

一、营养学与食品卫生学的定义

（一）营养学定义

营养是指机体从外界摄取食物，经过体内的消化、吸收和 / 或代谢后，或参与构建组织器官，或满足生理功能和体力活动必需的生物学过程。

营养学是指研究机体营养规律以及改善措施的科学，即研究食物中对人体有益的成分及人体摄取和利用这些成分以维持、促进健康的规律和机制，在此基础上采取具体的、宏观的、社会性措施改善人类健康、提高生命质量。因此它主要涉及食物营养（food nutrition）、人体营养（human nutrition）、公共营养（public nutrition）等三大领域。

（二）食品卫生学定义

食品卫生学是指研究中可能存在的、危害人体健康的有害因素（包括有害因素种类、来源、性质）及其对机体的作用、作用规律和机制，在此基础上提出具体、宏观的防控措施，以提高食品卫生质量，保护食用者安全的科学。营养学与食品卫生学是既有区别、又有联系的密不可分的两门学科。

（三）营养学与食品卫生学的联系与区别

营养学与食品卫生学的联系在于，从广义上讲，两者有共同的研究对象，食物和人体，即研究食物（饮食）与健康的关系；区别在于，从狭义上讲，两者在具体研究目标、研究目的、研究方法、理论体系等方面各不相同。营养学是研究食物中的有益成分与健康的关系，食品卫生学则是研究食物中有害成分与健康的关系。

二、食品安全与监督管理的相关概念

（一）食品

1. 食品定义　关于食品（food）的定义很多，但比较权威的定义为我国《食品安全法》给出的定义，即食品是指各种供人食用或者饮用的成品和原料以及按照传统既是食品又是中药材的物品,但是不包括以治疗为目的的物品。食品包括日常生活中每天吃的食物,如谷类、薯类及杂豆;蔬菜、水果类;畜禽肉类;鱼虾类、蛋类;奶及奶制品类及大豆、坚果类;油盐等。还包括水、饮料、口香糖,以及加工过程、前处理或处理过程中故意加入食品的物质(食品添加剂)。不包括:饲料(动物);活的动物;收获前的植物;以及药品、烟草。

2. 食品与食物的区别

(1) 食品:一般是指可供人直接食用的物品;多数情况下是指经加工过的物品,也包括未加工("生的")但可直接食用的物品。

(2) 食物:是指"凡可供人食用的物品总称",包括食品;但食物一般指加工前(未加工)的状态。

(二) 食品安全

关于食品安全(food safety)的定义很多,但比较权威的定义为我国《食品安全法》给出的定义。

1. 食品安全定义　　食品安全是指"食品无毒、无害,符合应当有的营养需求,对人体健康不造成任何急性、亚急性或者慢性危害"。

2. 食品安全的含义

(1) 绝对安全性:是指确保消费者在任何情况下,不可能因食用某种食物而危及健康或者造成伤害的一种承诺,即绝对没有风险。这是消费者的期望与追求,实际生活中是不存在的。

(2) 相对安全性:是指确保消费者在绝大多数情况下,不可能因食用某种食物而危及健康或者造成伤害的一种承诺,即相对没有风险。

1) 人类的任何一种活动都存在着危险性(不安全性),如走路,即绝对的安全性是不存在的;食用某种食物也不能例外。

2) 即使是对人体健康有益的营养物质,在过量摄入的情况下,也会对人体健康造成危害。

3) 食物中总是不可避免地存在对人体健康有害的物质或因素(食物本身天然存在,食物生产、加工、贮存、运输销售过程中产生、人为添加或意外污染),即使其含量低于"允许限量标准",但大量摄入时,仍可能对人体健康产生危害。

4) 即使摄入量正常,食用方法不对,也会引起机体健康损害,如豆浆加热不彻底,可引起头晕、头痛、恶心、呕吐、腹胀、腹泻等症状(因含有植物细胞凝血素)。

5) 即使摄入量正常,某些个体出现过敏反应(遗传易感性不同)。如摄入鱼、虾等水产品、海产品,牛奶,鸡蛋,花生等,某些个体会发生过敏反应。

6) 即使摄入量正常,但由于意外污染或贮存不当,致使有害物质含量迅速增加,从而造成健康损害(食源性疾病、食物中毒)。

7) 即使摄入量正常,食物当中的有害物质也在"允许限量标准"以下,也可能对人体健康造成危害。这是因为某种物质的"允许限量标准",是在一定的科学技术水平和实验条件下制定的,认为在该剂量下没有毒性(损害);但随着科学技术的进步、实验条件的改善,原来认为无毒的剂量,可能会发现有新的毒性。因此安全性是相对的,即总是存在着一定的危险性或风险。我们通常定义的食品安全是指食品安全风险在可接受水平范围内。

(3) 可接受的风险水平:是指人们在日常生活中,对某项活动产生危害的可能性(概率),在心理上是认同的,在行为上是可接受的,即不会拒绝该项活动。如飞机失事的概率在百万分之一以下，绝大多数人对此是可接受的，仍然愿坐飞机。因此百万分之一（10^{-6}）及以下的风险水平是科学界和管理者的共识。

3. 食品安全的内涵　食品安全涉及食品质量、食品卫生和食品营养三个方面的内容。

（1）食品质量：食品质量包含了产品质量、过程质量和服务质量；其特性包括了功能性、可信性、安全性、适用性、经济性等。食品安全性是食品质量的一个基本要求；此外还包括营养特性、感官性状（色、香、味、型等）及功能性质。食品质量可视为决定食品价值或消费者对食品可接受性的一个复杂特征。综上所述，食品质量涉及了食品营养、食品卫生和食品安全三个方面内容。

（2）食品营养：是指食品的营养价值和营养密度，是构成食品安全（食品质量）的主要内容之一。一种安全的食品，必须符合应当有的营养要求，即某种食品应当含有的营养素种类及其含量，以及能量数量，即符合食品应当有的营养价值。一种营养素或能量缺乏的食品，是不安全的，因为长期食用会对人体健康产生危害。例如，2004年发生的"阜阳奶粉"事件，就是由于婴幼儿长期食用几乎不含蛋白质的奶粉而发生的。

（3）食品卫生：为确保食品安全，在食品生产、加工、储存、运输和销售等过程中所采取的各种必要条件和措施。

（4）食品安全与食品卫生的关系

1）侧重点不同：食品安全是结果安全与过程安全的完整统一；食品卫生虽然也包括结果安全与过程安全，但更侧重于后者，即过程安全。

2）范围不同：食品安全包括食物的种植（养殖）、加工、包装、储存、运输、销售、消费等环节的安全，也就是整个食品产业链的安全；而食品卫生通常不包括种植、养殖的安全。

（三）食品安全监督管理

食品安全监督管理包括食品安全监督与食品安全管理两部分含义。

1. 食品安全监督　"监督"原意为"察看并督促"。食品安全监督是指为保护食品消费者的健康，政府有关部门察看食品生产经营者在从事食品生产经营活动过程中执行食品安全法律法规体系的情况，并督促改进或对其违法行为追究行政法律责任的过程。

食品安全监督具有法律性、权威性和普遍约束性，即具有强制性。

2. 食品安全管理　"管理"原意为"负责某项工作以便顺利进行"。食品安全管理是指政府有关部门和食品生产经营者负责制定、贯彻和执行食品安全相关法律法规体系的过程和相关活动，从而使食品生产经营活动符合规范性的要求，提高食品安全水平。

3. 食品安全监督管理　是指在制定、贯彻和执行食品安全相关法律法规的基础上，察看和督促其执行情况，或给予相关处理，从而保障食品安全。

（四）食品安全监督管理体系

1. 概念　是指政府有关部门和食品生产经营者依据食品安全相关法律法规体系，对食品生产经营者的生产经营活动进行监督管理，从而构成食品安全监督管理体系，包括监督管理（监管）主体、客体和监管依据、方法、措施。

2. 食品安全监督管理体系要素　食品安全监督管理体系包括三个要素。

（1）监管主体：主要指政府相关部门；同时亦指食品生产经营者。

（2）监管客体：食品生产经营者及其生产经营活动。

（3）监管依据、方法、措施：依据是食品安全相关法律法规体系；措施与方法包括行政手段、法律手段和技术手段、监管程序和模式等。

三、食品安全与监督管理的发展简史

（一）古代食品安全与监督管理

1. 古代食品安全问题　人类对食品可能造成人体健康损害甚至死亡的认识，最早可以追溯到人类的起源。

（1）食物采集期：400万年前（出现原始人类）至旧石器时代结束（300万年前—1万年前）。人类主要是靠捕猎和采集野果维持生命。此时人类已认识到有的动植物是有毒的，可使人中毒甚至死亡。这也是该时期主要食品安全问题。

（2）食物生产期：大约在1万年前，人类跨入新石器时代（1万年前—2000年前，亦称为农业革命时期），即进入了食物生产期。由于食物生产技术与能力明显提高，出现了剩余食物。因此出现了以下食品安全问题：

1）食品腐败变质引起的食物中毒：于是出现了各种食物保藏方法和技术，主要包括：①消毒技术：大约在8 000年前，使用煮沸消毒锅，喝开水。②食品的贮存、保鲜技术：腌制、熏制、自然风干、冷冻等贮存技术以及用冰块保鲜技术等。③防腐技术：用食盐、食醋、天然香料和天然草药等添加剂，进行食品防腐。④酿造技术：大约在3 000多年前的周朝，就能控制一定卫生条件，制造出酒、醋、酱等发酵产品。国外，大约在公元前3 000年，闪族人首次制作奶酪、黄油；公元前7 000年，古巴比伦亚首次酿造啤酒。

2）真菌毒素食物中毒：随着农业的发展，可大面积种植玉米、小麦，因此出现了玉米、小麦被真菌污染而发生中毒事件。公元前600年，亚洲西部就曾发生因食用裸麦而引起的麦角中毒事件。

3）重金属中毒：我国夏商周时期，青铜制造工艺达到鼎盛，并广泛用作食品容器，因此经常发生中毒事件（铅中毒）。这一时期又发现了炼丹术，即将含汞物质炼成具有治疗和强身健体功能的丹药，从而经常引发中毒事件。

2. 古代食品安全的监督管理

（1）古代埃及就有了关于屠宰食用动物的法规：首先要求检查是否可供祭祀，可供祭祀，则可食用，否则不可。

（2）古代希伯来人的宗教法规中也有禁食某些食物及屠宰动物的详细规定。

（3）我国周朝时期就已经设置了"凌人"，专司食品冷藏防腐；同时还设有"内饔"一职，其职责之一就是"辨腥臊膻香之不可食者"，具有卫生检疫监督之职能。

（4）唐朝时期制定了《唐律》，规定了处理腐败食品的法律准则，如"脯肉有毒，曾经病人，有余者速焚之，违者仗九十；若故与人食并出卖，令人病者，徒一年，以故致死者绞"。

（二）现代食品安全与监督管理

14、15世纪资本主义开始萌芽，16世纪资本主义真正开始；18世纪60年代，开始了工业化革命；18世纪末法国的"大革命"和"化学"革命，使食品安全和监督管理逐渐进入了现代发展时期。

1. 现代食品安全学的形成期　18世纪末至20世纪中叶。此期取得的主要成就有：

（1）逐渐认识到了食品中的化学性污染物（如汞、镉、砷、铅等）和生物性污染物（如伤

寒沙门氏菌、肉毒梭菌)的性质与结构,并建立了相应的分析、检测与鉴定方法。

(2) 明确了微生物污染在食品腐败变质以及在食物中毒过程中的作用。

(3) 开始尝试用高压灭菌消毒、防腐剂及其他一些方法来延长食品保存期。

(4) 由于当时西方资本主义国家正处于自由竞争阶段,为了追逐高额利润,食品伪造、掺假、掺杂行为相当猖獗,因此这些国家最早建立了食品法。例如,1851 年法国颁布了《取缔食品伪造法》、1860 年英国颁布了《防止饮食掺假法》、1878 年美国加利福尼亚州通过了《牛奶厂法》。这一时期食品存在的主要卫生学问题是细菌污染与食品腐败变质,食物中毒,食品的伪造、掺假、掺杂等问题。

2. 现代食品安全学的快速发展期　第二次世界大战结束至今。主要表现在以下几个方面:

(1) 理论与技术研究方面:食品毒理学理论与食品安全性评价程序的建立及危险性分析方法的应用,都为评价食品中各种有害因素的毒性及制定食品卫生标准提供了依据与保证;食品卫生监督管理概念及理论体系的提出,为确保食品卫生及安全提供了强有力的保障;一些现代化、高精度仪器如各种色谱仪和分光光度计、气质联用仪、液质联用仪、磁共振仪等在食品卫生领域的应用,使发现与鉴定食品中新的化学性污染物及检测食品中痕量污染物成为可能;细胞生物学、分子遗传学、免疫组织化学、分子生物学等技术及放射性核素示踪技术等的应用,进一步阐明了食品污染物在体内的代谢、毒性作用性质、作用机制以及敏感、特异的生物标志物,为进一步修订污染物的食品卫生标准奠定了基础。

(2) 食品污染物研究方面:食品的化学性污染是第二次世界大战结束后食品卫生的最主要问题,也是发展最快、最具特征的一个领域。生物性污染物研究方面取得的重大成就就是发现了真菌污染的严重性,鉴定了一系列真菌毒素的化学结构,并阐明了这些毒素的毒作用性质及作用机制。物理性污染物研究方面,食品的放射性污染是 20 世纪 50 年代中期提出并纳入食品安全学的新问题。

(3) 食品卫生监督与管理研究方面:1963 年,FAO/WHO 成立了食品法典委员会(Codex Alimentarius Committee,CAC),主要负责制定推荐的食品卫生标准及食品加工规范,协调各国的食品卫生标准并指导各国和全球食品安全体系的建立。世界各国都制定了本国的食品卫生法及与之配套的技术规范、规章、办法等。政府设有专门负责食品卫生监督与管理的部门,并有专业人员队伍负责食品卫生的日常监督与管理,从而基本上保障了食品安全。

四、食品安全与监督管理研究内容

1. 营养与健康　人体的营养需要(营养学的基本概念、营养素与健康);食品的营养价值(植物性食物的营养价值、动物性食物的营养价值、食品的营养强化);公共营养(公共营养的定义和特点、公共营养的工作内容、保证居民膳食营养的政策措施)。

2. 食品安全危害与健康　食品安全危害与防控措施(食品安全危害概述、食品的生物性危害、化学性危害和物理性危害、食品添加剂卫生及管理);各类食品卫生及其管理;食源性疾病(食物过敏、人畜共患传染病、人畜共患寄生虫病、病毒性食源性传染病、食物中毒);食品安全毒理学评价;食品安全危害管理体系及认证。

3. 食品安全监督管理　食用农产品质量安全监督管理;食品生产、经营安全监督管理;特殊食品安全监督管理;食品安全事故处置;食品安全风险监测、评估与预警。

五、食品安全与监督管理研究方法

（一）按所涉及的学科方法分类

卫生理化检验、微生物检验方法；生物化学、生理学、免疫学方法；毒理学方法、病理及病理生理学方法；细胞、分子生物学方法，代谢组学方法；流行病学方法、卫生统计学方法；社会学、管理学、行政学、法学、经济学、社会统计学、计量学、测量学等方法。

（二）按实验（受试）对象分类

细胞、动物实验方法；人群试验方法；社会学方法。

（三）食品安全与监督管理的研究方法

1. 营养学研究方法　　按研究目的可分为：营养流行病学；营养缺乏病研究方法；营养代谢研究方法；营养状况评价方法；营养相关功能研究方法；食物营养与相关成分测定方法。

2. 食品安全监督管理研究方法　　按研究目的可分为：食品卫生学检验方法；食品毒理学方法；食品安全性评价方法；食品中有毒物质限量标准的制定方法；食物中毒的调查处理方法；危险性分析方法；GMP 和 HACCP 的建立方法；行政和法制监督管理方法。

（孙长颢）

第一章 人体营养

食物成分种类多样，其中营养素具有重要的生理功能，对维持机体健康至关重要。平衡膳食合理营养是保证健康的关键，而长期膳食结构不合理则可能会引发多种慢性病的发生。

第一节 营养学基础

人体需要每天摄取食物，从中获取营养素和其他食物成分。为了保证机体健康，需要做到合理营养平衡膳食，而膳食营养素参考摄入量，就是为了达到合理营养的目的而制定的。

一、营养素

食物所含成分种类繁多，其中有些是机体所必需的，称之为营养素，大约有40多种；另外还有一些食物成分虽然不是人体所必需的，但对维持机体的健康有重要作用。

（一）概述

1. 营养素 营养素（nutrient）是为维持机体繁殖、生长发育和生存等一切生命活动和过程，需要从外界环境中摄取的物质。

根据化学性质和生理功能不同，营养素包括蛋白质、脂类、碳水化合物、矿物质和维生素五大类。根据人体对各种营养素的需要量不同，可将营养素分为宏量营养素（macronutrient）和微量营养素（micronutrient）。宏量营养素是人体需要量较大的营养素，如蛋白质、脂类和碳水化合物。而人体对矿物质和维生素的需要量较少，所以它们是微量营养素。根据在体内含量的不同，矿物质又可分为常量元素和微量元素；维生素则根据溶解性的不同，分为脂溶性维生素和水溶性维生素。

营养素的生理功能主要有三个方面：①提供能量：能供能的营养素有蛋白质、脂类和碳水化合物三大类，其所提供的能量可用于维持体温并满足各种生理活动及体力活动的需要，这三种营养素也被称为产能营养素（calorigenic nutrients）；②构成细胞组织的成分：蛋白质、脂类、碳水化合物与某些矿物质经代谢、同化作用可构成机体组织，以满足生长发育与新陈代谢的需要；③调节机体生理活动：营养素在机体各种生理活动与生物化学变化中起调节作用，使之均衡协调地进行。

2. 水 水是重要的食物成分，也是人体的构成成分，同时还能调节多种生理功能，如参与新陈代谢、调节体温、缓冲和润滑的保护作用等，因此，水对人体健康及生存是必要的。但由于其在自然界中广泛分布且一般无缺乏的危险，所以营养学专著中多不把水作为必需营养素。人体对水的需要量受到代谢、年龄、体力活动、温度和膳食等因素的影响，因此水的需要量变化很大。一般来说，健康成人每天需要水 2 500ml 左右。在温和气候条件生活的轻体力活动的成年人，每天至少饮水 1 500～1 700ml；在高温或强体力劳动的条件下，应适当增加饮水量。

3. 生物活性成分　食物中还含有许多对人体有益的成分即非营养素生物活性成分，来自植物性食物的生物活性成分则被称为植物化学物，主要包括胡萝卜素类、植物固醇、皂苷、芥子油苷、多酚、蛋白酶抑制剂、单萜类、植物雌激素、硫化物、植酸等几大类。大量流行病学研究资料表明，植物化学物具有保护人体、预防心血管疾病和癌症等慢性病的作用。由于植物化学物不完全具备营养素的特点，所以目前认为植物化学物不是营养素。此外，一些动物性来源的生物活性成分如辅酶 Q、硫辛酸等也对机体具有重要的生物学作用。

（二）蛋白质

蛋白质（protein）是机体细胞、组织和器官的重要组成结构，是功能因子和调控因子的重要组成成分，是一切生命的物质基础。一个体重 70kg 的健康成年男性体内大约含有 12kg 蛋白质。

1. 氨基酸　氨基酸是生物大分子蛋白质的基本构成单位，各种氨基酸按照一定的排列顺序由肽键连接。肽键是指一个氨基酸的 α- 羧基与另一个氨基酸的 α- 氨基脱水缩合形成的键，由于其排列顺序的不同，链的长短不一，以及其空间结构的异同，就构成了无数种功能各异的蛋白质。

（1）氨基酸的分类：自然界存在的氨基酸有 300 余种，但构成人体蛋白质的氨基酸只有 20 种。氨基酸有多种分类方式，在营养学中，按照人体是否能合成，是否必须从食物中获取，将氨基酸分为以下三类。

1）必需氨基酸：必需氨基酸（essential amino acid）是指人体内不能合成或合成速度不能满足机体需要，必须从食物中直接获得的氨基酸。人体有 9 种必需氨基酸，即异亮氨酸、亮氨酸、赖氨酸、蛋氨酸、苯丙氨酸、苏氨酸、色氨酸、缬氨酸和组氨酸。

其中，组氨酸是婴儿的必需氨基酸。对于成人，FAO、WHO 在 1985 年首次列出了成人组氨酸的需要量为 8～12mg/（kg•d），但由于人体肌肉和血红蛋白中组氨酸的储存量较大而人体对其需要量相对较少，因此很难直接证实成人体内有无合成组氨酸的能力，故尚难确定其是否为成人的必需氨基酸。

2）条件必需氨基酸：条件必需氨基酸（conditionally essential amino acid）是指正常情况下体内能合成，但在某些特定条件下，由于合成能力有限或需要量增加，不能满足机体的需要，必须从食物中获取的氨基酸。如谷氨酰胺和精氨酸。此外，半胱氨酸和酪氨酸在体内分别由蛋氨酸和苯丙氨酸转化而来，如果膳食中它们供给充足，则人体对蛋氨酸和苯丙氨酸的需要量可分别减少 30% 和 50%。

3）非必需氨基酸：非必需氨基酸（nonessential amino acid）是指人体可以自身合成，不一定需要从食物中直接供给的氨基酸。如丙氨酸、天门冬氨酸、天门冬酰胺、谷氨酸、甘氨酸、脯氨酸和丝氨酸。

（2）氨基酸模式和限制氨基酸：食物蛋白质中各种必需氨基酸的构成比例，即氨基酸模式（amino acid pattern），可反映食物蛋白质的营养价值。食物蛋白质氨基酸模式与人体蛋白质氨基酸模式越接近，必需氨基酸被机体利用的程度就越高，食物蛋白质的营养价值就越高。鸡蛋蛋白质与人体蛋白质氨基酸模式最接近,在实验中常作为参考蛋白(reference protein),即可用来测定其他蛋白质质量的标准蛋白。

含必需氨基酸种类齐全,氨基酸模式与人体蛋白质氨基酸模式接近,营养价值较高,不仅可维持成人的健康,也可促进儿童生长、发育的蛋白质被称为优质蛋白质(或完全蛋白质),如蛋、奶、肉、鱼等动物性蛋白质以及大豆蛋白等。

有些食物蛋白质中虽然含有种类齐全的必需氨基酸,但是氨基酸模式与人体蛋白质氨基酸模式差异较大,其中一种或几种必需氨基酸相对含量较低,导致其他必需氨基酸在体内不能被充分利用而浪费,造成蛋白质营养价值降低,虽可维持生命,但不能促进生长发育,这类蛋白质被称为半完全蛋白。大多数植物蛋白是半完全蛋白。这些含量相对较低的必需氨基酸称为限制氨基酸(limiting amino acid),其中含量最低的称为第一限制氨基酸,余者以此类推。植物性蛋白往往相对缺少赖氨酸、蛋氨酸、苏氨酸和色氨酸,所以其营养价值相对较低。为了提高植物性蛋白质的营养价值,往往将两种或两种以上的食物混合食用,从而达到以多补少,提高膳食蛋白质营养价值的目的。这种不同食物间相互补充其必需氨基酸不足的作用称为蛋白质互补作用(protein complementary action)。

那些含必需氨基酸种类不全、既不能维持生命又不能促进生长发育的食物蛋白质称为不完全蛋白,如玉米胶蛋白、动物结缔组织中的胶原蛋白等。

2. 蛋白质的生理功能

(1)人体组织的构成成分:蛋白质是人体不可缺少的重要组成成分,占人体总重量的16%～19%。人体的瘦组织中(如肌肉、心、肝、肾等器官)含大量蛋白质,骨骼和牙齿中含有大量胶原蛋白;细胞从细胞膜到细胞内各种结构中均含有蛋白质。缺乏蛋白质会影响组织细胞的正常生理功能。

(2)构成体内各种重要的生理活性物质:体内很多重要的生理活性物质都是蛋白,如体内的代谢酶和激素、参与物质运输的血红蛋白、抵御外来有害物质入侵的抗体、维持机体渗透压和酸碱度平衡的体液蛋白质等。此外,血液凝固、视觉形成、人体运动等都与蛋白质有关。

(3)供给能量:蛋白质中含有碳、氢、氧元素,当机体需要时蛋白质可被代谢水解,释放能量,1g食物蛋白质在体内可产生约16.7kJ(4kcal)的能量。

(4)肽类的特殊生理功能:近年的研究发现,直接从肠道吸收进入血液的活性肽具有许多重要的功能,如某些肽参与机体的免疫调节、酪蛋白磷酸肽促进矿物质吸收、降压肽能降低血压、谷胱甘肽能清除自由基。

3. 食物蛋白质的营养学评价 营养学上评价食物蛋白质的营养价值,主要是从食物的蛋白质含量、消化吸收程度和被人体利用程度三个方面全面进行。

(1)蛋白质的含量:蛋白质含量是评价食物蛋白质营养价值的基础。一般采用凯氏定氮法测定食物中氮的含量,再乘以由氮换算成蛋白质的换算系数,就可以得到食物中蛋白质的含量。换算系数是根据氮占蛋白质的百分比计算出来的,因食物种类而有所差别,一般来说,食物中含氮量占蛋白质的16%,其倒数为6.25,所以由氮计算蛋白质的换算系数就是6.25。

(2)蛋白质消化率:蛋白质的消化率(digestibility)是指一种食物蛋白质在消化道内被分解以及其消化后的氨基酸和肽被吸收的程度。通常以蛋白质中被消化吸收的氮的数量与该蛋白质的总氮量的比值来表示,分为真消化率(true digestibility)和表观消化率(apparent digestibility)。食物中蛋白质的消化率(表1-1)越高,其被机体利用的程度就越高,所以营养价值就会越高。

$$\text{蛋白质真消化率}(\%)=\frac{\text{食物氮}-(\text{粪氮}-\text{粪代谢氮})}{\text{食物氮}}\times100\%$$

$$\text{蛋白质表观消化率}(\%)=\frac{\text{食物氮}-\text{粪氮}}{\text{食物氮}}\times100\%$$

公式中的粪代谢氮是指肠道内源性氮,是在试验对象完全不摄入蛋白质时,粪中的含氮量。成人24h内粪代谢氮一般为0.9~1.2g。

在实际应用中,往往不考虑粪代谢氮,采用表观消化率,其优点一是实验方法简单,二是比真消化率要低,所以更加安全。

表1-1　几种食物蛋白质的消化率/%

食物	真消化率	食物	真消化率	食物	真消化率
鸡蛋	97	大米	87	大豆粉	86
牛奶	95	面粉(精制)	96	菜豆	78
肉、鱼	94	燕麦	86	花生酱	95
玉米	85	小米	79	花生	94
豆子	78	黑小麦	90	中国混合膳食	96

摘自: WHO, FAO, UNU. Protein and Amino Acid Requirements in Human Nutrition. WHO World Health Organ Tech Rep Ser 935, 2007: 96.

由于蛋白质在食物中存在的形式、结构各不相同,以及食物中存在的其他影响蛋白质吸收的因素,所以不同食物的消化率是不同的,一般情况下,动物性食品中的蛋白质消化率一般高于植物性食物。食品加工烹调的方法也会影响其消化率,大豆整粒食用时,消化率仅60%,而加工成豆腐消化率就提高到90%以上。

(3)蛋白质利用率:衡量蛋白质利用率的指标有很多,各指标分别从不同角度反映蛋白质被利用的程度。常用的指标有以下几个:

1)生物价(biological value, BV):生物价是反映食物蛋白质被机体利用程度的指标,最大值为100%。食物蛋白质的生物价越高,营养价值就越高。生物价的计算公式如下:

$$\text{生物价}=\frac{\text{储留氮}}{\text{吸收氮}}\times100\%$$

$$\text{吸收氮}=\text{食物氮}-(\text{粪氮}-\text{粪代谢氮})$$

$$\text{储留氮}=\text{吸收氮}-(\text{尿氮}-\text{尿内源性氮})$$

生物价越高,表明食物蛋白质中氨基酸主要用来合成人体蛋白质,极少有过多的氨基酸经肝、肾代谢而释放能量或由尿排出多余的氮,从而大大减少肝肾的负担,所以生物价对指导肝、肾脏疾病病人的膳食有很多意义。

2)蛋白质净利用率(net protein utilization, NPU):蛋白质净利用率是反映食物蛋白质被利用的程度,包括食物蛋白质的消化和利用两方面,因此更安全。

$$蛋白质净利用率(\%)=消化率\times 生物价=\frac{储留氮}{食物氮}\times 100\%$$

3）蛋白质功效比值（protein efficiency ratio，PER）：蛋白质功效比值是用处于生长阶段中的幼年动物（一般用刚断乳的雄性大白鼠），在实验期内，其体重增加（g）和摄入蛋白质的量（g）的比值来反映蛋白质营养价值的指标。由于所测蛋白质主要被用来提供生长的需要，所以该指标被广泛用来作为婴幼儿食品中蛋白质的评价。

$$蛋白质功效比值=\frac{动物体重增加(g)}{摄入食物蛋白质(g)}$$

因同一种食物在不同的实验条件下，所测得的功效比值往往有明显差异。为了使实验结果具有一致性和可比性，实验期间用标化酪蛋白为参考蛋白作为对照组，将上面公式计算得到的 PER 值与对照组（即标化酪蛋白组）的 PER 值相比，再用标准情况下酪蛋白的 PER（2.5）进行校正，得到被测蛋白质功效比值。

$$被测蛋白质功效比值=\frac{实验组功效比值}{对照组功效比值}\times 2.5$$

4）氨基酸评分（amino acid score，AAS）：氨基酸评分又叫蛋白质化学评分，是目前广为采用的一种评价方法，也是最简单的评价蛋白质质量的方法。其计算公式如下：

$$氨基酸评分=\frac{被测蛋白质每克氮(或蛋白质)中氨基酸量(mg)}{理想模式或参考蛋白质中每克氮(或蛋白质)中氨基酸量(mg)}$$

该方法反映蛋白质构成和利用率的关系，是用被测食物蛋白质的必需氨基酸评分模式和推荐的理想模式或参考蛋白模式进行比较。计算时，首先计算被测蛋白质中每种必需氨基酸的评分值，之后找出其中最低的必需氨基酸评分值，即为该蛋白质的氨基酸评分。不同年龄人群的氨基酸评分模式不同（表 1-2），不同食物的氨基酸评分模式也不同。

该方法计算简单，但没有考虑食物蛋白质的消化率。美国食品药品管理局（FAD）通过了消化率修正的氨基酸评分（protein digestibility corrected amino acid，PDCAAS）。PDCAAS 的计算公式如下，该评分能代替蛋白质功效比值，对除孕妇和婴儿以外的所有人群的食物蛋白质进行评价。

经消化率修正的氨基酸评分＝氨基酸评分×真消化率

表 1-2　不同人群需要的氨基酸评分模式 /（ mg/g 蛋白质 ）

年龄 / 岁	0.5	1～	3～	11～	15～	18～
组氨酸	20	18	16	16	16	15
异亮氨酸	32	31	31	30	30	30
亮氨酸	66	63	61	60	60	59
赖氨酸	57	52	48	48	47	45
蛋氨酸＋半胱氨酸	28	26	24	23	23	22
苯丙氨酸＋酪氨酸	52	46	41	41	40	38
苏氨酸	31	27	25	25	24	23
缬氨酸	43	42	40	40	40	39
色氨酸	8.5	7.4	6.6	6.5	6.3	6.0

4. 蛋白质摄入不足与过量

（1）蛋白质摄入不足：蛋白质缺乏在成人和儿童中都有发生，但处于生长发育阶段的儿童对蛋白质缺乏更为敏感。据 WHO 估计，目前世界上大约有 500 万儿童患蛋白质-热能营养不良（protein-energy malnutrition，PEM）。PEM 在非洲、中东、东亚和南亚地区、中美洲和南美洲较多，主要由贫穷和饥饿引起，因疾病和营养知识缺乏引起者也占一部分。PEM 有两种，一种是 Kwashiorkor，指能量摄入基本满足而蛋白质严重不足的儿童营养性疾病，主要表现为腹腿部水肿、虚弱、表情淡漠、生长滞缓、头发变色、变脆和易脱落、易感染其他疾病等；另一种叫 Marasmus，原意即为"消瘦"，指蛋白质和能量摄入均严重不足的儿童营养性疾病，患儿消瘦无力，易感染其他疾病而死亡。这两种情况可以单独存在，也可并存。也有人认为此两种营养不良症是 PEM 的两种不同阶段。成人蛋白质缺乏可引起体力下降、水肿、抗病力减弱等症状。

（2）蛋白质摄入过量：蛋白质摄入过量对人体也有害。首先过多的动物性蛋白质的摄入，就必定伴有较多的动物脂肪和胆固醇摄入；同时也造成含硫氨基酸摄入过多，这样可加速骨骼中钙的丢失，易产生骨质疏松。蛋白质过多本身也会产生有害影响，人体正常情况下不贮存蛋白质，过多的蛋白质需脱氨分解由尿排出，会加重肾脏的负荷，若肾功能已经受损，则危害更大。最近的研究表明，同型半胱氨酸可能是心脏疾病的危险因素。摄入较多同型半胱氨酸的男性，发生心脏疾患的风险是对照组的 3 倍。摄入蛋白质过多可能与一些癌症有关，尤其是结肠癌、乳腺癌、肾癌、胰腺癌和前列腺癌。

5. 蛋白质的参考摄入量及食物来源

（1）参考摄入量：理论上成人每天摄入约 30g 蛋白质就可满足零氮平衡，但从安全性和消化吸收等其他因素考虑，成人按 0.8g/（kg·d）摄入蛋白质为宜。我国由于以植物性食物为主，所以成人蛋白质推荐量为 1.16g/（kg·d）。中国营养学会推荐成人蛋白质的 RNI 为：男性 65g/d，女性 55g/d。蛋白质营养正常时，人体内反映蛋白质营养水平的指标也应处于正常水平。

（2）食物来源：蛋白质广泛存在于动植物性食物中（表 1-3）。动物性食物是人体蛋白质的良好来源，如各种肉、乳和蛋类；植物性食物如大米、谷类也能为人体提供蛋白质，其中动物性食物蛋白质和大豆蛋白是优质蛋白质的来源。一般动物性蛋白质量好、利用率高，但同时富含饱和脂肪酸和胆固醇，而植物性蛋白利用率较低。为了提高植物性蛋白质的营养价值，往往将两种（如豆类和谷类）或两种以上食物混合食用，弥补各自必需氨基酸的不足，从而提高膳食蛋白质的营养价值。

（三）脂类

脂类是人体必需的宏量营养素之一，也是食物的主要营养素之一。适量摄入能满足机体生理需要，且能促进脂溶性维生素的吸收和利用；但脂肪摄入过多会影响机体正常代谢且能导致疾病的发生。

1. 脂类的分类　脂类（lipids）包括脂肪（fats）和类脂（lipoids），是一大类化学结构相似或完全不同的有机化合物，其中 95% 为脂肪，又称甘油三酯；其余 5% 为类脂。脂肪是体内重要的供能和储能物质；类脂主要包括磷脂和固醇类，是细胞膜、机体组织器官的重要成分。

2. 脂肪酸

（1）脂肪酸的分类：脂肪酸是由不同数量碳原子数组成的直链烃，其末端氢原子被羧

表 1-3 几种常见食物蛋白质含量

食物	蛋白质含量 / (g/100g 可食部)	食物	蛋白质含量 / (g/100g 可食部)
黄豆	35.0	羊肉（肥瘦）	19.0
奶酪（干酪）	25.7	鹅	17.9
绿豆	21.6	河蟹	17.5
猪肉（瘦）	20.3	草鱼	16.6
牛肉（肥瘦）	19.9	海参	16.5
鸡（平均）	19.3	河虾	16.4
鸭（平均）	15.5	豆腐（平均）	8.1
鸡蛋（平均）	13.3	粳米（标一）	7.7
猪肉（肥瘦）	13.2	籼米（标一）	7.7
核桃（鲜）	12.8	玉米（鲜）	4.0
鸭蛋	12.6	牛奶（平均）	3.0
鹅蛋	11.1	酸奶（平均）	2.5
小麦粉（富强粉，特一粉）	10.3	香菇	2.2
小米	9.0	梨（平均）	0.4
面包（平均）	8.3	苹果（平均）	0.2

摘自：中国营养学会. 中国居民膳食营养素参考摄入量（2013 版）. 北京：科学出版社，2014：114.

基取代，脂肪酸是构成甘油三酯、磷脂的重要成分。基本分子式为 $CH_3[CH_2]_nCOOH$，式中 n 的数目多为 2～24 个，基本上都是偶数碳原子。根据其碳链的长度，脂肪酸可分为短链脂肪酸（含 4～6 个碳）、中链脂肪酸（含 8～12 个碳）、长链脂肪酸（含 14～20 个碳）和极长链脂肪酸（含 22 个碳以上）。按饱和程度，可分为饱和脂肪酸（saturated fatty acid，SFA）和不饱和脂肪酸（unsaturated fatty acid，USFA）。USFA 根据双键的数量又可分为单不饱和脂肪酸（monounsaturated fatty acid，MUFA）和多不饱和脂肪酸（polyunsaturated fatty acid，PUFA）。根据不饱和脂肪酸碳链上第一个双键（从甲基端起）的部位将其分为 n-3、n-6、n-9 脂肪酸。按照空间结构不同，脂肪酸可分为顺式脂肪酸（cis-fatty acid）和反式脂肪酸（trans-fatty acid）。

（2）必需脂肪酸：必需脂肪酸（essential fatty acid，EFA）是指人体不可缺少且自身不能合成，必须通过食物供给的脂肪酸，有亚油酸和 α- 亚麻酸。EFA 是在 1929 年首次发现的，他们分别是 n-6 和 n-3 系列不饱和脂肪酸合成的前体。

EFA 是构成磷脂的成分，由于磷脂是细胞膜的主要成分，所以 EFA 与细胞膜的结构和功能直接相关；EFA 还是前列腺素合成的前体，所以能减少血小板聚集和血栓形成；EFA 能参与胆固醇的代谢。

3. 脂肪的生理功能　脂肪因其所含的脂肪酸链的长短、饱和程度和空间结构不同，其特性和生理功能也各不相同。脂肪有以下生理功能。

（1）机体的组成成分：正常人按体重计算含脂类 14%～19%，肥胖者可高达 36%～60%。

（2）储存和提供能量：脂肪是体内重要的能量储存形式，机体摄入能量过多时，多余的部分会以脂肪的形式储存在体内；当机体能量消耗大于摄入时，脂肪会释放能量补充机体所需。脂肪是三大供能营养素中能量密度最高的一种，每氧化 1g 脂肪能释放约 9kcal（37.7kJ）能量。

（3）维持体温、保护脏器：皮下脂肪组织起到隔热保温作用，所以能维持体温的正常和恒定；组织脏器周围的脂肪组织还能对组织器官起到支撑和润滑的作用。

（4）节约蛋白质作用：充足的脂肪可保护体内蛋白质不被用来作为能量物质，而使其有效地发挥其他生理功能，脂肪的这种功能被称为节约蛋白质作用。

（5）内分泌作用：体内脂肪组织还能分泌瘦素、肿瘤坏死因子 α（tumor necrosis factor α，TNF-α）、白细胞介素 -6（interleukin-6，IL-6）、白细胞介素 -8（interleukin-8，IL-8）等，这些脂肪组织来源的因子参与机体的代谢、免疫、生长发育等生理过程。脂肪组织内分泌功能的发现是近年内分泌学领域的重大进展之一，也是人们进一步认识脂肪组织作用的新起点。

4. 类脂的生理功能 类脂包括磷脂和固醇类。磷脂主要有磷酸甘油酯和神经鞘脂，在脑、神经组织和肝脏中含量丰富；后者主要为胆固醇和植物固醇，动物内脏、蛋黄等食物中富含胆固醇，而植物固醇主要来自植物油、种子、坚果等食物。

类脂对机体有重要的生理功能，包括：①维持生物膜的结构和功能；②参与脑和神经组织的构成；③运输脂肪；④合成维生素和激素的前体。但类脂摄入过多，如胆固醇摄入过多会引起高脂血症等多种营养相关疾病。但植物固醇与胆固醇在结构和功能上相似，所以在肠道内能与胆固醇竞争性吸收，从而降低人体胆固醇水平，有报道称其可预防结肠癌和良性前列腺增生症。

5. 食物脂类的营养学评价 食物脂肪的营养价值可从脂肪消化率、必需脂肪酸含量、各种脂肪酸比例、脂溶性维生素含量等方面进行评价。

（1）消化率：消化率是评价食物脂肪营养价值的重要指标。食物脂肪的消化率与其熔点有关，熔点低于体温的脂肪消化率可高达 97%～98%；高于体温的脂肪消化率约 90%；熔点高于 50℃的脂肪较难消化。含不饱和脂肪酸和短链脂肪酸越多的脂肪，熔点越低，越容易消化。一般来说，植物脂肪的消化率高于动物脂肪。

（2）必需脂肪酸含量：一般植物油（也有例外，如椰子油）中亚油酸和 α- 亚麻酸含量高于动物脂肪，其营养价值优于动物脂肪。

（3）各种脂肪酸的比例：机体对饱和脂肪酸、单不饱和脂肪酸和多不饱和脂肪酸的需要有一定的比例。有研究推荐 SFA、MUFA 和 PUFA 的比例应为 1:1:1。

（4）脂溶性维生素含量：脂溶性维生素含量高的脂类营养价值较高。植物油中富含脂溶性维生素 E，某些海产鱼的肝脏脂肪中维生素 A 和 D 含量高，动物脂肪几乎不含维生素。

6. 脂肪的参考摄入量及食物来源

（1）参考摄入量：2013 版《中国居民膳食营养素参考摄入量》推荐，我国成年人膳食脂肪 AMDR 为 20%E～30%E；1 岁以上人群亚油酸 AI 为占总能量的 4.0%，α- 亚麻酸 AI 为占总能量的 0.60%。

专家认为，目前仍缺乏胆固醇增加慢性病危险的阈值摄入量，而无法确定膳食胆固醇的摄入量上限。2012 年中国居民营养与健康调查数据显示，我国居民膳食胆固醇摄入仍处于较低水平。要确定中国居民膳食胆固醇引起血脂代谢异常和 CVD 死亡风险的阈值摄入量，目前尚缺乏研究证据，因此暂不设定膳食胆固醇 AMDR。但对膳食胆固醇敏感的人群和代谢障碍人群，则应严格控制膳食胆固醇和饱和脂肪的摄入。

增加 TFAs 的摄入会明显增加冠心病的风险。所以 WHO/FAO 在《膳食营养与慢性疾病》（2003 年版）中建议"为了增进心血管健康，应该尽量控制膳食中的 TFAs，最大摄取量不超过总能量的 1%"。各国政府都积极行动起来控制食物中的 TFAs。2016 版《中国居民膳食指南》建议，成人每日反式脂肪酸摄入量不超过 2.0g。

（2）食物来源：人类膳食脂肪主要来源于动物的脂肪组织和肉类以及坚果和植物的种子。动物性脂肪约含 SFA 40%～60%，高于植物性脂肪。多数植物油中含较高的 PUFA，如红花油含 75% 的亚油酸，葵花籽油、豆油、玉米油中亚油酸含量在 50% 以上，花生四烯酸仅少量存在于瘦肉、蛋、鱼等食物中。EPA 和 DHA 主要在冷水域的水生物种特别是单细胞藻类中合成，三文鱼、凤尾鱼等以其为食的深海鱼的脂肪中含较多 EPA 和 DHA。

（四）碳水化合物

碳水化合物（carbonhydrate）因分子中氢和氧的比例恰好与水相同为 2∶1 而得名，但一些不属于此类的分子如甲醛（CH_2O）、乙酸（$C_2H_4O_2$）等也有同样的元素组成比例。因此，国际化学名词委员会在 1927 年曾建议用"糖"来代替该名称。但由于习惯和接受率，"碳水化合物"一词至今仍被广泛使用。碳水化合物是人类膳食的重要成分，对维持人体健康至关重要。

1. **碳水化合物的生理功能**　碳水化合物是由碳氢氧三种元素组成的有机化合物，是人体所需的宏量营养素，广泛存在于动植物中，是人类膳食能量的主要来源。

（1）提供和储存能量：膳食碳水化合物是人类最经济和最主要的能量来源。每克碳水化合物在体内氧化可产生 16.7kJ（4kcal）能量。葡萄糖是神经系统和心肌的主要能源。

（2）构成组织结构及生理活性物质：碳水化合物是构成机体组织的重要物质，并参与细胞的组成和多种活动。每个细胞都有碳水化合物，含量为 2%～10%，主要以糖脂、糖蛋白和蛋白多糖的形式存在。一些重要的生理功能物质（如抗体、酶和激素）也需碳水化合物参与。

（3）血糖调节作用：摄入碳水化合物后血糖会升高，但碳水化合物的含量、类型和摄入量不同，对血糖的影响是不同的。糖尿病人应合理摄入碳水化合物。

（4）节约蛋白质作用和抗生酮作用：当膳食中碳水化合物供应不足时，机体为了满足自身对葡萄糖的需要，则通过糖异生作用产生葡萄糖，不需要动用蛋白质来供能，即碳水化合物具有节约蛋白质作用（protein sparing action）。

脂肪在体内分解代谢，需要葡萄糖的协同作用。当膳食中碳水化合物供应不足时，体内脂肪或食物脂肪被动员并加速分解为脂肪酸来供应能量。这一代谢过程中，由于草酰乙酸不足，脂肪酸不能彻底氧化而产生过多的酮体，酮体不能及时被氧化而在体内蓄积，以致产生酮血症和酮尿症。膳食中充足的碳水化合物可以防止上述现象的发生，因此称为抗生酮作用（antiketogenesis）。

（5）解毒作用：经糖醛酸途径生成的葡萄糖醛酸，是体内一种重要的结合解毒方式。研究证明，不消化的碳水化合物在肠道菌的作用下发酵所产生的短链脂肪酸有着较好的解毒和促进健康作用。

2. **膳食纤维**

（1）膳食纤维的定义和种类：膳食纤维是植物的一部分，是不被人体消化的一大类糖类物质,对人体有着显著的健康益处。自然界中大约有千种以上的膳食纤维。

WHO/FAO 组织的膳食纤维工作组经过三年的讨论,于 2010 年发布报告,将膳食纤维定义为:膳食纤维共性特点是指 10 个和 10 个以上聚合度(degree of polymerization,DP)的碳水化合物聚合物,且该物质不能被人体小肠内的酶水解,并对人体具有健康效应。由于"膳食纤维"的定义关乎科学和贸易两个重要问题,因此,各国基于不同考虑,在国家标准文件中,包括中国在内的很多国家使用"≥3DP 聚合度的碳水化合物为膳食纤维"的概念。

从化学结构和聚合度的角度,膳食纤维的种类包括:

1)非淀粉多糖:如纤维素、半纤维素、植物多糖(果胶、瓜尔胶等)、微生物多糖(黄原胶等)等。

2)抗性低聚糖:如低聚果糖、低聚半乳糖、其他抗性低聚糖。

3)抗性淀粉:如包括物理结构上的包埋淀粉(RS_1)、天然淀粉颗粒(RS_2)、回生直链淀粉(RS_3)、化学(物理)改性淀粉(RS_4)。

4)其他:如木质素类等。

(2)膳食纤维的生理功能

1)增加饱腹感和体重调节作用:膳食纤维具有持水性,可增加食糜在胃肠道的体积;同时膳食纤维的增稠性使胃排空速率减缓,延缓胃中内容物进入小肠的速度,引起饱腹感,从而有利于减肥。

2)促进排便:不溶性膳食纤维的吸水性可增加粪便体积,增加肠壁蠕动,促进粪便排泄。不同膳食纤维吸收水分的作用差异较大,谷类纤维比水果、蔬菜类纤维能更有效地增加粪便体积和防止便秘。

3)降低血糖和血脂:膳食纤维可以减少小肠对糖的吸收,使血糖不致因进食而快速升高;可吸附脂肪、胆固醇和胆汁酸,使其吸收率下降,起到降血脂的作用。

4)改变肠道菌群:近年来已证实膳食纤维可在结肠发酵,有选择性地刺激有益肠道菌群生长,清除肠道毒素,维持肠道健康。膳食纤维发酵产生的短链脂肪酸可改变肠内微生物菌群的构成与代谢,诱导益生菌大量繁殖。

3. 碳水化合物的参考摄入量及食物来源

(1)参考摄入量:碳水化合物的参考摄入量制定常用其提供能量占总能量的百分比表示。2013 版《中国居民膳食营养素参考摄入量》建议除婴儿外,碳水化合物的 AMDR 为 50%E~65%E。其中,膳食纤维适宜摄入量为 25~30g/d。

(2)食物来源:碳水化合物主要来自谷类、薯类等食物,粮谷类一般含碳水化合物 60%~80%,薯类含 15%~29%,豆类为 40%~60%。全谷类和蔬菜水果中富含膳食纤维。

(五)维生素

维生素(vitamin)是维持机体生命活动过程所必需的一类微量的低分子有机化合物。维生素在体内含量极低,不参与构成机体成分,也不供给能量,在体内一般不能合成或合成数量少而不能满足机体生理需要,必须由膳食提供。维生素的种类多而且化学结构各不相同,维生素一般以其本体形式或以能被机体利用的前体形式存在于天然食物中,它们在机体物质和能量代谢过程中起着重要作用。

根据溶解性的不同,可以将维生素分为两大类,即脂溶性维生素和水溶性维生素。脂溶性维生素包括维生素 A、D、E 和维生素 K,而 B 族维生素和维生素 C 则属于水溶性维生素。

1. 脂溶性维生素　脂溶性维生素能溶于脂肪或有机溶剂，而不溶于水。它们常与食物脂类共存，其吸收与脂类密切相关；易贮存于体内（主要是肝脏），而不易排出体外（除维生素K）；若摄取过多，易在体内蓄积而导致毒性作用；若摄入过少，可缓慢出现缺乏症状。

（1）维生素A：维生素A又称视黄醇，是第一个发现的维生素。机体内的维生素A活性形式有三种：视黄醇、视黄醛和视黄酸。

植物中不含已形成的维生素A。但某些有色植物（黄、橙和红色）中含有类胡萝卜素，其中一小部分可在小肠和干细胞内转变成视黄醇和视黄醛，这些类胡萝卜素称为维生素A原，其中最重要的是β-胡萝卜素。

维生素A对异构、氧化和聚合作用敏感，因而应避免与氧、高温或光接触。维生素A和胡萝卜素对酸和碱稳定，一般烹调和罐头加工不易破坏；但脂肪酸败可引起其严重破坏。

1）生理功能：①参与视紫红质形成，维持视觉：人视网膜的杆状细胞所含的视紫红质是由11-顺式视黄醛和视蛋白结合而成，对暗视觉十分重要。维生素A不足时，视紫红质合成障碍，暗适应能力下降，严重的会导致夜盲。②调节细胞生长和分化：视黄酸及其代谢产物作为转录调节因子，可与细胞内的核激素超家族受体结合，从而影响DNA的转录，继而影响蛋白的表达，调节机体多种组织细胞的生长和分化，包括神经系统、心血管系统、眼睛、四肢和上皮组织等。缺乏维生素A的儿童生长停滞，发育迟缓，骨骼发育不良，缺乏维生素A的孕妇所生的新生儿体重轻。③维持上皮组织的功能：维生素A对上皮的正常形成、发育与维持十分重要。维生素A充足时，皮肤和机体才能维持天然屏障作用。④维持和促进免疫功能：类视黄酸通过核受体对靶基因的调控，可以提高细胞免疫和体液免疫功能。维生素A缺乏和边缘缺乏的儿童，感染性疾病发病风险和死亡率升高。⑤抗氧化作用：类胡萝卜素能捕捉自由基，提高抗氧化防御能力。⑥抑制肿瘤生长：维生素A有调节细胞的分化、增殖和凋亡的作用，能抑制肿瘤细胞的生长和分化。

2）缺乏与过量：维生素A缺乏是许多发展中国家的主要公共卫生问题。维生素A缺乏症的临床表现主要是眼部和视觉以及其他上皮功能异常的症状和体征。暗适应能力下降是维生素A缺乏的早期临床表现，严重者可致夜盲；维生素A缺乏可引起眼干燥症，进一步发展可导致失明。Bitot斑可用于诊断儿童维生素A缺乏。除眼部症状外，维生素A缺乏还会引起机体不同组织上皮干燥、增生和角化，食欲降低，免疫功能下降易感染（特别是儿童和老年人，严重时可引起死亡），儿童发育迟缓等。妊娠期妇女缺乏维生素A与胎儿宫内发育迟缓、低出生体重及早产有关。但妊娠早期增加维生素A摄入应注意不要过量，因为大剂量维生素A可能导致自发性流产和胎儿先天畸形。

过量摄入维生素A可引起急性毒性、慢性毒性和致畸毒性。一次或多次连续大量摄入维生素A（成人大于RNI约100倍，儿童大于RNI约20倍）可引起急性毒性，早期症状为恶心、呕吐、头痛、眩晕、视觉模糊、肌肉失调、婴儿囟门突起。剂量更大时可出现嗜睡、厌食、少动、反复呕吐。一旦停止服用则症状消失。然而，极大剂量（12g，约成人RNI的15 000倍）的维生素A可以致命。维生素A慢性中毒比急性中毒常见，可出现于摄入量为其RNI 10倍以上时，常见症状是头痛、食欲降低、脱发、肝大、长骨末端外周部分疼痛、肌肉疼痛和僵硬、皮肤干燥瘙痒、复视、出血、呕吐和昏迷等。过量的维生素A可引起细胞膜的不稳定和某些基因表达改变。动物实验证明，维生素A摄入过量，可导致胚胎吸收、流产、出生缺陷。孕妇在妊娠早期每天大剂量摄入维生素A，娩出畸形儿的相对危险度增加。摄入普通食物一般不会引起维生素 A 过量，绝大多数系过多摄入维生素 A 浓缩制剂引起，也有食用狗肝或鲨鱼肝引起中毒的报道。

大量摄入类胡萝卜素一般不会引起毒性作用。大剂量的类胡萝卜素摄入可导致高胡萝卜素血症，皮肤症状类似黄疸，但停止食用类胡萝卜素后，症状会慢慢消失。此外，一些研究发现对于重度吸烟者而言，β-胡萝卜素补充剂的摄入可能会增加肺癌的发生风险。

3）机体营养状况评价：维生素 A 营养状况应根据生化指标、临床表现，结合生理情况、膳食摄入情况综合予以判定。常用的检查方法有：①血清维生素 A 水平：维生素 A 营养充足时，血液视黄醇浓度处于内稳态调控中。但该指标只能反映出机体的极端缺乏或过量状态，而不能反映肝脏维生素 A 储备量很大范围内的变化，不是判断机体维生素 A 营养状况的可靠指标。WHO 推荐，血清视黄醇浓度判定界值 <0.70μmol/L 为维生素 A 缺乏，0.70～1.05μmol/L 为边缘性维生素 A 缺乏。②相对剂量-反应试验（relative dose response test，RDR）：受试者口服视黄基酯（450～1 000mg），测定口服前和口服 5h 后血浆视黄醇浓度，按公式计算 RDR。一般 RDR>20% 表示肝脏维生素 A 不足。③视觉暗适应功能测定：适用于现场调查。维生素 A 缺乏者，暗适应时间延长。但不适于判断有眼部疾患、血糖过低和睡眠不足者的维生素 A 营养水平。④血浆视黄醇结合蛋白：将血浆视黄醇结合蛋白和血浆视黄醇水平同时测定，可较好的反映人体的维生素 A 营养水平。⑤稳定反射性核素测定：是测定维生素 A 储备量和动态平衡的直接指标。⑥眼结膜印记细胞学检查：轻度维生素 A 缺乏可导致眼睛结膜角质化形成和黏蛋白分泌性杯状细胞丢失，可用醋酸纤维素薄膜贴于受检者的球结膜上取样后染色、镜检。⑦眼部症状检查：WHO 将维生素 A 缺乏的眼部症状予以分类，其中角膜干燥、溃疡、角化定为诊断维生素 A 缺乏有效的体征，Bitot 斑用于儿童维生素 A 缺乏的诊断。

4）参考摄入量及食物来源：膳食中全部具有视黄醇活性的物质包括已形成的维生素 A 和维生素 A 原的总量（μg）。2001 年美国医学研究院食物与营养委员会制定维生素 A 膳食参考摄入量时，提出用视黄醇活性当量（retinol activity equivalents，RAE）评估膳食维生素 A 活性，其换算关系为：

RAE＝膳食或补充剂来源全反式视黄醇（μg）＋1/2 补充剂纯品全反式 β-胡萝卜素（μg）＋1/12 膳食全反式 β-胡萝卜素（μg）＋1/24 其他膳食维生素 A 原类胡萝卜素（μg）

2013 版《中国居民膳食营养素参考摄入量》推荐我国成年人维生素 A 的 RNI 男性为 800μg RAE/d，女性为 700μg RAE/d。

维生素 A 最好的食物来源是各种动物肝脏、鱼肝油、鱼卵、全奶、奶油、禽蛋等；植物性食物只能提供类胡萝卜素，类胡萝卜素主要存在于深绿色或红黄色的蔬菜和水果中，如胡萝卜、红心红薯、菠菜、水芹、南瓜、莴苣、西蓝花、辣椒等。除膳食来源外，维生素 A 补充剂也是维生素 A 的一个来源，但使用时注意切勿过量。

（2）维生素 D：维生素 D 是指含有环戊氢烯菲环结构、并具有钙化醇生物活性的一大类物质，主要包括维生素 D_2（麦角钙化醇）和维生素 D_3（胆钙化醇），两者分别由麦角固醇和 7-脱氢胆固醇经紫外线照射所形成。

维生素 D_2 和维生素 D_3 为白色结晶，溶于脂肪和有机溶剂，化学性质稳定，在中性和碱性溶液中耐热，不易被氧化，但在酸性溶液中则逐渐分解，故一般烹调加工不会引起维生素 D 损失，但脂肪酸败可引起其破坏。过量辐射照射，可形成具有毒性的化合物。

1，25-$(OH)_2$-D 是维生素 D 的活性形式。食物或人体合成的维生素 D 需在肝内生成 25-(OH)-D，之后在肾进一步羟化生成 1，25-$(OH)_2$-D，释放入血发挥生理功能。

1）生理功能：维生素 D 在维持血钙和磷水平稳定中发挥重要作用，对骨骼正常矿化过程、肌肉收缩、神经传导以及细胞基本功能都是必需的。①维持血液钙和磷稳定：当血钙降低时，甲状旁腺素升高，1，25-$(OH)_2$-D_3 增多，促进小肠钙吸收，促进肾小管对钙、磷重吸收，动员骨组织中的钙和磷释放入血，以维持正常的血钙浓度。②参与某些蛋白质的转录调节：维生素 D 参与该转运蛋白和骨基质蛋白的转录以及细胞周期蛋白转录的调节，增加体内特殊细胞的分化（例如破骨细胞、肠细胞和角化细胞等）。③发挥激素样作用参与多种功能的调节：维生素 D 具有激素的功能，通过维生素 D 受体调节生长发育、细胞分化、免疫、炎性反应等功能。

2）缺乏与过量：成年人只要经常接触阳光，一般不会发生维生素 D 缺乏症。日光照射不足或膳食中缺乏维生素 D 可导致维生素 D 缺乏。维生素 D 缺乏仍然是一个世界性的问题，尤其那些生活在高纬度地区或者皮肤接触日光较少的人群。维生素 D 缺乏症表现为一种骨骼疾病，在儿童称为佝偻病（rickets），成人则为骨质软化症和骨质疏松。急性佝偻病一般多见于 6 个月以内婴儿，以骨质软化为主要表现，患儿可能会出现惊厥和抽搐；但是也可能仅有轻微骨骼变化。较大儿童多见亚急性佝偻病，以骨质增生为主，容易出现骨疼和抽搐。

成年人维生素 D 缺乏症表现为骨质软化症，特别是妊娠和哺乳妇女以及老年人容易发生。严重时，骨骼脱钙、骨质疏松，有自发性和多发性骨折。

骨质疏松是慢性退行性疾病，其特征为骨密度降低、骨骼的微观结构破坏，包括易脆性和骨折风险增加等。维生素 D 营养状况差和钙摄入量低是骨质疏松和骨折风险的重要决定因素。

天然食物中维生素 D 含量通常较低，因此由天然食物引起维生素 D 中毒的报道罕见。但是由维生素 D 强化食物或补充剂导致的过量和中毒时有发生，长期摄入过量维生素 D 补充剂所致的维生素 D 中毒风险明显增加。

血浆维生素 D 及其代谢产物的水平升高后，引起高钙血症，后者导致毒性的发生。维生素 D 中毒症状包括：钙吸收增加导致的高钙血症、高钙尿症，钙沉积在软组织，出现肌肉乏力、关节疼痛、弥漫性骨质脱矿化以及一般定向能力障碍等；还可能引起体重下降和心律不齐；严重的可导致心脏和肾脏软组织钙化。如不及时治疗，严重者可导致死亡。轻度中毒症状有食欲缺乏、厌食、恶心、烦躁、呕吐、口渴、多尿、便秘或便秘与干燥交替出现。

3）机体营养状况评价：25-(OH)-D_3 是维生素 D 在血液中的主要存在形式，也是 1，25-$(OH)_2$-D_3 的前体形式。血中 25-(OH)-D_3 半衰期为 3 周，可特异性地反映人体几周到几个月内维生素 D 的贮存情况。通常认为血中 25-(OH)-D_3 < 10ng/ml（25nmol/L）为严重缺乏，< 20ng/ml（50nmol/L）为缺乏，≥ 30ng/ml（75nmol/L）为充足，其正常值上限为 100ng/ml，当 > 150ng/ml（375nmol/L）时可发生中毒。

血清 1，25-$(OH)_2$-D_3 也可通过竞争受体结合试验进行测定，其半衰期为 4～6h，正常值为 16～60pg/ml（38～144pmol/L）。

血清钙磷乘积、血清碱性磷酸酶活性也被用于判定佝偻病，但它们不是评价维生素 D 营养状况的特异性指标。

4）参考摄入量及食物来源：维生素 D 既来源于膳食，又可由皮肤合成，因此较难估计膳食维生素 D 的供给量。我国 2013 版《中国居民膳食营养素参考摄入量》推荐成年人维生素 D 的 RNI 为 400IU/d（10μg/d）。

维生素 D 主要存在于海水鱼（如沙丁鱼）、肝、蛋黄等动物性食品及鱼肝油制剂中。人奶和牛奶是维生素 D 较差的来源，蔬菜、谷类及其制品和水果只含有少量的维生素 D 或几乎没有维生素 D 的活性。我国不少地区食用维生素 A、D 强化牛奶，使维生素 D 缺乏症得到了有效的控制。

（3）维生素 E：维生素 E 是指含苯并二氢吡喃结构、具有 α- 生育酚生物活性的一类物质，包括生育酚和生育三烯酚，共有 8 种化合物，虽然它们结构相似但生物学活性却相差甚远。其中 α- 生育酚是自然界中分布最广泛、含量最丰富且活性最高的维生素 E 形式。α- 生育酚的天然存在形式是 RRR 异构体（RRR-α- 生育酚）。

维生素 E 是黄色油状液体，溶于乙醇、脂肪和脂溶剂。对热和酸稳定，一般烹调对食物中维生素 E 破坏不大。维生素 E 对氧十分敏感，可作为抗氧化剂。在无氧条件下，维生素 E 对热和光以及对碱性环境相对稳定。

1）生理功能：①抗氧化作用：维生素 E 是非酶抗氧化系统中重要的抗氧化剂，它与其他抗氧化物质和抗氧化物酶一起构成体内抗氧化系统。②维持动物生育功能：动物维生素 E 缺乏时可出现睾丸萎缩和上皮细胞变性、孕育异常。临床上常用维生素 E 治疗先兆流产和习惯性流产，但在人类尚未见缺乏维生素 E 对生育功能影响的依据。③预防衰老：补充维生素 E 可减少细胞中的脂褐质形成；维生素 E 还可改善皮肤弹性，使性腺萎缩减轻，提高免疫能力。④调节血小板的黏附力和聚集作用：维生素 E 可抑制磷脂酶 A_2 的活性，减少血小板血栓素 A2 的释放，从而抑制血小板的聚集。维生素 E 缺乏时血小板聚集和凝血作用增强，增加心肌梗死及脑卒中的危险性。⑤其他作用：维生素 E 可抑制体内胆固醇合成的限速酶活性，因而降低血浆胆固醇水平；还能抑制肿瘤细胞的生长和繁殖；其对维持正常免疫功能也很重要，该功能已在动物模型和美国老年人群中得到证实。

2）缺乏与过量：维生素 E 在自然界分布广泛，一般成人不会因为摄入不足而导致缺乏。但在低体重的早产儿、血 β- 脂蛋白缺乏症、脂肪吸收障碍的患者可以出现维生素 E 缺乏。缺乏维生素 E 时，可出现视网膜退行性病变、蜡样质色素积聚、溶血性贫血、肌无力、神经退行性病变和小脑共济失调等。

维生素 E 的毒性相对较小。动物实验未见维生素 E 有致畸、致癌和致突变作用，人和动物均可耐受需求量 2 倍以上剂量。大剂量摄入维生素 E 有可能出现中毒症状，如肌无力、视觉模糊、复视、恶心、腹泻以及维生素 K 的吸收和利用障碍。

3）机体营养状况评价：①血维生素 E 水平：可直接反映人体维生素 E 的贮存情况。健康成人血浆维生素 E 的范围为 11.6～46.4μmol/L（5～20mg/L）。由于血浆维生素 E 浓度与血浆总脂浓度密切相关，故有人建议用每克总血脂中的 α- 生育酚水平来评价维生素 E 的营养状况。②红细胞溶血试验：是间接但实用的判断体内维生素 E 状况的功能性指标。该方法是采用红细胞与 2%～2.4% H_2O_2 溶液温育后出现溶血测定血红蛋白量（H_1）占红细胞与蒸馏水保温后所测血红蛋白量（H_2）的百分比，来反映维生素 E 的营养状况。正常值为 <10%，偏低者为 10%～20%，缺乏者为 >20%。

4）参考摄入量及食物来源：维生素 E 的生物学活性可以用国际单位（IU）或 α- 生育酚当量（tocopherol equivalents，α-TE）表示。1mg RRR-α- 生育酚被定义为 1mg α-TE。天然食

物中有 α、β、γ、δ 生育酚和三烯生育酚共同存在，估计混合膳食中维生素 E 的总量，可按下列公式折算：

膳食中总 α-TE 当量(mg)=[1×α-生育酚(mg)]+[0.5×β-生育酚(mg)]+[0.1×γ-生育酚(mg)]+[0.02×δ-生育酚(mg)]+[0.3×α-生育三烯酚(mg)]。

我国 2013 版《中国居民膳食营养素参考摄入量》推荐成年人维生素 E 的 AI 为 14mg α-TE/d。

维生素 E 在自然界中分布甚广，含量丰富的食品有植物油、麦胚、坚果、种子类、豆类及其他谷类胚芽；蛋类、肉类、鱼类、水果及蔬菜中含量甚少；有些油制品中含 γ-生育酚多于 α-生育酚；食物加工、储存等过程可损失部分维生素 E。

(4) 维生素 K：维生素 K 是含有 2-甲基-1,4-萘醌基团的一组化合物。植物中含有维生素 K₁，是人类维生素 K 的主要来源；细菌合成的为维生素 K₂；人工合成的为维生素 K₃。

天然存在的维生素 K 是黄色油状物，人工合成的则是黄色结晶粉末，均不溶于水，微溶于乙醇，可溶解于醚、三氯甲烷和脂肪，维生素 K 对光和碱敏感，但对热和环境氧化剂相对稳定。维生素 K 的一系列衍生物显示萘醌的紫外特性，它们的氧化形式在 240～270nm 有 4 个强的吸收峰。由于天然维生素 K 对热稳定，不溶于水，因此在一般的烹调过程中损失较少。

1) 生理功能：维生素 K 的主要生理功能是参与凝血过程，血凝过程中的许多凝血因子的生物合成有赖于维生素 K 的存在。近年来的研究还揭示了其在维持正常的骨钙代谢、保护心血管健康中亦有重要作用。流行病学调查发现，维生素 K 对骨健康有益。meta 分析表明成人补充维生素 K₁ 和维生素 K₂ 可以有效地降低骨丢失和骨质疏松患者的骨折发生率。基质 Gla 蛋白(MGP)是血管钙化的强抑制剂，维生素 K 缺乏可以使 Gla 蛋白低羧化，从而影响血管钙化过程。近几年，一些大规模人群流行病学研究的结果也支持膳食摄入维生素 K₂ 有利于心血管健康，可降低冠心病的发生率。

2) 缺乏与过量：由于维生素 K 食物来源丰富，加之正常人体肠道的大肠埃希氏菌、乳酸菌等也能合成维生素 K，正常成人很少发生维生素 K 缺乏。但 0～3 月龄的婴儿易发生维生素 K 缺乏性出血症。成人维生素 K 缺乏则常见于疾病或药物治疗引起的继发性结果。维生素 K 缺乏的主要临床体征是出血，生化检查表现为凝血时间延长和凝血酶原水平低下。但目前已确定至少有 12 种形式的先天性凝血酶原异常性贫血和至少 3 种凝血因子Ⅶ变异性疾病，这些患者的凝血系统对高剂量的维生素 K 不敏感。

目前，动物或人群研究均未显示从食物或补充剂摄入维生素 K 会对机体产生不良影响。

3) 机体营养状况评价：①血清维生素 K 浓度：维生素 K 的主要形式是维生素 K₁，由于血浆维生素 K₁ 浓度与膳食维生素 K₁ 摄入量呈正相关，被认为可用于评价维生素 K 的营养状况。②凝血试验：该检查包括凝血酶原时间和促凝血酶原时间，其中凝血酶原时间延长并非评价维生素 K 缺乏的特异性指标，因此，不能单独作为维生素 K 亚临床缺乏的诊断。③脱羧性血清维生素 K 依赖蛋白：针对维生素 K 亚临床缺乏的高危人群(婴儿、消化不良者)，已证实凝血酶原前体蛋白 PIVKA-Ⅱ是一个极其有用的生物标志物。此外，脱羧骨钙素也被广泛用于骨维生素 K 储存的替代性标志物，可间接反映骨骼内维生素 K 贮存水平。④尿 γ-谷氨酸：尿 γ-谷氨酸水平可反映凝血酶原和羧化骨钙蛋白的代谢状况，进而反映机体维生素 K 营养状况，当维生素 K 供应不足时，其水平降低。

4）参考摄入量及食物来源：我国 2013 版《中国居民膳食营养素参考摄入量》推荐成年人维生素 K 的 AI 为 80μg/d。菠菜、西蓝花、卷心莴苣是维生素 K 的良好食物来源。

2. 水溶性维生素　水溶性维生素能溶于水，包括 B 族维生素（B_1、B_2、PP、B_6、生物素、泛酸和叶酸）和维生素 C。水溶性维生素在体内仅有少量贮存，较易自尿中排出，一般很少蓄积，发生中毒现象较少，但供给不足时往往导致缺乏症（但维生素 B_{12} 例外，它甚至比维生素 K 更易贮存于体内）；大多数水溶性维生素在体内主要构成酶的辅助因子发挥作用。

（1）维生素 B_1：维生素 B_1 也称抗脚气病因子和抗神经炎因子，由于其分子中含有"硫"和"氨"，所以又称硫胺素（thiamin）。维生素 B_1 为白色粉末状结晶，微带酵母气味，口感呈咸味，易溶于水，微溶于乙醇。其在酸性环境下稳定，对热较稳定；中性和碱性环境中不稳定，易被氧化和受热破坏。维生素 B_1 在体内以焦磷酸化形式存在，其中约 80% 为焦磷酸硫胺素（TPP），10% 为三磷酸硫胺素（TTP），其他为单磷酸硫胺素（TMP）。3 种形式的维生素 B_1 在体内可以相互转化。

1）生理功能：①辅酶功能：TPP 是维生素 B_1 主要的辅酶形式，在体内分别参与 α- 酮戊二酸的氧化脱羧反应和磷酸戊糖途径的转酮醇反应。②非辅酶功能：维生素 B_1 缺乏时可影响某些神经递质如乙酰胆碱的合成和代谢，使乙酰胆碱加速分解，导致消化不良。此外，TTP 可能具有调控某些离子通道的功能。

2）缺乏与过量：维生素 B_1 缺乏又称脚气病，主要损害神经 - 血管系统，多发生在以加工精细米面为主食的人群。临床上根据年龄差异将脚气病分为成人脚气病和婴儿脚气病。

成人脚气病早期症状较轻，主要表现有疲乏、淡漠、食欲差、恶心、忧郁、急躁、腿沉重麻木和心电图异常。症状特点和严重程度与维生素 B_1 缺乏程度、发病急缓等有关，一般可分为干性脚气病（以多发性周围神经炎症为主）、湿性脚气病（多以水肿和心脏症状为主）和混合型脚气病（既有神经炎，又有心力衰竭和水肿）。

婴儿脚气病多发生在 2～5 月龄的婴儿，多是由母乳维生素 B_1 缺乏所致。常发病突然，病情急，初期食欲减退、呕吐、兴奋和心跳快，呼吸急促和困难；晚期有发绀、水肿、心脏扩大、心力衰竭和强制性痉挛，常在症状出现 1～2 天后突然死亡。

尽管大剂量非胃肠道途径进入人体内时有毒性表现，但目前没有经口摄入维生素 B_1 中毒的证据。

3）机体营养状况评价：①尿负荷试验：该试验也可用于其他水溶性维生素的营养水平评价。清晨先给被测者口服维生素 B_1 5mg，然后收集 4h 内排出的尿液，测定其中维生素 B_1 含量。一般认为，4h 尿汇总排出的维生素 B_1 < 100μg（相当于摄入量的 2%）为缺乏，100～199μg 为不足，200μg 以上为正常，400μg 以上为充裕；还可测定 24h 尿维生素 B_1 含量，40～150μg 为不足，< 40μg 为缺乏。②尿中维生素 B_1 和肌酐含量比值：取清晨空腹尿样，测定其中维生素 B_1 和肌酐含量，计算维生素 B_1（μg）/ 肌酐（g）比值。该比值能较好地反映机体维生素 B_1 的营养水平。其评定标准是 < 27 为缺乏，27～65 为不足，66～129 为正常，≥130 为充足。③红细胞转酮醇酶活性系数：该指标是通过体外试验测定加入 TPP 前后红细胞中转酮醇酶活性的变化来反映机体的营养状态。通常用两者活性之差占基础活性的百分率来表示，值愈高，说明维生素 B_1 缺乏愈严重。一般认为 > 16% 为不足，≥25% 为缺乏。

4）参考摄入量及食物来源：我国 2013 版《中国居民膳食营养素参考摄入量》推荐成年人维生素 B_1 的 RNI 为男性 1.4mg/d，女性 1.2mg/d。

维生素 B_1 广泛存在于天然食物中，谷类、豆类及干果中含量丰富。肝、肾、心等动物内脏、瘦肉中含量也较多。日常膳食中维生素 B_1 主要来自谷类食物，但加工过于精细会大量损失。

（2）维生素 B_2：维生素 B_2 又称核黄素，为黄色粉末状结晶，味苦，熔点高；水溶性较低，水溶液呈现黄绿色荧光。维生素 B_2 在酸性及中性环境中对热稳定，在碱性环境中易被热和紫外线破坏。有游离及结合两种形式，游离状态的维生素 B_2 容易发生光裂解；结合状态比较稳定。

在肠道黏膜上皮细胞中，维生素 B_2 被磷酸化为黄素单核苷酸（flavin mononucleotide，FMN），在浆膜下 FMN 再脱磷酸化成为游离的维生素 B_2，经门静脉运输到肝脏后再次转变为 FMN 和黄素腺嘌呤二核苷酸（flavin adenine dinucleotide，FAD），最终转变为辅酶参与体内代谢。

1）生理功能：维生素 B_2 以 FMN 和 FAD 辅酶形式参与体内生物氧化与能量代谢，及烟酸和维生素 B_6 的代谢。此外，它还有其他生理功能，如 FAD 作为谷胱甘肽还原酶的辅酶，参与体内抗氧化防御系统，维持还原型谷胱甘肽的浓度；FAD 与细胞色素 P450 结合，参与药物代谢；提高机体对环境应激适应能力等。

2）缺乏与过量：维生素 B_2 缺乏主要表现为眼、口腔和皮肤的炎症反应，如睑缘炎、畏光、视物模糊，严重者角膜下部溃疡；口角炎、唇炎、舌炎、地图舌；脂溢性皮炎。维生素 B_2 过量引起的中毒很少见。

3）机体营养状况评价：①红细胞谷胱甘肽还原酶活性系数：这是评价核黄素营养状况的一个灵敏指标。该酶的活性系数（activity coefficient，AC）为加入 FAD 前后谷胱甘肽还原酶活性的比值，＜1.2 为正常，1.2～1.4 为不足，＞1.4 为缺乏。②尿负荷试验：清晨口服核黄素 5mg，4h 尿中排出量在 400μg 以下为缺乏，400～799μg 为不足，800～1 300μg 为正常，超过 1 300μg 为充裕。③尿中维生素 B_2 和肌酐含量比值：测任意一次尿中核黄素与尿肌酐比值，＜27 为缺乏，27～79 为不足，80～269 为正常，≥270 为充足。

4）参考摄入量及食物来源：我国 2013 版《中国居民膳食营养素参考摄入量》推荐成年人维生素 B_2 的 RNI 为男性 1.4mg/d，女性 1.2mg/d。

维生素 B_2 广泛存在于动植物食品中，动物性食品较植物性食品含量高。动物肝脏、肾脏、心脏、乳汁及蛋类含量尤为丰富；植物性食品以绿色蔬菜、豆类含量较高，而谷类含量较少。

（3）维生素 C：维生素 C 又称抗坏血酸（ascorbic acid），是一种含有 6 个碳原子的酸性多羟基化合物，自然界存在 L-型和 D-型两种，L-型有生物活性。维生素 C 为无色无味的片状晶体，易溶于水，稍溶于丙酮与低级醇类，不溶于脂溶性溶剂，0.5% 的维生素 C 水溶液，即呈强酸性（pH＜3）。结晶维生素 C 稳定，其水溶液极易氧化，遇空气、热、光、碱性物质、氧化酶及微量铜、铁等重金属离子，可促进其氧化进程。

食物中维生素 C 有还原型与氧化型之分，两者可相互转变，均具生物活性，还原型和氧化型比为 15:1。

1）生理功能：维生素 C 是一种生物活性很强的物质，在体内具有多种生理功能。维生素 C 具有抗氧化作用，它是机体内一种很强的抗氧化剂，还是一种重要的自由基清除剂，可促进铁、钙的吸收，可将叶酸还原生成四氢叶酸从而防止巨幼红细胞贫血。它还作为羟化酶的辅酶参与体内代谢，如参与类固醇的羟基化反应、参与去甲肾上腺素和 5- 羟色胺的生成等。此外，维生素 C 能促进抗体形成、NK 细胞活性等，从而提高机体免疫力。

2）缺乏与过量：膳食摄入减少或机体需要增加又得不到及时补充时，可使体内维生素 C 贮存减少，引起缺乏。若体内贮存量低于 300mg，将出现缺乏症状，主要引起坏血病。临床表现主要有出血、牙龈炎和骨质疏松。

维生素 C 毒性很低。但是一次口服 2～3g 时可能会出现腹泻、腹胀；患有结石的病人，长期过量摄入可能增加尿中草酸盐的排泄，增加尿路结石的危险。

3）机体营养状况评价：维生素 C 的营养状况，可根据膳食摄入水平、临床症状、尿和血中的含量等进行评价。①尿负荷试验：晨起空腹口服 500mg 维生素 C（成人量），收集 4h 或 24h 的尿液，测定尿中维生素 C 含量，若 4h 尿中排出维生素 C≥5mg 为正常，<5mg 为不足；24h 尿中维生素 C 排出量为口服量的 10% 以上为正常。②血浆中维生素 C 含量测定：该指标反映近期维生素 C 摄入情况，不能反映体内的储备水平。血浆维生素 C 浓度低于 4mg/L 时认为缺乏，低于 2mg/L 时可出现坏血病症状。③白细胞中维生素 C 浓度：可以反映机体贮存水平，但此指标操作烦琐且易造成分析误差。

4）参考摄入量及食物来源：我国 2013 版《中国居民膳食营养素参考摄入量》推荐成年人维生素 C 的 RNI 为 100mg/d，PI 为 200mg/d，UL 为 2 000mg/d。

维生素 C 主要来源为新鲜蔬菜和水果，一般是叶菜类含量比根茎类多，酸味水果比无酸味水果含量多。含量较丰富的蔬菜有辣椒、西红柿、油菜、卷心菜、菜花和芥菜等。维生素 C 含量较多的水果有樱桃、石榴、柑橘、柠檬、柚子和草莓等，而苹果和梨含量很少。某些野菜野果中维生素 C 含量尤为丰富，如苋菜、苜蓿、刺梨、沙棘、猕猴桃和酸枣等。特别是枣、刺梨等水果中含有生物类黄酮，能保护食物中维生素 C 的稳定性。

（六）矿物质

1. 概述　矿物质（mineral）是指维持人体正常生理功能所必需的无机化学物质，目前目前在地壳中发现的 92 种天然元素在人体内几乎都能检测到，其元素的种类和含量与其生存的地理环境表层元素的组成及膳食摄入量有关。这些元素除了组成有机化合物的碳、氢、氧、氮外，其余的元素均称为矿物质，亦称无机盐或灰分。

（1）矿物质的分类：按照化学元素在机体内的含量多少，通常将矿物质元素分为常量元素和微量元素两类。凡体内含量大于体重 0.01% 的矿物质称为常量元素或宏量元素（macroelement），它包括钙、磷、钠、钾、硫、氯、镁；凡体内含量小于体重 0.01% 的称为微量元素（microelement 或 trace element）。

微量元素中 20 余种元素是构成人体组织、参与机体代谢、维持生理功能所必需的，其中，铁、铜、锌、硒、铬、碘、钴和钼被认为是必需微量元素（essential trace element）；锰、硅、镍、硼、钒为可能必需微量元素（probably essential trace element）；氟、铅、镉、汞、砷、铝、锡和锂为具有潜在毒性（potentially toxic），但低剂量可能具有功能作用的微量元素。其他微量元素为功能未知元素或是偶然进入人体的非必需元素。

（2）矿物质的特点

1）矿物质在体内不能合成，必须从外界摄取。

2）除了通过食物外，矿物质是唯一可以通过天然水途径获取的营养素。

3）矿物质在体内分布极不均匀。

4）矿物质之间存在协同或拮抗作用。一种矿物质元素可影响另一种的吸收或改变其在体内的分布。例如摄入过量铁或铜可以抑制锌的吸收和利用，而摄入过量的锌也可以抑制铁的吸收，但是铁却可以促进氟的吸收。

5）某些微量元素在体内的生理剂量与中毒剂量范围较窄，摄入过多易产生毒性作用。如我国居民氟的 AI 为 1.5mg/d，而其 UL 为 3.5mg/d。

（3）人体矿物质的缺乏与过量的原因

1）地球环境因素：地壳中矿物质元素的分布不平衡，致使某些地区表层土壤中某种矿物质元素含量过低或过高，导致人群因长期摄入在这种环境中生长的食物或饮用水而引起亚临床症状甚至疾病。以我国为例，占我国国土 72% 的地区（包括东北、中部和西部等地区）均缺硒，硒缺乏是当地居民克山病高发的重要因素。而我国湖北恩施地区土壤表层硒含量高，该地区居民因长期摄入富含硒的食物而导致慢性硒中毒。

2）食物成分及加工因素：食物中含有天然存在的矿物质拮抗物，如菠菜中含有较多草酸盐可与钙或铁结合成难溶的螯合物而影响其吸收。食物加工过程中可造成矿物质的损失，如粮谷表层富含的矿物质常因碾磨过于精细而丢失。食品加工过程所使用的金属机械、管道、容器或食品添加剂品质不纯，可以污染食品。

3）人体自身因素：由于摄入不足，消耗增加导致矿物质缺乏，使矿物质供给量达不到机体需求量；生理需求增加引起的钙、锌、铁等矿物质缺乏（如儿童、青少年、孕妇、乳母阶段）。而机体长期排泄功能障碍时有可能造成矿物质在体内蓄积，引起急性或慢性毒性作用。

2. 常量元素

（1）钙：钙是人体含量最多的矿物质元素，占成人体重的 1.5%～2.0%。其中约 99% 的钙集中在骨骼和牙齿中；其余 1% 的钙分布于软组织、细胞外液和血液中，统称为混溶钙池（miscible calcium pool）。

人体血液中的总钙浓度为 2.25～2.75mmol/L，其中 46.0% 为蛋白结合钙，6.5% 为与柠檬酸或无机酸结合的复合钙，其余 47.5% 为离子化钙。血浆中离子化钙是生理活性形式，正常浓度为 0.94～1.33mmol/L。游离钙与蛋白结合钙在血浆中呈动态平衡状态。

分布于体液和其他组织中的钙不足总钙量的 1%。细胞质中的钙作为第二信使在信号转导中发挥许多重要的生理功能。

机体主要通过内分泌系统的甲状旁腺激素（parathyroid hormone，PTH）和降钙素（calcitonin，CT）及甾固醇激素 $1,25\text{-}(OH)_2\text{-}D_3$ 调节混溶钙池的钙与骨骼钙保持着动态平衡。当血液中钙浓度降低时，PTH 就会促使骨骼释放出可交换钙，并刺激维生素 D 转变成为活性型 $1,25\text{-}(OH)_2\text{-}D_3$，促进肠黏膜对钙的吸收，协同 PTH 增加骨吸收，并促进肾小管对钙的重吸收，使血钙水平恢复正常。当血钙水平升高时，CT 可拮抗 PTH 对骨骼的溶解作用，抑制破骨细胞的生成，促进成骨细胞的增加，从而抑制骨基质的分解和骨盐溶解，促进骨盐沉积，降低血钙水平，使血清钙浓度保持恒定，以维持钙的内环境稳定，又称为钙稳态（calcium homeostasis）。钙稳态的维持是机体各种生理功能活动的基础。

1）生理功能：①构成骨骼和牙齿的成分：人体骨骼和牙齿中无机物的主要成分是钙的磷酸盐。体内骨骼的钙与混溶钙池保持着相对的动态平衡。②维持神经和肌肉的活动：钙离子可与细胞膜的蛋白和各种阴离子基团结合，具有调节细胞受体结合和离子通透性及参与神经信号传递物质释放等作用，以维持神经肌肉的正常生理功能。③促进细胞信息传递：

钙离子作为细胞内最重要的"第二信使"之一,在细胞受到刺激后,胞浆内的 Ca^{2+} 浓度升高,引起细胞内的系列反应,如基因的表达和调控,腺体的分泌,细胞的增殖、分化和骨架的形成等。④参与血液凝固:凝血因子Ⅳ就是钙离子,能够促使活化的凝血因子在磷脂表面形成复合物而促进血液凝固。⑤调节机体酶的活性:钙离子对许多参与细胞代谢的酶具有重要的调节作用,如腺苷酸环化酶、鸟苷酸环化酶、磷酸二酯酶、酪氨酸羟化酶等。⑥维持细胞膜的稳定性:细胞外介质中的 Ca^{2+} 不仅可与细胞膜的某些蛋白质结合,而且可与磷脂的阴离子基团结合,导致膜结构的构象发生变化,使细胞膜的疏水性增强,以维持和发挥细胞膜正常的生理功能。⑦其他功能:钙还参与激素的分泌、维持体液酸碱平衡及调节细胞的正常生理功能。

2)吸收与代谢:肠道对钙的吸收为主动吸收,主要在十二指肠和小肠上段。影响钙吸收的因素主要有:①机体因素:钙的吸收率随年龄增长而降低。在特殊生理期钙的吸收增加,如在孕期和哺乳期钙的吸收率达到30%～60%。②膳食因素:谷类、蔬菜等植物性食物中含有较多的草酸、植酸、磷酸,阻碍钙的吸收;膳食纤维也会影响钙的吸收;未被消化的脂肪酸与钙形成钙皂均影响钙的吸收;此外,一些碱性药物,如苏打、黄连素、四环素等也影响钙的吸收。蛋白质消化过程中释放的某些氨基酸,如赖氨酸、色氨酸、组氨酸、精氨酸、亮氨酸等可与钙形成可溶性钙盐而促进钙的吸收;乳糖经肠道菌发酵产酸,降低肠内 pH,与钙形成乳酸钙复合物可增强钙的吸收。③其他因素:一些抗生素如青霉素、氯霉素、新霉素有促进钙吸收的作用。

钙主要经肠道和泌尿系统排出,粪钙和尿钙排出量随食物含钙量及吸收状况的不同而有较大的波动。影响钙排泄的因素有:①机体因素:血钙浓度调节尿钙排出量,当血钙浓度低时,尿中无钙排出。随年龄增加尿钙排出增多。绝经期尿钙排泄量增加。补液、酸中毒及甲状腺素和肾上腺皮质激素等均可使钙排出增加。②膳食因素:钙的摄入量对尿钙的排泄量影响不大,主要影响粪钙的排泄。钠和蛋白质的摄入量影响尿钙的排泄,钠摄入增加会引起尿钙排泄增加。膳食蛋白质能够增加尿钙的排出,但蛋白质不会降低净钙潴留。

3)缺乏与过量:儿童长期钙缺乏和维生素 D 不足可导致生长发育迟缓,骨软化、骨骼变形,严重缺乏者可导致佝偻病,出现"O"形腿或"X"形腿、肋骨串珠、鸡胸等症状。中老年人随年龄增加,骨骼逐渐脱钙,尤其绝经妇女因雌激素分泌减少,钙丢失加快,易引起骨质疏松症;缺钙者易患龋齿,影响牙齿质量。

流行病学资料表明膳食钙的摄入是高血压的保护性因素,但目前关于利用钙补充剂控制高血压还存在争议。增加钙和乳制品摄入量能降低结肠癌的危险性。

过量摄入钙也可能产生不良作用,如高钙血症、高钙尿、血管和软组织钙化,肾结石相对危险性增加等。近年来有报道绝经期妇女大量补钙可能增加心脑血管疾病的发生风险。

4)营养学评价:由于钙在体内有一个巨大的骨骼储备库,且循环中钙水平受到体内灵敏的钙稳态调控机制的调节,目前还缺乏评价人体钙营养水平的理想方法。一般通过流行病学调查,结合生化指标、临床体征、骨密度和骨强度等了解机体钙的水平及其满足程度,来判定钙的营养状况。①流行病学调查:通过膳食调查,能够掌握在一定时间内调查对象所摄取膳食钙的水平,目前该法广泛用于分析钙对疾病的影响和作用研究。②生化指标:机体具有保持血清钙稳态的精密调控机制,总钙和离子钙浓度不能够反映机体钙营养状况,血清碱性磷酸酶虽能反映缺钙状态但不具有特异性。生化指标正常值范围仅供参考。正常血清总钙浓度为 2.25～2.75mmol/L（90～110mg/L），血清离子钙浓度为 1.10～1.37mmol/L（45～55mg/L），血清[Ca]×[P]>30，低于此限为不足。血清碱性磷酸酶成人为 1.5～4.0 菩氏单位，儿童 5～15 菩氏单位，超过为不足。24h 尿羟脯氨酸/肌酐比值正常值为 10～33。③钙平衡测定：这是目前评价人体钙营养状况的最佳方法，但由于机体对钙的摄入量有一定的适应能力，故短期平衡试验不能反映机体对钙的实际需要。④骨质的测量：可直接反映机体的钙营养状况，但其具有滞后性，当钙缺乏超过 6 个月后才能通过骨矿物质或骨密度情况反映出来。

5）参考摄入量及食物来源：我国 2013 版《中国居民膳食营养素参考摄入量》推荐成年人钙的 RNI 为 800mg/d，UL 为 2 000mg/d。并根据不同生理条件，对婴幼儿、儿童、孕妇、乳母、老人均适当增加钙的供给量。

奶和奶制品是钙的良好食物来源，含量丰富且吸收率较高。豆类及其制品也是钙的良好来源。虽然水产品如小虾皮等中钙含量多，但是吸收利用率较低。绿叶蔬菜如菠菜中钙含量也较高，但吸收率较低。

（2）磷：体内磷约占人体重的 1%，是体内含量较多的矿物质。体内磷约 85%～90% 与钙一起构成骨骼和牙齿，其余的以磷脂、磷蛋白等形式存在于组织和体液中。

1）生理功能：①构成骨骼和牙齿的重要成分：在骨的形成过程中 2g 钙需要 1g 磷，形成无机磷酸盐。②参与能量代谢：磷参与碳水化合物和脂肪的吸收与代谢，参与体内能量的转化。③构成细胞的成分：例如磷酸基团是核糖核酸（RNA）和脱氧核糖核酸（DNA）的组成成分，磷脂是细胞膜所必需的成分。④组成细胞内第二信使环腺苷酸（cAMP）、环鸟苷酸（cGMP）和肌醇三磷酸（inositol triphosphate，IP3）等的成分。⑤酶的重要成分：磷酸基团是组成体内许多辅酶或辅基的成分，如 TPP、磷酸吡哆醛、辅酶 I（nicotinamide adenine dinucleotide，NAD）等。⑥调节细胞因子活性：磷参与细胞的磷酸化和去磷酸化过程，发挥信号转导作用。⑦调节酸碱平衡：组成体内磷酸盐缓冲体系，调节体液的酸碱平衡。

2）吸收与代谢：从膳食摄入的磷 70% 在小肠吸收，影响磷吸收的因素有：①膳食因素：正常膳食中磷吸收率为 60%～70%，低磷膳食其吸收率高达 90%。钙、镁、铁、铝等金属离子及植酸可与磷酸形成难溶性盐类而影响磷的吸收。合理的钙磷比例有利于磷的吸收，适宜比值的 Ca∶P 比值为 1～1.5∶1。②机体因素：磷摄入不足，1, 25-$(OH)_2$-D_3 水平升高，可促进小肠对磷的吸收。正常细胞外液的磷浓度随年龄增高而减少。

血浆中的无机磷酸盐主要经肾小球过滤从尿排出。甲状旁腺素（PTH）和 1, 25-$(OH)_2$-D_3 通过调节肾小管对磷的重吸收调节磷的平衡。

3）缺乏与过量：磷缺乏较少见。只有在一些特殊情况下才会出现，如早产儿仅喂以母乳，乳汁含磷量较低，不能满足早产儿骨磷沉积的需要，可发生磷缺乏，出现佝偻病样骨骼异常。在临床上长期使用大量抗酸药、肾小管重吸收障碍或是禁食者易出现磷的缺乏，严重的情况下发展为低磷酸血症。

细胞外液磷浓度的过高主要是由于肾对磷排泄的不足。过量的磷在体内可能会对骨产生不良影响，还会引起非骨组织的钙化。过量的磷酸盐也可引起低钙血症，导致神经兴奋性增强，手足抽搐和惊厥。

4）营养学评价：血清无机磷水平是评价磷营养状况的合理指标。婴儿血清无机磷范围为 1.88～2.42mmol/L，而正常成人血清无机磷低限为 0.87mmol/L。如果血清无机磷浓度在该年龄正常值低限以上，可认为磷摄入量对满足健康个体的细胞与骨构成需要是适宜的。

5）参考摄入量及食物来源：我国 2013 版《中国居民膳食营养素参考摄入量》推荐成年人磷的 RNI 为 720mg/d，UL 为 3 500mg/d。

磷在食物中分布广泛，瘦肉、禽、蛋、鱼、坚果、海带、紫菜、油料种子、豆类等均是磷的良好来源。谷类食物中的磷主要以植酸磷形式存在，不易吸收。

（3）钠：钠是人体必需的宏量元素之一，具有多种重要生理功能，但目前研究发现钠摄入过量会增加高血压等慢性病的发病率。

1）生理功能：①调节细胞外液的容量和渗透压：钠约占细胞外液中阳离子含量的 90%，因此钠对细胞外液的容量和渗透压的维持具有重要作用。②维持酸碱平衡：钠离子的含量可以影响血液碳酸氢钠缓冲系统；钠在肾脏重吸收时与氢离子交换，从而维持体液酸碱度的恒定。③维持正常血压：膳食钠过多，钾过少，钠钾比值高可引起血压升高。④其他功能：体液中钠与钾、钙、镁等离子保持一定的浓度和适当的比例，为维持神经肌肉应激性所必需，而钠离子的正常浓度是保证这一功能的重要因素。钠与能量代谢、ATP 的生成和利用有关。

2）吸收与代谢：膳食钠几乎全部被小肠吸收。影响钠吸收的因素目前研究较少，但葡萄糖、血管紧张素Ⅱ能促进钠的吸收，而胰泌素、胰高血糖素及胆固醇等则抑制其吸收。

膳食钠只有少部分为机体所需，大部分则通过尿液、粪便、皮肤排出。粪便钠较稳定，不随摄入量而改变；不同个体汗液中钠的浓度差异较大。肾脏排出的钠量大致接近摄入量。钠离子在肾小球过滤后被肾小管和集合管重吸收，最终只有约 1% 肾小球滤过的钠通过尿液排出。体内钠的稳态平衡主要通过肾素 - 血管紧张素 - 醛固酮系统、心钠素等调节。

3）缺乏与过量：人体一般不易缺乏钠，但在某些特殊情况如禁食、膳食钠限制过严等导致摄入量低；高温、过量出汗、胃肠道疾病等钠排出较多以及某些疾病情况下，可出现钠缺乏。钠的缺乏在早期症状不明显，常表现为倦怠、淡漠、无神、甚至起立时昏倒；严重时可出现恶心、呕吐、血压下降、痛性肌肉痉挛、尿中无氯化物检出、视力模糊、心率加速、脉搏细弱、血压下降、肌肉痉挛、疼痛反射消失，甚至淡漠、木僵、昏迷、外周循环衰竭、休克，终因急性肾衰竭而死亡。

钠摄入过量可引起高血压。研究表明，钠是高血压的独立危险因素。此外，高盐摄入可使脑卒中和冠心病发病率显著增加。动物实验和人群资料均显示盐腌食物中钠的摄入可增加肿瘤如胃癌、结肠癌等的危险性。正常情况下，钠摄入过多并不蓄积，但某些情况下，如误将食盐当作食糖加入婴儿奶粉中喂哺，则可引起中毒甚至死亡。急性中毒，可出现水肿、血压上升、血浆胆固醇升高、脂肪清除率降低、胃黏膜上皮细胞受损等。

4）营养学评价：可采用平衡试验或测定尿钠排出量来评价机体的钠营养状况。24h 尿钠排出量在 87～260mmol（2 000～6 000mg）。儿童与成人血清钠正常值在 136～146mmol/L。

5）参考摄入量及食物来源：2013 年《中国居民膳食营养素参考摄入量》推荐，成人每日钠 AI 为 1 500mg，但由于很难观察到钠对血压影响的未观察到有害作用的剂量（NOAEL），因此无法准确确定其 UL。由于大量流行病学研究资料提示，钠摄入增加会增加血压，所以中国成人预防高血压的钠的 PI-NCD 为 2 000mg/d。

钠在食物中广泛存在，但天然水中总含量并不高，人体钠元素的主要来源为食盐、腌渍品、含钠的调味品（如酱油、味精等），加工食品也含有一定的钠。

（4）钾：钾是人体必需的一种宏量元素，对维持机体正常供能非常重要。

1）生理功能：①参与糖和蛋白质代谢：葡萄糖和氨基酸经过细胞膜进入细胞合成糖原和蛋白质时，必须有适量的钾离子参与；ATP 生成也需要一定量的钾。②维持细胞正常的渗透压和酸碱平衡：钾可维持细胞内渗透压，并通过细胞膜与细胞外的 H^+-Na^+ 交换，起到调节酸碱平衡的作用。③维持神经肌肉的应激性：产生膜电位需要细胞内的钾离子，血钾过高或过低均会影响神经肌肉的应激性。④维持心肌的正常供能：心肌细胞内外的钾浓度与心肌的自律性、传导性和兴奋性有密切关系。

2）吸收与代谢：人体钾主要来自食物，摄入的钾大部分由小肠吸收，吸收率为 85% 左右；钾通过钠泵进入细胞内，体内钾约 98% 存在于细胞内。钾在体内的分布与器官大小及其细胞的数量和质量有关，其中约 70% 储存于肌肉，10% 在皮肤，红细胞内占 6%～7%，骨内占约 6%，脑内占 4.5%，肝内占 4.0%。

钾主要由肾脏、肠道和皮肤排出体外，其排泄量与膳食钾摄入量密切相关。其中肾脏是维持钾平衡的主要调节器官，肾脏排出的钾占摄入量的 80%～90%。

3）缺乏与过量：钾摄入不足或排出增加，可引起人体内钾缺乏。人体内钾总量减少可引起神经肌肉、消化、心血管、泌尿、中枢神经等系统发生功能性或病理性改变。轻度钾缺乏无明显症状。缺乏达 10% 以上时，可表现为肌肉无力及瘫痪、心律失常、横纹肌肉裂解症及肾功能障碍等。长期缺钾可出现肾功能障碍，表现为多尿、夜尿、口渴、多饮等，尿量多而比重低。

膳食钾摄入过多及排出困难使体内钾过多，可引起血钾浓度升高。钾过多可使细胞外 K^+ 上升，静息电位下降，心肌自律性、传导性和兴奋性受抑制以及细胞内碱中毒和细胞外酸中毒等。神经肌肉方面表现为极度疲乏和四肢无力，下肢最严重。心血管系统症状主要表现为心率缓慢、心音减轻、心律失常等，严重时心室纤颤，心脏停搏于舒张期。

4）营养学评价：膳食调查和临床观察是评价钾营养状况的主要手段。

尽管血清钾不能准确反映体内钾水平，但目前仍是了解体内钾营养状况的重要指标。正常人血清钾浓度为 3.5～5.5mmol/L，<3.5mmol 为钾缺乏；3.0～3.5mmol/L 为轻度缺钾；2.5～3.0mmol/L 为中度缺钾，多有缺乏症状；<2.5mmol 为重度缺钾，可出现严重缺乏症状。血清钾 >5.5mmol/L 时可出现高钾血症。

尿钾可反映膳食钾的摄入状况和体内钾平衡状态。正常情况下，24h 尿钾排出量约50mmol，如果排出量 <25mmol/24h，可能缺乏；<10mmol/24h，为缺乏。

5）参考摄入量及食物来源：2013 年《中国居民膳食营养素参考摄入量》推荐，成人每日钾 AI 为 2 000mg，由于肾功能正常的人从日常膳食中摄入的钾不会引起代谢异常，因此不设定 UL。

大量研究证实，提高膳食钾的摄入量有助于预防高血压等慢性病。综合国内外研究，我国 18 岁以上成人居民膳食钾的 PI-NCD 确定为 3 600mg/d。

大部分食物都含钾，但蔬菜和水果是钾的最好来源。每 100g 食物含钾量高于 800mg以上的常见食物有黄豆、蚕豆、赤小豆、豌豆、冬菇、黄豆、竹笋、紫菜等。

（5）镁

1）生理功能：①多种酶的激活剂：镁作为多种酶的激活剂，参与体内 300 多种酶促反应。

②对钾、钙离子通道的作用：镁可封闭不同钾通道的外向性电流，阻止钾的外流。另外，镁作为钙阻断剂，具有抑制钙通道的作用。③促进骨骼生长和神经肌肉的兴奋性：镁是骨细胞结构和功能所必需的元素，可影响骨的吸收，具有维持和促进骨骼生长的作用。④促进胃肠道功能：硫酸镁溶液可使奥狄括约肌松弛，促使胆囊排空，具有利胆作用。碱性镁盐可中和胃酸。镁离子在肠道中吸收缓慢，促使水分滞留，具有导泻作用。⑤对激素的调节作用：血浆镁的变化可直接影响甲状旁腺激素的分泌，当血浆镁增加时可抑制甲状旁腺激素分泌，血浆镁水平下降则可兴奋甲状旁腺，使镁从组织转移至血中。

另外，流行病学调查表明，镁的摄入量和高血压呈明显负相关，补充镁能使血管张力和血管紧张性下降。镁具有降低血清胆固醇浓度、TG 浓度，使 HDL 升高，降低 LDL，扩张血管，抑制血小板聚集、预防动脉硬化等作用。

2）吸收与代谢：人体摄入的镁 30%～50% 在小肠吸收。镁的摄入水平及食物中钙、磷、乳糖含量等，均可影响机体对镁的吸收。镁主要由肾脏排泄，每日约 65%～75% 的血镁从肾小球滤过，随后约 95% 被肾小管重吸收，20%～30% 在远曲小管，65% 在 Henle 氏袢升支粗段被重吸收。肾上腺皮质分泌的醛固醇，可调节肾脏排泄镁的速率。饮酒、服用利尿剂能明显增加镁从尿中的排出。镁的排泄途径还有汗和粪便，但量甚微。

3）缺乏与过量：由于饥饿、蛋白质 - 能量营养不良及长期肠外营养等因素可引起镁的摄入不足，胃肠道感染、肾病及慢性酒精中毒等也可造成机体镁的不足。镁缺乏可引起神经肌肉兴奋性亢进，常见肌肉震颤、手足搐搦、反射亢进、共济失调等临床症状，严重时出现谵妄、精神错乱甚至惊厥、昏迷。机体镁的缺乏引起的镁代谢异常还会对其他电解质及体内酶活性产生影响，如出现低钾血症、低钙血症及心脑血管疾病等。

一般情况下不易发生镁中毒，但肾功能不全者或接受镁剂治疗者，常因体内镁过量而易引起镁中毒。糖尿病酮症早期因脱水，镁从细胞内溢出到细胞外引起血清镁升高。过量的镁可引起腹泻，因而，腹泻可作为评价镁毒性的敏感指标。摄入过量镁可引起恶心、胃肠痉挛等胃肠道反应，重者可出现嗜睡、肌无力、膝腱反射弱、肌麻痹等临床症状。

4）营养学评价：①血清镁：血清镁可用于评价镁营养状况。当血清镁低于 0.7mmol/L 时，诊断为低镁血症。②尿镁：尿镁也是反映镁营养状况的一个指标，采用半定量尿负荷实验，即注射一定量镁盐后测定尿镁，评价镁的营养状况。24h 尿镁排出量低于 1.5mmol 可诊断为镁缺乏症。③血液单核细胞中镁浓度：单核细胞中的镁浓度可反映体内镁的营养状况，但不宜作为评价充血性心力衰竭患者的心肌镁营养状况。④静脉内镁负荷试验：在 12h 内滴注含有 30mmol 硫酸镁的 500ml 葡萄糖液，收集 24h 尿液，测定尿镁排出量，若输入的镁 ＞50% 保留在体内为缺镁，＜30% 保留可排除缺镁。此试验不能应用在有肾功能不全、心脏传导障碍或呼吸功能不全的患者。

5）参考摄入量及食物来源：2013 年《中国居民膳食营养素参考摄入量》推荐，成人每日镁 RNI 为 330mg；此前制定的 UL 是依据非食物性镁制定的，考虑到用非食物性镁 UL 来制定膳食镁 UL 不够合理，因此本次暂不制定镁的 UL。

绿叶蔬菜、大麦、黑米、荞麦、麸皮、苋菜、口蘑、木耳、香菇等食物含镁较丰富。糙粮、坚果也含有丰富的镁，肉类、淀粉类、奶类食物镁含量属中等。除食物之外，从饮水中也可以获得少量的镁，硬水中含有较高的镁盐，但软水中含量相对较低。精加工食物中镁含量最低，随着精制的和 / 或加工食品消费量不断地增加，膳食镁的摄入量呈减少趋势。

3. 微量元素

（1）铁

1）生理功能：①参与体内氧的运送和组织呼吸过程：铁是血红蛋白、肌红蛋白、细胞色素、细胞色素氧化酶及触媒（铁的氧化物，起催化作用）的组成成分，还可激活琥珀脱氢酸、黄嘌呤氧化酶等酶的活性，参与体内氧的运送和组织呼吸过程。②维持正常的造血功能：红细胞中约含机体总铁的 2/3。铁在骨髓造血组织中与卟啉结合形成高铁血红素，再与珠蛋白合成血红蛋白。缺铁可影响血红蛋白的合成，甚至影响 DNA 的合成及幼红细胞的增殖。③参与其他重要功能：铁参与维持正常的免疫功能，铁缺乏或过量均会对抵抗感染不利。另外，铁可催化 β- 胡萝卜素转化为维生素 A、嘌呤与胶原蛋白的合成，脂类在血液中转运以及药物在肝脏解毒等方面均需铁的参与。同时铁与抗脂质过氧化有关。

2）吸收与代谢：食物铁的吸收主要在十二指肠和空肠上端，胃和小肠的其余部分也吸收少量的铁。

食物中的铁分为血红素铁（heme iron）和非血红素铁（nonheme iron）两种，它们的吸收形式有所不同。血红素铁主要来自动物性食物，以含铁卟啉复合物的形式整个被肠黏膜上皮细胞直接吸收，在胞浆内由血红素加氧酶裂解成卟啉环和铁，有效吸收率为 15%～35%。血红素铁的吸收率受膳食因素影响较少。非血红素铁主要存在于植物性食物和乳制品中，需先被还原成二价铁后才能被吸收，其有效吸收率仅为 2%～20%。机体因素、膳食因素及机体铁营养状况等可影响铁的吸收。

机体因素会影响铁的吸收。在体内缺铁的情况下，铁的吸收量会明显增加。贫血、孕期、生长发育、月经量等生理病理改变及机体营养状况都会影响铁的吸收。膳食成分主要影响非血红素铁的吸收。蛋白质类食物能够刺激胃酸分泌，促进铁的吸收；氨基酸，如组氨酸、赖氨酸、胱氨酸、蛋氨酸、酪氨酸与铁螯合成小分子的可溶性单体，可提高铁的吸收。维生素 C 是铁吸收的有效促进因子；维生素 A、叶酸、维生素 B_{12}、维生素 B_2 等维生素对铁的吸收起到重要协助作用。铅、铬、锰等矿物质过多摄入阻碍机体对铁的吸收，一些金属络合物如 EDTA 也有阻碍机体对铁吸收的作用；非营养素成分，如植酸、丹宁、多酚物质与铁结合能力较强，是阻碍铁吸收的重要因素；柠檬酸、乳酸、丙酮酸、琥珀酸以及酒石酸等可促进铁的吸收。肠道微生物的某些分解产物可抑制铁的吸收。

机体可对吸收的铁进行贮存和再利用。体内剩余的铁以铁蛋白和含铁血黄素形式贮存。一般女性存储性铁含量为 0.3～1.0g，男性则可达 0.5～1.5g。

铁排出主要由皮肤、呼吸道、胃肠道和泌尿系统黏膜细胞新陈代谢所致。正常成人粪便铁排泄量依赖于摄入量，但大多数为食物中未吸收的铁，尿中铁的含量直接受膳食铁的影响。女性由于生理原因失铁多，每天铁的流失大约为 1.5mg，而体内铁的贮存又较少是造成女性容易发生贫血的原因。

3）缺乏与过量：长期膳食铁供给不足，可引起体内铁缺乏或导致缺铁性贫血，多见于婴幼儿、孕妇及乳母。体内缺铁可分三个阶段，依次为铁减少期（ID）、红细胞生成缺铁期（IDE）和缺铁性贫血期（IDA）。只有到 IDA 时，才会出现明显的症状，出现食欲降低。铁缺乏儿童易烦躁，对周围不感兴趣，成人冷漠呆板。当血红蛋白继续降低，则出现面色苍白，口唇黏膜和眼结膜苍白，有疲劳乏力、头晕、心悸、指甲脆薄、反甲等。儿童青少年则出现身体发育受阻、体力下降、注意力与记忆力调节过程障碍，学习能力降低，易患感染性疾病等。孕早期贫血可导致早产、低出生体重儿及胎儿死亡。铁缺乏可导致免疫功能障碍,嗜中性白细胞对细菌的杀伤能力降低,淋巴细胞转化能力下降。缺铁可导致末梢神经障碍,至少25%的多动综合征患者的血铁浓度降低,补铁后症状即消失。

服入大剂量治疗铁后可引发急性铁中毒。原发性铁过量(如遗传性血色素沉积症)以及铁剂治疗、反复输血等长期过量蓄积,可导致铁负荷过度继而出现慢性中毒症状。铁过量可以使活性氧基团和自由基的产生过量,这种过氧化能够使肝脏、胰腺和心脏等部位受到影响,还可引起肝纤维化和肝细胞瘤。

4)营养学评价:机体铁营养状况可通过临床表现和实验室指标进行评价。铁缺乏的临床表现有:皮肤黏膜逐渐苍白、以唇、口腔黏膜、甲床最明显。头发枯黄、倦怠乏力、不爱活动或烦躁、注意力不集中,记忆力减退、智商多较同龄儿低。常有食欲缺乏、少数有异食癖(如喜吃泥土、煤渣)。重者出现口腔炎、舌乳头萎缩、吸收不良综合征、反甲、心脏扩大或心力衰竭等。患儿易患呼吸道感染、中耳炎等。

常用的实验室指标有:①血清铁蛋白是反映人体内铁贮存的指标,是诊断隐性缺铁性贫血最好、最可靠的方法。②运铁蛋白受体(TfR)是目前较为精确的反应铁营养状态的指标。TfR不受感染或炎症的影响,早期缺铁即可诊断,缺铁性贫血时比正常值高3～4倍,正常值:$0.9～2.3mg/L$。③红细胞游离原卟啉(FEP)$>0.9\mu mol/L$(全血)或原卟啉$>0.96\mu mol/L$(全血)或$FEP/Hb>4.5\mu g/gHb$即诊断为贫血,WHO推荐其浓度用于评估人群铁缺乏的患病率。④血红蛋白(Hb)是诊断缺血性贫血最常用的指标。正常值范围为男性:$120～160g/L$,女性:$110～150g/L$。由于Hb是缺铁的晚期指标,低于正常参考值即是贫血,但在正常参考范围内,也不可排除缺铁的可能性。⑤平均红细胞容量(MCV)反映了整体红细胞体积的大小,血细胞分布宽度(RDW)反映周围红细胞大小异质性的参数。缺铁性贫血的特征性改变为低MCV和高RDW,一般$MCV<80fL$,$RDW>15\%$时提示铁缺乏。这两项指标在缺铁性贫血的筛查及鉴别诊断上具有实用价值。⑥血清铁不能全面反映体内铁贮存与代谢情况,且易受进食状况、生理情况、溶血及环境中铁的影响,难以测准,临床价值有限。⑦运铁蛋白饱和度(TS)容易随着血清铁的变化而变化。一般TS小于16%认为是铁缺乏,婴儿和儿童判断铁缺乏的界值分别为12%和14%。

5)参考摄入量及食物来源:中国营养学会推荐,成人膳食铁的RNI男性为12mg/d,女性为20mg/d;UL为42mg/d。

动物性食物和动物血是铁的良好膳食来源。含铁高的食物见表1-4。

表1-4　含铁较高的食物

食物	含量/(mg/100g)	食物	含量/(mg/100g)	食物	含量/(mg/100g)
荞麦(带皮)	10.1	黑木耳(干)	97.4	紫菜(干)	54.9
蛏子	33.6	鸭血(白鸭)	30.5	猪肝	22.6
河蚌	26.6	豆腐皮	13.9	芝麻酱	50.3
海参	13.2	虾米	11.0	蘑菇(干)	51.3
鸭肝	23.1	羊血	18.3	扁豆	19.2

（2）锌

1）生理功能：①金属酶的组成成分或酶的激活剂：锌是植物、动物、微生物体内多种酶（如超氧化物歧化酶、苹果酸脱氢酶等）的组成成分。锌是维持 RNA 多聚酶、DNA 多聚酶及逆转录酶等活性所必需的微量元素。②促进生长发育：锌参与蛋白质合成，细胞生长、分裂和分化等过程，对生长发育、促进性器官和性功能发育均具有重要调节作用。③促进机体免疫功能：锌可促进淋巴细胞有丝分裂，增加 T 细胞的数量和活力。锌可控制外周血单核细胞合成干扰素 -γ、白细胞介素等的分泌和产生。缺锌可引起胸腺萎缩、胸腺激素减少、T 细胞功能受损及细胞介导免疫功能改变。④维持细胞膜结构：锌可与细胞膜上各种基团、受体等作用，增强膜稳定性和抗氧自由基的能力。⑤其他作用：锌与涎蛋白结合成味觉素可增进食欲，锌对皮肤和视力具有保护作用。

2）吸收与代谢：锌的吸收主要在十二指肠和近侧小肠，回肠也有部分吸收，吸收率为30% 左右。锌的吸收受机体因素、膳食因素的影响。根据机体锌的营养状态，机体通过肝脏合成金属硫蛋白来调节体内锌的平衡。特殊生理阶段，如孕期、哺乳期锌的吸收率增加。疾病状态导致机体吸收利用减少。膳食摄入不足会影响锌的吸收；组氨酸、甲硫氨酸、半胱氨酸、维生素 D_3、葡萄糖可促进锌的吸收；膳食纤维、植酸可减少锌的吸收；铜、钙、亚铁离子可抑制锌的吸收。而动物性食物中锌的生物利用率较高；某些药物如碘喹啉、苯妥英钠均能促进锌的吸收。

锌分布于人体大部分组织、器官、体液中，约 60% 存在于肌肉，30% 存在于骨骼。

体内的锌主要由肠道排出，少部分随尿、汗液和毛发排出。内源锌的排泄量随肠道吸收和代谢之间的平衡关系而变化。

3）缺乏与过量：锌缺乏没有特定的临床症状和生化特征改变。锌缺乏首先的表现是生长缓慢但组织锌浓度无明显减少，当体内稳定机制的调节仍不能满足需要时会出现锌缺乏的临床症状，婴幼儿缺锌可表现为食欲缺乏、生长停滞、性发育不良、脑发育受损、味觉异常或异食癖、认知行为改变等；锌缺乏还会引起免疫力减退，反复感染、性发育或功能障碍、认知能力差；孕妇缺锌会引起妊娠反应严重，胎儿宫内发育迟缓，畸形率增高，生产低体重儿，产程延长，流产、早产。

锌中毒较少见，因此锌也被认为对人体相对无毒。急性锌中毒一般见于职业中毒，较少发生。成人摄入 4～8g 锌后的毒性症状包括恶心、呕吐、腹泻、发热和嗜睡。长期摄入高于需要量水平的锌，会通过微量元素之间的交互作用，从而影响其他微量元素如铜、铁的营养状态。

4）营养学评价：目前仍缺乏敏感、特异的评价锌营养状况的指标。研究较多的有血清 / 血浆锌、白细胞锌、红细胞锌、发锌和唾液锌、金属硫蛋白等。但血浆锌只有当严重锌缺乏时才具有诊断意义；发锌由于受多种因素影响，因此不宜作为判断个体锌营养状况的可靠指标；尿锌含量与人体锌营养状况相关性好，且灵敏度高于血浆锌；但受尿量和近期饮食的影响，且尚无测定的标准方法，因此只作为参考指标。味觉敏感度降低是锌缺乏早期症状，唾液锌和味觉敏感度的相关性很好，且唾液采样方便，可作为判断个体锌营养状况的参考指标。

5）参考摄入量及食物来源：中国营养学会推荐，成人膳食锌的 RNI 男性为 12.5mg/d，女性为 7.5mg/d；UL 为 40mg/d。

锌的来源较广泛,贝壳类海产品(如牡蛎、蛏干、扇贝)、红色肉类及其内脏均为锌的良好来源。蛋类、豆类、谷类胚芽、燕麦、花生等也富含锌。蔬菜及水果类锌含量较低。

(3)硒

1)生理功能:①抗氧化功能:硒是多种抗氧化酶的组成成分,参与清除体内脂质过氧化物、阻断活性氧和其他自由基对机体的损伤作用。②保护心血管和心肌的健康:硒缺乏可导致心肌纤维坏死、心肌小动脉和毛细血管损伤,可引起克山病;而高硒地区人群中的心血管病发病率较低。③增强免疫功能:硒可使淋巴细胞、NK细胞、淋巴因子激活杀伤细胞的活性增加,从而提高免疫功能。④有毒重金属的解毒作用:硒与金属有较强的亲和力,能与体内重金属如汞、镉、铅等结合形成金属-硒-蛋白质复合物而起到解毒作用,并促进有毒金属排出体外。⑤其他:硒还具有促进生长、抗肿瘤、调节甲状腺激素等作用。

2)吸收与代谢:硒主要在小肠吸收,吸收率与硒的化学结构和溶解度有关,有机硒吸收率高于无机形式的硒,溶解度越大吸收率越高。

硒可分布于所有组织器官和体液中,肝和肾中浓度最高,但肌肉中所含总量最大,约占人体硒总量的一半。肾脏和红细胞是硒的组织储存库。

机体硒经过代谢大部分经尿排出,少量从肠道排出,汗液、毛发排出极少。硒摄入量高时可生成二甲基硒由肺部呼气排出。

3)缺乏与过量:硒缺乏可引起克山病和大骨节病发病率增加。克山病是一种以多发性灶状坏死为主要病变的心肌病,临床特征为心肌凝固性坏死,伴有明显心脏扩大,心功能不全和心律失常,重者发生心源性休克或心力衰竭。大骨节病主要是发生在青少年期,严重影响骨发育和日后劳动能力,补硒可缓解一些症状、防止恶化,但不能有效控制大骨节病发病率。

硒摄入过量可引起中毒,中毒症状为头发脱落和指甲变形,皮肤损伤及神经系统异常,肢端麻木、抽搐等,严重者可致死亡。

4)营养学评价:全血、血浆、红细胞、头发、尿、指(趾)甲等组织的硒含量均可作为评价硒的营养状况的指标。一般认为,红细胞硒含量可反映远期膳食硒摄入情况,头发、指(趾)甲硒与血硒有很好的相关性,也能反映较远期硒状态,但发硒易受到污染;尿硒目前应用较少。

谷胱甘肽过氧化物酶(GSH-Px)活性可直接反映硒营养状况,但该指标仅适用于低于正常硒水平人群。

此外,其他指标如血浆硒蛋白酶-P(Sel-P)、某些组织中的抗氧化酶(TR)活性和硒蛋白酶-W(Sel-W)也可作为硒的营养评价指标。

5)参考摄入量及食物来源:中国营养学会推荐我国成人硒RNI为60μg/d,UL为400μg/d。

食物中的含硒量随地域不同而异,特别是植物性食物的硒含量与环境土壤层中硒含量有关。海产品和动物内脏是硒的良好食物来源,如鱼子酱、海参、牡蛎、猪肾等。

二、合理营养

营养学研究的目标是达到合理营养,从而促进人体健康。合理营养(rational nutrition)是指人体每天从食物中摄入的能量和各种营养素的量及其相互间的比例能满足在不同生理阶段、不同劳动环境及不同劳动强度下的需要,并使机体处于良好的健康状态。只有对各种营养素摄入的数量及相互之间的比例达到适宜，才能保证合理营养。

若膳食摄入不合理，营养失去平衡可产生营养不良（malnutrition）。营养不良是指由于一种或一种以上营养素的缺乏或过剩所造成的机体健康异常或疾病状态。营养不良包括两种，即营养缺乏（nutrition deficiency）和营养过剩（nutrition excess）。

营养缺乏会引起营养缺乏病的发生，如维生素 B_1 缺乏会引起脚气病；而营养过剩则更多与慢性病的发病率增高有关，如长期高脂肪、高能量摄入会引起肥胖、糖尿病等发病率增高。近三十年随着经济的快速发展，我国居民的膳食变化较大，目前我国居民存在营养缺乏和营养过剩并存的问题，但是目前更受关注的是由营养过剩引起的慢性病发病率的迅速增加。因此应采用科学方法，正确引导居民改善膳食现状，从而改善健康状况。

达到合理营养的唯一途径，就是合理膳食（rational diet）。合理膳食又称平衡膳食（balanced diet），是指能满足合理营养要求的膳食，从食物中摄入的能量和营养素在一个动态过程中，能提供机体一个合适的量，避免出现某些营养素的缺乏或过多而引起机体对营养素需要和利用的不平衡。合理膳食要求食物种类齐全、数量充足、比例合适，能保证食物安全，经过科学的烹调加工，并具有合理的进餐制度和良好的饮食习惯。

三、膳食营养素参考摄入量

为了更好实现合理膳食从而达到合理营养的目的，中国营养学会制定了中国居民膳食营养素参考摄入量。膳食营养素参考摄入量（dietary reference intakes，DRIs）是为了保证人体合理摄入营养素，避免缺乏和过量，在推荐膳食营养素供给量（recommended dietary allowance，RDA）的基础上发展起来的每日平均膳食营养素摄入量的一组参考值。我国 DRIs 包含以下 7 个指标。

1. 平均需要量　平均需求量（estimated average requirement，EAR）是指某一特定性别、年龄及生理状况群体中个体对某营养素需要量的平均值。当某一人群的摄入量达到 EAR 时，能满足这一人群中 50% 个体对该营养素的需要，但不能满足另外 50% 个体的需要。由于某些营养素的研究缺乏足够的资料，所以并非所有的营养素都已制定出其 EAR。

EAR 是制定推荐摄入量的基础，也可用于评价或计划群体的膳食摄入量，或判断个体某营养素摄入量不足的可能性。

EAR 可用于评估群体中摄入不足的发生率。针对个体，可检查其摄入不足的可能性。EAR 不是计划个体膳食的目标和推荐量，当用 EAR 评价个体摄入量时，如某个体的摄入量远高于 EAR，则此人的摄入量有可能是充足的；如某个体的摄入量远低于 EAR，则此个体的摄入量很可能为不足。

2. 推荐摄入量　推荐摄入量（recommended nutrient intake，RNI）是指可以满足某一特定性别、年龄及生理状况群体中绝大多数个体（97%～98%）需要量的某种营养素摄入水平。

RNI 可作为个体每日摄入某营养素的推荐值，是健康个体膳食摄入营养素的目标。RNI 在评价个体营养素摄入量方面的作用有限，当某个体的日常摄入量达到或超过 RNI 水平时，则可认为该个体没有摄入不足的危险，但当个体的营养素摄入量低于 RNI 时，并不一定表明该个体未达到适宜的营养状态。

如果已知某营养素的 EAR 及其标准差，则可计算出该营养素的 RNI，RNI = EAR + 2SD；如果资料不充分，不能计算某营养素 EAR 的标准差，则一般设定 EAR 的变异系数为 10%，

RNI 定为 EAR＋20%EAR，即 RNI＝1.2×EAR。

能量推荐摄入量计算不用 RNI 表示，而是采用能量需要量（estimated energy requirement，EER）表示。EER 是指长期保持良好的健康状态、维持良好的体型、机体构成以及理想活动水平的人或人群，达到能量平衡时所需要的膳食能量摄入量。群体的能量推荐摄入量直接等同于该群体的能量 EAR，而不像蛋白质等那样等于 EAR 加 2 倍标准差。

3. 适宜摄入量　适宜摄入量（adequate intake，AI）是通过观察或实验获得的健康群体某种营养素的摄入量。当某种营养素的个体需要量研究资料不足而不能计算出 EAR，从而无法推算 RNI 时，可通过设定 AI 来代替 RNI。

AI 可作为个体营养素摄入量的目标。AI 和 RNI 的相似之处是两者都可以作为目标群体中个体营养素摄入量的目标，可以满足该群体中几乎所有个体的需要。但 AI 的准确性远不如 RNI。因此，使用 AI 作为推荐标准时要比使用 RNI 更加注意。当某群体的营养素平均摄入量达到或超过 AI 水平，则该群体中摄入不足的危险性很小。

4. 可耐受最高摄入量　可耐受最高摄入量（tolerable upper intake level，UL）是指平均每日摄入营养素的最高限量。健康人群某营养素摄入量达到 UL 时，该人群中几乎所有个体都不会产生毒副作用，但并不表示达到此摄入水平对健康是有益的。因此，UL 并不是一个建议的摄入水平。

UL 的主要用途是检查摄入量过高的可能，避免对机体造成伤害。在制定个体和群体膳食时，应使营养素摄入量低于 UL。但 UL 不能用于评估人群中营养素摄入过多而产生毒副作用的危险性，因为 UL 对健康人群中最易感的个体也不应造成危害。由于缺乏足够的资料，目前还未制定某些营养素的 UL，但这并不意味着过多摄入这些营养素没有潜在的危害。

5. 宏量营养素可接受范围　宏量营养素都是人体的必需营养素，但摄入过量又可能导致机体能量储存过多，增加某些慢性病的发生风险。因此，有必要制定宏量营养素可接受范围（acceptable macronutrient distribution ranges，AMDR），AMDR 是指脂肪、蛋白质和碳水化合物理想的摄入量范围，该范围可以提供这些必需营养素的需要，并且有利于降低慢性病的发生危险，常用占能量摄入量的百分比表示，所以该值具有上限和下限。如果一个个体的摄入量高于或低于推荐的范围，可能引起罹患慢性病的风险增加，或引起必需营养素缺乏的可能性增加。

6. 预防非传染性慢性病的建议摄入量　膳食营养素摄入量过高或过低均可能引起肥胖、糖尿病等慢性疾病的发生。因此，预防非传染性慢性病的建议摄入量（proposed intakes for preventing non-communicable chronic diseases，PI-NCD，简称建议摄入量，PI）是以非传染性慢性病的一级预防为目标，提出的必需营养素的每日摄入量。当 NCD 易感人群某些营养素的摄入量达到或接近 PI 时，可以降低他们的 NCD 发生风险。

为了达到减少慢性病发生率的目的，某种营养素的 PI 是一个摄入量的高限水平，例如钠的每日摄入量应该低于 PI，以利于预防高血压；而对于另一些营养素，其 PI 是一个低限水平，即适当高于 RNI 或 AI，达到 PI 的摄入量则有利于预防慢性病，如维生素 C 和钾。

7. 特定建议值　研究表明，食物中含有的其他生物活性成分如植物化学物具有改善人体生理功能、预防慢性病的作用。2013 版 DRIs 中新增加了特定建议值（specific proposed levels，SPL）这个概念，它专用于营养素以外的其他食物成分。一个人每日膳食中这些食物成分的摄入量达到 SPL 这个建议水平时，有利于维护人体健康。

人体每天都需要从膳食中获得一定量的各种必需营养素。如果人体长期摄入某种营养素不足，就有发生该营养素缺乏症的危险（图1-1）。当日常摄入量为0时，摄入不足的概率为100%。当摄入量达到EAR水平时，发生营养素缺乏的概率为50%。摄入量达到RNI水平时，摄入充足的概率为97%～98%，也就是绝大多数的个体都没有发生缺乏症的危险。摄入量达到UL水平后，若再继续增加就可能开始出现毒副作用。RNI和UL之间是一个"安全摄入范围"。

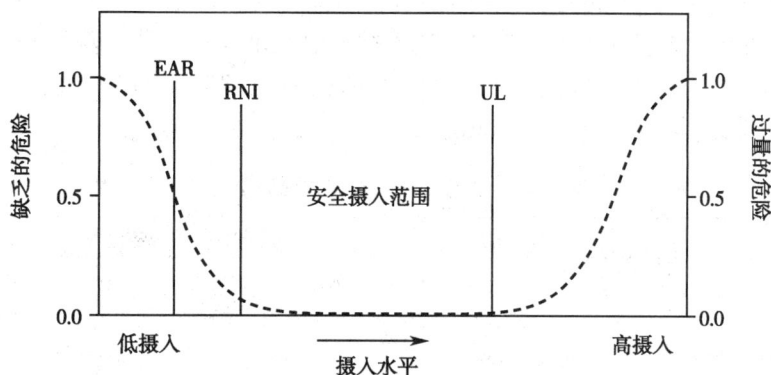

图1-1　营养素安全摄入范围的示意图

（侯绍英）

第二节　特殊人群的营养需要

特殊人群主要指处于不同生命周期阶段、特殊工作或生活环境和特殊职业人群，其营养需要不同于一般正常人群，也是营养学研究重点关注的人群。本节将主要介绍孕妇、乳母以及特殊年龄段人群（婴幼儿与学龄前儿童、学龄儿童、青少年和老年人）的生理特点、营养需要和合理膳食原则。

一、孕妇、乳母的营养需求

（一）孕妇的营养需求

1. 孕妇的生理特点　妊娠期间，为适应和满足胎体在宫内生长发育的需求，母体自身会发生一系列的生理性变化，主要包括内分泌系统、血液系统、肾脏、消化系统及体重的改变。如内分泌系统发生改变，人绒毛膜促性腺激素、人胎盘催乳素、雌激素、孕酮等分泌增加；孕妇血容量增加相对较多而红细胞数量增加相对较少，因此血液相对稀释，容易导致生理性贫血；肾血浆流量增加约75%，肾小球滤过率增加约50%，而肾小管的吸收能力又不能相应增高，因此导致部分妊娠期妇女尿中的葡萄糖、氨基酸、水溶性维生素的排出量增加；受激素分泌的影响，妊娠妇女消化系统发生变化，易患牙龈炎和牙龈出血，可能出现妊娠反应，此外还易诱发胆石症，但由于食物在肠道内停留时间延长，因此一些营养素如钙、铁、叶酸和维生素B_{12}等的吸收都有所增加；妊娠期变化最明显的是体重增加，平均增重约12kg。孕前体重以及妊娠期体重增长是母婴健康的一项关键指标，备孕妇女需调整体重至适宜水平。

2. 孕妇的营养需求　妊娠期对于营养的需求，不仅要提供满足胎儿生长发育所必需的各种营养素，而且还要满足自身的营养需要，从而达到预防可能出现的母体、胎儿和婴幼儿营养缺乏及某些并发症的目的。因此，保证妊娠期妇女的合理营养对母体健康和子代的正常发育有着重要的意义。

　　孕早期能量、蛋白质的推荐摄入量与非孕妇女相同，由于地区、民族以及气候、生活习惯、劳动强度等的不同，对能量的需要和供给也会不同，一般建议根据体重的增减来调整。妊娠期膳食中优质蛋白质至少占蛋白质总量的1/3以上。钙、铁的摄入量在孕早期不增加，膳食钙摄入不足时亦可适当补充一些钙制剂，妊娠期应注意补充一定量动物肝、血、瘦肉等食物，必要时可在医生指导下加服铁剂。建议孕妇通过摄取富含类胡萝卜素的食物来补充维生素A。备孕妇女应从准备怀孕前3个月开始每天补充400μg DFE叶酸，并持续整个妊娠期。孕妇的部分营养素参考摄入量见表1-5。

表1-5　妊娠期妇女部分营养素需要增加的量或参考摄入量

项目	孕早期	孕中期	孕晚期	营养素	孕早期	孕中期	孕晚期
能量 /(kcal/d)	+0	+300	+450	维生素 B₁(mg/d)	+0	+0.2	+0.2
蛋白质 /g	+0	+15	+30	维生素 B₂(mg/d)	+0	+0.2	+0.2
脂类 /(%E)		20%~30%		维生素 B₆(mg/d)	+0.8	+0.8	+0.8
碳水化合物 /(%E)		50%~65%		钙 (mg/d)	+0	+200	+200
维生素 A/(μgRAE/d)	+0	+70	+70	铁 (mg/d)	+0	+4	+9
维生素 D/(μg/d)	+0	+0	+0	锌 (mg/d)	+2	+2	+2
叶酸 /(μg DFE/d)	+200	+200	+200	碘 (μg/d)	+110	+110	+110

　　3. 孕妇的合理膳食原则　备孕期妇女膳食指南需要在一般人群膳食指南基础上增加三条关键推荐：①调整孕前体重至适宜水平；②常吃含铁丰富的食物，选用碘盐，孕前3个月开始补充叶酸；③禁烟酒，保持健康生活方式。

　　妊娠期妇女膳食指南在一般人群膳食指南基础上增加五条关键推荐：①补充叶酸，常吃含铁丰富的食物，选用碘盐；②孕吐严重者，可少量多餐，保证摄入含必要量碳水化合物的食物；③妊娠中、晚期适量增加奶、鱼、禽、蛋、瘦肉的摄入；④适量身体活动，维持妊娠期适宜增重；⑤禁烟酒，愉快孕育新生命，积极准备母乳喂养。

　　由于妊娠早期大多数孕妇有妊娠反应，且正处于胚胎组织的分化增殖和主要器官系统的形成阶段，因此妊娠早期的合理膳食应尤其注意以下几点：①选择清淡、易消化、增食欲的食物，不偏食；②少食多餐，保证正常的进食量；③早孕反应在晨起和饭后最为明显，可在起床前吃些含水分少的，含碳水化合物丰富的食物。多数孕妇在午后恶心、呕吐的现象消退。建议每日服用适量叶酸和维生素B₁₂等，以预防神经管畸形的发生。

　　妊娠中、晚期是胎儿生长发育及大脑发育迅速的阶段，母体自身也开始储存脂肪、蛋白质等，同时缺钙、缺铁等现象亦增多。在怀孕第4个月起，妊娠反应开始消失或减轻，食欲好转，必须增加能量和各种营养素摄入，要做到全面多样，荤素搭配，如牛奶、鸡蛋、动物肝脏、瘦肉、鱼虾类、豆制品、新鲜蔬菜水果等，保证胎儿的正常生长。

　　妊娠过程中由于消化功能下降，抵抗力减弱，易发生腹泻或便秘，因此应尽量食用新鲜和易消化的食物。为防止孕妇便秘，可多选用含膳食纤维丰富的蔬菜、水果及薯类。妊娠晚期若出现水肿，应限食含钠盐多的食物。

（二）乳母的营养需求

哺乳期要进行泌乳哺育婴幼儿，为了保证婴儿与乳母都能获得足够的营养，哺乳期的营养非常重要，要做到合理调配膳食，做到品种多样、数量充足、营养价值高。

1. 乳母的生理特点 泌乳过程是一种复杂的神经反射，受神经内分泌因素的影响。乳汁的分泌受两个反射的控制，其一是产奶反射，婴儿吸吮乳头可刺激乳母垂体产生催乳素，引起乳腺腺泡分泌乳汁，并存留在乳腺导管内；其二是下奶反射，吸吮乳头可引起乳母垂体后叶释放催产素，后者引起乳腺周围肌肉收缩而出现泌乳。

母乳分为三期：产后第 1 周分泌的乳汁为初乳，呈淡黄色，质地黏稠；富含免疫蛋白，尤其是分泌型免疫球蛋白 A 和乳铁蛋白等；乳糖和脂肪较成熟乳少。产后第 2 周分泌的乳汁称为过渡乳，过渡乳中的乳糖和脂肪含量逐渐增多。第 2 周以后分泌的乳汁为成熟乳，呈乳白色，富含蛋白质、乳糖和脂肪等多种营养素。

乳母营养状况影响泌乳量。泌乳量少是母亲营养不良的一个表现特征。通常根据婴儿体重增长率作为奶量是否足够的指标。乳母的营养状况还将直接影响乳汁的营养素含量，从而影响婴儿健康状况。乳母膳食蛋白质质量差且摄入量严重不足时将会影响乳汁中蛋白质的含量和组成。母乳中脂肪酸、磷脂和脂溶性维生素含量也受乳母膳食营养素摄入量的影响。

2. 乳母的营养需求 为了满足泌乳及自身的需要（表 1-6），乳母对能量、蛋白质、钙、铁、锌等矿物质及维生素的需要量比非孕时均有增加。衡量乳母摄入能量是否充足，应以泌乳量与母亲体重为依据。当母体能量摄入适当时，其分泌的乳汁量既能使婴儿感到饱足，且母体自身又能逐步恢复到孕前体重。乳母膳食中蛋白质量少质差时，乳汁分泌量将大为减少，并动用乳母组织蛋白以维持乳汁中蛋白质含量的恒定。为保证乳汁中正常的钙含量，并维持母体钙平衡，应增加乳母钙的摄入量。除多食用富含钙的食物（如乳类和乳制品）外，也可以在医师或营养师的指导下合理选用钙剂、骨粉等补充剂。为预防乳母发生缺铁性贫血，乳母的膳食中应注意铁的补充。维生素 E 具有促进乳汁分泌的作用，所以乳母维生素 E 的需要量有所增加。

表 1-6　乳母的部分营养素需要增加的量或参考摄入量

项目	增加量或参考摄入量	项目	增加量或参考摄入量
能量 /(kcal/d)	+500	维生素 B$_1$/(mg/d)	1.5
脂类 /(%E)	20%～30%	维生素 B$_2$/(mg/d)	1.5
蛋白质 /g	+25	维生素 B$_6$/(mg/d)	15
碳水化合物 /(%E)	50%～65%	钙 /(mg/d)	+200
维生素 A/(μgRAE/d)	+600	铁 /(mg/d)	+4
维生素 D/(μg/d)	10	锌 /(mg/d)	+4.5
维生素 E/(mg α-TE/d)	+3	碘 /(μg/d)	+120

3. 乳母的合理膳食原则 《中国居民膳食指南》中哺乳期妇女膳食指南在一般人群膳食指南基础上增加五条关键推荐：①增加富含优质蛋白质及维生素 A 的动物性食物和海产品，选用碘盐；②产褥期食物多样不过量，重视整个哺乳期营养；③愉悦心情，充足睡眠，促进乳汁分泌；④坚持哺乳，适度运动，逐步恢复适宜体重；⑤忌烟酒，避免浓茶和咖啡。

　　产褥期指从胎儿、胎盘娩出至产妇全身器官除乳腺外恢复或接近正常未孕状态的一段时间，一般为 6 周。如无特殊情况分娩后 1h 就可让产妇进食易消化的流质食物或半流质食物，如牛奶、稀饭、肉汤面、蛋羹等，次日起可进食普通食物，但食物应是富含优质蛋白质的平衡膳食。同时多喝汤和摄入含水分多的食物及含膳食纤维多的食物，餐次每日 4～5 次，适量补充维生素和矿物质。

　　乳母的合理膳食原则包括以下内容：

　　（1）食物品种多样，不偏食：保证摄入全面足够的营养素；同时，摄入食物的数量也要相应增加。

　　（2）供给充足的优质蛋白质：乳母每天摄入的蛋白质应保证 1/3 以上是来源于动物性食物的优质蛋白质。增加富含维生素 A 的动物性食物有利于提高我国母乳中维生素 A 的水平。

　　（3）多食含钙丰富食品：乳母对钙的需要量增加，应注意钙的补充。奶制品、豆类、小鱼和小虾含有丰富的钙质。

　　（4）增加新鲜蔬菜、水果的摄入：新鲜的蔬菜水果中含有多种维生素、矿物质、膳食纤维等，可促进食欲，防止便秘，并促进乳汁分泌。

　　（5）少吃盐、腌制品和刺激性强的食物：以免有些不良成分通过乳汁进入婴儿体内，对婴儿产生不利影响。

　　（6）注意烹饪方式：烹调方法应多用炖、煮、炒，少用油煎、油炸。如畜禽肉类、鱼类以炖或煮为宜，食用时要同时喝汤，这样既可增加营养，还可促进乳汁分泌。选用碘盐。

二、婴幼儿与学龄前儿童的营养需求

　　婴幼儿（0～3 岁）期是人一生中发育最旺盛的阶段，该期生长发育迅速，消化系统处于发育阶段但功能还不够完善，合理营养将为婴幼儿一生的体力、智力的发育打下良好基础，而且可以预防某些成年或老年疾病的发生。

（一）婴幼儿的营养需求

1. 婴幼儿的生理特点

　　（1）生长发育：婴儿期（0～1 岁）是人类生长发育的第一高峰期，尤其是出生后 6 个月内生长最快。幼儿期（1～3 岁）的发育虽不及婴儿快速，但与成人比较仍然非常旺盛。婴幼儿的体重、身长、头围、胸围等指标增长较明显。

　　（2）消化和吸收：婴幼儿口腔狭小且易受损伤，不宜进食过热过硬的食物，消化能力未发育完全，乳牙 6～8 个月左右开始萌出，但咀嚼能力较差。婴儿食管和胃壁易受损伤。胃部尚未发育好，易因幽门痉挛而出现溢乳和呕吐。

　　肠道功能未发育完全，肠壁屏蔽功能较差；婴儿出生时已有乳糖酶和蔗糖酶，利于乳糖和蔗糖的吸收。肠壁刷状缘已能产生肠激酶和肽酶，有助于蛋白质的消化和吸收。

　　婴儿胰腺发育尚不成熟，消化酶活力较低。5～6 个月以下婴儿只分泌少量胰淀粉酶。小婴儿脂肪消化能力较弱，但胰蛋白酶和胰凝乳酶在出生时已很充足。

　　婴儿肝脏相对较大，肝脏血管丰富，但肝细胞分化不全，肝功能较差，胆汁分泌较少，影响脂肪的消化吸收。

　　（3）脑和神经系统发育：婴儿出生时的脑重量约为 370g，占体重的 1/8 左右，婴幼儿期脑细胞数量持续增加，6 月龄时脑重增加至出生时的 2 倍（600～700g），至 1 周岁时脑重达

900～1 000g，接近成人脑重的 2/3。大脑的发育尤其是大脑皮质细胞的增殖、增大和分化主要是发生在孕后期和出生后第一年内，尤其是出生后头 6 个月内，是大脑和智力发育的关键时期。

2. 婴幼儿的营养需求　婴幼儿每千克体重对营养素的需要量，一般高于成人。0～6 月龄婴儿应纯母乳喂养。能量、蛋白质摄入长期不足或过量，会影响婴儿的生长发育，一般可通过婴儿的健康状况、是否出现饥饿的症状以及婴幼儿的体重增加情况判断能量供给量是否适宜。

必需脂肪酸对婴幼儿神经髓鞘的形成和大脑及视网膜光感受器的发育和成熟具有非常重要的作用。因为早产儿大脑中的 DHA 含量低、合成少、相对需要量大，因此早产儿和人工喂养儿需要补充 DHA，人工喂养儿的食物来源主要是牛乳及其他代乳品，牛乳中的 DHA 含量较低，不能满足婴儿需要。

婴儿必需而又容易缺乏的矿物质主要有钙、铁、锌。此外，内陆地区甚至部分沿海地区碘缺乏病也较为常见。婴儿对钙的需要量较高；正常新生儿体内铁（300mg 左右）基本可满足出生后 4 个月内婴儿对铁的需求，4～5 个月后铁储备逐渐消耗，且随着生长铁的需求量增加，母乳中的铁不能满足婴幼儿对铁的需求，6 月龄～2 岁最易发生缺铁性贫血，此时可为婴幼儿适当添加含铁丰富的食物或铁补充剂；正常新生儿体内锌也有一定量的储备，母乳中锌含量相对不足，因此母乳喂养的婴儿在 4～5 个月也需要从膳食中补充；其他矿物质，如钾、钠、镁、铜、氯、硫等也为机体生长发育所必需，但母乳及配方奶喂养的健康婴儿均不易缺乏。

母乳中的维生素尤其是水溶性维生素含量受乳母的膳食和营养状态的影响。膳食均衡的乳母，其乳汁中维生素一般能满足婴儿的需要。用非婴儿配方奶喂养婴儿时，则应注意补充各种维生素。几乎所有的维生素在缺乏时都会影响婴幼儿的生长发育。母乳中含有较丰富的维生素 A，用母乳喂养的婴儿一般不需额外补充。常用的维生素 A 补充剂为浓缩鱼肝油，补充时注意要适量，过量会导致维生素 A、维生素 D 中毒。母乳中的维生素 D 水平较低，因此应给婴幼儿适宜补充维生素 D，并且应多晒太阳。但应该注意的是如果长期过量摄入维生素 D 会引起中毒。新生儿组织中维生素 E 的储存少，初乳中含量更丰富，因而婴儿维生素 E 的需要量通常可由母乳获得，但牛乳喂养的婴幼儿需补充维生素 E。新生儿体内几乎无维生素 K 的储备，同时肠道内维生素 K 的合成菌群尚未建立，加上人乳中维生素 K 的含量低，因而新生儿尤其是纯母乳喂养儿易出现维生素 K 缺乏引起的出血性疾病。母乳喂养的婴儿不易缺乏维生素 C，人工喂养的婴儿应及时补充维生素 C，随着年龄的增大可进一步补充富含维生素 C 的新鲜蔬果。当乳母膳食维生素 B_1 供应充足时，母乳中维生素 B_1 完全能满足婴儿的需要。乳汁维生素 B_2 比较稳定，是婴儿维生素 B_2 的充足来源。乳母血清中维生素 B_{12} 浓度正常时，婴儿就可以通过母乳获得充足的维生素 B_{12}。乳母若为素食主义者，应注意给婴儿补充 0.1μg/d 维生素 B_{12}，以预防维生素 B_{12} 缺乏。

3. 婴幼儿的喂养　生命早期营养供给是否充足合理，对母子双方的近期和远期健康都将产生至关重要的影响。生命早期营养不仅对婴幼儿的体力、智力发育有直接明显影响，而且对其成年后的身体素质和疾病的发生也有重要影响。

（1）婴儿喂养方式：婴儿的喂养应结合其生长发育特点、母亲的生理状态，确定科学的喂养方式。常用的婴儿喂养方式可分为三种，即母乳喂养、人工喂养和混合喂养。

1）母乳喂养：母乳是婴儿最理想的食物，纯母乳喂养能满足婴儿 6 月龄以内所需要的全部液体、能量和营养素。母乳喂养的优点有：①营养成分最适合婴儿的需要，消化吸收利用率高；②母乳有大量免疫物质，有助于增强婴儿抗感染的能力；③母乳喂养不容易发生过敏；④经济、方便、卫生；⑤促进产后恢复、增进母婴交流。母乳喂养是最适合婴儿成长的喂养方式，应大力提倡母乳喂养。

2）人工喂养：因疾病或其他原因不能进行母乳喂养时，可采用牛乳或其他代乳品喂养婴儿。完全人工喂养的婴儿最好选择婴儿配方奶粉。

3）混合喂养：母乳不足时，可用婴儿配方奶粉或其他乳品、代乳品补充进行混合喂养，其原则是采用补授法，即先喂母乳，不足时再喂以其他乳品；每天应哺乳 3 次以上。让婴儿按时吮吸乳头，刺激乳汁分泌，防止母乳分泌量的进一步减少。

婴儿配方奶粉一般是以牛乳为基础，根据不同人群的营养需要特点，对牛乳的营养组成成分加以适当调整和改善调制而成，使各种营养素的含量、种类和比例接近母乳，更适合婴幼儿的生理特点和营养需要。我国对婴幼儿配方食品有明确的规定和严格的监管，所有原料应符合相应的食品安全标准和 / 或相关规定。

（2）婴幼儿喂养指南：6 月龄内婴儿母乳喂养指南包括以下内容：①产后尽早开奶，坚持新生儿第一口食物是母乳；②坚持 6 月龄内纯母乳喂养；③顺应喂养，建立良好的生活规律；④出生后数日开始补充维生素 D，不需补钙；⑤婴儿配方奶是不能纯母乳喂养时的无奈选择；⑥监测体格指标，保持健康生长。

7～24 月龄婴幼儿喂养指南包括以下内容：①继续母乳喂养，满 6 月龄起添加辅食；②从富含铁的糊状食物开始，逐步添加达到食物多样；③提倡顺应喂养，鼓励但不强迫进食；④辅食不加调味品，尽量减少糖和盐的摄入；⑤注重饮食卫生和进食安全；⑥定期监测体格指标，追求健康生长。

（3）婴儿辅食添加：婴儿生长至 6 个月时，母乳的量和质都无法满足他们的需要，同时婴儿的消化吸收功能则日趋完善，所以自 6 个月起就可添加一些辅助食品（辅食），补充他们的营养需要，也为断乳做好准备。

辅食添加可依照以下原则进行：①由少到多，由细到粗，由稀到稠，次数和数量逐渐增加，待适应数日（一般为 1 周）后再增加新的品种，使婴儿有一个适应的过程。②应在婴儿健康、消化功能正常时添加辅助食品。③保持原味，不加盐、糖以及刺激性调味品。1 岁以后逐渐尝试淡口味的家庭膳食。考虑到婴儿对食物的适应能力和爱好存在个体差异，辅食开始添加的时间以及品种和数量增加的快慢应根据具体情况灵活掌握。

婴儿辅食添加应按照一定顺序进行，先单一食物后混合食物，先液体后泥糊状，再固体；先强化铁的米粉、蛋黄、果泥、菜泥，后鱼泥、肉泥等。

我国对婴幼儿辅助食品有严格的规定。

（4）幼儿膳食：幼儿膳食从婴儿期的以乳类为主过渡到以谷类为主，奶、蛋、鱼、畜、禽及蔬菜和水果为辅的混合膳食，但其烹调方法应与成人有差别，幼儿膳食原则包括以下三点：

1）平衡膳食：逐渐添加谷类食品以及畜、蛋、禽、鱼、奶类和豆类及其制品，每日供给牛奶或相应的奶制品不应少于 350ml。幼儿的每周食谱中应至少安排一次动物肝、动物血及一次海产品，以补充维生素 A、铁、锌和碘。

2）合理烹调：幼儿主食以软饭、麦糊、面条、馒头、面包、饺子、馄饨等交替使用。蔬菜应切碎煮烂，瘦肉宜制成肉糜或肉末，易为幼儿咀嚼、吞咽和消化。坚果及种子类食物，如花生、黄豆等应磨碎制成泥糊状，以免呛入气管。幼儿食物烹调宜采用蒸、煮等，不宜添加味精等调味品，以原汁原味最好。

3）膳食安排：每日 4～5 餐，除三餐外，可增加 1～2 次点心，进餐应该有规律。早餐宜提供一日能量和营养素的 25%，午餐为 35%，每日 5%～10% 的能量和营养素可以零食或点心的方式提供，晚饭后除水果或牛奶外应逐渐养成不再进食的良好习惯，尤其睡前忌食甜食，以保证良好的睡眠，预防龋齿。

（二）学龄前儿童的营养需求

学龄前儿童（pre-school children）指的是 3～6 岁的儿童，该阶段的生长发育仍然较快，其生理特点决定了学龄前儿童的营养需要。

1. 学龄前儿童的生理特点

（1）身高、体重稳步增长：与婴幼儿相比，学龄前儿童的体格发育速度相对减慢，但仍保持稳步增长。

（2）神经系统发育逐渐完善：3 岁时神经系统的发育已基本完成，但脑细胞体积的增大和神经纤维的髓鞘化仍在继续。神经冲动的传导速度明显快于婴幼儿期。

（3）咀嚼及消化能力仍有限：尽管 3 岁时乳牙已出齐，6 岁时恒牙已萌出，但这一时期的咀嚼及消化能力仍有限，远低于成人，尤其是对固体食物需要较长时间适应。因此，这一时期还不能给予成人膳食，以免造成消化功能的紊乱。

（4）心理发育特点：3～6 岁的儿童注意力分散，无法专心进食，在食物选择上有自我做主的倾向，且模仿能力极强，因此这一时期应特别注意培养儿童良好的饮食习惯。

2. 学龄前儿童的营养需求　2013 年中国营养学会推荐 3～4 岁学龄前儿童能量摄入量为男性 5.23MJ/d，女性 5.02MJ/d；4～5 岁男性为 5.44MJ/d，女性 5.23MJ/d；5～6 岁男性为 5.86MJ/d，女性为 5.44MJ/d。

学龄前儿童蛋白质参考摄入量为 30g/d，其中动物性蛋白质应占到一半；脂肪提供的能量由婴幼儿时期的 35%～40% 减少到 30%～35%，但仍高于一般成年人。碳水化合物是学龄前儿童能量的主要来源，其供能比为 50%～65%，且以淀粉类食物为主，避免糖和甜食的过多摄入；学龄前儿童的骨骼生长需要充足的钙，中国营养学会建议 4～6 岁儿童钙、铁、锌和碘的 RNI 分别为 800mg/d、10mg/d、5.5mg/d 和 90μg/d。

维生素 A 的 RNI 为 360μgRAE/d。尽管维生素 D 缺乏导致的佝偻病常见于 3 岁以下的婴幼儿，但学龄前儿童骨骼生长需要维生素 D，以促进钙的吸收，学龄前儿童钙缺乏还是常见。学龄前儿童维生素 D 的 RNI 为 10μg/d（400IU/d）。维生素 B_1、维生素 B_2 和烟酸的 RNI 分别是 0.8mg/d、0.7mg/d 和 8mgNE/d。

3. 学龄前儿童的合理膳食原则　经过 7～24 月龄期间膳食模式的过渡和转变，学龄前儿童摄入的食物种类和膳食结构已开始接近成人，是饮食行为和生活方式形成的关键时期。基于学龄前儿童生理和营养特点，其膳食指南应在一般人群膳食指南基础上增加以下 5 条关键推荐：①规律就餐，自主进食不挑食，培养良好饮食习惯；②每天饮奶，足量饮水，正确选择零食；③食物应合理烹调，易于消化，少调料、少油炸；④参与食物选择与制作，增进对食物的认知与喜爱；⑤经常户外活动，保障健康生长。

学龄前儿童的合理膳食原则包括：

（1）足量食物、平衡膳食、规律就餐：是学龄前儿童获得全面营养和良好消化吸收的保障。餐次以一日 4～5 餐为宜，3 次正餐，2 次加餐。一日三餐的能量分配为：早餐 30%，午餐 35%，晚餐 25%，加餐点心 10% 左右。定时、定量、定点进食，注意饮食卫生。

（2）选择易于消化的烹调方式：烹调方式要符合学龄前儿童的消化功能和特点，烹调注意色香味美，使孩子喜欢，促进食欲。食品的温度适宜、软硬适中，易被儿童接受。

（3）不挑食、偏食或暴饮暴食，正确选择零食，并注意零食的食用安全。

三、学龄儿童的营养需求

学龄儿童（school children）是指 6～12 岁的儿童，在这期间他们体格仍维持稳步的增长。除生殖系统外的其他器官和系统，包括脑的形态发育已逐渐接近成人水平，而且独立活动能力逐步加强，可以接受成人的大部分饮食。

（一）学龄儿童的生理特点

处于学龄期的儿童生长迅速、代谢旺盛，每年体重约增加 2～3kg，身高每年可增高 4～7cm。身高在该阶段的后期增长较快。但各系统器官的发育快慢不同，神经系统发育较早，生殖系统发育较晚，皮下脂肪年幼时较发达，肌肉组织到学龄期才加速发育。

（二）学龄儿童的营养需求

学龄期儿童处于生长发育阶段，基础代谢率高，活泼爱动，体力、脑力活动量大，故学龄儿童需要的能量（按每千克体重计）接近或超过成人。由于学龄儿童学习任务繁重，思维活跃、认识新事物多，必须保证供给充足的蛋白质。学龄儿童脂肪的 AMDR 为总能量的 20%～30%（表 1-7）。

表 1-7　学龄儿童能量和蛋白质的 RNIs 及脂肪供能比

年龄 / 岁	能量 RNI/kcal		蛋白质 RNI/g		脂肪 energy/%
	男	女	男	女	
7～	1 800	1 700	60	60	25～30
8～	1 900	1 800	65	65	25～30
9～	2 000	1 900	65	65	25～30
10～	2 100	2 000	70	65	25～30
11～	2 400	2 200	75	75	25～30

由于学龄儿童骨骼生长发育快，矿物质的需要量明显增加，必须保证供给充足。由于体内三大营养素代谢反应十分活跃，学习任务重，因此有关能量代谢、蛋白质代谢和维持正常视力、智力的维生素必须保证充足供给，尤其要重视维生素 A 和维生素 B_2 的供给。

（三）学龄儿童的合理膳食原则

关于学龄儿童的膳食指南在一般人群膳食指南基础上特别推荐了以下 5 条：①认识食物，学习烹饪，提高营养科学素养；②三餐合理，规律进餐，培养健康饮食行为；③合理选择零食，足量饮水，不喝含糖饮料；④不偏食节食，不暴饮暴食，保持适宜体重增长；⑤保证每天至少活动 60min，增加户外活动时间。

学龄儿童的合理膳食原则包括：

1. 学龄儿童应该食物多样化,平衡膳食　应摄入粗细搭配的多种食物,保证鱼、禽、蛋、畜、奶类及豆类等食物的供应。

2. 坚持吃好早餐　早餐的能量及营养素供应量应相当于全日量的1/3。不吃早餐或早餐吃不好会使小学生在上午11点前后因能量不够而导致学习行为的改变,如注意力不集中,数学运算、逻辑推理能力及运动耐力等下降。

3. 培养良好生活习惯及卫生习惯　定时定量进食,少吃零食,不挑食、不偏食或暴饮暴食。

四、青少年的营养需求

青少年期是指12～18岁,包括青春发育期(adolescence)及少年期(juvenile),相当于初中和高中阶段。

(一)青少年的生理特点

青少年进入身高和体重的第二次突增期,体重每年增加2～5kg,个别可达8～10kg,所增加的体重占其成人时体重的一半;身高每年可增高2～8cm,个别可达10～12cm,所增加的身高可占其成人时身高的15%～20%。在青春期以前男生和女生的脂肪和肌肉占体重的比例是相似的,分别为15%和19%;进入青春期以后,体成分发生变化,女性脂肪增加到22%,男性仍为15%,而此时男生增加的瘦体重(即去脂体重)约为女生的2倍。青春期性腺发育逐渐成熟,性激素促使生殖器官发育、出现第二性征。青少年的抽象思维能力加强、思维活跃,记忆力强,心理发育成熟,追求独立愿望强烈。心理改变可导致饮食行为改变,如盲目节食等。

(二)青少年的营养需求

青少年时期对各种营养素的需要量达到最大值,随着机体发育的不断成熟需要量逐渐有所下降。此时期,需要保持能量、蛋白质均处于正平衡状态,蛋白质的RNI男女分别为60、75g/d,脂肪的摄入量占总能量的20%～30%,碳水化合物的摄入量占总能量的50%～65%。

青少年期的钙营养状况决定成年后的峰值骨量,每天钙摄入量高的青少年的骨量和骨密度均高于钙摄入量低者,进入老年期后骨质疏松性骨折的发病危险性降低。因此,11～13岁钙的RNI为1200mg/d,14～17岁为1000mg/d。青春期铁需要量增加,青春期女生还要从月经中丢失大量铁,需要通过膳食增加铁的摄入量。由于生长发育迅速,青少年体内锌的储存量增多,需要增加锌的摄入量,肉类、海产品、蛋类等都是锌的良好来源。青春期碘缺乏所致的甲状腺肿发病率较高,故这一时期应注意保证碘的摄入。

其他的营养素推荐量参照《中国居民膳食营养素参考摄入量》。

(三)青少年的合理膳食原则

《中国居民膳食指南》中关于学龄儿童的膳食指南也适用于青少年期,青少年的合理膳食原则包括:

1. 多吃谷类,供给充足的能量　青少年的能量需要量大,可因活动量大小而有所不同,而且宜选用加工较为粗糙、保留大部分B族维生素的谷类,适当选择杂粮及豆类。

2. 保证足量的鱼、禽、蛋、奶、豆类和新鲜蔬菜水果的摄入　优质蛋白质应达50%以上,鱼、禽、肉、蛋每日供给量200～250g,奶不低于300ml。每日蔬菜和水果的总供给量约为500g，其中绿色蔬菜类不低于300g。

3. 平衡膳食，鼓励参加体力活动，避免盲目节食　青少年肥胖率逐年增加，对于超重或肥胖的青少年，应引导他们通过合理控制饮食，少吃高能量的食物（如肥肉、糖果和油炸食品等），同时增加体力活动，使能量摄入低于能量消耗，逐步减轻体重。

五、老年人的营养需求

老年人是指65岁以上的成年人，其中80岁以上的成年人为高龄老人。

（一）老年人的生理特点

老年人基础代谢率随年龄的增长而降低；脂质代谢能力降低易出现血甘油三酯、总胆固醇和LDL-C升高，HDL-C下降的现象；消化系统功能逐渐减退，影响消化和吸收功能；老年人体成分发生改变，体内脂肪组织逐渐增加，而瘦体重逐渐减少；老年人代谢功能随着年龄的增长而降低，而且合成代谢降低，分解代谢增高，两者失去平衡，引起细胞功能下降；在衰老过程中，体内氧化损伤加重，易引起神经功能障碍和酶活性降低或丧失；老年人免疫功能下降，容易患各种疾病。

（二）老年人的营养需求

老年人对能量的需要降低，以体重维持在正常稳定水平为宜。此外，应摄入生物价较高的蛋白质，优质蛋白质应占总蛋白质摄入量的50%。脂肪的摄入不宜过多，其中要求亚油酸达到总能量的4%，α- 亚麻酸达到总能量的0.6%。老年人应降低单糖、双糖和甜食的摄入量，增加膳食中膳食纤维的摄入。膳食中应保证适宜的矿物质和充足的维生素，以满足机体的需要（表1-8）。

表1-8　老年人维生素参考摄入量（RNI或AI）

年龄 / 岁及性别	维生素 A RNI/μgRAE	维生素 D RNI/μg	维生素 E AI/mg α-TE	维生素 B_1 RNI/mg	维生素 B_2 RNI/mg	维生素 B_6 RNI/mg
65～男	800	15	14	1.4	1.4	1.6
65～女	700	15	14	1.2	1.2	1.6
80～男	800	15	14	1.4	1.4	1.6
80～女	700	15	14	1.2	1.2	1.6

年龄 / 岁及性别	维生素 B_{12} RNI/μg	维生素 C RNI/mg	泛酸 AI/mg	叶酸 RNI/μgDFE	烟酸 RNI/mgNE
65～男	2.4	100	5.0	400	14
65～女	2.4	100	5.0	400	11
80～男	2.4	100	5.0	400	13
80～女	2.4	100	5.0	400	10

（三）老年人的合理膳食原则

《中国居民膳食指南》中关于老年人的膳食指南特别强调：①少量多餐细软，预防营养缺乏；②主动足量饮水，积极户外活动；③延缓肌肉衰减，维持适宜体重；④摄入充足食物，鼓励陪伴进餐。

老年人的合理膳食原则包括：

1. 摄入充足食物，合理安排平衡膳食，老年人每天应至少摄入 12 种以上食物。采用多种方法增加食欲和进食量，吃好三餐。

2. 烹饪选用炖、煮、蒸、烩、焖、烧等方法，烹调要讲究色香味、细软易于消化，少吃或不吃油炸、烟熏、腌制的食物。

3. 保证获得足够的优质蛋白质，每日一杯奶，适量吃豆类或豆制品，多吃鱼类，荤素合理搭配，维持能量摄入与消耗的平衡，保持适宜体重。

4. 保证充足的新鲜蔬菜和水果摄入，补充钙、铁和锌等矿物质，预防便秘、贫血、骨质疏松和肌肉衰减等老年性疾病。

5. 少食多餐，饮食饥饱适中，不暴饮暴食，饮食清淡少盐，不吸烟，少饮酒。

第三节 营养相关疾病

营养不良可导致一系列营养相关疾病的发生。近些年肥胖症、动脉粥样硬化、高血压、糖尿病等的发病率逐渐增加，这些营养相关慢性病已经成为威胁人类健康的重要公共卫生问题。

一、肥胖与营养

肥胖（obesity）是指体内脂肪堆积过多和 / 或分布异常、体重增加，是遗传因素、环境因素等多种因素相互作用所引起的慢性代谢性疾病。

目前，肥胖的患病率正以惊人的速度在全球范围内增长、蔓延。肥胖作为代谢综合征的主要组分之一，与多种疾病如 2 型糖尿病、血脂异常、高血压、冠心病、脑卒中和某些癌症密切相关。

（一）肥胖的分类

按照发生的原因，可将肥胖分为以下几类。

1. 单纯性肥胖 单纯性肥胖（simple obesity）是指单纯由于能量摄入大于能量消耗，造成全身性脂肪过量积累并在体内贮存所引起的肥胖。肥胖儿童中约 99% 以上属于该种类型的肥胖。

2. 继发性肥胖 继发性肥胖（secondary obesity）是指由于下丘脑 - 垂体 - 肾上腺轴发生病变、内分泌紊乱或其他疾病、外伤引起的内分泌障碍而导致的肥胖。

3. 遗传性肥胖 遗传性肥胖主要指遗传物质（染色体、DNA）发生改变而导致的肥胖，这种肥胖比较罕见。

（二）肥胖的影响因素

肥胖是由包括遗传和环境因素在内的多种因素相互作用的结果。其中，环境因素主要是饮食和体力活动，营养素不平衡、饮食行为不当（如长期大量摄入高能量食物、人工喂养过量等）和体力活动减少均与肥胖密切相关。

近年来，发现与进食和肥胖有关的信号因子有 20 余种，其中主要与人类肥胖有关的基因是瘦素、解偶联蛋白、神经肽 Y 和黑色素皮质素等。人类肥胖存在较明显的家族性。

（三）肥胖的诊断标准

目前已经建立的肥胖判定方法可大致分为人体测量法（anthropometry）、物理测量法（physicometry）和化学测量法（chemometry）三类。

1. 人体测量法

（1）标准体重：我国常用 Broca 改良公式计算标准体重。Broca 改良公式：标准体重＝身高（cm）−105。超过标准体重的 10% 为超重，超过标准体重的 20% 以上为肥胖。

（2）体质指数（body mass index，BMI）：是目前应用较为普遍的指标。近几年国外学者多数主张使用 BMI，认为 BMI 更能反映体脂增加的百分含量，可用于衡量肥胖程度。体质指数（BMI）＝体重（kg）/[身高（m）]^2。

WHO 建议，BMI <18.5 为消瘦，18.5～24.9 为正常，25～29.9 为超重，≥30 为肥胖。亚洲标准为 BMI 18.5～22.9 为正常，23.0～24.9 为超重，≥25.0 为肥胖。我国成人判断标准：18.5～23.9 为正常；24～27.9 为超重；≥28 为肥胖。

（3）腰围：是诊断腹部脂肪积聚最重要的临床指标。肥胖者体内脂肪分布部位的不同，对健康的影响不同。上身性肥胖（以腹部或内脏脂肪增多为主）患心血管疾病和糖尿病的危险性显著增加，同时死亡率亦明显增加。而下身性肥胖（以臀部和大腿脂肪增多为主）患上述疾病的危险性相对较低。WHO 规定男性腰围≥102cm、女性腰围≥88cm 作为上身性肥胖的标准；腰臀比男性≥0.9、女性≥0.8 作为上身性肥胖的标准，在我国腰围男性≥90cm、女性≥85cm 可诊断为上身性肥胖。

2. 物理测量法　是指根据物理学原理测量人体成分，从而可推算出体脂的含量。这些方法包括全身电传导、生物电阻抗分析、双能 X 线吸收、计算机控制的断层扫描和磁共振扫描，可测量骨骼重量和体脂在体内和皮下的分布，但其费用相对较昂贵。

3. 化学测量法　中性脂肪不结合水和电解质，因此机体的组织成分可用无脂的成分为基础来计算。若人体瘦体质的组成恒定，通过分析其中一种组分（例如水、钾或钠）的量就可以估计瘦体质的多少，然后用体重减去瘦体质的重量就是体脂。

（四）膳食因素与肥胖

肥胖发生的根本原因是机体的能量摄入大于消耗，导致多余的能量以脂肪形式贮存。因此，膳食因素在肥胖发生的过程中发挥了非常重要的作用。

1. 营养与肥胖　生命早期营养会影响成年后肥胖的发生。生命早期是指胎儿期、哺乳期和断乳后的一段时间（一般指 3 岁以内，亦称"窗口期"）。生命早期不良的膳食因素，不仅可直接影响婴幼儿体重及健康，还会增加成年后肥胖及相关慢性病的发病风险。相反，母乳喂养（完全母乳喂养或喂养时间相对较长）则有益于预防成年后肥胖的发生。

膳食能量过剩是肥胖发生的根本原因。食物是机体能量的主要来源，所以膳食能量过剩在肥胖的发生起重要作用。

宏量营养素是膳食能量的主要来源，每一种宏量营养素摄入过多均会增加总能量摄入，从而导致肥胖。但在控制总能量的情况下，高蛋白饮食能够增加饱腹感，降低热量摄入，对肥胖者有减轻体重的作用。

目前还没有确切的证据证明某种维生素或矿物质的营养状况能够影响肥胖的发生。

膳食纤维具有高膨胀性和持水性，使各种营养成分吸收减慢，具有防止肥胖的作用。

2. 食物与肥胖　全谷物摄入有助于维持正常体重，减少体重增长。但是对于超重/肥胖人群,目前的随机对照试验并未证明全谷物干预能够减轻体重。

薯类与肥胖的关系与薯类烹调方式密切相关,其中油炸薯片和薯条的摄入可增加超重和肥胖的发病风险,而普通烹调方式的薯类对肥胖的作用研究较少,研究结果也不一致。

目前蔬菜干预对减肥作用的人群研究结论不一致,尚需要进一步的研究来检验。水果摄入可减缓超重和肥胖成年人的体重增长,但在儿童中没有发现水果与体重有关联。

过多摄入畜肉可能增加肥胖的发病风险。

摄入大豆及其制品可以改善肥胖和超重人群的体重,另外也有研究表明,摄入大豆异黄酮和大豆纤维能够减轻体重。

过多摄入含糖饮料可增加超重或肥胖的发生风险。

合理的膳食结构不仅可维持机体正常营养和健康状态,而且还有助于预防和控制肥胖及相关慢性病的发生与发展。高脂肪膳食可增加肥胖发生的危险性或诱导肥胖发生。

(五)肥胖的膳食调控原则

肥胖的防治应持之以恒,预防肥胖比治疗容易且更有意义。对肥胖的治疗手段应包括营养治疗、体力活动、行为、药物和手术干预等。其中最有效的方法是改变包括饮食在内的生活行为。营养治疗的目的是通过长期摄入低能量的平衡膳食,结合增加运动,从而减轻体重,同时又维持身心健康。

1. 控制总能量的摄入 肥胖的膳食调控首先是控制总能量的摄入。肥胖者的每日最低能量供给量须尽可能根据肥胖程度来考虑。对于轻度肥胖的成年患者,一般在正常供给能量基础上按照每天少供给能量 125～150kcal 的标准来确定其一日三餐的供能量,这样每月可以稳步减重 0.5～1.0kg;对于中度肥胖者,每天减少 150～500kcal 的供能量比较适宜;而对于重度的肥胖者,每天以减少 500～1 000kcal 的供能量为宜,可以每周减重 0.5～1.0kg。对少数极度肥胖者可给予每天低于 800kcal 的极低能量饮食进行短时间治疗,但需要进行密切的医学监测。对于婴幼儿或刚刚发生的轻中度肥胖儿童,考虑到生长发育的需要,可不按照严格的膳食调整方案进行治疗,也不要求绝对限制能量摄入。但对于中重度肥胖儿童,其摄食量应该予以适当限制。

能量控制一定要循序渐进。一般认为,在 6 个月内将体重降低 5%～15% 是可行且有利于维持健康状态的减重目标,对于重度肥胖者来说,体重在 6 个月内可降低 20%。

2. 调整膳食模式和营养素的摄入 在控制总能量摄入的基础上,进一步对膳食模式和各种营养素摄入的比例进行调整,能够促进体重的减少,有效预防肥胖的发生。

(1)调整宏量营养素的构成比和来源:常用的减肥膳食,在限制总能量的基础上,对各种宏量营养素的供能比也有一定的限制。目前比较公认的减肥膳食是高蛋白(供能比占 20%～25%)、低脂肪(供能比占 20%～30%)、低碳水化合物(供能比占 45%～50%)膳食。同时,蛋白质的摄入建议多摄入优质蛋白,含嘌呤高的动物内脏应加以限制;脂肪的摄入可选用含单不饱和脂肪酸或多不饱和脂肪酸丰富的油脂和食物,少食富含饱和脂肪酸的动物油脂和食物;碳水化合物的摄入应选择谷类食物,多选择粗杂粮,如玉米面、燕麦、莜麦等,严格限制糖、巧克力、含糖饮料及零食。

(2)保证维生素和矿物质的供应:在节食减肥时,保证充足的维生素和矿物质的摄入,不仅有助于减肥,还能改善代谢紊乱。应多摄入新鲜蔬菜和水果。食盐不利于肥胖治疗,故每天食盐摄入 3～6g 为宜。

（3）增加膳食纤维的摄入：每天膳食纤维的供给量在 25～30g 为宜。高膳食纤维食物包括粗粮、蔬菜、水果等。

（4）补充某些植物化学物：异黄酮、皂苷等植物化学物在减肥和治疗代谢综合征上有一定的效果，因此可适当补充这些植物化学物作为辅助减肥的手段。

（5）三餐合理分配及烹调：进食餐次因人而异，通常为 3 餐，鼓励少食多餐。三餐的食物能量分配可参照早餐 27%、午餐 49%、晚餐 24% 的比例进行调整。在分配一日三餐比例时，应体现两点：一是将动物性蛋白和脂肪含量多的食物尽量安排在早餐和午餐吃，晚上以清淡为主，利于消化；二是三餐的能量供应应该午餐 > 早餐 > 晚餐。膳食的烹调方法则宜采用蒸、煮、烧、汆等，忌用油煎和炸的方法。

二、糖尿病与营养

糖尿病（diabetes mellitus）是一组由多病因引起的以慢性高血糖为特征的代谢疾病群，由胰岛素分泌缺陷和 / 或作用缺陷所引起。糖尿病主要特点是高血糖及尿糖，临床表现为多尿、多饮、多食、体重减轻（即"三多一少"）。随着糖尿病病程延长，体内碳水化合物、蛋白质及脂肪代谢紊乱可致多组织、多器官的慢性退行性病变，甚至危及生命。

近年来，糖尿病的患病率明显增加。《中国居民营养与慢性病状况报告（2015 年）》显示我国糖尿病患病率为 9.7%，逐渐上升。随着我国社会经济的发展，糖尿病的发病正呈现年轻化的趋势。

（一）糖尿病的分类

按照目前国际上通用的 WHO 糖尿病专家委员会提出的病因学分型标准（1999），可将糖尿病分为四种类型：① 1 型糖尿病（type 1 diabetes mellitus，T1DM）；② 2 型糖尿病（type 2 diabetes mellitus，T2DM）；③其他特殊类型糖尿病；④妊娠期糖尿病。此外，糖尿病前期是糖尿病的必经途径，是介于糖尿病和正常血糖之间的一种状态。

（二）糖尿病的危险因素

糖尿病的危险因素比较复杂，主要有以下六个方面的因素：

1. 遗传因素　糖尿病具有家族遗传易感性。国外研究报道 25%～50% 有家族史，孪生儿研究发现 T2DM 中共显性达 90% 以上。

2. 肥胖　与正常体重者相比，超过理想体重 50% 者糖尿病发病率高出 12 倍。大型前瞻性研究表明，若将 BMI 控制在 $24kg/m^2$ 以下，77% 的糖尿病新发女性病例和 64% 新发男性病例可以预防。

3. 体力活动缺乏　适量的体力活动能减轻胰岛素抵抗，而体力活动缺乏是 T2DM 发生的重要危险因素。

4. 生理因素　糖尿病发病率随年龄的增长而上升，大多数患者的发病年龄在 50～70 岁之间。

5. 社会环境因素　不良生活方式、生活节奏加快、竞争激烈、压力大、应激增多等也是糖尿病的危险因素。

6. 营养因素　长期不合理的"西方化"膳食（其特征为高脂肪、高能量）可使血糖异常升高或发展为糖尿病。矿物质铬、镁、锌等缺乏，可导致或加重糖尿病。

（三）膳食因素与糖尿病

1. **营养与糖尿病** 糖尿病患者的碳水化合物摄入应适宜,过高过低均不利于健康。食物中碳水化合物的分子量及结构不同,对餐后血糖的影响也不同,这可以用血糖生成指数(glycemic index,GI)来衡量。GI = 某食物在食后 2h 血糖曲线下面积 / 相当含量葡萄糖在食后 2h 血糖曲线下面积 × 100%。一般情况下,食物的 GI 越低,对血糖的影响越小,有利于血糖浓度保持稳定。

长期摄入高脂膳食可增加糖尿病的发病风险。其对糖尿病的影响与脂肪酸的种类有关,膳食 SFA 和反式脂肪酸是糖尿病的危险因素;而 PUFA,尤其是 n-3 系列 PUFA 却能改善糖代谢和胰岛素抵抗。

蛋白质与糖尿病之间关系尚不确切,但当碳水化合物和脂肪代谢紊乱时,蛋白质的代谢也必然处于不平衡状态,同样可以引起胰岛素分泌量的变化,促进糖尿病的发生。

铬是葡萄糖耐量因子的主要组成成分,膳食补充三价铬对预防和辅助治疗糖尿病有积极作用。适当补硒可以改善胰岛素自由基防御系统和内分泌细胞的代谢功能,延缓糖尿病病情,预防糖尿病并发症,改善预后。镁可调节葡萄糖的跨膜转运;糖尿病控制不好时尿镁排出增加,可导致低镁血症,增加胰岛素抵抗。矾、钴、铁、钾等可能通过激活胰岛 β 细胞,从而在维持正常血糖中发挥重要作用。

B 族维生素(尤其是维生素 B_1、维生素 B_2、烟酸和维生素 B_6)参与葡萄糖代谢,糖尿病控制不佳和多尿病人对 B 族维生素的需要量增加。叶酸和维生素 B_{12} 可降低糖尿病患者并发心血管病和死亡的危险。维生素 C、维生素 E 等缺乏均可诱发或加重糖尿病及其慢性并发症的发生。

膳食纤维是降低 T2DM 高危因素的重要膳食成分,所以糖尿病患者应增加富含膳食纤维食物的摄入,建议摄入量 30g/d。

2. **食物与糖尿病** 全谷物有助于降低或延缓血糖应答,与 T2DM 存在非线性相关。因此,在日常饮食中应鼓励用全谷物代替部分精致谷类食用。

摄入绿色叶菜可降低糖尿病的发病风险,且剂量反应关系显著。水果与蔬菜的营养价值相似,然而综合目前的研究结果,水果摄入与 T2DM 发生之间并无明显关联。

大量摄入畜肉增加糖尿病的风险。有研究表明,与不摄入畜肉相比,每天摄入 150g 畜肉的人群 T2DM 的发病风险增加 1.64 倍。

酸奶对一些慢性病都有良好的预防作用。每天摄入 200g 酸奶,其糖尿病的发病风险可降低 22%。

最新的系统评价显示,与每月饮用少于 1 次含糖饮料者或不饮用者相比,每天饮用 1～2 次者发生 T2DM 的风险可增加 1.26 倍。

饮茶有利于 T2DM 风险人群的血糖控制,改善胰岛素敏感性、降低空腹血糖和糖化血红蛋白浓度。每天饮茶≥16g 相对于不饮茶者可以降低 16% 的 T2DM 发病风险。

与不饮用咖啡者相比,每日饮用咖啡可将糖尿病发病风险降低 25%～31%,并且咖啡的这种保护作用无地区、性别和种族差异。

素食饮食与 T2DM 的发病风险呈显著负相关。需要注意的是,虽然素食饮食具有多种有利的健康效应,但搭配不合理的素食饮食也会带来的一些不良影响,如维生素 B_{12} 和 n-3 多不饱和脂肪酸摄入不足、铁和锌元素缺乏等。

（四）糖尿病膳食调控原则

糖尿病的治疗应为包括健康教育、营养治疗、运动疗法、药物治疗及自我监测等在内的综合治疗方法，以达到控制病情及防治各种并发症的目的。其中营养治疗是控制血糖最基本、最有效的治疗措施之一。对于空腹血糖≤11.1mmol/L 的患者来说，单纯采用营养治疗即可达到控制血糖的目的。

糖尿病营养治疗要有效控制每日总能量的摄入，三大产能营养素的比例要适宜。食物应多样化，注意微量营养素的补充。食谱因人而异，膳食结构和餐次分配要合理。总之，要做到既要控制饮食又要合理营养。

1. 合理控制总能量　这是糖尿病营养治疗的首要原则。应根据患者的理想体重、生理条件、劳动强度、工作性质等确定总能量摄入量，以维持或略低于理想体重。对于正常体重的糖尿病患者，能量摄入以维持或略低于理想体重为宜；肥胖者应减少能量摄入，使体重逐渐下降到理想体重±5% 左右的范围。儿童、孕妇、乳母、营养不良及消瘦者、伴消耗性疾病而体重低于标准体重者，为适应患者的生理需要和适当增加体重，能量摄入量可适当增加10%～20%。

2. 适量的碳水化合物摄入　碳水化合物供给量以占总能量的45%～60% 为宜，如碳水化合物的来源为低 GI 食物，其供能比可达 60%。

此外，还应注意食物种类、淀粉类型（直链淀粉和支链淀粉）、烹调方式等对餐后血糖的影响。因此，糖尿病患者应该尽量选择 GI 低的食品（表 1-9）。糖尿病患者宜多食用粗粮和复合碳水化合物，少用富含精制糖的甜点。为了改善食品的口味，必要时可选用甜叶菊、木糖醇等甜味剂代替蔗糖。若食用水果，应适当减少主食量。建议膳食纤维成人每天摄入量为 25～30g/d 或 10～14g/1 000kcal。

表 1-9　常见食物的血糖生成指数

GI	食物名称
<35	黄豆、菜豆、扁豆、全脂牛奶、脱脂奶、花生、桃子等
35～49	苹果、梨、杏脯、葡萄、酸牛奶（加糖）等
50～59	香蕉、芒果、巧克力等
60～74	荞麦、胡萝卜、南瓜、菠萝、西瓜、冰激凌、蛋糕等
75～80	莜麦、玉米（甜）、黄豆面等
81～94	白米、籼米、高粱米等
>95	小米、面粉、粳米、糯米、白薯等

3. 控制脂类摄入　高脂血症是糖尿病的常见并发症，因此，要控制脂肪及胆固醇的摄入量，脂肪供能（包括烹调用油及食品中所含脂肪）占总能量的 25%～35%，对超重或肥胖患者，最高不超过 30%。其中 SFA 供能的比例应小于总能量 10%，PUFA 的比例不宜超过总能量的 10%；MUFA 是较理想的脂类来源，宜大于总能量的 12%。胆固醇摄入应低于 300mg/d。

4. 合理的蛋白质摄入　应保证蛋白质的摄入量，其供能占总能量的 15%～20%，其中至少 1/3 应为来自动物及豆类等的优质蛋白质。对于已患肾病的患者，应根据肾功能损害程度限制蛋白质摄入量，一般为 0.6～0.8g/（kg·d）。

5. 充足的维生素摄入　应供给充足的维生素，特别是水溶性维生素，一方面补充体内丢失过多（多尿）而导致的不足，另一方面可预防并发症。

6. 适量的矿物质摄入　应适当增加硒、锌、锰和铬等矿物质的供给；应限制钠盐的摄入量，不超过 6g/d。

7. 少量饮酒或不饮酒　血糖控制不佳的糖尿病患者不应饮酒。血糖控制良好的患者可适量饮酒，但需严格设计饮食计划。《中国 2 型糖尿病防治指南》（2017 年版）建议女性每天饮酒的酒精量不超过 15g，男性不超过 25g。

8. 合理的餐次制度　根据患者个人情况（用药、血糖情况和饮食习惯等），按三至五餐分配，至少一日三餐；定时、定量，可按早、中和晚各按 25%、40%、35% 的比例分配。可在 3 次正餐之间加餐 2～3 次。加餐量应从正餐的总量中扣除，做到加餐不加量。在总能量范围内，适当增加餐次有利于改善糖耐量并预防低血糖的发生。

三、高血压与营养

高血压（hypertension）是一种以体循环动脉收缩期和 / 或舒张期血压持续升高为主要特点的心血管疾病。

高血压发病率高，致死致残率高，是需要特别关注的严重公共卫生问题。2015 年的数据显示，我国 18 岁以上成人高血压患病率为 25.2%。高血压是脑卒中、冠心病、心功能衰竭、肾衰竭等的危险因素。我国人群监测数据显示，心脑血管病死亡率为 271.8/10 万，占总死亡人数的 40% 以上，其中高血压是首位危险因素，每年 300 万心脑血管病死亡中至少一半与高血压有关。

（一）膳食因素与高血压

高血压是一种遗传多基因与环境多危险因素相互作用而产生的慢性全身性疾病，通常认为遗传因素与环境因素分别占 40% 和 60%，而环境因素中，膳食因素起主要作用。

1. 营养与高血压　钠摄入过多可使血容量增加等作用而引起血压升高。人群资料显示，钠的摄入量与血压水平和高血压患病率呈正相关，此相关性在成年人和儿童青少年中均存在。我国 14 组人群研究结果表明，膳食钠盐摄入量每增加 2g/d，收缩压和舒张压分别增高 2.0mmHg 和 1.2mmHg。

钾盐摄入量与血压水平呈负相关，膳食补充钾对高钠引起的高血压降压效果明显。膳食钠 / 钾比值与血压的相关性甚至更强。高钠、低钾膳食是我国大多数高血压患者发病主要的危险因素之一。24h 尿钠 / 钾比值，我国人群在 6 以上，而西方人群仅为 2～3。

膳食钙摄入不足可使血压升高。美国全国健康和膳食调查结果显示，每日钙摄入量低于 300mg 者与摄入量为 1 200mg 者相比，高血压危险性高 23 倍。此外，低钙摄入可使钠盐升高血压的作用加强。补充钙对钠敏感的高血压的降压效果尤为显著。

镁与高血压关系的研究资料有限，一般认为镁的摄入量与高血压发病呈负相关。

2. 食物与高血压　高盐（钠）膳食增加高血压发病风险。

增加脂肪的供能比例，可导致血压升高；增加 PUFA 和减少 SFA 的摄入有利于降血压。人群资料显示补充鱼油可降低血压且呈剂量依赖性。控制脂肪供能比的前提下，增加橄榄油摄入量可降低血压。

少量饮酒有扩张血管作用,但大量饮酒反而导致血管收缩。过量饮酒是高血压发病的危险因素,人群高血压患病率随饮酒量增加而升高。长期少量饮酒可使血压轻度升高。干预试验显示减少饮酒有确切降压效果。

此外,研究发现,虾和贝类以及海藻摄入、经常饮茶有助于降低血压。

(二)高血压的膳食调控原则

高血压的一级预防在于广泛的健康宣传教育,使大众对高血压有明确的认识,对与其密切相关的生活习惯、膳食行为等有充分的了解。生活方式改变包括:减重、低盐低饱和脂肪酸低胆固醇饮食、有氧运动、足够的膳食镁钾钙的摄入、戒烟限酒等。营养治疗在高血压的防治中起重要作用。

1. 限制钠盐摄入量　我国平均每人钠盐摄入量为12.0g/d,其中80%来自烹饪时的调味品和含盐高的腌制品,该量远超过 WHO 建议的每人每日低于6.0g 的水平,与之伴随的是增加的高血压发病率。控制食盐摄入量的主要措施包括:①尽可能减少烹调用盐,建议使用可定量的盐勺;②减少味精、酱油等含钠盐的调味品用量;③少食或不食含钠盐量较高的各类加工食品,如咸菜、火腿、香肠以及各类炒货;④肾功能良好者,可使用含钾的烹调用盐。

2. 增加钾、钙、镁的摄入　高血压患者宜多进食含钾丰富的食物。含钾食物种类很多,其中水果蔬菜是最好的来源。提倡多摄入富含钙的食品,以及富含镁的食品。

3. 减少膳食脂肪摄入,增加优质蛋白质的摄入　脂肪摄入量控制在总能量的25%以下,保持良好的脂肪酸比例,减少 SFA 的摄入量,控制 PUFA 与 SFA 的比值在1~1.5。蛋白质占能量的15%以上,动物性蛋白质以禽类、鱼类、牛肉等为主,多食大豆蛋白。

4. 高血压治疗膳食(dietary approaches to stop hypertension,DASH)　DASH 由美国国立卫生研究院,美国心脏、肺和血液研究所制订。该膳食特点为富含水果、蔬菜,包括全谷类、家禽、鱼类、坚果,其富含的营养素有钾、镁、钙和蛋白质,而总脂肪、饱和脂肪酸、胆固醇含量较低,富含膳食纤维。有研究发现,DASH 膳食可以使轻度高血压者的收缩压和舒张压均降低,且与单独使用降压药的效果类似。

5. 限制饮酒　所有饮酒者均应控制饮酒量。每日酒精摄入量男性不应超过25g;女性不应超过15g。不提倡高血压患者饮酒,如饮酒,则应少量:白酒、葡萄酒(或米酒)与啤酒的每日饮用量应分别少于50ml、100ml、300ml。

6. 克服不良饮食习惯　减少高能量密度食物的摄入,如肥肉、动物油脂、油炸食品、糖、甜点、含糖饮料。进餐应细嚼慢咽,避免进食过快、暴饮暴食,少吃高能量的零食。

四、动脉粥样硬化与营养

动脉粥样硬化(atherosclerosis)是一种炎症性、多阶段的退行性复合型病变。动脉粥样硬化性心血管疾病在发达国家和发展中国家均具有较高的发病率和死亡率。世界卫生组织公布的数据显示,2012年全球有1 750万人死于心血管疾病,其中740万为冠心病。2019年国家心血管病中心发布的《中国心血管病报告2018》指出,心血管病死亡占我国居民总死亡率的首位。

在动脉粥样硬化的发生中,不合理的膳食行为起着非常重要的作用。改变膳食行为可在一定程度上降低其危险因素。

（一）营养与动脉粥样硬化

1. 脂类与动脉粥样硬化 改变膳食中总脂肪、饱和脂肪酸和胆固醇的摄入量可改变血中胆固醇和脂蛋白水平。

饱和脂肪酸（SFA）是导致血胆固醇升高的主要脂肪酸，其对血脂的作用与碳链长短有关。

单不饱和脂肪酸（MUFA）在橄榄油和茶油中含量丰富，能降低血胆固醇浓度，且主要表现为选择性地降低 LDL-C 和 TG，而对 HDL-C 降低的程度相对较小。

与 SFA 相比，多不饱和脂肪酸（PUFA）尤其是 n-3 和 n-6 系列 PUFA 均有降低血胆固醇的作用，此外 n-3 系列 PUFA 还能降低 TG、血小板凝聚率和血压。但 PUFA 易发生氧化，若过多摄入也会引起氧化应激水平升高，从而促进动脉粥样硬化的发生。

反式脂肪酸的摄入量增加可使 LDL-C 和 Lp（a）升高、HDL-C 降低，其致动脉粥样硬化的作用比 SFA 更强。

近期发现膳食胆固醇一般情况下不会直接导致血清胆固醇的升高。但有 15%～25% 的人属于胆固醇高敏者，他们摄入高胆固醇食物可引起血胆固醇升高。

磷脂是一种强乳化剂，可使胆固醇颗粒变小，易于透过血管壁为组织利用，使血胆固醇浓度降低，避免胆固醇在血管壁的沉积。

2. 蛋白质与氨基酸 一般而言，动物蛋白质升高血胆固醇的作用明显，但也有例外。植物蛋白质中，乳清蛋白、大豆蛋白可显著降低血胆固醇水平，而苜蓿蛋白及酪蛋白则明显升高血胆固醇水平。牛磺酸具有保护心脑血管功能的作用，与其抗氧化、降血脂作用有关。

3. 能量与碳水化合物 长期能量摄入大于消耗时，多余的能量以脂肪形式聚集于身体，可影响血脂代谢。碳水化合物对血脂的影响与碳水化合物的种类、数量以及人体的生理和病理状态有关。过多的葡萄糖在肝脏转化为 TG，成为血脂的重要来源；但膳食纤维有降低血总胆固醇和 LDL-C 的作用，可溶性膳食纤维的作用强于不可溶性膳食纤维。

4. 维生素 临床研究证明，维生素 E 具有较强的防治心血管病的作用。

维生素 C 有助于改善高脂血症。

维生素 B_6 与动脉壁组织介质酸性黏多糖代谢和脂代谢有关；它还参与亚油酸转化为花生四烯酸，后者是前列腺素合成的前体。

叶酸、维生素 B_{12} 和维生素 B_6 缺乏时，血浆同型半胱氨酸浓度增加。研究显示，血浆同型半胱氨酸是动脉粥样硬化的独立危险因素。

维生素 B_{12}、泛酸、维生素 A 和胡萝卜素等具有降低血脂和抑制体内脂质过氧化的作用。

5. 矿物质

（1）镁和钙：水的硬度与心血管病的死亡率呈负相关，这与镁具有降低血胆固醇与降低冠状动脉张力、增加冠脉血流和保护心肌细胞完整性的功能有关；增加钙的摄入有利于降血压，而动物缺钙可引起血胆固醇和 TG 升高。

（2）钠：人群研究证实，膳食钠摄入与高血压的发病有关，而高血压与高脂血症的发生密切相关，因此减少钠摄入可预防高脂血症。

（3）硒：缺硒可引起心肌细胞损伤，促进冠心病的发生。动物实验也证明缺硒可增加心肌梗死的危险性。这些疾病都与高脂血症相关。

（4）其他：锰元素是超氧化物歧化酶（Cu-SOD 或 Mn-SOD）的组成成分，与抗脂质过氧化作用有关，在保护心血管系统中起一定作用。

6．植物固醇   植物固醇在肠道内可与胆固醇竞争形成"胶粒"，抑制胆固醇的吸收，有效降低高脂血症患者血液中的总胆固醇和 LDL-C，而不降低 HDL-C。

（二）食物与血胆固醇代谢

1．全谷类   增加全谷物摄入量（每天 1～3 份，约 30～90g）可降低心血管疾病发病风险。增加燕麦、荞麦、小米全谷的摄入可改善脂代谢，有助于降低心血管疾病风险。

2．蔬菜水果   人群研究显示，增加水果蔬菜的摄入可降低心脑血管病发病率和死亡率。

3．动物性食物   禽肉、新鲜畜肉摄入量与心血管疾病风险无明确关系，但过多摄入加工畜肉（烟熏、腌渍等）可增加 CVD 风险；每天吃一个鸡蛋对一般人群发生 CVD 的风险无影响，但对于糖尿病患者可能增加患冠心病的风险；增加鱼肉摄入可降低 CVD 和脑卒中的发病风险；未发现虾、贝类食物摄入与 CVD 风险的关系；奶类摄入与 CVD 的关系不明显。

4．大豆及其制品   综合结果显示，增加大豆及其制品的摄入，有利于降低血总胆固醇、LDL-C 和 TG。

5．坚果类食物   适量摄入坚果可改善血脂异常，降低血总胆固醇和 LDL-C，降低 CVD 发病风险。

6．添加糖、含糖饮料   国外的人群研究显示，过多糖／含糖饮料的摄入（尤其是果糖）可增加血脂异常的风险。

7．茶、咖啡   流行病学资料及动物实验均显示，饮茶可减少胆固醇在动脉壁沉积。咖啡对健康有一定益处。国外大量人群研究发现，适量饮用咖啡（3～5 杯／天）可降低 CVD，包括冠心病和脑卒中的风险。

8．其他食物   饮酒对心血管疾病危险呈 J 型曲线关系。适量饮酒可增加血 HDL-C，保护心血管功能；但大量饮酒可导致脂代谢紊乱，升高血 TG 和 LDL-C 水平，增加 CVD 风险。棕榈油摄入可增加血脂异常的风险。

9．合理膳食模式   多项人群研究显示，合理膳食模式是 CVD 的保护因素，可降低脑卒中、CVD 的发病风险。研究还发现，素食也可降低 CVD 的发病风险。

（三）动脉粥样硬化的营养防治

冠心病预防涉及对所有可调控危险因素的控制，包括戒烟、控制体重、调节血脂、积极的生活方式、饮食控制等。膳食预防是重要的积极措施之一。动脉粥样硬化的危险因素有高胆固醇血症（特别是高 LDL-C 血症）、高 TG 血症、高血压和糖尿病等。其营养防治从根本上讲要从防治这些危险因素着手。

1．控制总能量，保持理想体重   能量摄入过多是肥胖的重要原因，而肥胖又是高脂血症重要危险因素，故应控制能量摄入，适当增加运动，保持理想体重。

2．限制脂肪和胆固醇的摄入   限制总脂肪、饱和脂肪酸、胆固醇和反式脂肪酸的摄入量是防治动脉粥样硬化的重要措施。脂肪供能应占总能量的 20%～25%，饱和脂肪酸供能少于 10%；膳食胆固醇的摄入量小于 300mg/d。少吃动物油脂，适当增加单不饱和脂肪酸和多不饱和脂肪酸的摄入。限制含胆固醇较高食物的摄入量，如蛋黄、水生贝壳类（龙虾、小虾和牡蛎）及动物内脏等。

3．提高植物性蛋白质的摄入   植物性蛋白质尤其是大豆蛋白质具有明显降低血脂的作用，应提高大豆及豆制品的摄入。大豆中富含大豆异黄酮，有利于调节血脂。

4．调整碳水化合物的摄入   碳水化合物供能应占总能量的 50%～65%，以谷类、薯类和全谷物为主,应限制单糖和双糖的摄入,添加糖摄入不应超过总能量的10%。

5. 保证充足的膳食纤维、维生素摄入,适量的矿物质和抗氧化营养素的摄入　应注意多吃水果和蔬菜,适当增加粗粮的摄入量,以保证充足的膳食纤维、维生素和矿物质等的摄入。

6. 养成良好的饮食习惯　进食要定时、定量;如果需要两餐间加餐,尽量选用苹果、生胡萝卜、饼干或其他无脂肪食品。饮食要清淡,少盐和少饮酒。可适当多吃保护性食品,如茶、大蒜、洋葱、香菇和木耳对防治动脉粥样硬化是有益的。

(李　颖)

小结:

人体每天需要获取充足的能量和各种营养素,而平衡膳食则是实现这一目标的保证。为了更好实现合理膳食从而达到合理营养的目的,中国营养学会制定了中国居民膳食营养素参考摄入量,供居民参考。处于特殊生理阶段、特殊工作和生活环境以及特殊职业的人群,对能量和各种营养素的需要量与一般成人不同。若长期摄入不合理的膳食,可能会导致肥胖等慢性病的发生。

第二章 食物营养

食物是人类赖以生存的物质基础,是各种营养素和有益的生物活性物质的主要来源。根据食物来源可分为两大类,即植物性食物(及其制品)和动物性食物(及其制品)。不同食物的营养价值不同,每种食物各有其营养特点,只有多种多样的食物才能做到营养平衡,了解各类食物的营养价值是选择食物并搭配出平衡膳食的关键。

第一节 植物性食物的营养

一、谷类、薯类和杂豆类

谷类食物主要包括小麦、大米、玉米、小米及高粱等,薯类包括马铃薯、甘薯、木薯等;杂豆类包括红小豆、绿豆、芸豆和花豆等。我国居民膳食以大米和小麦为主,称之为主食。谷类食物是我国居民摄入量最大的一类食物,同时也是我国居民能量、膳食蛋白质和一些矿物质及 B 族维生素的重要来源。根据《中国居民营养与慢性病状况报告(2015 年)》显示,我国居民谷类食物占总食物来源的 54.2%,来自谷类的能量占总能量的 53.1%。

(一)谷类

1. 谷类结构和营养素分布 各种谷类种子结构相似,均由谷皮、糊粉层、胚乳和胚四个部分构成,各部分营养成分各不相同。

谷皮起保护谷粒的作用,主要由纤维素、半纤维素等组成,含较高的矿物质和脂肪。谷皮内为糊粉层,占谷粒重量的 6%~7%,含丰富蛋白质、脂肪、矿物质和 B 族维生素,但在碾磨加工时,易与谷皮同时混入糠麸中丢失。再内为胚乳和位于一端的胚。胚乳是谷类的主要部分,占谷粒总重的 83%~87%,含大量淀粉和一定量蛋白质,还含有少量的脂肪、矿物质和维生素。胚包括盾片、胚芽、胚轴和胚根四部分,胚芽富含脂肪,它还富含蛋白质、矿物质、B 族维生素和维生素 E,但在加工过程中易与胚乳脱离,与糊粉层一起混入糠麸。精加工时外层易丢失,所以精加工谷类常营养价值降低。

2. 谷类的营养成分及特点 谷类食物中的营养成分种类和含量因谷物的种类、品种、产地、施肥以及加工方法的不同而有差异。

(1)蛋白质:谷类蛋白质含量一般在 7.5%~15.0%。谷类蛋白质营养价值远低于动物性蛋白质。为了提高谷类蛋白质的营养价值,可将谷类与豆类等混合食用,得到蛋白质互补的作用;此外,也可采用赖氨酸强化的方式。目前通过传统的杂交育种方法已培育出高赖氨酸玉米（赖氨酸和色氨酸的含量比普通玉米高 50% 以上），大大提高了蛋白质的营养价值。

（2）碳水化合物：碳水化合物是谷类的主要成分，约为 70%～80%。谷类是人类碳水化合物最经济的来源，主要为淀粉（starch），其他为糊精、戊聚糖、葡萄糖和果糖等。

谷类淀粉分为直链淀粉（amylose）和支链淀粉（amylopectin）。谷类品种不同，两类淀粉的比例也不同，从而影响谷类的风味及营养价值。直链淀粉较易溶于水，黏性差，遇碘呈蓝色，容易出现"老化"现象，形成难消化的抗性淀粉（resistant starch）。支链淀粉黏性大，遇碘产生棕色反应，容易"糊化"，提高消化率，其 GI 较直链淀粉大。

谷皮中含有丰富的膳食纤维，全谷类食物是膳食纤维的重要来源，但加工越精细膳食纤维丢失越多。

（3）脂肪：谷类脂肪含量普遍较低，约为 1%～4%，但燕麦脂肪为 7%，主要集中在糊粉层和胚芽，在谷类加工时易转入糠麸。小麦胚芽脂肪含量可达 10.1%，而玉米胚芽中脂肪含量则更高，一般在 17% 以上，常用来加工玉米胚芽油。玉米胚芽油中不饱和脂肪酸含量达80% 以上，主要为亚油酸和油酸，其中亚油酸占油脂总量的 50% 以上。

（4）矿物质：含量约为 1.5%～3.0%。主要存在于谷皮和糊粉层中，加工容易损失。谷类矿物质主要是磷和钙，多以植酸盐形式存在，消化吸收较差。

（5）维生素：谷类是 B 族维生素摄入重要来源，主要存在于糊粉层和胚芽中，精加工会大量损失。玉米中的烟酸为结合型，不易被人体利用，经加碱加工后可转化为游离型烟酸。玉米和小米含少量胡萝卜素，玉米和小麦胚芽中含有较多的维生素 E。

（6）植物化学物：谷类含有多种植物化学物，主要存在于谷皮部位，含量因不同品种有较大差异，在一些杂粮中含量较高。如在所有谷类食物中，荞麦中黄酮类化合物最高，芦丁约占其总黄酮的 70%；花色苷广泛存在于黑米、黑玉米等黑色谷物中。

3. 谷类食品的营养价值　粮谷类食品的主要成分是碳水化合物。由于原料多为精加工的面粉或米粉，所以微量营养素丢失较多；另外谷物蛋白经水解可形成生物低聚肽，玉米低聚肽具有降血压、降血脂等作用，小麦低聚肽具有血管紧张素转换酶抑制作用、免疫调节、抗氧化等多种生物活性，目前这两种谷物低聚肽已被批准为新食品原料。

（二）薯类

薯类包括马铃薯、芋头、山药、豆薯等，淀粉含量 8%～29%，蛋白质和脂肪含量较低，含一定量的维生素和矿物质，富含各种植物化学物。

（三）杂豆类

杂豆类主要有豌豆、蚕豆、绿豆、红豆、豇豆、小豆和芸豆等。其碳水化合物含量高，约占 50%～60%，主要是淀粉；蛋白质 20% 左右；脂肪含量也极少，为 1%～2%。其营养成分含量与粮谷类更接近，因此 2016 年《中国居民膳食指南》把杂豆类归到谷薯类。但杂豆的蛋白质的氨基酸模式比粮谷类好。

由于杂豆类淀粉含量较高，可以制作成粉条、粉皮、凉皮等，这些产品大部分蛋白质被去除，故其营养成分以碳水化合物为主。

二、蔬菜与水果类

蔬菜（vegetable）和水果（fruit）种类繁多，富含人体所必需的维生素、矿物质，含水分和酶类较多，含有一定量的碳水化合物，膳食纤维丰富，蛋白质、脂肪含量很少。蔬菜、水果中含有多种有机酸、芳香物质和色素等成分；此外，它们还富含多种植物化学物，具有多种对人体健康有益的生物学作用。

（一）蔬菜及其制品的营养价值

蔬菜按其结构和可食部位不同，分为叶菜类、根茎类、瓜茄类、鲜豆类、花芽类和菌藻类，不同种类蔬菜其营养素含量差异较大。

1. 蔬菜的营养成分及特点

（1）蛋白质：大部分蔬菜蛋白质含量很低，一般为 1%～2%。但菌藻类中发菜、干香菇和蘑菇的蛋白质含量可达 20% 以上，必需氨基酸含量较高且组成均衡，其营养价值较高。

（2）脂肪：蔬菜脂肪含量极低，大多数蔬菜脂肪含量不超过 1%，蔬菜不是人类脂肪的良好膳食来源。

（3）碳水化合物：不同种类蔬菜碳水化合物含量差异较大，一般为 4% 左右，但藕、南瓜等含量较高。蔬菜膳食纤维含量在 1%～3%，是人类膳食纤维的主要来源。另外蘑菇、香菇和银耳等菌藻类中的多糖物质，具有提高人体免疫和辅助抗肿瘤作用。

（4）矿物质：蔬菜中含量丰富的矿物质有钙、磷、铁、钾、钠、镁和铜等，其中以钾含量最多，其次为钙和镁，是我国居民膳食中矿物质的重要来源。但蔬菜中的草酸会影响该蔬菜本身及其他同食食物中钙和铁的吸收，实际生活中可用水焯和爆炒将其破坏。

（5）维生素：蔬菜中的维生素含量与品种、鲜嫩程度和颜色有关，一般叶部含量较根茎部高，嫩叶比枯老叶高，深色菜叶比浅色菜叶高。总体来说深色蔬菜中维生素的含量高于浅色蔬菜，建议日常摄入蔬菜深色蔬菜应占一半。嫩茎、叶、花菜类蔬菜（如油菜、菠菜、西蓝花）富含 β- 胡萝卜素、维生素 C、维生素 B_2 和矿物质；胡萝卜素在绿色、黄色或红色蔬菜如胡萝卜、南瓜和苋菜中含量较多。维生素 B_2 和叶酸以绿叶菜中含量较多。

（6）植物化学物：蔬菜也是人类膳食植物化学物的重要来源，不同类别的蔬菜所含植物化学物种类不同。

（7）抗营养因子和有害物质：蔬菜中也存在抗营养因子，如植物血细胞凝集素、皂苷、蛋白酶抑制剂、草酸等，而木薯中的氰苷可抑制人和动物体内细胞色素酶的活性。

2. 蔬菜制品的营养价值　常见的蔬菜制品有酱腌菜，在加工过程中可造成营养素的损失，尤其维生素 C、叶酸的损失较大，但对矿物质及部分植物化学物的影响不大。另外，近年来冷冻保藏的蔬菜得到发展，较好地保留了原有的感官性状和营养价值，又给居民提供了方便。

（二）水果的营养成分及特点

根据果实的形态和生理特征水果可分为仁果类、核果类、浆果类、柑橘类和瓜果类等。新鲜水果的营养价值和新鲜蔬菜相似，是人体矿物质、维生素和膳食纤维的重要来源之一。

新鲜水果水分含量多，营养素含量相对较低，蛋白质及脂肪含量均不超过 1%。

1. 碳水化合物：水果中所含碳水化合物在 6%～28%，水果含糖较多因而具有甜味，主要是果糖、葡萄糖和蔗糖，但不同种类和品种有较大差异，水果在成熟过程中，淀粉逐渐转化为可溶性糖，甜度增加。水果富含纤维素、半纤维素和果胶。

2. 矿物质：水果含有人体所需的各种矿物质如钾、钠、钙、镁、磷、铁、锌及铜等，以钾、钙、镁和磷含量较多。

3. 维生素：新鲜水果中含维生素 C 和胡萝卜素较多，而维生素 B_1、维生素 B_2 含量较少。鲜枣、草莓、橘、猕猴桃中维生素 C 含量较多。

4. 有机酸：水果因含有多种有机酸而呈酸味，其中柠檬酸、苹果酸、酒石酸相对较多，还有少量的苯甲酸、水杨酸、琥珀酸和草酸等。在同一种果实中，往往是数种有机酸同时存在。

5. 植物化学物：水果中富含各类植物化学物，不同种类的水果含有的植物化学物不同。

三、大豆类及其制品

大豆包括黄豆、黑豆和青豆；豆制品是由大豆类作为原料制作的发酵或非发酵食品如豆酱、豆浆、豆腐、豆腐干等，是膳食中优质蛋白质的重要来源。

（一）大豆的营养价值

大豆的营养价值很高，但也存在抗营养因素，大豆中的诸多植物化学物有良好的保健功能，这使得大豆成为健康膳食模式不可缺少的膳食种类。

1. 蛋白质：大豆的蛋白质含量高达 35%～40%。大豆蛋白质具有较高的营养价值，属于优质蛋白质。

2. 脂类：大豆脂肪含量约为 15%～20%，以黄豆和黑豆较高，可用来榨油。大豆油不饱和脂肪酸约占 85%，其中油酸含量约 32%～36%，亚油酸为 52%～57%，亚麻酸 2%～10%，还含有 1.64% 的磷脂。大豆油是目前我国居民主要的烹调用油。

3. 碳水化合物：大豆含碳水化合物 25%～30%，其中一半为可供利用的阿拉伯糖、半乳聚糖和蔗糖，淀粉含量较少；另一半为人体不能消化吸收的寡糖，存在于大豆细胞壁，如棉子糖和水苏糖。

4. 矿物质与维生素：大豆含有丰富的钙、铁、维生素 B_1 和维生素 B_2，还富含维生素 E。

5. 除了以上营养素外，大豆中的特殊成分包括植物化学物及抗营养因子。近年来研究表明一些抗营养因子也具有特殊的生理作用。

（1）大豆异黄酮：主要分布于大豆种子的子叶和胚轴中，含量为 0.1%～0.3%，分为游离型的苷元和结合型的糖苷两大类，目前发现的大豆异黄酮共有 12 种。

（2）大豆皂苷：其在大豆中的含量为 0.62%～6.12%，具有广泛的生物学作用。

（3）大豆甾醇：在大豆油脂中含量约为 0.1%～0.8%，有降血脂作用，能起到预防和治疗高血压、冠心病等心血管疾病的作用。

（4）大豆卵磷脂：其对营养相关慢性病如高脂血症和冠心病等具有一定的预防作用。

（5）大豆低聚糖：大豆中的水苏糖和棉籽糖过去被称为胀气因子或抗营养因子，但近年来发现大豆低聚糖可被肠道益生菌所利用，具有维持肠道微生态平衡、提高免疫力、降血脂、降血压等作用，故被称为"益生元"，目前已利用大豆低聚糖作为功能性食品基料，部分代替蔗糖应用于清凉饮料、酸乳、面包等多种食品生产中。

（6）植酸：大豆中约含植酸 1%～3%，是很强的金属离子螯合剂，在肠道内可与锌、钙、镁、铁等矿物质螯合，影响其吸收利用。近年来发现植酸也有有益的生物学作用，如具有防止脂质过氧化损伤和抗血小板凝集作用。

（7）蛋白酶抑制剂：主要以胰蛋白酶抑制剂为主，它可以降低大豆的营养价值。经常压蒸汽加热 30min 或 1kg 压力加热 10～25min，胰蛋白酶抑制剂即可被破坏。近来发现蛋白酶抑制剂也具有有益的生物学作用,如抗艾滋病病毒作用。

(8)豆腥味:是由豆类中的不饱和脂肪酸经脂肪氧化酶氧化降解,产生醇、酮、醛等小分子挥发性物质所致。日常生活中将豆类加热、煮熟及烧透后即可破坏脂肪氧化酶和去除豆腥味。

(9)植物红细胞凝血素:是能凝集人和动物红细胞的一种蛋白质,集中在子叶和胚乳的蛋白体中,含量随成熟的程度而增加,发芽时含量迅速下降。大量食用数小时后可引起头晕、头疼、恶心、呕吐、腹疼、腹泻等症状。可影响动物的生长发育,加热即被破坏。

(二)豆制品的营养价值

豆制品包括非发酵性豆制品和发酵豆制品两类,前者如豆浆、豆腐、豆腐干、干燥豆制品(如腐竹等);后者如腐乳、豆豉及臭豆腐等。

1. 豆腐　　豆腐是大豆经过浸泡、磨浆、过滤、煮浆等工序而加工成的产品,加工中去除了大量的粗纤维和植酸,胰蛋白酶抑制剂和植物血细胞凝集素被破坏,营养素的利用率有所提高。豆腐蛋白质含量5%~6%,脂肪0.8%~1.3%,碳水化合物2.8%~3.4%。

2. 豆腐干　　由于加工中去除了大量水分,使得营养成分得以浓缩;豆腐丝、豆腐皮、百叶的水分含量更低,蛋白质含量可达20%~45%。

3. 豆浆　　豆浆是将大豆用水泡后磨碎、过滤、煮沸而成,其营养成分的含量因制作过程中加入水的量不同而不同,易于消化吸收。

4. 发酵豆制品　　豆豉、豆瓣酱、腐乳、酱油等是由大豆发酵制作而成的发酵豆制品。发酵使蛋白质部分降解,消化率提高;还可产生游离氨基酸,增加豆制品的鲜美口味;使豆制品维生素 B_2、维生素 B_6 及维生素 B_{12} 的含量增高,是素食人群补充维生素 B_{12} 的重要食物。经过发酵,大豆的棉籽糖、水苏糖被发酵用微生物(如曲霉、毛霉和根霉等)分解,故发酵豆制品不引起胀气。

5. 大豆蛋白制品　　以大豆为原料制成的蛋白质制品主要有四种:①大豆分离蛋白,蛋白质含量约为90%,可用以强化和制成多种食品;②大豆浓缩蛋白,蛋白质含量65%以上,其余为纤维素等不溶成分;③大豆组织蛋白,将油粕、分离蛋白质和浓缩蛋白质除去纤维,加入各种调料或添加剂,经高温高压膨化而成;④油料粕粉,用大豆或脱脂豆粕碾碎而成,有粒度大小不一、脂肪含量不同的各种产品。以上四种大豆蛋白制品其氨基酸组成和蛋白质功效比值较好,目前已广泛应用于肉制品、烘焙食品、奶类制品等食品加工业中。

四、坚果

坚果是指果皮坚硬的果实种子。坚果分为树坚果(核桃、杏仁、松子、榛子、腰果、白果、开心果等)和种子(花生、葵花子、南瓜子、西瓜子等)两类。坚果的特点是高热量高脂肪,所含脂肪中不饱和脂肪酸的含量较高,同时富含维生素E。适量吃坚果可为人类提供丰富的脂类、矿物质和维生素,此外坚果还含有其他有益机体健康的成分。

1. 蛋白质　　坚果类除栗子外,蛋白质均较高,约12%~25%。但坚果蛋白质缺乏蛋氨酸等,所以营养价值低于动物性蛋白质。

2. 脂类　　坚果类一般脂肪含量较高,可高达44%~70%,以不饱和脂肪酸为主,是人类脂肪较好的膳食来源。另外坚果还含有一定量磷脂。

3. 碳水化合物　　坚果的碳水化合物含量依不同种类而异,含量较高的如栗子为77.2%,

其他较低，如核桃为 9.6%、榛子为 14.7%。

4. 矿物质与维生素　坚果富含 B 族维生素、维生素 E 等，还含有丰富的钙、磷、铁、锌等多种矿物质。榛子的钾、钙、铁和锌等矿物质元素含量高于核桃、花生等，为矿物质的极佳膳食来源。另外葵花籽仁和花生仁中维生素 B_1 的含量分别为 1.89mg/100g 和 0.72mg/100g，是常见食物中含量较高的，葵花籽仁中维生素 B_6 的含量高达 1.25mg/100g，核桃仁为 0.73mg/100g。

5. 其他成分　芝麻中含有丰富的天然抗氧化成分，主要有芝麻素、芝麻酚林、芝麻酚等。花生的外层红皮含有一种止血成分，能抑制纤维蛋白的溶解，促进骨髓制造血小板，加强毛细血管的收缩，对各种出血性疾病有止血作用。

第二节　动物性食物的营养

一、畜、禽肉类及水产品

畜肉、禽肉和水产品都是动物性食物，是人类膳食的重要组成部分，它们能为人体提供优质蛋白质、脂肪、矿物质和部分维生素。目前我国居民该类食物的摄入量在逐渐增加。

（一）畜禽肉类的营养成分及特点

畜肉是指猪、牛、羊、马等牲畜的肌肉、内脏及其制品；禽肉则包括鸡、鸭、鹅等的肌肉、内脏及其制品。畜禽肉类主要提供优质蛋白质、脂肪、矿物质和维生素。畜禽肉类中营养素的分布与含量因动物的种类、年龄、肥瘦程度及部位的不同而差异较大。

1. 蛋白质　畜禽肉蛋白质大部分存在于肌肉组织中，含量约为 10%～20%，属于优质蛋白质，是人类优质蛋白质的良好食物来源。当然其蛋白质含量随着动物的品种、年龄、肥瘦程度及部位不同而有较大差异。

畜禽肉中含有能溶于水的含氮浸出物，包括肌凝蛋白原、肌肽、肌酸、肌酐、嘌呤、尿素和游离氨基酸等非蛋白含氮浸出物以及无氮浸出物，使肉汤具有鲜味，成年动物含氮浸出物含量高于幼年动物。禽肉的质地较畜肉细嫩且含氮浸出物多，故禽肉炖汤的味道较畜肉更鲜美。

2. 脂类　畜禽肉中脂肪含量同样因牲畜的品种、年龄、肥瘦程度以及部位不同有较大差异。畜禽内脏中脑组织的脂肪含量最高。畜肉类脂类以饱和脂肪酸为主，主要为甘油三酯，还含有少量卵磷脂、胆固醇和游离脂肪酸。动物内脏含较高胆固醇。与畜肉相比禽肉类脂肪含量较少，而且熔点低（23～40℃），并含有 20% 的亚油酸，易于消化吸收。

3. 碳水化合物　畜禽肉中的碳水化合物以糖原形式存在于肌肉和肝脏中，含量极少。

4. 矿物质　畜禽肉矿物质含量为 0.8%～1.2%，瘦肉中的含量高于肥肉，内脏高于瘦肉。畜禽肉和动物血是膳食铁的良好来源。牛肾和猪肾中硒的含量较高，是其他一般食物的数十倍。此外，畜肉还含有较多的磷、硫、钾、钠、铜等。禽肉中也含钾、钙、钠、镁、磷、铁、锰、硒及硫等，其中硒的含量高于畜肉。

5. 维生素　畜禽肉可提供多种维生素，其中以 B 族维生素和维生素 A 为主，尤其内脏含量较高，其中肝脏的维生素 A 和维生素 B_2 的含量特别丰富。维生素 A 的含量以牛肝和羊肝最高，维生素 B_2 则以猪肝含量最高。

（二）畜禽肉类制品的营养价值

肉类制品是以畜禽肉为原料，经加工而成，包括腌腊制品、酱煮制品、熏烧烤制品、干制品、油炸制品、香肠、火腿和肉类罐头等。在加工过程中可能会造成某些营养素的损失和某些有害物质的产生。

腌腊制品、干制品因水分减少，蛋白质、脂肪和矿物质的含量升高，但易出现脂肪氧化以及 B 族维生素的损失。酱煮制品饱和脂肪酸的含量降低，B 族维生素也有所损失，但游离脂肪酸的含量升高。制作熏烤制品时，含硫氨基酸、色氨酸和谷氨酸等因高温而分解，营养价值降低。香肠因品种不同营养价值也各异，肉类罐头的加工过程使含硫氨基酸、B 族维生素受损。

有的肉类制品可能含有危害人体健康的因素，如腌腊、熏烧烤、油炸等制品亚硝胺类或多环芳烃类物质的含量增加，应控制其摄入量。

（三）水产品的营养成分及特点

水产品可分为鱼类、甲壳类和软体类。鱼类有海水鱼和淡水鱼之分，海水鱼又分为深海鱼和浅海鱼。

1. 蛋白质　鱼类中蛋白质含量因鱼的种类、年龄、肥瘦程度及捕获季节等不同而有区别，一般为 15%～25%。含有各种必需氨基酸，尤其富含亮氨酸和赖氨酸，属于优质蛋白质。鱼类蛋白质营养价值与畜、禽肉相近。鱼类结缔组织和软骨蛋白质中的胶原蛋白和黏蛋白丰富，煮沸后呈溶胶状，是鱼汤冷却后形成凝胶的主要物质。鱼类还含有较多的其他含氮物质，是鱼汤的呈味物质。

其他水产品中河蟹、对虾、章鱼的蛋白质含量约为 17%，软体动物的蛋白质含量约为 15%，酪氨酸和色氨酸的含量比牛肉和鱼肉高。

2. 脂类　鱼类脂肪含量低，不同种类的鱼脂肪含量差别较大，一般为 1%～10%，主要分布在皮下和内脏周围。鱼类脂肪中不饱和脂肪酸丰富（占 80%），消化吸收率可达 95%。一些深海鱼类脂肪含长链多不饱和脂肪酸高，如含量较高的二十碳五烯酸（EPA）和二十二碳六烯酸（DHA），具有调节血脂、防治动脉粥样硬化、辅助抗肿瘤等作用。鱼类胆固醇含量一般约为 100mg/100g，但鱼籽中含量较高，如鲳鱼籽胆固醇含量为 1 070mg/100g。蟹、河虾等脂肪含量约 2%，软体动物的脂肪含量平均为 1%。

3. 碳水化合物　鱼类碳水化合物的含量低，仅为 1.5% 左右，主要以糖原形式存在。有些鱼不含碳水化合物，如草鱼、青鱼、桂鱼、鲈鱼等。其他水产品中海蜇、牡蛎和螺蛳等含量较高，可达 6%～7%。

4. 矿物质　鱼类含有丰富的矿物质，约为 1%～2%，含量最高的是磷，占总灰分的 40%，钙、钠、氯、钾及镁含量也较丰富。钙的含量较畜禽肉高，为钙的良好来源。海水鱼类含碘丰富。此外，鱼类含锌、铁、硒也较丰富，如白条鱼、鲤鱼、泥鳅、鲑鱼、鲈鱼、鳗鱼和沙丁鱼中锌含量均超过 2.0mg/100g。

河虾的钙含量高达 325mg/100g，虾类锌含量也较高；河蚌中锰的含量高达 59.6mg/100g，鲍鱼、河蚌和田螺中铁含量较高。软体动物中矿物质含量为 1.0%～1.5%，其中钙、钾、铁、锌、硒和锰含量丰富，如生蚝锌含量高达 71.2mg/100g，蛏干 13.6mg/100g，螺蛳 10.2mg/100g，海蟹、牡蛎和海参等的硒含量都超过 50μg/100g。

5. 维生素　鱼类肝脏是维生素 A 和维生素 D 的重要来源，也是维生素 B_2 的良好来源，维生素 E、维生素 B_1 和烟酸的含量也较高，但几乎不含维生素 C。一些生鱼中含有硫胺素酶，当生鱼存放或生吃时可破坏维生素 B_1，此酶在加热时可被破坏。

软体动物维生素的含量与鱼类相似，但维生素 B_1 较低。另外贝类食物中维生素 E 含量较高。

二、蛋类

蛋类种类较多，其中鸡蛋的食用最普遍、销量最大。蛋制品是以蛋类为原料加工制成的产品，如皮蛋、咸蛋、糟蛋、冰蛋、干全蛋粉及干蛋黄粉等。

（一）蛋的营养成分及特点

各种蛋类结构相似，均由蛋壳、蛋清、蛋黄三部分组成。蛋类营养丰富，其微量营养素含量受品种、饲料、季节等多方面的影响。

1. 蛋白质　蛋类含蛋白质一般在 10% 以上，营养价值高。蛋清中蛋白质含量较低，蛋黄蛋白质含量较高。加工成咸蛋或皮蛋后，蛋白质含量变化不大。

2. 脂类　鸡蛋 98% 的脂类集中在蛋黄中，易消化吸收。蛋黄脂类约 62%～65% 为甘油三酯，30%～33% 为磷脂占，4%～5% 为固醇，还有微量脑苷脂类，蛋黄是磷脂的良好食物来源。蛋类胆固醇含量较高，主要集中在蛋黄。

3. 碳水化合物　蛋类含碳水化合物较少，蛋清中主要是甘露糖和半乳糖，蛋黄中主要是葡萄糖，多以蛋白质结合形式存在。

4. 矿物质　蛋类的矿物质主要存在于蛋黄内，其中以磷、钙、钾、钠含量较多。蛋黄中的铁含量虽然较高，但由于是非血红素铁，并与卵黄高磷蛋白结合，生物利用率仅为 3% 左右。

5. 维生素　蛋类维生素含量较为丰富，主要集中于蛋黄。蛋类的维生素含量受到品种、季节和饲料的影响，以维生素 A、维生素 E、维生素 B_2、维生素 B_6 和泛酸为主，也含有一定量的维生素 D、维生素 K 等，维生素种类相对齐全。

（二）蛋制品的营养价值

新鲜蛋类经特殊加工制成风味特异的蛋制品，宏量营养素与鲜蛋相似，但不同加工方法对一些微量营养素的含量产生影响，如皮蛋在加工过程中加碱和盐，使矿物质含量增加，但造成 B 族维生素较大损失，且会增加铅的含量，对维生素 A、维生素 D 的含量影响不大；咸蛋主要是钠含量的增加；糟蛋在加工过程中蛋壳中的钙盐可以渗入蛋内，钙含量比鲜蛋高 10 倍左右。

三、乳类及其制品

乳类能满足初生幼仔迅速生长发育的全部需要，是营养素齐全、容易消化吸收的一种优质食品，也是各年龄组健康人群及特殊人群（如婴幼儿、老年人、病人等）的理想食品。乳类包括牛乳、羊乳和马乳等，其中人们食用最多的是牛乳。乳制品（milk products）是以乳类为原料经浓缩、发酵等工艺制成的产品，如乳粉、酸乳及炼乳等。

（一）乳类的营养价值

鲜乳主要是一种复杂乳胶体，水分含量占 86%～90%。乳味温和，稍有甜味，具有特有的乳香味，其特有的香味是由低分子化合物如丙酮、乙醛、二甲硫、短链脂肪酸和内酯形成的。

1. 乳类的营养成分及特点

（1）蛋白质：牛乳蛋白质含量约为 2.8%～3.3%，主要由酪蛋白（79.6%）、乳清蛋白（11.5%）和乳球蛋白（3.3%）组成。酪蛋白与钙、磷等结合，形成酪蛋白胶粒，以胶体悬浮液的状态存在于牛乳中。乳类蛋白质消化吸收率为 87%～89%，属优质蛋白质。

人乳较牛乳蛋白质含量低，且酪蛋白比例低于牛乳，以乳清蛋白为主。利用乳清蛋白改变牛乳中酪蛋白与乳清蛋白的构成比，使之近似母乳的蛋白质构成，可生产出适合婴幼儿生长发育需要的配方乳粉。

（2）脂类：乳中脂类含量一般为 3.0%～5.0%，主要为甘油三酯，少量磷脂和胆固醇。乳脂肪呈高度乳化状态，以微粒分散在乳浆中，吸收率高达 97%。乳脂肪中脂肪酸组成复杂，油酸、亚油酸和亚麻酸分别占 30%、5.3% 和 2.1%，短链脂肪酸（如丁酸、己酸、辛酸）含量也较高，这是乳脂肪风味良好及易于消化的原因。

（3）碳水化合物：乳中碳水化合物主要形式为乳糖，含量为 3.4%～7.4%，人乳中含乳糖最高，羊乳居中，牛乳最少。乳糖能调节胃酸、促进胃肠蠕动和促进消化液分泌，还能促进钙的吸收和促进肠道乳酸杆菌繁殖，对肠道健康具有重要意义。

（4）矿物质：乳中矿物质含量丰富，钙含量 104mg/100ml，且吸收率高，是钙的良好来源。此外，乳类还富含磷、钾、镁、钠、硫、锌、锰等，乳中铁含量很低。

（5）维生素：牛乳中维生素含量与饲养方式和季节有关，如放牧期牛乳中维生素 A、维生素 D、胡萝卜素和维生素 C 含量，较冬春季在棚内饲养明显增多。牛乳中维生素 D 含量较低，但夏季日照多时，其含量有一定的增加。牛乳是 B 族维生素的良好来源，特别是维生素 B_2。

2. 乳中其他成分

（1）酶类：牛乳中含多种酶类，主要是氧化还原酶、转移酶和水解酶。水解酶包括淀粉酶、蛋白酶和脂肪酶等，可促进营养物质的消化。牛乳还含有具有抗菌作用的成分如溶菌酶和过氧化物酶。牛乳中的转移酶主要有 γ- 谷氨酰转移酶和黄素单核苷酸腺苷转移酶。

（2）有机酸：主要是柠檬酸及微量乳酸、丙酮酸及马尿酸等。乳中柠檬酸的含量约为 0.18%。乳类腐败变质时，乳酸的含量会增高。

（3）生理活性物质：较为重要的有生物活性肽、乳铁蛋白（lactoferrin）、免疫球蛋白、激素和生长因子等。生物活性肽类是乳蛋白质在消化过程中经蛋白酶水解产生的，包括镇静安神肽、抗高血压肽、免疫调节肽和抗菌肽等。牛乳中乳铁蛋白的含量为 20～200μg/ml，具有调节铁代谢、促生长和抗氧化等作用，经蛋白酶水解形成的肽片段具有一定的免疫调节作用。

（4）细胞成分：乳类来自乳牛的白细胞、红细胞和上皮细胞等。牛乳的体细胞数是衡量牛乳卫生品质的指标之一，体细胞数越低，生鲜乳质量越高。

（二）乳制品的营养价值

乳制品因加工工艺的不同营养素含量有很大差异。

1. 巴氏杀菌乳（pasteurized milk）、灭菌乳和调制乳（modified milk）　这三种形式的产品是目前我国市场上流通的主要液态乳，除维生素 B_1 和维生素 C 有损失外，营养价值与新鲜生牛乳差别不大，但调制乳因其是否进行营养强化而差异较大。

2. 发酵乳　发酵乳（fermented milk）经过乳酸菌发酵后，乳糖变为乳酸，蛋白质凝固、游离氨基酸和肽增加，脂肪不同程度的水解，形成独特的风味，营养价值更高，蛋白质的生物价提高,叶酸含量增加1倍。其中,酸乳更容易消化吸收,还可刺激胃酸分泌。发酵乳中的益生菌可抑制肠道腐败菌的生长繁殖,防止腐败胺类产生,对维护人体的健康有重要作用,尤其适于乳糖不耐受症人群。

3. 炼乳　炼乳(condensed milk)是一种浓缩乳,有三种不同类型,即淡炼乳、加糖炼乳和调制炼乳。淡炼乳经高温灭菌后,维生素受到一定的破坏,因此常用维生素加以强化,按适当的比例冲稀后,其营养价值基本与鲜乳相同。加糖炼乳成品中蔗糖含量为40%~45%,渗透压增大因而抑制微生物的繁殖,因此成品保质期较长。但糖分过高,食前需加大量水分冲淡,造成蛋白质等营养素含量相对较低,故不宜用于喂养婴儿。调制炼乳是在制作中添加或不添加食糖、食品添加剂和营养强化剂,添加辅料,也有加糖调制炼乳和淡调制炼乳之分。

4. 乳粉　乳粉(powder milk)根据鲜乳是否脱脂又可分为全脂乳粉(whole milk powder)和脱脂乳粉(skimmed milk powder)。一般全脂乳粉的营养素含量约为鲜乳的8倍。脱脂乳粉脂肪含量仅为1.3%,损失较多的是脂溶性维生素,其他营养成分变化不大,适合于腹泻的婴儿及要求低脂膳食的患者食用。目前市场上的产品多为调制乳粉,针对不同的人群,可分为婴幼儿配方乳粉、孕妇乳粉、儿童乳粉、中老年乳粉等,这些乳粉可满足不同人群的营养需要。

5. 奶油　有三种类型,稀奶油、奶油(黄油)和无水奶油(无水黄油),主要用于佐餐和面包、糕点等的制作。奶油成分以脂肪为主,其中稀奶油脂肪含量10.0%~80.0%,奶油中脂肪含量不小于80.0%,无水奶油脂肪含量不小于99.8%。

6. 奶酪　奶酪(cheese)是一种营养价值较高的发酵乳制品,是在原料奶中加入适量的乳酸菌发酵剂或凝乳酶,使蛋白质发生凝固,并加盐、压榨排除乳清之后的产品。

第三节　其他食品的营养

一、新食品原料

按照《食品安全法》规定,2013年发布的《新食品原料安全性审查管理办法》(以下简称《办法》),将"新资源食品"修改为"新食品原料"。《办法》自2013年10月1日起施行。

新食品原料是指在我国无传统食用习惯的以下物品:①动物、植物和微生物;②从动物、植物和微生物中分离的成分;③原有结构发生改变的食品成分;④其他新研制的食品原料。新食品原料不包括转基因食品、保健食品、食品添加剂新品种,上述物品的管理依照国家有关法律法规执行。

新食品原料应当具备食品原料的特性,符合应当有的营养要求,且无毒、无害,对人体健康不造成任何急性、亚急性、慢性或者其他潜在性危害。

目前我国已经批准作为普通食品的新食品原料有油菜花粉、玉米花粉、松花粉、紫云英花粉、荞麦花粉、芝麻花粉、高粱花粉、魔芋、钝顶螺旋藻、极大螺旋藻、刺梨、玫瑰茄、蚕蛹等。

二、保健食品

保健食品(health food)是指声称具有特定保健功能或者以补充维生素、矿物质为目的的食品。即适宜于特定人群食用，具有调节机体功能，不以治疗疾病为目的，并且对人体不产生任何急性、亚急性或者慢性危害的食品。保健食品在国外也被称为"健康食品""功能食品"等。

保健食品具有如下特点：

1. 保健食品属于食品　保健食品是食品的一个种类，具有食品的共性，即无毒无害、有一定的营养价值并具有相应的色、香、味等感官性状。但保健食品不是普通的食品，保健食品既可以体现传统食品的属性，也可以是胶囊、片剂或口服液等形式，并且保健食品在食用量上有限制，不能替代正常膳食。

2. 保健食品不是药物　保健食品是以调节机体功能为主要目的，不能用于治疗疾病，对人体不产生任何急性、亚急性或慢性危害，可以长期服用。而药物则是以治疗疾病为目的，允许有一定副作用且多数不能长期应用。此外保健食品为经口摄入，而药物则可通过注射、皮肤及口服等多种途径给药。

3. 保健食品具有特定的保健功能　保健食品具有经过科学验证的保健功能，这是保健食品区别于普通食品的一个重要特征。

4. 保健食品适于特定人群食用　保健食品是针对亚健康人群设计的，不同功能的保健食品对应的是不同特征的亚健康人群，这是保健食品区别于普通食品的另一个重要特征。

保健食品是食品的一个特殊种类，介于其他食品和药品之间。保健食品强调具有特定保健功能，而其他食品强调提供营养成分。保健食品具有规定的食用量，而其他食品一般没有服用量的要求。保健食品根据其保健功能的不同，具有特定适宜人群和不适宜人群，而其他食品一般不进行区分。

三、转基因食品

转基因食品是指以利用转基因技术使基因组构成发生改变的生物直接生产的食品或为原料加工制成的食品。

除了个别产品是从营养价值方面改造的，相应营养素的营养价值较高；其他大部分转基因食品不是从营养价值方面改造的，所以其营养价值和普通作物相比没有差异。

四、营养强化食品

根据不同人群的营养需要，向食品中添加天然或人工合成的营养素和其他营养成分，以提高食品的营养价值，使之更适合人类营养需要的一种食品深加工，称为食品强化（food fortification）。这样加工的食品称为营养强化食品。为增加食品的营养成分（价值）而加入食品中的天然或人工合成的营养素和其他营养成分，被称为营养强化剂，常为必需氨基酸类、维生素类及矿物质类等。

营养强化食品不仅保持了食品原有的营养成分，同时补充了食品中所缺乏的营养素，提高了食品的营养价值，增强机体对营养素的生物利用率，是改善人民营养状况既经济又有效的途径。

营养强化主要能达到以下目的：①补充食品在正常加工、储存时造成的营养素损失；②在一定的地域范围内，有相当规模的人群出现某些营养素摄入水平低或缺乏，通过强化可以改善其摄入水平低或缺乏导致的健康影响；③某些人群由于饮食习惯和／或其他原因可能出现某些营养素摄入量水平低或缺乏，通过强化可以改善其摄入水平低或缺乏导致的健康影响；④补充和调整特殊膳食用食品中营养素和/或其他营养成分的含量。

（侯绍英）

小结：

本章介绍了谷类、薯类及杂豆类、大豆类及其制品、蔬菜、水果类、畜禽水产品、乳及乳制品、蛋类及其制品等各类食品不同的营养特点。通过本章的学习，掌握各种食物的营养特点，有助于在生活实践中搭配平衡膳食。

第三章 公共营养

公共营养是营养学的重要组成部分,在增强国民身体素质、提高社会生产力、促进经济发展方面发挥积极作用。

第一节 公共营养概述

一、公共营养的定义

公共营养是在人群营养及健康状况调查与研究基础上,有针对性地提出解决营养问题的措施;以及为了预防营养问题的发生和为了全面促进或提高人群健康水平所采取的措施、政策和法律法规。它不仅强调要发现问题,更重要是如何采取有效措施解决问题。

二、公共营养的特点

1. 实践性 公共营养的突出特点是实践性。公共营养注重将营养学基础理论知识运用于实践中,在人群层面上开展调查研究和营养干预,将营养学的研究成果转化为提高人群营养与健康的社会措施。

2. 宏观性 公共营养的研究对象是特定的社会群体(如来自一个国家、省或地区的人群),需要针对人群的营养状况,制定宏观的国家或地区性营养政策、食品经济政策,才能有效地调整食品生产与消费结构,引导公众平衡膳食。同样,国家的经济实力、政策导向也制约营养政策的制定,影响国民的营养状况。

3. 社会性 人们的饮食行为受社会经济、法律、政策、制度、文化、行为习惯、政治背景和宗教信仰等方面的影响。因此,探索解决人群营养问题的途径,不仅需要研究制定营养改善政策,更需要各部门紧密协作和全社会共同参与,才能保证公共营养目标的顺利实现。

4. 多学科性 公共营养的其宏观性、实践性和社会性的特点决定了公共营养涉及自然科学和社会科学,自然科学主要包括基础医学、临床医学和预防医学等,社会科学主要包括人类学、社会与行为科学、经济学和政治科学等。

第二节　公共营养的工作内容

一、制定、修订膳食营养素参考摄入量

机体每日必须从膳食中获取各种营养物质,才能维持生存和健康的需要。如果长期摄取某种营养素不足或过多,就可能发生营养不良。所以,为了帮助人们合理地摄入各种营养素,营养学首要要解决和明确的问题就是,制定膳食营养素参考摄入量。研究、制定、修订与执行 DRIs 是公共营养研究与工作的基础。

从 20 世纪早期营养学家就开始建议营养素的参考摄入量,20 世纪 40 年代到 80 年代,许多国家都制定了各自推荐的营养素供给量,并且随着营养科学的发展和各国所面临营养问题的变化,每隔一定时间还要重新修订。

我国第一个中国居民膳食营养素参考摄入量制定于 1938 年,称为"中国民众最低限度之营养需要",至今共经过 7 次修订。1952 年进行了第一次修订,名称改为"膳食营养素需要量表",本次修订设置了成年男子、成年女子、少年男子、少年女子和儿童 5 个人群,提出了能量和蛋白质、钙、铁、维生素 A、维生素 B_1、维生素 B_2、烟酸和维生素 C 8 种营养素的需要建议值,成人活动强度分为安静、活动和激烈生活 3 个档次。1955 年,进行了第二次修订,名为"每日膳食中营养素供给量",作为设计和评价膳食的质量标准,并作为制订事物发展计划和指导食品加工的参考依据。该版将人群年龄进行了调整、成人活动强度改为轻、中、重和极重劳动 4 个档次,其他未做变动。1962 年进行了第三次修订,该版调整了人群年龄,成人活动强度增加了极轻体力活动,修订了营养素数值。1980 年第四次修订时,增加了维生素 D、能量等共 10 种物质,同时对个别营养素数值进行了修订。1988 年第五次修订后,改名为"推荐的每日膳食中营养素供给量",该版划分了婴儿、儿童、少年、成年、老年前期、老年期、孕妇和乳母 8 个人群,营养素种类增加到 14 种。20 世纪 90 年代初期,随着科学研究和社会实践的发展,特别是强化食品及营养补充剂的发展,在 RDA 的基础上,各国提出了一个比较系统的新概念——膳食营养素参考摄入量(DRIs)。所以我国在 2000 年进行第六次修订时,名称改为"中国居民膳食营养素参考摄入量 2000",引入了 EAR、RNI、AI 和 UL 这 4 个概念,人群划分为婴儿、儿童和青少年、成年、孕妇和乳母 5 个人群,能量和涉及的营养素增加到 33 种。第七次也是最新的一次修订是在 2013 年进行的,修订后的名称为"中国居民膳食营养素参考摄入量 2013",本次增加了 AMDR、PI-NCD 和 SPL 三个概念。本次修订标志着我国营养科学和应用的又一大进步,对于计划膳食、营养保健、食品生产营养推进科学以及改善中国居民的营养健康状况都具有重要意义。

二、调整膳食结构与制定膳食指南

为了将 DRIs 的指导应用于生活实践,还需要明确摄入食物的种类以及每种食物的数量,以满足 DRIs 的要求,这就需要制定膳食结构与膳食指南。

(一)调整膳食结构

膳食结构是指膳食中各类食物的数量及其在膳食中所占的比例。

1. 膳食结构的特点

(1) 不同国家、地区的膳食结构有很大的差别，即存在不同类型膳食结构。这是因为膳食结构会受很多因素(如不同国家、地区的地理环境、气候条件、自然资源、经济发展水平、民族文化、宗教信仰、科学知识水平)的影响。

(2) 膳食结构是在逐渐改变的，并且变化较缓慢。由于影响膳食结构的因素是缓慢变化的，所以膳食结构的变化也是缓慢的。

(3) 一个国家、地区人群的膳食结构是相对稳定的，一般不会发生重大的改变。

当然，这种稳定是相对的。例如，由于社会经济发展水平对膳食结构的影响较大，所以我国改革开放近40年来，社会经济以惊人的速度发展，从而导致我国居民膳食结构发生了重大的改变。

(4) 膳食结构是可以干预的，通过适当干预，可以加快向更合理的膳食结构方向发展。但是此项工作需要国家相关部门如卫生、农业、食品工业等多部门的配合才能完成。

2. 世界上典型的膳食模式　依据动、植物性食物在膳食构成中的比例，世界上典型的膳食模式主要包括以下四种类型。

(1) 东方膳食模式：该膳食结构以植物性食物为主，动物性食物为辅。大多数发展中国家如印度、巴基斯坦、孟加拉国和非洲一些国家等属此类型。这类膳食容易出现蛋白质、能量营养不良，以致体质较弱，健康状况不良，劳动能力降低，但心血管疾病(冠心病、脑卒中)、T2DM、肿瘤等慢性病的发病率较低。

(2) 经济发达国家膳食模式：该膳食模式以动物性食物为主，是多数欧美发达国家如美国、西欧、北欧诸国的典型膳食结构，属于营养过剩型膳食。其主要特点为高能量、高脂肪、高蛋白质、低膳食纤维。这种膳食模式容易造成肥胖、高血压、冠心病、糖尿病等营养过剩性慢性病发病率上升。

(3) 日本膳食模式：该膳食模式是一种动植物食物较为平衡的膳食模式，以日本为代表。该膳食模式既保留了东方膳食的特点，又吸取了西方膳食的长处，少油、少盐、多海产品，蛋白质、脂肪和碳水化合物的供能比合适，有利于避免营养缺乏病和营养过剩性疾病，膳食结构基本合理。

(4) 地中海膳食模式：该膳食模式以地中海命名是因为该膳食结构的特点是居住在地中海地区的居民所特有的，意大利、希腊居民的膳食可作为该种膳食结构的代表。此膳食结构的突出特点是饱和脂肪摄入量低，不饱和脂肪摄入量高，膳食含大量复合碳水化合物，蔬菜、水果摄入量较高。地中海地区居民心脑血管疾病、T2DM等的发生率低，因此，西方国家纷纷参照地中海膳食结构改进自己国家膳食结构。

3. 我国的膳食模式　近30年来，随着我国经济的高速发展，充足的食物供应和居民生活水平的不断提高，我国城乡居民的膳食结构发生了显著变化。当前我国居民存在3种膳食模式，即贫困和偏远地区居民保持了东方膳食模式，经济发达地区(大城市)居民已经是经济发达国家膳食模式，其他地区的居民则为中间过渡型，目前我国正处于膳食结构变迁的关键期。

由于目前我国居民膳食模型存在以上特点，我国居民在营养问题上面临着营养缺乏与营养过剩的双重负担。所以正确引导居民改变膳食现状，建立科学合理的膳食结构，是一项紧迫而艰巨的任务，而这也是公共营养工作非常重要的一个内容。

（二）膳食指南

膳食指南是由政府和科学团体根据营养科学的原则和人体的营养需要，结合当地食物生产供应情况及人群生活实践，专门针对食物选择和身体活动提出的指导意见。《中国居民膳食指南》是以营养科学原理为基础，针对当前主要的公共卫生问题，提出的我国食物选择和身体活动的指导意见，其目的是实现平衡膳食，满足 DRIs 的要求。

为了适应居民营养与健康的需要，帮助居民合理选择食物，1989 年我国首次发布了《中国居民膳食指南》，1997 年和 2007 年进行了两次修订，2016 年 5 月发布了《中国居民膳食指南（2016）》系列指导性文件。

《中国居民膳食指南（2016）》由一般人群膳食指南、特定人群膳食指南和中国居民平衡膳食实践三个部分组成。其中，一般人群膳食指南是核心部分。特定人群包括孕妇乳母膳食指南、婴幼儿膳食指南（0～24 个月）、儿童少年（2～5 岁、6～17 岁）膳食指南、老年人群膳食指南（≥65 岁）和素食人群膳食指南。其中素食人群膳食指南是本版新增加的内容。

三、营养调查与评价

营养调查（nutrition survey）是指运用各种手段准确地了解某人群或特定个体各种营养指标的水平，以判断其营养和健康状况。我国曾于 1959 年、1982 年、1992 年和 2002 年分别进行了四次全国营养调查。2002 年的全国营养调查与肥胖、高血压和糖尿病等慢性病调查结合在一起，是我国第一次全国性的营养和健康调查。2010 年原卫生部将中国居民营养与健康状况调查列为重大医改项目，确定了 5 年一个周期的常规性全国营养与健康监测工作。

（一）营养调查的目的、内容与步骤

1. 营养调查的目的 营养调查的目的包括：①了解不同地区、年龄和性别人群的能量和营养素摄入情况；②了解与能量和营养素摄入不足、过剩有关营养问题的分布和严重程度；③分析营养相关疾病的病因、影响因素；④监测膳食结构变迁及其发展趋势；⑤提供居民营养与健康状况数据；⑥为国家或地区制定干预策略和政策提供信息。

2. 营养调查的内容 营养调查一般由四部分组成：①膳食调查；②人体测量；③人体营养水平的生化检验；④营养相关疾病临床体征及症状检查。上述四部分内容互相联系、相互验证，一般应同时进行。全面的营养调查应与健康检查同步进行，可以综合地分析人群营养与健康的关系，找出其原因和影响因素，提高营养干预的针对性和有效性。

3. 营养调查的步骤 营养调查一般包括下列步骤：①确定营养调查的目的；②根据调查目的确定调查对象和人群；③确定抽样方法；④制订调查工作内容、方法和质量控制措施；⑤调查前人员准备，包括组织动员调查对象以及调查员的培训；⑥现场调查、体格检查、样本采集及指标检测；⑦数据管理、统计分析及结果反馈；⑧形成调查报告。在营养调查工作中，调查计划的科学性、严谨性和可行性是保证调查质量的前提，同时调查对象的配合程度、调查人员的专业知识技能水平和工作态度以及各级领导的支持也是影响调查质量的重要因素。

（二）营养调查方法

1. 膳食调查 膳食调查是指了解被调查对象在一定时间内通过膳食摄取的能量、各种营养素的数量和质量，据此来评价被调查对象能量和营养素需求获得满足的程度。膳食调查方法有称重法、记账法、回顾法、食物频数法和化学分析法等。

（1）称重法：该方法适合对个人、家庭或集体单位进行的膳食调查。其内容包括称量每餐所吃的主、副食的生重、熟重及剩余食物的重量，从而计算出摄入生食物的重量。然后，根据用餐实际人数，计算出平均每人每餐摄入的生食物重量。再将一天各餐的结果加在一起，得出每人每天摄入的各种食物重量。最后，查阅食物成分表，计算出能量和各种营养素摄入量。称重法一般要调查3～7d。称重法的优点是细致、准确，但它没有考虑烹调的损失；另外，能量和营养素摄入量是通过查阅食物成分表计算出来的，所以可能与实际摄入的食物有差别；此外，称重法耗费人力、物力，所以只适用于小样本人群调查。

（2）记账法：记账法适用于有详细账目的集体单位食堂。记账法是查账或记录该单位一定时间内各种食物消耗总量和用餐人数、天数，从而计算出平均每人每日的食物消耗量。然后查阅食物成分表，即可计算出能量和各种营养素摄入量。一般可统计一个月，也可以一年四季各进行一次。它的优点是比较准确。缺点是它适用范围窄，只适用于有详细账目的集体单位食堂；其次记账法同样也没有考虑到烹调的损失；此外，记账法也需要查阅食物成分表来计算膳食营养素的含量。

（3）回顾法：回顾法又称询问法，即对被调查者连续3d各种主副食物摄入情况进行回顾调查（包括在外就餐），获得个人每日各种食物摄入量，根据食物成分表计算出能量和营养素的摄入量。成人在24h内对所摄入的食物有较好的记忆，一般认为24h膳食的回顾调查最易取得可靠的资料，简称24h回顾法。该方法简便易行，适用于大规模人群调查。但所得资料比较粗略，有时需要借助食物模具或食物图谱来提高其准确性。另外由于7岁以下儿童和70岁以上老人回忆不准确，所以不适用于该年龄段人群。

（4）食物频数法：该法收集被调查对象过去一段时间（数周、数月或数年）内各种食物消费频率及消费量，从而获得个人长期食物和营养素平均摄入量。食物频率法可快速得到平时各种食物摄入的种类和数量，反映长期膳食行为，其结果可作为研究慢性病与膳食模式关系的依据，也可供膳食咨询指导之用。该方法的缺点是，准确性不高。

（5）化学分析法：收集调查对象一日膳食中所摄入的全部主副食品，通过实验室化学分析方法来测定其营养素含量。化学分析法的优点是非常准确。另外，该法还可以分析食物成分表中没有列出的营养素或植物化学物。其缺点是操作烦琐、耗时，花费大。对实验室设备和人员素质要求较高。所以该方法只适用于小规模人群，用于特殊目的的研究，比如膳食调查方法的比较、需要精确研究某些营养素或有害物质与健康的关系等。根据样品的收集方法不同分为双份饭法和双份原料法两种。

2. 人体测量　根据调查对象的年龄、性别选用适当的人体测量指标，可以较好地反映调查对象的营养状况。体格测量数据可用于评价个体或群体的营养状况，学龄前儿童的测量结果常被用于评价一个地区人群的营养状况。此外，研究者也可依研究目的综合多个指标，通过建立各项指标的评价指数或标准化的方法，综合分析被调查对象的营养状况。

（1）理想体重（ideal weight）或称标准体重：一般用来衡量成人实测体重是否在适宜范围内。理想体重的概念虽容易被接受，但其"真值"难以估计，故理想体重的准确性有时会受到质疑，作为判断标准已较少使用。

（2）体质指数（body mass index，BMI）：BMI是目前评价人体营养状况最常用的方法之一。

（3）年龄别体重（weight for age）、年龄别身高（height for age）和身高别体重（weight for height)：这组指标主要用于评价儿童生长发育与营养状况。年龄别体重主要适用于婴幼儿，年龄别身高反映长期营养状况及其造成的影响，身高别体重反映近期营养状况。一般应先用年龄别身高排除生长迟滞者，再用身高别体重筛查出消瘦者。

（4）腰围（waist circumference）、臀围（hip circumference）及腰臀比（waist-to-hip ratio，WHR）：腰围、臀围及腰臀比也是评价人体营养状况的重要指标。腰臀比是腰围（cm）和臀围（cm）的比值。

（5）皮褶厚度（skinfold thickness）：皮褶厚度是通过测量皮下脂肪厚度来估计体脂含量的方法。测量点常选用肩胛下角、肱三头肌和脐旁。实际测量时常采用肩胛下角和上臂肱三头肌腹处的皮褶厚度之和，并根据相应的年龄、性别标准来判断。皮褶厚度一般不单独作为肥胖的标准，通常与身高标准体重结合起来判定。

（6）上臂围（upper arm circumference）和上臂肌围（upper arm muscle circumference）：上臂围一般测量左上臂肩峰至鹰嘴连线中点的臂围长。我国 1～5 岁儿童上臂围 < 12.5cm 为营养不良，12.5～13.5cm 为中等，> 13.5cm 为营养良好。上臂肌围 = 上臂围 − 3.14 × 肱三头肌皮褶厚度，成年人正常参考值为男 25.3cm、女 23.2cm。

3．人体营养水平的生化检验　人体营养水平的生化检验是借助实验室检测发现人体营养储备水平低下、营养不足或营养过剩等状况，以预防营养相关疾病的发生。人体营养水平的生化检验可为观察某些因素对人体营养状况的影响提供科学依据，常用检测指标见表 3-1。

表 3-1　人体营养状况的生化检测常用指标

营养素	检测指标
蛋白质	血清总蛋白、血清白蛋白（A）、血清球蛋白（G）、白 / 球（A/G）、空腹血中氨基酸总量 / 必需氨基酸、尿羟脯氨酸系数、游离氨基酸、必要的氮损失等
血脂	总脂、甘油三酯、α 脂蛋白、β 脂蛋白、胆固醇（包括胆固醇酯）、游离脂肪酸、血酮等
钙、磷及维生素 D	血清钙（包括游离钙）、血清无机磷、血清钙磷乘积、血清碱性磷酸酶、血浆 25-OH-D_3、血浆 1, 25-$(OH)_2$-D_3 等
锌	发锌、血浆锌、红细胞锌、血清碱性磷酸酶活性
铁	全血血红蛋白浓度、血清运铁蛋白饱和度、血清铁、血清铁蛋白、血液红细胞压积（HCT 或 PCV）、红细胞游离原卟啉、平均红细胞体积（MCV）、平均红细胞血红蛋白量（MCH）、平均红细胞血红蛋白浓度（MCHC）等
维生素类	维生素 A：血清视黄醇、血清胡萝卜素。维生素 B_1：RBC 转酮醇酶活力系数、5mg 负荷尿试验。维生素 B_2：RBC 谷胱甘肽还原酶活性系数、5mg 负荷试验。烟酸：50mg 负荷尿试验。维生素 C：血浆维生素 C 含量、500mg 负荷尿试验。叶酸：血浆叶酸、红细胞叶酸等
其他	尿糖、尿蛋白、尿肌酐、尿肌酐系数、全血丙酮酸等

4．人体营养相关疾病的临床检查　临床检查的目的是根据症状和体征判断是否存在营养不足或过剩所致营养相关疾病、明确其严重程度。某种营养素缺乏或过剩引起的营养相关疾病，在不同的疾病发展阶段呈现相应的特征性症状和体征。常见临床体征与可能缺乏的营养素关系见表 3-2。但是，现实生活中，个体可能同时存在多种营养素摄入不足或过剩，表现出的症状和体征可能并不典型。

表 3-2　常见临床体征与可能缺乏的营养素关系

部位	体征	可能缺乏的营养素
全身	消瘦或水肿,发育不良	能量、蛋白质、锌
	贫血	蛋白质、铁、叶酸、维生素 B_{12}、B_6、B_2、C
皮肤	干燥,毛囊角化	维生素 A
	毛囊四周出血点	维生素 C
	癞皮病皮炎	烟酸
	阴囊炎,脂溢性皮炎	维生素 B_2
头发	稀少,失去光泽	蛋白质、维生素 A
眼睛	Bitot's 斑,角膜干燥,夜盲	维生素 A
唇	口角炎,唇炎	维生素 B_2
口腔	齿龈炎,齿龈出血,齿龈松肿	维生素 C
	舌炎,舌猩红,舌肉红	维生素 B_2、烟酸
	地图舌	维生素 B_2、烟酸、锌
指甲	舟状甲	铁
骨骼	颅骨软化,方颅,鸡胸,串珠肋,"O"形腿,"X"形腿	维生素 D
	骨膜下出血	维生素 C
神经	肌肉无力,四肢末端蚁行感,下肢肌肉疼痛	维生素 B_1

(三)营养调查结果的分析评价

1. **膳食模式**　膳食模式与食物的分类有关,可根据研究目的和需要来划分食物的分类。实际应用中常以"中国居民平衡膳食宝塔"为依据,对被调查人群的膳食模式进行评价。

2. **能量和营养素摄入量**　依据 DRIs 将调查人群的能量和各种营养素的摄入量与其推荐值比较以评价其满足程度。对某个体而言,其摄入量和参考值都是估算值,为确定其能量和营养素的摄入量是否适宜,一方面需准确描述摄入量和恰当选择推荐值,另一方面需结合该个体的人体测量、临床检查、生化检测结果进行综合评价。

3. **能量、蛋白质的食物来源**　着重评价三大供能营养素所提供的能量占总能量的构成比和豆类、动物性食物提供的优质蛋白质占总蛋白质的比例。

4. **各餐能量分配比例**　一般人群就餐应定时和定量,三餐能量比约为 3∶4∶3,儿童和老人可以在三餐之外适当加餐。除此之外,应坚持每天吃早餐并保证其营养充足,午餐要吃好,晚餐要适量。不暴饮暴食,不经常在外就餐。零食作为一日三餐之外的营养补充,可以合理选用,尽量选择一些营养素含量高而能量含量低的食物,如新鲜水果和奶类,注意来自零食的能量应计入全天能量摄入之中。

5. **其他**　判断被调查者是否存在动物性食品过多所致的肥胖症;评价营养素摄入不足或过剩与营养相关疾病的因果关系;分析是否存在过多摄取方便食品、快餐食品等;评价食物来源、储存条件、烹调加工方法、就餐方式等饮食习惯与营养状况的关系。

四、营养监测

1. **营养监测的定义**　营养监测(nutrition surveillance)是指长期动态监测人群的营养状况,同时收集影响人群营养状况的有关环境和社会经济条件等方面的资料,探讨从政策上、社会措施上改善营养状况和条件的途径。营养监测还收集与食物生产、食物消费、食物分配有关的信息，因此营养监测又称食物营养监测（food and nutrition surveillance，FNS）。

2. 营养监测与营养调查的区别与联系　营养监测与营养调查的共同点是，两者都关注膳食与人群营养、健康状况的关系。但是，在工作中，营养调查与营养监测有很大的不同。营养调查是采用自然科学手段，研究以个体为基础的人群膳食与健康的关系，是从微观上对人群营养状况的了解和分析，主要限于发现问题。而营养监测是在营养调查基础上，针对一个国家和地区的人群，采用社会科学的方法，来研究人群营养状况的动态变化，更加侧重于从环境条件和社会经济条件等更宏观的范畴入手，来研究影响膳食营养与健康的因素，并且重视政策和社会性措施的制订与推行工作，从而改善人群营养状况。

3. 营养监测的目的　营养监测的目的概括起来有两个。一是通过了解和掌握食物消费的变化及居民营养状况，分析其发展趋势，为决策者提供信息，以便有的放矢地解决营养问题，预防疾病的发生。二是在食物生产、流通等方面进行相应的政策调整，以保证社会发展过程中，食物生产、健康与环境三者之间的平衡发展和优化提高。

4. 营养监测的内容　营养监测的内容包括以下方面。第一，要进行各类食物的消费情况和能量、营养素的摄入水平的监测。第二，要进行食物供应情况及其影响因素的监测。第三，进行营养及相关健康状况的监测。第四，进行饮食行为与生活方式的监测。第五，进行社会经济发展水平的监测。以上是一般的营养监测内容。根据不同的监测目的，还会有不同的监测内容。

五、制定食物营养规划和营养改善计划

近年来，我国人民生活水平不断提高，营养供给能力显著增强，国民营养健康状况明显改善。但仍面临居民营养不足与过剩并存、营养相关疾病多发、营养健康生活方式尚未普及等问题，成为影响国民健康的重要因素。在营养调查和营养监测基础上，为了解决营养问题，预防营养相关疾病的发生和促进健康，国家还要进行食物营养规划和营养改善计划。为贯彻落实《"健康中国2030"规划纲要》，提高国民营养健康水平，我国制定了《国民营养计划（2017—2030）》，为未来营养健康产业的发展制定了时间表。

六、制定食物与营养的政策和法律法规

为了全面提高我国居民的健康素质、预防营养相关疾病，促进健康，一些重要的食物营养规划和营养改善计划必须以国家政策、法律、法规的形式加以强制贯彻执行。我国制定了一系列与膳食营养有关的政策、法律和法规。

我国先前的《中华人民共和国食品卫生法》和目前的《中华人民共和国食品安全法》中，都有关于食品营养方面的要求。

食物、营养不仅影响我国居民的健康，而且还影响我国经济的发展，所以我国政府十分重视食物、营养与健康工作，并发布了一系列关于食物与营养发展的纲领性文件，如《九十年代中国食物结构改革与发展纲要》《中国食物与营养发展纲要》（2001—2010，2014—2020年）等。

为促进营养改善工作，提高居民营养与健康水平，我国还制定了《中国营养改善行动计划》和《营养改善工作管理办法》。

鉴于慢性病对全社会的巨大危害,我国相继出台了营养改善和慢性病防治方面的规划,如《"健康中国 2030"战略研究报告》《中国慢性病防治工作规划(2012—2015 年)》及《全民健身计划(2011—2015 年)》等。

第三节　保证居民膳食营养的政策措施

居民营养状况改善是一项复杂的系统工程,须从不同层面采取措施。一般常用的改善方法包括制定、修订中国居民膳食指南和平衡膳食宝塔,食品营养标签,营养教育和营养立法等。此外还包括营养配膳与食谱制定以及食品营养强化和新食品原料的开发。

一、中国居民膳食指南和平衡膳食宝塔

(一)中国居民膳食指南

《中国居民膳食指南(2016)》一般人群膳食指南是中国居民膳食指南的核心,它适用于2 岁以上健康人群,结合我国居民的营养问题,提出 6 条核心推荐条目,①食物多样,谷类为主;②吃动平衡,健康体重;③多吃蔬果、奶类、大豆;④适量吃鱼、禽、蛋、瘦肉;⑤少盐少油,控糖限酒;⑥杜绝浪费,兴新食尚。指南明确了平衡膳食、能量平衡、多吃的食物、少吃的食物和限制的食物。

(二)中国居民平衡膳食宝塔

中国居民平衡膳食宝塔(Chinese food guide pagoda)(以下简称宝塔)是根据《中国居民膳食指南(2016)》的核心内容和推荐,结合中国居民膳食的实际情况,把平衡膳食的原则转化为各类食物的数量和比例的图形化表示,体现了一个在营养上比较理想的膳食模式。

平衡膳食宝塔共分 5 层(图 3-1),各层面积大小不同,体现了 5 类食物和食物量的多少,其食物数量是根据不同能量需要而设计的。宝塔旁边的文字注释,标明了在能量 1 600～2 400kcal 时,一段时间内成人每人每天各类食物摄入量的平均范围。第一层为谷薯类食物,成人每人每天应摄入谷、薯、杂豆类食物 250～400g,其中全谷物(包括杂豆类)50～150g,新鲜薯类 50～100g;第二层为蔬菜水果,每人每天应摄入蔬菜 300～500g,水果 200～350g,深色蔬菜占总体蔬菜摄入量的 1/2 以上;第三层为鱼、禽、肉、蛋等动物性食物,每天摄入120～200g,其中畜禽肉 40～75g,水产品 40～75g,鸡蛋 1 个(50g 左右);第四层为乳类、大豆和坚果,每天应摄入相当于鲜奶 300g 的乳类及乳制品,大豆和坚果制品摄入量为 25～35g,其中坚果每周 70g 左右;第五层为烹调油和盐,每天烹调油不超过 25～30g,食盐摄入量不超过 6g。

水和身体活动的图示也包含在可视化图形中,强调增加身体活动和足量饮水的重要性。水的需要量主要受年龄、身体活动、环境温度等因素的影响,轻体力活动的成年人每天至少饮水 1 500～1 700ml(约 7～8 杯),在高温或强体力活动的条件下应适当增加饮水量。提倡饮用白开水和茶水,不喝或少喝含糖饮料。鼓励养成天天运动的习惯,坚持每天多做一些消耗能量的活动。推荐成年人每天进行至少相当于快步走 6 000 步以上的身体活动,每周最好进行 150min 中等强度的运动。

为了更好地理解和传播中国居民膳食指南和平衡膳食的理念,除了循证工作、内容编排上的改进,2016 版《中国居民膳食指南》还在原有膳食宝塔的基础上新增了膳食餐盘和膳

中国居民平衡膳食宝塔（2016）

盐	<6克
油	25~30克
奶及奶制品	300克
大豆及坚果类	25~35克
畜禽肉	40~75克
水产品	40~75克
蛋类	40~50克
蔬菜类	300~500克
水果类	200~350克
谷薯类	250~400克
全谷物和杂豆	50~150克
薯类	50~100克
水	1 500~1 700毫升

图 3-1　中国居民平衡膳食宝塔

食算盘，便于更为形象地展示合理的膳食结构。在膳食餐盘图中，谷薯类、奶类、鱼肉蛋豆类、水果类、蔬菜类按照《中国居民膳食指南》建议的比例被放置在餐盘里，一餐之中各类营养物质的合理摄入量一目了然。而膳食算盘则特别针对儿童的设计，采用我国传统的珠算形式，以算盘珠的多少来直观的表示各类食物的摄入量，便于儿童的理解记忆。

二、食品营养标签

（一）定义

食品营养标签（food nutrition label）是预包装食品标签上向消费者提供食品营养信息和特性的说明，包括营养成分表、营养声称和营养成分功能声称。营养标签是预包装食品标签的一部分。

为指导和规范食品营养标签的标示，引导消费者合理选择预包装食品，促进公众膳食营养平衡和身体健康，保护消费者知情权、选择权和监督权，从而达到预防和减少营养相关疾病的目的，2007 年我国制定了《食品营养标签管理规范》，于 2008 年 5 月 1 日起实施；2011 年，原卫生部在参考国际食品法典委员会和国内外管理经验的基础上，组织制定了我国第一个食品营养标签国家标准——《预包装食品营养标签通则》（GB 28050—2011），于2013 年 1 月 1 日起实施。

（二）实施营养标签标准的意义

目前我国居民既有营养不足，也有营养过剩的问题，特别是脂肪和钠（食用盐）的摄入较高，是引发慢性病的主要因素。通过实施营养标签标准，要求预包装食品必须标示营养标签内容，一是有利于宣传普及食品营养知识，指导公众科学选择膳食；二是有利于促进消费者合理平衡膳食和身体健康；三是有利于规范企业正确标示营养标签，科学宣传有关营养知识，促进食品产业健康发展。

（三）内容

《预包装食品营养标签通则》（GB 28050—2011）对预包装食品营养标签的基本要求、标示内容、标示格式以及豁免强制标示等进行了规定。具体分为 7 条，分别为范围、术语和定义、基本要求、强制标示内容、可选择标示内容、营养成分的表达方式和豁免强制标示营养标签的预包装食品。此外，本标准还包括四个附录，分别是①食品标签营养素参考值及其使用方法；②营养标签；③能量和营养成分含量声称和比较声称的要求、条件；④同义语以及能量和营养成分功能声称标准用语。

食品营养标签包括营养成分表、营养声称和营养成分功能声称。营养声称、营养成分功能声称可以在标签的任意位置，但其字号不得大于食品名称和商标。

1. 营养成分表　营养成分表是标有食品营养成分名称、含量和营养素参考值百分比的规范性表格。营养成分表应以一个"方框表"的形式表示（特殊情况除外），方框可为任意尺寸，并与包装的基线垂直，标题为"营养成分表"。食品营养成分含量应以具体数值标示，营养标签的格式应符合国标要求。所有预包装食品营养标签强制标示的内容包括能量、核心营养素的含量值及其占营养素参考值（nutrient reference values，NRV）的百分比。

我国的核心营养素包括蛋白质、脂肪、碳水化合物和钠。核心营养素是食品中存在的与人体健康密切相关，具有重要公共卫生意义的营养素，摄入缺乏可引起营养不良，影响儿童和青少年生长发育和健康，摄入过量则可导致肥胖和慢性病发生。目前的核心营养素是在充分考虑我国居民营养健康状况和慢性病发病状况的基础上，结合国际贸易需要与我国社会发展需求等多种因素而确定的，根据标准实施情况将随时对其数量和内容进行补充完善。

NRV 是用于比较食品营养成分含量的数值，专用于食品营养标签。营养成分含量与NRV 进行比较，能使消费者更好地理解营养成分含量的高低。

若食品配料含有或生产过程中使用了氢化和／或部分氢化油脂时，在营养成分表中还应标示出反式脂肪（酸）的含量。

预包装食品中能量和营养成分的含量应以每100 克（g）和／或每100 毫升（ml）和／或每份食品可食部中的具体数值来标示。

2. 营养声称　营养声称是对食品营养特性的描述和声明，如能量水平、蛋白质含量水平。营养声称两部分，一是含量声称，即描述食品中能量或营养成分含量水平的声称，用语包括"含有""高""低"或"无"等，如"低脂肪"；二是比较声称，是与消费者熟知的同类食品的营养成分含量或能量值进行比较之后的声称，用语包括"增加""减少"两大类，可根据食品特点选择相应的同义语。比较声称的条件是能量值或营养成分含量与参考食品的差异≥25%。含量声称和比较声称都是表示食品营养素特点的方式，其差别为：①声称依据不同。含量声称是根据规定的含量要求进行声称，比较声称是根据参考食品进行声称。②声称用语不同。含量声称用"含有""低""高"等用于；比较声称用"减少""增加"等用语。

3. 营养功能声称　营养成分功能声称是某营养成分可维持人体正常生长、发育和正常生理功能等作用的声称，例如"每日膳食中脂肪提供的能量比例不宜超过总能量的30%"。

使用营养成分功能声称用语，必须同时在营养成分表中标示该营养成分的含量及占

NRV 的百分比,并满足营养声称的条件和要求。即满足含量声称或比较声称的条件之一,才能进行功能声称。

营养成分功能声称标准用语必须选择国标给出的一条或多条功能声称用语,但不得删改、添加和合并,更不能任意编写。

豁免强制标示营养标签的预包装食品为:①生鲜食品,如包装的生肉、生鱼、生蔬菜和水果、禽蛋等;②乙醇含量≥0.5% 的饮料酒类;③包装总表面积≤100cm² 或最大表面面积≤20cm² 的食品;④现制现售的食品;⑤包装的饮用水;⑥每日食用量≤10g 或 10ml 的预包装食品;⑦其他法律法规标准规定可以不标示营养标签的预包装食品。豁免强制标示营养标签的预包装食品,如果在其包装上出现任何营养信息时,也应按照本标准执行。

三、营养教育

营养教育(nutrition education)是通过改变人们的饮食行为而达到改善营养目的的一种有计划活动。它是营养干预的一种有效手段,具有容易实施、成本低、效益高、受益面广等特点,对居民营养状况的改善和健康水平的提高具有重要作用。世界各国的经验证实,营养教育是最值得提倡的低投入、高收益的措施。

营养教育的目的是提高人群对营养与健康的认识,通过普及营养知识,倡导健康行为和生活方式,合理利用天然食物资源纠正营养缺乏和不平衡,促进人群的营养健康状况改善,减少各种营养相关疾病患病的危险。

营养教育的主要内容包括:①营养基础知识;②健康生活方式;③中国居民膳食指南、中国居民平衡膳食宝塔;④我国人群的营养及存在的膳食营养相关疾病的状况和变化趋势;⑤膳食营养相关慢性疾病的预防与控制;⑥营养相关的法律、法规和政策。

开展营养教育首先要确定存在的营养问题,然后制订营养教育工作计划;根据存在营养问题的人群范围确定营养教育的对象;确定营养教育内容;选择或制作营养教育和指导所需材料;实施营养教育计划;进行营养教育的效果评价。

营养教育要针对不同人群,使用不同的方式方法。营养教育方法可大致分为营养信息传播和营养行为干预两类。

四、营养立法

当前我国正处在实施营养改善的关键时期,面临着营养缺乏和营养过剩的双重挑战,需要开展长期、复杂、繁重、严峻的营养工作。只有进行营养立法,才能动员全社会的力量参与营养改善行动,切实解决营养问题最终实现提高我国居民营养水平,增进中华民族整体素质和健康状况,保障社会稳定与和谐发展,建设全面小康社会的目的。

2009 年,我国制定了《食品安全法》。为了适应社会发展,2015 年 4 月 24 日第十二届全国人大常委会第十四次会议审议通过了《中华人民共和国食品安全法》的修订,并从 2015 年 10 月 1 日起正式施行。在此期间,国家制定了一系列食品安全国家标准,指导工作实践。

2017 年国务院办公厅印发了《国民营养计划(2017—2030 年)》(以下简称《计划》)。《计划》明确,到 2030 年,营养法规标准体系更加健全,营养工作体系更加完善。《计划》的发布,让营养立法工作有了任务表。《计划》指出,要完善营养法规政策标准体系。首先要推动营养立法和政策研究。开展营养相关立法的研究工作,进一步健全营养法规体系;研究制定临床营养管理、营养监测管理等规章制度；制定完善营养健康相关政策；研究建立各级营养健康指导委员会，加强营养健康法规、政策、标准等的技术咨询和指导。第二，要完善标准体系。加强标准制定的基础研究和措施保障，提高标准制修订能力；科学、及时制定以食品安全为基础的营养健康标准；制修订中国居民膳食营养素参考摄入量、膳食调查方法、人群营养不良风险筛查、糖尿病人膳食指导、人群营养调查工作规范等行业标准；研究制定老年人群营养食品通则、餐饮食品营养标识等标准，加快修订预包装食品营养标签通则、食品营养强化剂使用标准、婴儿配方食品等重要食品安全国家标准。

（李　颖）

小结：

本章介绍了公共营养的定义、特点和工作内容，以及保证居民膳食营养的政策措施。通过对公共营养的深刻理解，有助于培养学生开展人群公共营养工作的思维和技能。

第四章 食品安全危害与控制

食品是人类赖以生存和发展最基本的条件,食品安全是食品与公众健康关系的保障。《中华人民共和国食品安全法》(2015年)中食品安全的含义是"食品无毒、无害,符合应当有的营养要求,对人体健康不造成任何急性、亚急性或者慢性危害"。安全、营养、感官等是食品的基本要素,安全是消费者选择食品的首要标准。

人类社会生产发展过程中产生的各种有毒、有害物质随时都有可能混入食品。因此为了保证机体健康,人类一直自觉或不自觉地尽其所能选择对健康有益的食物,避免对健康有害的食物。然而随着社会经济不断进步,经济全球化不断发展,人们饮食文化以及食品的多样化发展,新的食品添加剂不断出现,已有的各种添加剂不断翻新,这些食品添加剂被不断加入食物中,导致选择既满足营养需求、又安全的食物越来越难。近年来,"苏丹红事件""三鹿奶粉事件""瘦肉精事件"等问题食品的出现,使得食品安全已经成为当今世界各国关注的焦点。

第一节 概 述

食品从种植、养殖到生产、加工、贮存、运输、销售、烹调直至餐桌的整个过程中的各个环节,都有可能受到某些有毒有害物质污染,以致降低食品卫生质量或对人体造成不同程度的危害。

一、食品安全危害的分类

食品从种植、养殖到生产、加工、贮存、运输、销售、烹调直至餐桌整个过程中的各个环节,都有可能受到外源性一些有毒有害物质的污染。按照食品污染物的性质来划分,主要分为生物性危害、化学性危害和物理性危害。

(一)生物性危害

食品的生物性危害包括微生物、寄生虫和昆虫的危害。微生物危害主要有细菌与细菌毒素、真菌与真菌毒素以及病毒等的危害。其中以细菌、真菌及其毒素对食品的危害最常见、最严重。近年,病毒危害食品引起的中毒,如轮状病毒(rotavirus)、诺沃克病毒(Norwalk virus)、甲型肝炎病毒(hepatitis A virus)和禽流感病毒(avian influenza virus,AIV)等也日益受到人们的关注。寄生虫和虫卵主要是由病人和病畜的粪便通过水体或土壤间接污染食品或直接污染食品。昆虫危害主要有螨类、蛾类、谷象虫以及蝇、蛆等。

（二）化学性危害

食品化学性危害涉及范围较广，情况也较复杂。主要包括：①农药、兽药不合理使用，残留在食品中；②工业"三废"（废水、废渣、废气）排放，造成有毒金属和有机物污染环境，继而转移至食品，如铅、砷、镉、汞及酚等；③食品容器、包装材料、运输工具等接触食品时融入食品中的有害物质；④滥用食品添加剂；⑤在食品加工、贮存过程中产生的物质，如腌制、烟熏、烘烤类食物中的亚硝胺、多环芳烃、杂环胺、丙烯酰胺等以及酒中有害的醇类、醛类等；⑥掺假、制假过程中加入的物质，如奶粉中加入三聚氰胺。

（三）物理性危害

主要有：①来自食品生产、加工、储藏、运输、销售的污染物，如粮食收割时混入的草籽、液体食品容器池中的杂物、食品运销过程中的灰尘等；②食品的放射性污染，主要来自放射性物质的开采、冶炼、生产、应用及意外事故造成的污染。

二、食品安全危害污染食品的途径

食品中微生物的污染途径可分为内源性污染和外源性污染。

（一）内源性污染

内源性污染是指动、植物体在生长发育过程中，由于本身带有的生物性或从环境中吸收的化学性或放射性物质而造成的食品污染称为内源性污染。食品动物在生前受到的污染，又称第一次污染，如：动物正常情况下体内存在一些非致病微生物，这些微生物对动物机体是有利的，但当机体处于不良条件时，如长途运输、饥饿等，机体抵抗力下降，这些微生物便有可能侵入肌肉、肝脏等部位造成动物性食品污染；再如，动物在生长发育过程中被某些致病性微生物感染，像炭疽、布鲁氏菌、结核分枝杆菌、寄生虫等，其产品就会带有这些病原微生物或其毒素，从而造成污染。

内源性生物性污染：动植物在生活过程中由本身带的微生物或寄生虫而造成的食品污染。①畜禽生前感染人畜共患病（肉、蛋、乳被污染）；②畜禽生前感染固有疾病，抵抗力下降引起继发性感染；③畜禽生活期间感染某些微生物，畜禽抵抗力下降引起这些微生物浸入肌肉、肝脏等部位，造成肉品污染。

内源性化学性污染：畜禽摄入被化学性污染的饲料而使污染物富集，富集浓度可达饲料或环境浓度的上百万倍。

内源性放射性污染：水生生物对放射性物质的浓集作用，浓集系数＝机体放射性物质浓度/水体中放射性物质的浓度。

（二）外源性污染

外源性污染是指食品在生产、加工、运输、储藏、销售等过程，由于不遵守操作规程或不按卫生标准操作，导致食品的生物性、化学性或放射性污染称为外源性污染，又称第二次污染。主要包括：①水的污染；②空气的污染；③加工过程中的污染；④储藏过程中的污染；⑤病媒害虫的污染。

外源性生物性污染：食品在加工、运输、储藏、销售、烹饪等过程中由于不遵守操作规程，使其受到微生物等的污染。主要包括：①通过水的污染；②通过空气的污染；③通过土壤的污染；④生产加工过程的污染；⑤运输/储藏过程的污染；⑥病媒害虫的污染。

外源性化学性污染：食品在加工、运输、储藏、销售、烹饪等过程中受到有毒害化学物质的污染。主要有：①空气；②水；③土壤；④运输；⑤生产加工。

三、食品安全危害对人体健康的影响

食品污染造成的危害，可以归结为：①影响食品的感官性状；②造成人体急性食物中毒；③引起机体的急性、慢性危害；④对人类的致畸、致突变和致癌作用。

生物性污染主要的危害是可以引起动物性食品腐败变质、人类感染性疾病和微生物性食物中毒。化学性污染主要危害是引起机体的急性、慢性中毒，以及致突变、致畸形和致癌。

（肖　荣）

第二节　食品的生物学危害

生物性危害主要是指各类微生物导致的危害。污染食品的微生物按其对人体的致病能力，可分为三类：①致病性微生物，可直接对人体致病并造成危害。包括致病性细菌和细菌毒素、人畜共患传染病病原菌和病毒、产毒真菌和真菌毒素。②相对致病微生物，即通常条件下不致病，在一定条件下才有致病力的微生物。③非致病性微生物，在自然界分布非常广泛，其中有许多是引起食品腐败变质和卫生质量下降的主要原因。

生物性危害的主要特点：①微生物是一类非常微小的生物体，一般肉眼不能够看到，但其广泛存在于自然界；②并非所有的微生物都会使人致病，只有部分种类才会导致食物中毒；③有些细菌会引起食品腐败变质，但很少使人得病；而一些致病微生物（如副溶血性弧菌、甲肝病毒、痢疾杆菌）并不会引起食品的感官变化，说明食品感官没有变化不等于没有受到致病微生物的污染；④污染了致病微生物的食品是导致食物中毒和食源性疾病的主要原因之一。

一、食品的细菌污染

食品中存在的细菌是自然界中微生物的一部分，将食品中常见的细菌称为食品细菌，包括致病性细菌、相对致病性细菌和非致病性细菌，其中绝大多数是非致病菌。将共存于食品中的细菌种类及其相对数量的构成称为食品的细菌菌相，其中存在于食品中相对数量较大的细菌，称为优势菌。这些细菌往往与食品出现特异颜色、气味、荧光、磷光以及相对致病性有关，是评价食品卫生质量的重要指标，也是研究食品腐败变质原因、过程和控制方法的主要对象。

（一）食品中常见的细菌

1. 假单胞菌属　该菌属是食品腐败细菌的代表，革兰氏阴性无芽胞杆菌，需氧，嗜冷，兼或嗜盐，多具有分解蛋白质、碳水化合物和脂肪的能力，是重要的食品腐败性细菌。该菌属广泛分布于食品中，特别是蔬菜、肉、家禽和海产品中，并可引起腐败变质，是导致新鲜的冷冻食物腐败的重要细菌。

2. 微球菌属和葡萄球菌属　两者均为革兰氏阳性、好氧球菌，大多可产生类胡萝卜素使其菌落呈现黄色、橙色或红色。该菌主要分布于哺乳动物的皮肤，多见于肉类、乳制品和植物类食品上。

3. 芽胞杆菌属和梭状芽胞杆菌属　为革兰氏阳性菌，前者需氧或兼性厌氧，后者厌氧，

能形成芽胞抵抗不良生存环境,均属嗜温菌,兼或有嗜热菌,是肉类及罐头食品中常见的腐败菌。

4. 肠杆菌科　为革兰氏阴性无芽胞杆菌,需氧或兼性厌氧,嗜温,多与水产品、肉及蛋的腐败有关。肠杆菌科中除志贺氏菌属及沙门氏菌属外,均是常见的食品腐败菌。大肠埃希氏菌是食品中常见的腐败菌,也是食品和饮用水的粪便污染指示菌之一。变形杆菌分解蛋白质能力非常强,是需氧腐败菌的代表;而沙雷菌可使食物发生表面变红、变黏等改变。

5. 弧菌属和黄杆菌属　均为革兰氏阴性,兼性厌氧,主要来自海水或淡水,可在低温和5%食盐中生长,故为鱼类及水产品中常见的腐败菌。后者还能产生色素。

6. 嗜盐杆菌属和嗜盐球菌属　均为革兰氏阴性需氧菌,嗜盐,能在含高浓度食盐(至少为12%)的食品中生长,且可产生橙红色素。多见于咸鱼、咸肉等盐腌制食品中。

7. 乳杆菌属　为革兰氏阳性菌,厌氧或微需氧、过氧化氢酶阴性杆菌,主要见于乳品中,可使其产酸酸败。该菌属中的许多菌可用于生产乳酸或发酵食品,污染食品后也可引起食品腐败变质。

(二)食品中的细菌菌相及其食品卫生学意义

食品的细菌菌相可因污染细菌的来源、食品本身理化特性、所处环境条件和细菌之间的共生与抗生关系等因素的影响而不同,所以可通过食品的理化性质及其所处的环境条件预测食品的细菌菌相。如常温下放置的肉类,早期常以需氧的芽胞杆菌、微球菌和假单胞菌污染为主;随着腐败逐渐加重,肠杆菌会逐渐增多;中后期变形杆菌会占有较大比例。而食品腐败变质引起的变化也会由于食品细菌菌相及其优势菌种不同而出现相应的特征,因此检验食品细菌菌相又可对食品腐败变质的程度及特征进行估计。如需氧的芽胞杆菌、假单胞菌、变形杆菌、厌氧的梭状芽胞杆菌主要分解蛋白质,分解脂肪的细菌主要为产碱杆菌等。

(三)评价食品卫生质量的细菌污染指标与食品卫生学意义

评价食品卫生质量的细菌污染指标是根据食品卫生的要求,从微生物学的角度,对各种食品提出的具体指标要求。我国卫生部门颁布的反映食品卫生质量的细菌污染指标主要包括菌落总数、大肠菌群和致病菌。

1. 菌落总数及其食品卫生学意义　菌落总数是指在被检样品的单位质量(g)、容积(ml)或表面积(cm^2)内,所含能在严格规定的条件下(培养基及其 pH、培育温度与时间、计数方法等)培养所生成的细菌菌落总数,以菌落形成单位(colony forming unit,CFU)表示。

菌落总数卫生学意义:一是作为食品被细菌污染程度即清洁状态的标志。在许多国家的食品卫生标准中,采用了这一指标,我国也在许多食品中制定了食品菌落总数指标;二是预测食品耐保藏性。食品中细菌在繁殖过程中可分解食物成分,一般来讲,食品中细菌数量越多,食品腐败变质的速度就越快。有人曾做比较,当鱼的菌落总数为 $10^5CFU/cm^2$ 时,在0℃条件下可保存6天;而菌落总数为 $10^3CFU/cm^2$ 时,同样条件下可保存至12天。

2. 大肠菌群及其食品卫生学意义　大肠菌群包括肠杆菌科的埃希氏菌属、柠檬酸杆菌属、肠杆菌属和克雷伯菌属,均系来自人和温血动物的肠道,需氧与兼性厌氧,不形成芽胞,在35～37℃下能发酵乳糖产酸产气的革兰氏阴性杆菌。食品中大肠菌群的数量是采用相当于100g或100ml食品的最近似数来表示,简称大肠菌群最近似数(maximum probable number,MPN)。这是按一定方案检验后应用统计学概论推算的结果。所谓一定检验方案,在我国统一采用的是样品三个稀释度各三管的乳糖发酵三步法，并根据各种可能的检验结果，编制了相应的 MPN 检索表供实际应用。

大肠菌群卫生学意义，一是作为食品受到人与温血动物粪便污染的指示菌，因为大肠菌群都直接来自人与温血动物粪便；二是作为肠道致病菌污染食品的指示菌，因为大肠菌群与肠道致病菌来源相同，且在一般条件下大肠菌群在外界生存时间与主要肠道致病菌是一致的。

大肠菌群被用作食品卫生质量鉴定指标，但由于大肠菌群是嗜温菌，5℃以下基本不能生长，所以对低温菌占优势的水产品，特别是冷冻食品未必适用。因此，近年来也有用肠球菌作为粪便污染的指示菌。

3. 致病菌及其食品卫生学意义 致病菌随食物进入人体后，能引起机体食源性疾病。致病菌主要包括沙门氏菌、金黄色葡萄球菌、大肠埃希氏菌 O157：H7、副溶血型弧菌、单核细胞增生李斯特氏菌等。当然不同食品受微生物污染的种类、风险程度均不完全相同，因此，在实际应用时需选择一定的参考菌群进行检验。多数国家食品安全标准中都要求检测沙门氏菌、金黄色葡萄球菌和志贺氏菌。但也有一些检测其他致病菌，如水产品以副溶血性弧菌、沙门氏菌、单核细胞增生李斯特氏菌作为参考菌群。

（四）防治细菌污染的措施

1. 建立健全卫生管理机构和管理制度 严格贯彻执行生产加工过程中的各项卫生制度和措施，工厂必须健全有关卫生组织和管理制度。

2. 提高原辅料的卫生质量 对原辅料要严格选择、妥善保存。禁止采购、使用腐烂变质的原料。

3. 遵守生产经营过程的卫生要求 在生产、销售过程中，做到内外环境整洁；生产布局和工艺流程合理；设备保持良好状态，并经常清洁和消毒；做到生、熟食品隔离，半成品、成品与原料分开，防止交叉污染；有防尘、防鼠、防蝇设备；采取冷藏、冷冻措施贮藏食品。

4. 搞好从业人员个人卫生 从业人员必须经过健康检查方可上岗。传染病患者及病原携带者须调离接触直接人员入口食品的工作。从业人员应养成良好的个人卫生习惯，上班前、便后洗手消毒，工作时穿戴整洁的工作衣帽，不戴戒指，不留长指甲，不化妆。

5. 彻底杀灭食品中污染的细菌 在食品加工中，严格遵守杀菌规程，控制灭菌温度和时间。在食物烹调过程中，应做到烧熟煮透，烹调加工大块食品时，应注意使其内部温度达到杀灭细菌所需的温度。

二、食品的真菌与真菌毒素污染

（一）真菌与真菌毒素概述

1. 真菌和真菌毒素的定义 真菌并不是生物分类学名称，而只是指菌丝体比较发达而且没有较大子实体的一部分真菌，是以缠结的形式生长的丝状真菌，可以迅速地蔓延，有的在 2～3 天内能够布满几英寸菌丝体。

真菌毒素主要是指真菌在其所污染的食品中产生的有毒的代谢产物。真菌毒素通常具有耐高温，无抗原性，主要侵害实质器官的特性。人和动物一次性摄入含大量真菌毒素的食物常会发生急性中毒，而长期摄入含少量真菌毒素的食物则会导致慢性毒作用（包括致癌、致畸和致突变）。

2．真菌产毒的特点

（1）真菌产毒只限于少数的产毒真菌，而产毒菌种中也只有一部分菌株产毒。同一菌种中不同的菌株产毒能力不同，可能是取决于菌株本身的生物学特性、外界条件的不同，或两者兼有之。

（2）同一产毒菌株的产毒能力有可变性和易变性。如产毒菌株经过累代培养可完全失去产毒能力，而非产毒菌株在一定条件下可出现产毒能力。

（3）产毒菌种产生真菌毒素不具有严格的专一性，即一种菌种或菌株可以产生几种不同的毒素，而同一真菌毒素也可由几种真菌产生。如杂色曲霉毒素可由杂色曲霉、黄曲霉和构巢曲霉产生，又如岛青霉可以产生黄天精、红天精、岛青霉毒素以及环氯素等几种毒素。

（4）产毒真菌产生毒素需要一定的条件。真菌污染食品并在食品上繁殖是产毒的先决条件，而真菌是否能在食品上繁殖和产毒又与食品的种类和环境因素等有关。一般来说，真菌在天然食品中比人工培养基上容易繁殖产毒。

3．真菌产毒的条件

（1）基质：一般而言，营养丰富的食品其真菌生长的可能性大，真菌在天然食品上比在人工合成的培养基上更易繁殖。但不同的真菌菌种易在不同的食品中繁殖，即各种食品中出现的真菌以一定的菌种为主，如玉米与花生中黄曲霉及其毒素检出率高，小麦和玉米以镰刀菌及其毒素污染为主，青霉及其毒素主要在大米中出现。

（2）水分：食品中的水分对真菌的繁殖与产毒具有重要的作用。以最易受真菌污染的粮食为例，粮食水分为17%～18%是真菌繁殖产毒的最佳条件。一般来说，粮食类水分在14%以下，大豆类在11%以下，干菜和干果品在30%以下，微生物是较难生长的。粮食水分活性（Aw）降至0.7以下，一般真菌均不能生长。

（3）湿度：在不同的相对湿度中，易于繁殖的真菌不尽相同。例如相对湿度在90%以上时，主要为湿生性真菌（毛霉、酵母属）繁殖；80%～90%时，主要是中生性真菌（大部分曲霉、青霉、镰刀菌属）繁殖；而在80%以下时，主要是干生性真菌（灰绿曲霉、局限青霉、白曲霉）繁殖。一般在非密闭状态下，粮食中水分与环境相对湿度可逐渐达到平衡，在相对湿度为70%时，真菌即不能产毒。

（4）温度：不同种类的真菌其最适温度不一样。大多数真菌繁殖最适宜的温度为25～30℃，在0℃以下或30℃以上时，产毒能力减弱或消失，但也有例外的情况，如梨孢镰刀菌、尖孢镰刀菌、拟枝孢镰刀菌和雪腐镰刀菌，适宜的产毒温度为0℃或 $-7\sim-2$℃；而毛霉、根霉、黑曲霉、烟曲霉繁殖的适宜温度为25～40℃。一般来说，产毒温度略低于生长最适温度，如黄曲霉的最适生长温度为37℃左右，最适产毒温度为28～32℃。

（5）通风情况：大部分真菌繁殖和产毒需要有氧条件，但毛霉、庆绿曲霉是厌氧菌，并可耐受高浓度的 CO_2。

（二）主要产毒真菌及主要真菌毒素

1．主要产毒真菌　目前已知的产毒真菌主要有以下几种。

（1）曲霉菌属：曲霉在自然界分布极为广泛，对有机质分解能力很强，有些菌种如黑曲霉等被广泛用于食品工业。但是曲霉也是重要的食品污染真菌，有些菌种在一定条件下可产生毒素。曲霉属中可产生毒素的菌种有黄曲霉、赭曲霉、杂色曲霉、烟曲霉、构巢曲霉和寄生曲霉等。

（2）青霉菌属：青霉分布广泛，种类很多，经常存在于土壤、粮食和果蔬上。有些菌种能产生多种酶及有机酸，具有很高的经济价值。另一方面，青霉可引起果蔬、谷物及食品的腐败变质，有些菌种还可产生毒素，包括岛青霉、桔青霉、黄绿青霉、扩展青霉、圆弧青霉、皱褶青霉和荨麻青霉等。

（3）镰刀菌属：镰刀菌属包括的菌种很多，其中大部分是植物的病原菌，并能产生毒素，包括禾谷镰刀菌、梨孢镰刀菌、拟枝孢镰刀菌、三线镰刀菌、雪腐镰刀菌、粉红镰刀菌等。

（4）其他菌属：如绿色木霉、漆斑菌属、黑色葡萄状穗霉等。

2. 主要真菌毒素　目前已知的真菌毒素大约为200种，一般按其产生毒素的主要真菌名称来命名。有的真菌毒素在粮食收获前已经产生，如多数的镰刀菌毒素。镰刀菌在作物的生长期感染作物后，引起粮食作物的病害，并产生毒素。有些真菌毒素是在粮食作物收获后或贮存期间产生的，如由于粮食中水分过高或受潮而使曲霉或青霉生长产毒，如黄曲霉毒素、青霉毒素等。

比较重要的真菌毒素有黄曲霉毒素、赭曲霉素、杂色曲霉素、岛青霉素、黄天精、环氯素、展青霉素、桔青霉素、皱褶青霉素、青霉酸、单端孢霉烯族化合物、玉米赤霉烯酮、伏马菌素等。

（三）真菌及其毒素污染食品的卫生学意义

真菌最初污染食品后，在基质及环境条件适宜时，首先引起食品的腐败变质，不仅可使食品呈现异样颜色、产生霉味等异味，食用价值降低，甚至完全不能食用，而且还可使食品原料的加工工艺品质下降，如出粉率、出米率、黏度等降低。粮食类及其制品被真菌污染而造成的损失最为严重，据估算，每年全世界平均至少有2%的粮食因污染真菌发生霉变而不能食用。真菌污染食品的程度以及被污染食品卫生质量的评定可从真菌污染度和真菌菌相构成两个方面进行评价。

食品中真菌的大量生长繁殖与产生毒素可引起人畜中毒。从真菌毒素中毒发生情况来看，真菌毒素中毒是无传染性的。真菌的大量生长繁殖与产生毒素是真菌毒素中毒的前提，这需要一定的条件，特别是温度、湿度、易于引起中毒的食品在人群中被食用情况及饮食习惯等，所以真菌毒素中毒可表现出较为明显的地方性和季节性，甚至有些可具有地方病的特征。真菌毒素中毒的临床症状表现多种多样，较为复杂。有因短时间内摄入大量真菌毒素引起的急性中毒，也有因少量长期摄入含有真菌毒素的食品而引起的慢性中毒，可表现为诱发肿瘤、造成胎儿畸形和引起体内遗传物质发生突变等。

（四）真菌污染食品的评定指标

真菌污染食品的指标主要包括两个方面：真菌污染度和真菌菌相的构成。真菌污染度以单位质量（g）或体积（ml）的食品中真菌菌落总数表示。食品中曲霉和青霉较多，预示食品即将霉变；根霉和毛霉的出现，常表示食品已经霉变。

（五）常见的真菌毒素

1. 黄曲霉毒素（aflatoxin，AF）　是黄曲霉和寄生曲霉产生的一类代谢产物。寄生曲霉的所有菌株都能产生AF，但我国寄生曲霉罕见。黄曲霉是我国粮食和饲料中常见的真菌，由于AF具有极强的毒性和致癌性，因而受到重视，但并非所有的黄曲霉都是产毒菌株，即使是产毒菌株也必须在适合产毒的环境条件下才能产毒。20世纪60年代英国发生十万只火鸡突发性死亡事件，经研究证实为黄曲霉污染饲料产生的AF引起。

（1）化学结构及性质：AF 是一类结构类似的化合物，其基本结构都有二呋喃环和香豆素（氧杂萘邻酮），在波长 365nm 紫外线下都发生荧光，根据荧光颜色及其结构分别命名为 B_1、B_2、G_1、G_2、M_1、M_2 等，B_1、B_2 呈蓝色，G_1 呈绿色，G_2 呈绿蓝色，M_1 呈蓝紫色，M_2 呈紫色，其化学结构式见图 4-1。AF 的毒性与其结构有关，凡二呋喃环末端有双键者毒性较强并有致癌性，AF 的毒性顺序如下：$B_1 > M_1 > G_1 > B_2 > M_2$。在粮油食品中以 AFB_1 污染最多见，而且其毒性和致癌性最强；因此，在食品卫生监测中常以 AFB_1 作为污染指标。

AF 耐热，在一般烹调加工温度下不被破坏，在 280℃时发生裂解。AF 在水中溶解度很低，几乎不溶于水，能溶于油脂和甲醇、丙酮、三氯甲烷等多种有机溶剂，但不溶于石油醚、己烷和乙醚中。

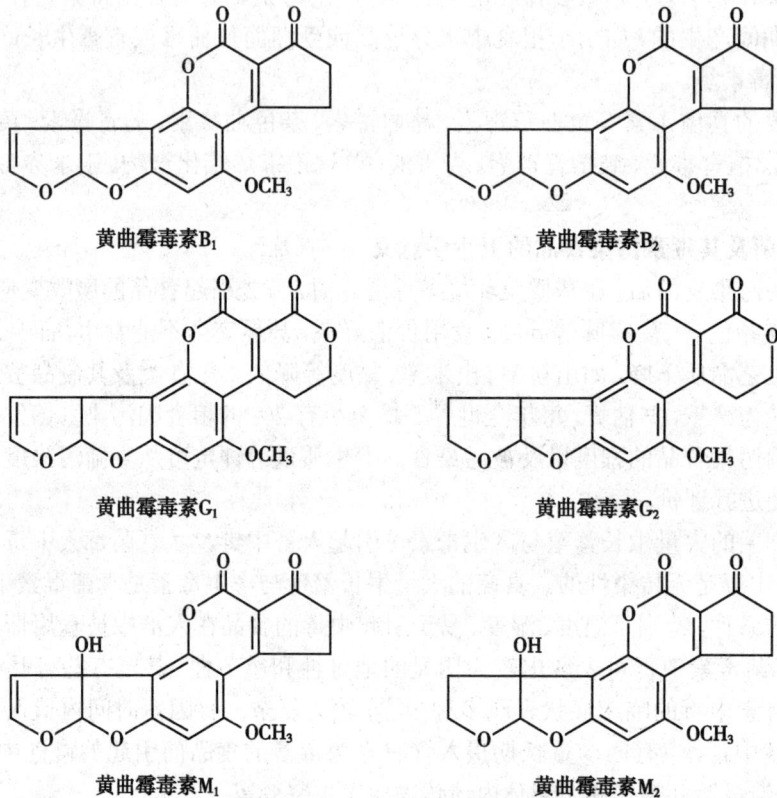

黄曲霉毒素B_1 黄曲霉毒素B_2

黄曲霉毒素G_1 黄曲霉毒素G_2

黄曲霉毒素M_1 黄曲霉毒素M_2

图 4-1   几种黄曲霉毒素的结构式

（2）污染食品的情况：AF 主要污染粮油及其制品，其中以玉米、花生和棉籽油最易受到污染，其次是稻谷、小麦、大麦、豆类等。除粮油食品外，我国还有干果类食品，如胡桃、杏仁、榛子；动物性食品，如乳及乳制品、肝、干咸鱼等以及干辣椒中有 AF 污染的报道。大规模工业生产的发酵制品，如酱、酱油中一般无污染，但家庭自制发酵食品曾报告有 AF 产生。AFB_1 污染调查结果表明，我国受黄曲霉毒素污染严重的地区是长江流域以及长江以南的广大高温高湿地区，华北、东北和西北地区只有个别样品受到污染。

（3）代谢途径与代谢产物：一些实验动物在食用了黄曲霉毒素污染的饲料或经口或经注射纯黄曲霉毒素制剂后，除了使用大剂量的情况下，往往在尿中只能查出很少量没有改变的毒素，黄曲霉毒素在新陈代谢过程中主要发生羟基化作用和去甲基化作用，此外也发生环氧化作用，产生相应代谢产物。黄曲霉毒素在发生环氧化后由前致癌物转变为终末致癌物。

黄曲霉毒素以肝脏含量最高，肾脏、脾脏及肾上腺也可检出。有极微量存在于血液中，肌肉中一般不能检出。如不连续摄入黄曲霉毒素，一般不在体内蓄积，一次摄入后约经1周即可经呼吸或由尿与粪等将大部分排出。

（4）毒性及对人体的危害：AF有很强的急性毒性，也有明显的慢性毒性与致癌性。AF对肝脏有特殊亲和性并有致癌作用，具有较强的肝脏毒性。它主要破坏肝脏细胞中DNA的模板作用，强烈抑制RNA的合成，阻止和影响蛋白质、脂肪、线粒体、酶等的合成与代谢，干扰动物的肝功能，导致肝细胞坏死、突变、癌症。

1）急性毒性：AF是一种剧毒物质，其毒性为氰化钾的10倍，对鱼、鸡、鸭、鼠类、兔、猫、猪、牛、猴及人均有极强的毒性。鸭雏和幼龄的鲑鱼对AFB_1最敏感，其次是鼠类和其他动物。常见动物的LD_{50}为：大鼠（雄）7.2mg/kg；大鼠（雌）17.9mg/kg；小鼠9.0mg/kg；兔0.30～0.50mg/kg；猫0.55mg/kg；猴2.2～3.0mg/kg。多数的敏感动物在摄入毒素后的3天内死亡，在解剖中发现它们的肝脏均有明显损伤。

AF亦可引起人的急性中毒，最典型事例为1974年印度两个邦中200个村庄居民因食用霉变玉米，暴发的AF中毒性肝炎。该次中毒中发病人数397人，死亡106人，中毒临床表现以黄疸为主，发热、呕吐和厌食，重者出现腹腔积液、下肢水肿、肝脾肿大及肝硬化，甚至死亡，在尸检中可见到肝胆管增生。检测发现这些霉变玉米中AFB_1的含量为6.25～15.6mg/kg。推算每人平均摄入AFB_1的量大约为2～6mg/d。

2）慢性毒性：主要表现为动物生长障碍，肝脏出现亚急性或慢性损伤，肝功能降低，肝实质细胞坏死、变性、胆管上皮增生、形成结节，出现肝硬化。其他症状表现为体重减轻、生长发育迟缓、食物利用率下降、母畜不孕或产仔减少等。此外，AF还可使肝脏脂肪含量升高，肝糖原降低，血浆白蛋白降低，白蛋白与球蛋白（A/G）比值下降，肝内维生素A含量减少等。

3）致癌性：AF是目前公认的最强的化学致癌物质。国际癌症中心（IARC）将黄曲霉毒素B_1列为人类致癌物。实验证明猴、大鼠、禽类、鱼类等多种动物小剂量反复摄入或大剂量一次摄入AF均能引起癌症，主要是肝癌。AF致肝癌强度比二甲基亚硝胺诱发肝癌的能力大75倍。出现的肝癌多为肝细胞型，少数为胆管型或混合型。

AF不仅可诱发肝癌，还可诱发其他部位肿瘤，如胃腺癌、肾癌、直肠癌及乳腺、卵巢、小肠等部位肿瘤。经气管给予AFB_1，可诱发气管鳞状上皮癌。

从亚非国家及我国肝癌流行病学调查结果发现，某些地区人群膳食中AF水平与原发性肝癌的发生率呈正相关。

（5）预防措施

1）食物防霉：是预防食品被AF污染的最根本措施。要利用良好的农业生产工艺，从田间开始防霉。首先要防虫、防倒伏；在收获时要及时排除霉变玉米棒。在粮食收获后，必须迅速将水分含量降至安全水分以下。不同粮粒其安全水分不同，如一般粮粒的水分在13%以下，玉米在12.5%以下，花生仁在8%以下，真菌即不易繁殖。粮食入仓后，要保持粮库内干燥，注意通风。有些地区使用各种防霉剂来保存粮食，但要注意其在食品中的残留及其本身的毒性。选用和培育抗霉的粮豆新品种将是今后防霉工作的一个重要方面。

2）去除毒素：常用的方法有：①挑选霉粒法：对花生、玉米去毒效果好。②碾轧加工法：受污染的大米加工成精米，可降低毒素含量。③加水搓洗法。④植物油加碱去毒法：碱炼本身就是油脂精炼的一种加工方法，AF 与 NaOH 反应，其结构中的内酯环被破坏形成香豆素钠盐，后者溶于水，故加碱后再用水洗可去除毒素。但此反应具有可逆性，香豆素钠盐遇盐酸（HCl）可重新生成 AF，故水洗液应妥善处理。⑤物理去除法。在含毒素的植物油中加入活性白陶土或活性炭等吸附剂，然后搅拌静置，毒素可被吸附而去除。⑥紫外光照射：利用 AF 在紫外光照射下不稳定的性质，可用紫外光照射去毒。但此法对处理液体食品（如植物油）效果较好，而对固体食品效果不明显。⑦氨气处理法：在 18kg 氨压、72～82℃状态下，谷物和饲料中 AF 的 98%～100% 会被除去，并且使粮食中的含氮量增加，同时不会破坏赖氨酸。

3）制定食品中 AF 限量标准：限定各种食品中 AF 含量是控制 AF 对人体危害的重要措施。我国现行的《食品安全国家标准 食品中真菌毒素限量》（GB 2761）规定食品中 AFB_1 限量标准如下，如表 4-1 所示。

表 4-1　我国几种食品中黄曲霉毒素 B_1 的限量标准

品种	黄曲霉毒素 $B_1/(\mu g/kg)$
玉米、花生仁、花生油	≤20
玉米及花生仁制品（按原粮折算）	≤20
大米、其他食用油	≤10
其他粮食、豆类、发酵食品	≤5
婴儿代乳食品	0.5

注：我国还规定婴幼儿奶粉中不得检出 AFM_1，牛奶中 AFM_1 含量不得超过 $0.5\mu g/L$。

2. 镰刀菌毒素　是由镰刀菌产生的，按其化学结构可分为单端孢霉烯族化合物、玉米赤霉烯酮、丁烯酸内酯和伏马菌素等。镰刀菌毒素对人畜健康威胁很大，FAO/WHO 已将镰刀菌毒素同黄曲霉毒素看作是自然发生的最危险的食品污染物，将其列入当前国际优先研究的真菌毒素。

（1）单端孢霉烯族化合物：是由雪腐镰刀菌、禾谷镰刀菌、梨孢镰刀菌、拟枝孢镰刀菌等多种镰刀菌产生的一类有毒代谢产物，其基本结构是倍半萜烯，分为 A 和 B 两型。单端孢霉烯族化合物主要有 T-2 毒素、二醋酸藨草镰刀菌烯醇、雪腐镰刀菌烯醇和脱氧雪腐镰刀菌烯醇（DON）。我国粮食受到污染的主要是后两种。该族化合物化学性质稳定，可溶于中等极性的有机溶剂，难溶于水。紫外光下不显荧光，耐热，在烹调过程中不易破坏；毒性作用的共同特点表现为较强的细胞毒性、免疫抑制及致畸作用，部分有较弱的致癌性，急性毒性强，可致人与动物的呕吐。主要污染麦类、玉米及其制品。

（2）玉米赤霉烯酮又称 F-2 毒素：是一类结构相似的二羟基苯酸内酯化合物。产毒菌株为禾谷镰刀菌、粉红镰刀菌、尖孢镰刀菌、三线镰刀菌、串珠镰刀菌、黄色镰刀菌以及雪腐镰刀菌等。该毒素具有类雌激素样作用，可表现出生殖系统毒性作用。猪为其敏感动物，主要表现为雌猪外阴充血、乳房肿大、甚至不育；雄性小猪表现为睾丸萎缩、乳腺肿大等雌性变化。玉米赤霉烯酮也有免疫毒性，对肿瘤发生也有一定影响。该毒素主要污染玉米，其次是小麦、大麦、大米等粮食作物。

（3）丁烯酸内酯：丁烯酸内酯是三线镰刀菌、雪腐镰刀菌、拟枝孢镰刀菌和梨孢镰刀菌产生，发现于自然界牧草中，牛喂饲带毒素牧草可导致烂蹄病。据报道在我国黑龙江和陕西的大骨节病区所产的玉米中发现有丁烯酸内酯存在。

（4）伏马菌素：是一类不同的多氢醇和丙三烯酸的双脂化合物，主要由串珠镰刀菌产生，可分伏马菌素 B_1（FB_1）和伏马菌素 B_2（FB_2）两类。食品中以 FB_1 污染为主，主要污染玉米及其制品。目前已知伏马菌素主要的危害是神经毒性作用，可引起马的脑白质软化；此外伏马菌素还具有慢性肾脏毒性，可引起羊的肾病变；可引起猪的肺水肿、大鼠肝中毒及狒狒心脏血栓等。伏马菌素是促癌物，最近研究表明其还有致癌作用，主要引起动物原发性肝癌。南非与中国某些食管癌高发区玉米中该毒素污染较严重。

（5）预防措施：防霉去毒、加强检测及制定食品中限量标准。①防霉：要注意田间管理，精耕细作以及选择抗赤霉病的作物，以防治赤霉病；②粮食贮藏期间注意通风，控制粮谷水分在 11%～13%；③对污染的粮食可采用比重分离法或碾磨去皮法等减少病麦或去除病麦的毒素；④制定限量标准：我国食品安全国家标准（GB 2761—2017）中规定小麦、大麦、玉米及其制品中脱氧雪腐镰刀菌烯醇的限量为 1 000μg/kg，小麦、玉米及其制品中玉米赤霉烯酮为 60μg/kg。

3. 赭曲霉毒素（ochratoxin） 包括赭曲霉毒素 A、B、C 和 D 等至少 7 种结构相似的真菌代谢产物。其中赭曲霉毒素 A（OTA）是已知的毒性较强的物质，可由赭曲霉、洋葱曲霉、鲜绿青霉、圆弧青霉、变幻青霉等产生。

OTA 的急性毒性很强，大鼠经口 LD_{50} 为 20～30mg/kg。动物中毒的靶器官主要为肾脏和肝脏，可见到肾曲管上皮细胞萎缩、间质细胞纤维化及肾小球透明性变等；肝脏可见脂肪变性及肝细胞透明样变、点状坏死及灶状坏死等。大鼠和仓鼠试验发现赭曲霉毒素还有胚胎毒性和致畸性；一些动物实验显示，OTA 还是一种肾脏致癌物。

赭曲霉毒素主要污染玉米、大豆、可可豆、大麦、柠檬类水果，腌制的火腿、花生、咖啡豆等，主要检出的是 OTA。我国食品安全国家标准（GB 2761—2017）中规定谷类、豆类及其制品中 OTA 的限量为 5.0μg/kg。

4. 展青霉素（patulin） 是一种由扩展青霉、荨麻青霉、细小青霉、棒曲霉、土曲霉和巨大曲霉以及丝衣霉等多种真菌产生的有毒代谢产物。展青霉素可存在于霉变的面包、香肠以及香蕉、梨、菠萝、葡萄和桃子等水果、苹果汁、苹果酒中。

展青霉素对小鼠经口 LD_{50} 为 35mg/kg。小鼠中毒死亡的主要病变为肺水肿、出血，肝、脾、肾淤血，中枢神经系统亦有水肿和充血。鸡胚实验表明其有致畸作用。日本曾发生展青霉素污染饲料引起的奶牛中毒事件，主要表现为上行性神经麻痹、脑水肿和灶性出血。对展青霉素的致癌作用尚需进一步研究。

展青霉素预防的首要措施仍然是防霉。国外对食品制定的展青霉素限量标准多数为 50μg/kg。我国食品安全国家标准（GB 2761—2017）中规定山楂、苹果及其制品（果丹皮除外）、以山楂或苹果为原料制成的饮料和酒类中 OTA 的限量为 50μg/kg。

控制措施：①加强源头管理，防止霉烂果对其他果品的污染和传播；②采摘和加工过程中避免损伤水果；③对榨汁用的水果应除掉霉烂果；④不吃霉烂水果。

三、食品的病毒污染

病毒同所有生物一样，具有遗传、变异、进化的能力，是一种体积非常微小、结构极其简单的生命形式。病毒具有高度的寄生性，完全依赖宿主细胞的代谢系统以获取其生命活动所需的物质和能量，遇到宿主细胞，病毒会通过吸附、进入、复制、装配、释放子代而显示典型的生命体特征。一旦离开宿主细胞，病毒只是一个大化学分子，停止活动。近年来，关于病毒引起食物中毒的报道逐渐增多。在不卫生的条件下可从食品中检测出很多肠道致病菌，同时，也可能发现许多病毒。实际上，任何食品都可以作为病毒的运载工具，如病毒性肝炎常常是通过食物进行传播的。

（一）病毒污染食品的来源和途径

1. 污染来源

（1）病人和病原携带者：对大多数病毒来说，病人是重要的传播源，尤其在临床症状表现明显的时期，其病毒传播能力最强。此外，有些病毒携带者，多数处于传染病的潜伏期，在一定条件下可向外排毒，由于没有明显的临床症状，因而具有更大隐蔽性。

（2）受病毒感染的动物：随着畜牧业快速发展，一些人畜共患性病毒不仅给养殖业造成巨大损失，而且可通过各种途径传播给人，其中大多数是通过污染的动物性食品感染给人的，如口蹄疫病毒、禽流感病毒。

（3）环境与水产品中的病毒：有些病毒粒子可在土壤、水、空气中存活相当长时期，可造成谷物、蔬菜等食品污染，如引起小儿麻痹症的脊髓灰质炎病毒可在污泥和污水中存留10天以上，其中蔬菜就可能带有该病毒。贝类浓缩海水中肠道病毒的能力非常强，当食用这些贝类时，如果加热不彻底，就会引起食源性病毒病。

2. 污染途径　来源于污染源的病毒可通过各种途径污染食品，传播的主要途径有以下几类：

（1）携带病毒的人和动物的代谢物：通过人畜禽的粪便、尸体直接污染食品原料和水源，如细小病毒、呼吸、肠道病毒。

（2）带有病毒的食品：通过从业人员的手、生产工具、生活用具等在食品加工、运输、销售等过程中对食品造成污染，如乙型肝炎病毒。

（3）携带病毒的动物与健康动物相互接触后，使健康动物染毒，导致动物性食品的病毒污染。如牛、羊肉中污染的口蹄疫病毒，禽肉和禽蛋中污染的禽流感病毒。

（4）病毒的传播媒介如蚊、蝇、鼠类、跳蚤等可造成食品污染，如乙肝病毒、流行性出血热病毒等。

（5）污染病毒的食品被人和动物摄入并在体内繁殖后，又可通过生活用品、粪便、唾液、动物尸体等对食品造成再污染，导致恶性循环。

（二）病毒污染食品的特点

1. 污染和流行程度不同

（1）散在发生：由于安全性防范措施不同，地域性、自然条件等的不同，使病毒污染食品常常呈零星发生，各个污染在发生时间和地点上无明显的联系。

（2）流行性污染：在某一时期某个地区某种病毒污染食品数量显著地超过了平时的污染量即为流行性污染。当病毒对食品的污染呈散发性时，若安全意识不够，防范措施不当，当地当时的自然条件又适合病毒繁殖时,可导致污染流行。

(3)污染大流行:大流行往往是食品流行性病毒污染的进一步发展。在一定时间内迅速传播,波及范围很广。

(4)暴发污染:暴发污染的特点是具有突然性,食品在短时间内可发生大批的病毒污染。

2.污染和流行有一定的时间性

(1)季节性:病毒对食品的污染及对人体的危害呈现明显的季节性。是由于该季节自然条件适合于该病毒的传播。一般呼吸道病毒的污染和流行常常发生在冬、春季节。肠道病毒、肝炎病毒等常在夏、秋季发生流行。

(2)周期性:某些病毒对食品的污染每隔一定时期就会发生一次流行,往往造成某一传染病发生周期性流行。当某些条件改变后,周期性可能消失。

3.污染和流行常表现为地区性

(1)本地化:有些病毒对食品的污染和流行常局限于一定地区范围内。这与病毒在外界发育所需的自然条件、传播媒介及当地居民的生活习惯等因素有密切关系。

(2)外来性:有些病毒虽然以前在本地区没有,但由于交通业的发展、对外贸易的开展,可从别的地区带入,当条件适合时,可发生食品污染和流行。如口蹄疫病毒、禽流感病毒等均是由国外传入的。因此,对动植物进出口检疫应加强管理,以防外来病毒传入我国。

(三)食品常见的病毒污染

1.肝炎病毒　人类的肝炎病毒可导致传染性肝炎。引起病毒性肝炎的病毒目前认为有7种,即甲、乙、丙、丁、戊、己、庚型肝炎病毒。经食品传播的肝炎病毒主要是甲型和戊型肝炎病毒。

(1)感染途径和临床表现:甲型肝炎是世界性疾病,全世界每年发病数量超过200万人次,我国是甲型肝炎的高发国家之一。粪-口途径是甲肝病毒的主要传播途径,随水和食物传播是甲肝暴发流行的主要传播方式。较差的环境卫生和不良的个人卫生习惯是造成甲型肝炎病毒地方性流行的主要原因。甲型肝炎的潜伏期通常为1~6周,症状一般表现为厌食、发热、乏力、恶心、呕吐、肌痛、肝肿大,出现黄疸、血清转氨酶异常升高等,经对症治疗后无后遗症,病死率较低。重症肝炎的发病比例较低,症状表现为突然发热、剧烈腹痛、呕吐、黄疸,继而有出现肝性脑病表现,病死率较高。

戊型肝炎以前曾被称为非甲非乙型肝炎,通常认为是一种在发展中国家通过粪-口途径和病人—健康人接触传播的疾病。其潜伏期比甲型肝炎长,一般为22~60天,症状与甲型肝炎类似。

(2)相关食品:甲型肝炎患者是摄入了受其污染的水或食品后引起发病,水果和果汁、奶和奶制品、蔬菜、贝甲壳类动物等都可传播疾病,其中水、贝甲壳类动物是最常见的传染源。

(3)预防措施:甲型肝炎病毒和戊型肝炎病毒主要通过粪便污染食品和水源,并经口传染,因此加强饮食卫生、保护水源是预防的主要环节。对食品生产人员要定期进行体检,做到早发现、早诊断和早隔离,对病人的排泄物、血液、食具、用品等必须进行严格消毒。严防饮用水被粪便污染,有条件时可对饮用水进行消毒处理。对餐饮业来说,工作人员要保持手的清洁卫生,养成良好的卫生习惯,对使用的餐具要进行严格消毒。对输血人员要进行严格体检,对医院所使用的各种器械进行严格消毒。接种甲肝疫苗有良好的预防效果,向患者注射丙种球蛋白有减轻症状的作用。

2. 轮状病毒　轮状病毒是人类、哺乳类动物和鸟类腹泻的重要病原体，是病毒性胃肠炎的主要病原，也是导致婴幼儿死亡的主要原因之一。

（1）感染途径和临床症状：轮状病毒在环境中相当稳定，在粪便中存活数天到数周，pH适应范围广，55℃30min可被灭活。A型轮状病毒最为常见，是引起6个月～2岁婴幼儿严重胃肠炎的主要病原，学龄期儿童和成年人呈无症状感染。传染源是病人和无症状带毒者，可从粪便排出的病毒，经粪-口途径传播。病毒侵入人体后在小肠绒毛细胞内增殖，造成细胞溶解死亡，微绒毛萎缩、变短和脱落，腺窝细胞增生、分泌增多，导致严重腹泻。潜伏期为24～48h，突然发病，出现发热、腹泻、呕吐和脱水等症状，一般为自限性，可完全恢复。当婴儿营养不良或已有脱水，若治疗不及时，会导致婴儿的死亡。B型轮状病毒可在学龄期儿童和成年人中暴发流行，C型轮状病毒对人的致病性与A型轮状病毒类似，但发病率很低。

（2）相关食品：轮状病毒存在于肠道内，通过粪便排出体外，污染土壤、食品和水源，经消化道途径传染给其他人群。在人群生活密集的地方，轮状病毒主要是通过带毒者的手造成食品污染而传播，在儿童及老年人病房、幼儿园和家庭中均可发生。感染轮状病毒的食品从业人员在食品加工、运输、销售时可能污染食品。

（3）预防措施：主要是控制传染源，切断传播途径，严格消毒可能污染的物品。具体措施首先是讲究个人卫生，饭前便后洗手，防止病毒污染食品和水源；其次，食用冷藏食品时尽量进行加热处理，尤其是可疑污染的食品，一定要彻底加热；最后，可以接种疫苗，提高免疫力。

预防轮状病毒性感染的理想措施是服用轮状病毒疫苗，刺激机体在局部和血清中产生抗体。WHO已将轮状病毒感染纳入全球腹泻病控制和免疫计划，并建议将轮状病毒疫苗列入各国儿童计划免疫。我国开发研制的口服轮状病毒疫苗G1～G4型和G10型，经过Ⅰ～Ⅳ期临床观察，对婴幼儿轮状病毒腹泻及重症腹泻均有保护性，保护期在1.5年以上。目前，全世界都正在研制新一代疫苗，包括病毒样颗粒（VLPs）亚单位疫苗、DNA疫苗等。

3. 口蹄疫病毒　口蹄疫病毒可引起偶蹄类动物共患急性、热性、接触性传染病——口蹄疫，是世界上危害最严重的家畜传染病之一。该病主要感染牛、猪、羊、骆驼和鹿等偶蹄类动物，也侵害人，但较少见。

（1）感染途径和临床表现：口蹄疫病毒对外界的抵抗性很强，在含病毒的组织和污染的饲料、皮毛及土壤中可保持传染性达数周到数月，在腌制肉中可存活3个月，骨髓中的病毒可生存半年以上。但对高温、酸和碱比较敏感，直射阳光60min、煮沸3min、70℃10min即可被杀死。

牛、羊、猪、骆驼等患病偶蹄动物是主要的传染源。患病初期最具有传染性。经唾液、粪便、乳汁、尿液、精液和呼出的气体向外界排出病毒。人通过接触或饮食而发生感染，感染潜伏期为2～18d，一般为3～8d。常突然起病，出现发热、头痛、呕吐症状。2～3d后口腔内有干燥和灼烧感，唇、舌、齿龈及咽部发生水疱。皮肤上的水疱多见于手指、足趾、鼻翼和面部。水疱破裂后形成薄痂，逐渐愈合，有的形成溃疡。有的患者有咽喉痛、低血压等症状，重者可并发胃肠炎、神经炎、心肌炎以及皮肤、肺部的继发感染，因心肌炎而死亡的较多。

（2）预防措施：口蹄疫病毒对热、酸和碱敏感，可以使用这些方法对可疑受到污染的车、船等运输工具或饲槽等用具进行消毒。应加强对动物的检验和检疫，患病动物性食品应及时销毁，以免动物性食品中有病毒的污染，也要防止食品加工过程中造成的交叉污染。加强对动物饲养过程的管理，注射有效疫苗，发现疫情后采取捕杀、消毒、封锁与隔离等措施。另外，疯牛病病毒、禽流感病毒等将在食物中毒章节中详细介绍。

四、食品的寄生虫污染

自然界生物之间的关系复杂多样。寄生关系是两种生物在一起生活，一方给另一方提供营养物质和居住场所，这种生活关系称寄生。过寄生生活的多细胞的无脊椎动物和单细胞的原生生物称为寄生虫。寄生虫完成生活过程，有的只需要一个宿主，有的需要两个或两个以上的宿主。以人和动物为宿主的寄生虫可诱发人畜共患病。另外，携带寄生虫的肉类及其制品可以传播给人，引起寄生虫病。所以，寄生虫是影响食品安全性、危害人类健康的重要因素。

五、食品的腐败变质及控制措施

食品腐败变质（food spoilage）是指食品在微生物为主的各种因素作用下，其原有化学性质或物理性质发生变化，降低或失去其营养价值的过程。例如肉、鱼、禽、蛋的腐臭、粮食的霉变、蔬菜水果的溃烂、油脂的酸败等。

（一）食品腐败变质的原因和条件

食品腐败变质是食品本身、环境因素和微生物三者互为条件、相互影响、综合作用的结果。

1. 微生物　微生物在食品腐败变质过程中起决定性的作用。在食品腐败变质过程中起重要作用的是细菌、酵母和真菌，但一般情况下细菌更占优势。

分解蛋白质而使食品变质的微生物，主要是细菌、真菌和酵母菌，且多数是通过分泌胞外蛋白酶来完成的。绝大多数细菌都具有分解某些糖的能力，特别是利用单糖的能力极为普遍，某些细菌能利用有机酸或醇类；多数真菌都有分解简单碳水化合物的能力，能够分解纤维素的真菌并不多；大多数酵母有利用有机酸的能力。分解脂肪的微生物能分泌脂肪酶，使脂肪水解为甘油和脂肪酸。一般来讲，对蛋白质分解能力强的需氧性细菌，同时大多数也能分解脂肪。能分解脂肪的真菌比细菌多，在食品中常见的有曲霉属、白地霉、代氏根霉、娄地青霉和芽枝霉属等。酵母菌分解脂肪的菌种不多，主要是解脂假丝酵母，这种酵母对糖类不发酵，但分解脂肪和蛋白质的能力却很强。

2. 食品本身的组成和性质

（1）食品中的酶：食品本身就是动植物组织的一部分，在宰杀或收获后一定时间内其所含酶类要继续进行一些生化过程，如新鲜的肉和鱼类的后熟、粮食和果蔬的呼吸作用等，可引起食品组成成分的分解，加速食品的腐败变质。

（2）食品的营养成分和水分：食品含有丰富的营养成分，是微生物的良好培养基，不同的食品中，各种成分营养的比例差异很大，而各种微生物分解各类营养物质的能力不同，因此食品腐败变质的进程及特征也不同。如蛋白质腐败主要是富含蛋白质的动物性食品，而碳水化合物含量高的食品腐败主要在细菌和酵母的作用下，以产酸发酵为基本特征。食品中水分是微生物赖以生存和食品成分分解的基础，食品的 Aw 值越小，微生物越不易繁殖，食品越不易腐败变质。

（3）食品的理化性质：食品 pH 高低是制约微生物生长，影响食品腐败变质的重要因素之一。食品的渗透压与微生物的生命活动有一定的关系，低渗与高渗环境均可造成菌体死亡。在食品中加入不同含量的糖或盐，可以形成不同的渗透压；同时，所加的糖或盐量越多，渗透压越大，食品的 Aw 值就越小。

（4）食物的状态：外观完好无损的食品可抵御微生物的入侵；食品胶态体系的破坏、不饱和脂肪酸、色素、芳香物质等的变化均可引起食品色、香、味、形的改变。

3．环境因素　食品所处环境的温度、湿度、氧气、阳光（紫外线）的照射等对食品的腐败变质均有直接作用，对食品的保藏有重要影响。

（1）温度：根据微生物对温度的适应性，可将微生物分为嗜冷、嗜温、嗜热三大类。各类微生物都有最适宜生长的温度范围，但这三类微生物又都可以在 20～30℃之间生长繁殖，当食品处于这种温度的环境中，各种微生物都可生长繁殖而引起食品的变质。

（2）氧气：微生物与 O_2 有着十分密切的关系。一般来讲，在有氧环境中，微生物进行有氧呼吸，生长、代谢速度快，食品变质速度也快；缺乏 O_2 条件下，由厌氧性微生物引起的食品变质速度较慢。O_2 存在与否决定着兼性厌氧微生物是否生长和生长速度的快慢。

（3）湿度：空气中的湿度对于微生物生长和食品变质来讲，起着重要的作用，尤其是未经包装的食品。例如，把含水量少的脱水食品放在湿度大的地方，食品则易吸潮，表面水分迅速增加。长江流域梅雨季节，粮食和物品均易发霉，就是因为空气湿度太大（相对湿度 70% 以上）的缘故。

（二）食品腐败变质的化学过程

1．食品中蛋白质的分解　畜、禽、鱼、蛋和大豆制品等富含蛋白质的食品，主要是以蛋白质分解为其腐败变质的特性。食物中的蛋白质在微生物的蛋白酶和肽链内切酶等作用下，先后分解为胨、肽，并经断链形成氨基酸。氨基酸及其他含氮的低分子物质再通过脱羧基、脱氨基、脱硫作用，形成多种腐败产物。在细菌脱羧酶的作用下，酪氨酸、组氨酸、精氨酸和鸟氨酸分别生成酪胺、组胺、尸胺及腐胺，后两者均具有恶臭气味；在微生物脱氨基酶的作用下，氨基酸脱去氨基而生成氨，脱下的氨基与甲基构成一甲胺、二甲胺和三甲胺；色氨酸脱羧基后形成色胺，又可脱掉氨基形成甲基吲哚而具有粪臭味；含硫的氨基酸在脱硫酶作用下可脱掉硫产生具有恶臭味的硫化氢。

2．食品中脂肪的酸败　发生脂肪酸败的食品主要是食用油及含油脂高的食品，脂肪的腐败程度受脂肪酸的饱和程度、紫外线、氧、水分、天然抗氧化物质、食品中微生物的解酯酶等多种因素的影响。此外，铜、铁、镍等金属离子及油料中的动植物残渣均有促进油脂酸败的作用。

油脂酸败的化学过程复杂，主要是经水解与氧化过程，产生相应的分解产物。中性脂肪分解为甘油和脂肪酸，随后进一步氧化为低级的醛、酮、酸等；不饱和脂肪酸的双键被氧化形成过氧化物，进一步分解为醛、酮、酸。所形成的醛、酮和某些羧酸能使酸败的油脂带有特殊的刺激性臭味，即所谓的"哈喇"气味。

不饱和脂肪酸含量越高的食品越容易氧化。脂类氧化形成的自由基与其他物质结合，生成过氧化物、交联过氧化物、环氧化物，并向食品体系释放出氧，不仅引起必需脂肪酸的破坏，而且造成维生素和色素的破坏。

在脂肪分解的早期，酸败尚不明显，由于产生过氧化物和氧化物而使脂肪的过氧化物值上升；其后则由于形成各种脂肪酸而使油脂酸价升高；当不同脂肪酸在不同条件下发生醛酸败与酮酸败时，可产生醛、酮等羰基化合物。在油脂酸败过程中，脂肪酸的分解可使其固有的碘价、凝固点、比重、折光率、皂化价等发生变化。

3. 碳水化合物的分解　含有较多碳水化合物的食品主要是粮食、蔬菜、水果和糖类及其制品，这类食品腐败变质时，主要是碳水化合物在微生物或动植物组织中酶的作用下，经过产生双糖、单糖、有机酸、醇、醛等一系列变化，最后分解成二氧化碳和水。这个过程的主要变化是食品的酸度升高，并带有甜味、醇类气味等。

（三）食品腐败变质的鉴定指标

食品腐败变质的鉴定一般采用感官、物理、化学和微生物四个方面的指标。

1. 感官鉴定　食品的感官鉴定是指通过视觉、嗅觉、触觉、味觉等人的感觉器官对食品的组织状态和外在的卫生质量进行鉴定。食品腐败初期产生腐败臭味，发生颜色的变化（褪色、变色、着色、失去光泽等），出现组织变软、变黏等现象，都可通过感官分辨出来，如通过嗅觉可以判定出食品极轻微的腐败变质。

2. 物理指标　食品的物理指标主要是根据蛋白质、脂肪分解时低分子物质含量增加的变化，可测定食品浸出物量、浸出液电导度、折光率、冰点、黏度等指标。

3. 化学鉴定　微生物的代谢可引起食品化学组成的变化，并产生多种腐败性产物，直接测定腐败产物就可作为判断食品质量的依据。

（1）挥发性盐基总氮（total volatile basic nitrogen，TVBN）：指食品水浸液在碱性条件下能与水蒸气一起蒸馏出来的总氮量，即在此种条件下能形成氨的含氮物。研究表明，TVBN与食品腐败变质程度之间有明确的对应关系。在我国食品安全标准中，TVBN已被列入鱼、肉类蛋白腐败鉴定的化学指标，TVBN也适用于大豆制品腐败变质的鉴定。

（2）三甲胺：三甲胺是季胺类含氮物经微生物还原产生的，新鲜鱼虾等水产品和肉中没有三甲胺。三甲胺主要用于测定鱼、虾等水产品的新鲜程度。

（3）组胺：食品腐败变质时，细菌分泌的组氨酸脱羧酶可使鱼贝类的组氨酸脱羧生成组胺。当鱼肉中的组胺达到200mg/100g，就可引起人类过敏性食物中毒。

（4）K值（K value）：是指ATP分解的低级产物肌苷（HxR）和次黄嘌呤（Hx）占ATP系列分解产物ATP＋ADP＋AMP＋IMP＋HxR＋Hx的百分比，K值指标主要适用于鉴定鱼类早期腐败。若K≤20%，说明鱼体绝对新鲜；K≥40%，说明鱼体开始有腐败迹象。

（5）pH：一般食品中pH的变化是在腐败开始时略微降低，随后上升，因而多呈现V字形变动。先是由于微生物的作用或食品原料本身酶的消化作用，使食品中pH下降；而后由于微生物的作用，肌肉分解，所产生的氨而促使pH上升。

（6）过氧化值和酸价：过氧化值是脂肪酸败最早期的指标，其次是酸价的上升。在脂肪分解的早期，酸败尚不明显，由于产生过氧化物和氧化物而使脂肪的过氧化物值上升，其后则由于形成各种脂肪酸而使油脂酸价升高。

4. 微生物检验　食品微生物学的常用检测指标为菌落总数和大肠菌群。对食品进行微生物数量测定是判定食品生产的一般卫生状况以及食品卫生质量的一项重要依据。一般认为，食品中的活菌数达 10^8 CFU/g 时，则可认为处于初期腐败阶段。

（四）食品腐败变质的卫生学意义与处理原则

食品腐败变质时，首先使感官性状发生改变，其次是食品营养成分分解，营养价值严重降低；再者，腐败变质食品必然是受到大量微生物的严重污染，这样就有可能存在致病菌和产毒真菌，可引起人体的不良反应，甚至中毒。如某些鱼类腐败产生的组胺与酪胺引起的过敏反应、血压升高；脂质过氧化分解产物刺激胃肠道而引起胃肠炎，食用酸败的油脂引起食物中毒；腐败的食品还可为亚硝胺类化合物的形成提供大量的胺类（如二甲胺）；有机酸类和硫化氢等一些产物虽然在体内可以进行代谢转化，但如果在短时间内大量摄入，也会对机体产生不良影响。

因此，对食品的腐败变质要及时准确鉴定，并严加控制。这类食品的处理必须以确保人体健康为原则，其次也要考虑具体情况。如单纯感官性状发生变化的食品可以加工处理，部分腐烂的水果蔬菜可拣选分类处理，轻度腐败的肉、鱼类，通过煮沸可以消除异常气味等，但明显发生腐败变质的食物应该坚决废弃。

（五）防止食品腐败变质的措施

食品保藏的基本原理是改变食品的温度、水分、氢离子浓度、渗透压以及采用其他抑菌杀菌的措施，将食品中的微生物杀灭或减弱其生长繁殖的能力，以达到防止食品腐败变质的目的。

1. 食品的化学保藏

（1）盐腌法和糖渍法：原理是提高渗透压，即在高渗状态的介质中，微生物菌体原生质脱水、收缩、凝固并与细胞膜脱离，从而使微生物死亡。一般盐腌浓度达 10%，大多数细菌受到抑制，但不能杀灭微生物。糖渍食品糖含量必须达到 60%～65%。此类食品还应在密封和防湿条件下保存，否则容易吸水，降低防腐作用。

（2）酸渍法：在 pH 4.5 以下，大多数微生物不能正常发育，故可利用提高氢离子浓度来防腐；此方法多用于各种蔬菜，如泡菜和渍酸菜等。

（3）防腐剂保藏：常用的食品防腐添加剂有防腐剂、抗氧化剂。防腐剂用于抑制或杀灭食品中引起腐败变质的微生物，如苯甲酸、山梨酸等；抗氧化剂可用于防止油脂酸败。化学防腐剂的使用，应该严格按照我国食品添加剂使用标准（GB 2760—2014）的规定。

2. 食品的低温保藏   低温可以降低酶的活性和食品内化学反应的速度，延长微生物繁殖一代所需的时间，因此食品的低温保藏可以防止或减缓食品的变质，在一定的期限内，可较好地保持食品的品质。低温保藏可分为冷藏和冷冻两种方式。

（1）食品的冷藏：冷藏是指在不冻结状态下的低温贮藏，温度一般设定在 -1～10℃范围内。病原菌和腐败菌大多为嗜温菌，大多数在 10℃以下便难于生长繁殖；同时，此时食品内原有的酶的活性也大大降低，因此冷藏可延缓食品的变质。

（2）食品的冷冻保藏：冷冻保藏是指在 -18℃以下保藏。此温度下几乎所有的微生物不再繁殖，因此，冷冻保藏食品可以较长期保藏。当食品中的微生物处于冰冻时，细胞内游离水形成冰晶体，Aw 值降低，渗透压提高，细胞质因浓缩而增大黏性，引起 pH 和胶体状态的改变，从而使微生物的活动受到抑制，甚至死亡；同时，冰晶体对细胞也有机械性损伤作用，可直接导致部分微生物的裂解死亡。在工艺上，快速冻结、缓慢解冻有利于保持食品（尤其是生鲜食品）的品质。因为当温度降至 -5～-1℃时，为冰晶生成带，如果冷冻缓慢，在此温度带潴留时间长，则使食品中形成的冰晶核的体积增大，冰晶核增大会使食品组织细胞膜破裂，释放出细胞液，当食品解冻时，就会引起汁液流失，对食品的口感、风味及营养价值均造成影响。反之，快速冻结，形成的冰晶核数量多，冰晶核的体积就小。

3. 食品的加热杀菌保藏　高温使微生物体内酶、脂质体和细胞膜破坏，原生质构造中呈现不均一状态，以致蛋白质凝固，细胞内一切反应停止，从而达到保藏的目的。食品加热杀菌的方法主要有常压杀菌（巴氏消毒法）、加压杀菌、超高温瞬时杀菌和微波杀菌等。

（1）常压杀菌：常压杀菌即加热温度控制在 100℃ 及以下，达到杀灭所有致病菌和繁殖型微生物的杀菌方式，常用于液态食物消毒。常压杀菌的优点是能最大限度地保持食品原有的性质。采用巴氏杀菌法的食品有牛奶、pH 4 以下的蔬菜和水果汁、啤酒、醋、葡萄酒等。以牛奶为例，低温巴氏杀菌法采用温度 63℃ 30min；高温瞬间巴氏杀菌法采用温度 72℃ 15s。

（2）加压杀菌：通常的温度为 100～121℃（绝对压力为 0.2MPa），常用于肉类制品、中酸性、低酸性罐头食品的杀菌，可杀灭繁殖型和芽胞型细菌。杀菌温度和时间随罐内物料、形态、罐形大小、灭菌要求和贮藏时间而异。在罐头行业中，常用 D 值和 F 值来表示杀菌温度和时间。

（3）超高温瞬时杀菌：该杀菌法既可达到一定的杀菌要求，又能最大程度保持食品品质。根据温度对细菌及食品营养成分的影响规律，热处理敏感的食品可考虑采用超高温瞬时杀菌法杀菌，即在封闭的系统中加热到 120℃ 以上，持续几秒钟后迅速冷却至室温的一种杀菌方法。如牛乳在高温下保持较长时间，其所含蛋白质和乳糖易发生美拉德反应，使牛乳产生褐变现象；蛋白质分解产生硫化氢（H_2S）有不良气味；糖类焦糖化产生异味；乳清蛋白质变性、沉淀等。而采用超高温瞬时杀菌法进行灭菌，既能方便工艺条件，满足灭菌要求，又能减少对牛乳品质的损害。

（4）微波杀菌：微波一般是指频率在 300～30 000MHz 的电磁波，目前已广泛应用于微波加热的是 915MHz 和 2 450MHz 两个频率。915MHz 可以获得较大穿透厚度，适用于加热含水量高、厚度或体积较大的食品；而 2 450MHz 适用于含水量低的食品。微波杀菌保藏食品是近年来在国际上发展起来的一项新技术，具有快速、节能、对食品的品质影响很小的特点，因此，能保留更多的活性物质和营养成分。

4. 食品的干燥脱水保藏　食品干燥保藏的机制是降低食品水分至 15% 以下或 Aw 值在 0.00～0.60 之间，以抑制腐败微生物的生长，使食品在常温下长期保藏。食品干燥、脱水方法主要有日晒、阴干、喷雾干燥、减压蒸发、冷冻干燥等。冷冻干燥是将食品先低温速冻，使食品中水结成冰，然后再放在高真空条件下，冰直接变成气态而挥发。此种方法可保持食品的营养成分，而且在食用时加水复原可恢复其原有的形状和结构。

生鲜食品干燥和脱水保藏前，一般需破坏其酶的活性，最常用的方法是热烫（亦称杀青、漂烫）或硫黄熏蒸（主要用于水果）或添加维生素 C（0.05%～0.1%）及食盐（0.1%～1.0%）。肉类、鱼类及蛋中因含 0.5%～2.0% 肝糖原，干燥时常发生褐变，可添加酵母或葡萄糖氧化酶处理或除去肝糖原再干燥。

5. 食品辐照保藏　食品的辐照保藏是 20 世纪 40 年代开始发展起来的，主要用于食品杀菌、灭虫、抑制蔬菜发芽、延迟果实后熟，以延长食品保藏期。目前主要用的辐照源有 ^{60}Co 和 ^{137}Cs 产生的 γ 射线，以及电子加速器产生的低于 10Mev 的电子束。

食品辐照的优点：①穿透力强，如对某些果核深部的害虫，熏蒸剂往往无效，但可以被穿透力强的 γ 射线所杀灭。射线的穿透力较强，对包装材料及包装体积无特殊要求。②节省能源，加工效率高。食品辐照称为"冷加工"，在辐照过程中仅有轻微的升温。可在不解开包装的情况下照射，可成批处理，加工效率高。③在恰当的照射剂量下，食品的感官性状及营养成分很少改变。④没有非食品成分的残留。

评价辐照食品是否安全一般考虑的因素：①在食品中产生放射性情况；②对食品感官性状的影响；③对食品营养成分的影响；④可能产生的有害物质。1980 年 WHO、FAO 和国际原子能机构（IAEA）国际组织的联合专家委员会，经过对 10 年的研究结果和各国进行辐照食品安全性数据的审查，得出"任何食品总体平均剂量低于 10 千戈瑞（kGy）没有毒理学危险，用此剂量辐照的食品不再要求做毒理学实验，同时在营养学和微生物学上也是安全的"的结论。我国辐照技术已被应用于粮食、蔬菜、水果、干果、肉类（熟畜禽肉和冷冻分割禽肉）和调味品的杀菌保藏。

辐照食品的管理涉及辐照设施安全性管理、食品卫生管理和有关辐照工艺和剂量管理三个方面。FAO/WHO 食品法典委员会提出了《辐照食品通用标准》和《用于处理食品辐照设施的实施细则》。我国《食品标识管理规定》和《预包装食品标签通则》中明确规定，经过电离辐射或电离能量处理过的食品，应当在标识上标注中文说明等。

第三节   食品的化学性危害

一、动植物中的天然有毒物质

（一）概述

动植物中天然有毒物质就是指天然存在于有些动植物中的某种对人体健康有害的非营养性成分，或因贮存不当在一定条件下产生的某种有毒成分。由于含有毒物质的动植物外形、色泽与无毒的品种相似，因此，在食品加工和日常生活中应引起人们的足够重视。

（二）动植物天然有毒物质的中毒条件

1. 食物过敏   食物过敏是食物引起机体对免疫系统的异常反应。如果一个人喝了一杯牛乳或吃了鱼、虾后出现呕吐、呼吸急促、接触性荨麻疹等，即发生食物过敏。目前，中国缺乏食物过敏的系统资料。在北美，整个人群中食物过敏的发生率为 10%（儿童为 13%，成人为 7%）；在欧洲，儿童时期食物过敏的发病率为 0.3%～7.5%，成人为 2%。某些食物可以引起过敏反应，严重者甚至死亡。如菠萝是许多人喜欢吃的水果，但有些个体对菠萝中含有的一种蛋白酶过敏，当食用菠萝后，机体可出现腹疼、恶心、呕吐、腹泻等症状，严重者可引起呼吸困难、休克、昏迷等。

在日常生活中，并不是每个人都对致敏性食物过敏，相反的是，大多数人并不过敏。即使是食物过敏的人，也是有时过敏、有时不过敏。

2. 食品中天然有毒成分   人体摄食后可引起相应的症状。有很多含天然有毒物质的动物和植物，如河豚、发芽的马铃薯等，食用少量即可引起食物中毒。

3. 遗传因素   在食品成分和食用量都正常的情况下，由于个别人遗传因素的特殊性而引起的过敏症状。对多数人来讲，牛乳是营养丰富的食品，但有些人由于先天缺乏乳糖酶，因而不能吸收利用，而且饮用后还会出现腹胀、腹泻等症状。

4. 食用量过大   食品成分正常，但因食用量过大引起各种症状。如荔枝含维生素 C 较多，如果连续每日食用量过大，可引起"荔枝病"，出现头晕、心悸，严重者甚至死亡。

（三）动植物天然有毒物质的种类

1.苷类　植物中由糖分子中的半缩醛羟基和非糖化合物中的羟基缩合而成的具有环状缩六醛结构的化合物称为苷，又称配糖体或糖苷。苷类一般味苦，可溶于水和醇，易被酸或酶水解，水解的最终产物为糖及苷元。苷元是苷中的非糖部分。由于苷元的化学结构不同，苷的种类繁多，主要有氰苷、皂苷等。

（1）氰苷：氰苷是结构中含有氰基的苷类，其水解后产生氢氰酸，从而对人体造成危害，因此有人将氰苷称为生氰糖苷。生氰糖苷由糖和含氮物质（主要为氨基酸）缩合而成，能够合成生氰糖苷的植物体内含有特殊的糖苷水解酶，将生氰糖苷水解产生氢氰酸。

氰苷在植物中分布广泛，可以麻痹咳嗽中枢，因此有镇咳作用，但过量可引起中毒。氰苷对人的致死量以体重计为 18mg/kg。氰苷的毒性主要来自氢氰酸和醛类化合物的毒性。氰苷所形成的氢氰酸被吸收后，随血液循环进入组织细胞，并透过细胞膜进入线粒体，与细胞色素氧化酶中的铁离子结合，导致细胞的呼吸链中断，造成组织缺氧，体内的二氧化碳和乳酸量增高，机体陷入内窒息状态。氢氰酸的口服最小剂量以体重计为 0.5~3.5mg/kg。

氰苷引起的慢性氰化物中毒现象也比较常见。在一些以木薯为主食的非洲和南美地区，就存在慢性氰化物中毒引起的疾病。虽然含氰苷植物的毒性取决于氰苷含量的高低，但还与摄食速度、植物中催化氰苷水解酶的活力以及人体对氢氰酸的解毒能力大小有关。

预防措施：①不直接食用各种生果仁，对杏仁、桃仁等果仁及豆类在食用前要反复用清水浸泡、充分加热，以去除或破坏其中氰苷；②在习惯食用木薯的地方，要注意饮食卫生，严格禁止生食木薯，食用前去掉木薯表皮，用清水浸泡薯肉，使氰苷溶解出来；③发生氰苷类食物中毒时，应立刻给中毒者口服亚硝酸盐或亚硝酸异戊酯，使血液中的血红蛋白转变为高铁血红蛋白，高铁血红蛋白的加速循环可将氰化物从细胞色素氧化酶中脱离出来，使细胞继续进行呼吸作用；再给中毒者服用一定量的硫代硫酸钠进行解毒，被吸收的氰化物可转化成硫氰化物而随尿液排出。

（2）皂苷：皂苷是类固醇或三萜系化合物低聚配糖体的总称。由于其水溶液振摇时能产生大量泡沫，与肥皂相似，所以称皂苷（又称皂素）。皂苷对黏膜，尤其对鼻黏膜的刺激性较大，内服量过大可引起食物中毒。含有皂苷的植物有豆科、蔷薇科、葫芦科、苋科等，动物有海参和海星等。

2.生物碱　生物碱是一类具有复杂环状结构的含氮有机化合物，主要存在于植物中，少数存在于动物中，有类似碱的性质，可与酸结合成盐，在植物体内多以有机酸盐的形式存在。生物碱多数为无色味苦的固体，游离的生物碱一般不溶或难溶于水，易溶于醚、醇、三氯甲烷等有机溶剂，但其无机酸盐或小分子有机酸易溶于水。生物碱的种类很多，已发现的就有 2 000 种以上，分布于 100 多个科的植物中，其生理作用差异很大，引起的中毒症状各不相同。有毒生物碱主要有烟碱、茄碱、颠茄碱等。

3.酚类及其衍生物　主要包括简单酚类、黄酮、异黄酮、香豆素、鞣酸等多种类型化合物，是植物中最常见的成分。

4.有毒蛋白和肽　是生物体中最复杂的物质之一。当异体蛋白质注入人体组织时可引起过敏反应，内服某些蛋白质也可产生各种毒性。植物中的胰蛋白抑制剂、红细胞凝集素、蓖麻毒素等均属有毒蛋白；动物中鲇鱼、鳇鱼等鱼类的卵中含有的鱼卵毒素也属于有毒蛋白。此外，毒蘑菇中毒伞菌、白毒伞菌等含有毒肽和毒伞肽。

5. 酶类　某些植物中含有对人体健康有害的酶类,这些酶类通过分解维生素等人体必需成分释放出有毒化合物。如蕨类中的硫胺素酶可破坏动植物体内的硫胺素,引起人的硫胺素缺乏症;豆类中的脂肪氧化酶可氧化降解豆类中的亚油酸、亚麻酸,产生众多的降解产物。现已鉴定出近百种氧化产物,其中许多成分可能与大豆的腥味有关,不仅产生了有害物质,且降低了大豆的营养价值。

6. 非蛋白类神经毒素　主要指河豚毒素、肉毒鱼毒素、螺类毒素、海兔毒素等,多数分布于河豚、蛤类、螺类、海兔等水生动物中,它们本身没有毒,却因摄取了海洋浮游生物中的有毒藻类(如甲藻、蓝藻等),或通过食物链间接摄取将毒素积累和浓缩于自身体内。

7. 植物中的其他有毒物质

(1) 硝酸盐和亚硝酸盐:叶菜类蔬菜中含有较多的硝酸盐和极少量的亚硝酸盐。因为蔬菜能主动从土壤中富集硝酸盐,其硝酸盐的含量高于粮谷类,尤其叶菜类的蔬菜含量更高。人体摄入的 NO_3^- 中 80% 以上来自蔬菜,蔬菜中的硝酸盐在一定条件下可还原成亚硝酸盐,当其蓄积到较高浓度时,能引起中毒。

(2) 草酸和草酸盐:草酸在人体内可与钙结合形成不溶性的草酸钙,不溶性的草酸钙可在不同的组织中沉积,尤其在肾脏;人食用过多的草酸也有一定的毒性,常见的含草酸多的植物主要有菠菜等。

8. 其他有毒物质　畜禽是人类动物性食品的主要来源,但动物体内的腺体、脏器和分泌物如摄食过量或误食,可干扰人体正常代谢,引起食物中毒。

(1) 肾上腺皮质激素:家畜肾上腺皮质激素分泌的激素为脂溶性类固醇激素。如果人误食了家畜肾上腺,那么会因该类激素浓度增高而干扰人体正常的肾上腺皮质激素的分泌活动,从而引起系列中毒症状。

预防措施:要加强兽医监督,屠宰家畜时将肾上腺除净,以防误食。

(2) 甲状腺激素:甲状腺激素是由甲状腺分泌的一种含碘酪氨酸衍生物。若人误食了甲状腺,则体内的甲状腺激素增高,扰乱人体正常的内分泌活动,从而表现出一系列中毒症状。甲状腺激素的理化性质非常稳定,在 600℃ 以上的高温才可以破坏,一般烹调方法难以去毒。

预防措施:屠宰家畜时将甲状腺除净,且不得与碎肉混在一起出售,以防误食。一旦发生甲状腺中毒,可用抗甲状腺素药及促肾上腺皮质激素急救,并对症治疗。

(3) 动物肝脏中的有毒物质:在狗、羊、鲨鱼等动物性肝脏中含有大量的维生素 A,若大量食用肝脏,则因维生素 A 食用过多而发生急性中毒。

此外,肝脏是动物最大的解毒器官,动物体内各种毒素大都经过肝脏处理、转化、结合或排泄,所以,肝脏中存在多种毒素。此外,进入动物体内的细菌、寄生虫往往在肝脏中生长并繁殖,其中肝吸虫病较为常见,而且动物也可能患肝炎、肝硬化、肝癌等疾病;因此,动物肝脏存在许多潜在的不安全因素。

预防措施:首先,要选择健康肝脏。肝脏淤血、异常肿大、流出污染的胆汁或见有虫体等,均视为病态肝脏,不可食用;其次,对可食肝脏,吃前必须彻底清除肝内毒物。

二、农药兽药残留

(一)概述

1. 农药的概念　农药(pesticides)是指用于预防控制危害农业、林业的病、虫、草、鼠和其他有害生物以及有目的地调节植物、昆虫生长的化学合成或者来源于生物、其他天然物质的一种物质或者几种物质的混合物及其制剂。

农药主要是用于防止农牧业生产中的有害生物和调节植物生长的人工合成或者天然物质。在目前使用的农药中，人工合成的化学农药占绝大部分。

2. 农药的分类

（1）按用途可分为杀虫剂、杀菌剂、杀螨剂、杀线虫剂、杀鼠剂、除草剂、落叶剂、植物生长调节剂、昆虫不育剂、杀软体动物剂、杀生物剂等。

（2）按化学组成及结构可分为有机氯类、有机磷类、氨基甲酸酯类、拟除虫菊酯类、有机砷类、有机汞类、有机硫类、取代苯类、有机杂环类、苯氧羧酸类等。

（3）按急性毒性大小可分为剧毒类、高毒类、中等毒类、低毒类农药。

（4）按残留特性可分为高残留类、中等残留类、低残留类农药。

3. 农药残留物　农药残留（pesticide residues）是农药使用后残存于环境、生物体、农产品和食品中的农药母体、衍生物、代谢物、降解物和杂质的总称，残留的数量称为残留量。最大残留限量（maximum residue limits，MRLs）是指按照农药使用的良好农业规范使用农药后，在各种农产品及食品中或表面法定允许的农药残留的最大浓度（以 mg/kg 计）。

（二）食品中农药残留的来源

1. 农田施药对农作物的直接污染　农药在田间使用后，可黏附在农作物的表面，形成表面黏附污染；也可通过渗透进入农作物表皮的蜡质层或组织内部，造成内吸性污染。污染的程度主要与下列因素有关。

（1）农药的性质：内吸性农药（如内吸磷、对硫磷、甲基对硫磷、甲胺硫磷、克百威）残留多，易造成内吸性污染；触杀性农药（如拟除虫菊酯类）残留较少，且主要残留在农作物的外表，形成表面黏附污染。稳定的品种（如有机氯、有机汞和铅制剂等）比易降解的品种（如有机磷）残留时间更长。

（2）农药的剂型及施用方法：油剂比粉剂的穿透力强，更易残留。喷洒比拌土施撒残留多，在灌溉水中施用农药则对农作物根基部的污染严重。

（3）施药的浓度、时间和次数：施药浓度越高，次数越多，距收获间隔期越短，残留越多。

（4）气象条件：气温、降雨、风速、日照等，均可影响农药的清除和降解。

（5）农作物的特性：农作物的品种、生长发育阶段及食用部分不同，农药的残留量也不相同。

2. 农作物从污染的环境中吸收农药　主要从土壤和灌溉水中吸收。吸收量与农作物的种类、根系情况和部位，农药的剂型、施用方式和施用量，土壤的种类、结构、酸碱度及其有机物和微生物的种类和含量等因素有关。

3. 通过食物链污染食品　如饲料被农药污染而使肉、奶、蛋受到污染；含农药的工业废水污染江河湖海进而污染水产品；某些较稳定的农药、与特殊组织器官有高度亲和力的农药、可长期贮存于脂肪组织的农药（如有机氯、有机汞、有机锡等），通过食物链的生物富集作用可逐级浓缩。

4. 其他来源的污染　粮库内使用熏蒸剂可使粮食受到污染；在禽畜饲养场所及禽畜身上施用农药可使动物性食品受到污染；食品在贮存、加工、运输、销售过程中混装、混放可受到容器及车船的污染。

（三）食品中农药残留的危害

环境中的农药被生物摄取或通过其他方式进入生物体，蓄积于体内，通过食物链传递并富集，使人体内的农药不断增加，严重威胁人类健康。大量流行病学调查和动物实验研究结果表明，农药对人体的危害可概括为以下三方面：

1. 急性毒性   急性毒性主要是由于职业性（生产和使用）中毒、自杀或他杀以及误食、误服农药，或者食用刚喷洒高毒农药的蔬菜和瓜果，或者食用因农药中毒而死亡的禽畜肉和水产品而引起。中毒后常出现神经系统功能紊乱和胃肠道症状，严重时会危及生命。

2. 慢性毒性   目前使用的绝大多数有机合成农药都是脂溶性的，易残留于食品原料中。若长期食用农药残留量较高的食品，农药会在人体内逐渐蓄积，可损害人体的神经系统、内分泌系统、生殖系统、肝脏和肾脏，引起结膜炎、皮肤病、不育及贫血等疾病。慢性中毒过程进展较为缓慢，短时间内中毒症状不明显，容易被忽视，但潜在的危害性很大。

3. 特殊毒性   目前，通过动物实验已证明，有些农药具有致癌、致畸和致突变作用，或者具有潜在"三致"作用。

（四）食品中常见的农药及其毒性

1. 有机氯农药   是一类应用最早的高效广谱杀虫剂，大部分是一个或几个苯环的氯衍生物，主要品种有滴滴涕（DDT）和六六六。有机氯农药化学性质相当稳定，不溶或微溶于水，易溶于有机溶剂，在环境中残留时间长，不易分解，并不断地迁移或循环。有机氯农药具有高度选择性，多蓄积于动植物的脂肪或含脂肪多的组织，因此目前仍是食品中最重要的农药残留物质之一。

有机氯农药属中等毒或低毒类农药。急性毒性主要是神经系统和肝脏、肾脏损害的表现；慢性中毒主要表现为肝脏病变、血液和神经系统损害；某些品种会扰乱激素的分泌，具有一定的雌激素活性。人体内 DDT 水平升高会导致精子数目减少。部分品种及其代谢产物可通过胎盘屏障进入胎儿体内，有一定的致畸性。某些品种如 DDT 在较大剂量时可明显增加小鼠、兔和豚鼠等动物的肝癌发生率。

我国于 1983 年停止生产、1984 年停止使用 DDT 和六六六，但由于该类农药具有高残留性，且有些农药仍以 DDT 和六六六为原料生产，因此《食品安全国家标准 食品中农药最大残留限量》（GB 2763—2016）规定了原粮中艾氏剂、滴滴涕、六六六、狄氏剂、林丹及七氯等的再残留限量。

2. 有机磷农药   有机磷农药是一类具有抗胆碱酯酶活性、化学结构相似的有机化合物，是目前使用量最大的农药。高毒类主要有甲胺磷、对硫磷、甲基对硫磷、久效磷、磷铵、内吸磷、甲拌磷等；中等毒类有敌敌畏、乐果、甲基内吸磷、倍硫磷、杀螟硫磷、二嗪磷等；低毒类有马拉硫磷和敌百虫等。高毒有机磷农药中，甲胺磷、对硫磷、甲基对硫磷、久效磷、磷铵 5 种农药已被禁止在国内销售和使用。

有机磷农药的大部分品种易于降解，在环境中不易长期残留，但个别品种例外，如二嗪磷。多数有机磷农药品种在生物体内的蓄积性较低。有机磷农药是毒性较大的一类农药，有些品种属于剧毒类农药，其急性毒性主要是抑制血液及组织中胆碱酯酶的活性，导致体内乙酰胆碱蓄积，使神经传导功能紊乱而出现相应的中毒症状。有些品种有迟发性神经毒性，即在急性中毒后第二周出现神经症状。慢性毒性主要是神经系统、血液系统和视觉损伤的表现。多数有机磷农药无明显的致突变、致癌、致畸作用，但某些品种在哺乳动物体内有使核酸烷基化的作用,可造成 DNA 损伤,即可能有一定的致突变性。

3. 氨基甲酸酯类　是针对有机磷农药的缺点而研制出的一类农药,具有高效、低毒、低残留的特点,且易被土壤微生物分解,不易在生物体内蓄积,广泛用于杀虫、杀螨、杀线虫、杀菌和除草等方面。常用的主要有异丙威、硫双威、抗蚜威、仲丁威、甲萘威、速灭威、涕灭威、丁硫克百威等。

氨基甲酸酯类也是胆碱酯酶抑制剂,但其抑制作用有较大的可逆性。有些代谢产物可使染色体断裂,致使该类农药有可能具有致突变、致癌、致畸的作用。在弱酸条件下该类农药可与亚硝酸盐生成亚硝胺,故可能有潜在致癌作用。

4. 拟除虫菊酯类　是一类模拟除虫菊中所含的天然除虫菊素的化学结构而合成的仿生农药,主要用作杀虫剂和杀螨剂,具有高效、杀虫谱广、毒性低、在环境中的半衰期短、对人畜较安全的特点。目前常用的有氯氰菊酯、溴氰菊酯、氰戊菊酯、甲氰菊酯、二氯苯醚菊酯等。

拟除虫菊酯类农药的缺点是容易使害虫产生抗药性。用多个品种混配使用可延缓抗药性的产生。该类农药多属中等毒或低毒农药,但有的品种对皮肤有刺激和致敏作用,可引起感觉异常(麻木、瘙痒)和迟发性变态反应。因其蓄积性及残留量低,慢性中毒较少见。个别品种(如氰戊菊酯)大剂量使用时有一定的致突变性和胚胎毒性。

5. 杀菌剂　有机汞类如醋酸苯汞(赛力散)和氯化乙基汞(西力生)的毒性大且不易降解;有机砷类在体内可转变为毒性大的 As^{3+},可导致中毒并有致癌作用,我国已禁止生产、销售和使用;乙撑双二硫代氨基甲酸酯类(代森锌、代森铵、代森锰锌等)在环境中和生物体内可转变为致癌物乙烯硫脲;苯丙咪唑类(多菌灵、噻菌灵以及在植物体内可转变为多菌灵的托布津和甲基托布津等)在高剂量下可致大鼠生殖功能异常,并有一定的致畸、致癌作用。

6. 除草剂　按照化学结构分类,常见的品种有苯氧羧酸类,如2,4-滴丁酸、禾草灵;磺酰脲类,如甲磺隆、氯磺隆;三氮苯类,如草净津、莠去津;取代脲类,如绿麦隆、敌草隆;酰胺类,如敌稗、丁草胺;氨基甲酸酯类,如野麦畏、禾草丹;有机磷类,如草甘膦、莎稗灵;硝基苯胺类,如氟乐灵、仲丁灵等。大多数品种的毒性较低,且由于多在农作物的生长早期使用,故收获后残留量通常很低,危害性相对较小。但部分品种有不同程度的致畸、致突变和致癌作用,如莠去津有一定的致突变、致癌作用;2,4,5-三氯苯氧乙酸所含的杂质2,3,7,8-四氯代二苯并-对-二噁英有较强的急性毒性,并有致畸、致癌作用。

(五)控制食品中农药残留的措施

食品中的农药残留对人体健康的影响是不容忽视的。为了减少农药和兽药残留对人体健康的影响,必须采取综合的管理措施。

1. 加强农药管理　为了实施农药管理的法制化和规范化,加强农药的生产和经营管理,许多国家设有专门的农药管理机构,并有严格的等级制度和相关法规。我国颁布的《农药管理条例》(2017版)中,规定了农药登记和监督管理工作主要归属农业行政主管部门,并实行农药登记制度、农药生产许可证制度、产品检验合格证制度和农药经营许可证制度,严格规范了农药登记、生产及经营等各个环节的食品安全管理方面的要求。在《农药登记毒理学试验方法》(GB 15670.27—2017)和《食品安全性毒理学评价程序》(GB 15193.1—2014)中规定了农药和食品中农药残留的毒理学试验方法。

中国自 20 世纪 70 年代后,我国相继禁止或限制使用了一些高毒、高残留、有"三致"作用的农药,包括有机汞农药、六六六、DDT 和林丹等。目前我国使用的《农药安全使用规范总则》(2007)和《农药合理使用准则》(GB/T 8321.1—2009)规定了常用农药所适用的作物、防治对象、施药时间、最高使用剂量、稀释倍数、施药方法、最多使用次数和安全间隔期(即最后一次使用后距农产品收获天数)、最大残留量等,以保证农产品中农药残留量不超过食品卫生标准中规定的最大残留限量标准。

2. 规定和完善农药残留限量标准　我国制定了食品中农药残留限量标准和相应的残留限量检测方法,确定了部分农药的 ADI 值,并对食品中农药进行监测。为了与国际标准接轨,增加中国食品出口量,还应进一步完善和修订农产品和食品中农药残留限量标准《食品安全国家标准 食品中农药最大残留限量》(GB 2763—2016)。同时要加强食品卫生监督管理,建立和健全各级食品卫生监督检验机构,加强执法力度,不断强化管理职能,建立先进的农药残留分析检测系统,加强食品中农药残留的风险分析。

3. 消除食品农药残留　农产品中农药主要残留于粮食糠麸、蔬菜表面和水果表皮,可用机械或热处理方法予以消除或减少,尤其是化学性质不稳定、易溶于水的农药,在食品的洗涤、浸泡、去壳、去皮、加热等处理过程中均可大幅度消减。粮食中的"DDT"残留量经加热处理后可减少 13%~49%,大米、面粉、玉米面经过烹调制成熟食后,"六六六"残留量没有显著变化;蔬果去皮后,"DDT"可全部除去,"六六六"有一部分还残存于果肉中。肉经过炖熟、烧烤或油炸后"DDT"可除去 25%~47%。植物油经精炼后,残留的农药可减少70%~100%。

粮食中残留的有机磷农药,在碾磨、烹调加工及发酵后能不同程度地消减。马铃薯经洗涤后,马拉硫磷可消除 95%,去皮后消除 99%。食品中残留的克菌丹通过洗涤可以除去,经烹调加热或加工罐头后均能破坏。

为了逐步消除和从根本上解决农药对环境和食品的污染问题,减少农药残留对人体健康和生态环境的危害,除了采取上述措施外,还应积极研制和推广使用低毒、低残留、高效的农药新产品,尤其是开发和利用生物农药,逐步取代高毒、高残留的化学农药。大力发展无公害食品、绿色食品和有机食品,开展食品卫生宣传教育,增强生产者、经营者和消费者的食品安全知识,严防食品农药残留及其对人体健康和生命的危害。

(六)兽药的概述

兽药(veterinary drugs)是指用于预防、治疗、诊断动物疾病或者有目的地调节动物生理功能的物质(包括药物饲料添加剂)。主要包括血清制品、疫苗、诊断制品、微生态制品、中药材、中成药、化学药品、抗生素、生化药品、放射性药品及外用杀虫剂、消毒剂等。

兽药残留(residues of veterinary drugs)是指动物产品的任何可食部分所含兽药的母体化合物(原药)和/或其代谢物,以及与兽药有关的杂质的残留。兽药残留主要有抗生素类(包括磺胺类、呋喃类)抗寄生虫类和激素类等。

(七)动物性食品中兽药残留的来源

1. 滥用药物　治疗和预防动物疾病时用药的品种、剂型、剂量、部位不当;长期用药;不遵守休药期的规定;在饲料中加入某些抗生素等药物来抑制微生物的生长、繁殖等,均易造成动物性食品中兽药的残留。

2. 使用违禁或淘汰的药物　如为使甲鱼和鳗鱼长得肥壮而使用违禁的己烯雌酚;为预

防和治疗鱼病而使用孔雀石绿等。

3．违规使用饲料添加剂　如为了增加瘦肉率，减少肉品的脂肪含量而在动物饲料中加入盐酸克伦特罗；用抗生素菌丝体及其残渣作为饲料添加剂来饲养食用动物等。

（八）兽药残留对人体的危害

1．毒性作用　人长期摄入含有兽药残留的动物性食品后，药物不断在体内蓄积，当浓度达到一定量后，就会对人体产生毒性作用。有些兽药的毒性较大，过量使用或者非法使用禁用品种也可导致急性中毒，如盐酸克伦特罗（瘦肉精）为 $β_2$ 受体激动剂，可使人的心跳加快，心律失常，肌肉震颤，代谢紊乱；红霉素等大环内酯类可导致急性肝损伤。

2．过敏反应和变态反应　经常食用一些低剂量抗菌药物残留的食品会使易感的个体出现过敏反应，如青霉素、四环素、磺胺类、呋喃类和氨基糖苷类等，这些药物具有抗原性，刺激机体内抗体的产生，引起过敏反应，严重者可引起休克，短时间内出现血压下降、皮疹、喉头水肿、呼吸困难等严重症状。

3．"三致"作用　食用残留雌激素类兽药的食品可干扰人体内源性激素的正常代谢与功能；磺胺类可破坏人体的造血功能，引起肾损害，特别是乙酰化磺胺，在尿中的溶解度很低，析出的结晶对肾脏的损害更大；氯霉素可引起再生障碍性贫血；四环素类可与骨骼中的钙结合，抑制骨和牙的发育；庆大霉素和卡那霉素等氨基糖苷类可损害前庭和耳蜗神经，导致眩晕和听力减退；雌激素类、硝基呋喃类、砷制剂等有致癌作用；某些喹诺酮类有致突变作用；苯并咪唑类抗蠕虫药有潜在的致突变性和致畸性。

4．产生耐药菌株和破坏肠道菌群的平衡　抗生素类兽药的大量使用可使动物体内的金黄色葡萄球菌和大肠埃希氏菌等产生耐药菌株，其抗药性 R 质粒可在细菌中互相传播，从而发展为多重耐药。人经常食用兽药残留量高的动物性食品，同样会产生耐药菌株，从而影响肠道菌群的平衡，肠内的敏感菌受到抑制或大量死亡，而某些耐药菌和条件致病菌大量繁殖，导致肠道感染、腹泻和维生素缺乏。

5．激素的不良反应　激素类物质虽有很强的作用效果，但也会带来严重的不良反应。人们长期食用含低剂量激素的动物性食品，由于积累效应，有可能干扰人体的激素分泌系统和身体正常功能，特别是类固醇类和 β- 兴奋剂类在体内不易代谢破坏，其残留对食品安全威胁很大。

（九）食品中常见的兽药

目前对人畜危害较大的兽药及药物饲料添加剂主要包括抗生素类、磺胺类、呋喃类和激素类等药物。

1．抗生素类　目前抗生素的应用主要包括治疗动物临床疾病的抗生素和用于预防和治疗亚临床疾病的抗生素（即作为饲料添加剂低水平连续饲喂的抗生素）。治疗用抗生素主要包括青霉素类、四环素类、杆菌肽、庆大霉素、链霉素、红霉素、新霉素和林克霉素等。常用饲料添加的有盐霉素、马杜霉素、黄霉素、土霉素、金霉素、庆大霉素和秦乐菌素等。

2．磺胺类药物　磺胺类药物是一类具有广谱抗菌活性的化学药物，广泛应用于兽医临床。根据其应用情况可分为三类，即可用于全身感染的磺胺药（如磺胺嘧啶、磺胺甲基嘧啶）；用于肠道感染、内服难吸收的磺胺药物和用于局部的磺胺药（如磺胺醋酰）。中国原农业部 2002 年发布的《动物性食品中兽药最高残留限量》中规定：磺胺类总计在所有食用动物的肌肉、肝、肾和脂肪中 MRL 值为 $100μg/kg$，牛、羊乳中为 $100μg/kg$。

3．激素类药物　20世纪，激素类生长促进剂在畜牧业得到广泛应用，但由于激素残留不利于人体健康，产生了许多负面影响，许多种类现已禁用。我国原农业部规定，禁止所有激素类及有激素类作用的物质作为动物促生长剂使用，但在实际生产中违禁使用者还很多，给动物性食品安全带来很大的危险。

（十）控制食品中兽药残留的措施

我国对控制食品中兽药残留作出的规定，凡用于防治动物疫病，促进动物生长的兽药（含饲料药物添加剂）品种，必须经原农业部批准，未经批准不得生产使用，对非法生产、经营和使用者应根据兽药管理法规予以查处。农业行政部门等先后颁布了《饲料药物添加剂使用规范》（2001）和《禁止在饲料和动物饮用水中使用的药物品种目录》（2002）。根据有关规定和我国的具体实际，控制兽药残留可归纳为以下几个具体措施。

1．建立有效的监督管理和检测体系　加快修订饲料和畜产品的安全卫生标准。每年定期公布鼓励应用的新添加剂产品和即将淘汰或禁止使用的添加剂产品，加速新产品的推广应用。通过对畜牧生产、饲料和食品生产严格的监督管理和执法来确保饲料和畜产品的安全卫生，加快实施以监控、监测体系建设为主体的饲料安全工程。

2．加强药物的合理使用规范　合理配置药物，使用兽用专用药，能用一种药的情况不用多种药，特殊情况下一般也不超过三种。并对各种兽药制定具体而可行的使用规范。

3．严厉查处违禁药物用作饲料添加剂　明确发布禁止用作添加剂的药物名单，如β-兴奋剂、镇静剂或激素等。对禁用的药物产品的源头即生产厂家进行有效的查封。对有关此类产品的广告、价格信息、市场信息和应用研究报告等应严禁登载于媒体，违者严厉查处。对养殖场、饲料厂、添加剂厂进行关于食品和饲料安全的培训、宣传和教育。严厉查处在饲料和饲料添加剂产品中或者养殖过程中应用违禁药物的情况，并依法追究违法人员的刑事责任。

4．谨慎使用抗生素　提倡谨慎使用抗生素，降低抗生素使用的随意性。在幼龄畜类、环境恶劣、发病率高时方可考虑使用抗生素。应努力加强饲养管理、改善卫生状况，应用安全绿色的添加剂，以最大限度地减少抗生素用量。要严格执行休药期，人畜用药分开，确保明智、安全和负责的使用抗生素。

5．饲料生产过程中药物添加剂污染的控制

（1）药物添加剂：就剂型选择方面来讲微粒状药物添加剂与粉状药物添加剂相比，具有有效成分分布均匀、静电低、流动性好、颗粒整齐、粉尘少等优点，可以降低加工时对饲料的交叉污染，减少用药量。因此，提倡使用微粒药物添加剂。

（2）药物添加的管理：采用专人负责制，书面记录要完整详细，高浓度药物添加剂要稀释预混，经常校正计量设备，称量准确。

（3）加工和设备清洗：加药饲料的生产按同种药物含量由多到少排序加工，然后用粉碎好的谷物原料冲洗一遍，再加工休药期的饲料，并定期清理粉碎、混合、输送、储藏设备和系统。

（4）标签：饲料标签要求标明药物的名称、含量、使用要求及休药期等。

6．严格规定休药期和制定最高残留限量　为保证给予动物内服或注射药物后药物在动物组织中残留浓度能降至安全范围，必须严格规定药物休药期，并制定动物性食品中药物的最高残留限量。

三、工业和环境中的有害金属

自然界存在的多种金属元素均可以通过食物和饮水摄取、呼吸道吸入和皮肤接触等途径进入人体，但通过污染食物进入人体是主要途径。其中一些金属元素是人体所必需的，但是在过量摄入情况下对人体可产生毒性作用或者潜在危害，有些金属元素即使在较低摄入量的情况下亦可干扰人体正常生理功能，并产生明显的毒性作用，如铅、镉、汞等，常称之为有毒金属。

（一）有毒金属概述

1. 有毒金属污染食品的途径

（1）农药的使用和工业"三废"的排放：有些农药含有重金属，如有机汞、有机砷类农药的施用，工业"三废"（废渣、废水、废气）排放对环境造成的污染，对食品可造成直接或间接的污染。即使在环境中的浓度很低，重金属类仍可通过食物链富集，在食品及人体内达到很高的浓度。如鱼虾等水产品中，汞和镉等有毒金属的含量可能高达其生存环境浓度的数百甚至数千倍。

（2）食品加工、储存、运输和销售过程中的污染：食品加工、储存、运输和销售过程中使用或接触金属设备、管道、容器以及因工艺需要加入的食品添加剂杂质含量较高，其含有的重金属可污染食品。1956年日本曾发生的酱油砷污染事件，就是因为在生产中使用了含砷量高的碳酸氢钠所引起的。

（3）自然环境的高本底含量：由于不同地区环境中金属元素分布的不均一性，可造成某些地区金属元素的本底值高于其他地区，使这些地区生产的食用动植物中有毒金属元素含量较高。如在我国北方和贵州的有些地区，砷的本底水平高于其他地区。

2. 食品中有害金属污染的毒作用特点

（1）毒性与存在形式有关：以有机形式存在的金属及水溶性较大的金属盐类，因其消化道吸收较多，通常毒性较大。如溶于水的有毒金属化合物（如氯化镉、硝酸镉）比难溶于水的有毒金属化合物（硫化镉、碳酸镉）毒性大，有机汞毒性大于无机汞，但也有例外，如有机砷的毒性低于无机砷。

（2）毒作用与机体酶活性有关：许多有毒金属可与机体酶蛋白的活性基团，如巯基、羧基、氨基、羟基等结合，使酶活性受到抑制甚至丧失，从而发挥毒作用。特别是巯基，许多有毒金属与巯基的亲和力很强。

（3）蓄积性强：有毒金属进入人体后排出缓慢，生物半衰期较长，易在体内蓄积。

（4）食物中某些营养素影响有毒金属的毒性：膳食成分可以影响有毒金属的毒性，如膳食蛋白质可与有毒金属结合，延缓其在肠道的吸收；含硫氨基酸可提供巯基而拮抗有毒金属的作用；维生素 C 使六价铬还原为三价铬，降低其毒性；铁与铅竞争肠黏膜载体蛋白和其他相关的吸收及转运载体，从而减少铅的吸收，故铁可拮抗铅的毒性作用；锌可与镉竞争含巯基的金属硫蛋白，所以锌可拮抗镉的毒性作用。

另一方面，某些有毒金属元素间也可产生协同作用。如砷和镉的协同作用可明显抑制巯基酶的活性增加其毒性，汞和铅可共同作用于神经系统，从而加重其毒性作用。

3. 预防有毒金属污染食品的措施

（1）消除污染源：严格监管工业生产中的"三废"排放。

（2）制定标准：农田灌溉用水和渔业养殖用水应符合国家相关规定。

（3）禁止使用有毒金属农药，严格控制有毒金属和有毒金属化合物的使用；控制食品生产加工过程有毒金属的污染，包括限制食品加工设备、管道、包装材料和容器中镉、铅的含量；限制油漆等中的镉含量等；推广使用无铅汽油等。

（4）制定食品中有毒金属的允许限量标准并加强监督检验。

（二）几种主要有毒金属对食品的污染及毒性

1. 汞（Hg）

（1）理化特性：为银白色液体金属，原子量 200.59，比重 13.59，熔点 -38.87℃，沸点 356.58℃。汞具有易蒸发的特性，常温下可以形成汞蒸汽。汞在环境中被微生物作用可转化成甲基汞等有机汞。在自然界中有单质汞（水银）、无机汞和有机汞等几种形式。

（2）对食物的污染：汞及其化合物广泛应用于工农业生产和医药卫生行业，可通过废水、废气、废渣等污染环境，进而污染食物，其中又以鱼贝类食品的甲基汞污染最为重要。

含汞的废水排入江河湖海后，其中所含的金属汞或无机汞可以在水体（尤其是底层污泥）中某些微生物体内的甲基钴氨酸转移酶的作用下，转变为甲基汞，如果有硫化氢存在的情况下可转变为二甲基汞，并可由于食物链的生物富集作用而在鱼体内达到很高的含量。除水产品外，汞亦可通过含汞农药的使用和废水灌溉农田等途径污染农作物和饲料，造成谷类、蔬菜水果和动物性食品的汞污染。第四次中国总膳食研究结果显示，居民膳食总汞的平均摄入量为 4.79μg/d，主要食物来源为水产品、谷类和蔬菜类；膳食甲基汞的平均摄入量为 0.37μg/d，主要食物来源为水产品。

（3）体内代谢和毒性：食品中的金属汞几乎不被吸收，无机汞吸收率亦很低，90% 以上随粪便排出，而有机汞的消化道吸收率很高，甲基汞可达 95%。吸收的汞迅速分布到全身组织和器官，但以肝脏、肾脏、脑组织等器官含量最多。甲基汞主要与蛋白质结构中的巯基结合。在血液中 90% 与红细胞结合，10% 与血浆蛋白结合。血液中的汞可作为近期摄入体内汞的水平指标，也可作为体内汞负荷程度的指标。因甲基汞具有亲脂性并且与巯基的亲和力很强，其可通过血 - 脑屏障、胎盘屏障和血 - 睾屏障。大脑对其亲和力很强，脑中汞浓度可比血液中浓度高 3～6 倍，汞可导致中枢神经系统损伤。甲基汞可致胎儿和新生儿的汞中毒。

有机汞是强蓄积性毒物，在人体内的生物半衰期平均为 70 天，在脑内的半衰期可达 180～250 天。体内的汞可通过尿、粪和毛发排出，毛发中的汞水平与摄入量成正比，故毛发中的汞含量亦可反映体内汞负荷情况。血汞 >200μg/L、发汞 >50μg/g、尿汞 >2μg/L，即表明有汞中毒的可能。血汞 >1mg/L、发汞 >100μg/g 可出现明显的中毒症状。甲基汞还有致畸作用和胚胎毒性。

（4）汞污染对人体的危害：甲基汞中毒的主要表现是神经系统损害的症状。初起为疲乏、头晕、失眠、而后感觉异常，手指、足趾、口唇和舌等处麻木，严重者出现共济失调、语言障碍、视野缩小、听力障碍、感觉障碍及精神症状等，进而瘫痪、肢体变形、吞咽困难甚至死亡。20 世纪 50 年代日本发生的典型公害病——水俣病，就是由于含汞工业废水严重污染了水俣湾，当地居民长期大量食用该水域捕获的鱼类而引起的甲基汞中毒的典型事件。

（5）食品中汞的允许限量标准：FAO/WHO 规定成人每周摄入总汞量不得超过 0.3mg，其中甲基汞摄入量每周不得超过 0.2mg。我国现行的《食品安全国家标准 食品中污染物限量》(GB 2762—2017)中规定的食品中汞是残留限量标准,如表4-2所示。

表4-2　食品中汞限量标准

食品	限量(MLs)/(mg/kg)	
	总汞(以Hg计)	甲基汞①
水产动物及其制品(肉食性鱼类及其制品除外)		0.5
肉食性鱼类及其制品		1.0
谷类及其制品——稻谷②、糙米、大米、玉米、玉米面(渣、片)、小麦、小麦粉	0.02	
蔬菜及其制品——新鲜蔬菜	0.01	
食用菌及其制品	0.1	
肉及肉制品——肉类	0.05	
乳及乳制品——生乳、巴氏杀菌乳、灭菌乳、调制乳、发酵乳	0.01	
蛋及蛋制品——鲜蛋	0.05	
调味品——食用盐	0.1	
饮料类——矿泉水	0.001mg/L	
特殊膳食用食品——婴幼儿罐装辅助食品	0.02	

注:①水产动物及其制品可先测定总汞,当总汞水平不超过甲基汞限量值时,不必测定甲基汞;否则需再测定甲基汞。
　　②稻谷以糙米计。

2. 镉(Cd)

(1) 理化特性:为银白色金属,原子量112.41,比重8.64,熔点320.9℃,沸点765℃。在自然界中以硫镉矿形式存在,并常与锌、铅、铜、锰等共存。

(2) 对食物的污染:镉广泛用于电镀、塑料、油漆等工业生产中,故工业含镉三废的排放对环境和食物的污染较为严重。许多食品包装材料和容器含有的镉可迁移至食品中。因镉盐有鲜艳的颜色且耐高热,故常用作玻璃、陶瓷类容器的上色颜料、金属合金和镀层的成分以及塑料稳定剂等。使用这类食品容器和包装材料也可对食品造成镉污染。

镉在一般环境中含量相当低,但可通过食物链富集后达到相当高的浓度。如日本镉污染区稻米平均镉含量为1.41mg/kg(非污染区为0.08mg/kg);污染区的贝类含镉量可高达420mg/kg(非污染区为0.05mg/kg)。目前我国居民膳食镉的平均摄入量是20.5μg/d,主要食物来源是谷类、蔬菜、水产品和畜禽肉类食品,海产食品、动物性食品(尤其是肾脏)含镉量通常高于植物性食品。

(3) 体内代谢和毒性:进入人体的镉主要以消化道摄入为主,其在消化道吸收率约为1%~12%,一般为5%。食物中镉的存在形式以及膳食中蛋白质、维生素D和钙、锌等元素的含量均可影响镉的吸收。低蛋白、低钙和低铁的膳食有利于镉的吸收,维生素D可促进镉的吸收。吸收的镉经血液转运至全身。进入人体的镉主要蓄积于肾脏(约占全身蓄积量的1/3),其次是肝脏(约占全身蓄积量的1/6)。大多数镉与低分子硫蛋白结合,形成金属硫蛋白。体内的镉可通过粪、尿和毛发等途径排出。镉在人体内的半衰期约15~30年。我国非职业接触者血镉<50μg/L,尿镉<3μg/L,发镉<3μg/g。如血镉>250μg/L或尿镉>15μg/L,则表示有过量镉接触和镉中毒的可能。

(4) 镉污染对人体的危害：镉对体内巯基酶有较强的抑制作用。镉中毒主要损害肾脏、骨骼和消化系统。肾脏含镉量约为全身的 1/3，因此，肾脏是镉慢性中毒的靶器官。镉主要损害肾近曲小管，使其重吸收功能障碍，引起蛋白尿、氨基酸尿、糖尿和高钙尿，高钙尿导致体内出现负钙平衡，造成软骨症和骨质疏松。日本镉污染大米引起的公害病"痛痛病"（骨痛病），就是由于环境镉污染通过食物链而引起的人体慢性镉中毒。此外，镉干扰膳食中铁的吸收和加速红细胞破坏，可引起贫血。研究表明镉及镉化合物对动物和人体有一定的致畸、致突变和致癌作用。

(5) 食品中镉的允许限量标准：FAO/WHO 推荐镉的每周允许摄入量为 0.007mg/kg（以体重计）。我国现行的《食品安全国家标准 食品中污染物限量》（GB 2762—2017）中规定的食品中镉的残留限量见表 4-3。

表 4-3　食品中镉限量标准

食品类别（名称）	限量（以 Cd 计）/(mg/kg)	食品类别（名称）	限量（以 Cd 计）/(mg/kg)
谷物及其制品		肉及肉制品	
谷物（稻谷除外）	0.1	肉类（畜禽内脏除外）	0.1
谷物碾磨加工品（糙米、大米除外）	0.1	畜禽肝脏	0.5
稻谷[①]、糙米、大米	0.2	畜禽肾脏	1.0
蔬菜及其制品		肉制品（肝脏制品、肾脏制品除外）	0.1
新鲜蔬菜（叶菜蔬菜、豆类蔬菜、块根和块茎蔬菜、茎类蔬菜除外）	0.05	肝脏制品	0.5
叶类蔬菜	0.2	肾脏制品	1.0
豆类蔬菜、块根和块茎蔬菜、茎类蔬菜（芹菜除外）	0.1	饮料类	
芹菜	0.2	包装饮用水（矿泉水除外）	0.005mg/L
水果及其制品——新鲜水果	0.05	矿泉水	0.003mg/L

注：①稻谷以糙米计。

3. 铅（Pb）

(1) 理化特性：为银白色重金属，原子量 207.2，比重 11.34，熔点 327.5℃，沸点 1 620℃。其氧化态为 0、+2 或 +4 价，在铅的无机化合物中，铅通常处于 +2 价状态。除乙酸铅、氯酸铅、亚硝酸铅和氯化铅外，大多数 +2 价铅盐不溶于水或难溶于水。

(2) 对食物的污染：含铅废水废渣的排放可污染土壤和水体，然后经食物链富集、污染食品。环境中某些微生物可将无机铅转变为毒性更大的有机铅。以有机铅作为防爆剂的汽油使汽车等交通工具排放的废气中含有大量的铅，造成公路干线附近农作物的铅污染严重。农作物生产中使用含铅农药（如砷酸铅等）可造成农作物的铅污染。食品加工中使用含铅的食品添加剂或加工助剂，如加工皮蛋时加入的黄丹粉（氧化铅）可造成食品的铅污染。以铅合金、马口铁、陶瓷及搪瓷等材料制成的食品容器和食具常含有较多的铅，印制食品包装的油墨和颜料等常含有铅，它们在接触食品时造成污染。此外，食品加工机械、管道和聚氯乙烯塑料中的含铅稳定剂等均可导致食品的铅污染。目前我国居民膳食铅的平均摄入量为50.5μg/d，主要食物来源为谷类、蔬菜类和薯类。

（3）体内代谢和毒性：进入消化道的铅主要由十二指肠吸收，吸收率为5%～15%，儿童铅吸收率高于成人。吸收入血的铅大部分（90%以上）与红细胞结合后转运至全身，主要贮存于骨骼，在肝脏、肾脏、脑组织等中亦有一定的分布并产生毒性作用。铅在人体内的半衰期为4年，在骨骼的半衰期更长，可长达10年，故铅可长期在体内蓄积。体内的铅主要经尿和粪排出。尿铅、血铅和发铅是反映体内铅负荷常用指标。血铅的正常值上限我国规定为2.4μmol/L（1.52mg/L），尿铅的正常值上限定为0.39μmol/L（0.08mg/L）。

（4）铅污染对人体的危害：铅主要损害造血系统、神经系统和肾脏。常见的症状和体征为贫血、神经衰弱、烦躁、失眠、食欲缺乏、口有金属味、腹痛、腹泻或便秘、头昏、头痛、肌肉关节疼痛等。严重者可致铅中毒性脑病。慢性铅中毒还可导致凝血过程延长，并可损害免疫系统。儿童对铅较成人更敏感，过量铅摄入可影响其生长发育，导致智力低下。

（5）食品中铅的允许限量标准：FAO/WHO食品添加剂委员会推荐铅的每周耐受摄入量成年人为0.05mg/kg（以体重计）。我国现行的《食品安全国家标准　食品中污染物限量》（GB 2762—2017）中规定的食品中铅的残留限量见表4-4。

表4-4　食品中铅的限量标准

食品类别（名称）	限量（以Pb计）/（mg/kg）	食品类别（名称）	限量（以Pb计）/（mg/kg）
谷物及其制品（麦片、面筋、八宝粥罐头、带馅（料）面米制品除外）	0.2	肉制品	
麦片、面筋、八宝粥罐头、带馅（料）面米制品	0.5	肉类（畜禽内脏除外）	0.2
蔬菜及其制品		畜禽内脏	0.5
新鲜蔬菜（芸薹类蔬菜、叶菜、豆类蔬菜、薯类除外）	0.1	肉制品	0.5
芸薹类蔬菜、叶菜	0.3	饮料类	
豆类蔬菜、薯类	0.2	包装饮用水	0.01mg/L
蔬菜制品	1.0	果蔬汁类（浓缩果蔬汁除外）	0.05mg/L
水果及其制品		浓缩果蔬汁（浆）	0.5mg/L
新鲜水果（浆果及其他小粒水果除外）	0.1	蛋白饮料（含乳饮料除外）	0.3mg/L
浆果及其他小粒水果	0.2	含乳饮料	0.05mg/L
水果制品	1.0	固体饮料	1.0
蛋及蛋制品（皮蛋、皮蛋肠除外）	0.2		
皮蛋、皮蛋肠	0.5		

4. 砷（As）

（1）理化特性：砷是一种非金属元素，但由于其许多理化性质类似于金属，故常将其归为"类金属"之列。其原子量为74.92，比重5.73，熔点81.4℃，615℃开始升华。砷化合物包括无机砷和有机砷。前者包括剧毒的三氧化二砷(As_2O_3，俗称砒霜）、砷酸钠、亚砷酸钠、砷酸钙、亚砷酸和强毒的砷酸铅。天然存在的一甲基砷、二甲基砷和农业用制剂甲基砷酸锌（稻谷青）、甲基砷酸钙（稻宁）等都为有机砷。无机砷化合物在酸性环境中经金属催化可生成砷化氢（AsH_3）气体，有很强的毒性。

（2）对食物的污染：含砷工业废水对水体的污染以及灌溉农田后对土壤的污染，均可造成对水生生物和农作物的砷污染。水生生物，尤其是甲壳类和某些鱼类对砷有很强的富集能力，其体内砷含量可高出其生活水体数千倍，但其中大部分是毒性较低的有机砷。无机砷农药如砷酸铅、砷酸钙、亚砷酸钠等由于毒性大，已很少使用，但有机砷类杀菌剂甲基砷酸锌（稻脚青）、甲基砷酸钙、甲基砷酸铁胺（田安）和二甲基二硫代氨基甲酸砷（福美砷）等用于防治水稻纹枯病有较好的效果，其过量使用或未遵守安全间隔期可致农作物中砷含量明显增加。食品加工过程中使用的原料、化学物和添加剂被砷污染和误用，以及被砷污染的容器或包装材料也可造成食品的污染。目前我国居民膳食总砷的平均摄入量为 62.27μg/d，主要食物来源为谷类、水产品及蔬菜；膳食无机砷的平均摄入量为 27.4μg/d，，主要来源于谷类和蔬菜。

（3）体内代谢和毒性：机体对有机砷和无机砷的吸收率均较高，为 70%～90%。砷的毒性与其存在的形式和价态有关。元素砷几乎无毒，砷的硫化物毒性亦很低，而砷的氧化物和盐类毒性较大。As^{3+} 的毒性大于 As^{5+}，无机砷的毒性大于有机砷。砷化物为一种原浆毒，与机体内蛋白质有很强的结合能力。经消化道吸收入血后主要与血红蛋白（Hb）中的珠蛋白结合，24h 内即可分布于全身组织，以肝脏、肾脏、脾脏、肺脏、皮肤、毛发、指甲和骨骼等器官和组织中蓄积量较多。砷的生物半衰期约 80～90 天，主要经粪和尿排出。砷与头发和指甲中角蛋白的巯基有很强的结合力，故头发和指甲也是其排泄途径之一，测定发砷和指甲砷可反映体内砷水平。正常人血砷含量约 60～70μg/L，尿砷＜0.5mg/L，发砷＜5μg/g。

As^{3+} 与巯基有较强的亲和力，尤其是对含双巯基结构的酶有很强的抑制作用，其与 α-酮戊二酸氧化酶、苹果酸氧化酶、ATP 酶等结合后，可导致体内葡萄糖、氨基酸代谢的异常；与丙酮酸氧化酶的巯基结合，使酶失去活性，阻碍细胞正常的呼吸与代谢，引起细胞的死亡。砷也是一种毛细血管毒物，可致毛细血管通透性增高，引起多器官的广泛病变。

（4）砷污染对人体的危害：急性砷中毒主要临床表现是胃肠炎症状，严重者可致中枢神经系统麻痹而死亡，并可出现口、耳、眼、鼻出血等现象。慢性中毒主要表现为神经衰弱综合征，皮肤色素异常（白斑或黑皮症），手掌和足底皮肤过度角化。日本曾发生的"森永奶粉中毒事件"，系因奶粉生产中使用了含大量砷盐的磷酸氢二钠作为稳定剂而引起的，致使一万三千多名婴儿中毒，在事件发生一年内，共有一百多名婴儿死亡。

已证实多种砷化物具有致突变性，可导致基因突变、染色体畸变并抑制 DNA 损伤的修复。砷酸钠可透过胎盘屏障，对小鼠和仓鼠有一定致畸性。流行病学调查也表明，无机砷化合物与人类皮肤癌和肺癌的发生有关。

（5）食品中砷的允许限量标准：FAO/WHO 暂定砷的每日允许最大摄入量为 0.05mg/kg（以体重计），对无机砷每周允许摄入量建议为 0.015mg/kg（以体重计）。我国现行的《食品安全国家标准 食品中污染物限量》（GB 2762—2017）中规定的食品中砷的残留限量见表 4-5。

表4-5 食品中砷的限量标准

食品类别（名称）	限量（以As计）		食品类别（名称）	限量（以As计）	
	总砷	无机砷		总砷	无机砷
谷物（稻谷除外）	0.5mg/kg	—	鲜乳	0.1mg/kg	
谷物碾磨加工品（糙米、大米除外）	0.5mg/kg	—	新鲜蔬菜 食用菌	0.5mg/kg	—
稻谷[①]、糙米、大米	—	0.2mg/kg	肉及肉制品	0.5mg/kg	
水产动物及其制品（鱼类及其制品除外）	—	0.5mg/kg	包装饮用水	0.01mg/L	—
鱼类及其制品	—	0.1mg/kg	婴幼儿辅助食品		0.1～0.3mg/kg
乳粉	0.5mg/kg		辅助营养补充品	0.5mg/kg	

注：①稻谷以糙米计。

四、N-亚硝基化合物

N-亚硝基化合物（N-nitroso compounds，NOCs）是一类具有 >N—N＝O 结构的有机化学物。迄今已研究过的 300 多种亚硝基化合物中，90% 以上对动物有不同程度的致癌性。而 N-亚硝基化合物的前体物质硝酸盐、亚硝酸盐和胺类在人类生活环境中广泛存在，在适宜的条件下，前体物质可以通过化学和生物学途径合成 N-亚硝基化合物。

（一）结构与理化性质

N-亚硝基化合物包括 N-亚硝胺和 N-亚硝酰胺两大类。

1. N-亚硝胺 N-亚硝胺（N-nitrosamine）的基本结构见图4-2。R_1、R_2 可以是烷基或环烷基，也可以是芳香环或杂环化合物，如 R_1 和 R_2 相同，称为对称性亚硝胺，如 N-二甲基亚硝胺等；R_1 和 R_2 不同时，则称为非对称性亚硝胺，如 N-甲乙基亚硝胺等。

低分子量的亚硝胺（如 N-二甲基亚硝胺）在常温下为黄色油状液体，而高分子量的亚硝胺多为固体。除了 N-二甲基亚硝胺、N-二乙基亚硝胺和 N-二乙醇亚硝胺可溶于水及有机溶剂，其他亚硝胺均不能溶于水，仅溶于有机溶剂。N-亚硝胺在中性和碱性环境中较稳定，在通常条件下不易发生水解，但在特殊条件下也可发生水解、加成、转亚硝基、氧化还原和光化学反应等。

2. N-亚硝酰胺 N-亚硝酰胺（N-nitrosamide）的基本结构见图4-3。R_1 和 R_2 可以是烷基或芳基，R_2 为酰胺基（NH_2CO—、NHRCO—、NR_2CO—）或酯基（ROCO—）。亚硝酰胺的化学性质活泼，在酸性或碱性条件下（甚至在近中性环境下）均不稳定。在酸性条件下可分解为相应的酰胺和亚硝酸，在碱性条件下可迅速分解为重氮烷。

$$\begin{matrix} R_1 \\ R_2 \end{matrix} \!\! N—N＝O$$

图4-2 N-亚硝胺的基本结构

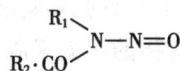

$$\begin{matrix} R_1 \\ R_2 \cdot CO \end{matrix} \!\! N—N＝O$$

图4-3 N-亚硝酰胺的基本结构

两类 N-亚硝基化合物在致癌作用上的重要区别在于 N-亚硝胺相对稳定，进入体内后，主要经肝微粒体细胞色素 P450 的代谢活化，生成烷基偶氮羟基化物才有致突变、致癌性，为间接致癌物；而 N- 亚硝酰胺类不稳定，能够在作用部位直接降解成重氮化合物，与 DNA 结合发挥其直接致突变和致癌作用，为直接致癌物。

（二）N- 亚硝基化合物的毒性

1. 急性毒性　各种 N- 亚硝基化合物的急性毒性有较大差异（表 4-6），对于对称性烷基亚硝胺而言，其碳链越长，急性毒性越低。肝脏是主要的靶器官，另外还有骨髓与淋巴系统的损伤。

表 4-6　N- 亚硝基化合物的急性毒性（雄性大鼠，经口）

N- 亚硝基化合物	$LD_{50}/(mg/kg)$	N- 亚硝基化合物	$LD_{50}/(mg/kg)$
甲基苄基亚硝胺	18	二丁基亚硝胺	1 200
二甲基亚硝胺	27～41	二戊基亚硝胺	1 750
二乙基亚硝胺	216	二乙醇亚硝胺	7 500
二丙基亚硝胺	480	吡咯烷亚硝胺	900

2. 致癌作用　已证实 N- 亚硝基化合物为强的动物致癌物，在包括 5 种灵长类动物的 40 多种种属的实验动物中进行的研究中，无一种动物能幸免于致癌作用，其还可以通过胎盘引起子代的肿瘤。其致癌作用的特点是：

（1）具有器官特异性：不同的 N- 亚硝基化合物有不同的致癌靶器官，如亚硝胺并不直接引起注射部位的肿瘤，而是对代谢器官发生作用，对称性亚硝胺主要诱发肝癌，不对称亚硝胺主要诱发食管癌。N- 亚硝酰胺除了诱发接触部位的肿瘤外，可通过血 - 脑屏障和血 - 胎盘屏障诱发中枢神经系统肿瘤和胎儿肿瘤。

（2）多种途径摄入均可诱发肿瘤：呼吸道吸入、消化道摄入、皮下肌内注射，甚至皮肤接触 N- 亚硝基化合物都可诱发肿瘤。

（3）不同接触剂量均有致癌作用：反复多次给药，或一次大剂量给药都能诱发肿瘤，且有明显的剂量 - 效应关系。

目前尚缺乏 N- 亚硝基化合物对人类直接致癌的资料，但许多国家和地区的流行病学调查研究显示，人类的某些癌症如胃癌、食管癌、肝癌等可能与接触 N- 亚硝基化合物有关。

3. 致畸作用　亚硝酰胺对动物有一定的致畸性。如甲基（或乙基）亚硝基脲可诱发胎鼠的脑、眼、肋骨和脊柱等畸形，并存在剂量 - 效应关系；而亚硝胺的致畸作用很弱。

4. 致突变作用　亚硝酰胺能引起细菌、真菌、果蝇和哺乳类动物细胞发生突变。使用 Ames 试验检测 34 种亚硝酰胺的结果表明多数具有直接致突变性。亚硝胺则需经哺乳动物微粒体混合功能氧化酶系统代谢活化后才有致突变性。在脂肪族亚硝胺中，有些既有致癌性也有致突变作用，而有些有致癌作用，却无明显的致突变作用。还有研究表明，N- 亚硝基化合物的致突变性强弱与其致癌性强弱无明显相关性。

（三）食物的污染来源

1. N- 亚硝基化合物的前体物　环境和食品中的 N- 亚硝基化合物系由亚硝酸盐和胺类在一定的条件下合成的，这种反应称亚硝化反应（图 4-4）。N- 亚硝基化合物前体物包括硝酸盐、亚硝酸盐和胺类。

（1）植物性食品中的硝酸盐和亚硝酸盐：硝酸盐和亚硝酸盐广泛地存在于人类生存的

$$R_1\!\!-\!\!R_2\!\!\diagdown NH + HNO_2 \rightleftharpoons R_1\!\!-\!\!R_2\!\!\diagdown N\!\!-\!\!N\!\!=\!\!O + H_2O$$

（仲胺）　　　　　　　　　　　（亚硝胺）

$$R\!\!-\!\!R'\cdot CO\!\!\diagdown NH + HNO_2 \rightleftharpoons R\!\!-\!\!R'CO\!\!\diagdown N\!\!-\!\!N\!\!=\!\!O + H_2O$$

（酰胺）　　　　　　　　　　　（亚硝酰胺）

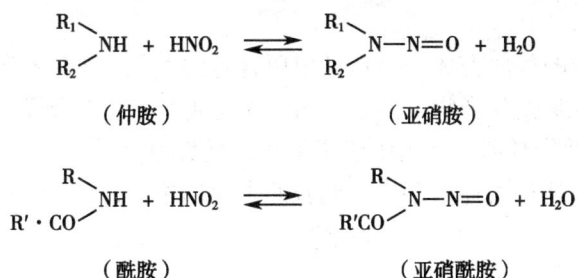

图 4-4　亚硝化反应的反应式

环境中。土壤中和肥料中的氮在土壤中固氮菌和硝酸盐生成菌的作用下可转化为硝酸盐，而蔬菜等植物在生长过程中从土壤吸收硝酸盐，在植物体内酶的作用下将其还原为氨，并进一步与光合作用合成的有机酸反应生成氨基酸、蛋白质和核酸等。当光合作用不充分时，植物体内可积蓄较多的硝酸盐。不同种类的新鲜蔬菜中硝酸盐含量可相差数十倍，主要与作物种类、栽培条件（如土壤和肥料的种类）以及环境因素（如干旱、阳光、温度等）有关。蔬菜中亚硝酸盐含量通常远远低于硝酸盐含量，但是蔬菜的保存和处理过程对硝酸盐和亚硝酸盐含量有很大影响，即硝酸盐在硝酸盐还原菌的作用下可形成亚硝酸盐。因此，在蔬菜的腌制过程中，亚硝酸盐含量明显增高，不新鲜的蔬菜中亚硝酸盐含量亦可明显增高。

（2）动物性食物中的硝酸盐和亚硝酸盐：硝酸盐和亚硝酸盐用作食品防腐剂和护色剂在食品生产中使用。用硝酸盐腌制鱼、肉等动物性食品是一种古老和传统的方法，其作用机制是通过细菌将硝酸盐还原为亚硝酸盐，而亚硝酸盐能抑制许多腐败菌和致病菌的生长，从而达到防腐的目的。此外，亚硝酸分解产生的 NO 可与肌红蛋白结合，形成亚硝基肌红蛋白而具有特有的红色，从而改善此类食品的感官性状。虽然使用亚硝酸盐作为食品添加剂有产生 N- 亚硝基化合物的可能，但目前尚无更好的替代品，故仍允许限量使用。

（3）环境和食品中的胺类：N- 亚硝基化合物的另一类前体物——胺类，亦广泛存在于环境和食物中。作为食品天然成分的蛋白质、氨基酸和磷脂，都可以是胺和酰胺的前体物，肉、鱼等动物性食品中在其腌制、烘烤等加工处理过程中，尤其是在油煎、油炸等烹调过程中，可产生较多的胺类化合物。许多胺类也是药物、化学农药和一些化工产品的原料。

在胺类化合物中，以仲胺合成 N- 亚硝基化合物的能力最强。在粮食、鱼、肉和某些蔬菜中二级胺类物质含量较高，如海鱼中二级胺的含量多在 100mg/kg 以上，且其含量随其新鲜程度、加工过程和贮藏条件的不同而有很大差异，晒干、烟熏、装罐等加工过程均可致二级胺含量明显增加。

2. 食品中的 N- 亚硝基化合物　肉、鱼等动物性食品中含有丰富的胺类化合物，在弱酸性或酸性的环境中，能与亚硝酸盐反应生成亚硝胺。鱼、肉制品中的亚硝胺主要是吡咯烷亚硝胺和二甲基亚硝胺。但由于加工方法不同，各类鱼、肉制品中亚硝胺的含量可有较大差异。某些乳制品（如干奶酪、奶粉等）含有微量的挥发性亚硝胺，其含量多在 0.5～5.0μg/kg 范围内。

在传统的啤酒生产过程中，大麦芽在窑内加热干燥时，其所含大麦芽碱和仲胺等能与空气中的氮氧化物（NOx）发生反应，生成二甲基亚硝胺。故啤酒中常含有微量的二甲基亚硝胺（0.5～5.0μg/kg）。近年随着生产工艺的改进，在多数大型企业生产的啤酒中已很难检测出亚硝胺类化合物。

3. 亚硝基化合物的体内合成　除食品中所含有的 N- 亚硝基化合物外，人体也能内源性合成一定量的 N- 亚硝基化合物。由于在 pH<3 的酸性环境中合成亚硝胺的反应较强，另外，胃中存在亚硝酸盐和具催化作用的氯离子和硫氰酸根离子，有利于胃内 N- 亚硝基化合物的合成；因此，胃可能是人体内合成亚硝胺的主要场所。此外，在唾液中及膀胱内（尤其是尿路感染时）也可能合成一定量的亚硝胺。

（四）预防措施

1. 防止食物被微生物污染　由于某些细菌或真菌可还原硝酸盐为亚硝基盐，而且许多微生物可分解蛋白质，生成胺类化合物，或有酶促亚硝基化作用，因此，降低各种微生物对食品的污染程度，防止食品霉变应作为重要的预防措施。

2. 改进食品加工工艺　通过控制食品加工中硝酸盐或亚硝酸盐用量，可减少亚硝基化前体的量从而减少亚硝胺的合成。在加工工艺可行的情况下，尽可能使用亚硝酸盐的替代品。

3. 施用钼肥　农业用肥及用水与蔬菜中亚硝酸盐和硝酸盐含量有密切关系。使用钼肥有利于降低蔬菜中硝酸盐和亚硝酸盐含量。例如，白萝卜和大白菜等施用钼肥后，亚硝酸盐含量平均降低 1/4 以上。

4. 阻断亚硝基化反应　维生素 C、维生素 E 以及酚类及黄酮类化合物有较强的阻断亚硝基化反应的作用。许多流行病学调查表明，在食管癌高发区，维生素 C 摄入量很低，故增加维生素 C 摄入量可能有重要意义。已证明茶叶、猕猴桃、沙棘果汁等对预防亚硝胺的危害有较好的效果。我国学者还发现大蒜和大蒜素可抑制胃内硝酸盐还原菌的活性，使胃内亚硝酸盐含量明显降低。人体摄入的硝酸盐可以在唾液中分泌并富集，并在微生物的作用下还原为亚硝酸盐，从而增加胃中 N- 亚硝基化合物前体物，注意口腔卫生，也可减少体内 N- 亚硝基化合物的合成。

5. 制定食品中允许量标准并加强监测　我国《食品安全国家标准 食品中污染物限量》（GB 2762—2017）中规定，肉制品（肉类罐头除外）中 N- 二甲基亚硝胺≤3μg/kg，水制产品（水产罐头除外）中 N- 二甲基亚硝胺≤4μg/kg。在制定标准的基础上，还应加强对食品中 N- 亚硝基化合物含量的检测，严禁食用 N- 亚硝基化合物含量超过标准的食物。

五、多环芳烃化合物

多环芳烃化合物（polycyclic aromatic hydrocarbons，PAH）是一类具有较强致癌作用的食品污染物。已鉴定出数百种，包括 2 个苯环组成的萘，3 个苯环组成的菲、蒽，4 个苯环组成的芘等，其中以苯并（a）芘[benzo（a）pyrene，B（a）P]最为重要。

（一）苯并（a）芘的结构与理化特性

苯并（a）芘是由 5 个苯环构成的多环芳烃（图 4-5），分子式 $C_{20}H_{12}$，分子量为 252。在常温下为浅黄色的针状结晶，沸点 310～312℃，溶点 178℃，在水中溶解度仅为 0.5～6μg/L，微溶于甲醇和乙醇，易溶于苯、甲苯、二甲苯及环己烷等有机溶剂中，在苯溶液中呈蓝色或紫色荧光。性质较稳定，但日光及荧光可使其发生光氧化反应。臭氧也可使其氧化，与 NO 或 NO_2 作用则可发生硝基化反应，也很易卤化。

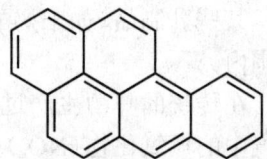

图 4-5　苯并（a）芘的化学结构式

（二）苯并（a）芘的体内代谢

通过食物或水进入机体的 B(a)P 在肠道被吸收入血后很快分布于全身，几乎在所有器官组织中均可发现，但以脂肪组织中含量最高。小鼠和大鼠实验发现 B(a)P 可通过胎盘进入胎儿体内。B(a)P 主要经肝脏代谢，首先在 7,8- 位上发生氧化，进而水解为 7,8- 二氢二醇，最后形成 7,8- 二氢二醇 -9,10- 环氧化物。B(a)P 代谢产物与谷胱甘肽、硫酸盐、葡萄糖醛酸结合后，经尿和粪便排出。但由胆汁中排出的结合物可被肠道中酶水解而重吸收。

（三）苯并（a）芘的毒性

1. 致癌性　B(a)P 具有致癌性，涉及多种动物的多种器官和组织的肿瘤，包括大鼠、地鼠、豚鼠、兔、鸭及猴的皮肤、肺、胃、食管、乳腺肿瘤及白血病；还可经过胎盘使子鼠发生肿瘤。另外，人群流行病学研究表明，食品中 B(a)P 含量与胃癌等多种肿瘤的发生有一定关系。

2. 致突变　B(a)P 是一种间接致突变物，在体外致突变试验中需要加入 S-9 代谢活化。在 Ames 试验及其他细菌突变试验、噬菌体诱变、果蝇突变、DNA 修复、姊妹染色单体交换、染色体畸变、哺乳类细胞培养基因突变以及哺乳类动物精子畸变等实验中皆呈阳性反应。此外，在人组织培养试验中也发现 B(a)P 有组织和细胞毒性作用，可导致上皮分化不良、细胞损伤、柱状上皮细胞变形等。

3. 遗传毒性　B(a)P 对小鼠和大鼠有胚胎毒、致畸和生殖毒性，在小鼠和兔中能通过血 - 胎盘屏障发挥致癌作用，造成子代肺腺瘤和皮肤乳头状瘤。此外，B(a)P 可经胎盘引起仔鼠免疫功能下降。

（四）对食品的污染

食品中 B(a)P 的主要来源有：①食品在烘烤或熏制时直接受到污染；②食品成分高温烹调加工时发生热解或热聚反应所形成，这是食品中多环芳烃化合物的主要来源；③植物性食品可吸收土壤、水和大气中污染的多环芳烃；④食品加工中受机油和食品包装材料等的污染；⑤在柏油路上晒粮食使粮食受到污染；⑥污染的水可使水产品受到污染；⑦植物和微生物可合成微量的多环芳烃。

由于食品种类、生产加工、烹调方法的差异以及距离污染源的远近等因素的不同，食品中 B(a)P 的含量相差很大，其中含量较多者主要是烘烤和熏制食品。一般烤肉、烤香肠中 B(a)P 含量为 0.17～0.63μg/kg，而以炭火烤的肉中可达 2.6～11.2μg/kg。新疆烤羊肉时，如滴落油并着火燃烧，B(a)P 含量可达 100μg/kg 左右。生红肠的 B(a)P 含量为 1.5μg/kg，油煎后为 14μg/kg。工业区生产的小麦中 B(a)P 含量较高，而非工业区则很低，农村生产的蔬菜中 B(a)P 的含量较在城市附近生产的低。由于 B(a)P 的水溶性很低，清洗蔬菜只能去除微量。

（五）预防措施

1. 防止污染　①加强环境治理，减少环境 B(a)P 的污染，从而减少其对食品的污染；②熏制、烘烤食品及烘干粮食等加工过程应改进燃烧过程，避免使食品直接接触炭火或直接接触烟，使用熏烟洗净器或冷熏液；③不在柏油路上晾晒粮食和油料种子，以防沥青沾污；④食品生产加工过程中要防止润滑油污染食品，或改用食用油作润滑剂；⑤机械化生产食品要防止润滑油污染食品，可改用食用油作润滑剂。

2. 去毒　用吸附法可去除食品中的一部分 B(a)P。活性炭是从油脂中去除 B(a)P 的优良吸附剂。在浸出法生产的菜油中加入 0.3%～0.5% 活性炭，在 90℃下搅拌 30min。并在 140℃ 93.1kPa 真空条件下处理 4h，其所含 B(a)P 即可去除 89%～95%。蔬菜和水果清洗可去除少部分 PAH。

3. 制定食品中限量标准　目前 FAO/WHO 尚未制定 B(a)P 的每人每日允许摄入量(ADI)或每周耐受摄入量(PTWI)。我国现行的《食品安全国家标准　食品中污染物限量》(GB 2762—2017)中 B(a)P 的限量标准为：粮食和熏烤肉≤5μg/kg，植物油≤10μg/kg。

六、杂环胺类化合物

杂环胺(heterocyclic amines，HCAs)是食品中的蛋白质和氨基酸在高温作用下形成的一类低分子有机化合物。如氨基酸、肌酸和肌酐在高温下反应生成杂环胺；糖在一定的条件下也可以产生大量杂环物质。

(一)结构与理化特性

杂环胺类化合物包括氨基咪唑氮杂芳烃(AIAs)(图 4-6)和氨基咔啉两类(图 4-7)。AIAs 包括喹啉类(IQ)、喹噁啉类(IQx)和吡啶类。AIAs 咪唑环的 α 氨基在体内可转化为 N- 羟基化合物而具有致癌和致突变活性。因为 AIAs 胍基上的氨基不易被亚硝酸钠处理而脱去，又被称为 IQ 型杂环胺。氨基咔啉类包括 α- 咔啉、γ- 咔啉和 δ- 咔啉，其吡啶环上的氨基易被亚硝酸钠脱去而失去活性，称为非 IQ 型杂环胺。

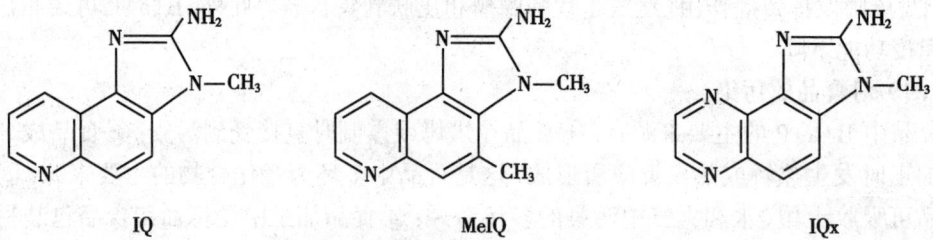

IQ　　　　　　　　MeIQ　　　　　　　　IQx

图 4-6　氨基咪唑氮杂芳烃(AIAs)类杂环胺

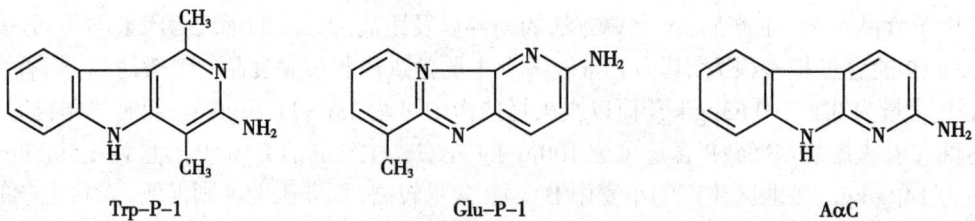

Trp–P–1　　　　　　　Glu–P–1　　　　　　　AαC

图 4-7　氨基咔啉类杂环胺

(二)杂环胺体内代谢

体内代谢杂环胺经口摄入后，很快吸收并通过血液分布于体内的大部分组织，肝脏是其重要的代谢器官，主要是通过环氧化反应和结合反应(杂环胺与葡萄糖醛酸、硫酸或谷胱甘肽结合)进行代谢解毒。另外，肠、肺脏、肾脏等组织也有一定的代谢能力。

(三)杂环胺的毒性

1. 致突变性　杂环胺需经过代谢活化后才具有致突变性和致癌性，在细胞色素 P4501A2 的作用下进行 N- 氧化，生成活性较强的中间代谢产物 N- 羟基衍生物，再经 O- 乙酰转移酶、磺基转移酶和氨酰 tRNA 合成酶或磷酸激酶酯化，形成具有高度亲电子活性的最终代谢产物。在加 S9 的 Ames 试验中，杂环胺对 TA98 菌株有很强的致突变性，提示杂环胺可能是移码突变物。除诱导细菌基因突变外，杂环胺经 S9 活化后诱导哺乳类细胞的 DNA 损伤、染色体畸变、姊妹染色单体交换、DNA 断裂及修复异常等遗传学损伤。但杂环胺对哺乳动物细胞的致突变性较对细菌的致突变性弱。

2. 致癌性　杂环胺对啮齿类动物具有致癌性。某些杂环胺 2- 氨基 -1- 甲基 -6- 苯基 - 咪唑并 [4,5-b] 吡啶（PhIP）可导致大鼠结肠和乳腺肿瘤，并有剂量 - 效应关系。其他杂环胺的主要靶器官为肝脏，此外，还可诱发血管、肠道、前胃、乳腺、阴蒂腺、淋巴组织、皮肤和口腔等其他部位肿瘤。2- 氨基 -3- 甲基咪唑并 [4,5-f] 喹啉（IQ）杂环胺对灵长类也有致癌性；然而，这些实验所用的剂量远于食品中的实际含量。

杂环胺的 N- 羟基代谢产物可直接与 DNA 形成加合物，与脱氧鸟嘌呤碱基上的第 8 位碳原子共价结合。动物实验表明，PhIp-DNA 加合物在心脏、肺、胰腺和结肠较高，肝脏非常低，其他杂环胺的 DNA 加合物以肝脏为高，其次是肠、肺和肾脏。

（四）杂环胺合成的影响因素

1. 温度与时间　研究发现，食物在 160℃ 以下温度烹调时，杂环胺不能检出或极少检出，但随着温度的升高，杂环胺含量逐渐增加。如碎牛肉在 250℃ 煎炸时杂环胺的含量为 200℃ 时的 6～7 倍。在形成杂环胺的温度条件下，食物加热时间越长，形成的杂环胺越多。

2. 烹调方式　采用烧、烤、煎、炸等烹调方式加工食品，产生的杂环胺多于炖、焖、煮等方式，此现象可能与水分对杂环胺形成的抑制作用有关。

3. 食品成分　肉和鱼等食品含有较多的肌酸、肌酐和氨基酸，因此容易形成杂环胺。植物性食品，尤其是含面筋丰富的食品也可在高温情况下产生一定量的杂环胺。

（五）食物中杂环胺的污染来源

富含蛋白质的鱼和肉类食品经高温烹调加工是产生杂环胺的主要原因。膳食杂环胺的污染水平主要受到食品的烹调方式、烹调温度和时间的影响。在烹调温度、时间和水分相同的情况下，蛋白质含量较高的食物产生杂环胺较多，而且食物蛋白质的氨基酸构成也直接影响所产生杂环胺的种类。另外，肌酸或肌酐是杂环胺中 α- 氨基 -3- 甲基咪唑基团的主要来源。糖与氨基酸、肌酸在一定条件下可产生大量杂环物质，其中一些可进一步反应生成杂环胺。如该反应生成的吡嗪和醛类可缩合为喹噁啉类杂环胺。

（六）预防措施

1. 改变不良的烹调方式和饮食习惯　杂环胺的生成与烹调加工有关，特别是过高温度烹调加工食物。因此，应注意不要使烹调温度过高，不要烧焦食物，并应避免过多食用烧烤煎炸的食物。此外，在烹炸的鱼、肉表面涂抹淀粉糊，肉类烹调前先用微波预热，可减少杂环胺生成。

2. 增加蔬菜水果的摄入量　膳食纤维有吸附杂环胺并降低其活性的作用，蔬菜水果中的酚类、黄酮类等成分有抑制杂环胺的致突变性和致癌性的作用，因此，增加蔬菜水果的摄入量对于防止杂环胺的危害有积极作用。

3. 加强监测建立和完善杂环胺的检测方法　加强食物中杂环胺含量监测，深入研究杂环胺的生成及其影响条件、体内代谢、毒性作用及其阈剂量等，尽快制定食品中的杂环胺限量标准。

七、二噁英污染

（一）二噁英的结构和理化性质

二噁英（dioxin，PCDD/Fs）是在许多含氯化合物生产和使用过程中产生的副产物，包括75种多氯代二苯并二噁英和135种多氯代二苯并呋喃共20种氯代含氧化合物，其中2，3，7，8-四氯二苯并二噁英是迄今为止所知的毒性最强的环境污染之一，其急性毒性是氰化钾的1 000倍。

二噁英具有高亲脂性，容易通过食物链蓄积在生物体内，一旦进入人体后很难被分解或排出，其在人体内的半衰期为7～11年。人体中的二噁英有90%来自膳食，因此，减少食品中的二噁英污染对人体健康至关重要。

（二）食品中二噁英的来源

1. 环境污染　在生产和使用过程中，氯酚类（2，3，4-三氯酚、1，2，4，5-四氯苯酚、五氯苯酚）、氯代苯氧乙酸、多氯联苯、氯代苯醚类农药、六氯苯等含氯化合物均伴随着二噁英的产生。另外，通入氯气漂白纸浆过程、木材加工厂、纸浆厂、制革厂等的废水废渣和污泥、煤、石油、沥青、汽车尾气中均含有二噁英；含有聚氯乙烯塑料的垃圾焚烧、含除草剂的枯草残叶等燃烧及森林火灾等均会产生二噁英；各种来源的二噁英污染环境，继而污染水源和食品。

2. 通过生物富集作用污染食品　二噁英的理化性质非常稳定，极难溶于水，易溶于大部分有机溶剂，较难被机体代谢排出，容易蓄积于动植物的脂肪组织中，可通过食物链富集而污染食品，最终危害人体健康。水体中的二噁英大多可通过水生植物、浮游植物-食草鱼-食鱼鱼类及鹅鸭等家禽这一食物链，在鱼、家禽及其产品中富集。空气中飘浮的二噁英可沉降到土壤、水源和植物上，污染水、蔬菜、粮食与饲料，动物食用饲料后也可造成二噁英的蓄积。

3. 食品在加工与包装过程中的污染　食品的一些加工方式会造成食品的二噁英污染，如在烧烤过程中，二噁英可能通过烟尘或直接接触污染食品，在一些冷烟熏制过程中也会产生二噁英。另外，食品的一些包装材料也含有二噁英，可迁移进入食品，造成污染。

（三）二噁英的毒性

1. 急性毒性　二噁英具有很强的急性毒性。如2，3，7，8-TCDD对豚鼠经口的LD_{50}为0.6μg/（kg·bw）。同时研究发现，低于致死剂量的2，3，7，8-TCDD可引起实验动物进食量减少、体重减轻、肌肉和脂肪组织总量减少的"消瘦综合征"。一次较大剂量摄入二噁英可引起人体急性中毒，其主要表现为头疼、头晕、呕吐、肝功能受损等症状，严重时可致残或引起死亡。

2. 皮肤毒性　二噁英引起的皮肤性疾病主要为氯痤疮，是二噁英中毒的一个典型症状，主要症状表现为病人的皮肤出现黑头或淡黄色囊肿，严重同时还伴有全身疼痛，症状可持续数年。资料显示，人在职业接触或因意外事故接触二噁英后，多数会出现氯痤疮的症状。

3. 肝脏毒性　二噁英对动物有不同程度的肝脏毒性，其主要表现为肝脏肿大、肝实质细胞增生等。资料显示，二噁英对不同动物的肝脏毒性作用差异较大，如二噁英对大鼠和小鼠的肝脏毒性作用较强，而对豚鼠的肝脏毒性较弱。

4. 免疫毒性　二噁英对细胞免疫和体液免疫均有较强的抑制作用，二噁英在非致死剂量时可导致实验动物胸腺的严重萎缩,并可抑制免疫抗体的生成。

5. 生殖毒性　二噁英是一种环境内分泌干扰物,可以通过干扰机体的性激素分泌而表现出生殖毒性。资料显示,二噁英能引起雌性动物卵巢功能障碍,抑制雌激素的作用,是雌性动物出现不孕、胎仔减少、流产等。近年来的研究表明,二噁英具有明显的抗雄激素作用,可致雄性动物睾丸形态改变,精子数量减少,血清睾酮水平降低。流行病学研究显示,在 2,3,7,8-TCDD 生产环境中的男性工人的血清睾酮水平降低,促卵泡激素和黄体激素水平增加,且其血清睾酮水平与 2,3,7,8-TCDD 水平呈负相关。

6. 致畸性　资料显示,单次剂量的二噁英就可以导致实验动物的胚胎发育异常。低剂量的二噁英能导致实验胎鼠产生腭裂和肾盂积水。

7. 致癌性　国际癌症研究机构(IARC)将二噁英列为对人可致癌的Ⅰ类致癌物。研究显示,二噁英对多种动物有极强的致癌性,其对小鼠的最低致肝癌剂量仅 10pg/(kg·bw)。流行病学研究显示,接触 2,3,7,8-TCDD 及其同系物增加癌症的患病风险。

(四)预防措施

1. 控制二噁英对环境的污染　控制环境二噁英的污染是预防二噁英类化合物污染食品对人体造成危害的根本措施。如减少氯酚类、氯代苯醚类含氯的农药和其他类似化合物的使用;实行垃圾分类,严格控制垃圾不完全燃烧。同时,开发适宜的废弃物焚烧技术、土壤污染净化技术和二噁英无害化分解技术等。

2. 加强二噁英的监测和监管工作　由于二噁英的异构体多达 200 余种,而且在环境和食品中的含量极微,使其定量分析十分困难。目前公认的监测方法只有高分辨气质联用仪,所需设备昂贵,检测周期长,检测成本高,目前仅少数发达国家和国内极个别实验室能够开展对 PCDD/Fs 的检测工作。国家应该尽快建立实用和成本较低的二噁英检测方法,制定限量标准,并对空气、土壤、水体、食品中的二噁英含量进行定期检测,并加强监管工作,防止含二噁英的废水、废渣和废气的非法排放。

3. 其他措施　应深入研究的生成条件极其影响因素、体内代谢、毒性作用及其机制、阈剂量水平等,在此基础上提取切实可行的预防二噁英类化合物危害的综合措施。

八、丙烯酰胺

丙烯酰胺(acrylamide,AA)是一种有机化合物,也是在食品加工过程中产生的化学性污染物。丙烯酰胺及其与丙烯腈、丙烯酸乙酯等的共聚物可作为食品包装材料用添加剂,用于塑料、黏合剂、涂料和纸中。作为絮凝剂和增稠剂,丙烯酰胺的均聚物聚丙烯酰胺可用于水的净化处理、凝胶电泳,也可用作土壤改良剂、化学灌浆物质。油炸和焙烤加工的淀粉类食品是膳食丙烯酰胺的主要来源。

(一)结构与理化特性

丙烯酰胺是一种不饱和酰胺,化学结构见图 4-8。丙烯酰胺的分子式为 C_3H_5NO,分子量 71.08,在常温下为白色无味的片状结晶,易溶于水、乙醇、乙醚及三氯甲烷,在室温和弱酸性条件下稳定,受热分解为 CO、CO_2、NOx。丙烯酰胺在食物中也较稳定。

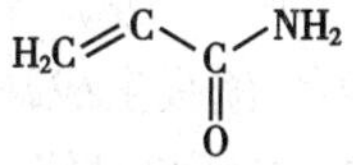

$$H_2C = C - C - NH_2$$
$$\underset{\displaystyle O}{\|}$$

图 4-8　丙烯酰胺的化学结构

(二)在体内的代谢

进入人体内的丙烯酰胺约 90% 在谷胱甘肽 S-转移酶的作用下,与还原型谷胱甘肽结合形成复合物,继而降解为巯基尿酸代谢物 N- 乙酰 -S-(2- 氨基甲酰乙基)半胱氨酸,10% 左右在肝线粒体细胞色素 P450 的作用下转化为环氧丙酰胺(glycidamide,GA),仅少量以原型经尿排出。人体内的丙烯酰胺主要存在于血液中,其他依次为肾脏、肝脏、脑、脊髓和淋巴液,还可通过胎盘和乳汁进入胎儿及婴儿体内。丙烯酰胺和环氧丙酰胺还可与血红蛋白形成加合物。在给予丙烯酰胺的动物体内和摄入含丙烯酰胺食品的人体内均可检出该加合物。该加合物可作为人群丙烯酰胺暴露的生物标志物。体内的丙烯酰胺主要与谷胱甘肽结合,并与转化产物 N- 甲基丙烯酰胺和 N- 异丙基丙烯酰胺一起从尿中排出。

(三)毒性

环氧丙酰胺是丙烯酰胺的主要代谢产物,也是丙烯酰胺引起毒作用的主要形式,其生成量与体内丙烯酰胺的量呈负相关。

1. 一般毒性　以大鼠、小鼠、豚鼠和兔的经口 LD_{50} 为 150～180mg/(kg•bw)判断,丙烯酰胺具中等毒性。经口给予小鼠丙烯酰胺,可使其抗氧化能力及网状内皮系统的吞噬功能降低。职业接触丙烯酰胺可引起昏睡、恶心、呕吐,继之出现头晕、心慌、食欲减退、四肢麻木、走路不稳、失眠多梦和复视。

2. 神经毒性　动物实验表明,丙烯酰胺可引起周围神经退行性改变,脑中涉及学习、记忆和其他认知功能的部位也出现退行性变。职业接触丙烯酰胺主要表现为神经系统受损的症状和体征,末梢神经病的病情与血红蛋白加合物水平呈正相关关系。

3. 生殖毒性　丙烯酰胺可使大鼠和小鼠精子数量减少、活力下降、形态改变,精细胞和精母细胞退化,生育能力下降。

4. 遗传毒性　体内外实验均显示,丙烯酰胺可引起哺乳动物体细胞、生殖细胞的基因突变和染色体异常,如微核形成、姐妹染色单体交换、多倍体、非整倍体和其他有丝分裂异常等,显性致死试验也呈阳性,并证明环氧丙酰胺是主要的致突变物质。体外实验证明,丙烯酰胺既是断裂剂,又具有非整倍体毒性。

5. 致癌性　丙烯酰胺可使大鼠的乳腺、甲状腺、肾上腺、睾丸、脑、口腔、子宫、脑垂体等多种组织和器官发生肿瘤,诱发小鼠发生肺腺瘤和皮肤肿瘤。有限的流行病学资料表明,职业接触丙烯酰胺、聚丙烯酰胺的人群脑癌、胰腺癌、肺癌的发生率增高。国际癌症研究机构(IARC)将丙烯酰胺列为 2A 类致癌物(即可能的人类致癌物)。

(四)食物中丙烯酰胺的来源与影响因素

油炸或烘焙的富含淀粉的食品(如面包、油条和薯条等)是膳食丙烯酰胺的主要来源,但炸鸡、爆玉米花、咖啡及饼干中丙烯酰胺含量也较高。食品的种类以及加工的方式、温度和时间均影响食品中丙烯酰胺的形成。

1. 加工原料成分　天冬酰胺和还原糖含量高的食品原料在高温加热过程中更易产生丙烯酰胺。例如,马铃薯中天冬酰胺浓度较高,当利用天冬酰胺减少马铃薯中天冬酰胺含量后,油炸的马铃薯中丙烯酰胺含量减少。

2. 加工方式　食品经过煎、炸、焙、烤等高温处理后容易产生丙烯酰胺,而蒸、煮等方式其丙烯酰胺生成减少。

3. 温度和时间　丙烯酰胺生成量与食品加工处理的温度和持续的时间有关,加工过程中提高加工温度会增加丙烯酰胺的生产,延长热处理的时间也会增加丙烯酰胺的生产。

4. 水分含量　通常情况下,水分的减少会增加加工食品的丙烯酰胺的生成。

（五）预防措施

1. 使用正确的食品加工烹调方法　在煎、炸、烘、烤食品时，尽量避免温度过高、时间过长，提倡采用蒸、煮、煨等烹饪方法。

2. 改进加工工艺　如加入柠檬酸、苹果酸、琥珀酸和维生素 C 可抑制丙烯酰胺的产生；加入半胱氨酸、同型半胱氨酸、谷胱甘肽等含巯基化合物可促进丙烯酰胺的降解；用酵母发酵均可降低丙烯酰胺的含量。因此，探索有效降低加工食品中丙烯酰胺含量的方法和途径是很有意义的。

3. 制定标准并加强监测　WHO 规定，成年人摄入的丙烯酰胺不应超过 1μg/d。应加强膳食中丙烯酰胺的监测，将其列入食品安全风险监测计划，对人群丙烯酰胺的暴露水平进行评估，为建立食品中丙烯酰胺限量值提供依据。

九、氯丙醇

氯丙醇（chloropropanols）是丙三醇（甘油）上的羟基被 1～2 个氯取代而形成的一系列同系物的总称，包括单氯取代的 3- 氯 -1，2- 丙二醇（3-monochloro-1，2-propanediol，3-MCPD）、2- 氯 -1，3- 丙二醇（2-monochloro-1，3-propanediol，2-MCPD）和双氯取代的 1，3- 二氯 -2- 丙醇（1，3-dichloro-2-propanol，1，3-DCP）、2，3- 二氯 -1- 丙醇（2，3-dichloro-1-propanol，2，3-DCP）。氯丙醇酯是 3-MCPD、2-MCPD、1，3-DCP 和 2，3-DCP 与脂肪酸的酯化产物。由于氯丙醇和脂肪酸种类的不同，氯丙醇酯呈现丰富的结构多样性。食物中的氯丙醇多以酯的形式存在。氯丙醇酯在热、酸、微生物、胰脂酶的作用下，水解成游离态的氯丙醇。食物中的氯丙醇最初在酸水解植物蛋白中被发现，毒性大、含量高的是 3-MCPD。之后在动植物油脂中也检测出可转化为 3-MCPD 的 3- 氯 -1，2- 丙二醇酯（3-MCPD esters），包括氯丙醇脂肪酸单甘油酯和脂肪酸二甘油酯。

（一）结构与理化特性

氯丙醇的相对密度大于水，沸点高于 100℃。主要同系物 3-MCPD 的分子式为 $C_3H_7ClO_2$，分子量为 110.54，化学结构见图 4-9，在常温下为无色液体，放置后逐渐变成微带绿色的黄色液体，有愉快的气味，溶于水、乙醇、乙醚和丙酮，微溶于甲苯，不溶于苯、石油醚和四氯化碳；1，3-DCP 的分子式为 $C_3H_6Cl_2O$，分子量 128.98，为无色液体，溶于水、乙醇、乙醚等多种有机溶剂，有醚样的气味。食物中的 3-MCPD 酯可在高温下，或在脂肪酶的水解作用下分解为 3-MCPD。

（二）在体内的代谢

3-MCPD 经消化道吸收后，广泛分布于各组织和器官中，并可通过血 - 睾屏障和血 - 脑屏障。3-MCPD 可与谷胱甘肽结合形成硫醚氨酸而部分解毒，但主要被氧化为 β- 氯乳酸，并进一步分解成 CO_2 和草酸，且可形成具有致突变和致癌作用的环氧化合物。尿 β- 氯乳酸可作为 3-MCPD 暴露的生物标志物。

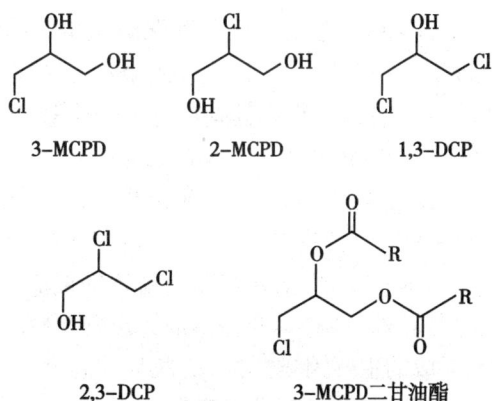

图 4-9　氯丙醇及其酯的化学结构

（三）毒性

虽然 3-MCPD 酯本身也有一定的毒性，但 3-MCPD 酯在体内主要代谢为毒性较大的 3-MCPD，所以应根据 3-MCPD 的毒理学资料对 3-MCPD 酯进行风险评估。

1．一般毒性　大鼠经口 LD_{50} 3-MCPD 为 150mg/（kg·bw），1，3-DCP 为 120～140mg/（kg·bw），2，3-DCP 为 218mg/（kg·bw）。黑腹果蝇幼虫的毒理学实验表明，1，3-DCP 与 3-MCPD 的毒性相同，2-MCPD 比前两者低 20 倍。用 3-MCPD 给 Wistar 大鼠染毒后，血清超氧化物歧化酶（SOD）、全血谷胱甘肽过氧化物酶（GSH-PX）的活性降低，血清丙二醛（MDA）的含量增加，提示其可损伤氧化系统。

大鼠和小鼠的亚急性和慢性实验表明，3-MCPD 的主要靶器官是肾脏，主要表现为肾脏的重量显著增加和肾小管增生；1，3-DCP 的主要靶器官是肝脏，表现为肝脏重量增加、组织病理改变及酶活性增加等，同时也对肾脏造成损伤。大鼠实验证实，与 1，3-DCP 相比，2，3-DCP 对肝细胞的毒性较弱，但对肾脏的毒性较强。在职业暴露的人群中曾观察到 1，3-DCP 和 2，3-DCP 的肝脏毒性作用。

2．生殖毒性　许多动物实验发现，3-MCPD 可使精子数量减少、活性降低，且抑制雄性激素的生成，降低生殖能力。1，3-DCP 和 2，3-DCP 也可使睾丸和附睾的重量减轻，导致精子数量减少。

3．神经毒性　小鼠和大鼠对 3-MCPD 神经毒作用的敏感性相同，主要表现为脑干对称性损伤。最早的神经毒性表现局限在神经胶质细胞，主要是星状细胞水肿、细胞器被破坏，并呈现明显的剂量-效应关系。

4．遗传毒性　大鼠骨髓微核试验及肝脏程序外 DNA 合成（unscheduled DNA synthesis，UDS）试验、彗星试验均未显示 3-MCPD 有遗传毒性。而一系列的细菌和哺乳动物体外细胞培养试验均证实，1，3-DCP 可损伤 DNA，有明显的致突变作用和遗传毒性。

5．致癌性　研究认为，3-MCPD 属于非遗传毒性致癌物，与一些器官良性肿瘤的发生率增高有关，但引起剂量远高于导致肾小管增生的剂量。一项持续 2 年的大鼠实验证实，1，3-DCP 在 19mg/（kg·bw）的高剂量时才有明显的致癌作用，靶组织为肝脏、肾脏、口腔上皮、舌及甲状腺。

（四）食物的污染来源

氯丙醇主要存在于盐酸水解法生产的酸水解植物蛋白调味液（一种食品增鲜用的调味品）中。在生产过程中，原料中的脂肪被水解为甘油，后者与盐酸的氯离子发生亲核取代反应，生成一系列氯丙醇副产物。由于盐酸在亲核取代反应中只能提供单个氯离子，所以与甘油反应时优先生成 3-MCPD 和 2-MCPD，但主要为 3-MCPD，两者的比值为 10：1。它们进一步与盐酸的氯离子发生亲核取代反应，生成 1，3-DCP 和 2，3-DCP。在氯丙醇类污染物中，3-MCPD 约占 70%。

3-MCPD 酯主要存在于精炼的油脂中，浓度由低到高分别为菜籽油、大豆油、葵花籽油、红花油、核桃油和棕榈油。影响 3-MCPD 酯形成的因素很多，其中脱臭是影响 3-MCPD 酯形成的主要因素，尤其是脱臭的温度（表 4-7），其他工艺如水解、脱胶、脱色等影响很小。对大豆油精炼过程的研究发现，氯化钠的添加量与 3-MCPD 酯的生成量呈正比，当水分含量为 20% 时，3-MCPD 酯的含量最高。含脂肪的食品中如果含有盐或其他氯化物，在高温条件下也会形成 3-MCPD 酯。

表 4-7 脱臭条件对菜籽油中 3-MCPD 酯生成的影响

脱臭温度 /℃	脱臭时间 /min	3-MCPD 酯的含量 /(mg/kg)
180	20	<0.4
210	20	0.58±0.11
240	20	1.07±0.02
270	20	1.94±0.03
240	40	1.03±0.01
240	60	1.43±0.13

引自: Franke K, Strijowski U, Fleck G, et al. Influence of chemical refining process and oil type on bound 3-chloro-1, 2-propanediol contents in palm oil and rapeseed oil. LWT - Food Sci Technol, 2009, 42(10): 1753.

(五)预防措施

1. 改进生产工艺 在生产酸水解植物蛋白调味液时,原料中的脂肪多,盐酸的用量大,回流的温度高,反应时间长,产生的氯丙醇多。针对上述因素适当调整生产工艺可使氯丙醇的含量大大降低,如采用蒸汽蒸馏法、酶解法、碱中和法及真空浓缩法等均可降低产品中氯丙醇的含量。蛋白质含量高、脂肪含量低的豆粕是生产酸水解植物蛋白调味液的理想原料。通过对脱臭条件进行优化可能会降低动植物油脂中 3-MCPD 酯的含量。

2. 按照标准组织生产 作为原料酸水解植物蛋白调味液应同时符合行业标准《配制酱油》(SB/T 10336—2012)和《酸水解植物蛋白调味液》(SB 10338—2000)中的规定,符合 3-MCPD 限量(1mg/kg)的要求。企业应严格按照良好生产规范和产品标准组织生产,严禁使用动物蛋白氨基酸、味精废液、胱氨酸废液、用非食品原料生产的氨基酸液生产配制酱油,以保证产品的质量和安全。

3. 依法监测 《食品安全国家标准 食品中污染物限量》(GB 2762—2017)中的规定:添加酸水解植物蛋白的液态调味品中 3-MCPD 的限量值为 0.4mg/kg。应依据 GB 2762 和 SB 10338—2000 加强对酸水解植物蛋白调味液和添加酸水解植物蛋白的产品进行监测。对于 3-MCPD 酯,更需要开展污染水平和暴露水平的研究,为毒理学研究和风险评估提供基础资料。

十、食品接触材料及制品

食品接触材料及制品是指在正常使用条件下,各种已经或预期可能与食品接触或其成分可能转移到食物中的材料和制品,包括食品生产、加工、包装、运输、贮存和使用过程中用于食品的包装材料、容器、工具和设备,以及可能直接或间接接触食品的油墨、黏合剂及润滑剂。在与食品接触时,某些材料的有毒成分有可能迁移到食品和食品添加剂中;同时,有些食品如饮料具有较强的化学活性,可能会与其接触的材料发生反应,造成食品的化学性污染,给人体带来危害。

(一)塑料及其卫生问题

塑料(plastics)是指以合成树脂为主要原料,加入适量的添加剂,可在一定的条件下塑制成一定的形状,并在常温下能保持既定形状的合成高分子化合物,可用作食品容器、包装材料。

1. 塑料的卫生问题

（1）含有低分子化合物，包括未参与聚合的游离单体、聚合不充分的低聚合度化合物、低分子降解产物，易向食品中迁移，可能对人体有一定的毒性作用。

（2）含有的添加剂在一定的使用条件下向食品中迁移。

（3）印刷油墨和胶黏剂中存在有毒化学物质。如油墨中含有铅、镉、汞、铬等有毒金属，黏合剂中含有甲苯二胺（tolylene diamine）等。这些有毒化学物质可向食品中迁移。

（4）使用不符合《食品安全国家标准　食品接触材料及制品用添加剂使用标准》（GB 9685—2016）的物质。如为了降低成本，在塑料的生产过程中大量添加工业级碳酸钙、滑石粉、重金属、回收废塑料等作为填充料，致使溶出蒸发残渣严重超标；用标准规定的品种以外的苯、甲苯、二甲苯等有机溶剂稀释油墨。

（5）塑料强度和阻隔性差，且带静电，容易吸附微生物和微尘杂质，污染食品；长期积压库存的一次性塑料制品中微生物超标等。

（6）含氯塑料在加热和作为垃圾焚烧时会产生二噁英。

（7）塑料的强度和阻隔性差，且带静电，易吸附微生物和微尘杂质，对食品造成污染；未经严格消毒和长期积压的一次性食品容器、包装材料产品微生物学指标易超标。

2. 常用塑料及其卫生问题

（1）聚乙烯和聚丙烯：均为饱和聚烯烃，与其他元素的相容性很差，能加入的添加剂种类很少，难以印上彩色图案。毒性也较低，属于低毒级物质。

高压法低密度聚乙烯质地较软，适宜制成薄膜或食具，其特点是具透气性、不耐高温、耐油性也较差。低压聚乙烯坚硬，耐高温，可以煮沸消毒。聚丙烯透明度好，耐热，具有防潮性（透气性差），常用于制成薄膜、编织袋和食品周转箱等。两种单体沸点均较低，易于挥发，一般无残留。

（2）聚苯乙烯：聚苯乙烯也属于聚烯烃，由于在每个乙烯单元中有一苯核，因而比重较大，C∶H 比例为 1∶1，燃烧时冒烟。常用的品种有透明聚苯乙烯和泡沫聚苯乙烯两类（后者在加工中加入泡沫剂制成，曾用作快餐饭盒）。

聚苯乙烯为饱和烃，因而相容性差，可使用的添加剂种类很少。聚苯乙烯的主要卫生问题是单体苯乙烯及甲、乙苯和异丙苯在达到一定剂量时，则具有毒性，如苯乙烯达 400mg/（kg·bw·d）可致动物肝和肾重量减轻，抑制繁殖能力。

用聚苯乙烯容器储存牛奶、肉汁、糖液及酱油等可产生异味；贮放发酵乳饮料后，可有少量苯乙烯移入饮料，其移入量与贮存温度和时间呈正相关。

（3）聚氯乙烯：本身无毒，但氯乙烯单体及降解产物具有毒性作用。氯乙烯可与 DNA 结合，引起肝血管肉瘤，主要表现在神经系统、骨骼和肝脏。

聚氯乙烯的生产方法有乙炔法和乙烯法两种。由于工艺的不同，聚氯乙烯中所含的卤代烃也不同。乙炔法生产的聚氯乙烯含 1,1- 二氯乙烷，乙烯法生产的聚氯乙烯含 1,2- 二氯乙烷。1,2- 二氯乙烷的毒性比 1,1- 二氯乙烷高 10 倍。

聚氯乙烯成品中要使用大量的增塑剂，有些增塑剂的毒性较大。除增塑剂以外，生产聚氯乙烯成型品时还要添加稳定剂和紫外线吸收剂等助剂，这些助剂也会向食品中迁移。

（4）聚碳酸酯：本身无毒，具有无味、耐油的特点，主要用于制造食品的模具等。但在聚碳酸酯生产中，双酚 A 与碳酸二苯酯进行酯交换时会产生中间体苯酚。苯酚对皮肤黏膜有腐蚀性，对中枢神经有抑制作用，对肝脏、肾脏的功能均有损害作用。双酚 A 又可导致婴幼儿等敏感人群内分泌紊乱，诱发儿童性早熟。我国禁止生产和销售聚碳酸酯和其他含双酚 A 的婴幼儿奶瓶。聚碳酸酯在高浓度的乙醇溶液中浸泡后，重量和抗张强度都明显下降，故不能接触高浓度乙醇溶液。

（5）三聚氰胺甲醛塑料：是三聚氰胺与甲醛的聚合物，又称蜜胺。这种塑料可耐 120℃ 高温，且耐油、耐醇、耐污染，色泽也美观，可制成各种色彩的、仿瓷的食具和餐具。但应注意游离甲醛问题。甲醛是细胞原浆毒，经口摄入甲醛，可引起动物肝脏灶性肝细胞坏死和淋巴细胞浸润。三聚氰胺甲醛塑料制成的食具中甲醛的含量与食具成型时的压制时间有关，压制时间短，游离甲醛的量多。

（6）聚对苯二甲酸乙二醇酯：简称聚酯，耐热性、耐油性、透明性、气体密闭性好，可制成直接和间接接触食品的容器和薄膜，特别适合于制作复合薄膜、含或不含 CO_2 的饮料瓶、油瓶及其他调味品瓶。聚酯本身无毒，主要卫生问题是因在聚合的过程中使用催化剂，残渣中含有锑、锗、钴、锰等，如使用三氧化二锑或醋酸锑作催化剂，可能有锑的残留。如果在加工的过程中树脂干燥不充分，聚酯主链上的酯键会因水解而被切断，使乙二醇脱离转移，并进一步形成乙醛而游离，残存在容器的瓶壁上，对碳酸饮料、矿泉水的口味产生影响。

（7）不饱和聚酯树脂及其玻璃钢：具有成型方便、耐寒、质轻、抗冲击等特性，主要用于制作盛装肉类、水产品、蔬菜、饮料及酒类等食品的贮槽，盛装饮用水的水箱，酒和调味品的发酵罐，冷库和水箱的库板等。

不饱和聚酯树脂及其玻璃钢本身无毒，但聚合、固化时使用的引发剂和催化剂会残留在制品中。引发剂和催化剂的品种较多，有些毒性较大。另外，苯乙烯既是溶剂，又是固化的交联剂，可残留在制品中。

（8）聚酰胺：俗称尼龙（nylon），是含重复酰胺基团的聚合物的总称，多为二元酸和二元胺的酰胺型共聚物，常以单体所含的碳原子数命名，如尼龙 6 是由碳原子数为 6 的己内酰胺聚合而成的均聚物，又名聚己内酰胺。尼龙具有耐磨、耐热、耐寒、强韧等特性，但耐酸性较差。因此，主要用于制作薄膜（作为复合食品包装袋的原料）、过滤网和食品加工机械等。尼龙本身无毒，但尼龙 6 中未聚合的己内酰胺单体可引起神经衰弱。

（二）橡胶及其卫生问题

橡胶（rubber）是一种具有高弹性的高分子化合物，分为天然橡胶和合成橡胶，可用于制作奶嘴、瓶盖、高压锅垫圈以及输送食品原料、辅料和水的管道等。天然橡胶是从橡胶树、橡胶草等植物中提取胶质后加工制成，是以异戊二烯为主要成分的天然高分子化合物；合成橡胶则是由各种单体聚合而成的合成高分子化合物。

1. 天然橡胶　本身既不分解，也不被人体吸收，且无单体，其毒性来源于橡胶基料中的杂质和加工过程中使用的添加剂。天然橡胶基料有褐皱片、烟胶片等。褐皱片的杂质较多，质量较差，而烟胶片经过烟熏，可能含有多环芳烃，故不可用它们生产食品用橡胶制品。天然橡胶的弹性虽好但易老化，加工中使用的添加剂易带来安全风险。

2. 合成橡胶　主要有硅橡胶、丁橡胶、乙丙橡胶、丁苯橡胶、丁腈橡胶和氯丁橡胶等。合成橡胶毒性来源于单体和添加剂。硅橡胶的化学成分为聚二甲基硅烷，化学性质稳定，毒性较小，可用于食品工业。丁橡胶由异戊二烯和异丁二烯聚合而成；乙丙橡胶由乙烯和丙烯聚合而成，被广泛用来制作食品用橡胶制品，但异戊二烯、异丁二烯、乙烯、丙烯均有麻醉作用。丁苯橡胶由丁二烯和苯乙烯共聚而成，苯乙烯单体有毒，但聚合物本身无毒，也可制作食品用橡胶制品。丁腈橡胶由丁二烯和丙烯腈共聚而成，丙烯腈单体有毒。氯丁橡胶不得用于制作食品用橡胶制品，因其是由二氯-1,3-丁二烯聚合而成的，局部接触二氯-1,3-丁二烯单体有致癌作用，不得用于制作食品用橡胶制品。

3. 添加剂　橡胶在加工成型时需加入大量的添加剂。硫化促进剂乌洛托品（促进剂 H）在加温时可分解出甲醛，而乙撑硫脲有致癌性，二苯胍则对肝脏和肾脏有毒性。芳香胺类防老剂 N-苯基 β-萘胺（防老剂 D）中含有 β-萘胺，可引起膀胱癌，N, N-二苯基对苯二胺在体内经代谢也可转化为 β-萘胺。橡胶制品常用的填充剂炭黑含有较多的 B(a)P。

另外，我国规定在食品用橡胶制品中禁止使用下列材料和加工助剂：再生胶、氧化铅、α-巯基咪唑啉、α-硫醇基苯并噻唑（促进剂 M）、二硫化二苯并噻唑（促进剂 DM）、乙苯基-β-萘胺（防老剂 J）、对苯二胺类、苯乙烯代苯酚、防老剂 124。

（三）涂料及其卫生问题

根据使用对象及成膜条件的不同，涂料（coating）分为非高温成膜涂料和高温成膜涂料两大类，前者主要用于饮料、酒类、酱油等液体调味品的储藏池、槽、罐的内壁，后者主要喷涂于盛装罐头食品的金属罐内壁以及锅、勺、铲等食品用工具和某些食品加工设备的表面。

1. 非高温成膜涂料　常用的有环氧聚酰胺树脂涂料、过氯乙烯涂料、漆酚涂料等。这类涂料涂覆或喷涂成膜后，必须待溶剂完全挥发，再用清水冲洗干净后方可使用。

环氧树脂由双酚 A 与环氧氯丙烷聚合而成，聚酰胺是环氧树脂的固化剂。因而聚酰胺环氧树脂涂料的卫生问题主要涉及环氧树脂的质量（是否含有未完全聚合的单体）、与固化剂聚酰胺的配比以及固化度、未固化物质（包括助剂）向食品的迁移。过氯乙烯涂料以过氯乙烯树脂为主要基料，辅以溶剂、增塑剂等添加剂而成膜。过氯乙烯树脂中含有氯乙烯单体，成膜后仍可能有氯乙烯的残留。漆酚涂料以我国特有的天然漆（生漆）为成膜物质，其中的游离酚、甲醛等可向食品迁移。

2. 高温固化成膜涂料　常用的有环氧酚醛涂料、水基改性环氧树脂涂料、有机硅防粘涂料、有机氟防粘涂料，喷涂后需经高温烧结，固化成膜。

环氧酚醛涂料由环氧树脂和酚醛树脂聚合而成，成膜后涂膜中仍可能含有游离酚和甲醛等未聚合的单体和低分子聚合物。水基改性环氧涂料中含有环氧酚醛树脂，也可能含有游离酚和甲醛。有机硅防粘涂料以聚硅氧烷为成膜物质，是较安全的食品容器内壁防粘涂料。有机氟防粘涂料包括聚氟乙烯、聚四氟乙烯、聚六氟丙烯涂料等，以聚四氟乙烯涂料最为常用。虽然聚四氟乙烯是一种较安全的食品容器内壁涂料，但由于对被涂覆的坯料清洁程度要求较高，坯料在喷涂前常用铬酸盐处理，从而使涂料中有铬盐的残留。聚四氟乙烯在 280℃时会发生裂解，产生有毒氟化物如氟化氢、甲氟乙烯、六氟丙烯、八氟异丁烯等，故使用时温度不得超过 250℃。

（四）食品接触用陶瓷和金属及制品

1. 陶瓷及制品的主要卫生问题　陶瓷和搪瓷以黏土为主要原料，加入长石、石英等，经配料、粉碎、炼泥、成型、干燥、上釉、彩饰，再经高温烧结而成。搪瓷（enamel）是一种将无机玻璃质原料溶制后制成的釉浆涂附在金属基体上，经高温烧结而成的容器。陶瓷和搪瓷主要的卫生问题由釉彩引起。釉彩由彩色颜料和助溶剂制成。彩色颜料多为金属氧化物，助溶剂为含铅化合物，故有毒的金属会溶出并污染食品。陶瓷和搪瓷长时间接触醋、果汁等酸性食品和酒时，有毒金属易大量溶出。陶瓷器安全标准是以 4% 乙酸浸泡后铅、镉的溶出量为标准，标准规定镉的溶出量应小于 0.5mg/L。搪瓷器安全标准是以铅、镉、锑的溶出量为控制要求。

2. 金属制品主要的卫生问题

（1）不锈钢：不锈钢（stainless steel）具有较好的耐腐蚀性，被广泛用于制作食具容器、食品生产经营用工具、设备等食品相关产品。主要卫生问题是重金属向食品迁移。鉴于不锈钢制品在使用中迁移的重金属超过限量时，有可能危害人体健康。应符合食品安全国家标准《不锈钢制品》（GB 9684—2011）和《不锈钢冷轧钢板和钢带》（GB/T 3280—2015）有关规定，食具容器及食品生产经营工具、设备的主体材料为不锈钢的应选用奥氏体型不锈钢、奥氏体 - 铁素体型不锈钢、铁素体型不锈钢等制造，餐具和食品生产机械设备的钻磨工具等的主体材料也可采用马氏体型不锈钢，因马氏体型不锈钢通过淬火具有较高的强度、硬度和耐磨性（但耐蚀性稍差）；产品或最小销售包装上应标识不锈钢类型。

（2）铝制品：用于制造食品容器和包装材料的铝材有精铝和回收铝之分。精铝纯度高，适用于制作食具和食品容器。回收铝来源复杂，杂质含量高，不可用来制造食具和食品容器，只能用来制造菜铲、瓢、勺等炊具，且要注意回收铝的来源。铝及铝合金制品中的铝元素在酸性、碱性、中性以及盐的条件下，均易出现迁移；长期使用铝制品盛放盐以及碱性、酸性食物易使容器表面的氧化铝保护膜遭到腐蚀和破坏，从而使部分铝进入食物和水中，增加铝的摄入量，增加老年痴呆发生的风险。因此，铝制品中重金属溶出量应符合食品安全国家标准的要求。

（3）镀锡薄铁罐：又称马口铁罐，主要的卫生问题是锡、铅的溶出。

3. 玻璃制品　玻璃以硅酸盐、碱性物质如碳酸钠、碳酸钙、硼砂等为主要原料，配以着色剂等辅料，经高温熔融而成。主要的卫生问题是铅和砷的溶出。有色玻璃的着色剂主要是金属氧化物，如红丹粉（四氧化三铅）、三氧化二砷，尤其是中高档玻璃器皿，如高脚酒杯，加铅量可达 30% 以上，铅、砷等有毒金属会向食品迁移。

4. 纸制品　纸制品的主要卫生问题有：①纸浆原料中农药的残留；②造纸加工助剂的毒性，如荧光增白剂、石蜡中含有的多环芳烃均有致癌作用；纸浆加工、储存过程中为防止微生物作用而添加的杀菌剂和防霉剂，印刷用油墨及颜料中含有的铅、镉、甲苯及多氯联苯等，均有一定的毒性；③回收纸的油墨及颜料中含有铅、镉、多氯联苯等；④用废旧报纸、纸张直接包装食品，会造成微生物污染。

（五）安全监督管理

我国已经形成了食品接触材料及制品的安全监督管理相关的基本标准和法律体系和监督管理体系，涉及原辅材料和添加剂、配方、生产工艺、新品种审批、抽样及检验、运输、储存、销售以及监督管理等各个环节。由于食品接触材料所使用的化学物质及其残留物数量较大，且迁移到食品中的数量极其微量，因此，对食品接触材料及制品安全监督管理主要以风险评估为基础，重点是加强对企业生产过程的安全控制。食品接触材料及制品的安全监督管理应注意以下方面：

1. 生产所用的添加剂及原辅材料的管理　必须是食品安全国家标准或者国家卫生行政部门的公告允许使用的品种。添加剂应符合《食品安全国家标准 食品接触材料及制品用添加剂使用标准》(GB 9685—2016)和《食品安全国家标准　食品添加剂使用标准》(GB 2760—2014)的要求,并严格按照使用范围、最大使用量、特定迁移量或最大残留量和相关限制性要求使用。在生产过程中应严格执行《食品包装容器及材料生产企业通用良好操作规范》(GB/T 23887—2009)及《食品安全国家标准　食品接触材料及制品通用安全要求》(GB 4806.1—2016)。如需更改配方中原料的品种,应经批准方可生产。对已批准的生产食品接触材料及制品所用的原辅料和添加剂的安全性有质疑的,或有证据表明其安全性可能存在问题时,卫生行政部门应当及时组织专家进行重新评估。

2. 新品种的审批　生产食品接触材料新品种、根据《食品相关产品新品种申报与受理规定》,用于生产食品接触材料的新原料或新添加剂;扩大使用范围或使用量的食品接触材料及其添加剂;首次进口食品接触材料新品种,均应当按照《食品相关产品新品种申报与受理规定》向国家卫生行政部门报批。

3. 生产许可管理　按照国家有关工业产品生产许可证管理的规定,质量监督部门对食品接触材料及制品实施生产许可,并对其生产行为实施监督管理。食品生产经营者在采购食品接触材料及制品时应当查验供货者的许可证和产品合格证明,不得采购或者使用不符合食品安全标准的产品,并建立进货查验记录制度,如实记录所购产品的名称、规格、数量、供货者名称及联系方式、进货日期等内容。

4. 进出口食品接触材料的监督管理　依据国家出入境检验检疫部门对进出口食品安全实施监督管理的规定,出入境检验检疫部门对进出口食品接触材料实施监督管理。

第四节　食品的物理性危害

物理性污染物(physical contaminant)来源复杂,种类繁多。根据污染物的性质将物理性污染物分为两类,放射性污染物和杂物。食品的物理性污染同食品的生物性污染和化学性污染一样,已成为威胁人类健康的重要食品安全问题之一。

一、食品的放射性污染及其预防

(一)放射性污染概述

食品中的放射性污染物分为天然放射性污染物和人工放射性污染物,一般情况下,食品中的天然放射性污染物占主要地位。因为全球地壳中放射性核素的分布不均匀,一些高自然放射性地区的食品天然放射性物质含量会被检测到。当核事故如1986年4月苏联切尔诺贝利核电站事故和2011年3月日本福岛核电站事故发生时,在事故的发生地及其周边地区,泄漏的人工放射性核素会污染环境和食品,使食品中放射性物质严重超标,直接威胁居民健康。

(二)食品的放射性污染

1. 食品中的天然放射性物质　由于生物体与其环境之间进行物质交换,绝大多数的动物性食品和植物性食品中都含有不同量的天然放射性本底。由于各地的放射性本底值不同,动、植物对放射性物质的亲和力各异,故不同食品中的天然放射性本底值差异很大。食物中主要的天然辐射源有以下几种。

(1) ^{40}K: ^{40}K 是食品中含量最多的天然放射性核素,其半衰期为 1.3×10^9 年。^{40}K 约占天

然总钾量的 0.011 9%，天然钾的放射性比活度（其单位是贝可"Bq"）为 32.2Bq/g。调查发现，我国成年男女体内的 ^{40}K 含量分别为 69.9Bq/（kg·bw）和 51.4Bq/（kg·bw），成人每日平均摄入 ^{40}K 为 50Bq。

（2）^{226}Ra：^{226}Ra 可通过饮水和食物进入人体。其半衰期为 1 600 年。不同食物中的 ^{226}Ra 含量差异较大（10^{-4}～10Bq/kg），一般地区平均每人每日摄入 ^{226}Ra 为 0.02～0.2Bq。动物和人体内的 ^{226}Ra 主要集中于骨组织中，^{226}Ra 的含量平均为 $5.2×10^{-4}$Bq/g。

2. 食品中的人工放射性核素

（1）^{131}I：^{131}I 是核爆炸早期及核反应堆运转过程中产生的主要裂变物，进入消化道可完全被吸收，浓集于甲状腺内。^{131}I 的半衰期为 8.02d。^{131}I 对蔬菜的污染具有较大卫生学意义，人可通过摄入新鲜蔬菜摄入较多的 ^{131}I。^{131}I 可通过污染牧草污染牛奶，因此在食用奶类较多的地区，^{131}I 的主要污染食品是牛奶。^{131}I 可通过母乳对婴儿产生较大危害。^{131}I 对食品的长期污染意义不大。

（2）^{90}Sr 和 ^{89}Sr：^{90}Sr 在核爆炸中大量产生，广泛存在于土壤中，可在环境中长期存在，半衰期28.8年。^{90}Sr 是食品中主要的人工放射性核素。据欧美国家调查，通过膳食人平均每年摄入 ^{90}Sr 可达 0.148～0.185Bq，其中主要为乳制品，其次是蔬菜水果、谷类和面制品。^{90}Sr 进入人体后大部分沉积于骨骼，其代谢与钙相似。^{89}Sr 也是核爆炸的产物，虽然产量比 ^{90}Sr 更高，但是 ^{89}Sr 的半衰期短（50.5d），对食品的污染程度也较轻。

（3）^{137}Cs：^{137}Cs 化学性质与钾相似，易被机体充分吸收并可参与钾的代谢过程，半衰期长达 30 年。^{137}Cs 主要通过肾脏排出，部分通过粪便排出。通过地衣 - 驯鹿 - 人的特殊食物链，^{137}Cs 能够进入人体。

3. 食品的放射性污染来源

（1）核爆炸：原子弹和氢弹爆炸时可产生大量的放射性物质，尤其是空中核爆炸对环境可造成严重的放射性核素污染。一次空中核爆炸可产生数百万种放射性物质，包括核爆炸时的核裂变产物、未起反应的核原料以及弹体材料和环境元素受中子流的作用形成的感生放射性核素等，统称为放射性尘埃。大气中的放射性尘埃以不同速率、在不同范围内向地面沉降。颗粒较大者受重力作用可在短期内沉降于爆炸区附近地面，形成局部污染；而颗粒较小者可进入对流层和平流层大范围扩散，数月或数年内逐渐降落于地面，产生全球性的污染。产生数量大、半衰期长、摄取量大和能在体内蓄积的放射性核素具有更大的危险性。如 ^{90}Sr（锶）和 ^{137}Cs（铯）。

（2）核废物的排放：核工业生产中采矿、冶炼、燃料精制、浓缩、反应堆组件生产和核燃料再处理等过程均可通过三废排放污染环境，进而污染食品。有报告称核工厂附近地区和水域生产的鱼虾、牡蛎、农作物和牛乳等食品含 ^{137}Cs、^{65}Zn、^{51}Cr、^{32}P 等都很高。此外，使用人工放射性同位素的科研、生产和医疗单位排放的废水中含有 ^{125}I、^{131}I、^{32}P、^{3}H、^{14}C 等，也可造成水和食品的污染。

（3）意外事故：意外事故造成的放射性核素泄露主要引起局部性污染，导致食品中含有很高的放射性。如英国温茨盖尔原子反应堆事故向大气中排放的放射性物质的总放射性约相当于 11.1 温茨盖 ^{14}Bq，由于附近牧草受到污染，当地生产的牛乳中放射性活性也相当高。苏联切尔诺贝利的核事故也造成环境和食品的严重污染，污染严重地区羊肉中 ^{131}I 含量达 62.7Bq/kg，^{137}Cs 达 39.4Bq/kg。

（三）环境中放射性核素向食品中的转移

人类的食品直接或间接来自于动、植物，它们都存在新陈代谢过程，与所处的环境之间进行物质和能量的交换，在这一过程中，环境中的放射性核素就转移到了动、植物的体内。环境中放射性核素向食品中转移的主要途径有如下几种。

1.　向植物性食品的转移　天然和人工的放射性核素污染了环境（水、土壤和空气）以后，含有放射性核素的雨水和水源可直接渗透入植物组织或被植物的根系吸收，植物的根系也可从土壤中吸收放射性核素。空气中的放射性物质沉降可污染地面和露天生长的蔬菜等食品。放射性核素向植物转移的量与气象条件、放射性核素和土壤的理化性质、土壤pH、植物种类和使用化肥的类型等因素有关。既往核事故的监测经验表明，露天生长的大叶、表面有微小绒毛的蔬菜如菠菜更容易吸附空气中沉降的放射性物质。

2.　向动物性食品的转移　动物饮用被天然或人工放射性核素污染的水，吸入放射性污染的空气，以及接触受污染的土壤都会使放射性核素进入体内，并可进入奶及蛋中。放射性核素向动物的转移过程中常表现出生物富集效应，如草食动物可通过食物链富集进入植物的放射性核素，以草食动物为食的动物则进一步富集草食动物的放射性核素。因此，半衰期长的 ^{90}Sr 和 ^{137}Cs 是食物链中易于富集的放射性核素。

3.　向水生生物体内转移　进入水体的放射性核素可溶解于水或以悬浮状态存在较长时间。水生植物和藻类对放射性核素有很强的富集能力，如 ^{137}Cs 在藻类的浓度可高于周围水域浓度的 $100\sim500$ 倍。水中的放射性核素可通过鳃和口腔进入鱼体内，亦可附着于体表逐渐渗透进入鱼体内。鱼及水生动物还可通过摄入低等水生植物或动物而富集放射性物质，表现出经食物链的生物富集效应，如某些鱼类能富集 ^{137}Cs 和 ^{90}Sr，软体动物能富集 ^{90}Sr，牡蛎能富集大量 ^{65}Zn（锌）。

浓集系数＝生物体内放射性核素浓度／水中放射性核素浓度。

（四）放射性污染对人体的危害

1.　电离辐射对人体的危害　电离辐射的生物学效应按照剂量阈值分为确定性效应和随机性效应两大类。

（1）确定性效应：其严重程度与照射剂量的大小有关，存在剂量阈值，超过此阈值，效应即出现，且危害十分严重。如胚胎期辐射可引起小头症及智力发育障碍、发育延迟和致癌。对于出生后，应包括放射性白内障、血液系统疾病（高色素性贫血、白细胞与血小板减少、再生障碍性贫血）、放射性不育症、全身放射性损伤、皮肤的电离效应（红斑、脱毛、脱屑、表皮坏死、溃疡、皮肤癌）以及对寿命的影响。确定性效应与年龄有关，年幼者比成人更严重，出现生长发育障碍、激素水平低下、器官功能不足以及智力低下等后果。

（2）随机性效应：其严重程度与受照剂量无关，不存在剂量阈值，照射的剂量越大，效应的发生率越高。实际上，引发随机性效应是体细胞和生殖细胞突变的结果，最终导致基因突变、癌症和遗传性疾病。人体辐射致癌最敏感的组织是甲状腺和骨髓，常见的辐射癌症为白血病、甲状腺癌、乳腺癌和肺癌。

2.　食品中放射性污染对人体的危害　食品中放射性核素以天然放射性核素为主，人的有效剂量很低，达不到确定生物学效应的阈值，不足以产生局部和全身的确定性健康损伤。食品中放射性核素对人体的生物学效应主要是低剂量长期内照射引起的随机性生物学效应。主要表现为对免疫系统、生殖系统的损伤和致癌、致畸、致突变作用。研究表明，低剂量辐射可引起动物免疫功能抑制或增强，如辅助性 T 细胞的活性增强，体液免疫反应增强。辐照可使精子畸形数增加，精子生成障碍，精子数减少以及睾丸重量下降。低剂量内照射可致暂时性不育。致癌、致畸、致突变作用是低剂量长期内照射产生的主要生物效应。

（五）控制食品放射性污染的措施

1．放射防护的原则 放射防护的宗旨在于控制电离辐射照射，防止组织反应，将随机性效应限制在可接受的水平。放射防护的基本原则是辐射实践正当性、辐射防护最优化和限制个人剂量。辐射实践正当性是指辐射实践对受照个人和社会的利益应足以弥补由该实践所致的辐射危害。辐射防护最优化是指考虑社会、经济因素后，实践中引起照射的可能性、导致的照射水平及受照射人数保持在合理做到的最低水平。限制个人剂量是使受照者避免确定性效应的发生；限制随机性生物学效应危害的概率，保持在可接受的水平。

2．食品的放射防护 主要措施分为两方面：一方面防止食品受到放射性物质的污染，即加强对放射性污染源的卫生防护和经常性的卫生监督管理；另一方面定期进行食品卫生监测，严格执行国家卫生标准，加强对食品中放射性污染的监督，使食品中放射性核素的量控制在允许范围之内。

《中华人民共和国放射性污染防治法》（2003 版）实施，加速了我国放射性污染的防治和管理法制化进程。该法共八章六十三条，详细规定了如何对放射源进行管理，防止意外事故的发生和放射性核素在采矿、冶炼、燃料精制、浓缩、生产和使用过程中应遵循的原则，并对放射性废弃物的处理与净化提出了具体的要求和管理措施。《电离辐射防护与辐射源安全基本标准》（GB 18871—2002）中规定了人体年有效剂量 1mSv；特殊情况下，如果 5 个连续年的年平均剂量不超过 1mSv，则某一单一年份的有效剂量可提高到 5mSv。

我国制定了饮用水放射标准和辐照食品管理办法。《生活饮用水卫生标准》（GB 5749—2006）中规定了饮用水中总 α 和总 β 放射性的标准。《食品安全国家标准 预包装食品标签通则》（GB 7718—2011）规定经电离辐射线或电力能量处理过的任何配料，应该在配料中标明。

二、食品的杂物污染及其预防

食品中的杂物污染物可能并不直接威胁消费者健康，但却严重影响了食品应有的感官性状和营养价值，使食品质量得不到保证。食品杂物污染存在偶然性，杂物污染物纷繁复杂，以至于食品安全标准无法囊括全部杂物污染物，从而给食品杂物污染的预防及卫生管理带来诸多困难。近年来，我国的食品杂物污染事件呈现增多趋势。

（一）食品的杂物污染

按照杂物污染食品的来源将污染食品的杂物分为来自食品产、储、运、销的污染物和食品的掺杂掺假污染物。

食品在产、储、运、销过程中，都有可能受到杂物的污染，主要污染途径有：①生产时的污染，如生产车间密闭性不好，粮食收割时混入草籽，动物在宰杀时血污、毛发及粪便对畜肉的污染，食品加工过程中设备的陈旧或故障引起加工管道中金属颗粒或碎屑对食品的污染；②食品储存过程中的污染，如苍蝇、昆虫的尸体和鼠、雀的毛发、粪便等对食品的污染；③食品运输过程的污染，如运输车辆、装运工具、不清洁铺垫物和遮盖物对食品的污染；④意外污染，如戒指、头发及饰物、指甲、烟头、废纸、携带个人物品和杂物的污染及卫生清洁等用品的污染。

　　食品的掺杂掺假是一种人为故意向食品中加入杂物的过程。近年来由于这种因素而引发的食品安全问题应引起足够重视。掺杂掺假所涉及的食品种类繁杂，掺杂污染物众多，如粮食中掺入的沙石，肉中注入的水，奶粉中掺入大量的糖，牛奶中加入的米汤、牛尿、糖和盐等。掺杂掺假严重损害了居民的身体和心理健康，甚至造成人员伤亡，必须加强监督管理。

（二）食品杂物污染的预防

　　1. 加强食品生产、储存、运输、销售过程的监督管理　严格执行良好生产规范（GMP），控制产品质量。

　　2. 改进加工工艺　如筛选、磁选和风选去石，清除有毒的杂草籽及泥沙石灰等异物，定期清洗专用池、槽，防尘、防蝇、防鼠、防虫，尽量采用食品小包装。

　　3. 制定食品安全国家标准　如《小麦粉》（GB 1355—2005）中规定小麦粉中含沙量小于0.025%，磁性金属物小于0.003g/kg。

　　4. 严格执行《中华人民共和国食品安全法》（2015版）　加强食品"从农田到餐桌"的质量和安全的监督管理，严厉打击食品掺杂掺假行为。

（牛玉存）

小结：

　　本章介绍了食品危害的概念和及危害物质的分类。在食品的生物性危害中，介绍了食品细菌污染和评价食品卫生质量的细菌污染指标、真菌毒素及黄曲霉毒素的食品污染、毒性及预防措施、食品腐败变质及其预防措施。在食品的化学性危害中，介绍了农药和兽药残留、有毒金属、N-亚硝基化合物、多环芳烃化合物、杂环胺类化合物、氯丙醇、丙烯酰胺、食品接触材料及制品的污染及预防。在物理性危害中介绍了食品的反射性污染、杂物污染及其预防措施。

第五章 食品添加剂的卫生及管理

随着现代食品工业的发展,人们对食品的加工品质和感官品质要求越来越高,食品添加剂是能够满足这些需求的最重要的手段,因此食品添加剂在食品工业中的地位越来越高。合理使用食品添加剂可以改善食品的组织状态、增强食品的色、香、味和口感。然而由于近年来各种化学物质对食品的污染已成为社会性问题,人们对在食品中使用食品添加剂开始关注和担忧。并不是所有食品添加剂都会对人体的健康造成危害,正确认识和合理使用食品添加剂,就可以最大限度地保证食品安全。

目前,全世界发现的各类食品添加剂有 9 万多种,国际上使用的食品添加剂种类已达 25 000 多种,其中直接使用的约 3 000 余种。联合国粮食与农业组织 / 世界卫生组织推荐使用的食品添加剂有 400 多种(不包括香精、香料);欧盟约使用 1 000～15 000 种。我国 2014 年 12 月公布的《食品安全国家标准 食品添加剂使用标准》(GB 2760—2014)中允许使用的食品添加剂共有 2 336 种,其中允许使用的天然香料 393 种,合成香料 1 477 种。事实上,在现代工业社会中,几乎所有的加工食品均含有或多或少的食品添加剂。据估计,我们每天平均摄入约 60～100 种不同的食品添加剂。

第一节 食品添加剂的概述

一、食品添加剂的概念

2015 年实施的《中华人民共和国食品安全法》对食品添加剂的定义是:为改善食品品质和色、香、味以及为防腐、保鲜和加工工艺的需要而加入食品中的人工合成或者天然物质,包括营养强化剂。2015 年 5 月实施的《食品安全国家标准 食品添加剂使用标准》(GB 2760—2014)进一步对食品添加剂的定义为:为改善食品品质和色、香、味,以及为防腐、保鲜和加工工艺的需要而加入食品中的人工合成或者天然物质。食品用香料、胶基糖果中基础剂物质、食品工业用加工助剂也包括在内。食品工业用加工助剂是为保证食品加工能顺利进行的各种物质,与食品本身无关,如助滤、澄清、吸附、脱模、脱色、脱皮、提取溶剂、发酵用营养物质等。《复配食品添加剂通则》(GB 26687—2011)中规定复配食品添加剂是指为了改善食品品质、便于食品加工,将两种或两种以上单一品种的食品添加剂,添加或不添加辅料,经物理方法混匀而成的食品添加剂。

联合国粮农组织(FAO)与世界卫生组织(WHO)联合创建的食品法典委员会(CAC)颁

布的《食品添加剂通用法典》(2010 修订版)规定:"食品添加剂指其本身不作为食品消费,也不作食品中常见的配料物质,无论其是否具有营养价值。在食品中添加该物质的原因是出于生产、加工、调制、处理、充填、包装、运输、储藏等食品的工艺需求(包括感官),有意加入食品中或者预期这些物质或其副产物会成为(直接或间接)食品的一部分,或者影响食品的品质,或者为保持或提高营养质量而添加的物质。"此定义既不包括污染物也不包括食品营养强化剂。日本、美国规定的食品添加剂则包括食品营养强化剂。

二、食品添加剂的作用

随着食品工业的快速发展,食品添加剂对食品工业发展和人民生活水平提高的影响越来越大。其主要作用包括以下几个方面:①防止食品腐败变质,延长食品保质期,提高食品安全性;②改善食品的感官性状,使食品更易于被消费者接受;③有利于食品加工操作,适应生产的机械化和连续化;④保持或提高食品的营养价值;⑤满足不同人群的饮食需要;⑥丰富食品种类,提高食品的方便性;⑦提高原料利用率,节省能源;⑧降低食品的成本。综上所述,食品添加剂具有诸多作用和功能,已经成为食品工业不可或缺的一部分。

三、食品添加剂未来发展趋势

食品添加剂未来发展趋势是营养化、多功能化、天然化。理想的食品添加剂应该是有益无害的。随着经济的发展,人们生活水平的提高,公众对食品有了更高的要求,如营养食品、功能保健食品、绿色有机食品等已成为食品消费市场的热点和新趋势,而食品添加剂特别是天然食品添加剂对生产这些产品的品质起着决定性作用。如今人们不仅关注食品的色、香、味,还关注食品安全和对健康的影响。相对于食品添加剂功能更加多样化,人们更加重视食品添加剂的保健性和安全性。为满足人们追求天然、健康、营养、低脂的要求,食品工业应大力开发天然食品添加剂,开发研究低脂与无脂肪技术,扩大非营养甜味剂的应用,发展天然乳化剂卵磷脂并扩大其在低脂食品中的应用,减少动物性乳化剂甘油酯在低脂食品中的应用,扩大天然抗氧化剂在快餐食品中的应用。随着食品工业的快速发展以及化学合成技术的提高,食品添加剂在未来的食品工业中将会有更大的发展空间。

第二节　食品添加剂的分类

食品添加剂可按其不同的来源和功能进行分类。

一、按来源分类

按来源分为天然食品添加剂和人工合成食品添加剂两类。天然食品添加剂是指利用动、植物组织或微生物的代谢产物及一些矿物质等为原料,经过干燥、粉碎、提取、纯化等方法而所得的物质。人工合成食品添加剂则是通过化学手段使元素或化合物经过氧化、还原、缩合、聚合、成盐等合成反应而所得的物质,其中包括天然等同色素、天然等同香料。天然食品添加剂具有高安全性、品种少、价格较高,不便保藏及运输等特点;而化学合成食品添加剂品种齐全、价格低、使用、保藏及运输便利,但是毒性通常大于天然食品添加剂,特别是其成分不纯或用量过大时,容易对机体造成损害。

二、按生产方法分类

食品添加剂按生产方法可大致分为三类,一是应用生物技术(酶法和发酵法)获得的产品,如柠檬酸、红曲米和红曲色素等;二是利用物理方法从天然动植物中提取的物质,如甜菜红、辣椒红素等;三是用化学合成方法得到的纯化学合成物,如苯甲酸钠、胭脂红等。

三、按功能用途分类

FAO/WHO 经过多次修订,于 1987 年 7 月该委员会第 18 次会议上通过了国际数据系统(international numbering system, INS),对食品添加剂进行统一编号,以弥补分类的不足和因名称不统一等所造成的不必要重复和差错。

食品添加剂按功能用途分为很多类别,各国对食品添加剂的分类大同小异,差异主要是种类多少的不同。食品添加剂分类的主要目的是便于按用途需要迅速查出所需的添加剂。因此,既不能太粗,也不能太细。美国将食品添加剂分成 16 大类,日本分成 30 大类,我国的《食品安全国家标准 食品添加剂使用标准》(GB 2760—2014)将其分为 22 个功能类别(表 5-1)。

表 5-1 食品添加剂功能类别与代码(GB 2760—2014)

名称	代码	名称	代码	名称	代码	名称	代码
酸度调节剂	01	胶基糖果中基础剂物质	07	面粉处理剂	13	增稠剂	19
抗结剂	02	着色剂	08	被膜剂	14	食品用香料	20
消泡剂	03	护色剂	09	水分保持剂	15	食品工业用加工助剂	21
抗氧化剂	04	乳化剂	10	防腐剂	16	其他	22
漂白剂	05	酶制剂	11	稳定剂和凝固剂	17		
膨松剂	06	增味剂	12	甜味剂	18		

四、按安全评价分类

联合国粮食和农业组织/世界卫生组织的食品添加剂联合专家委员会(JECFA)建议把食品添加剂分为如下 4 类:

1. 第一类为 GRAS 物质(general recognized as safe) 即一般认为是安全的物质,可以按照正常需要使用,不需建立 ADI 值。

2. 第二类为 A 类 又分为 A1 和 A2 两类。A1 类为经过 JECFA 安全性评价,毒理学性质已经清楚,可以使用并已制定出正式 ADI 值者;A2 类为目前毒理学资料不够完善,制订暂时 ADI 值者。

3. 第三类为 B 类 即毒理学资料不足,未建立 ADI 值者,又分为 B1 和 B2 两类。B1 类是 JECFA 曾经进行过安全性评价,因毒理学资料不足未制定 ADI 者;B2 类是 JECFA 尚未进行过安全性评价者。

4．第四类为 C 类　即原则上禁止使用的食品添加剂，又分为 C1 和 C2 两类。C1 类是认为在食品中使用不安全的,C2 类只限于在某些食品中作特殊用途使用。

（肖　荣）

第三节　食品添加剂的使用要求

目前国内外对于食品添加剂的安全性问题均给予高度重视。我国食品添加剂的使用必须符合《食品安全国家标准　食品添加剂使用标准》(GB 2760—2014)、《复配食品添加剂通则》(GB 26687—2011)、《中华人民共和国食品安全法》或国家卫生行政部门规定的品种及其使用范围和使用量。

一、食品添加剂使用的基本要求

1．不应对人体产生任何健康危害。

2．不应掩盖食品腐败变质。

3．不应掩盖食品本身或加工过程中的质量缺陷,或以掺杂、掺假、伪造为目的而使用食品添加剂。

4．不应降低食品本身的营养价值。

5．在达到预期目的前提下尽可能降低在食品中的使用量。

二、食品添加剂应用范围

1．保持或提高食品本身的营养价值。

2．作为某些特殊膳食用食品的必要配料或成分。

3．提高食品的质量和稳定性,改进其感官特性。

4．便于食品的生产、加工、包装、运输或者贮藏。

三、食品添加剂带入原则

在下列情况下食品添加剂可以通过食品配料（含食品添加剂）带入食品中:

1．根据食品安全国家标准《食品添加剂使用标准》(GB 2760—2014),食品配料中允许使用该食品添加剂。

2．食品配料中该添加剂的用量不应超过允许的最大使用量。

3．应在正常生产工艺条件下使用这些配料,并且食品中该添加剂的含量不应超过由配料带入的水平。

4．由配料带入食品中的该添加剂的含量应明显低于直接将其添加到该食品中通常所需要的水平。

此外最新《食品添加剂使用标准》(GB 2760—2014)对带入原则中新增加一条规定:"当某食品配料作为特定终产品的原料时,批准用于上述特定终产品的添加剂允许添加到这些食品配料中,同时该添加剂在终产品中的量应符合本标准的要求。在所述特定食品配料的标签上应明确标示该食品配料用于上述特定食品的生产"。该条例的实施有助于进一步完善食品添加剂带入准则,保障食品添加剂质量安全。

四、复配食品添加剂使用基本要求

1. 复配食品添加剂不应对人体产生任何健康危害。

2. 复配食品添加剂在达到预期的效果下,应尽可能降低在食品中的用量。

3. 用于生产复配食品添加剂的各种食品添加剂,应符合 GB 2760 和卫生部公告的规定,具有共同的使用范围。

4. 用于生产复配食品添加剂的各种食品添加剂和辅料,其质量规格应符合相应的食品安全国家标准或相关标准。

5. 复配食品添加剂在生产过程中不应发生化学反应,不应产生新的化合物。

6. 复配食品添加剂的生产企业应按照国家标准和相关标准组织生产,制定复配食品添加剂的生产管理制度,明确规定各种食品添加剂的含量和检验方法。

第四节　食品添加剂的安全性与评价

食品安全性是我国乃至全世界非常关注的话题,大量有关食品质量的问题不断出现。特别是近几年,我国相继出现"苏丹红""瘦肉精""三聚氰胺""吊白块""阜阳奶粉"等重大食品安全事件,国外食品也因为"农药残留""大肠杆菌超标"而受到人们争议。食品添加剂安全性受到的质疑最多,再加上许多报道缺乏公正性和客观性,主观地把食品添加剂与食品生产过程中出现的质量问题混为一谈,使消费者误认为"食品添加剂对人体有害"。因此,认识食品添加剂的安全问题,建立有效的科学评价方法,对指导人们正确认识和使用食品添加剂具有重要的意义。

一、食品添加剂的主要安全问题

1. 食品生产中超量使用食品添加剂　面粉中超标使用过氧化苯甲酸,粉丝等食品中超标使用明矾,酱菜中超标使用苯甲酸钠防腐剂,泡菜等食品中超标使用色素等。如前所述,食品添加剂按规定量使用可以充分发挥其功能,在不影响人体健康的前提下提高食品品质。如果添加剂超标使用,就会给消费者带来一定危害。

2. 食品生产中超范围使用食品添加剂　在我国《食品添加剂使用卫生标准》(GB 2760)中明确规定了各种添加剂的使用范围,超范围使用可能带来许多不良后果。罐头产品中添加糖精钠、防腐剂,婴儿食品中添加色素、甜味剂、防腐剂等,都属于超范围使用食品添加剂。

3. 滥用非法添加物　将严禁在食品中使用的化工原料或药物当成食品添加剂来使用。三聚氰胺"毒奶粉"事件,是违法将非法添加物当成食品添加剂使用的典型案例;工业用火碱、过氧化氢和甲醛处理水发食品;工业用吊白块用于面粉漂白;将荧光增白剂掺入面条、粉丝用于增白等都是在食品中违禁使用非法添加物的现象。这些工业用化学品在食品生产中的非法应用,经媒体曝光后,由于消费者不能正确区分"食品添加剂"和"非食用物质",误将食品安全的责任归咎于食品添加剂。

二、食品添加剂引起的危害

1. 急性和慢性中毒　中华人民共和国成立初期,普遍使用 β- 萘酚、罗大明 B、奶油黄等防腐剂和色素,而后证实他们存在致癌物质。盐酸中砷含量过高曾发生中毒。饼干、点心中使用硼砂也较普遍,用矿酸制作食醋,在农村生产红色素加入砷作为防虫剂。我国天津、江苏、新疆等地皆因使用含砷的盐酸、食碱以及过量使用添加剂如亚硝酸盐、漂白剂、色素而发生急、慢性中毒。日本"森永"牌调和乳粉事件引起了高达 12 000 人发生急慢性中毒。

2. 引起变态反应　近年来添加剂引起的变态反应报道日益增多,有的变态反应很难查明与添加剂有关,部分报道如下:①糖精可引起皮肤瘙痒症,日光性过敏性皮炎(以脱屑性红斑及水肿性丘疹为主);②苯甲酸及偶氮类染料皆可引起哮喘等一系列过敏症状;③香料中很多物质可引起呼吸道气管发炎、咳嗽、喉头水肿、支气管哮喘、皮肤瘙痒、皮肤划痕症、荨麻疹、血管性水肿、口腔炎等;④柠檬黄等可引起支气管哮喘、荨麻疹、血管性水肿。

3. 体内蓄积　国内在儿童食品中加入维生素 A 作为强化剂,如蛋黄酱、奶粉、饮料中加入这些强化剂,经摄食后 3～6 个月总摄入量达到 25 万～84 万国际单位时,则出现食欲缺乏、便秘、体重停止增加、失眠、兴奋、肝脏肿大、脱毛、脂溢、脱屑、口唇龟裂、痉挛,甚至出现神经症状,头痛、复视、视神经乳头水肿,四肢疼痛,步行障碍。动物实验表明大量食用,则会发生畸形。维生素 D 过多摄入也可引起慢性中毒。还有些脂溶性添加剂,如二甲基氢基甲苯(BHT)过量也可在体内蓄积。

4. 食品添加剂转化产物问题　制造过程中产生的一些杂质,如糖精中产生杂质邻甲苯磺酰胺,用氨法生产的焦糖色重的 4- 甲基咪唑等,食品贮藏过程中添加剂的转化,如赤癣红色素转内荧光素等。

5. 同食品成分发生反应的物质　如焦碳酸二乙酯,形成强烈致癌物质氨基甲酸乙酯,亚硝酸盐形成亚硝基化合物,又如偶氮染料形成游离芳香族胺等。

食品添加剂的上述危害已得到证实,某些添加剂共同使用时能否产生有害物质还不清楚,尚待进一步研究。

三、我国食品添加剂毒理学评价方法

我国食品添加剂安全毒理学评价应该参照《食品安全国家标准　食品安全性毒理学评价程序》(GB 15193.1—2014),标准规定安全毒理学评价内容包括:急性经口毒性试验、遗传毒性试验、28 天经口毒性试验、90 天经口毒性试验、致畸试验、生殖毒性试验和生殖发育毒性试验、毒物动力学试验、慢性毒性试验、致癌试验、慢性毒性和致癌合并试验。对于一般的食品添加剂(酶制剂、香料另有规定)选择毒性试验的原则:

1. 凡属毒理学资料比较完整,世界卫生组织已公布日容许摄入量或不需规定日容许摄入量者或多个国家批准使用,如果质量规格与国际质量规格标准一致,则要求进行急性经口毒性试验和遗传毒性试验。如果质量规格标准不一致,则需增加 28 天经口毒性试验。根据试验结果考虑是否进行其他相关毒理学试验。

2. 凡属一个国家批准使用,世界卫生组织未公布日容许摄入量或资料不完整的,则可先进行急性经口毒性试验、遗传毒性试验、28 天经口毒性试验和致畸试验,根据试验结果判定是否需要进一步的试验。

3. 对于由动、植物或微生物制取的单一组分,高纯度的食品添加剂,凡属新品种的,需要先进行急性经口毒性试验、遗传毒性试验、90 天经口毒性试验和致畸试验,经初步评价后,决定是否需进行进一步试验;凡属国外有一个国际组织或国家已批准使用的,则进行急性经口毒性试验、遗传毒性试验和 28 天经口毒性试验,经初步评价后决定是否需进行进一步试验。

(苑林宏)

第五节　食品添加剂的卫生管理

一、我国食品添加剂的法律法规

我国早在 20 世纪 50 年代,就制定了《食品中使用糖精规定》和《酱油中使用防腐剂规定》。卫生部于 1977 年制定了《食品添加剂使用卫生标准(试行)》,于 1981 年正式颁布了《食品添加剂使用卫生标准》(GB 2760—1981),其中包括了食品添加剂的种类、名称、使用范围、最大使用量以及保证标准贯彻执行的《食品添加剂卫生管理办法》。1986 年和 1996 年对《食品添加剂使用卫生标准》前后进行两次修订。修订时采用了《食品添加剂分类和代码》及《食品用香料分类与编码》的分类及代码、编码,并增加了美国香味料和萃取物制造者协会(FEMA)编号,按英文字母顺序排列。然而,随着食品工业的迅速发展,食品添加剂的种类和数量不断增加。2007 年、2011 年和 2014 年对《食品添加剂使用卫生标准》又进行三次修订。现行的《食品添加剂使用标准》(GB 2760—2014)调整了原来食品添加剂规定,修改了部分食品添加剂、食品工业用加工助剂以及香料、香精的使用规定,修改了食品添加剂带入原则以及食品分类系统,并删除了胶基糖果中基础剂物质及其配料名单,另将食品营养强化剂和胶基糖果中基础剂物质及其配料名单调整由其他相关标准进行规定。此外,2015 年 10 月 1 日正式实施的修订版的《中华人民共和国食品安全法》也对食品添加剂的生产经营使用管理等方面进行了约定和管理。

二、我国食品添加剂卫生管理

(一)食品添加剂注册申请与审批

为规范食品添加剂生产活动,加强食品添加剂生产监督管理,保障食品安全,食品添加剂注册与审批需符合国家法律法规及相关政策的要求。根据《食品生产许可管理办法》规定,从事食品添加剂生产活动,应当依法取得食品添加剂生产许可。申请食品添加剂生产许可,应当向申请人所在地县级以上地方食品药品监督管理部门提交下列材料:

1. 食品添加剂生产许可申请书。
2. 营业执照复印件。
3. 食品添加剂生产加工场所及其周围环境平面图和生产加工各功能区间布局平面图。
4. 食品添加剂生产主要设备、设施清单及布局图。
5. 食品添加剂安全自查、进货查验记录、出厂检验记录等保证食品添加剂安全的规章制度。
6. 申请食品添加剂生产许可,应当具备与所生产食品添加剂品种相适应的场所、生产设备或者设施、食品安全管理人员、专业技术人员和管理制度。依据《工业产品生产许可证管理条例》和《食品添加剂生产监督管理规定》,取得生产许可,应当具备的条件包括:①合法有效的营业执照;②生产食品添加剂相适应的专业技术人员;③生产食品添加剂相适应的生产场所、厂房设施，其卫生管理符合卫生安全要求；④生产食品添加剂相适应的生产设备或者设施等生产条件；⑤生产食品添加剂相适应的符合有关要求的技术文件和工艺文件；⑥健全有效的质量管理和责任制度；⑦生产食品添加剂相适应的出厂检验能力，产品符合相关标准以及保障人体健康和人身安全的要求；⑧符合国家产业政策的规定，不存在国家明令淘汰和禁止投资建设的工艺落后、耗能高、污染环境、浪费资源的情况；⑨法律法规规定的其他条件。

食品添加剂生产许可申请符合条件的，由申请人所在地县级以上地方食品药品监督管理部门依法颁发食品生产许可证，并标注食品添加剂。食品添加剂经营许可申请应按照最新《食品经营许可管理办法》进行。

(二) 食品添加剂生产经营管理

目前，国内外均建立了食品添加剂监督管理和安全性评价法规制度，规范食品添加剂的生产经营和使用管理。我国与国际食品法典委员会和其他发达国家的管理措施基本一致，有一套完善的食品添加剂监督管理和安全性评价制度。为使食品添加剂生产经营及使用更具有安全性和依据性，我国于 1992 年、1993 年相继颁布了《食品添加剂生产管理办法》和《食品添加剂卫生管理办法》，并且在贯彻执行的具体过程中不断地进行修改和完善。我国于 2002 年实施了《食品添加剂卫生管理办法》，同年发布《食品添加剂生产企业卫生规范》。2015 年 10 月 1 日实施的新《中华人民共和国食品安全法》(简称《食品安全法》)对食品添加剂的安全标准以及管理、行业活动许可、生产管理、标签标识等作出了特殊规定。根据《食品安全法》及其实施条例的规定和部门职责分工，原卫生部负责食品添加剂的安全性评价和制定食品安全国家标准；质检总局负责食品添加剂生产和食品生产企业使用食品添加剂监管；工商部门负责依法加强流通环节食品添加剂质量监管；食品药品监管局负责餐饮服务环节使用食品添加剂监管；农业部门负责农产品生产环节监管工作；商务部门负责生猪屠宰监管工作；工信部门负责食品添加剂行业管理、制定产业政策和指导生产企业诚信体系建设。各部门监管职责明确，相互协调，共同对食品添加剂的生产经营过程实施标准化监督管理。

2010 年 6 月 1 日起实施的《食品添加剂生产监督管理规定》，进一步规范了食品添加剂生产过程的监督管理，规定了生产企业选址、设计与设施、原料采购、生产过程、储存、运输和从业人员的基本卫生要求和管理原则等。生产食品添加剂，应当使用符合相关质量安全要求的原辅材料、包装材料及生产设备。同时食品添加剂生产者应当对出厂销售的食品添加剂进行出厂检验，检验合格后方可销售。食品添加剂经营者必须具备与经营品种、数量相适应的储存和营业场所。县级以上地方人民政府实行食品安全监督管理责任制。上级人民政府负责对下一级人民政府的食品安全监督管理工作进行评议、考核。对可能存在安全卫生问题的食品添加剂，原卫生部可以重新进行安全性评价，修订使用范围和使用量或作出禁止使用的决定并予以公布；县级以上地方人民政府卫生行政部门应当组织对食品添加剂的生产经营和使用情况进行监督抽查，并向社会公布监督抽查结果。食品卫生检验单位应当按照原卫生部制定的标准、规范和要求对食品添加剂进行检验，作出的检验和评价报告应当客观、真实，符合有关标准、规范和要求。

此外食品添加剂应当在技术上确有必要且经过风险评估证明安全可靠，方可列入允许使用的范围；有关食品安全国家标准应当根据技术必要性和食品安全风险评估结果及时修订。食品添加剂的使用必须符合《食品添加剂使用标准》（GB 2760—2014）或原卫生部公告的单一品种食品添加剂（包括食品添加剂、加工助剂、食品用香料，不包括复配食品添加剂）。对于没有国际标准或国外标准可参考的，拟提出指定标准建议的生产企业应当向中国疾病预防控制中心营养与食品安全所提交书面及电子版材料，包括指定标准文本、编制说明及参考的国际组织或相关国家标准。指定标准文本应当包含质量要求、检验方法，其格式应当符合食品安全国家标准的要求。

（三）食品添加剂标签、说明书及广告宣传要求

食品添加剂应当有标签、说明书，并在标签上注明"食品添加剂"字样。标签、说明书，应当标明下列事项：

1. 食品添加剂产品名称、规格和净含量。

2. 生产者名称、地址和联系方式。

3. 成分或者配料表。

4. 生产日期、保质期限或安全使用期限。

5. 贮存条件。

6. 产品标准代号。

7. 生产许可证编号。

8. 食品安全标准规定的和国务院卫生行政部门公告批准的使用范围、使用量和使用方法。

9. 法律法规或者相关标准规定必须标注的其他事项。

此外食品添加剂标签、说明书不得含有不真实、夸大的内容，不得涉及疾病预防、治疗功能。食品添加剂的标签、说明书应当清楚、明显，容易辨认。有使用禁忌或安全注意事项的食品添加剂，应当有警示标志或者中文警示说明。食品添加剂应当有包装并保证食品添加剂不被污染。食品广告的内容应当真实合法，不得含有虚假内容，不得涉及疾病预防、治疗功能。食品生产经营者对食品广告内容的真实性、合法性负责。生产经营的食品、食品添加剂的标签、说明书存在瑕疵但不影响食品安全且不会对消费者造成误导的，由县级以上人民政府食品药品监督管理部门责令改正；拒不改正的，处二千元以下罚款。

三、我国食品添加剂新品种管理

（一）食品添加剂新品种是指未列入食品安全国家标准的、未列入原卫生部公告允许使用的和扩大使用范围或者用量的食品添加剂品种。食品添加剂新品种应按原卫生部 2010年颁布的《食品添加剂新品种管理办法》和《食品添加剂新品种申报与受理规定》的审批程序经批准后才能生产使用。《食品添加剂卫生管理办法》《食品添加剂新品种管理办法》对食品添加剂新品种的生产经营监督管理作出了具体的规定。申请食品添加剂新品种生产、经营、使用或者进口的单位或者个人（以下简称申请人），应当提出食品添加剂新品种许可申请，并提交以下材料：

1. 添加剂的通用名称、功能分类、用量和使用范围。

2. 证明技术上确有必要和使用效果的资料或者文件。

3. 食品添加剂的质量规格要求、生产工艺和检验方法，食品中该添加剂的检验方法或者相关情况说明。

4. 安全性评估材料，包括生产原料或者来源、化学结构和物理特性、生产工艺、毒理学安全性评价资料或者检验报告、质量规格检验报告。

5. 标签、说明书和食品添加剂产品样品。

6. 其他国家(地区)、国际组织允许生产和使用等有助于安全性评估的资料。

(二)申请食品添加剂品种扩大使用范围或者用量的，可以免于提交前款第四项材料，但是技术评审中要求补充提供的除外。申请首次进口食品添加剂新品种的，除提交第六条规定的材料外，还应当提交以下材料：

1. 出口国(地区)相关部门或者机构出具的允许该添加剂在本国(地区)生产或者销售的证明材料。

2. 生产企业所在国(地区)有关机构或者组织出具的对生产企业审查或者认证的证明材料。

申请食品添加剂新品种审批程序是：①申请食品添加剂新品种生产、经营、使用或者进口的单位或者个人，应当提交食品添加剂新品种许可申请及相关材料，包括食品添加剂的通用名称、功能分类、用量和使用范围、质量规格、生产工艺、检验方法、安全性评估材料、标签、说明书和食品添加剂产品样品及国内外有关安全性评估资料等；②由原卫生部组织医学、农业、食品、营养、工艺等方面的专家对食品添加剂新品种技术上确有必要性和安全性评估资料进行技术审查，并作出技术评审结论；③根据技术评审结论，原卫生部决定对在技术上确有必要性和符合食品安全要求的食品添加剂新品种准予许可并列入允许使用的食品添加剂名单予以公布；④将允许使用的食品添加剂的品种、使用范围、用量按照食品安全国家标准的程序，制定、公布为食品安全国家标准。

四、我国复配食品添加剂和营养强化剂的卫生管理

(一)2011年发布实施的《复配食品添加剂通则》(GB 26687—2011)对复配食品添加剂定义为改善食品品质、便于食品加工，将两种或两种以上单一品种的食品添加剂，添加或不添加辅料，经物理方法混匀而成的食品添加剂。辅料是指以复配食品添加剂的加工、贮存、溶解等工艺为目的而添加的食品原料。复配食品添加剂基本要求：

1. 复配食品添加剂不应对人体产生任何健康危害。

2. 复配食品添加剂在达到预期的效果下，应尽可能降低在食品中的用量。

3. 用于生产复配食品添加剂的各种食品添加剂，应符合GB 2760和原卫生部公告的规定，具有共同的使用范围。

4. 用于生产复配食品添加剂的各种食品添加剂和辅料，其质量规格应符合相应的食品安全国家标准或相关标准。

5. 复配食品添加剂在生产过程中不应发生化学反应，不应产生新的化合物。

6. 复配食品添加剂的生产企业应按照国家标准和相关标准组织生产，制定复配食品添加剂的生产管理制度，明确规定各种食品添加剂的含量和检验方法。

复配食品添加剂的感官要求：不应有异味、异臭，不应有腐败及霉变现象，不应有视力可见的外来杂质，检测方法可以取适量被测样品于无色透明的容器或白瓷盘中，置于明亮处，观察形态、色泽，并在室温下嗅其气味。

(二)《食品营养强化剂使用标准》(GB 14880—2012)规定了食品营养强化剂的定义、主

要目的、要求、可强化食品类别的选择要求、品种、使用范围和使用量等,营养强化剂是指为了增加食品的营养成分(价值)而加入到食品中的天然或人工合成的营养素和其他营养成分。使用营养强化剂的要求:

1. 营养强化剂的使用不应导致人群食用后营养素及其他营养成分摄入过量或不均衡,不应导致任何营养素及其他营养成分的代谢异常。

2. 营养强化剂的使用不应鼓励和引导与国家营养政策相悖的食品消费模式。

3. 添加到食品中的营养强化剂应能在特定的储存、运输和食用条件下保持质量的稳定。

4. 添加到食品中的营养强化剂不应导致食品一般特性如色泽、滋味、气味、烹调特性等发生明显不良改变。

5. 不应通过使用营养强化剂夸大食品中某一营养成分的含量或作用误导和欺骗消费者。

五、国际上对食品添加剂的卫生管理

为了维护各国消费者的利益,确保国际贸易的公正性,联合国 FAO/WHO 设立 JECFA 对食品添加剂的安全性进行评估,国际食品添加剂法典委员会(CCFA)负责制定国际《食品添加剂通用标准》(GSFA)。我国于 2006 年当选国际食品添加剂法典委员会主持国,成为 CAC 首个承担综合委员会的发展中国家。JECFA 一般每年举行两次会议。CCFA 每年定期向 JECFA 提出需要进行安全性评价的食品添加剂的重点优先名单,JECFA 根据"食品添加剂和污染物安全评估原则"进行安全性评价,并根据各种物质的毒理学资料制定出相应的每日允许摄入量(ADI)值。CCFA 每年定期召开会议,对 JECFA 通过的各种食品添加剂标准、试验方法和安全性评价结果进行审议认可,再提交国际食品法典委员会复审后公布。因此,在各个国家的食品标准中食品添加剂的种类和使用量等,均应以 JECFA 的建议为根据。

六、其他国家 / 组织食品添加剂的监管

1. 美国　美国作为食品制造大国,其食品添加剂的使用遵循着美国食品与药品管理局(FDA)和美国农业部(United States Department of Agriculture,USDA)及美国环境保护局颁布的相关法律。美国联邦食品、药品和化妆品法第 402 款规定,只有经过评价和公布的食品添加剂才能生产和应用,否则会被认定为不安全。并规定美国食品药品监督管理局(Food and Drug Administration,FDA)是负责管理食品添加剂的国家机构,负责食品及食品添加剂标准及法规的制定、食品添加剂和色素添加剂上市前的审批工作、监管食品市场、召回缺陷食品等。FDA 的大部分法律都被编入美国联邦法规(Code of Federal Regulations,CFR)的第 21 章(Title 21),其中的 70～74,80～82 部分是关于色素添加剂的管理规定,170～186 部分是关于食品添加剂的管理规定,包括通则、标准、适用范围、使用量、包装、标识和安全性评估等。

美国到目前已经建立了一套较为完善、合理且运行有效的保障食品安全的法律监管体系,美国民众也对美国食品安全有着较高的信任度。到目前为止美国允许使用的食品添加剂达到 3 200 多种,法律法规对于有关食品添加剂的质量标准、使用标准、用量等重要问题均作出了明确、详细、具体的规定,并且由于美国以食品类别作为标准管理食品添加剂,所以法律尤其注意食品添加剂在各类食品中的限量规定,再加上严苛的食品添加剂使用申请流程以及职能部门的到位监管,食品安全问题风险得到有效控制。依照法律规定,美国对

食品添加剂采用多部门联合监管模式,各监管部门按照食品种类划分出清晰、明确的职责范围,对食品的生产流通采用全程式监管,部门分工和职责被明确列于相关法规中。

2．日本　日本食品添加剂的法规于 1957 年才公布使用,日本汇总、更新了添加剂使用标准,对种类各异的添加剂的限量都进行严格详细的规定,其覆盖面较全,种类详备,并且有针对性地制定不同添加剂的使用标准,其实行严格管制,添加剂现存品种大大低于其他国家,截至 2010 年 5 月 28 日,日本使用的指定添加剂共 403 种。《食品卫生法》第二章对食品添加剂监管作了比较详尽的规定,日本在添加剂监管方面最大的特点是坚持两个原则。第一是安全原则,即确保食品添加剂不存在任何危害消费者身体健康的有毒有害成分,包括潜在的危险成分。第二是有效原则,即食品添加剂的使用必须有利于消费者身体健康。这包含以下几个方面:①保持食品的营养质量。②为特殊膳食人群的加工食品提供必要的原料或成分。但食品添加剂不旨在提供医疗作用,例如预防或者治疗特定的疾病。③为了提高或者保持食品的质量和稳定性或者用以改善食品的感观特性。但是,这种改善不能改变食品的本质、成分或者特性以达到欺骗消费者的目的。④在食品的生产、加工、制备、处理、包装、运输、储存过程中作为助剂。然而如果目标食品的生产加工过程能够通过较低的代价得到改善,并且这种改善可以通过不使用食品添加剂来实现,在这种情况下即使能够满足上述目的也被认为是不合理的。因此,按照《食品卫生法》的规定,即使添加剂是安全的,如果对人体没有益处也不允许添加。

3．欧盟　欧盟确立了以 89/107/EEC 食品添加剂通用要求指令的纲领性文件,明确规定许可使用的食品添加剂有 312 种,食用香料 2 668 种。欧盟食品添加剂监管有如下特点:①食品添加剂产品一旦进入某一欧盟成员国市场,原则上即可在其他成员国自由销售。②食品中只能含有欧盟允许使用的食品添加剂和成员国允许使用的香料,即使用食品添加剂必须符合欧盟的相关规定和一般卫生法规的要求。③欧盟食品添加剂立法采取"混合体系",即混合式立法及统一监管模式,并设置了两个专门机构,分别是健康及消费者保护理事会、食品科学委员会,由这两者制定并执行具体的监管政策。通过科学评价和协商,制定出能为全体成员国接受的食品添加剂监管法规,最终以肯定的形式公布允许使用的食品添加剂名单、使用的特定条件及使用限量等。④"安全预警原则",安全预警机制要求企业一旦发现食品存有安全问题应立即通报行政部门,以最快速度缩短该突发事件时间,提高监管部门解决食品监管风险的水平特别是预警层面的能力。及时开展预警工作有利于各成员国构建食品监管保障体系,有效解决控制食品的安全风险,避免导致更深更广的危害。另外,欧盟在食品添加剂的监管方面具有普遍的公开透明意识,其认为只有公开透明才是保障食品安全之根本。同时,其还鼓励消费者协会参与管理,广泛吸收社会组织意见,降低因为信息不对称而产生的风险。

第六节   各类食品添加剂

一、抗氧化剂

1．抗氧化剂概述　抗氧化剂(antioxidant)是指能够阻止或延缓油脂、脂肪、脂溶性成分或食品成分氧化分解、变质,提高食品稳定性的物质。食品中因含有大量脂肪(特别是多不饱和脂肪酸），容易氧化酸败，因此通常在食品工业的腌渍和浸渍过程中，加入抗氧化剂来延缓或防止油脂及富含脂肪食品的氧化酸败。抗氧化剂的氧化中止作用可表现为以下两种形式。一种是抗氧化剂向已被氧化脱氢后的脂肪所产生的自由基提供氢，使其还原到脂肪的原来状态，从而中止脂肪的继续氧化；另一种是由抗氧化剂向已被氧化生成的过氧化自由基提供氢，而使之成为氢过氧化物，从而中断脂肪的过氧化过程。目前一般常用的抗氧化剂均属酚类化合物，包括丁基羟甲基茴香醚（butylated hydroxyanisole，BHA）、二丁基羟基甲苯（butylated hydroxytoluene，BHT）、没食子酸丙酯（propyl gallate，PG）、叔丁基对酚苯二（tertiary butylhydroquinone，TBHQ）等，这类抗氧化剂是氢的供体，当它向自由基 ROO• 提供 H• 之后，本身成为自由基 A•，但它们可结合成稳定的二聚体（A•+A•→A$_2$）。A• 还可与另一个 ROO• 自由基结合成较稳定的物质（ROO•A•→ROOA）。另一类抗氧化剂是过氧化物分解剂，如硫代二丙酸二月桂酯（dilaurylthiodipropionate，DLTP）等。抗氧化剂根据其溶解性特点可分为水溶性（如 L- 抗坏血酸及其钠盐等）和脂溶性（如 BHA、茶多酚等）两类；根据其来源分为天然抗氧化剂和合成抗氧化剂；按作用机制分类可分为氧清除剂、金属离子螯合剂、单线态氧淬灭剂、自由基吸收剂、多功能抗氧化剂及酶类抗氧化剂等；按结构又可分为芳胺类、有机酸类、酚类、醌类以及多极性基团类等。我国现已批准使用的抗氧化剂有丁基羟基茴香醚（BHA）、二丁基羟基甲苯（BHT）、抗坏血酸（即维生素 C）、没食子酸丙酯（PG）、特丁基对苯二酚（TBHQ）、迷迭香提取物、维生素 E、植酸、竹叶抗氧化物等。2016 年6 月，中国食品安全风险评估中心发布通知，拟允许维生素 E（混合生育酚浓缩物）作为抗氧化剂用于风味发酵乳，使用限量为 0.2g/kg。

目前市售的天然抗氧化剂种类少、使用效果差。因此，使用较多的仍是合成抗氧化剂。近年来由于人们对化学合成物质的安全性持怀疑态度，开发新的高效天然抗氧化剂是当前食品行业中的研究重点之一。另外，某些化合物单独使用时没有抗氧化性，但可和抗氧化剂并用起协同效应，而使其抗氧化作用提高，这类物质称为抗氧化增效剂。例如柠檬酸、酒石酸等可与某些金属元素形成螯合物，使其失去活性，从而抑制金属元素的促进氧化作用，发挥其增效作用。

2. 常用抗氧化剂

（1）丁基羟基茴香醚：又称叔丁基对羟基茴香醚、丁基大茴香醚，为白色或微黄色蜡样结晶性粉末。对热较为稳定，在弱碱性条件下也不易破坏，尤其是对使用动物脂焙烤的食品能维持较长时间的作用。一般认为，BHA 是毒性较低、安全性较高的抗氧化剂，与其他抗氧化剂有协同作用，与增效剂如柠檬酸等使用时其抗氧化效果更为显著。BHA 是目前国际上广泛使用的油溶性抗氧化剂，也是我国常用的抗氧化剂之一。它还可被用作酵母发酵过程的消泡剂。BHA 的 LD$_{50}$ 为 2.2～5g/kg 体重（大鼠，经口）。FAO/WHO 于 1996 年将其 ADI值定为 0～0.5mg/（kg•bw）。我国《食品安全国家标准食品添加剂使用标准》（GB 2760—2014）规定 BHA 的使用范围有食用油脂、油炸食品、饼干、方便面、方便米制品、果仁罐头、腌腊肉制品等，最大使用量为 0.2g/kg（胶基糖果中最大使用量为 0.4g/kg）。BHA 还可以用作包装纸、塑料等的抗氧化剂。

（2）二丁基羟基甲苯：又称 2,6- 二特丁基对甲酚，为白色或无色结晶性粉末，无味，无臭，其特点是稳定性较高，易溶于甘油酯，不溶于丙二醇和水，抗氧化效果好，没有 BHA 特有的臭味，也没有与金属离子反应着色的缺点。BHT 耐热性好，在普通烹调温度下受影响较小，可用于长期保存食品，且价格低，故被许多国家采用。但在焙烤食品中的效果比 BHA 差。FAO/WHO 于 1996 年将其 ADI 值定为 0～0.3mg/(kg·bw)。一般与 BHA 并用，并以柠檬酸或其他有机酸为增效剂。我国规定 BHT 可用于食用油脂、油炸食品、方便面、速煮米、果仁罐头和腌制肉制品，适用食品的最大使用量为 0.2g/kg（胶基糖果中最大使用量为 0.4g/kg）。

(3) 没食子酸丙酯：又称棓酸丙酯、3, 4, 5- 三羟基苯甲酸，难溶于油，易溶于热水、乙醇、乙醚、丙二醇、甘油等。其对植物油有良好的稳定性，且对猪油的抗氧化作用比 BHA 和 BHT 两者均强。PG 在体内水解后，没食子酸大部分变成 4- 氧基 - 甲基没食子酸，并进一步内聚成葡萄糖醛酸，经尿排出体外。因此，在人体不具有蓄积性，毒性较小。FAO/WHO 于 1994 年规定其 ADI 值为 0～1.4mg/(kg·bw)。我国规定 PG 适用于食用油脂、油炸食品、饼干、方便面、方便米制品、果仁罐头、腌腊肉制品、干水产品、膨化食品等，最大使用量为 0.1g/kg（胶基糖果中最大使用量为 0.4g/kg）。PG 与 BHA、BHT 合用有良好的增效作用，但三者混合使用时，BHA 和 BHT 的总量不得超过 0.1g/kg，其中 PG 不得超过 0.05g/kg。

(4) 特丁基对苯二酚：又称为叔丁基对苯二酚，为白色或亮褐色晶状体结晶或结晶性粉末，无异味异臭，可溶于油、乙酸乙酯、乙醇、异丙酯、乙醚，微溶于水。TBHQ 是一种较新的酚类抗氧化剂。因溶点和沸点较高所以特别适用于煎炸食品。同时 TBHQ 还具有良好的抗细菌、抗真菌的作用，可增强高油水食品的防腐保鲜效果。一般来说 TBHQ 是目前对多不饱和脂肪酸、特别是鱼油的理想抗氧化剂。其 ADI 值为 0～0.2mg/(kg·bw)（FAO/WHO，1995）。在应用上 TBHQ 与 BHA、BHT、维生素 E 复配使用可达到最佳效果，抗氧化性能比单独使用高出数倍。但 TBHQ 不能与 PG 混合使用。我国规定 TBHQ 适用于食用油脂、油炸食品、饼干、方便面、方便米制品、果仁罐头、腌腊肉制品、干水产品、膨化食品等，最大使用量为 0.2g/kg。

(5) L- 抗坏血酸类

1) L- 抗坏血酸：是一种抗氧化营养素，可以保护维生素 A、E 及其他多种天然抗氧化剂免受氧化破坏。研究表明，添加 L- 抗坏血酸能降低肉制品的 pH，具有增强抗氧化性的作用。L- 抗坏血酸主要用于啤酒、无酒精饮料、果汁，能防止褐变及品质风味的劣变。其抗氧化机制为与氧结合，并钝化金属离子，从而阻止动物油脂的氧化酸败。抗坏血酸不仅对人体无害，还能阻止亚硝胺的生成，FAO/WHO 推荐其 ADI 值为 0～15mg/(kg·bw)。我国规定抗坏血酸用于：去皮或预切的鲜水果，去皮、切块或切丝的蔬菜，最大使用量为 5.0g/kg；小麦粉，最大使用量为 0.2g/kg；浓缩果蔬汁（浆），按生产需要适量使用。

2) L- 抗坏血酸钠盐：又称维生素 C 钠盐。目前实际应用较多的是异抗坏血酸钠盐，在水中的溶解度较大。可以加在火腿、香肠等肉制品中，用以防止血红蛋白被氧化而引起的变色和保持肉制品的香味。另外，还可以用于保持果汁果酱的香味及用作维生素 C 的强化剂，可按生产需要适量使用。最大使用量是 1.0g/kg。

(6) 其他天然抗氧化物

1) 天然香料：大多数天然香料都具有抗氧化作用，因此天然香料加入食品中，不仅可以改善食品风味，而且还可以防止食品氧化变质。其中丁香和桂皮的抗氧化活性最强，迷迭香、花椒、桂丁、桂子、草果药的抗氧化性较强。

2) 低聚原花青素（oligomeric proanthocyanidins，OPCs）：OPCs 作为一种天然的抗氧化剂在国际上被广泛应用。OPCs 主要分布在一些植物的树皮、树叶、树根、芯材中，如葡萄籽、松树皮、花生、高粱、樱桃、草莓等，其中以葡萄籽的含量最高。我国有丰富的葡萄资源，每年有4～6千吨的副产品葡萄籽，可作为OPCs的良好来源。

二、着色剂

着色剂（colour）是使食品赋予色泽和改善食品色泽的物质。这类物质本身具有色泽，故又称为色素。按其来源和性质可分为天然色素和合成色素两类。

1. 天然色素　天然色素是来自天然物质（主要是来源于动植物或微生物代谢产物）、利用一定的加工方法所获得的有机着色剂。天然色素作为食物的成分，增加了人们对其使用的安全感。但天然色素存在难溶、着色不均、难以任意调色及对光、热、pH稳定性差和成本高等缺点。天然色素虽然多数比较安全，但个别的也具有毒性，如藤黄有剧毒不能用于食品。天然色素在加工制造过程中，也可能被杂质污染或化学结构发生变化而产生毒性，因此也必须进行毒性试验，从而保证其安全性。目前，国际上已开发出的天然色素达100多种，而我国允许使用的有40余种。

（1）红曲红（monascus red）：红曲红属于微生物色素，系将紫红曲霉（monascus purpureus）接种在稻米上经发酵制成。所产的红曲色素有六种不同成分，其中应用的色素成分是红斑素（rubropunctatin）和红曲红素（monascorubin）。这类色素具有醇溶性，对pH变化反应稳定，耐光、耐热，不受金属离子的影响，对蛋白质丰富的食物着色力强。红曲色素对肉制品具有良好的着色稳定性。红曲真菌在形成色素的同时，还合成谷氨酸类物质，具有增香作用。我国GB 2760—2014中规定，除风味发酵乳、糕点和焙烤食品馅料及表面用挂浆外，其他适用食品可按生产需要适量使用。

（2）焦糖色（caramel）：是将蔗糖、葡萄糖或麦芽糖浆在160～180℃高温下加热使之焦糖化，再用碱中和制成的红褐色或黑褐色膏状物或固体物质。在焦糖色的大量生产中，有时使用铵盐作为催化剂。这种焦糖色由于含有一种氮杂环化合物（4-甲基咪唑），可以引起动物惊厥，因此国外规定铵盐法生产的焦糖色，其中4-甲基咪唑含量不能超过200mg/kg。我国《食品安全国家标准 食品添加剂使用标准》（GB 2760—2014）中除特殊规定外，大多数适用食品均可根据生产需要适量使用。

（3）甜菜红（beet red）：是从植物的根、茎、叶、果实、种子等经加工提取制成的植物类色素。这类色素包括红花黄（carthamins yellow）、姜黄（turmeric）、辣椒红（paprika red）、越橘红（cow berry red）、黑豆红（black bean red）、高粱红（sorghum red）、萝卜红（radish red）、玫瑰茄红（roselle red）等。大多数适用该类色素的食品均可按生产需要适量使用。

（4）虫胶红（紫胶红）（lac dye red）：是紫胶虫在其寄生植物上所分泌的原胶中的一种有色物质，属蒽醌衍生物类化学物。色调可随pH的改变而改变，pH为3～5时，色调为红色；pH为6时，色调为红至紫色；pH≥7时，色调为紫色；按我国国家标准GB 2760—2014规定，其最大使用量不得超过0.5g/kg。

（5）番茄红素（lycopene）：是一种类胡萝卜素，可提供鲜艳的红色且有较强的抗氧化作用。番茄红素来源广泛，分布于番茄、南瓜、西瓜、柿、桃、木瓜、芒果、葡萄等的果实和茶叶以及萝卜、胡萝卜等的根部。番茄红素是由11个共轭及2个非共轭碳碳双键组成的多不饱和脂肪烃，对氧化反应十分敏感，如光、温度、氧气、pH及表面活性物质等均能影响其稳定性。番茄红素是非常有效的单线态氧淬灭剂，同时对氧氮自由基和脂类过氧化反应等具有清除作用。因此番茄红素作为一种新型的天然抗氧化剂而广泛应用于食品工业中。我国国家标准 GB 2760—2014 规定番茄红素（合成）可用于乳制品、糖果、调料、果冻、饮料等，最大使用量为 0.015～0.06g/kg。

（6）β- 胡萝卜素（β-carotene）：胡萝卜素广泛存在于植物性食物中，以胡萝卜、辣椒、南瓜等蔬菜中最多，水果、谷类和动物性食物如蛋黄中也存在。胡萝卜素有三种异构体，α-、β-、γ- 胡萝卜素，其中 β- 胡萝卜素含量最多，是自然界中存在最普遍也是最稳定的天然色素。它们具有由黄到红的颜色，属于多烯色素中的一类。β- 胡萝卜素是人类食品中的正常成分，同时又是人体所需要的营养素之一。因此，在食品生产中应用广泛，最大使用量为 0.02～20g/kg。

2. 合成色素　合成色素主要指用人工合成的方法从煤焦油中制取或以苯、甲苯、萘等芳香烃化合物为原料合成的有机色素，故又称为煤焦油色素或苯胺色素。合成色素按其化学结构又可分为偶氮类和非偶氮类。偶氮类包括柠檬黄、苋菜红等；非偶氮类包括赤藓红、亮蓝等。合成色素性质稳定、着色力强、可任意调色、成本低廉、使用方便，因此被广泛使用。20 世纪 50—60 年代发现不少食用合成色素具有致癌、致畸作用，各国对其已严加控制。合成食用色素为达到安全使用的目的，需进行严格的毒理学评价。另外，许多合成色素除本身或代谢产物有毒性外，在其生产合成的过程中可能由于其原料不纯或受到有毒金属（铅、砷等）污染及生成有毒的中间产物，因此对其生产必须严格管理。要求如下：①纯度达 85% 以上；②杂质含量为砷（以 As 计）≤1mg/kg，铅（以 Pb 计）≤10mg/kg，铜（以 Cu 计）≤30mg/kg；③生产合成色素的厂家必须上报省级以上卫生行政部门，经审批后方可投入生产。目前世界各国允许使用的合成色素几乎多是水溶性色素，包括它们的色淀（即由水溶性色素沉淀在许可使用的不溶性基质上所制得的特殊着色剂，主要是铝色淀）。我国允许使用的合成色素有苋菜红、胭脂红、赤藓红、诱惑红、新红、柠檬黄、日落黄、亮蓝、靛蓝以及它们各自的铝色淀和叶绿素铜钠盐、二氧化钛等共 20 余种。

（1）苋菜红（amaranth）：又名蓝光酸性红，属于偶氮类化合物。1984 年确立 ADI 值为 0～0.5mg/(kg·bw)。按我国国家标准 GB 2760—2014 规定，苋菜红可用于果蔬汁（肉）饮料、碳酸饮料、配制酒、蜜饯凉果、果酱、果冻等制品，在各类适用食品中的使用量为 0.025～0.3g/kg。

（2）柠檬黄（tartrazine）：又称肼黄，经过长期动物实验证明其安全性较高。FAO/WHO 正式确定其 ADI 值为 0～7.5mg/(kg·bw)。我国规定，柠檬黄可用于饮料类配制酒、糖果、风味发酵乳、腌渍蔬菜、果冻、膨化食品等 30 余类制品。按我国国家标准 GB 2760—2014 规定，在各类适用食品中的使用量为 0.04～0.5g/kg。

（3）靛蓝（indigo carmine）：也称酸性靛蓝、磺化靛蓝。1994 年 FAO/WHO 将其 ADI 值规定为 0～5mg/(kg·bw)。按我国国家标准 GB 2760—2014 规定，靛蓝可用于果蔬汁（肉）饮料、碳酸饮料、配制酒、蜜饯类、腌渍蔬菜、膨化食品等制品，在各类适用食品中的最大使用量分别为 0.01～0.3g/kg。

三、护色剂

护色剂（colour fixative），又称发色剂或呈色剂，是指能与肉及肉制品中呈色物质作用，使之在食品加工、保藏等过程中不致分解、破坏，呈现良好色泽的物质。我国允许使用的护色剂有硝酸钠（钾）、亚硝酸钠（钾）、葡萄糖酸亚铁、D-异抗坏血酸及其钠盐7种。常用的护色剂是（亚）硝酸盐，具体的发色过程如下：肉类腌渍时加入亚硝酸盐和硝酸盐，后者在硝酸盐还原菌的作用下可转变为前者。亚硝酸盐在酸性条件下（pH 5.5～6.5）可由细菌分解为亚硝酸，进而转变为一氧化氮。一氧化氮能取代肌红蛋白分子中铁的配位体，形成鲜红的亚硝基肌红蛋白。一氧化氮还能直接与高铁肌红蛋白反应，使之还原为亚硝基肌红蛋白。亚硝基肌红蛋白不稳定，必须经过加热或烟熏，在盐的作用下使其蛋白质部分变性，转变为一氧化氮亚铁血色原，才能变为比较稳定的粉红色。腌肉过程中硝酸盐和亚硝酸盐变化的途径及化学反应式见图5-1。

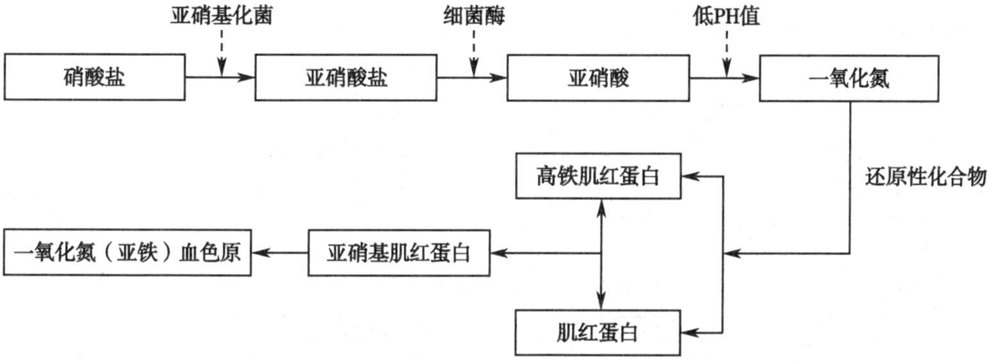

图5-1 硝酸盐和亚硝酸盐生色反应的途径

（亚）硝酸盐除对肉制品有护色作用外，还对微生物的繁殖有一定的抑制作用，特别是对肉毒梭状芽胞杆菌有特殊抑制作用。此外，亚硝酸盐还可提高腌肉的风味。

但是在保证色泽良好的条件下，护色剂的用量应限制在最低水平。因为机体内大量摄入亚硝酸盐，可使血红蛋白转变为高铁血红蛋白，失去其运输氧的能力而导致发绀。（亚）硝酸盐还是N-亚硝基化合物的前体物，而N-亚硝基化合物对动物具有较强致癌作用。因此，在加工工艺可行的情况下，应尽量使用（亚）硝酸盐的替代品。另外，在使用发色剂的同时，常常加入一些能促进发色的物质，这些物质称为"发色助剂"。在肉类腌制品中最常用的发色助剂为L-抗坏血酸、L-抗坏血酸钠及烟酰胺等，这些物质的使用可以减少（亚）硝酸盐的使用量，从而降低对人体的危害。鉴于（亚）硝酸盐可能存在的致癌性，欧共体建议不得将其用于儿童食品。我国《食品安全国家标准 食品添加剂使用标准》（GB 2760—2014）明确规定了其使用范围、最大使用量及残留量（表5-2）。

表5-2 护色剂的使用标准及ADI值

名称	使用范围	最大使用量*/(g/kg)	残留量*/(g/kg)	ADI**/mg/(kg·bw)
硝酸钠（钾）	肉制品	0.50	0.03	0～5
亚硝酸钠（钾）	畜禽肉类罐头	0.15	0.05	0～0.2
	肉制品	0.15	0.03	
	西式火腿	0.15	0.07	

注：*残留量以亚硝酸钠计；**ADI值根据FAO/WHO1994年建议。

四、防腐剂

1. 防腐剂的概述   防腐剂(preservative)是指防止由微生物引起的食品腐败变质、延长食品储存期的物质。一般将其分为酸型、酯型和生物型等。按照来源和性质可分为化学防腐剂和天然防腐剂两类。按其抗微生物的作用和性质,可分为杀菌剂和抑菌剂。一般认为,防腐剂对微生物的作用在于抑制微生物的代谢,使微生物的发育减缓和停止。目前,世界各国允许使用的食品防腐剂种类很多,美国有 50 余种,日本有 40 余种,我国 GB 2670 公布允许使用的有苯甲酸(benzoic acid)及其钠盐、山梨酸(sorbic acid)及其钾盐、脱氢乙酸、丙酸(propanoic acid)等 30 余种。防腐剂大多是人工合成的,超标准使用会对人体造成一定损害。我国食品安全国家标准严格规定了其在适用食品中的最大使用量。

2. 各类防腐剂

(1) 酸性防腐剂:苯甲酸、山梨酸、丙酸都是有机酸,其防腐效果主要来自非解离性的分子,作用强度随 pH 而定,食品保持在低 pH 范围内则防腐效果较好,而在碱性条件下几乎无效。我国《食品安全国家标准 食品添加剂使用标准》(GB 2760—2014)给出了常见防腐剂的抗菌效果。见表 5-3。

表 5-3   防腐剂的抗菌效果

名称	真菌	酵母	乳酸菌	革兰氏阳性菌(无芽胞)	革兰氏阴性菌(无芽胞)
苯甲酸	++	++	++	++	++
山梨酸	+++	+++	−	++	++
丙酸	++	−	−	++	++
对羟基苯甲酸*	+++	+++	++	+++	++

注:+++ 强,++ 普通,+ 微弱,− 无效。

* 对羟基苯甲酸的抗菌效果不受 pH 影响,在固体状态下杀菌效果强;其余几种防腐剂均在酸性条件下,杀菌效果较好。

1) 苯甲酸及其钠盐:苯甲酸又称安息香酸,无臭或略带安息香或苯甲醛的气味。性质稳定,但有吸湿性,在酸性条件下对多种微生物有明显的杀菌、抑菌作用,但对产酸菌作用较弱。苯甲酸主要用于碳酸(果汁)饮料、低盐酱菜、酱类、蜜饯、葡萄酒、果酒、软糖、酱油、食醋等多种食品中。一般认为苯甲酸的毒性较低。FAO/WHO 建议其 ADI 值为 0～5mg/(kg•bw)(以苯甲酸计)。我国《食品添加剂使用标准》(GB 2760—2014)规定:碳酸饮料最大使用量为 0.2g/kg;蜜饯最大使用量为 0.5g/kg;果酒、除胶基糖果以外的其他糖果最大使用量为 0.8g/kg;低盐酱菜、酱类、酱油、食醋、果酱(不包括罐头)、果汁(味)型饮料最大使用量为 1.0g/kg;风味冰最大使用量为 1.0g/kg(混用或单独使用)。

2) 山梨酸及其钾盐:山梨酸又名花楸酸,是一种不饱和脂肪酸,微溶于水而溶于有机溶剂,所以多用其钾盐。山梨酸可参与体内正常代谢,几乎对人体无害,是目前国际上公认较好的防腐剂。其抗菌性强,能抑制细菌、真菌和酵母的生长,防腐效果好。目前国外使用山梨酸、山梨酸钾代替护色剂亚硝酸盐,既可以防止肉毒梭菌芽胞的发育,又可以降低亚硝胺的含量。FAO/WHO 规定其 ADI 值为 0～25mg/(kg•bw)(以山梨酸计)。我国《食品添加剂使用标准》(GB 2760—2014)规定,在各类适用食品中的最大使用量分别为 0.075～2.00g/kg。

3）丙酸及其盐类：丙酸及其盐类是有效的真菌抑制剂。丙酸盐主要用于面包、糕点类食品，对控制面包生霉和发黏非常有效，但是对于酵母菌基本无影响。丙酸还可以直接用于处理水果、蔬菜。《食品添加剂使用标准》(GB 2760—2014)规定，在各类适用食品中的最大使用量分别为 0.25～50g/kg。

（2）酯型防腐剂：包括对羟基苯甲酸酯类（甲、乙、丙、异丙、丁、异丁等酯），是苯甲酸的衍生物。对细菌、真菌及酵母菌有广泛的抑制作用，但对革兰氏阴性杆菌及乳酸菌作用较弱。其作用是抑制微生物细胞呼吸酶与电子传递酶系的活性，破坏微生物的细胞膜结构。其防腐效果受 pH 的影响小，在 pH 4～8 范围内均有较好效果。在水中溶解度小，但对羟基苯甲酸乙酯和对羟基苯甲酸丙酯复配使用可提高溶解度，并有协同效应。由于摄入体内后代谢途径与苯甲酸基本相同，不在体内蓄积，故毒性很低，有时也用于代替酸性防腐剂。按毒性大小顺序排列：苯甲酸 > 对羟基苯甲酸酯类 > 山梨酸。我国《食品添加剂使用标准》(GB 2760—2014)规定：对羟基苯甲酸乙酯最大使用量，用于酱油、酱制品为 0.25g/kg；用于食醋为 0.25g/kg；用于糕点馅为 0.50g/kg（单独或混用总量）；热凝固蛋制品为 0.20g/kg；用于果蔬保鲜为 0.012g/kg；碳酸饮料为 0.20g/kg。

（3）生物型防腐剂：乳酸链球菌素（nisin）又称为乳链菌肽，主要是乳酸链球菌产生的由 34 种氨基酸构成的一种多肽物质，属微生物的代谢产物。因其是由氨基酸组成的类蛋白质物质，能被人体消化道中的蛋白水解酶水解，所以是一种高效、无毒的天然食品防腐剂。乳酸链球菌素对大多数革兰氏阳性菌，如金黄色葡萄球菌、片球菌、单核细胞增生李斯特氏菌、肠球菌、小球菌，尤其对产芽胞菌如肉毒杆菌等厌氧芽胞杆菌及嗜热脂肪芽胞杆菌有很强的抑制作用，也能抑制酪酸杆菌，但对真菌和酵母的影响很弱。乳酸链球菌素不会引起肠道菌群紊乱，不会出现抗药性及与其他抗生素产生交叉抗性。乳酸链球菌素对热稳定，可在食品加热时一起使用，减少加热时间，节省食品加工过程的能耗，降低营养成分的破坏程度。一般认为乳酸菌素抑菌机制分为两步：①乳酸菌素吸附于微生物的细胞质膜表面；②与细胞膜结合形成管状结构，引起细胞膜的渗漏，导致小分子量的细胞质成分如钾离子、氢离子、氨基酸、核苷酸等物质迅速流失和膜电位下降，并立即对 DNA、RNA、蛋白质和多糖等物质的生物合成产生抑制作用。乳酸菌素已广泛应用于乳制品、罐藏果蔬食品的保藏，在畜、禽、鱼肉食品中也有一定的保藏效果。我国《食品添加剂使用标准》(GB 2760—2014)批准乳链菌素在食用菌、藻类罐装食品、酱油、复合调味料中最大使用量为 0.2g/kg，肉制品和乳制品中的最大使用量为 0.5g/kg。

（4）其他防腐剂

1）双乙酸钠（sodium diacetate）：对耐热菌马铃薯杆菌、枯草杆菌的孢子有很强的抑制作用。有防止谷类和豆制品真菌繁殖的作用。双乙酸钠可广泛应用于焙烤制品、各种油脂、肉制品、软糖、调味汁、小吃食品和汤料等食品。我国《食品添加剂使用标准》(GB 2760—2014)规定，在各类适用食品中的最大使用量分别为 1～10g/kg。

2）二氧化碳（carbon dioxide）：在常温下为无色、无臭气体，在 0℃和 0.1MPa 下凝成液体，快速蒸发时部分形成固体，略有酸味。二氧化碳分压的增高，主要是影响需氧微生物对氧的利用，能终止各种需氧微生物呼吸代谢，使微生物失去生存的必要条件。但二氧化碳只能抑制微生物生长，而不能杀死微生物。《食品添加剂使用标准》(GB 2760—2014)规定按生产需要适量使用。

3）天然植物型防腐剂：目前，从香辛料和传统中草药中提取有效抑菌成分是天然植物型防腐剂研发的热点之一。近来发现厚朴、生姜、地榆、草果、大蒜、生姜、花椒、丁香、黑胡椒、香薷、肉豆蔻等许多香辛料的提取物都具有一定的防腐抑菌作用。此外，一些药食同源的中草药及其提取物不仅具有一定的药用价值，而且具有一定的防腐抑菌功能，如甘草、黄连、防风等。

五、甜味剂

甜味剂（sweetener）是指使食品呈以甜味的物质。甜味剂是世界各地使用最多的一类添加剂，在食品工业中具有十分重要的地位。我国允许使用的甜味剂有甜菊糖苷、糖精钠、环己基氨基磺酸钙（甜蜜素）、天门冬酰苯丙氨酸甲酯（阿斯巴甜）、乙酰磺胺酸钾（安赛蜜）、甘草、木糖醇、麦芽糖醇等20余种。

1. 甜味剂的种类　甜味剂有几种不同的分类方法。若按其化学结构和性质分类可分为糖类和非糖类甜味剂等。糖类甜味剂如蔗糖、葡萄糖、果糖等在我国通常称为糖，常作为一般食品，仅糖醇类和非糖甜味剂才作为食品添加剂管理。糖醇类甜味剂的甜度与蔗糖差不多，或因其热值较低，或因其与葡萄糖有不同的代谢过程，除作为甜味剂外，尚有某些特殊的用途。非糖类甜味剂的甜度很高，用量极少，热值很小，多不参与代谢过程，常称为低热值甜味剂。按其来源又可将甜味剂分为天然甜味剂和人工合成甜味剂。天然甜味剂包括糖醇类和非糖醇类二类。糖醇类包括木糖醇（xylitol）、山梨糖醇（sorbitol）、甘露糖醇（mannitol）、乳糖醇（lactitol）、麦芽糖醇（maltitol）、异麦芽醇（isomaltitol）和赤藓糖醇（erythtitol）。非糖醇类包括甜菊糖苷（steviol glycosides）、甘草（glycyrrhiza）、奇异果素（miracle）、罗汉果甜苷（lo-han-kuo extract）和索马甜（thaumates）。人工合成甜味剂有磺胺类、二肽类和蔗糖衍生物三类。磺胺类包括糖精（saccharin）、环己基氨基磺酸钠（sodium cyclamates）和乙酰磺胺酸钾（acesulfame potassium）。二肽类包括天门冬酰苯丙氨酸甲酯（又称阿斯巴甜，aspartame）和阿力甜（alitame）。蔗糖衍生物包括三氯蔗糖（sucralose）、异麦芽酮糖醇（（又称帕拉金糖，palatinose）和新糖（果糖低聚糖，neosuger）。人工合成甜味剂主要是一些具有甜味的化学物质，甜度一般比蔗糖高数十倍甚至数百倍，但是没有任何营养价值，而且近年来陆续发现人工合成甜味剂对人体具有潜在的危害性。理想甜味剂应具有以下特点：①安全性好；②味觉良好；③稳定性好；④水溶性好；⑤价格低廉。

2. 甜味剂的应用

（1）糖精钠（sodium saccharin）：实际上是糖精、糖精钠、糖精钾、糖精铵及糖精钙的统称。甜度为蔗糖的300～500倍，在水中溶解度低，一般使用其钠盐。糖精钠由甲苯和氯磺酸合成，在体内不能被利用，大部分经肾排出而不损害肾功能，不改变体内酶系统的活性。1997年FAO/WHO将糖精ADI值规定为0～5mg/（kg·bw）。我国允许糖精钠使用的范围有腌渍蔬菜、饮料、蜜饯凉果、冷饮、糕点、饼干、面包、坚果、配制酒、复合调味料等，最大使用量为0.15～5g/kg。虽然糖精的价格较低且其安全性基本肯定，但缺点是使用量过大时有金属苦味，而且产品中易带有致癌物质邻甲苯磺酰胺。

（2）天门冬酰苯丙氨酸甲酯又称阿斯巴甜（aspartame）：甜度高、味感具有和蔗糖近似的清爽甜味，无金属涩味，微溶于水，难溶于酒精，其甜度是蔗糖的100～200倍。阿斯巴甜是一种二肽衍生物，食用后在体内分解成相应的氨基酸，对血糖没有影响，也不会造成蛀齿。

但由于其含有苯丙氨酸，故不能用于苯丙酮酸尿症患者，原因是该患者肝细胞内的苯丙氨酸羟化酶缺乏，使苯丙氨酸正常代谢途径受阻，导致苯丙氨酸在体内蓄积，并转化为过多的苯丙酮酸等。因此，必须在使用食品的标签上标明苯丙氨酸的含量。1994 年 FAO/WHO 推荐其 ADI 值为 0～40mg/（kg·bw）。最新《食品添加剂使用标准》（GB 2760—2014）规定了水产品罐头、醋、油或盐渍水果、加工坚果与籽类、蔬菜、面包、糕点、脂肪类甜品、胶基糖果中阿斯巴甜的最大使用量为 0.3～10g/kg（除餐桌甜味料按生产需要适量使用）。

（3）安赛蜜又称乙酰磺胺酸钾（acesulfame potassium）：是一种健康新型高强度甜味剂，其口味酷似蔗糖，甜度为蔗糖的 200 倍。由于其甜度大、性质稳定、口感清爽、风味良好，不带苦、金属、化学等不良后味，同时大量广泛深入的毒理试验结果证实其安全无副作用，因此在国际甜味剂市场备受青睐。安赛蜜稳定性好，能够耐受 225℃ 的高温，pH 2～10 范围内保持稳定，不与食品或饮料中其他成分发生反应。且其不在人体内代谢，完全不含热量，因此可代替蔗糖在食品和饮料中使用。安赛蜜与其他甜味剂混合使用时能够增加 30%～100% 甜度。我国规定安赛蜜广泛用于饮料、糖果、糕点、冰激凌、果酱、布丁、烘烤食品、奶制品等食品中，《食品添加剂使用标准》（GB 2760—2014）规定，在各类适用食品中的最大使用量分别为 0.3～4.0g/kg（另规定餐桌甜味料最大使用量为 0.04g/ 份）。

（4）糖醇类甜味剂：糖醇是由相应的糖经镍催化加氢制得，其特点是甜度低、热量低、黏度低，代谢途径与胰岛素无关，不会引起血糖升高，不产酸，故常用作糖尿病、肥胖病患者的甜味剂，并具有防龋齿作用。这类物质多数具有一定的吸水性，对改善脱水食品复水性、控制结晶、降低水分活性均有较好的效果。糖醇类甜味剂品种很多，使用较多的有赤藓糖醇、木糖醇、山梨糖醇等。

木糖醇（xylitol）是由木糖（xylose）氢化而形成的五碳多元醇，室温条件下，甜度略低于蔗糖，是山梨糖醇的 2 倍，甘露糖醇的 3 倍，在所有糖醇中甜度最高，直接食用时会有凉爽的口感；其溶液的甜度随温度的变化而变化，低温时接近于甚至高于蔗糖溶液的甜度，高温时则明显低于蔗糖的甜度。木糖醇存在于天然食品中，机体也可以由葡萄糖醛酸合成木酮糖，后者的正常代谢产物即为木糖醇。木糖醇可应用于甜点、巧克力、糖果盒口香糖的生产，尤其是无糖产品和非致龋齿性口香糖，具有润喉、洁齿、防龋齿等特点。

赤藓糖醇（erythritol）的甜度为蔗糖的 70%～80%，其能量在蔗糖的 1/10 以下，属于低热糖醇。赤藓糖醇在自然界中的分布非常广泛，海藻、蘑菇以及甜瓜、葡萄、桃等水果均含有赤藓糖醇。其大部分在小肠吸收，但不能通过酶系统进行代谢而几乎全从尿中排泄。因此，不会干扰机体正常的代谢，可广泛用于焙烤制品、巧克力、各类糕点、各类糖果、口香糖、乳制品、软饮料以及糖尿病病人专用的食品当中，不仅能较好地保持了食品的色香味，而且还能有效地防止食品变质。赤藓糖醇与糖精钠、阿斯巴甜、安赛蜜共用时的甜味特性也很好，可掩盖强力甜味剂通常带有的不良味感或风味。

部分糖醇具有膳食纤维功能，可预防便秘、结肠癌等，其缺点是糖醇类在大量食用时一般都具有缓泻作用，有的还有腹胀、产气作用，美国等国家规定在所加食品的标签上要注明"过量可导致腹泻"字样。1994 年，FAO/WHO 推荐木糖醇、麦芽糖醇、山梨糖醇及乳糖醇 ADI 值均不作特殊规定。我国《食品添加剂使用标准》（GB 2760—2014）规定按生产需要适量使用（除山梨糖醇在生湿面制品中最大使用量为 30.0g/kg）。

（5）甜菊糖苷：是从天然植物甜叶菊的干叶中提出来的一种含二萜烯的糖苷，属于高甜度、低热能、纯天然的甜味剂，甜度约为蔗糖的 300 倍，能量仅为蔗糖的 1/300，但刺激缓慢，浓度高时略带苦味。经大量药物实验证明，甜菊糖苷食用安全，是一种可替代蔗糖，非常理想的甜味剂。甜菊糖还具有保健功能，不仅可以预防糖尿病、高血压、小儿龋齿、肥胖病、心脏病等症，而且还具有良好的辅助治疗作用，是医药、食品、化妆品等工业的理想代糖品。我国《食品添加剂使用标准》(GB 2760—2014) 规定其可用于蜜饯凉果、糖果、糕点、调味品、烘焙 / 炒制坚果与籽类、饮料类、膨化食品等，最大使用量为 0.17～10g/kg（另餐桌甜味料为 0.05g/ 份）。但有研究发现，甜菊糖苷可能有一定的致癌作用，故我国香港等地已禁止销售含有甜菊糖苷的食品。

（6）罗汉果甜苷：罗汉果为多年生蔓生植物，属于葫芦科草本蔓藤植物，主要栽培在中国的广西北部，呈白色结晶状粉末，甜味绵延，带有类似甜菊糖的后苦味。罗汉果甜苷的甜度为蔗糖的 300 倍且含热量低，是糖尿病患者稳定且无发酵性的理想添加剂。

（牛玉存）

🔲 小结：

本章介绍了我国食品添加剂的概念、分类、使用要求，以及食品添加剂的安全性评价方法和卫生管理。同时介绍了国际上其他组织和国家对食品添加剂的卫生管理。介绍了常用食品添加剂包括抗氧化剂、着色剂、护色剂、防腐剂和甜味剂的功能、用途、允许使用的主要品种、适用范围和最大使用量或者残留量等。

第六章　各类食品的卫生及管理

各类食品在生产、运输、储存、销售等环节，均有可能受到生物性、化学性及物理性有毒有害物质的污染，威胁人类健康。本章将讨论各类食品及食品加工的卫生问题和卫生管理要求，有利于对各类食品进行有效的监督和管理，确保食品安全。

第一节　粮豆的卫生及管理

粮豆类食品是指粮谷类食品和豆类食品。粮食类食品及其制品是我国居民的主食，在膳食中占有重要的地位，是蛋白质和热能的主要来源，也是一些矿物质和 B 族维生素的重要来源。粮谷类主要包括原粮（小麦、稻谷、玉米、高粱、大麦、燕麦、小米、荞麦等）和成品粮（面粉、大米等）。豆类主要有富含优质蛋白质和亚油酸的黄豆、黑豆和青豆等以及含优质蛋白质较少的豌豆、绿豆、红豆、芸豆等。影响粮豆质量变化的主要因素有温度、水分、氧气、地理位置、仓库结构、粮堆的物理化学和生物特性，还有微生物、农药、有害物质、仓虫等。

一、粮豆的主要卫生问题

1. 真菌及其毒素的污染　粮豆在生长、收获及贮存过程的各个环节均可受到真菌的污染。当环境温度增高、湿度较大时，真菌易在粮豆中生长繁殖，分解其营养成分并可能产生真菌毒素，引起粮豆霉变而导致粮豆的感官性状发生改变，营养和食用价值降低，甚至对人体健康造成危害。常见的污染菌有曲霉、青霉、毛霉、根霉和镰刀菌等。

2. 农药残留　粮豆中农药的残留来自：①防治病虫害和除草时直接施用农药；②通过水、空气、土壤等途径从污染的环境中吸收；③在贮存、运输及销售过程中由于防护不当受到污染等。粮豆中残留的农药最后可通过膳食进入人体，引起食源性疾病或慢性毒性。

3. 有害有毒物质的污染　粮豆中有害化学物质的污染来源有：①未经处理或处理不彻底的工业废水和生活污水灌溉农田、菜地，可能含有汞、镉、砷、铅、酚和氰化物等；②某些地区自然环境中本底含量过高，如山西等地含氟、西部地区含砷、红黄土壤生产的粮食含硒相对较高；③加工过程或包装材料造成的污染，如含氯塑料作为垃圾焚烧时会产生二噁英污染土壤。一般情况下，有害有机成分经过生物、物理及化学方法处理后可减少甚至清除，但以重金属为主的无机有害成分或中间产物不易降解，生物半衰期长，可通过富集作用严重污染农作物。

4. 仓储害虫　我国常见的仓储害虫有甲虫（大谷盗、米象和黑粉虫等）、螨虫（粉螨）及蛾类（螟蛾）等50余种。当仓库温度在18～21℃、相对湿度65%以上时易在原粮、半成品粮豆上孵化虫卵、生长繁殖，使粮豆发生变质失去或降低食用价值；当仓库温度在10℃以下，湿度为65%时，害虫活动减少。世界粮食每年因仓储害虫污染而造成的损失可达5%～30%。

5. 其他污染　粮豆类在储存过程中，由于自身酶的作用，营养素发生分解，从而导致其风味和品质发生改变。污染谷类的无机夹杂物主要包括泥土、砂石和金属等，分别来源于田间、晒场、农具及机械设备，这类污染物不仅影响感官性状，并且还可对牙齿和胃肠道组织造成一定损害。其次毒麦、麦仙翁籽、毛果洋茉莉籽、槐籽、曼陀罗等植物种子在收割时容易混入。这些种子含有有毒成分，误食后对机体可产生一定的毒性作用。近些年，粮豆中掺杂掺假的现象时有发生，如在大米中掺杂霉米、陈米等；将陈米抛光打磨处理后以次充好；在米粉和粉丝中加入有毒的荧光增白剂；在面制品中掺入禁用的吊白块等。粮豆转基因食品的卫生安全问题也受到广泛关注，其转基因产品对人体有无危害及危害大小也成为争议热点。

二、粮豆的卫生管理

1. 粮豆的安全水分　在贮藏期间粮豆的代谢活动主要表现在呼吸作用和后熟作用，水分含量的高低与其贮藏时间的长短和加工方式密切相关。粮豆水分含量过高时，其代谢活动增强而发热，真菌、仓虫易生长繁殖，使粮豆发生霉变，因此，应将粮豆水分含量控制在安全水分以下。粮谷的安全水分为12%～14%，豆类为10%～13%，花生为8%。籽粒饱满、成熟度高、外壳完整、晒干扬净的粮豆贮藏性更好，因此应加强粮豆入库前的质量检查，同时还应控制粮豆贮存环境的温度和湿度。

2. 安全仓储的卫生要求　粮豆具有季节生产、全年供应的特点，为使粮豆在贮藏期保持原有的质量，其卫生管理要求包括：①仓库建筑应坚固、不漏、不潮，能防鼠防雀；②保持粮库的清洁卫生，定期清扫消毒；③控制仓库内温度、湿度，按时通风、翻仓、晾晒，降低粮温，掌握顺应气象条件的门窗启闭规律；④监测粮豆温度和水分含量的变化，一般温度控制在10℃以下，相对湿度小于70%，同时注意气味、色泽变化及虫害情况，加强粮豆的质量检查，发现问题立即采取措施。此外，仓库使用熏蒸剂防治虫害时，要注意使用范围和用量，熏蒸后粮食中的药剂残留量必须符合国家卫生标准才能出库、加工和销售。

3. 运输、销售过程的卫生要求　粮豆运输时，铁路、交通和粮食部门要认真执行安全运输的各项规章制度，搞好粮豆运输和包装的卫生管理。运粮应有清洁卫生的专用车以防止意外污染。对装过毒品、农药或有异味的车船未经彻底清洗消毒的，禁止用于装运粮豆。粮豆包装必须专用并在包装上标明"食品包装用"字样。包装袋使用的原材料应符合卫生要求，袋上油墨应无毒或低毒，不得向内容物渗透。销售单位应按食品经营企业的食品安全管理要求设置各种经营房舍，搞好环境卫生。加强成品粮卫生管理，对不符合食品安全标准的粮豆不进行加工和销售。

4. 防治农药和有害金属的污染　严格遵守《农药安全使用规定》和《农药安全使用标准》，采取的措施是：①针对农药毒性和在人体内的蓄积性，不同作物及条件，选用不同的农药和剂量；②确定农药的最高用药量；③确定合适的施药方式；④制定农药在食品中的最大残留限量标准。

使用污水灌溉采用的主要措施有：①污水在灌溉前应先经无害化处理，使水质符合《农田灌溉水质标准》，并根据作物品种掌握灌溉时期及灌溉量；②定期检测农田污染程度及农作物的无机有害物残留量，防止污水中重金属等有毒物质对粮豆的污染；③粮豆生产过程中使用的工具、器械、容器、材料等应严格控制其卫生质量。

5. 防止无机有害物质及有毒种子的污染　粮豆中混入的泥土、砂石、金属屑及有毒种子对粮豆的保管、加工和食用均有很大的影响。为此，应加强选种、种植及收获后的管理，尽量减少有毒种子污染；在粮豆加工过程中使用过筛、吸铁和风车筛选等设备有效去除有毒种子和无机夹杂物；制定粮豆中各种有毒种子的限量标准并进行监督。我国规定，按质量计麦角不得大于 0.01%，毒麦不得大于 0.1%。

第二节　蔬菜、水果的卫生及管理

蔬菜和水果属于鲜活商品，呼吸作用是蔬菜和水果采后最主要的代谢过程，是维持果蔬生命活动能量的来源，分为有氧呼吸和无氧呼吸两种，其中以有氧呼吸为主。果蔬含水量大，营养丰富，富含人体必需的维生素、矿物质、糖、膳食纤维等，尤其维生素 C 含量丰富，在人类膳食中占有重要的地位，目前占我国居民膳食组成的 1/3 以上。我国蔬菜、水果的生产基地主要集中在城镇郊区，栽培过程中容易受到工业废水、生活污水、农药等有毒有害物质的污染。

一、蔬菜、水果的主要卫生问题

（一）细菌及寄生虫污染

蔬菜、水果在栽培过程中因施用人畜粪便和用生活污水灌溉被肠道致病菌和寄生虫卵污染的情况较为严重，据调查有的地区蔬菜中大肠埃希氏菌的阳性检出率为 67%～95%，蛔虫卵检出率为 89%，钩虫为 22%。另外，在运输、贮藏或销售过程中若卫生管理不当，也可受到肠道致病菌的污染。表皮破损严重的水果大肠埃希氏菌检出率高。水生植物，如红菱、茭白、荸荠等有可能被姜片虫囊蚴污染，生吃可导致姜片虫病。

（二）有害化学物质的污染

1. 农药污染　蔬菜和水果最严重的污染问题是农药残留。农药污染成为化学性污染最重要的方面。甲胺磷为高毒杀虫剂，禁止在蔬菜、水果上使用，但目前发现甲胺磷不仅广泛存在于各种蔬菜、水果中，而且含量也较检出的其他有机磷农药高。2010 年海南"毒豇豆"事件中被检测出含有禁用农药水胺硫磷，同年青岛市"毒韭菜"事件的起因也是菜农加大了用药量和用药频率，使蔬菜农药残留严重超标，尤其是夏季生长的农作物，因为高温多雨，虫害频发，农药施用量大，次数多，所以农药残留较高。

2. 工业废水污染　工业废水中含有许多有害物质，如镉、铅、汞、酚等。蔬菜水果中铅含量超标较明显；有些地区镉是蔬菜、水果的主要污染物，主要因用未经处理的工业废水灌溉所致。据调查我国平均每人每天摄入铅 86.3μg，其中 23.7% 来自蔬菜；平均每人每天摄入镉 13.8μg，其中 23.9% 来自蔬菜。用含砷废水灌溉菜地，可使小白菜含砷量高达 60～70mg/kg（一般蔬菜中平均含砷量为 0.5mg/kg 以下）。

3. 其他污染　蔬菜、水果在生长时遇到干旱或收获后不恰当地存放、贮藏和腌制，以及土壤长期过量施用氮肥,使硝酸盐和亚硝酸盐含量增加。近年,蔬菜水果的激素污染日益受到关注,如在栽培过程中利用激素给瓜果蔬菜催熟或使用激素类农药,人长期食用这种被污染的食物,会造成机体内分泌功能失调,影响正常生长发育。

二、蔬菜、水果的卫生管理

1. 防止肠道致病菌及寄生虫卵的污染　具体措施有:①人畜粪便应经无害化处理后再施用,采用沼气池比较适宜,不仅可杀灭致病菌和寄生虫卵,还可提高肥效、增加能源途径;②生活或工业污水必须先经沉淀去除寄生虫卵和杀灭致病菌后方可用于灌溉;③水果和蔬菜在生食前应清洗干净或消毒;④蔬菜水果在运输、销售时应剔除烂根残叶、腐败变质及破损部分,推行清洗干净后小包装上市。

2. 施用农药的卫生要求　蔬菜的特点为生长期短,植株的大部分或全部均可食用而且无明显成熟期,有的蔬菜自幼苗期即可食用,一部分水果食前也无法去皮。因此,应严格控制蔬菜水果中农药残留,具体措施是:①应严格遵守并执行有关农药安全使用规定,高毒农药不准用于蔬菜、水果,如甲胺磷、对硫磷等;②选用高效低毒低残留农药,并根据农药的毒性和残效期来确定对作物使用的次数、剂量和安全间隔期;③制定和执行农药在蔬菜和水果中最大残留量限量标准,应严格依据《食品中农药最大残留限量》(GB 2763—2016)的规定,如百草枯在香蕉中的最大残留限量为 0.02mg/kg,敌百虫在普通白菜的最大残留限量为 0.1mg/kg,百菌清在黄瓜中的最大残留限量为 5mg/kg;④慎重使用激素类农药。此外,过量施用含氮化肥会使蔬菜受硝酸盐污染,对茄果类蔬菜在收获前 15~20 天,应少用或停用含氮化肥,且不应使用硝基氮化肥进行叶面喷肥。

3. 工业废水灌溉的卫生要求　工业废水应经无害化处理,水质符合国家工业废水排放标准后方可灌溉菜地;应尽量采用地下灌溉方式,避免污水与瓜果蔬菜直接接触,并在收获前 3~4 周停止使用工业废水灌溉。

4. 贮藏的卫生要求　蔬菜、水果水分含量高,组织娇嫩,易损伤和腐败变质,保持蔬菜水果新鲜度的关键是合理贮藏。贮藏条件应根据蔬菜、水果的种类和品种特点而定。一般保存蔬菜、水果的适宜温度是 10℃左右,此温度既能抑制微生物生长繁殖,又能防止蔬菜、水果间隙结冰,避免在冰融时因水分溢出而造成蔬菜水果的腐败。蔬菜水果大量上市时可用冷藏或速冻的方法。保鲜剂可延长蔬菜水果的贮藏期限并提高保藏效果,但也会造成污染,应合理使用。^{60}Co-γ 射线辐射法能延长其保藏期,效果比较理想。

第三节　畜、禽肉类食品的卫生及管理

畜肉食品包括牲畜的肌肉、内脏及其制品,能供给人体所必需的多种营养素,且吸收好、饱腹作用强、故食用价值高。但肉品易受致病菌和寄生虫的污染,易于腐败变质,导致人体发生食物中毒、肠道传染病和寄生虫病,因此,必须加强和重视畜肉的卫生管理。

一、肉类的主要卫生问题

1. 细菌污染　肉类食品的细菌污染有腐败菌和致病菌两大类。腐败菌能引起肉品感官性状的改变,严重时不能食用。沙门氏菌、致病性大肠埃希氏菌、志贺氏菌、李斯特氏菌、

空肠弯曲杆菌、变形杆菌、葡萄球菌、肉毒梭状芽胞杆菌等致病菌会引起细菌性食物中毒。

2．寄生虫和虫卵的污染　许多人畜共患寄生虫病，如猪囊尾蚴病、绦虫病、旋毛虫病等，可通过食用受到寄生虫及虫卵污染的畜禽肉品，引起人体感染寄生虫病。

3．人畜共患传染病病原体的污染　人畜共患传染病的病原体包括致病菌和病毒，如炭疽杆菌、鼻疽杆菌、结核分枝杆菌、布鲁氏菌以及口蹄疫、丹毒、牛海绵状脑病、水疱病和猪瘟等病毒。人畜共患传染病是最严重的食源性疾病，全世界已证实的人畜共患传染病有200多种，在许多国家流行的主要人畜共患传染病有50余种。

4．农药残留　畜禽肉类农药残留主要来源于以农作物做的饲草饲料，而农作物对土壤中的有机农药有生物富集作用。由于有机农药是脂溶性的，进入禽畜体内不易排出。畜禽肉中农药残留也可能是对动物或厩舍使用农药造成的。肉类食品的化学农药残留主要是有机磷、有机氯、氨基甲酸酯和拟除虫菊酯。有机氯含量超标曾引起我国出口欧盟兔肉严重受阻。

5．兽药残留　用于畜禽预防和治疗疫病的药物种类很广，包括抗生素、磺胺制剂、驱虫剂、生长促进剂和各种激素制品等，在畜禽养殖过程中使用这些药物，使畜禽体内发生残留。目前在动物生产中使用的抗生素主要有 β- 内酰胺类、四环素类、大环内酯类、氨基糖苷类等，这些抗菌类药物进入人体后会慢慢积累，导致各种慢性中毒，甚至有些抗生素具有"三致"作用。另外，饲养者为了促进动物生长，增加体重，提高饲料转化率，在喂养家畜动物中添加激素，如生长激素、性激素和兴奋剂等。当人们食用这些肉类后，就会出现性早熟、乳腺癌、高血压、心脏病等多种疾病。

二、肉类的腐败变质

牲畜屠宰时肉呈中性或弱碱性（pH 7.0～7.4），宰后畜肉从新鲜到腐败变质要经僵直、后熟、自溶和腐败四个过程。

1．僵直　刚宰杀的畜肉中糖原和含磷有机化合物在组织酶的作用下分解为乳酸和游离磷酸，使肉的酸度增加（pH 5.4～6.7）。pH 为 5.4 时达到肌凝蛋白等电点，肌凝蛋白开始凝固，导致肌纤维硬化出现僵直，此时肉有不愉快气味，肉汤浑浊，食用时味道较差。此时的肉品一般不宜直接用作烹饪原料。僵直一般出现在宰后 1.5h（夏季）或 3～4h（冬季）。

2．后熟　僵直后，肉内糖原继续分解为乳酸，使 pH 进一步下降，肌肉结缔组织变软并具有一定的弹性，此时肉松软多汁、滋味鲜美，表面因蛋白凝固形成一层干膜，可阻止微生物侵入，这一过程称为后熟。后熟过程与畜肉中糖原含量和外界温度有关。疲劳牲畜的肌肉中糖原少，其后熟过程延长。一般在 4℃时 1～3d 可完成后熟过程，温度越高后熟速度越快。此外，肌肉中形成的乳酸具有一定的杀菌作用，如患口蹄疫的病畜肉经后熟过程，即可达到无害化的目的。畜肉处于僵直和后熟阶段为新鲜肉。

3．自溶　宰杀后的畜肉若在常温下存放，使畜肉原有体温维持较长时间，则其组织酶在无菌条件下仍然可继续活动，分解蛋白质、脂肪而使畜肉发生自溶。此时，蛋白质分解产物硫化氢、硫醇与血红蛋白或肌红蛋白中的铁结合，在肌肉的表层和深层形成暗绿色的硫化血红蛋白并伴有肌肉纤维松弛现象，影响肉的质量，内脏因酶含量高，故自溶速度较肌肉快。当变质程度不严重时，这种肉必须经高温处理后才可食用。为防止肉尸发生自溶，宰后的肉尸应及时降温或冷藏。

4. 腐败 自溶为细菌的入侵、繁殖创造了条件，细菌的酶使蛋白质、含氮物质分解，使肉的 pH 上升，该过程即为腐败过程。腐败变质的主要表现为畜肉发黏、发绿、发臭。腐败肉含有的蛋白质和脂肪分解产物，如吲哚、硫化物、硫醇、粪臭素、尸胺、醛类、酮类和细菌毒素等，可导致人体中毒。

不适当的生产加工和保藏条件也会促进肉类腐败变质，其原因有：①健康牲畜在屠宰、加工、运输、销售等环节中被微生物污染；②病畜宰前就有细菌侵入，并蔓延至全身各组织；③牲畜宰杀前若疲劳过度，则会导致肌糖原减少，宰杀后肉的后熟力不强，产酸少，难以抑制细菌的生长繁殖，会加速肉的腐败变质。

引起肉类腐败变质的细菌最初为在肉表面出现的各种需氧球菌，以后为大肠埃希氏菌、普通变形杆菌、化脓性球菌、兼性厌氧菌（如产气荚膜杆菌、产气芽胞杆菌），最后是厌氧菌。根据菌相的变化可确定肉的腐败变质阶段。

三、肉类的卫生管理

（一）屠宰场所的卫生要求

畜类动物的屠宰是在肉类屠宰加工厂或定点屠宰场进行的。我国《农副食品加工业卫生防护距离　第 1 部分：屠宰及肉类加工业》（GB/T 18078.1—2012）规定：肉类联合加工厂、屠宰场、肉制品厂应建在地势较高、干燥、水源充足、交通方便、无有害气体及其他污染源、便于排放污水的地区，屠宰场的选址应当远离生活饮用水的地表水源保护区。厂房设计要符合流水作业，为避免交叉污染，应按饲养、屠宰、分割、加工冷藏的顺序合理设置。

规模较大的屠宰场应设有宰前饲养场、待宰圈、检疫室、观察饲养室，屠宰、解体、宰后检验、畜肉冷却、冷冻、肉品加工、内脏及血液初步处理、皮毛及污水无害化处理等部门，并设有病畜隔离室、急宰间和病畜无害化处理间等。屠宰场的厂房与设施必须结构合理、坚固、便于清洗和消毒。工作车间墙壁要有不低于 2m 的不透水墙裙，地面要有一定的斜坡度，表面无裂缝，无凹陷；各工作间流水生产线的运输应有悬空轨道传送装置；工作台架宜用便于冲洗和消毒的钢筋水泥制成，下水道应设油脂分离器，使污水排出流畅，污水须经处理后排放；屠宰车间必须设有兽医检验设施，包括同步检验、对号检验、内脏检验等。

（二）畜肉的卫生管理

牲畜容易受致病菌和寄生虫污染而发生腐败变质，导致人体发生食物中毒、肠道传染病和寄生虫病，因此严格的兽医卫生检验是肉品卫生质量的保证。

1. 人畜共患寄生虫病的病畜肉处理和预防措施

（1）猪囊尾蚴病病畜肉处理：我国规定猪肉、牛肉在规定检验部位 40cm^2 面积上，有 3 个或 3 个以下囊尾蚴，可以冷冻或盐腌处理后出厂。冷冻处理方法是使肌肉深部温度达 −10℃，然后在 −12℃放置 10d，或达 −12℃后在 −13℃放置 4d 即可。盐腌要求肉块重量小于 2.5kg，厚度应小于 8cm，在浓食盐溶液中腌制 3w。在 40cm^2 面积上有 4～5 个虫体者，高温处理后可出厂；在 40cm^2 有 6～10 个囊尾蚴者可工业用或销毁，如能将虫体全部清除，可作为复制品的原料；自 11 个起作工业用或销毁。羊肉在 40cm^2 囊尾蚴不超过 8 个者，不受限制出厂；9 个及 9 个以上虫体而肌肉无任何病变者，高温处理或冷冻处理出厂；若发现 40cm^2 有 9 个以上囊尾蚴，肌肉又有病变时，肌肉做工业用或销毁，脂肪炼食用油。为检查处理后畜肉中的囊尾蚴是否被杀死，可进行囊尾蚴活力检验，即取出囊尾蚴，在 37℃加胆汁孵化 1h，未被杀死的囊尾蚴，其头节将从囊中钻出。

预防措施：加强肉品的卫生管理，畜肉须加盖兽医卫生检验合格印戳才允许销售。加强市场管理，防止贩卖病畜肉。对消费者应开展宣传教育，肉类食前需充分加热，烹调时防止交叉污染。对患者应及时驱虫，加强粪便管理。

（2）旋毛虫病病畜肉处理：取病畜横膈肌脚部的肌肉，在低倍显微镜下观察，24 个镜检样本中有包囊或钙化囊 5 个及以下者，肉尸经高温处理后可食用；超过 5 个者，横纹肌和心脏作工业用或销毁，上述两种情况的皮下及肌肉间脂肪可炼食用油，体腔内脂肪不受限制出场。

预防措施：加强贯彻肉品卫生检验制度，未经检验的肉品不准上市；进行卫生宣教，改变生食或半生食肉类的饮食习惯，烹调时防止交叉污染，加热要彻底。

（3）其他：蛔虫、姜片虫、猪弓形虫病等也是人畜共患寄生虫病。

2. 原因不明死畜肉的处理　对死畜肉必须在确定死亡原因后再处理。如确定死亡原因为一般性疾病或外伤且肉未腐败变质，弃内脏，肉尸经高温处理后可食用；如确定死亡原因为中毒，则应根据毒物的种类、性质、中毒症状及毒物在体内分布情况决定处理原则；确定为人畜共患传染病的死畜肉不能食用；死因不明的死畜肉一律不准食用。经过兽医卫生检验的肉品可分为三类：

（1）良质肉：指健康畜肉，食用不受限制。但随着存放温度的增高和 / 或时间的延长，其感官和理化状况将发生改变（表 6-1），失去食用价值。

表 6-1　猪肉不同新鲜程度感官和理化状况

指标项目	一级鲜肉	二级鲜肉	变质肉
感官指标：			
色泽	肌肉有光泽，色红均匀，脂肪洁白	肌肉色稍暗，脂肪缺乏光泽	肌肉无光泽，脂肪呈灰绿色
黏度	外表微干或微湿润，不粘手	外表干燥或粘手，新切面湿润	外表极干燥或粘手，新切面发黏
弹性	指压后凹陷立即恢复	指压后凹陷恢复缓慢且不能完全恢复	指压后凹陷不能恢复，留有明显痕迹
气味	具有鲜肉正常气味	有氨味或酸味	有臭味
煮沸后肉汤	透明澄清，脂肪团聚于表面，具有香味	稍有混浊，脂肪呈小滴浮于表面，无鲜味	混浊，有黄色絮状物，脂肪极少浮于表面，有臭味
理化指标：			
挥发性盐基总氮 /（mg/100g）	≤15	15～25	≥25
汞（以 Hg 计）/（mg/kg）		≤0.05	

（2）条件可食肉：指必须经过高温、冷冻或其他有效方法处理达到卫生要求并食用无害的肉。如患口蹄疫猪的体温正常，其肉和内脏经后熟后可食用；体温升高时其肉和内脏需经高温处理。

（3）废弃肉：指禁止食用的患有烈性传染病（如炭疽、鼻疽等）的牲畜肉尸；严重感染囊尾蚴的肉品；死因不明的死畜肉及严重腐败变质的畜肉等，均应进行销毁或化制而不准食用。

3. 药物残留的处理　为加强兽药残留监控工作，保证动物性食品卫生安全，根据《兽药管理条例》规定，原农业部颁布了《食品安全国家标准　动物性食品中兽药最大残留限量》。由原农业部批准使用的兽药，按质量标准、产品使用说明书规定用于食品动物。根据药物的危害大小，兽药最高残留限量分为四种情况：①不需要制定最高残留限量的，如咖啡因、乙酰水杨酸等；②需要制定最高残留限量的，见表6-2；③不得检出兽药残留的，如地西泮、甲硝唑和赛拉嗪等；④原农业部明文规定禁止用于所有食品动物的兽药，如氯霉素、盐酸克伦特罗和沙丁胺醇等。

《食品安全国家标准　动物性食品中兽药最大残留限量》同时还要求合理使用兽药，遵守休药期（即兽、禽停止给药到允许屠宰，或它们的产品如奶、蛋许可上市的间隔期），加强残留量的检测。

表 6-2　动物性食品中部分抗生素最高残留限量

抗生素	肉类残留限量 /(μg/kg)	抗生素	肉类残留限量 /(μg/kg)
四环素	≤100	红霉素	≤200
金霉素	≤100	链霉素	≤200
土霉素	≤100	青霉素	≤50
林可霉素	≤100	阿莫西林	≤50

（三）屠宰过程的卫生要求

牲畜在屠宰前应禁食 12h，禁水 3h，以防屠宰时胃肠内容物污染肉尸；测量体温（正常体温：猪为 38～40℃、牛为 37.8～39.8℃），体温异常应予隔离。屠宰程序为淋浴、电麻、宰杀、倒挂放血、热烫刮毛或剥皮、破腹、取出全部内脏（肛门连同周围组织一起挖除），修割剔除甲状腺、肾上腺及明显病变的淋巴结，并进行兽医卫生检验。肉尸与内脏统一编号，以便发现问题后及时检出进行卫生处理。经检验合格的肉尸要及时冷却入库，冻肉入冷冻库。

（四）运输销售的卫生要求

肉类食品的合理运输是保证肉品卫生质量的一个重要环节，运输新鲜肉和冻肉应有密闭冷藏车，车上有防尘、防蝇、防晒设施，鲜肉应挂放，冻肉应堆放。合格肉与病畜肉、鲜肉与熟肉不得同车运输，肉尸和内脏不得混放。卸车时应有铺垫。

熟肉制品应采用加盖的专用容器，并使用专用防尘冷藏或保温车运输，每次运输后车辆、工具必须洗刷消毒。肉类零售店应有防蝇、防尘设备，刀、砧板要专用，当天售不完的肉应冷藏保存，次日重新彻底加热后再销售。

为了加强生猪屠宰管理，保证生猪产品（即屠宰后未经加工的胴体、肉、脂、脏器、血液、骨、头、蹄、皮）质量，保障消费者身体健康，国务院颁布了《生猪屠宰管理条例》。国家对生猪实行定点屠宰、集中检疫、统一纳税、分散经营的制度。定点屠宰厂由设区的市级人民政府根据定点屠宰厂的设置规划，组织商品流通行政主管部门和农牧部门以及其他有关部门，依照该条例规定的条件审查、确定并颁发定点屠宰标志牌。未经定点，任何单位和个人不得屠宰生猪，但农村地区个人自宰自食者除外。条例中规定屠宰场应当建立严格的肉品品质检验管理制度，对合格的生猪产品应加盖肉品品质检验合格验讫印章后放行出厂。

从事生猪产品销售、加工的单位和个人以及饭店、宾馆、集体伙食单位销售或者使用的生猪产品应当是定点屠宰厂屠宰的生猪产品。

四、肉制品的卫生及管理

肉制品品种繁多,常见的有干制品(如肉干、肉松)、腌制品(如咸肉、火腿、腊肉等)、灌肠制品(如香肠、肉肠、粉肠、红肠等)、熟肉制品(如卤肉、肴肉、熟副产品)及各种烧烤制品。

1. 在制作熏肉、火腿、香肠及腊肉时,应注意降低多环芳烃的污染。

2. 加工腌肉或香肠时应严格限制硝酸盐或亚硝酸盐使用量,如腌腊肉制品类亚硝酸盐的最大使用量为 0.5g/kg,残留量≤30mg/kg(以亚硝酸钠计)。各类食品具体使用量及残留量参见 GB 2760—2014。

3. 肉制品加工时,还要保证原料肉的卫生质量。必须符合国家卫生标准,防止滥用添加剂。

第四节　乳及乳制品的卫生及管理

乳和乳制品营养丰富,易消化吸收,所含蛋白质、脂肪、碳水化合物、矿物质、维生素等营养素搭配平衡、比例适宜,能充分满足人体必需氨基酸的需要,是我国居民尤其是正在生长发育的婴幼儿、儿童的最理想的天然食品。由于食用人群的特殊性,应严格要求奶及其制品的卫生质量。

一、鲜奶的卫生问题

(一)微生物污染

奶是富含多种营养成分的食品,适宜微生物的生长繁殖,是天然的培养基。微生物污染奶后在奶中大量繁殖并分解营养成分,造成奶的腐败变质。如奶中的乳糖分解成乳酸,使奶的 pH 下降呈酸味并导致蛋白质凝固和分解。蛋白质分解产物,如硫化氢、吲哚等可使奶具有臭味,不仅影响奶的感官性状,而且失去食用价值。

奶中微生物污染按途径可分为内源性污染和外源性污染。内源性污染是指鲜奶在挤出之前受到了微生物污染。一般健康奶畜的乳房中常有细菌存在,当奶牛患乳腺炎和传染病时,导致病原菌污染。外源性污染是指在挤乳过程或乳挤出后被污染,微生物主要来源于乳畜体表,环境,容器,加工设备,挤乳工人的手和蝇类等。

奶中微生物污染按种类分,主要有:

1. 腐败菌　引起奶类腐败变质主要有乳酸菌,丙酸菌,丁酸菌,芽胞杆菌属,肠杆菌科等,其中乳酸菌是乳和乳制品中最常见且数量最多的一类微生物。

2. 致病菌　可引起人乳源性疾病。如食物中毒(沙门氏菌,大肠埃希氏菌),消化道传染病(伤寒,痢疾),人畜共患病(炭疽,口蹄疫),其中许多细菌是牛乳房炎的病原体。

3. 真菌　主要真菌有乳粉孢霉、乳酪粉孢菌、黑念珠真菌等,可引起干酪,奶油等乳制品的霉变和真菌毒素的残留。

(二)化学性污染

奶类中残留的有毒有害化学物质来源主要包括:生产、加工及流通过程污染奶及奶制品，如饲料被杀虫剂、杀菌剂、除草剂等农药污染；防治乳畜疾病的抗生素、驱虫药等兽药残留于乳中；有害元素（如汞、铅、砷等）通过食物链在乳中残留；畜牧业生产中应用多种激素可引起乳中激素残留等。

（三）掺伪

掺伪是指人为地、有目的地向食品中加入一些非所固有的成分，以增加其重量或体积，而降低成本；或改变某种质量，以低劣的色、香、味来迎合消费者贪图便宜的行为。在牛奶中除掺水以外，还有许多其他掺入物。

1. 电解质类　如盐、明矾、石灰水等。这些掺伪物质，有的是为了增加比重，有的是为中和牛奶的酸度以掩盖牛奶变质。

2. 非电解质类　包括以真溶液形式存在于水中的小分子物质，如尿素。或针对因腐败乳糖含量下降而掺蔗糖等。2008 年中国奶制品污染事件是一起重大食品安全事件：事件起因是很多食用某品牌奶粉的婴儿被发现患有肾结石，随后在其奶粉中发现化工原料三聚氰胺。三聚氰胺也称"蛋白精"，是一种以尿素为原料生产的氮杂环有机化合物，由于食品蛋白质含量测试方法的缺陷，三聚氰胺被不法分子非法添加于奶制品中，以提升其蛋白质含量。

3. 胶体物质　一般为大分子液体，以胶体溶液、乳浊液形式存在，如米汤、豆浆等。

4. 防腐剂　如甲醛、硼酸、苯甲酸、水杨酸等，也有人为掺入青霉素等抗生素的情况，其目的是防止腐败，延长保质期。

5. 其他　杂质掺水后为保持牛奶表面活性而掺入洗衣粉，也有掺入白硅粉、白陶土等。

二、奶类的卫生管理

（一）奶类生产的卫生管理

1. 乳品厂、奶牛的卫生要求　乳品厂的厂房设计与设施的卫生应符合《食品安全国家标准 乳制品良好生产规范》（GB 12693—2010）。乳品厂必须建立在交通方便，水源充足，无有害气体、烟雾、灰沙及其他污染的地区；供水设备及用具应取得省级以上卫生行政部门的涉及饮用水卫生安全产品卫生许可批件；生产用水的水质应符合生活饮用水卫生标准（GB 5749—2006）的规定；乳品厂应有配套健全的卫生设施，如废水、废气及废弃物处理设施，清洗消毒设施和良好的排水系统等，并设有贮奶室、冷却室、消毒室等辅助场所。乳品加工过程中各生产工序必须连续，防止原料和半成品积压变质而导致致病菌、腐败菌的繁殖和交叉污染。乳牛场及乳品厂应建立化验室，对投产前的原料、辅料和加工后的产品进行卫生质量检查，乳制品必须检验合格方可出厂。合格原料和包装材料应遵照"先进先出"或"效期先出"的原则，合理安排使用。

乳品加工厂的工作人员应保持良好的个人卫生，遵守有关卫生制度，定期健康检查，取得健康合格证后方可上岗。对传染病及皮肤病患者应及时调离工作岗位。奶牛应定期预防接种及检疫，如发现病牛应及时隔离饲养，用具须严格分开。

2. 挤奶的卫生要求　挤奶的操作是否规范直接影响到奶的卫生质量。挤奶前应做好充分准备工作，使用国家许可的奶牛专业消毒液，也可使用 40℃左右 0.02%～0.03% 高锰酸钾温水溶液，保持乳畜清洁和挤奶环境的卫生，防止微生物的污染。挤奶的容器、用具应严格执行卫生要求，挤奶人员应穿戴好清洁的工作服、帽，洗净双手。挤出的奶应立即进行净化处理，除去奶中的草屑、牛毛、乳块等非溶解性杂质。净化可采用过滤净化或离心净化等方法。通过净化可降低奶中微生物的数量,有利于奶的消毒。

一般情况下,刚挤出的奶中存在少量的微生物,但奶中的乳素(lectcynin)具有抑制细菌生长的作用,其抑菌作用的持续时间与奶中存在的菌量和存放的温度有关。当菌数多、温度高时,抑菌时间就短。一般生奶的抑菌时间在0℃时为48h,5℃时为36h,10℃时为24h,25℃时为6h,30℃时为3h,37℃时为2h,故挤出的奶应及时冷却,并做好挤奶过程各环节的卫生工作,以免微生物大量繁殖造成奶的腐败变质。

(二)奶类贮存、运输过程的卫生管理

为防止微生物对奶的污染和奶的变质,奶的贮存和运输均应保持低温,生乳在挤奶后2h内应降温至0~4℃。运送奶应有专用冷藏车辆,并且应具备完善的证明和记录。

(三)奶的消毒

1.巴氏消毒法　巴氏消毒法优点是能够最大限度地保持鲜奶原有的理化特性和营养,但仅能破坏、钝化或除去致病菌、有害微生物,仍有耐热菌残留。

(1)传统巴氏消毒法:将奶加热到62~65℃,保持30min。优点是能最大限度地保持奶原有状态和营养(尤其是维生素)。但该法所需时间较长,不能有效地杀灭某些致病菌,且生产效率较低,目前较少使用。

(2)高温短时巴氏消毒法:72~75℃加热15~16s或80~85℃加热10~15s。国内使用较多。这种温度会使部分蛋白质和磷酸钙沉淀。

2.超高温瞬时灭菌法　在130~150℃保持0.5~3s。

3.煮沸消毒法　将奶直接加热煮沸,保持10min。方法简单但对奶的理化性质和营养成分有影响,且煮沸时泡沫部分温度低而影响消毒效果。若泡沫层温度提高3.5~4.2℃可保证消毒效果。

4.蒸汽消毒法　将瓶装生奶置蒸汽箱或蒸笼中加热至蒸汽上升后维持10min,奶温可达85℃,该法奶的营养损失小,适于在无巴氏消毒设备的条件下使用。牛奶消毒一般在杀菌温度的有效范围内,温度每升高10℃,奶中细菌芽胞的破坏速度可增加约10倍,而奶褐变的反应速度仅增加约2.5倍,故常采用高温短时间巴氏消毒法,也可采取其他经主管部门认可的有效消毒法。禁止生奶上市。

消毒奶的卫生质量应达到《食品安全国家标准巴氏杀菌乳》(GB 19645—2010)和《食品安全国家标准灭菌乳》(GB 25190—2010)的要求。

(1)感官指标:色泽呈乳白色或微黄色。具有乳固有的滋味和气味,无异味,无沉淀,无凝块,无正常视力可见异物的均匀一致液体。

(2)理化指标:脂肪≥3.1%,牛乳蛋白质≥2.9%,羊乳蛋白质≥2.8%,非脂固体≥8.1%,牛乳酸度(°T)≤12~18,羊乳酸度(°T)≤6~13。

(3)卫生检验:黄曲霉毒素M_1(μg/kg)≤0.5;巴氏杀菌乳的微生物要求:菌落总数(CFU/ml)≤100 000;大肠菌群(CFU/ml)≤5;致病菌不得检出;灭菌乳应符合商业无菌的要求。

(四)病畜奶的处理

奶中的致病菌主要是人畜共患传染病的病原体。当乳畜患有结核、布鲁氏菌病及乳腺炎时,其致病菌通过乳腺使奶受到污染,食用这种未经卫生处理的奶可使人感染患病。对各种病畜奶必须分别给予相应的卫生学处理。

1.结核病畜奶的处理　结核病是牧场牲畜易患的疾病。有明显结核症状的病畜奶禁止食用,应就地消毒销毁,病畜应予处理。对结核菌素试验阳性而无临床症状的乳畜奶,经传统巴氏消毒或煮沸5min后可制成奶制品。

2. 布鲁氏菌病畜奶的处理　羊布鲁氏菌对人易感性强、威胁大,凡有症状的奶羊,禁止挤奶并给予淘汰。患布鲁氏菌病乳牛的奶,经煮沸5min后方可利用。对凝集反应阳性但无明显症状的奶牛,其奶经巴氏消毒后允许作食品工业用,但不得制奶酪。

3. 口蹄疫病畜奶的处理　凡乳房出现口蹄疫病变(如水疱)的病畜奶,禁止食用并就地进行严格消毒处理后废弃;体温正常的病畜奶在严格防止污染情况下,煮沸5min或经巴氏消毒后允许喂饲牛犊或其他禽畜。

4. 乳房炎病畜奶的处理　乳畜乳房局部患有炎症或者乳畜全身疾病在乳房局部有症状表现,其奶均应消毒废弃。

5. 其他病畜奶的处理　乳畜患炭疽病、牛瘟、传染性黄疸、恶性水肿、沙门氏菌病等,其奶均严禁食用和工业用,应予消毒后废弃。

三、乳制品的卫生管理

乳制品包括各种乳粉、炼乳、发酵乳、乳清蛋白粉和奶油等。为提高乳品的卫生质量,维持居民身体健康,各种奶制品均应符合相应的食品安全国家标准,乳汁中不得掺杂、掺假;乳制品使用的食品添加剂的品种和使用量应符合GB 2760—2014的规定。乳制品包装必须严密完整,并注明品名、厂名、生产日期、批号、保存期限及食用方法,包装外食品标签必须与内容相符,严禁伪造和假冒。

1. 乳粉　是以生牛(羊)乳为原料,经加工制成的粉状产品,调制乳粉以生牛(羊)乳或及其加工制品为主要原料,添加其他原料,添加或不添加食品添加剂和营养强化剂,经加工制成的乳固体含量不低于70%的粉状产品。感官性状应为乳黄色、具纯正的乳香味、干燥(水分含量<5%)均匀的粉末,经搅拌可迅速溶于水中不结块。乳粉卫生质量应达到《食品安全国家标准乳粉》(GB 19644—2010)中对菌落总数、大肠菌群以及致病菌的要求。当有苦味、腐败味、霉味、化学药品和石油等气味时禁止食用。

2. 炼乳　可分为淡炼乳、加糖炼乳和调制炼乳。为乳白色或微黄色、有光泽、具有乳的滋味、质地均匀、黏度适中的黏稠液体。其理化指标、污染物限量、真菌毒素和微生物限量等详见《食品安全国家标准炼乳》(GB 13102—2010)的要求,淡炼乳不得检出任何细菌,甜炼乳的微生物指标参见消毒牛奶。

3. 发酵乳　以生牛(羊)乳或乳粉为原料,经杀菌、发酵后制成的pH降低的产品。发酵乳呈乳白色或稍带微黄色,具有特有的滋味、气味,组织细腻、均匀,允许有少量乳清析出。其他理化指标、污染物限量、真菌毒素和微生物限量等详见《食品安全国家标准发酵乳》(GB 19302—2010)。制风味酸乳时允许加入食品添加剂、营养强化剂、果蔬、谷物等,加入的原料应符合相应安全标准和/或有关规定。发酵乳在出售前应贮存在2~8℃的仓库或冰箱中,当酸奶表面生霉、有气泡和大量乳清析出时不得出售和食用。

4. 奶油(黄油)　分为稀奶油(脂肪含量10.0%~80.0%)、奶油(脂肪含量不小于80.0%)和无水奶油(脂肪含量不小于99.8%)。正常奶油为均匀一致的乳白色或浅黄色,允许有相应辅料的沉淀物,无正常视力可见异物,具有奶油的纯香味。凡有霉斑、腐败、异味(苦味、金属味、鱼腥味等)作废品处理。其他理化指标、微生物指标应达到《食品安全国家标准　稀奶油、奶油和无水奶油》(GB 19646—2010)要求。

5. 乳清粉和乳清蛋白粉　乳清是指以生乳为原料,采用凝乳酶、酸化或膜过滤等方式生产奶酪、酪蛋白及其他类似制品时,将凝乳块分离后而得到的液体。乳清粉以乳清为原料,经干燥制成的粉末状产品,乳清蛋白粉以乳清为原料,经分离、浓缩、干燥等工艺制成的蛋白含量不低于 25% 的粉末状产品。组织状态要求为干燥均匀的粉末状产品、无结块、无正常视力可见杂质。其他理化指标、污染物限量、真菌毒素和微生物限量等详见《食品安全国家标准 乳清粉和乳清蛋白粉》(GB 11674—2010)的要求。

第五节　食用油脂的卫生及管理

食用油脂主要包括植物油、动物脂及油脂的深加工产品。植物油来源于油料作物,在常温下一般呈液体状态;动物脂来源于动物的脂肪组织和奶油,在常温下通常呈固体或半固体状态;油脂的深加工产品主要有调和油、氢化植物油等。食用油脂在生产、加工、贮存、运输、销售的过程中的各个环节,均有可能受到某些有毒有害物质污染,以致其卫生质量降低并可对人体造成不同程度的危害。特别是近年来地沟油屡禁不止,使得人们更加关注和防范食用油脂出现的卫生问题。

一、食用油脂的加工方法

食用油脂的生产工艺因原料不同而异。动物油脂的制油方法主要是熬炼,使油脂从脂肪组织中熔出。植物油的制油方法有压榨法、浸出法、超临界流体萃取法及水溶剂法等。从油料中分离出的初级油脂产品称为"毛油",其含有较多的杂质,须经过精制方可食用。

(一)油脂的制取

1. 动物油脂　最常用的制取方法是湿法熬炼(间歇蒸汽熬炼),即在压力为 300～525kPa,蒸汽温度为 120～145℃条件下熬煮脂肪组织,使脂肪细胞壁在压力下被蒸汽破坏,脂肪释出。干法熬炼则是将脂肪组织置于夹层锅(罐)内,于 110～120℃条件下加热 4h,分离残渣后获取油脂。经过熬炼,动物组织中的脂肪酶和氧化酶完全破坏,即使油脂中有少许残渣也不会因氧化酶的作用而酸败。

2. 植物油脂

(1)压榨法:是采用物理压榨方式从油料中榨油的方法。压榨法分为热榨和冷榨。热榨是先将油料种子经过筛选,再经脱壳和去壳,破碎种子,湿润蒸胚或焙炒后进行机械压榨,分离出毛油。此种加工方法不仅可以破坏种子内的酶类、抗营养因子及有毒物质,还有利于油脂与基质的分离,出油率高、杂质少。冷榨是原料不经加热直接压榨分离毛油,此法出油率较低,杂质也较多,但是能较好地保持油饼中蛋白质的理化性质,有利于粕饼资源的开发利用。

(2)浸出法:也称溶剂萃取法,是利用食用级有机溶剂将植物组织中的油脂分离出来,然后脱去并回收溶剂而制得毛油。浸出法又分为直接浸出法和预榨浸出法。直接浸出法是将原料经预处理后,直接加入浸出器提取毛油。预榨浸出法实际上是将压榨法与浸出法结合起来的方法,用压榨法制油时,压榨后的"油饼"内存留着一定量的油脂(约 2.5%),再用浸出法就可以充分地将其抽提出来,两种方法互补,既充分利用了原料,又减少了溶剂的用量，并且出油率较高、产品质量较纯，是目前国内外普遍采用的制油技术。

浸出法使用的抽提溶剂，若沸点过低会增加溶剂的消耗量及工艺上的不安全性，沸点过高则会导致残留量增加。我国使用的植物油抽提溶剂流程范围为 61~76℃（干点），苯质量分数不大于 0.1%。浸出法生产的食用油，不仅对溶剂有严格的要求，对食用油的溶剂残留量也有明确的规定。我国规定食用植物油中浸出油溶剂残留量应≤50mg/kg。

（3）超临界流体萃取法：即利用超临界状态下的流体作为溶剂对油料中油脂进行萃取分离的技术，实际上也属于浸出法。目前油脂工业常用超临界的 CO_2 作为萃取剂，其具有安全、无污染、油脂和粕饼质量好、节能及低成本等优点。

（4）水溶剂法：是以水作为溶剂，根据油料的特性，采取一些加工技术将油脂提取出来的制油技术。水溶剂法包括水代法和水剂法，水代法制油主要应用于传统的小磨芝麻油的生产。水剂法制油主要用于花生制油，同时用于提取花生蛋白粉的生产。

（二）油脂的精炼

毛油中含有一定量的杂质，不能直接食用。最简单的除杂方法是进行水化处理，即加入相当于毛油量 2%~3% 的食盐溶液，在加热至 80~90℃条件下搅拌，经充分沉淀和水洗后获得可食用的成品油。碱炼是除去毛油中的游离脂肪酸、蛋白质和磷脂等杂质，以及破坏和减少一些由种子原料转入油脂中的有毒物质（如棉酚、黄曲霉毒素）所不可缺少的精炼工艺。制备色拉油通常包括对毛油进行脱胶、脱色、脱酸、脱臭和老化等工艺。

（三）油脂的深加工

1. 调和油　是用两种或两种以上的食用油，按一定比例调配成的一类新型食用油脂产品。目前主要有风味调和油、营养调和油、煎炸调和油等种类。

2. 调味油　是以食用植物油为原料，萃取（或不萃取）、添加（或不添加）可食用植物或植物籽粒中的呈味成分的植物油。调味油包括调味植物油和香辛料调味油。

3. 氢化油　亦称氢化植物油，是油脂氢化（指在金属催化剂的作用下，将氢加到甘油三酯不饱和脂肪酸的双键上的过程）的产品。氢化后的油脂，溶点上升并由液态变为半固态，适用于加工人造奶油、起酥油、煎炸油及代可可脂等。

二、食用油脂的主要卫生问题

（一）油脂酸败

油脂由于含有杂质或在不适宜条件下久藏而发生一系列化学变化和感官性状恶化，称为油脂酸败。

1. 原因　油脂酸败的原因包含生物学和化学两个方面的因素。由生物学因素引起的酸败是一种酶解过程，即来自动植物组织残渣和食品中微生物的酯解酶等使甘油三酯水解成甘油和脂肪酸，随后高级脂肪酸碳链进一步氧化断裂，生成低级酮酸、甲醛和酮等，据此又把酶解酸败过程称作酮式酸败。油脂酸败的化学过程主要是水解和自动氧化，一般多发生在富含不饱和脂肪酸，特别是多不饱和脂肪酸的油脂。不饱和脂肪酸在紫外线和氧的作用下，双键被打开形成过氧化物，再继续分解为低分子脂肪酸及醛、酮、醇等物质。某些金属离子（铜、铁、锰等）在油脂氧化过程中起催化作用。在油脂酸败的过程中，酶解过程和化学过程常同时发生，也可能主要表现为一种，但自动氧化常常是油脂和含脂高的食物酸败的主要原因。

2. 常用的卫生学评价指标

（1）酸价（acid value，AV）：是指中和 1g 油脂中游离脂肪酸所需 KOH 的毫克数。油脂酸败时游离脂肪酸增加，酸价也随之增高。因此可用酸价来评价油脂酸败的程度。我国规定食用植物油 AV 应≤3mg/g，猪油应≤1.5mg/g，牛油、羊油应≤2.5mg/g，食用植物油煎炸过程中应≤5mg/g。

（2）过氧化值（peroxide value，POV）：是指油脂中不饱和脂肪酸被氧化形成过氧化物的量，一般以 100g（或 1kg）被测油脂使碘化钾析出碘的克数表示。POV 是油脂酸败的早期指标。当 POV 上升到一定程度后，油脂开始出现感官性状上的改变。值得注意的是，POV 并非随着酸败程度的加剧而持续升高，当油脂出现哈喇味变辛辣味、色泽变深、黏度增大时，POV 反而会降至较低水平。一般情况下，当 POV 超过 0.25g/100g 时，即表示酸败。我国规定食用植物油 POV 应≤0.25g/100g，食用动物油脂应≤0.20g/100g。

（3）羰基价（carbonyl group value，CGV）：是指油脂酸败时产生的含有醛基和酮基的脂肪酸或甘油酯及其聚合物的总量。羰基价通常是以被测油脂经处理后在 440nm 下相当 1g（或 100mg）油样的吸光度表示，或以相当 1kg 油样中羰基的 mEq 数表示。大多数酸败油脂和加热劣化油的 CGV 超过 50mEq/kg，有明显酸败味的食品可高达 70mEq/kg。我国规定食用植物油煎炸过程中 CGV 应≤50mEq/kg。

（4）丙二醛（malondialdehyde，MDA）：是油脂氧化的最终产物，通常用来反映动物油脂酸败的程度。一般用硫代巴比妥酸（TBA）法测定，以 TBA 值表示丙二醛的浓度。这种方法的优点是简单方便，而且适用于所有食品，并可反映出甘油三酯以外的其他物质的氧化破坏。丙二醛与 POV 不同，其含量可随着氧化的进行而不断增加。我国规定食用动物油脂丙二醛应≤0.25mg/100g。

3. 防止油脂酸败的措施　油脂酸败除了引起感官性质的变化外，还会导致不饱和脂肪酸、脂溶性维生素的氧化破坏，不同程度地降低了油脂的食用和营养价值，酸败产物还可对人体健康造成不良影响。因此，要采取相应的措施防止油脂的酸败。

（1）保证油脂的纯度：不论采用何种制油方法生产的毛油均须经过精炼，以去除动、植物残渣。水分可促进微生物繁殖和酶的活动，我国油脂质量标准规定含水量应在 0.2% 以下。

（2）防止油脂自动氧化：自动氧化是引起油脂酸败的主要原因，而氧、紫外线、金属离子在其中起着重要的催化作用。因此，油脂的贮存应注意密封、断氧和遮光，同时在加工和贮存过程中应避免金属离子污染。

（3）应用抗氧化剂：是防止食用油脂酸败的重要措施。常用的人工合成抗氧化剂有丁基羟基茴香醚（BHA）、二丁基羟基甲苯（BHT）和没食子酸丙酯。不同抗氧化剂的混合或与柠檬酸混合使用均具有协同作用。维生素 E 是天然存在于植物油中的抗氧化剂。

（4）低温加工贮藏：温度升高会加速油脂氧化，温度每升高 10℃，酸败反映的速度就会增大 2~4 倍。除此之外，温度还影响油脂酸败的反应机制，所以油脂最好在低温环境下加工贮藏。

（二）油脂污染和天然存在的有害物质

1. 真菌毒素　最常见的真菌毒素是黄曲霉毒素。在各类油料种子中，花生最容易受到污染，其次为棉籽和油菜籽。碱炼法和吸附法均为有效的去毒方法。我国规定花生油、玉米胚油中黄曲霉毒素 B_1 应≤20μg/kg，其他食用油应≤10μg/kg（GB 2761—2017）。

2. 多环芳烃类化合物　油脂在生产和使用过程中，可受到多环芳烃类化合物的污染。其污染主要来源于油料种子的污染、油脂加工过程中受到的污染以及使用过程中油脂的热聚。我国规定食用植物油 B（a）P 应≤10μg/kg。

3. 棉酚　棉籽的色素腺体内含有多种毒性物质，如棉酚（gossypol）、棉酚紫和棉酚绿，其中棉酚有游离型和结合型之分，具有毒性作用的是游离棉酚。棉籽油中游离棉酚的含量因加工方法而异，冷榨生产的棉籽油中游离棉酚的含量很高；热榨时棉籽经蒸炒加热，游离棉酚与蛋白质作用形成结合棉酚，压榨时大多数留在棉籽饼中，故热榨法生产的棉籽油游离棉酚的含量可大大降低，通常仅为冷榨法的 1/20～1/10。游离棉酚是一种原浆毒，可损害心、肝、肾等实质脏器，对生殖系统亦有明显的损害。一次性大量食用冷榨法生产的棉籽油可引起急性中毒，长期少量食用可引起亚急性或慢性中毒。棉酚在碱性条件下能形成溶于水的钠而被去除，碱炼或精炼可使棉籽油中棉酚的含量降低至 0.015%，我国规定食用棉籽油中游离棉酚含量应≤0.02%。

4. 芥子油苷　普遍存在于十字花科植物中，油菜籽中含量较多。芥子油苷在植物组织中葡萄糖硫苷酶的作用下可水解为硫氰酸酯、异硫氰酸盐和腈。腈的毒性很强，能抑制动物生长或致死；硫氰化物具有致甲状腺肿作用。但这些硫化合物大多为挥发性物质，在加热过程中可去除。

5. 芥酸　是一种二十二碳单不饱和脂肪酸，在普通菜籽油中含 20%～55%。芥酸可使脂肪在多种动物心肌中聚积，导致心肌的单核细胞浸润和纤维化。除此之外，还可导致动物生长发育障碍和生殖功能下降。但有关芥酸对人体的毒性作用还缺乏直接的证据。欧共体规定食用油脂芥酸的含量不得超过 5%，美国允许菜籽油的芥酸在 2% 以下。

6. 反式脂肪酸　主要来源于氢化（或部分氢化）的植物油，少部分来源于反刍动物的脂肪和乳制品。氢化植物油及其制品中的反式脂肪酸可占总脂肪组成的 60% 左右。含有反式脂肪酸较高的食物主要有涂抹奶油的蛋糕、饼干、炸薯条、冰激凌等，人造奶油中反式脂肪酸可达到 164mg/g。

三、食用油脂的卫生要求

1. 感官指标要求　具有正常植物油的色泽、透明度、气味和滋味，无焦臭、酸败及其他异味。

2. 理化指标要求　《食品安全国家标准　食用动物油脂》（GB 10146—2015）规定了动物油脂应符合表 6-3 所示的要求。

表 6-3　动物油脂的理化指标

项目		指标
酸价（KOH）/（mg/g）	≤	2.5
过氧化值/（g/100g）	≤	0.20
浸出油溶剂残留量/（mg/g）	≤	50
游离棉酚量/（%）		
棉籽油	≤	0.02
总砷（以 As 计）含量/（mg/kg）	≤	0.1

续表

项目		指标
铅（Pb）含量/（mg/kg）	≤	0.1
黄曲霉毒素 B₁ 含量		
花生油、玉米胚油	≤	20
其他油	≤	10
苯并（α）芘含量/（μg/kg）	≤	10
农药残留	≤	按《国家食品安全标准 食品中最大残留限量》（GB 2763—2016）的规定执行

四、食用油脂的卫生管理

1. 原辅材料　生产食用油脂的各种原辅材料和所用的溶剂必须符合国家的有关规定。食品添加剂及生产用水必须符合《食品添加剂使用标准》（GB 2760—2014）等相关标准的规定。

2. 生产过程　生产食用油脂的车间一般不宜加工非食用油脂，厂房、设备均应符合相关的标准。生产的毛油必须经过水化、碱炼或精炼，必须去除动、植物残渣。水分是酶表现活力和微生物生长繁殖的必要条件，其含量必须严加控制，我国规定含水量应低于 0.2%。

3. 成品检验及包装　成品经严格检验达到国家有关质量、卫生或安全标准后才能进行包装。包装容器与材料应符合相应的标准和有关的规定。食用油脂的销售包装和标识应符合有关的规定。由转基因原料加工而成的产品应符合《食品安全国家标准 食用油脂制品》（GB 15196—2015）的有关规定。

4. 贮存、运输及销售　产品应贮存在干燥、通风良好的场所，食用植物油储油容器的内壁和阀不得使用铜质材料，大容量的包装应尽可能充入氮气或二氧化碳气体，贮存成品油的专用容器应定期清洗，保持清洁。为防止与非食用油相混，食用油桶应有明显的标记，并分区存放。贮存、运输、装卸时要避免日晒、雨淋，防止有毒有害物质的污染。

5. 产品追溯与撤回　油脂生产企业应该建立产品追溯系统及产品撤回程序，明确规定产品撤回的方法、范围等，定期进行模拟撤回训练，并记录存档。严禁不符合国家有关质量、卫生要求的食用油脂流入市场，详见《食品安全国家标准 食用油脂制品》（GB 15196—2015）。

（朱惠莲）

第六节　罐头食品的卫生及管理

罐头食品（canned food）系指将符合要求的原料经处理、装罐、密封、杀菌，或无菌装填、密封，达到商业无菌，在常温下能长期保存的食品。根据原料的属性分为肉、禽、水产、蔬菜和水果罐头；也可根据包装容器的属性分为金属罐、玻璃罐和塑料金属复合膜软罐头。

一、罐头食品生产的卫生问题

（一）容器材料

罐头食品的容器材料必须符合安全无毒、密封良好、抗腐蚀及机械性能良好等基本要求，以保证罐头食品的质量和加工、贮存、运输及销售的需要。

1. 金属罐　主要材质为镀锡薄钢板、镀铬薄钢板和铝合金薄板。制罐用的薄钢板镀锡层通常为钢基板的 0.5%，要求均匀无空斑，以避免在酸性介质中使锡、铅溶出，甚至形成漏罐。镀铬薄钢板耐腐蚀性较差，焊接困难，主要用于制造罐头底盖和皇冠盖。铝合金薄板是冲拔罐或易拉罐的良好材质，缺点是焊接困难，对酸和盐类的耐腐蚀性较差。为了提高金属罐的耐腐蚀性，应在罐内壁涂上涂料。常用的有环氧酚醛树脂、酚醛树脂及聚烯类树脂等。加工后形成的涂膜应符合国家相关的标准，即涂膜致密、遮盖性好，具有良好的耐腐蚀性，并且无毒、无害、无臭和无味，有良好的稳定性和附着性。金属罐焊接时，焊缝应光滑均匀，不能外露，黏合剂须无毒无害。制盖所使用的密封填料应对人体无毒无害，符合相关的卫生要求。

2. 玻璃罐　顶盖部分的密封面、垫圈等材料应为食品工业专用材料。由于填充剂氧化锌可引起过敏反应，其用量不得超过干胶的 3%。玻璃罐的特点是透明、无毒、无臭、无味，化学性质稳定，具有良好的耐腐蚀性，能保持食品的原有风味。但存在着机械性能差、易破碎、透光、保存期短、运输困难等缺陷。

3. 复合塑料薄膜　是软罐头的包装材料，由三层不同材质的薄膜经黏合而成，即外层的聚酯薄膜、中层的铝箔和内层的改性聚乙烯或聚丙烯。三层间采用聚氨酯型黏合剂，该黏合剂中含有甲苯二异氰酸酯，其水解产物 2, 4- 氨基甲苯具有致癌性，因此，要求每平方英寸面积复合膜溶出 TDI 的量不得大于 0.05μg。软罐头易受外力影响而损坏，因此在加工、贮存、运输、销售等过程中要加以注意。

上述金属罐和玻璃瓶均须经 82℃ 以上的热水清洗、消毒，然后在清洁的台面上充分沥干后方可使用。清洗玻璃瓶时应仔细检查，彻底清除内部的玻璃碎屑等杂物。软质材料容器必须内外清洁。

（二）原辅材料

罐头食品的原料主要包括肉禽类、水产类、蔬菜水果类等；辅料有糖、醋、盐、油、酱油、香辛料和食品添加剂等。所有原料及辅料均应符合国家相应的标准和有关规定。畜、禽肉类必须经严格检疫，不得使用病畜、禽肉作为原料；原料应严格修整，去除毛污、血污、淋巴结、粗大血管等，以减少微生物的污染。使用冷冻水产品作为原料时，应缓慢解冻，以避免营养成分的流失。果蔬原料加工前应剔除虫蛀、霉烂、锈斑和机械损伤等原料，并经分选、洗涤、去皮、修整、热烫、漂洗等预处理。食品添加剂的使用种类和剂量应符合《食品添加剂使用标准》（GB 2760—2014）的要求，加工用水应符合《生活饮用水卫生标准》（GB 5749—2006）的规定。

（三）加工过程

主要包括装罐、排气、密封、杀菌、冷却等生产环节，是直接影响罐头食品品质和卫生质量的关键环节。

1. 装罐、排气和密封　经预处理的原料或半成品应迅速装罐，以减少微生物污染和繁殖的机会。灌装固体物料时要有适当顶隙（6～8mm），以免在杀菌或冷却过程中出现鼓盖、胀裂或罐体凹陷。装罐后应立即排气，将罐内顶隙、食品原料组织细胞内的气体排除，通过排气造成罐内部分真空和乏氧，减少杀菌时罐内产生的压力，防止罐头变形损坏；在缺氧情况下还可抑制某些细菌的生长繁殖，防止食品的腐败变质。排气后应迅速密封，使罐内食品与外界完全隔离，不受微生物污染而能较长时间保存。

2. 杀菌和冷却罐头 食品经过适当的热力杀菌以后，不含致病微生物，也不含在通常温度下能在其中繁殖的非致病微生物，这种状态称为商业无菌。商业无菌同时还可以破坏食品中的酶类，达到长期储存的目的。罐头杀菌的工艺条件主要由温度、时间和反压等因素组成，常用杀菌公式为：

$$\frac{T_1 - T_2 - T_3}{t} \quad \text{或} \quad \frac{T_1 - T_2}{t}P$$

T_1：从加热升至杀菌温度所需时间（min）

T_2：保持恒定杀菌温度的时间（min）

T_3：降至常温所需的时间（min）

t：杀菌温度（℃）

P：反压冷却时杀菌锅内使用的反压力（Pa）

因食物的种类、罐内容物 pH、热传导性能、微生物污染程度、杀菌前初温和罐型大小等的不同，杀菌的温度和杀菌公式也不同，如原汁猪肉罐头（净重 397g）的杀菌公式为（15min−60min−20min）/121℃或（15min−70min）/121℃，反压力为 107.8～127.5kPa；蘑菇罐头（净重 850g）罐头的杀菌公式为（15min−27min−30min）/121℃。罐头的杀菌方法主要有常压杀菌、高温高压杀菌和超高温杀菌三大类，常压杀菌多用于蔬菜、水果等酸性罐头食品，高压杀菌常用于肉禽、水产品及部分蔬菜等低酸性食品，超高温杀菌常用于液体食品。

杀菌后应尽快冷却使罐内温度冷却到 40℃左右，以防止金属罐生锈及嗜热芽胞菌的发育和繁殖。对小型金属罐以外的各种罐型，可采用反压冷却，即在罐头冷却过程中使杀菌锅内维持一定的压力，直至罐内压和外界大气压接近，从而避免罐内外压差急剧增加而产生的罐头渗漏、变形、跳盖、爆破等。杀菌冷却水应加氯处理或用其他方法消毒。

（四）成品检验

成品检验一般包括外观、真空度和保温试验。外观检查主要检查容器有无缺口、折裂、碰伤以及有无锈蚀、穿孔、泄漏和胀罐等情况。真空度检查时会发出浊音可能由多种情况造成，如排气不充分、密封不好、罐内食物填充过满以及罐头受细菌或化学性因素作用产气等，要视具体情况结合其他检查决定如何处理。保温试验是检查成品杀菌效果的重要手段，肉、禽、水产品罐头应在（37±2）℃下保温 7d；水果罐头应在常温下放置 7d。含糖 50% 以上的品种（果酱、糖浆水果罐头类）及干制品罐头可不做保温试验。经保温试验后，外观正常者方可进行产品质量检验和卫生检验。

二、罐头食品的卫生检验

罐头食品卫生鉴定多数情况下是指对市售商品的监督、监测并作出结论，内容包括商品标签、外观和内容物三个方面。主要检查是否超过保存期，有无锈听、漏听和胖听，内容物有无变色变味，必要时进行罐内容物卫生学检验。

1. 感官检查 包括外观和内容物的检查。罐头底盖一端或两端向外鼓起，称为胖听，是罐头感官检查的重要内容之一。胖听的原因可分为：①物理性胖听：多由于装罐过满或罐内真空度过低引起，一般叩击呈实音、穿洞无气体逸出，可食用；②化学性胖听：主要由于金属罐受酸性内容物腐蚀产生大量氢气所致，叩击呈鼓音，穿洞有气体逸出，但无腐败气味，一般不宜食用；③生物性胖听：是由于杀菌不彻底残留的微生物或因罐头有裂缝，微生物从外界进入,在其中生长繁殖产气所造成的。此类胖听常为两端凸起,保温试验胖听增大,叩击有明显鼓音,穿洞有腐败味气体逸出,应禁止食用。

罐头内容物发生变色和变味时,应视具体情况加以处理。如果蔬类罐头内容物色泽不鲜艳、颜色变黄,通常为酸性条件下使叶绿素脱 Mg^{2+} 引起,一般不影响食用。肉禽水产品在杀菌过程中挥发出的硫化氢与罐壁作用可能产生黑色的硫化铁或紫色的硫化锡,在贴近罐壁的食品上留下黑色斑或紫色斑,一般去除色斑部分可使用。若罐头有油脂酸败味、酸味、苦味和其他异味,或伴有汤汁浑浊,肉质液化等,应禁止食用。

2. 理化检验   包括真空度、重金属、亚硝酸盐、防腐剂、酸度等。检验结果应符合相应标准的要求。

3. 微生物检验   主要检测菌落总数、大肠菌群、致病菌等。罐头食品应该达到商业无菌的要求。平酸腐败是罐头食品常见的一种腐败变质,表现为罐头内容物酸度增加,而外观完全正常。此种腐败变质由可分解碳水化合物产酸不产气的平酸菌引起。低酸性罐头的典型平酸菌为嗜热脂肪芽胞杆菌,而酸性罐头则主要为嗜热凝结芽胞杆菌。平酸腐败的罐头应销毁,禁止食用。

三、罐头食品的卫生管理

《中华人民共和国食品安全法》明确规定了各职能部门对食品生产、食品流通、餐饮服务活动实施监督管理的职责和权限。在罐头的卫生管理方面,我国已颁布了《罐头食品企业良好操作规范》(GB/T 20938—2007)、《罐头食品生产卫生规范》(GB 8950—2016)《食品安全管理体系 罐头食品生产企业要求》(GB/T 27303—2008)及相关的卫生或安全标准,为罐头的监督管理及生产企业的自身管理提供了充分的依据。

第七节   饮料酒的卫生及管理

饮料酒(alcoholic beverage)是指酒精度在 0.5%vol 以上的酒精饮料,包括各类发酵酒、蒸馏酒和配制酒。酒精度低于 0.5%vol 的无醇啤酒也属于饮料酒。在酒类生产过程中,从原料选择到加工工艺等诸环节若达不到卫生要求,就有可能产生或带入有毒物质,对消费者的健康造成危害。

一、饮料酒的生产特点及分类

酒的主要成分是乙醇。基本生产原理是将原料中的糖类在酶的催化作用下,首先发酵分解为寡糖和单糖,然后在一定温度下,由乙醇发酵菌种作用转化为乙醇,此过程称酿造,不需氧也可以进行。

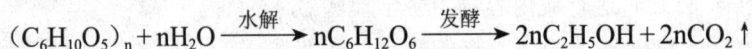

$$(C_6H_{10}O_5)_n + nH_2O \xrightarrow{水解} nC_6H_{12}O_6 \xrightarrow{发酵} 2nC_2H_5OH + 2nCO_2 \uparrow$$

发酵只能使酒精达到 15% 左右(啤酒只有 3%~5%),要提高酒精度数需要通过蒸馏。

(一)发酵酒

发酵酒是以粮谷、水果、乳类等为主要原料,经发酵或部分发酵酿制而成的饮料酒。根据原料和具体工艺的不同,分为啤酒、葡萄酒、果酒和黄酒等。

1. 啤酒 是以麦芽、水为主要原料，加啤酒花（包括酒花制品），经酵母发酵酿制而成的、含有二氧化碳的、起泡的、低酒精度的发酵酒。按灭菌（除菌）处理方式可分为熟啤酒、生啤酒和鲜啤酒；按色度可分为淡色啤酒、浓色啤酒和黑色啤酒；另有特种啤酒（干啤酒、低醇啤酒、无醇啤酒等）。

2. 葡萄酒 是以鲜葡萄或葡萄汁为原料，经全部或部分发酵酿制而成的，含有一定酒精度的发酵酒。按不同的分类方法可分为干葡萄酒、半干葡萄酒、半甜葡萄酒和甜葡萄酒；平静葡萄酒、起泡葡萄酒、高泡葡萄酒和低泡葡萄酒；特种葡萄酒（葡萄汽酒、冰葡萄酒、低醇葡萄酒、脱醇葡萄酒等）。

3. 果酒 是以新鲜水果或果汁为原料，经全部或部分发酵酿制而成的发酵酒。果酒通常按原料水果名称命名，以区别于葡萄酒。当使用两种或两种以上水果为原料时，可按用量比例最大的水果名称来命名。

4. 黄酒 是以稻米、黍米等为主要原料，加曲、酵母等糖化发酵剂酿制而成的发酵酒。

（二）蒸馏酒

蒸馏酒是以粮谷、薯类、水果、乳类等为主要原料，经发酵、蒸馏、勾兑而成的饮料酒。包括白酒和其他蒸馏酒两大类。

1. 白酒 是以粮谷为主要原料，用大曲、小曲或麸曲及酒母等为糖化发酵剂，经蒸煮、糖化、发酵、蒸馏而制成。按不同的分类方法可分为大曲酒、小曲酒、麸曲酒和混合曲酒；固态法白酒、液态法白酒和固液法白酒；浓香型白酒、清香型白酒、米香型白酒、酱香型白酒等。

2. 其他蒸馏酒 主要有白兰地、威士忌、伏特加、朗姆酒、杜松子酒、蒸馏型奶酒等。

（三）配制酒

配制酒又称露酒，是以发酵酒、蒸馏酒或食用酒精为酒基，加入可食用或药食两用的辅料或食品添加剂，进行调配、混合或再加工制成的、已改变了其原酒基风格的饮料酒。

二、饮料酒的卫生学问题

（一）蒸馏酒与配制酒

1. 乙醇 乙醇是酒类的主要成分。每克乙醇可提供29.3kJ（7kcal）能量。血液中乙醇浓度一般在饮酒后1～1.5h最高，但因其清除速率较慢，过量饮酒后24h也能检测出。乙醇主要在肝脏代谢，对肝脏具有直接的毒性作用，不仅干扰脂类、碳水化合物和蛋白质等营养物质的正常代谢，同时也影响肝脏的正常解毒功能。乙醇代谢过程中的中间产物乙醛，是一种非常强的反应性化合物，是酒精性肝病的主要因素之一。长期过量饮酒与脂肪肝、酒精性肝炎及肝硬化等密切相关，肝硬化死亡中有40%由酒精中毒引起。过量饮酒还会增加患高血压、脑卒中、骨质疏松症、乳腺癌和消化道癌症等疾病的风险，并可导致事故及暴力的增加。长期过量饮酒还可导致酒精依赖症、成瘾以及其他严重的健康问题。乙醇对胚胎发育的不同阶段均有毒性作用，孕妇饮酒增加不良妊娠后果（胎儿宫内发育迟缓、中枢神经系统发育异常、智力低下等）的风险。

2. 甲醇 酒中甲醇主要来自制酒原辅料（薯干、马铃薯、水果、糠麸等）中的果胶。在原料的蒸煮过程中，果胶的半乳糖醛酸甲酯中的甲氧基分解生成甲醇。黑曲霉的果胶酶活性较高，以黑曲霉作糖化发酵剂时酒中的甲醇含量常常较高。此外，糖化发酵温度过高，时间过长也会使甲醇含量增加。甲醇具有剧烈的神经毒性,在体内代谢可生成毒性更强的甲醛和甲酸。甲醇主要侵害视神经,导致视网膜受损,视神经萎缩,视力减退和双目失明。一次摄入 5ml 可致严重中毒,致盲剂量为 8~10ml。长期少量摄入可导致慢性中毒,其特征性的临床表现为视野缩小,发生不可校正的视力减退。我国《蒸馏酒及配制酒卫生标准》(GB 2757—2012)规定,以粮谷类为原料的甲醇含量应≤0.6g/L,以其他原料的甲醇含量应≤2g/L(均以 100% 酒精度折算)。

3. 杂醇油　杂醇油是碳链长于乙醇的多种高级醇的统称。由原料和酵母中蛋白质、氨基酸及糖类分解和代谢产生,包括正丙醇、异丁醇、异戊醇等,以异戊醇为主。高级醇的毒性和麻醉力与碳链的长短有关,碳链越长则毒性越强。杂醇油在体内氧化分解缓慢,可使中枢神经系统充血。因此,饮用杂醇油含量高的酒常使饮用者头痛及醉酒。我国规定蒸馏酒及配制酒的杂醇油含量应≤0.20g/100ml(以异丁醇、异戊醇计)。

4. 醛类　醛类包括甲醛、乙醛、糠醛和丁醛等。醛类的毒性大于醇类,如甲醛的毒性比甲醇大 30 倍。醛类中以甲醛的毒性为最大,属于细胞原浆毒,可使蛋白质变性和酶失活,当浓度在 30mg/100ml 时即可产生黏膜刺激症状,出现灼烧感和呕吐等,10g 甲醛可使人致死。但只要在蒸馏过程中采用低温排醛,就可以去除大部分醛类。因此,GB 2757—2012 中对醛类未作限量规定。

5. 氰化物　以木薯或果核为原料制酒时,原料中的氰苷经水解后产生氢氰酸。氢氰酸经胃肠吸收后,氰离子可与细胞色素氧化酶中的铁结合,阻止酶的递氧作用,导致组织缺氧,使机体陷于窒息状态。同时,氢氰酸还能使呼吸中枢及血管运动中枢麻痹,导致死亡。由于氢氰酸分子量低,具有挥发性,因此能够随水蒸气一起进入酒中。我国蒸馏酒与配制酒卫生标准中规定,氰化物含量(以 HCN 计)应≤8mg/L(均以 100% 酒精度折算)。

6. 铅　酒中的铅主要来源于蒸馏器、冷凝导管和储酒容器。蒸馏酒在发酵过程中可产生少量的有机酸(丙酸、丁酸、酒石酸和乳酸等),含有机酸的高温酒蒸气可使蒸馏器和冷凝管壁中的铅溶出。总酸含量高的酒铅含量往往也高。铅在人体内的蓄积性很强,由于饮酒而引起的急性铅中毒比较少见,但长期饮用含铅高的白酒可致慢性中毒,故对酒中的铅含量必须严加限制。GB 2762—2017 规定蒸馏酒与黄酒中铅含量(以 Pb 计)应≤0.5mg/kg,其他酒类中铅含量(以 Pb 计)应≤0.2mg/kg。

7. 锰　针对发生铁混浊的酒以及采用非粮食原料(薯干、薯渣、糖蜜、椰枣等)制酒时产生的不良气味,常使用高锰酸钾 - 活性炭进行脱臭除杂处理。若使用方法不当或不经过复蒸馏,可使酒中残留较高的锰。尽管锰属于人体必需微量元素,并且 GB 2757—2012 标准中取消了锰的限量规定,但其安全范围较窄(AI 为 3.5mg/d,UL 为 10mg/d),长期过量摄入仍有可能引起慢性中毒。

(二)发酵酒

1. 展青霉素　对水果及其制品的污染比较严重。在果酒生产过程中,若原料水果没有进行认真的筛选并剔出腐烂、生霉、变质、变味的果实就容易使展青霉素转移到成品酒中。我国《发酵酒卫生标准》(GB 2758—2012)及《食品中真菌毒素限量》(GB 2761—2017)中规定,苹果酒和山楂酒中展青霉素的含量应≤50μg/kg。

2. 二氧化硫　在果酒和葡萄酒生产过程中,加入适量的二氧化硫,不仅对酒的澄清、净化和发酵具有良好的作用,还可以起到促进色素类物质的溶解以及杀菌、增酸、抗氧化和护色等作用。正常情况下，二氧化硫在发酵过程中会自动消失。但若使用量超标准或发酵时间过短，就会造成二氧化硫残留。GB 2758—2012 规定，葡萄酒和果酒中总二氧化硫（SO_2）应≤250mg/L，果酒中二氧化硫残留物应≤0.05g/kg（以二氧化硫计）。

3．微生物污染　发酵酒微生物污染的原因很多，除了乙醇含量低外，从原料到成品的整个生产过程中均可能受微生物污染。啤酒中常见的污染菌是野生酵母，不仅影响发酵，还改变口味并导致啤酒混浊沉淀。乳酸菌、醋酸菌等污染啤酒、葡萄酒可导致酒的酸败，使其失去食用价值。GB 2758—2012 规定，沙门氏菌≤0/25ml，金黄色葡萄酒菌≤0/25ml。

4．其他　在啤酒生产中，甲醛可作为稳定剂用来消除沉淀物，《发酵酒卫生标准》（GB 2758—2012）规定，啤酒中甲醛的含量应≤2.0mg/L。GB 2758—2012 中取消了发酵酒中铅含量具体的规定。

三、饮料酒生产的卫生要求

（一）原辅材料

酿酒用的原料种类很多，包括粮食类、水果类、薯类及其他代用原料等。所有的原辅料均应具有正常的色泽和良好的感官性状，无霉变、无异味、无腐烂。粮食类原料应符合《粮食卫生标准》（GB 2715—2016）的有关规定；各种辅料应符合相应的标准，食品添加剂的品种和使用剂量必须符合《食品添加剂使用标准》（GB 2760—2014）的规定。用于调兑果酒的酒精必须是符合国家标准二级以上酒精指标的食用酒精。生产用水水质必须符合《生活饮用水卫生标准》（GB 5749—2006）的规定。

（二）容器材料

饮料酒的容器材料必须符合国家的有关规定，所用容器必须经检验合格后方可使用，严禁使用被有毒物质或异味污染过的回收旧瓶。灌装前的容器必须彻底清洗、消毒，清洗后的容器不得呈碱性，无异味、无杂物、无油垢。容器的性能应能经受正常生产和贮运过程中的机械冲击和化学腐蚀。

（三）生产过程

1．白酒　制曲、蒸煮、发酵、蒸馏等工艺是影响白酒质量的关键环节。各种酒曲的培养必须在特殊工艺技术条件下进行，为防止菌种退化、变异和污染，应定期进行筛选和纯化。清蒸是减少酒中甲醇含量的重要工艺环节，在以木薯、果核为原料时，清蒸还可使氰苷类物质提前分解挥散。白酒在蒸馏过程中，由于各组分间分子的引力不同，使得酒尾中的甲醇含量要高于酒头，而杂醇油恰好与之相反，酒头含量高于酒尾。为此，采用"截头去尾"的蒸馏工艺，恰当地选择中段酒，可大大减少成品中甲醇和杂醇油的含量。对使用高锰酸钾处理的白酒，要复蒸后才能使用，以去除锰离子的影响。蒸馏设备和贮酒容器应采用含锡99% 以上的镀锡材料或无锡材料，以减少铅污染。

2．发酵酒　啤酒生产过程主要包括制备麦芽汁、前发酵、后发酵、过滤等工艺环节。原料经糊化和糖化后过滤制成麦芽汁，添加啤酒花后煮沸，煮沸后的麦芽汁应冷却至添加酵母的适宜温度（5～9℃），这一过程要经历一个易污染的温区，因此，整个冷却过程中使用的各种设备、工具容器、管道等应保持无菌状态。冷却后的麦芽汁接种啤酒酵母进入前发酵阶段，而后再经过一段较长时间的低温（1～2℃）后发酵，产生大量二氧化碳，使酒成熟。为防止发酵过程中污染杂菌，酵母培养室、发酵室以及设备、工具、管道、地面等应保持清洁，并定期消毒。啤酒过滤所使用的滤材、滤器应彻底清洗消毒，保持无菌。

果酒的生产过程中，用于盛装原料的容器应清洁干燥，不准使用铁制容器或装过有毒物质、有异臭容器。葡萄原料应在采摘后24h内加工完毕，以防挤压破碎，污染杂菌影响酒的质量。黄酒糖化发酵的过程中，不得以石灰中和降低酸度。但为了调味，在压滤前允许加入少量澄清石灰水。应限制成品中氧化钙含量不得超过0.5%。

（四）包装标识、运输和保管

饮料酒成品标识必须符合《预包装食品标签通则》（GB 7718—2011）的相关规定。成品仓库应干燥，通风良好，库内不得堆放杂物。运输工具应清洁干燥，装卸时应轻拿轻放，严禁与有腐蚀性、有毒的物品一起混运。

（五）卫生与质量检验

饮料酒生产企业（厂）必须设有与生产能力相适应的卫生、质量检验室，配备经专业培训、考核合格的检验人员。

（六）产品追溯与撤回

饮料酒生产企业应该建立产品追溯系统及产品撤回程序，明确规定产品撤回的方法、范围等，定期进行模拟撤回训练，并记录存档。

四、饮料酒的卫生管理

《中华人民共和国食品安全法》明确规定了各职能部门对食品生产、食品流通、餐饮服务活动实施监督管理的职责和权限。在饮料酒的卫生管理方面，我国已出台了白酒厂、果酒厂、葡萄酒厂、啤酒厂及黄酒厂的卫生规范及相关的卫生标准，为饮料酒的监督管理及生产企业的自身管理提供了充分的依据。

相关部门可依据法律规定的权限，实施对饮料酒卫生的监管工作。建立健全饮料酒生产经营者食品安全信用档案；依据各自职责公布饮料酒日常监督管理信息，做到准确、及时、客观，并应相互通报获知的饮料酒安全信息，做到信息通报的无缝连接，保证饮料酒产品的安全。

（牛玉存）

第八节　冷饮食品的卫生及管理

冷饮食品是冷冻饮品和饮料的总称。冷冻饮品是以饮用水、食糖、乳制品、水果制品、豆制品、植物油等中的一种或多种为主要原料，添加或不添加食品添加剂，经配料、灭菌、冷冻而制成的冷冻固态制品。包括冰激凌、雪糕、冰棍（棒冰）、冰霜和食用冰等。饮料是经过定量包装的，供直接饮用或用水冲调饮用的，乙醇含量不超过质量分数0.5%的制品，不包括饮用药品。饮料按照原料或产品性状分为碳酸饮料（汽水）、果汁和蔬菜汁、蛋白饮料、包装饮用水、茶饮料、咖啡饮料、植物饮料、风味饮料、特殊用途饮料、固体饮料及其他饮料。

一、冷饮食品的卫生要求

（一）原辅材料

1. 原料　用水一般采用自来水、井水、矿泉水（或泉水）等原水，其均含有一定量的无机物、有机物和微生物。因此,冷冻饮品与饮料的原料用水须经沉淀、过滤、消毒,达到《生活饮用水卫生标准》(GB 5749—2006)的规定,并符合加工工艺的要求,如水的硬度应低于 8°(以碳酸度计),避免钙、镁等离子与有机酸结合形成沉淀物而影响饮料的风味和质量。

2．其他　原辅材料如乳、蛋、果蔬汁、豆类、茶叶、甜味料以及各种食品添加剂等,均必须符合国家相关的标准或规定。特殊用途的饮料中严禁添加国家颁布的禁用物品和销售国颁布的禁用药物。为增加营养价值而加入食品中的天然或人工合成营养素,其使用范围及使用量应符合《食品营养强化剂使用卫生标准》(GB 14880—2012)的要求。碳酸饮料所使用的二氧化碳应符合《食品添加剂二氧化碳液体二氧化碳标准》(GB 1886.228—2016)的要求。

(二)容器材料

冷冻饮品与饮料所用的容器包括瓶(玻璃瓶、塑料瓶)、罐(二片罐和三片罐)、盒、袋等多种类型,其所用材料应无毒无害,具有一定的稳定性(耐酸、耐碱、耐高温和耐老化),同时还应具有防潮、防晒、防震、耐压、防紫外线穿透和保香等性能。聚乙烯和聚氯乙烯软包装,具有透气且强度低,不能充二氧化碳等缺点,在夏、秋季节易受细菌污染,应严加限制。回收使用的玻璃瓶需考虑爆瓶安全性能要求,其他包装容器不允许回收使用。

二、冷饮食品加工过程的卫生要求

(一)生产过程

1．冷冻饮品生产过程中的主要卫生问题是微生物污染。原因是冷冻饮品原料中的乳、蛋和果品常含有大量微生物。因此,原料配制后的杀菌与冷却是保证产品安全质量的关键环节。68～73℃加热 30min 或 85℃加热 15min,能杀灭原辅料中几乎所有的繁殖型细菌,包括致病菌(混合料应该适当提高加热温度或延长加热时间)。杀菌后应迅速冷却,至少要在 4h 内将温度降至 20℃以下,以避免残存的或熬料后重复污染的微生物在冷却过程中有繁殖的机会。冰激凌原料在杀菌后常采用循环水和热交换器进行冷却。冰棍、雪糕普遍采用热料直接灌模,以冰水冷却后立即冷冻成型,这样可以保证产品的卫生质量。

冷冻饮品生产过程中所使用设备、管道、模具,其材质应符合国家的有关标准,防止铅等重金属对冷饮食品的污染;在冷水融冻脱膜时,应避免模具的模边、模底上的冷冻液污染冰体。包装间应于班前、班后空气进行消毒,从事产品包装的操作人员应注意个人卫生,成品出厂前应做到批批检验。

2．饮料生产过程一般包括水处理、容器处理、原辅料处理和混料后的均质、杀菌、罐(包)装等工序。

(1)水处理:目的是除去水中固体物质、降低硬度和含盐量,杀灭微生物及排除所含的空气,为饮料生产提供优良的水质。天然水中杂质包括悬浮物、胶体物质和溶解性杂质。采用混凝剂(明矾、硫酸铝、聚合氯化铝等)和过滤(一般采用活性炭和砂滤棒过滤),可去除水中悬浮物和胶体物质,通常作为饮料用水的初步净化手段。水中溶解性杂质主要有 K^+、Ca^{2+}、Mg^{2+}、Na^+、Fe^{3+}、HCO_3^-、SO_4^{2-}、Cl^- 等离子,其总量称作含盐量,饮料用水含盐量高会直接影响产品的质量,因此,必须对其进行脱盐软化处理。

(2)杀菌:应根据原辅料、工艺的不同采用不同的杀菌技术。常用的杀菌方法有巴氏消毒、超高温瞬间杀菌、加压蒸汽杀菌(适用于非碳酸型饮料)、紫外线杀菌(常用于原料用水的杀菌)等。

（3）灌（包）装：通常是在暴露和半暴露条件下进行，其工艺是否符合卫生要求，对产品的卫生质量尤其是终产品消毒的品种至关重要。空气净化是防止微生物污染的重要环节，应将灌装工序设在单独房间或用铝合金隔成独立的灌装间，与厂房其他工序隔开，避免空气交叉污染。对灌装间消毒可采用紫外线照射（按 $1W/m^3$ 功率设置）、过氧乙酸熏蒸、安装空气净化器等方法。

灌（包）装前，空瓶（罐）必须经过严格的清洗和消毒，洗消后的空瓶（罐）、盖必须抽样做细菌检验，菌落总数不得超过 50CFU/瓶（罐或盖），大肠菌群不得检出。灌装前还须进行灯下检查，剔除不合格的空瓶。灌装设备、管道、冷却器等材质应符合相关的卫生要求。

（二）产品的包装、贮存和运输

产品包装应严密，整齐，无破损。应设专人检查封口的密闭性，封口密闭性检验方法应有效，以剔出密封不严或破损产品。产品标签应符合相应标准的规定。产品应贮存在干燥、通风良好的场所，不得与有毒、有害、有异味、易挥发、易腐蚀的物品同处贮存。运输产品时应避免日晒、雨淋。不得野蛮装卸，损坏产品。不得与有毒、有害、有异味或影响产品质量的物品混装运输。

（三）出厂前检验

冷冻饮品和饮料生产企业应有与生产能力相适应的卫生质量检验室，做到成品批批检验，确保合格产品出厂。

（四）追溯与撤回

冷冻饮品和饮料生产企业应建立产品的可追溯系统，确保从原辅料到成品的标志清楚，具有可追溯性，实现从原辅料验收到产品出库、从产品出库到直接销售的全过程追溯。产品的撤回程序明确规定产品撤回的方法、范围等，并记录存档。

三、冷饮食品的卫生及管理

我国已颁布了《饮料企业良好生产规范》（GB 12695—2016）及《冷冻饮品企业生产技术管理规则（试行）》（2004）等相关的标准，为对冷冻饮品和饮料的监督管理及生产企业的自身管理提供了充分的依据，在保障使用者安全中发挥着重要作用。

1. 严格执行冷饮食品卫生管理办法的有关规定，实行企业生产经营卫生许可证制度。新企业正式投产前必须经食品卫生监督机构检查、审批，获得卫生许可证后方可生产经营。冷饮食品的许可证每年复验一次。

2. 冷饮食品生产企业应远离污染源，周围环境应经常保持清洁。生产工艺和设备布置要合理，原料库和成品库要分开，且设有防蝇、防鼠、防尘设施。冷冻食品企业必须有可容纳三天产量的专用成品库和专有的产品运输车。生产车间地面、墙壁及天花板应采用防霉、防水、无毒、耐腐蚀、易冲洗消毒建材，车间内设有不用手开关的洗手设备和洗手用的清洗剂，入口处设有与通道等宽的鞋靴消毒池，门窗应有防蝇、防虫、防尘设施，车间还必须安装通风设置，保证空气对流。罐（包）装前后设有的机械设备、管道、盛器和容器等应彻底清洗、消毒。生产过程中所使用的原辅料应符合卫生要求。

3. 对冷饮食品从业人员，包括销售摊贩每年要进行健康检查。季节性生产的从业人员上岗前进行健康检查，凡患痢疾、伤害、病毒性肝炎的人或病原携带者，以及患活动型肺结核、化脓性或渗出性皮肤病者不得直接参与饮食业的生产和销售。建立从业人员的培训制度和个人健康档案。

4. 冷饮食品企业应有与生产规模和产品相适应的质量和卫生检验能力，做到批批检验，确保合格产品出厂。不合格的产品可视具体情况允许加工复制，复制后产品应增加三倍采样量复检，若仍不合格应依据具体情况进行食品加工或废弃。

5. 产品包装要完整严密，做到食品不外露。商品标志应有产品名称、生产厂名、厂址、生产日期、保存期等，以便监督检查。

第九节　调味品的卫生及管理

调味品（condiment）系指在食品加工及烹调过程中广泛使用的，用以去腥、除膻、解腻、增香、调配滋味和气体的一类辅助食品，如酱油、食醋、味精、香辛料等。在调味品的生产加工过程中，所涉及的原辅料种类繁多，工艺复杂，容易混入或产生有毒有害物质。为确保食品安全，在调味品的生产过程中，除了遵循通用要求外，应关注生产加工过程中的危害控制，如原辅料的选择，菌种培养和发酵、灭菌条件的控制等，并建立产品的可追溯系统与撤回程序等。

一、酱油及酱的卫生及管理

（一）分类

酱油及酱　酱油是以富含蛋白质的豆类和富含淀粉的谷类及其制品为主要原料，在微生物酶的催化作用下分解并经浸渍提取制成的调味汁液。按生产工艺可分为酿造酱油和配制酱油（以酿造酱油为主体，与酸水解植物蛋白调味液、食品添加剂等配制而成）；按食用方法可分为烹调酱油和餐桌酱油，前者适用于烹调，后者适于直接食用，市售的老抽酱油即为烹调酱油，而生抽酱油则为餐桌酱油。此外，《调味品分类》（GB/T 20903—2007）中将铁强化酱油，即按照标准在酱油中加入一定量的乙二胺四乙酸铁钠（NaFeEDTA）制成的营养强化酱油也纳入为酱油的一个种类。

酱通常是指以粮食为主要原料经发酵酿造而成的各种调味酱，以及以调味酱为主体基质添加各种配料（如蔬菜、肉类、禽类等）加工而成的酱类产品，包括豆酱、面酱、芝麻酱、花生酱、虾酱以及辣椒酱、番茄酱等。

（二）卫生管理

1. 原辅材料　用于酱油及酱类生产的粮食类原料必须干燥、无杂质、无污染，农药残留、重金属、黄曲霉毒素等有毒有害物质残留应符合《粮食卫生标准》（GB 2715—2016）的规定；调味类原料必须纯净、无潮解、无杂质、无异味，并应符合相应国家标准的要求；食品添加剂的品种和添加数量应符合《食品添加剂使用标准》（GB 2760—2014）的要求；生产用水应符合《生活饮用水卫生标准》（GB 5749—2006）的规定。生产配制酱油所使用的酸水解植物蛋白调味液应符合《酸水解植物蛋白调味液》（SB 10338—2000）的规定，3-MCPD 应≤1mg/kg；不得使用非食用性原料生产的蛋白水解液和生产氨基酸的废液，以防止铅、砷及有害物质对产品的污染。我国《酱油卫生标准》（GB 2717—2003）规定，酱油中总砷含量（以 As 计）应≤0.5mg/L，铅含量（以 Pb 计）应≤1mg/L。

2. 发酵菌种　必须选用蛋白酶活力强、不产毒、不变异的优良菌种，并定期分纯，以保证菌株的性能。应用新菌种前，应按《新资源食品卫生管理办法》进行审批后方可使用。我国规定酱油、酱中黄曲霉毒素 B_1 含量均应≤5μg/L。

3. 生产加工过程　应符合《食品企业通用卫生规范》(GB 14881—2013)、《酱油厂卫生规范》(GB 8953—1988)等规定；含蛋白质的原料必须经过蒸熟、冷却，应尽量缩短冷却和散凉时间。酿造过程应控制盐水的浓度、温度和拌曲水量；发酵制品应控制发酵时的温度和通风量，以防止杂菌污染；灭菌工艺应严格控制温度和时间，以保证产品的安全质量。灭菌后的产品必须符合《酱油卫生标准》(GB 2717—2003)、《食品安全国家标准　酿造酱》(GB 2718—2014)的规定。

4. 包装与标识　包装容器和材料应符合相应的标准和有关规定。定型包装的标识要求应符合有关规定。如酱油类产品在产品的包装标识上必须醒目标出"酿造酱油"或"配制酱油"以及"直接佐餐食用"或"用于烹调"，散装产品亦应在大包装上标明上述内容；配制酱油还应注明配制酱油，氨基酸态氮含量。

5. 贮存及运输　成品的贮藏与运输条件应符合相关标准的规定，不得与有毒、有害、有异味、易挥发、易腐蚀的物品同处贮存；运输时应避免日晒、雨淋。不得与有毒、有害、有异味或影响产品质量的物品混装运输。

此外，生产企业应建立并实施可追溯性系统及产品撤回程序。

二、食醋的卫生及管理

食醋是以粮食、果实、酒类等含有淀粉、糖类、酒精的原料，经微生物酿造而成的一种液体酸性调味品。按原料及加工工艺的不同可分为酿造食醋和配制食醋。酿造食醋是单独或混合使用各种含有淀粉、糖的物料或酒精，经微生物发酵酿制而成的液体调味品，如米醋、熏醋、陈醋、水果醋等。配制食醋是以酿造食醋为主体，与冰乙酸（食品级）、食品添加剂等混合配制而成的调味食醋。

食醋的卫生管理　①原辅材料：粮食类原料必须符合《粮食卫生标准》(GB 2715—2016)的规定；发酵剂必须符合生产工艺要求，选用的菌种必须经常进行纯化和鉴定；食品添加剂和生产用水应符合相关标准的规定；②生产加工过程：应符合《食醋厂卫生规范》(GB 8954—2016)、《食醋卫生标准》(GB 2719—2003)等有关法规、标准的规定；灭菌后的食醋必须符合《食醋卫生标准》(GB 2719—2003)的规定；生产配制醋时，配制食醋中酿造食醋的比例（以乙酸计）不得少于50%，使用冰乙酸应符合《食品添加剂冰乙酸》(GB 1886.10—2015)的要求；③包装与标识：包装容器和材料应符合相应的卫生标准和有关规定，回收的包装容器应经严格检验后方能使用；定型包装的标识要求应符合有关规定，在产品的包装标识上必须醒目标出"酿造食醋"或"配制食醋"，散装产品亦应在大包装上标明上述内容；④贮存及运输：成品的贮藏与运输条件应符合相关标准的规定。此外，生产企业应建立并实施可追溯性系统及产品撤回程序。

三、食盐的卫生及管理

食盐是指直接食用和制作食品所用的盐，主要成分是氯化钠(NaCl)。食盐可根据资源、加工方法及用途进行分类。①按资源分类：一般可分为海盐、湖盐、井矿盐。②按加工方法分类：可分为精制盐、日晒盐、粉碎洗涤盐。精制盐氯化钠含量高达99%以上，适用于家庭烹调、食品加工等；粉碎洗涤盐氯化钠含量在 95% 以上，适用于食品加工。日晒盐氯化钠含量在 93% 以上，适用于蔬菜腌制等食品加工。③按用途分类，可分加碘盐和多品种盐。后者是指添加了营养强化剂、调味辅料或经特殊工艺加工制得的食盐，包括营养强化盐、调味盐、低钠盐（在食盐中添加适量的氯化钾或硫酸镁以降低氯化钠含量的产品）等。

　　食盐的卫生管理　①原料：井矿盐是生产精制盐的原料之一，生产中必须将硫酸钙、硫酸钠等杂质分离除去，含有过高硫酸钠的食盐会有苦涩味，并影响食物在肠道吸收；此外，井矿盐中还含有钡盐，其具有肌肉毒，长期少量食用可引起慢性中毒；食盐卫生标准规定钡含量不应超过 15mg/kg；②食品添加剂：为了防结块，食盐生产过程中常在盐中加入微量的抗结剂，我国规定亚铁氰化钾在盐和代盐制品中最大使用量为 0.01g/kg；亚铁氰化钾中的铁和氰化物之间结构稳定，在日常烹调温度下分解的可能性极小；此外，食盐也是安全而有效的营养素强化载体，国内营养强化食盐除了碘盐，尚有铁、锌、钙、硒、维生素 B_2 等强化盐，生产此类食盐时，营养强化剂的使用应符合食品强化的原则及《食品营养强化剂使用标准》（GB 14880—2012）、《食用盐碘含量》（GB 26878—2011）的有关规定；③生产加工过程：应符合《食品企业通用卫生规范》（GB 14881—2013）规定，严禁利用井矿盐卤水晒制、熬制食盐；④包装与标识：包装容器和材料应符合相应的卫生标准和有关规定，抗结剂在产品包装上应当标识；⑤贮存及运输：成品的贮藏与运输条件应符合相关标准的规定。此外，企业应建立并实施可追溯性系统及产品撤回程序。

（武晓岩）

🔲 小结：

　　本章介绍了粮豆、蔬菜、水果、畜肉、禽肉、乳及乳制品、食用油脂、罐头、饮料酒、冷冻饮品以及调味品的主要卫生问题和卫生要求，以及生产、加工、储存、食用过程的卫生监督及管理。强调了食品在卫生监督及管理过程中应遵守的国家标准或行业标准。

第七章　食源性疾病

食源性疾病（foodborne disease）是当今世界上分布最广泛、最常见的疾病之一。食物中的致病因子存在广泛，从食品生产到消费（"农场到餐桌"）的任何阶段均可存在生物性、化学性、物理性致病因子进入食物与饮水中，故食源性疾病发病频繁，且波及面广人多，对人类健康与社会经济的影响较大，是重要的公共卫生问题。

第一节　食源性疾病

一、食源性疾病概述

（一）食源性疾病的概念

WHO对食源性疾病的定义为"通过摄入食物进入人体的各种致病因子引起的、通常具有感染或中毒性质的一类疾病"，即通过食物摄入的方式和途径致使病原物质进入人体并引起的中毒性或感染性疾病。食源性疾病包括三个基本要素：①食物是携带和传播病原物质的媒介；②导致人体罹患疾病的病原物质是食物中所含有的各种致病因子；③临床特征为急性、亚急性中毒或感染。因此，食源性疾病除包括传统的食物中毒外，还包括经食物而感染的肠道传染病、食源性寄生虫病、人畜共患传染病、食物过敏以及由食物中有毒、有害污染物所引起的慢性中毒性疾病。

（二）食源性疾病的特点

食源性疾病一般具有以下特点：

1. 饮食传播　以食物和水源为载体使致病因子进入人体引起疾病。

2. 暴发性／散发性　微生物性食物中毒多为集体暴发，潜伏期较长（6h～数天），非微生物性食物中毒多为散发或暴发，潜伏期较短（数分钟至数小时）。

3. 地区性　某些食源性疾病常发生于某一地区或人群，如：副溶血性弧菌食物中毒主要发生在沿海地区；牛带绦虫病主要发生于有生食或半生食牛肉习俗的地区；非生物性食物中毒中，如氟中毒和硒中毒有明显的地方性特点。

4. 季节性　为生物性食物中毒的明显特征，某些疾病在一定季节内发病率升高，如：细菌性食物中毒夏秋季多发；有毒蘑菇、鲜黄花菜中毒易发生在春夏生长季节。

（三）引起食源性疾病的致病因素

食源性疾病的致病因素主要分为生物性、化学性和物理性三大类。

1．生物性因素

（1）细菌及其毒素：引起食源性疾病最重要的病原物。包括①引起细菌性食物中毒的病原菌：如沙门氏菌属、大肠埃希氏菌、副溶血性弧菌等；②引起人类肠道传染病的病原菌：如致痢疾的志贺氏菌，致霍乱的霍乱弧菌等；③引起人畜共患病的病原菌：如炭疽杆菌、鼻疽杆菌、结核分枝杆菌、布鲁氏菌等，可通过其感染的食物进入人体而致病。

（2）寄生虫和原虫：包括可引起人畜共患寄生虫病的有囊尾蚴（绦虫）、棘球属、毛线虫（旋毛虫）、弓形虫以及其他寄生虫等。

（3）病毒和立克次体：引起婴儿秋季腹泻的常见病毒，如轮状病毒、柯萨齐病毒、埃可病毒、腺病毒、冠状病毒、诺如病毒、甲型肝炎病毒、阮病毒（蛋白性传染颗粒）等。

（4）有毒动物及其毒素：河豚体内的河豚毒素、某些海鱼鱼体中的雪卡毒素、贝类中的石房蛤毒素等。此外，还有动物性食物储存时产生的毒性物质，如鱼体不新鲜或腐败时所形成的组胺。

（5）有毒植物及其毒素：果仁中的有毒物质；苦杏仁及木薯中的氰苷类；粗制棉籽油中所含的毒棉酚；四季豆中的皂素；鲜黄花菜中的类秋水仙碱；马铃薯在贮存时其芽眼处产生的龙葵素。

（6）真菌毒素：包括黄曲霉毒素、伏马菌素、棕曲霉毒素、脱氧雪腐镰刀菌烯醇、雪腐镰刀菌烯醇、玉米赤霉烯醇以及展青霉毒素等。

2．化学性因素　主要包括农药残留；兽药（抗生素）残留；不符合要求的食品生产工具、容器、包装材料以及非法添加剂；有毒有害化学物质如镉、铅、砷、偶氮化合物等；食品加工中可能产生的有毒化学物质，如反复高温加热油脂产生的油脂聚合物；烘烤或烟熏动物性食物产生的多环芳羟类；食品腌制过程中产生的亚硝酸盐等。

3．物理性因素　主要来源于放射性物质的开采、冶炼、军事以及放射性核素在生产活动和科学实验中使用时，其废物不合理的排放及意外性的泄漏，通过食物链的各个环节污染食品，尤其是半衰期较长的放射性核素 ^{131}碘、^{90}锶、^{89}锶、^{137}铯污染的食品，可引起人体慢性损害及远期的损伤效应。

（四）我国食源性疾病的现状

2010 年，第 63 届世界卫生大会关于食品安全的报告指出，全世界每年死于食源性和水源性腹泻病的人数约为 220 万人，其中 190 万是儿童。许多传染病，包括人畜共患病，通过食物传播，而许多其他疾病，包括癌症，则通过食品供应中存在的化学物质和毒素传播。然而，目前世界上只有少数发达国家建立了食源性疾病年度报告制度，且漏报率相当高，最高可达 90%，发展中国家漏报率可在 95% 以上。根据 WHO 报告，食源性疾病的实际病例数要比报告的病例数多 300～500 倍，报告的发病率不足实际发病率的 10%。

2002 年，我国建立了食源性疾病监测网进行全国性监测，其覆盖区域为 9 个省、直辖市和自治区（包括北京、上海、江苏、浙江、广西等）。2008 年，扩展到 16 个监测地区。2009 年，《食品安全法》实施以后，食源性疾病报告系统覆盖我国 31 个省（直辖市、自治区）。监测点分县（区）、地（市）、省和国家四级，各监测点通过网络直报的方式提交监测数据。国家食源性疾病监测网数据显示，1992—2001 年，监测点地区食源性疾病的发生状况整体上呈下降趋势。2001—2003 年，江苏、黑龙江等一些省份继续保持下降趋势，但湖南、湖北、上海、广东等省市的发病率却是起伏不定，降中有升。国家食源性疾病监测网个案报告的资料分析表明：生物性病原占 46.4%，其次为化学物占 24.1% 和有毒动植物占 14.7%。在微生物性食源性疾病暴发中，副溶血性弧菌导致疾病暴发占 40.1%，变形杆菌占 11.3%，葡萄球菌肠毒素占 9.4%，蜡样芽胞杆菌占 8.6%，沙门氏菌占 8.1%，致病性大肠埃希氏菌占 4%。在化学物引发的食源性疾病中，农药残留引起的事件占 68.9%，其次为亚硝酸盐，占 10%。农药残留导致疾病的患者数和死亡人数最多，以有机磷农药为主，其次为毒鼠强。在动植物引发的食源性疾病暴发中，毒蘑菇占 24.6%，毒扁豆碱占 18.6%。龙葵素、河豚毒素和桐油引发的事件所占比例均在 5.0% 左右。食源性疾病发生场所以公共餐饮单位、食堂为主。近年来家庭进餐引起的食源性疾病较以往明显增加。发病对象以少年、儿童、青壮年为主，在学生、农民及工人等人群中发病最高。

二、食物过敏

（一）食物过敏的概念

食物过敏（food allergy）也称为食物的超敏反应，是指所摄入体内的食物中的某些成分，作为抗原诱导机体产生免疫应答而发生的一种变态反应性疾病。而存在于食品中可以引发人体食品过敏的成分称为食物过敏原（allergen）。由食物过敏原引起的人体免疫反应主要是由免疫球蛋白 E（IgE）介导的速发过敏反应。已知结构的过敏原都是蛋白质或糖蛋白，分子量常为 10～60kDa。

食物过敏和食物不耐受容易混淆，诊断时应注意区分。两者虽然在临床表现上很相似，但实际上在抗体类型、过敏原类型、发作时间、症状以及发病率等方面存在着很大的区别。

（二）引起过敏的食物

引起过敏的食物有 160 多种，但常见的致敏食物主要有 8 类：①牛乳及乳制品（干酪、酪蛋白、乳糖等）；②蛋及蛋制品；③花生及其制品；④大豆和其他豆类以及各种豆制品；⑤小麦、大麦、燕麦等谷物及其制品；⑥鱼类及其制品；⑦甲壳类及其制品；⑧坚果（核桃、芝麻等）及其食物制品。

（三）食物过敏的症状

食物过敏症状一般在食用引起过敏食物后几分钟至一小时内出现，可持续数天甚至数周。过敏反应的特定症状和严重程度受摄入的过敏原量以及过敏者敏感性的影响。食物过敏者可出现皮肤症状，如发痒、发红、肿胀等；胃肠道症状，如腹痛、恶心、呕吐、腹泻、口腔发痒和肿胀等；呼吸道症状，如鼻和喉发痒和肿胀、哮喘等；眼睛发痒和肿胀；以及心血管系统症状，如胸部疼痛、心律不齐、血压降低、昏厥、丧失知觉甚至死亡。

（四）食物过敏的流行病学特征

据 WHO 估计，至少有 30% 的人在一生中会经历一次或多次食物过敏事件，食物过敏患病率在成人中为 1%～3%，在儿童中为 4%～6%。

1. 婴幼儿及儿童的发病率高于成人　婴幼儿过敏性疾病以食物过敏为主，4 岁以上儿童对吸入性抗原的敏感性增加。

2. 发病率随年龄的增长而降低　比如患病儿童随着年龄的增长对牛奶不再过敏，但对花生、坚果、鱼虾则多数为终身过敏。

3. 人群中实际发病率较低由于临床表现难以区分，往往把各种原因引起的对食物的不良反应误认为食物过敏。

（五）防治措施和处理原则

1. 避免食物致敏原 预防食物过敏者发生食物过敏的唯一办法是避免食用含有过敏原的食物。一旦确定了致敏原应严格避免再进食，从食物中排除该食物致敏原，即不会发生过敏反应。

对含有麸质蛋白的谷物过敏的患者，要终身禁食全谷类食物，应食用去除谷类蛋白的谷类。此外，生食物都比熟食物更易致敏，烹调或加热可使大多数食物抗原失去致敏性。比如，对牛奶、鸡蛋、香蕉等过敏者，可采用加热的方法降低其过敏的发生。

2. 致敏食物标签 食物致敏原的标识已经成为许多国家法规的强制性要求。美国 FDA 自 2000 年已经开始提供食物致敏原的信息，并提出了食物进行标签标识的要求，从而有利于食物过敏者避免食用。我国在 GB 7718—2011 中规定对于致敏物质如果作为食物的配料，应在配料表中使用易辨识的名称，或在配料表邻近位置加以提示。

3. 对症处理 对 IgE 介导的过敏反应，可适当给予抗组胺类药物。

三、人畜共患传染病

人畜共患传染病（anthrop zoonoses）是指"人和脊椎动物之间自然传播的疾病和感染"。其病原体既可存在于动物体内，也可存在于人体内，既可由动物感染给人，也可由人传染给动物，但多数人畜共患疾病通常由动物传染给人，由人传染给动物的较少见。

（一）疯牛病

疯牛病是牛海绵状脑病（bovine spongiform encephalopathy，BSE）的俗称，其病理改变是脑海绵状变性，并伴有严重的神经系统症状和体征。疯牛病属于"可传播性海绵状脑病（transmissible spongiform encephalopathy，TSE）"中的一种，病死率高达 100%。TSE 在人类表现为克罗伊茨费尔特 - 雅各布病（克 - 雅病），在动物还表现为羊瘙痒病等。

疯牛病是由一种非常规的病毒——朊病毒（prion）引起的。朊病毒又称朊蛋白，它不含有通常病毒所含有的核酸，也没有病毒的形态，却能在动物体内复制，从没有感染性转化为具有感染性。其主要成分是一种蛋白酶抗性蛋白，能够抵抗蛋白酶的作用，正因为这种结构特点，它对现有杀灭一般病毒的物理化学方法均有抵抗力，即现在的消毒方法对它都不起作用。

BSE 于 1986 年 11 月由英国政府中央兽医实验室首次确认。在英国，1987—1999 年期间，整个牛群的发病率为 2%～3%。在 BSE 之前，人类早有海绵状脑病，称为克罗伊茨费尔特 - 雅各布病（Creutzfeldt-Jakob disease，CJD），它是一种早老性痴呆病，发病率极低，仅为百万分之一。1995 年英国报告的 2 例"CJD 病例"，其发病年龄、临床表现和病理变化与经典的 CJD 有很大差别，根据这些病例特征将其正式命名为新变异型克 - 雅病，新变异型 CJD 的发病与 BSE 的感染有关，食用被疯牛病病毒污染了的牛肉、牛脑髓的人，有可能患 CJD，CJD 是疯牛病在人类身上的表现形式。

对所有病畜及同群易感畜以无出血方法扑杀；对于病死和扑杀的病畜，予以焚化后深埋处理，不得直接掩埋；对可能被朊病毒污染的物品应尽可能焚烧处理，虽然热处理对朊病毒不能彻底灭活，但可降低其感染性。5.25% 的次氯酸钠（未稀释的漂白粉）、2mol/L 或更高浓度的氢氧化钠也可有效降低朊病毒的感染性。

（二）致病性禽流感

禽流感是由禽流感病毒（avian influenza virus，AIV）引起的禽类感染性疾病，极易在禽鸟间传播。甲型流感病毒呈多形性，其中球形直径 80～120nm，有囊膜。基因组为分节段单股负链 RNA。依据其外膜血凝素（H）和神经氨酸酶（N）蛋白抗原性的不同，目前可分为 15 个 H 亚型（H_1～H_{15}）和 9 个 N 亚型（N_1～N_9）。甲型流感病毒除感染人外，还可感染猪、马、海洋哺乳动物和禽类。感染人的禽流感病毒亚型主要为 H_5N_1、H_5N_6、H_9N_2、H_7N_7，其中感染 H_5N_1 的患者病情重，病死率高。

禽流感病毒对热比较敏感，65℃加热 30min 或 100℃加热 2min 可灭活。它在粪便中能够存活 105d，在羽毛中能存活 18d，在水中能存活 1 个月，在 pH<4.1 条件下也具有存活能力。病毒对低温抵抗力较强，在有甘油保护的情况下可保持活力 1 年以上。病毒在直射阳光下 40～48h 可灭活，如果用紫外线直接照射，可迅速破坏其传染性。禽流感病毒对乙醚、三氯甲烷、丙酮等有机溶剂均敏感。常用消毒剂容易将其灭活，如氧化剂、稀酸、十二烷基硫酸钠、卤素化合物（如漂白粉和碘剂）等都能迅速破坏其传染性。

禽流感最早于 1878 年发生在意大利，随后在其他欧洲国家、南美和东南亚、美国和苏联也有发生，现在几乎遍布全世界。1997 年我国香港报道了我国首例人感染禽流感病毒（H_5N_1）病例，1998 年 1 月，WHO、中国香港特区卫生署、美国 CDC 联合公布，从 1 例中国香港儿童体内分离到一种新的人流感病毒——禽流感病毒甲型，这是历史上第一次从人类分离的禽流感病毒。我国内地自 2004 年初开始发生动物禽流感疫情，2005 年 10 月，湖南省报告了我国内地首例人禽流感确诊病例。

确认家禽患高致病性禽流感时，在动物防疫监督机构的监督指导下对疫点内所有的禽只进行扑杀。对所有病死禽、被扑杀禽及其禽类产品以及禽类排泄物和被污染或可能被污染的垫料、饲料等物品均需进行无害化处理。禽类尸体需要运送时，应使用防漏容器，须有明显标志，并在动物防疫监督机构的监督下实施。对疫点内禽舍、场地以及所有运载工具、饮水用具等必须进行严格彻底地消毒。

（三）炭疽

炭疽（anthrax）是由炭疽杆菌（*Bacillus anthracis*）引起的烈性传染病。本病通常发生在畜间，以牛、羊、马等草食动物最为多见，人患本病多是由于接触病畜或染菌皮毛等所致。

炭疽呈世界性分布，我国以西部地区发病较多，占全国总病例数的 90% 以上，其中贵州、云南、新疆、广西、湖南、西藏、四川、甘肃、内蒙古、青海等省（自治区）为高发地区。

炭疽杆菌未形成芽胞之前，杆菌 55～58℃、10～15min 即可被杀死。炭疽杆菌暴露空气中 6h 可形成芽胞，芽胞具有强大的抵抗力，能在土壤中存活 15 年，杀灭需 140℃干热、3h 或 120℃高压蒸汽、10min。其传染途径主要经过皮肤接触或由空气吸入，而因食用被污染食物引起的胃肠型炭疽较少见。临床上常依感染途径不同分为体表感染（皮肤）型、经口感染（肠）型和吸入感染（肺）型三种。病程中常并发败血症、脑膜炎等，毒素引起机体功能衰竭可导致死亡，除皮肤炭疽外，肠炭疽和肺炭疽病死率较高，危害严重。

炭疽主要传染牛、羊、马，潜伏期 1～5d，急型炭疽（电击型）牲畜突然发病，知觉丧失、倒卧、呼吸困难、脾脏肿大、天然孔流血、血液呈沥青样暗黑色且不易凝固。猪多患慢性局部炭疽，病变部位常在颌下、咽喉与肠系膜淋巴，病变淋巴结剖面呈砖红色、肿胀、质硬，一般无症状。

本病呈零星散发时，应对患病动物作无出血扑杀处理，就地焚烧尸体；对同群动物立即进行强制免疫接种，并隔离观察 20d。对病死动物及排泄物、可能被污染饲料、污水等进行无害化处理；对可能被污染的物品、交通工具、用具、动物舍进行彻底消毒。疫区、受威胁区所有易感动物进行紧急免疫接种。对病死动物尸体严禁进行开放式解剖检查，防止病原污染环境，形成永久性疫源地。

本病呈暴发流行时（1个县10天内发现5头以上的患病动物），要报请同级人民政府对疫区实行封锁。出入口必须设立消毒设施。限制人、易感动物、车辆进出和动物产品及可能受污染的物品运出。对患病动物、同群动物和动物舍、场地等的处理同零星散发时的处理。当最后1头患病动物死亡或患病动物和同群动物扑杀处理后20天内不再出现新的病例，进行终末消毒后，经动物防疫监督机构审验合格后，由当地兽医主管部门向原发布封锁令的机关申请发布解除封锁令。

（四）布鲁氏菌病

布鲁氏菌病（brucellosis）是由布鲁氏菌引起的慢性接触性传染病，绵羊、山羊、牛及猪易感。布鲁氏菌属分为六型：羊布鲁氏菌、牛布鲁氏菌、猪布鲁氏菌、沙林鼠布鲁氏菌、绵羊布鲁氏菌和犬布鲁氏菌。其中羊型、牛型、猪型是人类布鲁氏菌病的主要致病菌，羊型对人的致病力最强，猪型次之，牛型较弱。由它们引起的人畜疾病，在世界各地均有发生。

布鲁氏菌一般容易在生殖器官——子宫和睾丸中繁殖，特别是怀孕的子宫，致使胚胎绒毛发生坏死，胎盘松动，引起胎儿死亡或流产。布鲁氏菌靠较强的内毒素致病，尤以羊布鲁氏菌的内毒素毒力最强。家畜感染布鲁氏菌后临床症状轻微，有的几乎不表现任何症状，但能通过分泌物和排泄物不断向外排菌，成为最危险的传染源。

本病主要通过消化道感染，也可以经皮肤、黏膜和呼吸道感染。患畜症状轻微，个别表现为关节炎，雄畜多出现睾丸炎，雌畜多出现传染性流产、阴道炎、子宫炎等。

人感染布鲁氏菌较家畜严重，且病情复杂，表现为乏力，全身软弱，食欲缺乏，失眠，咳嗽，有白色痰，可听到肺部干鸣，多呈波浪热，也有稽留热、不规则热或不发热，盗汗或大汗，睾丸肿大，一个或多个关节发生无红肿热的疼痛、肌肉酸痛等。

发现病畜时，要及时报告。当地动物防疫监督机构要立即派人到现场，采取检疫、扑杀、销毁、消毒、紧急免疫接种方法，迅速控制疫情。对受威胁的畜群（病畜的同群畜）实施隔离，患病动物的流产胎儿、胎衣、排泄物、乳、乳制品等进行无害化处理。对患病动物污染的场所、用具、物品严格进行消毒。

四、人畜共患寄生虫病

（一）绦虫病和囊尾蚴病

1. 概述　绦虫病是由猪绦虫或牛绦虫寄生在人体小肠所引起的疾病。我国所见主要是牛肉绦虫病与猪肉绦虫病。

牛肉绦虫病（taeniasis bovis）又称牛带绦虫病、肥胖带绦虫病，是由牛带绦虫成虫寄生人体小肠引起的一种肠绦虫病。任何年龄均可患牛带绦虫病，最低年龄为10个月，最高年龄为86岁，但以21～40岁青壮年居多，一般男性多于女性。胃肠道症状中以腹痛最为常见，见于半数病例。腹痛可在上腹部、脐周或无固定位置，可为钝痛、隐痛、刺痛、咬痛或烧灼感，少数患者可有肠绞痛。

猪带绦虫病（taeniasis solium），又称猪肉绦虫病、链状带绦虫病，是由猪带绦虫成虫寄生在人体小肠所引起的一种肠绦虫病。其形态和生活史与牛带绦虫有许多相似之处，但也有一些重要区别。其中，人在猪带绦虫生活史中既是终宿主也是中间宿主。猪带绦虫成虫寄生在人肠道为肠猪带绦虫病，其幼虫寄生在人皮下组织、肌肉、脑等组织器官内则为猪囊尾蚴病。猪囊尾蚴病是人重要寄生虫病之一。

猪囊尾蚴病（cysticercosis cellulosae）曾称囊虫病，是由猪带绦虫的幼虫（囊尾蚴）寄生人体所致的疾病，为人畜共患的寄生虫病。人因吞食猪带绦虫卵而感染。

囊猪囊尾蚴病病原体在牛体内为无钩绦虫，猪体内为有钩绦虫，家禽为绦虫中间宿主。幼虫在猪和牛的肌肉组织内形成囊尾蚴，主要寄生在舌肌、咬肌、臀肌、深腰肌和膈肌等部位。猪囊尾蚴在半透明水泡状囊中，肉眼为白色，绿豆大小，位于肌纤维间的结缔组织内。包囊一端为乳白色不透明的头节，这种肉俗称"米猪肉"或"痘猪肉"。

2. 流行特点　绦虫病在我国分布较广，猪肉绦虫散发于华北、东北、西北一带，地方性流行区仅见于云南；牛肉绦虫于西南各省及西藏、内蒙古、新疆等自治区均有地方性流行，本病的流行和饮食习惯及猪、牛饲养方法不当有密切关系。绦虫的成虫寄生在人的小肠内，在人肠内寿命由数年至20年。

猪囊尾蚴病在我国各地都有病例报道，东北三省和云南、贵州、河南、湖北及山东、安徽等省更为多见并有流行。感染率与生食猪肉习惯有关，也有切肉板及刀污染猪囊尾蚴而引起感染的报道。发病年龄以青年为最多，小儿受染者也不少。

猪肉绦虫病病人是猪囊尾蚴病的唯一传染源。病人粪便中排出的虫卵对本人及其周围人群均有传染性。所以人体不仅是猪绦虫的终宿主，也可成为中间宿主。通过污染食物和自家感染使虫卵进入人肠道后，卵内的六钩蚴即脱壳而出，穿过肠壁进入血流，在人体不同部位发生猪囊尾蚴病（囊虫蚴病），其中以脑猪囊尾蚴病最为常见。

人体猪囊尾蚴病的感染方式有3种：①内源性自身感染，即由于呕吐等逆蠕动使妊娠节片或虫卵返流入胃；②外源性自身感染，即病人手指污染本人粪便的虫卵，再经口感染自己；③外源性异体感染，因食污染虫卵的蔬菜、生水、食物而得囊虫病。

3. 临床表现

（1）绦虫病：初期，成虫居于肠中，影响肠道气机，引起腹部或上腹部隐隐作痛，腹胀不适，甚或恶心、呕吐。常在内裤、被褥或粪便中发现白色节片，或伴肛门瘙痒。病久则脾胃功能受损，不能运化水谷精微，加之绦虫吸食营养物质，以致人体化源不足，气血不充，故在上述症状的基础上常伴见面色萎黄或苍白，形体消瘦，倦怠乏力，食欲缺乏，舌淡、脉细等气血亏虚的症状。

（2）猪囊尾蚴病：按临床特点可分脑猪囊尾蚴病、眼猪囊尾蚴病、皮下及肌肉型猪囊尾蚴病。

脑猪囊尾蚴病：由于囊虫侵入颅内的数目、部位不同，以及囊虫的发育过程和死亡不一，因此临床症状复杂多变，病情波动。少数病例由于大量囊虫进入脑内，发病急骤，出现明显的精神和神经障碍，甚至迅速死亡。一般而言本病神经损害取决于囊虫数目和位置所致的机械效应及囊虫引起的炎性和中毒反应。表现为颅内压增高、局灶神经体征、癫痫、精神障碍等。

眼猪囊尾蚴病：早期感到眼前有椭圆形黑影飘动和伸缩变形，蠕动的阴影。晚期由于眼内组织受到干扰和炎症形成，视力可显著下降，甚至失明。

皮下及肌肉型猪囊尾蚴病：病人常有皮下或肌肉内囊虫结节，分布于头和躯干，四肢较少，结节呈圆或椭圆形，直径0.5～1.5cm，坚实，可在皮下或肌肉中自由推动，无压痛结节可陆续，出现或自行消失。

4. 诊断

（1）流行病学资料：有进食生或未熟的猪或牛肉的病史。

（2）临床表现：粪便中有白色带状节片排出者，以粪检见有排出绦虫节片为主要依据。

（3）实验室检查：粪便中找到绦虫卵即可确诊。

5. 预防　开展卫生宣传，纠正吃生肉的习惯是预防本病的关键。严格肉类检查，严格实施食品管理法，禁止含有囊虫的肉类出售。另外，对生猪的管理治疗亦很重要，如圈养，及时治疗猪肠道绦虫，宰杀带囊虫的生猪深埋或做工业原料等。

此外，应对炊事人员进行宣传，须将肉类煮熟烧透，菜刀与菜板应生熟分开。

（二）旋毛虫病

1. 概述　旋毛虫病（trichinelliasis），是旋毛形线虫引起的人畜共患病，猪、狗等易感，人因生食或未煮熟含有活的旋毛虫幼虫而感染。主要临床表现有胃肠道症状、发热、眼睑水肿和肌肉疼痛。

旋毛虫幼虫主要寄生在动物的膈肌、舌肌、心肌、胸大肌和肋间肌等，以膈肌最为常见，形成包囊。包囊对外界环境的抵抗力较强，耐低温，但加热至70℃可杀死。当人食入含旋毛虫包囊的肉后，约一周幼虫在肠道发育为成虫，并产生大量新幼虫钻入肠壁，随血液循环移行到身体各部位，损害人体健康。患者有恶心、呕吐、腹泻、高热、肌肉疼痛、运动受限等症状。当幼虫进入脑脊髓可引起脑膜炎症状。人患旋毛虫病与嗜生食或半生食肉类习惯有关。

2. 流行特点　猪为主要传染源，其他肉食动物如鼠、猫、犬、羊以及多种野生动物如熊、野猪、狼、狐等亦通过相互残杀吞食或吃了含有旋毛虫囊包的动物尸体而感染。有人提出本病的两个传播环，即家养动物环和野生动物环。人为此两个传播环的旁系，在无人类感染的情况下，这两个传播环均能各自运转。人因吞食含包囊的猪肉、狗肉、羊肉或野猪肉等而感染，暴发流行与食生肉习惯有密切关系。

3. 临床表现　潜伏期2～45天，多为10～15天，潜伏期长短与病情轻重呈负相关。临床症状轻重则与感染虫量呈正相关。

（1）早期症状：相当于成虫在小肠阶段。可表现有恶心、呕吐、腹痛、腹泻等，通常轻而短暂。

（2）急性期：是幼虫移行时期，病多急起。主要表现有发热、水肿、皮疹、肌痛等。发热多伴畏寒、以弛张热或不规则热为常见，多在38～40℃之间，持续2周，重者最长可达8周。发热同时，约80%患者出现水肿，主要发生在眼睑、颜面、眼结合膜，重者可有下肢或全身水肿，进展迅速为其特点，多持续1周左右。皮疹多与发热同时出现，好发于背、胸、四肢等部位。疹形可为斑丘疹、猩红热样疹或出血疹等。全身肌肉疼痛甚剧，多与发热同时或继发热、水肿之后出现，伴压痛与显著乏力。

皮肤呈肿胀硬结感，重症患者常感咀嚼、吞咽、呼吸、眼球活动时疼痛。此外，累及咽喉可有吞咽困难和喑哑；累及心肌可出现心音低钝、心律失常、奔马律和心功能不全等；累及中枢神经系统常表现为头痛、脑膜刺激征，甚而抽搐、昏迷、瘫痪等；肺部病变可导致咳嗽和肺部啰音；眼部症状常失明、视力模糊和复视等。

（3）恢复期：随着肌肉中包囊形成，急性炎症消退，全身性症状如发热、水肿和肌痛逐渐减轻。患者显著消瘦，乏力，肌痛和硬结仍可持续数月。最终因包囊壁钙化及幼虫死亡而症状完全消失。严重病例呈恶病质状态，因虚脱、毒血症或心肌炎而死亡。

4. 诊断　旋毛虫病常呈暴发流行，问病史多有生食猪肉史，根据其临床表现与血中嗜酸性粒细胞明显增高，结合其辅助病原学检查或免疫学检查一般不难诊断。肌肉活组织检查最准确的诊断方法。

5. 预防

（1）改善养猪方法，合理建猪圈，提倡圈养，隔离病猪，不用含有旋毛虫的动物碎肉和内脏喂猪，饲料应加温至少55℃以上，以防猪感染。猪粪堆肥发酵处理。

（2）灭鼠：鼠类是本病的保虫宿主，尽力灭鼠，勿使其污染食物和猪食。

（3）加强猪肉卫生检验，未经过卫生许可的猪肉不准上市，尤其个体摊贩的猪肉更应加强卫生监督。屠宰场猪肉应详细检查。如将猪肉在 −15℃以下冷冻20天或 −18℃冷冻24h，使其无害化。

（三）蛔虫病

1. 概述　蛔虫病是由似蚓蛔线虫引起的一种疾病。似蚓蛔线虫（ascaris lumbricoides）简称蛔虫，是人体内最常见的寄生虫之一。成虫寄生于小肠，可引起蛔虫病。此外，犬弓首线虫（简称犬蛔虫）是犬类常见的肠道寄生虫，其幼虫能在人体内移行，引起内脏幼虫移行症。

蚓蛔线虫属原腔动物门，线虫纲，蛔目，蛔科，是人体肠道内最大的寄生线虫，成体略带粉红色或微黄色，体表有横纹，雄虫尾部常卷曲。虫卵随粪便排出，卵分受精卵和非受精卵两种，前者金黄色，内有球形卵细胞，两极有新月状空隙，后者窄长，内有一团大小不等的粗大折光颗粒。只有受精卵才能卵裂、发育，在 21～30℃、潮湿、氧气充足、荫蔽的泥土中约10天发育成杆状蚴，脱一次皮变成具有感染性幼虫的感染性虫卵，此时如被吞食，卵壳被消化，幼虫在肠内逸出，然后穿过肠壁，进入淋巴腺和肠系膜静脉，经肝、右心、肺、穿过毛细血管到达肺泡，再经气管、喉头的会厌、口腔、食道、胃，回到小肠，整个过程25～29天，脱3次皮，再经1月余就发育为成虫。

2. 临床表现　似蚓蛔线虫感染后，出现不同程度的发热、咳嗽、食欲缺乏或善饥、脐周阵发性疼痛、营养不良、失眠、磨牙等症状，有时还可引起严重的并发症，如蛔虫扭集成团可形成蛔虫性肠梗阻，钻入胆道形成胆道蛔虫病，进入阑尾造成阑尾蛔虫病和肠穿孔等，对人体危害很大。

（1）幼虫期致病：可出现发热、咳嗽、哮喘、血痰以及血中嗜酸性粒细胞比例增高等临床征象。

（2）成虫期致病：患者常有食欲缺乏、恶心、呕吐以及间歇性脐周疼痛等表现；可出现荨麻疹、皮肤瘙痒、血管神经性水肿，以及结膜炎等症状。由于临床症状不典型，容易误诊；突发性右上腹绞痛，并向右肩、背部及下腹部放射。疼痛呈间歇性加剧，伴有恶心、呕吐等。

常见并发症：胆道蛔虫病、蛔虫性胰腺炎，阑尾炎或蛔虫性肉芽肿等。

3. 流行特点　蛔虫的分布呈世界性，全世界约有 1/4 的人口感染蛔虫，主要温带、热带、经济不发达、温暖潮湿以及卫生条件差的国家或地区流行更为广泛。据 WHO 统计，全球感染蛔虫病人数有13亿，以学龄前儿童感染率最高，农村高于城市。在国内，蛔虫是感染率最高、分布最广的寄生虫，约有 5.31 亿人感染，平均感染率为 46.99%，最高达 71.12%。

4．诊断　由于蛔虫产卵量大，采用直接涂片法，查一张涂片的检出率为 80% 左右，查 3 张涂片可达 95%。对直接涂片阴性者，也可采用沉淀集卵法或饱和盐水浮聚法，检出效果更好。

5．预防　预防蛔虫病，主要是普治病人，杜绝感染来源；搞好粪便管理；讲究个人卫生，防止虫卵入口。

（四）华支睾吸虫病

1．概述　华支睾吸虫病（clonorchiasis sinensis）是一种由华支睾吸虫寄生于人体肝胆管内所引起的寄生虫病，俗称肝吸虫病。

中华分支睾吸虫属扁形动物门，吸虫纲，复殖目，后睾吸虫科，分支睾吸虫属。成虫体形狭长、扁薄，前端尖，后端钝，大小为（10～25）mm×（3～5）mm。虫卵为人体寄生虫卵中的最小者，黄褐色，形似芝麻，前端较窄，有小盖，内含一个已育好的毛蚴。成虫定居于人或其他终寄主（猫、狗等）的肝胆管里，以组织液和黏液为营养。排出的虫卵随胆汁到达肠腔，再随粪便排出体外，虫卵落入水中，被淡水螺（第一中间寄主）吞食后，卵内的毛蚴即在螺体内孵出，形成胞蚴。胞蚴发育、增殖，形成多个雷蚴，雷蚴再发育成多个尾蚴，成熟的尾蚴自螺体逸出后，在水中遇到一定种类的淡水鱼（第二中间寄主），就钻入其体内形成囊蚴。人或动物若食入未熟的带囊蚴的鱼，蚴虫即在十二指肠内破囊而出，经胆总管进入肝胆管，经 20 天左右发育为成虫，并开始排卵，成虫寿命可达 15～25 年。

2．流行特点　本病分布在亚洲，多见于中国、日本、朝鲜等国。估计全世界感染人数达 1 900 万。1984 年中国湖北江陵西汉古尸研究结果表明，早在 2300 多年前，此病就存在于中国。现分布于华南、西南、华北、东北等 24 个省、市、自治区，人群感染率为 0.1%～57.0%。尤其是广东等省居民有食"鱼生"和"鱼生粥"的习惯，更易受染。

3．临床表现　轻度感染者症状不明显。多数病例表现为慢性过程，感染后逐渐出现食欲缺乏、乏力、上腹部不适、腹泻、腹胀、消化不良、肝区痛和肝脏肿大等。少数急性患者除上述表现外，尚有发冷发热、轻度黄疸等，严重病例可出现重度营养不良、血浆蛋白低、贫血、肝硬化，并可见全身水肿、腹腔积液、最后死于极度衰竭、继发感染或肝衰竭。有时还并发胆道感染、胆囊炎、胆石症和胆管细胞癌。虫体数量多时可阻塞胆道，造成梗阻。若虫体寄生于胰管可引起胰腺的并发症，感染严重的儿童可表现为侏儒症。

4．诊断　根据流行病史和临床表现可怀疑本病。粪便或胆汁中查到虫卵即可确诊。由于粪便中残渣多，虫卵小，有时需要多次复查才能发现。胆汁中虫卵多，检出的阳性率高，但十二指肠引流操作复杂，不能普遍应用。此外，皮内试验、间接血凝试验、酶联免疫吸附试验、间接荧光素标记抗体和对流电泳等免疫学诊断方法，均可协助诊断及流行病学调查，但不能作为确诊的唯一根据。

5．预防　大力开展卫生宣传教育，不吃未熟的鱼，抓鱼后洗手，切生、熟菜用的刀、砧板要分开。搞好粪便管理，减少鱼、螺等感染机会，切断本虫的生活史和流行环节。有条件时在病区进行普查普治。

（五）姜片虫病

1．概述　姜片虫病（fasciolopsiasis），是由布氏姜片吸虫简称姜片虫，寄生于人、猪肠内引起的一种人畜共患寄生虫病。虫数多发生感染时常出现腹痛和腹泻，营养不良，消化功能紊乱，白蛋白减少，各种维生素缺乏，还可有腹泻与便秘交替出现，甚至肠梗阻，严重感染的儿童可有消瘦,贫血,水肿、腹腔积液,智力减退、发育障碍等。在反复感染的病例,少数可因衰竭、虚脱而致死。

姜片虫的吸盘发达、吸附力强,可使被吸附的黏膜坏死、脱落,肠黏膜发生炎症、点状出血、水肿以至形成溃疡或脓肿。病变部位可见中性粒细胞、淋巴细胞和嗜酸性粒细胞浸润,肠黏膜分泌增加,血中嗜酸性粒细胞增多。感染轻度者可无明显症状。寄生虫数较多时常出现腹痛和腹泻,并表现消化不良,排便量多,稀薄而臭,或腹泻与便秘交替出现,甚至发生肠梗阻。在营养不足、又反复中度感染的病例,尤其是儿童,可出现低热、消瘦、贫血、浮肿、腹水以及智力减退和发育障碍等,少数可因衰竭、虚脱而死。

2. 流行特点　姜片虫病是人、猪共患的寄生虫病,流行于亚洲的印度、孟加拉国、缅甸、越南、老挝、泰国、印度尼西亚、马来西亚、菲律宾、日本和中国。在我国已发现有人或动物(猪)姜片虫病流行的有:浙江、福建、广东、广西、云南、贵州、四川、湖南、湖北、江西、安徽、江苏、上海、山东、河北、陕西和台湾等省、市、自治区。根据我国一些地区的调查,姜片虫病主要流行于种植菱角及其他可供生食的水生植物、地势低洼、水源丰富的地区,猪姜片虫病也流行于种植和以水生青饲料喂猪的地区。我国姜片虫病的流行多见于东南沿海的平原水网地区、湖泊区及江河沿岸的冲积平原和三角洲地带,以及内陆的平原及盆地。随着水利建设和养猪业的发展,水生植物种植面积的相应增加,如不采取措施必将对姜片虫病的流行产生不良影响。

3. 临床表现　潜伏期1～3个月,轻度感染者症状轻微或无症状,中、重度者可出现食欲缺乏,腹痛,间歇性腹泻(多为消化不良粪便),恶心,呕吐等胃肠道症状,以腹痛为主。腹痛常位于上腹部与右季肋下部,少数在脐周,发生于早晨空腹或饭后,偶有剧痛与绞痛,患者常有肠鸣音亢进,肠蠕动增强,肠胀气,不少患者有自动排虫或吐虫史,儿童常有神经症状如夜间睡眠不好,磨牙,抽搐等,少数患者因长期腹泻,严重营养不良可产生水肿和腹腔积液,重度晚期患者可发生衰竭,虚脱或继发肺部、肠道细菌感染,造成死亡,偶有虫体集结成团导致肠梗阻者。

4. 诊断　检查粪便中虫卵是确诊姜片虫感染的主要方法。因姜片虫卵大,容易识别,用直接涂片法检查三张涂片,即可查出绝大多数患者,但轻度感染的病例往往漏检。应用浓集方法可提高检出率,常用的有离心沉淀法及水洗自然沉淀法,定量透明厚涂片法(即改良加藤氏法)的检出效果与沉淀法相仿,既可定性检查,又可进行虫卵记数,以了解感染度。用免疫学方法对早期感染或大面积普查,有较好的辅助诊断价值。

5. 预防　加强粪便管理,防止人、猪粪便通过各种途径污染水体。关键的措施是勿生食未经刷洗及沸水烫过的菱角等水生果品,不喝河塘的生水,勿用被囊蚴污染的青饲料喂猪。在流行区开展人和猪的姜片虫病普查普治工作。

五、病毒性食源性疾病

(一)甲型肝炎

甲型肝炎(Hepatitis A)是由甲型肝炎病毒引起的肝脏急性传染病。主要通过粪-口途径传播,临床上以疲乏、食欲减退、肝肿大、肝功能异常为主要表现,部分病例出现黄疸,多数病例症状不明显或没有症状,尤其是年轻患者。任何年龄均可患本病,但主要为儿童和青少年。成人甲肝的临床症状一般较儿童为重。冬、春季节常是甲肝发病的高峰期。

1. 病原学特征　甲型肝炎病毒 HAV 是小核糖核酸病毒科的一员,为嗜肝 RNA 病毒属。HAV 经口进入体内后,经肠道进入血流,引起病毒血症,约过一周后到达肝脏,随后通过胆汁排入肠道并出现在粪便中,粪便排毒能维持 1～2 周。病毒侵犯的主要器官是肝脏,咽部和扁桃体可能是 HAV 肝外繁殖的部位。HAV 引起肝细胞损伤的机制尚未明确,一般认为 HAV 不直接引起肝细胞病变,肝脏损害是 HAV 感染肝细胞的免疫病理反应所引起的。

2. 流行特点　甲型肝炎呈全球性分布,根据其流行强度,可分为高、中、低和很低度地方流行区,在高度地方流行区,约 90% 成人抗体 -HAV 阳性,大部分儿童在 10 岁前已感染 HAV,如非洲、中南美洲、中东和东南亚部分地区。甲型肝炎流行的地区分布与社会、经济和卫生因素有很大关联,如沙特阿拉伯国家,已有高度地方性流行转变为中度地方性流行;甲型肝炎流行有周期性现象,不同国家和地区周期性的间隔期不同,与易感者积累和人群免疫力下降等因素有关,全年均有发病,但有一定的季节性;在高度流行区,肝炎发病主要集中在低年龄人群,以婴幼儿为多,5～14 岁发病率高,14 岁后随年龄增长发病率下降,在低度流行区,发病年龄后移,成人发病比例高。

甲型肝炎在我国各地区的发病存在差异,生活、卫生较差的农村地区为甲型肝炎高度流行地区,存在明显的季节性和周期性,大中城市为甲型肝炎低流行区,季节性和周期性不明显,但时有暴发的可能。

1988 年,我国上海市发生了历史上罕见的甲型肝炎暴发流行事件,病例 1 天最高可达 1 万例,此次甲型肝炎流行特点是:主要集中于市区;发病人群起病急骤,临床症状典型;青壮年为主,男女比例基本一致;在职业分布上,工人居多(70.63%)。

3. 临床表现　甲型肝炎感染的早期症状可能会被误认为流感,但一些患者,尤其是儿童,都没有表现出症状。症状通常出现在初次感染后的 2～6 周(平均 28 天)。临床症状通常有:疲劳,发热,恶心,食欲减退,泛黄的皮肤或眼黄,黄疸,腹泻,尿色逐渐加深呈浓茶色,泥土色的粪便。

4. 诊断　依据流行特点、临床表现及实验室检查肝功能异常有助于甲型肝炎的诊断。确诊甲型肝炎应根据以下病毒学指标:

(1) 抗 -HAV IgM:发病后 1 周左右即可在血清中测出。其出现与临床症状及化验指标异常的时间一致,第 2 周达高峰。一般持续 8 周,少数患者可达 6 个月以上。但个别病人病初阴性,2～3 周后方检出阳性。所以临床疑诊甲型肝炎,而抗 -HAV IgM 阴性,应复检 1～2 次,以免漏诊。当前,抗 -HAVIgM 是早期诊断甲型肝炎的特异性较高的指标,且有简便,快速的优点。抗 -IAV IgG 是既往感染的指标,因其是保护性抗体,可保护人体再次感染,故可作为流行特点调查,了解易感人群。

(2) 抗 -HAV IgA:该型抗体又称分泌型抗体,主要存在于泪眼,唾液,尿液,胃液,乳汁,鼻腔分泌物中,胃液中的 IgA 可排入粪便中,在甲型肝炎患者粪便提取液中可测得抗 HAV IgA,可作为甲型肝炎的辅助诊断。此外,粪便中 HAV 的检测和血清甲肝核糖核酸(HAV RNA)亦有诊断价值,但需要一定的设备和技术,不作为常规检查项目。总之,对有典型症状的可疑甲型肝炎患者,伴转氨酶明显增高,可进一步查抗 HAV IgM 即可明确诊断甲型肝炎。

5. 预防

(1) 管理好传染源:早期发现患者,特别是在甲肝流行区,不仅隔离现症患者,更重要的是早期发现并隔离现症患者周围的隐性感染者。

（2）切断传播途径：预防本病的重要环节，把住"病从口入"关。加强饮食、水源及粪便的管理；养成良好的卫生习惯，饭前便后洗手，共用餐具消毒，最好实行分餐，生食与熟食切菜板、刀具和贮藏容器均应严格分开，防止污染；对一些自身易携带致病菌的食物如螺蛳、贝壳、螃蟹，尤其是能富集甲肝病毒的毛蚶等海、水产品，食用时一定要煮熟蒸透，杜绝生吃、半生吃以及腌制后直接食用等不良饮食习惯，食品要高温加热，一般情况下，加热100℃ 1min就可使甲肝病毒失去活性。

（3）保护易感染者：包括被动免疫和主动免疫两种方式。

被动免疫：对家庭内密切接触者，尤其是婴幼儿，应于接触后一周内肌内注射丙种球蛋白，剂量为每千克体重0.02～0.05ml，有一定预防作用。

主动免疫：甲肝减毒活疫苗及灭活疫苗已研制成功，动物实验和人体应用，证明能产生保护性抗体，可以广泛应用。

本病病程呈自限性，无慢性化，引起急性重型肝炎者极为少见，随着灭活疫苗在全世界的使用，甲型肝炎的流行已得到有效的控制。

（二）轮状病毒

轮状病毒是引起婴幼儿腹泻的主要病原体之一，其主要感染小肠上皮细胞，从而造成细胞损伤，引起腹泻。轮状病毒每年在夏秋冬季流行，感染途径为粪 - 口途径，临床表现为急性胃肠炎，呈渗透性腹泻病，病程一般为7天，发热持续3天，呕吐2～3天，腹泻5天，严重出现脱水症状。

1. 病原学特征　轮状病毒（rotavirus，简称RV）是一种双链核糖核酸病毒，属于呼肠孤病毒科。它是引起婴儿与幼儿腹泻的主因，几乎世界上每个大约五岁的小孩都曾感染过轮状病毒至少一次。然而，每一次感染后人体免疫力会逐渐增强，后续感染的影响就会减轻，因而成人就很少受到其影响。轮状病毒总共有8个种，以英文字母编号为A、B、C、D、E、F、G、H。其中，A种是最为常见的一种，而人类轮状病毒感染超过90%的案例也都是该种造成的。

2. 流行特点　轮状病毒A型，占人类轮状病毒性胃肠炎90%，在全球局部范围流行广泛。在发展中国家，轮状病毒每年会引起成百上千万腹泻病例，几乎导致200万人住院治疗。轮状病毒B，又名成人腹泻型轮状病毒，引起腹泻，严重影响中国各年龄段人群，达上万人。这些疾病的流行病主要是由于饮用水的污染导致的。

3. 临床表现　急性胃肠炎，呈渗透性腹泻，病程一般为7天，症状主要为腹泻、发热、呕吐，常可导致多种并发症，其中，以脱水为最严重并发症，重度脱水可导到死亡。因此，脱水成为轮状病毒感染的最常见的死因。

4. 诊断　轮状病毒感染通常伴随着严重腹泻的胃肠炎。大部分的因为肠胃炎进入医院的儿童病患都被检测出轮状病毒A种。对于轮状病毒A种传染病的专门诊断方式是对病患的粪便利用酶免疫分析法作病毒的识别。市场上有几种许可的检测试剂盒，敏感性高、特异性强，能够检测出轮状病毒A的所有血清型。逆转录聚合酶链反应（RT-PCR）可以检测并识别所有种与所有血清型的人类轮状病毒。

5. 预防　接种疫苗可以降低感染。轮状病毒疫苗是减毒重组的活疫苗，接种对象主要为2个月～5岁以下婴幼儿，对初冬感染轮状病毒的婴幼儿患者，临床没有特效药物快速治疗。

目前疫苗接种可能是唯一的可控制轮状病毒感染后严重脱水发生的有效措施。现在市场上的轮状疫苗均是口服轮状疫苗，却是现阶段预防轮状病毒感染最好的方法。2009年，世界卫生组织推荐这2种疫苗（Rotarix和RotaTeq）在全球运用，特别是在小于5岁儿童的腹泻死亡率大于或等于10%的国家中推荐使用。

（三）肠道病毒

肠道病毒感染包括脊髓灰质炎病毒、柯萨奇病毒、埃可病毒及新型肠道病毒等71个血清型，本属病毒分布广泛，临床表现复杂多样。

1. 病原学特征　肠道病毒包括脊髓灰质炎病毒、库克萨基病毒和埃可病毒。1970年国际病毒命名委员会将这些病毒归属于微小核糖核酸病毒科的肠道病毒属。在上述已命名的3种肠道病毒的67个型别以后发现的肠道病毒，都按肠道病毒序数编号命名，即68、69、70、71、72型肠道病毒等。肠道病毒颗粒小，呈20面体，直径24～30nm，不含类脂体，核心有单链核糖核酸，耐乙醚和其他脂溶剂，耐酸，对各种抗生素、抗病毒药、去污剂有抵抗作用。多数病毒在细胞培养中产生细胞病变。肠道病毒通常寄生于肠道，仅于少数情况下，进入血流或神经组织。正常的病毒携带者不多见，隐性感染甚为普遍，人受染后出现临床症状的也是少数。

2. 流行特点　本类疾病分布于世界各地，在热带、亚热带等全年都有，在温带夏季多见，在温暖、潮湿、卫生条件差，人群拥挤的地区发病率高。成人、儿童均可发病，儿童较多见。有些病毒的感染常发生流行，不同年份的流行可由不同种、型的病毒引起，有些病毒感染的流行有周期性。

3. 临床表现　肠道病毒感染临床表现复杂多变，病情轻重差别甚大。同型病毒可引起不同的临床综合征，而不同型的病毒又可引起相似的临床表现。肠道病毒引起的感染，轻者只有倦怠、乏力、低热等，重者可全身感染脑、脊髓、心、肝等重要器官受损，预后较差，并可遗留后遗症或造成死亡。

4. 诊断　依赖于检测病原和抗体。这些病毒可以存在于粪、血液、脑脊液、脊髓、眼结膜分泌物以及咽部、脑、心、肝和皮肤或黏膜的病变部位，可用组织培养法或动物接种法分离病毒，然后用相应的抗血清鉴定。检测抗原的快速和灵敏的方法有免疫荧光法、酶联免疫吸附检测法和核酸杂交法等。检测急性期和恢复期血清的抗体滴度，若有4倍以上升高，即可以确诊，方法有中和试验、补体结合试验和血凝抑制试验等。

5. 预防　脊髓灰质炎疫苗预防效果甚佳，但是对其他肠道病毒感染尚缺少特异的控制方法。婴幼儿应避免与急性发热的病人密切接触，注射γ-球蛋白或胎盘球蛋白也可以起到一定的预防作用。

（四）诺如病毒

诺如病毒又称诺沃克病毒（Norwalk viruses，NV）是人类杯状病毒科（Human Calicivirus，HuCV）中诺如病毒（Norovirus，NV）属的原型代表株。诺如病毒具有高度传染性和快速传播能力，是全球急性胃肠炎的散发病例和暴发疫情的主要致病原，疾病负担严重。

1. 病原学特征　1968年，美国诺沃克镇一所小学暴发急性胃肠炎。1972年，Kapikian等科学家在此次暴发疫情的患者粪便中发现一种直径约27nm的病毒颗粒，将之命名为诺沃克病毒（Norwalk virus）。此后，世界各地陆续从急性胃肠炎患者粪便中分离出多种形态与之相似但抗原性略异的病毒颗粒，统称为诺沃克样病毒（Norwalk-like viruses，NLVs）。由于此病毒呈圆形，无包膜，表面光滑，也称作小圆状结构病毒（small round structured viruses，SRSVs）。诺如病毒为无包膜单股正链 RNA 病毒，病毒粒子直径约 27～40nm，基因组全长约 7.5～7.7kb。

诺如病毒变异速度快，每隔 2～3 年即可出现引起全球流行的新变异株。一项志愿者人体试验研究表明，诺如病毒的免疫保护力可持续 6～24 个月，即使先前感染过诺如病毒，同一个体仍可重复感染同一毒株或不同毒株的诺如病毒。诺如病毒主要通过病人的粪便排出，也可通过呕吐物排出。病人在潜伏期即可排出诺如病毒，排毒高峰在发病后 2～5 天，持续约 2～3 周，最长排毒期有报道超过 56 天，在免疫抑制病人中更长。

2. 流行特点　诺如病毒传播途径包括人传人、经食物和经水传播。人传人可通过粪口途径（包括摄入粪便或呕吐物产生的气溶胶）、或间接接触被排泄物污染的环境而传播；食源性传播是通过食用被诺如病毒污染的食物进行传播，污染环节可出现在感染诺如病毒的餐饮从业人员在备餐和供餐中污染食物，也可出现食物在生产、运输和分发过程中被含有诺如病毒的人类排泄物或其他物质（如水等）所污染，牡蛎等贝类海产品和生食的蔬果类是引起暴发的常见食品；经水传播可由桶装水、市政供水、井水等其他饮用水源被污染所致。一起暴发中可能存在多种传播途径。

诺如病毒具有明显的季节性，人们常把它称为"冬季呕吐病"。根据 2013 年发表的系统综述，全球 52.7% 的病例和 41.2% 的暴发发生在冬季（北半球是 12 月至次年 2 月，南半球是 6 至 8 月），78.9% 的病例和 71.0% 的暴发出现在凉爽的季节（北半球是 10 月至次年 3 月，南半球是 4 月至 9 月）。

3. 临床表现　诺如病毒的潜伏期相对较短，通常 12～48h；诺如病毒感染发病以轻症为主，最常见症状是腹泻和呕吐，其次为恶心、腹痛、头痛、发热、畏寒和肌肉酸痛等；尽管诺如病毒感染主要表现为自限性疾病，但少数病例仍会发展成重症，甚至死亡，重症或死亡病例通常发生于高龄老人和低龄儿童，健康人感染诺如病毒后偶尔也会发展为重症。

4. 诊断

（1）疑似病例：即急性胃肠炎病例，24h 内出现排便≥3 次且有性状改变（呈稀水样便），和／或 24h 内出现呕吐≥2 次者。

（2）临床诊断病例：在诺如病毒感染引起的聚集性或暴发疫情中，满足疑似病例定义，且与实验室诊断病例有流行病学关联的病例。

（3）实验室诊断病例：疑似病例或临床诊断病例中，粪便、肛拭子或呕吐物标本经诺如病毒核酸检测阳性，或 ELISA 抗原检测阳性者。

5. 预防　目前，针对诺如病毒尚无特异的抗病毒药和疫苗，其预防控制主要采用非药物性预防措施。

注意洗手，尤其在如厕和更换尿布后，以及每次进食、准备和加工食物前；水果和蔬菜食用前应认真清洗，牡蛎和其他贝类海产品应深度加工后食用；诺如病毒感染者患病期至康复后 3 天内不能准备加工食物或陪护其他患者；被患者呕吐物或粪便污染的表面应及时用含氯漂白剂或其他有效消毒剂清洗消毒，立即脱掉和清洗被污染的衣物或床单等，清洗时应戴上橡胶或一次性手套，并在清洗后认真洗手。

六、食物中毒

（一）食物中毒的概念

食物中毒（food poisoning）系指摄入含有生物性、化学性有毒有害物质的食品或把有毒有害物质当作食品摄入后所出现的非传染性的急性、亚急性疾病。

食物中毒属于食源性疾病，是食源性疾病中最为常见的疾病。食物中毒既不包括因暴饮暴食而引起的急性胃肠炎、食源性肠道传染病（如伤寒）和寄生虫病（如旋毛虫），也不包括因一次大量或长期少量多次摄入某些有毒、有害物质而引起的以慢性损害为主要特征（如致癌、致畸、致突变）的疾病。

（二）食物中毒的发病特点

食物中毒发生的原因各不相同，但发病具有如下共同特点：

1. 发病潜伏期短　来势急剧，呈暴发性，短时间内可能有多数人发病。

2. 发病与食物有关　病人有食用同一有毒食物史，流行波及范围与有毒食物供应范围相一致，停止该食物供应后，流行即告终止。

3. 中毒病人临床表现基本相似　以恶心、呕吐、腹痛、腹泻等胃肠道症状为主。

4. 一般情况下，人与人之间无直接传染　发病曲线呈突然上升之后又迅速下降的趋势，无传染病流行时的余波。

（三）食物中毒的流行病学特点

1. 发病的季节性特点　食物中毒发生的季节性与食物中毒的种类有关，如细菌性食物中毒主要发生在6～10月，化学性食物中毒全年均可发生。

2. 发病的地区性特点　绝大多数食物中毒的发生有明显的地区性，如我国沿海省区多发生副溶血性弧菌食物中毒，肉毒中毒主要发生在新疆等地区，霉变甘蔗中毒多见于北方地区，农药污染食品引起的中毒多发生在农村地区等。但由于近年来食品的快速配送，食物中毒发病的地区性特点越来越不明显。

3. 导致食物中毒原因的分布特点　在我国引起食物中毒的原因分布不同年份均略有不同，关于全国食物中毒事件情况的通报资料显示，2011—2015年，微生物引起的食物中毒事件占36.5%，有毒动植物食物中毒占37.3%，化学性食物中毒占12.7%，其他占13.5%。中毒人数最多的为微生物引起的食物中毒，占59.9%。

微生物导致的食物中毒事件中，主要是由于沙门氏菌、变形杆菌、蜡样芽胞杆菌等引起，但近几年国内报道的副溶血性弧菌食物中毒起数和中毒人数均较多；植物导致的中毒事件主要为毒蘑菇、未煮熟四季豆、油桐果、蓖麻籽引起；化学性食物中毒主要为污染了亚硝酸盐、农药/鼠药的食品引起；动物性中毒主要为河豚中毒。

4. 食物中毒病死率特点　食物中毒的病死率较低。2011—2015年，我国报告食物中毒起数为844起，中毒人数32 151人，死亡625人，病死率为1.9%。死亡人数以有毒动植物食物中毒最多，占死亡总数的63.4%，病死率为7.8%；其次为化学性食物中毒，死亡人数占死亡总数的22.5%，病死率为6.3%；微生物性食物中毒引起的死亡较少，占死亡总数的8.0%，病死率为0.3%。

5. 食物中毒发生场所分布特点　食物中毒发生的场所多见于家庭、集体食堂和饮食服务单位。其中，最常见的场所是家庭，如2015年发生在家庭的食物中毒事件报告起数和死亡人数最多,分别占全年食物中毒事件总报告起数和总死亡人数的 46.7% 和 85.1%;发生在集体食堂的食物中毒人数最多,占全年食物中毒总人数的 42.6%。

(四)食物中毒的分类

一般按病原物分类,可将食物中毒分为 5 类。

1. 细菌性食物中毒　指摄入含有细菌或细菌毒素的食品而引起的食物中毒。细菌性食物中毒是食物中毒中最多见的一类,发病率通常较高,但病死率较低。发病有明显的季节性,每年 5～10 月最多见。

2. 真菌及其毒素食物中毒　指食用被真菌及其毒素污染的食物而引起的食物中毒。中毒发生主要由被真菌污染的食品引起,用一般烹调方法加热处理不能破坏食品中的真菌毒素,发病率较高,死亡率也较高,发病的季节性及地区性均较明显,如霉变甘蔗中毒常见于初春的北方。

3. 动物性食物中毒　指食用本身含有有毒成分的动物食品而引起的食物中毒。发病率及病死率较高。引起动物性食物中毒的食品主要有两种:①将天然含有有毒成分的动物当作食品,如河豚中毒;②在一定条件下产生大量有毒成分的动物性食品,如鱼类储存不当,导致组胺中毒。

4. 植物性食物中毒　指食用本身含有有毒成分或由于贮存不当产生了有毒成分的植物食品引起的食物中毒,如含氰苷果仁、木薯、菜豆、毒蕈等引起的食物中毒。发病特点因引起中毒的食品种类而异,如毒蕈中毒多见于暖湿季节及丘陵地区,病死率较高。

5. 化学性食物中毒　指食用含有化学性有毒物质的食品引起的食物中毒。发病的季节性、地区性均不明显,但发病率和病死率均较高,如有机磷农药、鼠药、某些金属或类金属化合物、亚硝酸盐等引起的食物中毒。

第二节　细菌性食物中毒

一、概述

细菌性食物中毒(bacterial food poisoning)是指因摄入被致病性细菌或其毒素污染的食品而引起的中毒。细菌性食物中毒在食物中毒中最为常见。近几年来我国发生的细菌性食物中毒多以沙门氏菌、变形杆菌和金黄色葡萄球菌食物中毒为主,其次为副溶血性弧菌、蜡样芽胞杆菌食物中毒。

(一)细菌性食物中毒的分类

根据病原和发病机制的不同,可将细菌性食物中毒分为感染型、毒素型和混合型三类。

1. 感染型　病原菌随食物进入肠道后,在肠道内继续生长繁殖,靠其侵袭力附着于肠黏膜或侵入黏膜及黏膜下层,引起肠黏膜的充血、白细胞浸润、水肿、渗出等炎性病理变化。典型的感染型食物中毒有变形杆菌食物中毒等。除引起腹泻等胃肠道综合征之外,这些病原菌还进入黏膜固有层,被吞噬细胞吞噬或杀灭,菌体裂解,释放出内毒素。内毒素可作为致热原,刺激体温调节中枢,引起体温升高,因而感染型食物中毒的临床表现多有发热症状。

2. 毒素型　大多数细菌能产生肠毒素或类似的毒素。肠毒素的刺激,激活了肠壁上皮细胞的腺苷酸环化酶或鸟苷酸环化酶，使胞浆内的环磷酸腺苷或环磷酸鸟苷的浓度增高，通过胞浆内蛋白质的磷酸化过程，进一步激活了细胞内的相关酶系统，使细胞的分泌功能发生变化。由于 Cl^- 的分泌亢进，肠壁上皮细胞对 Na^+ 和水的吸收受到抑制，导致腹泻。常见的毒素型细菌性食物中毒有金黄色葡萄球菌食物中毒等。

3. 混合型　病原菌进入肠道后，除侵入黏膜引起肠黏膜的炎性反应外，还产生肠毒素，引起急性胃肠道症状。这类病原菌引起的食物中毒是由致病菌对肠道的侵入与它们产生的肠毒素协同作用引起的，因此，其发病机制为混合型。常见的混合型细菌性食物中毒有副溶血性弧菌食物中毒等。

（二）细菌性食物中毒的特点

1. 发病原因

（1）致病菌的污染：畜禽生前感染和宰后污染及食品在运输、贮藏、销售等过程中受到致病菌的污染。

（2）储藏方式不当：被致病菌污染的食物在不适当的温度下存放，食品中适宜的水分活性、pH 及营养条件使其中的致病菌大量生长繁殖或产生毒素。

（3）烹调加工不当：被污染的食物未经烧熟煮透或煮熟后被食品加工工具、食品从业人员的带菌者再次污染。

2. 流行病学特点

（1）发病率及病死率：细菌性食物中毒在国内外都是最常见的食物中毒，发病率高，但病死率则因致病菌的不同而有较大的差异。常见的细菌性食物中毒，如沙门氏菌、葡萄球菌、变形杆菌等食物中毒，病程短、恢复快、预后好、病死率低，但李斯特氏菌、小肠结肠炎耶尔森菌、肉毒梭菌、椰毒假单胞菌食物中毒的病死率较高，且病程长，病情重，恢复慢。

（2）季节性：细菌性食物中毒全年皆可发生，但在夏秋季高发，5～10 月较多。这与夏季气温高，细菌易于大量繁殖和产生毒素密切相关，也与机体的防御功能降低，易感性增高有关。

（3）中毒食品：动物性食品是引起细菌性食物中毒的主要食品，其中畜肉类及其制品居首位，其次为禽肉、鱼、乳、蛋类。植物性食物如剩米饭、米糕、米粉则易引起金黄色葡萄球菌、蜡样芽胞杆菌食物中毒。

（三）细菌性食物中毒的临床表现及诊断

1. 临床表现　细菌性食物中毒的临床表现以急性胃肠炎为主，主要表现为恶心、呕吐、腹痛、腹泻等。葡萄球菌食物中毒呕吐较明显，呕吐物含胆汁，有时带血和黏液，腹痛以上腹部及脐周多见，且腹泻频繁，多为黄色稀便和水样便。侵袭性（如沙门氏菌等）细菌引起的食物中毒，可有发热、腹部阵发性绞痛和黏液脓血便。

2. 诊断　细菌性食物中毒的诊断主要根据流行病学调查资料、患者的临床表现和实验室检查分析资料。

（1）流行病学调查资料：根据发病急，短时间内同时发病，发病范围局限在食用同一种有毒食物的人群等特点，找到引起中毒的食物。

（2）患者的临床表现：潜伏期和中毒表现符合食物中毒特有的临床特征。

（3）实验室诊断资料：对中毒食物或与中毒食物有关的物品或病人的样品进行检验的资料，包括对可疑食物、患者的呕吐物及粪便等进行细菌学及血清学检查（菌型的分离鉴定、血清学凝集试验)。对怀疑细菌毒素中毒者,可通过动物实验检测细菌毒素的存在。

(4)判定原则:根据上述三种资料,可判定为由某种细菌引起的食物中毒。对于因各种原因无法进行细菌学检验的食物中毒,则由3名副主任医师以上的食品卫生专家进行评定,得出结论。

3. 鉴别诊断

(1)非细菌性食物中毒:食用有毒动植物(发芽马铃薯、河豚或毒蕈等)引起的食物中毒的临床特征是潜伏期很短,一般不发热,以多次呕吐为主,腹痛、腹泻较少,但神经症状较明显,病死率较高。汞、砷引起食物中毒时,主要表现为咽痛、充血、吐泻物中含血,经化学分析可确定病因。

(2)霍乱:霍乱的潜伏期最短6~8h,也可长至2~3天不等,主要表现为剧烈的上吐下泻,大便呈水样,常伴有血液和黏液,有时会发生肌肉痉挛。由于过度的排出水分,常导致患者严重脱水,当液体得不到补充时,病人便会死亡。通过粪便培养或涂片后经荧光素标记抗体染色镜检找到霍乱弧菌,即可确诊,常伴有二代病例的出现。

(3)急性菌痢:一般呕吐较少,常有发热、里急后重,粪便多混有脓血,下腹部及左下腹部压痛明显,镜检发现粪便中有红细胞、脓细胞及巨噬细胞,粪便培养约半数有痢疾杆菌。

(4)病毒性胃肠炎:临床上以急性小肠炎为特征,潜伏期24~72h,主要表现为发热、恶心、呕吐、腹胀、腹痛及腹泻,水样便或稀便,吐泻严重者可发生水、电解质及酸碱平衡紊乱。

(四)细菌性食物中毒的防治原则

1. 预防措施

(1)加强卫生宣传教育:改变生食等不良的饮食习惯;严格遵守牲畜宰前、宰中和宰后的卫生要求,防止污染;食品加工、储存和销售过程要严格遵守卫生制度,搞好食具、容器和工具的消毒,避免生熟交叉污染;食品在食用前加热充分,以杀灭病原体和破坏毒素;在低温或通风阴凉处存放食品,以控制细菌的繁殖和毒素的形成;食品加工人员、医院、托幼机构人员和炊事员应认真执行就业前体检和录用后定期体检的制度,经常接受食品卫生教育,养成良好的个人卫生习惯。

(2)加强食品卫生质量检查和监督管理:应加强对食堂、食品餐饮点、食品加工厂、屠宰场等相关部门的卫生检验检疫工作。

(3)建立快速可靠的病原菌检测技术:根据致病菌的生物遗传学特征和分子遗传特征,结合现代分子生物学等检测手段和流行病学方法,分析病原菌的变化、扩散范围和趋势等,为大范围食物中毒暴发的快速诊断和处理提供相关资料,防止更大范围内的传播和流行。

2. 处理原则

(1)现场处理:将患者进行分类,轻者在原单位集中治疗,重症者送往医院或卫生机构治疗。及时收集资料,进行流行病学调查及病原学的检验工作,以明确病因。

(2)对症治疗:常用催吐、洗胃、导泻的方法迅速排出毒物。同时治疗腹痛、腹泻,纠正酸中毒和电解质紊乱,抢救呼吸衰竭。

(3)特殊治疗:对细菌性食物中毒通常无须应用抗菌药物,可以经对症疗法治愈。对症状较重、考虑为感染性食物中毒或侵袭性腹泻者,应及时选用抗菌药物,但对金黄色葡萄球菌肠毒素引起的中毒,一般不用抗生素,以补液、调节饮食为主。对肉毒毒素中毒,应及早使用多价抗毒素血清。

二、沙门氏菌食物中毒

（一）病原学特点

沙门氏菌属（*Salmonella*）是肠杆菌科的一个重要菌属。目前国际上有 2 500 多种血清型，我国已发现 200 多种。沙门氏菌的宿主特异性极弱，既可感染动物也可感染人类，极易引起人类的食物中毒。致病性最强的是猪霍乱沙门氏菌，其次是鼠伤寒沙门氏菌和肠炎沙门氏菌。

沙门氏菌为革兰氏阴性杆菌，需氧或兼性厌氧，绝大部分具有周身鞭毛，能运动。沙门氏菌属不耐热，55℃ 1h、60℃ 15～30min 或 100℃数分钟即被杀死。此外，由于沙门氏菌属不分解蛋白质、不产生靛基质，食物被污染后无感官性状的变化，故对储存较久的肉类，即使没有腐败变质，也应注意彻底加热灭菌，以防引起食物中毒。

（二）中毒机制

大多数沙门氏菌食物中毒是沙门氏菌活菌对肠黏膜的侵袭而导致的感染型中毒。肠炎沙门氏菌、鼠伤寒沙门氏菌可产生肠毒素，通过对小肠黏膜细胞膜上腺苷酸环化酶的激活，抑制小肠黏膜细胞对 Na^+ 的吸收，促进 Cl^- 的分泌，使 Na^+、Cl^- 和水在肠腔潴留而致腹泻。

（三）流行病学特点

1. 发病率及影响因素　沙门氏菌食物中毒的发病率较高，占总食物中毒的 40%～60%。发病率的高低受活菌数量、菌型和个体易感性等因素的影响。通常情况下，食物中沙门氏菌的含量达到 $2×10^5CFU/g$ 即可发生食物中毒，沙门氏菌致病力的强弱与菌型有关，致病力越强的菌型越易引起食物中毒，猪霍乱沙门氏菌的致病力最强，其次为鼠伤寒沙门氏菌，鸭沙门氏菌的致病力较弱，对于幼儿、体弱老人及其他疾病患者等易感性较高的人群，即使是较少菌量或较弱致病力的菌型，仍可发生食物中毒，甚至出现较重的临床症状。

2. 流行特点　虽然全年皆可发生，但季节性较强，多见于夏、秋两季，5～10 月的发病起数和中毒人数可达全年发病起数和中毒人数的 80%。发病点多面广，暴发与散发并存，青壮年多发，且以农民、工人为主。

3. 中毒食品　引起沙门氏菌食物中毒的食品主要为动物性食品，特别是畜肉类及其制品，其次为禽肉、蛋类、乳类及其制品。由植物性食品引起者很少，但 2009 年 1 月，美国花生公司布莱克利工厂生产的花生酱被沙门氏菌污染，导致 9 人死亡，引发震惊全美的"花生酱事件"。

4. 食品中沙门氏菌的来源　由于沙门氏菌属广泛分布于自然界，在人和动物中有广泛的宿主，因此，沙门氏菌污染肉类食物的概率很高，特别是家畜中的猪、牛、马、羊、猫、犬，家禽中的鸡、鸭、鹅等。健康家畜、家禽肠道沙门氏菌的检出率为 2%～15%，病猪肠道沙门氏菌的检出率可高达 70%。正常人粪便中沙门氏菌的检出率为 0.02%～0.2%，腹泻患者的检出率为 8.6%～18.8%。

（1）家畜、家禽的生前感染和宰后污染：生前感染系指家禽、家畜在宰杀前已感染沙门氏菌，是肉类食品中沙门氏菌的主要来源。生前感染包括原发性沙门氏菌病和继发性沙门氏菌病两种。原发性沙门氏菌病系指家畜、家禽在宰杀前即患有沙门氏菌病，如猪霍乱、牛肠炎、鸡白痢等。继发性沙门氏菌病系指家禽、家畜肠道沙门氏菌引起的自身沙门氏菌感染。由于健康家禽、家畜肠道沙门氏菌的带菌率较高，当它们由于患病、饥饿、疲劳或其他原因而致机体的抵抗力下降时,寄生在肠道内的沙门氏菌即通过淋巴系统进入血流、内脏和肌肉,引起继发性沙门氏菌感染。宰后污染系指家畜、家禽在屠宰的过程中或屠宰后被带沙门氏菌的粪便、容器、污水等污染。

(2)乳中沙门氏菌的来源:患沙门氏菌病奶牛的乳中可能带菌,即使是健康奶牛的乳在挤出后亦容易受到污染。

(3)蛋类沙门氏菌的来源:蛋类及其制品感染或污染沙门氏菌的机会较多,尤其是鸭、鹅等水禽及其蛋类,其带菌率一般在30%~40%。除因原发和继发感染使家禽的卵巢、全身及卵黄带菌外,禽蛋经泄殖腔排出时,蛋壳的表面可在肛门腔里被粪便中的沙门氏菌污染,沙门氏菌可通过蛋壳的气孔侵入蛋内。

(4)熟制品中沙门氏菌的来源:烹调后的熟制品可再次受到带菌的容器、烹调工具等污染或被食品从业人员带菌者污染。

(四)临床表现

潜伏期短,一般为4~48h,长者可达72h。潜伏期越短,病情越重。开始表现为头疼、恶心、食欲缺乏,随后出现呕吐、腹泻、腹痛。腹泻一日可达数次至十余次,主要为水样便,少数带有黏液或血。体温升高,可达38~40℃,轻者3~4d症状消失。沙门氏菌食物中毒有多种临床表现,可分为胃肠炎型、类霍乱型、类伤寒型、类感冒型、败血症型,其中以胃肠炎型最为常见。

(五)诊断和治疗

1.诊断　一般根据流行病学特点、临床表现和实验室检验结果,按照《沙门氏菌食物中毒诊断标准及处理原则》(WS/T 13—1996)进行诊断。

(1)流行病学特点:同一人群在短期内发病,且进食同一可疑食物,发病呈暴发性,中毒表现相似。

(2)临床表现:如上所述,除消化道症状外,常伴有高热等全身症状。

(3)实验室检验:除传统的细菌学诊断技术和血清学诊断技术外,还建立了很多快速的诊断方法,如酶联免疫检测技术、胶体金检测技术、特异的基因探针和PCR法检测等,其中细菌学检验结果阳性是确诊最有力的依据。①细菌学检验:按《食品安全国家标准　食品微生物学检验沙门氏菌检验》(GB 4789.4—2016)进行细菌的培养与分离;②血清学鉴定:用分离出的沙门氏菌与已知A~F多价O血清及H因子进行玻片凝集试验,进行分型鉴定;③用病人患病早期和恢复期血清分别与从可疑食物或患者呕吐物、粪便中分离出的沙门氏菌做凝集试验。恢复期的凝集效价明显升高。

2.治疗　轻症者以补充水分和电解质等对症处理为主,对重症、患菌血症和有并发症的患者,需用抗生素治疗。

(六)预防措施

针对细菌性食物中毒发生的三个环节采取相应的预防措施。

1.防止沙门氏菌污染食品

(1)加强对肉类、禽蛋类食品生产企业的卫生监督及家畜、家禽屠宰前的兽医卫生检验,并按有关规定处理。

(2)加强家畜、家禽屠宰后的检验,防止被沙门氏菌污染的畜、禽肉尸、内脏及蛋进入市场。

（3）加强卫生管理，防止肉类食品在储藏、运输、加工、烹调或销售等各个环节被沙门氏菌污染，特别要防止熟肉类制品被食品从业人员带菌者、带菌的容器及生食物污染。

2. 控制食品中沙门氏菌的繁殖　影响沙门氏菌繁殖的主要因素是储存温度和时间。低温储存食品是控制沙门氏菌繁殖的重要措施。食品生产企业、副食品商店、集体食堂、食品销售网点均应配置冷藏设备。生熟食品应分开保存，防止交叉污染。此外，加工后的熟肉制品应尽快食用，或低温储存，并尽可能缩短储存时间。

3. 彻底加热以杀灭沙门氏菌　加热杀灭病原菌是防止食物中毒的关键措施，但必须达到有效的温度。经高温处理后可供食用的肉块，重量不应超过 1kg，并持续煮沸 2.5～3h，或应使肉块的深部温度至少达到 80℃，并持续 12min，使肉中心部位变为灰色而无血水，以便彻底杀灭肉类中可能存在的沙门氏菌并灭活毒素。加工后的熟肉制品长时间放置后应再次加热后才能食用。禽蛋类需将整个蛋洗净后，带壳煮或蒸，煮沸 8～10min 以上。

三、副溶血性弧菌食物中毒

（一）病原学特点

副溶血性弧菌（*Vibrio parahemolyticus*）为革兰氏阴性杆菌，呈弧状、杆状、丝状等多种形态，无芽胞，主要存在于近岸海水、海底沉积物和鱼、贝类等海产品中。副溶血性弧菌在 30～37℃、pH 7.4～8.2、含盐 3%～4% 的培养基上和食物中生长良好，而在无盐的条件下不生长，也称为嗜盐菌。该菌不耐热，56℃加热 5min，或 90℃加热 1min，或用含醋酸 1% 的食醋处理 5min，均可将其杀灭。该菌在淡水中的生存期短，在海水中可生存 47d 以上。

副溶血性弧菌有 845 个血清型，主要通过 13 种耐热的菌体抗原（即 O 抗原）鉴定，而 7 种不耐热的包膜抗原（即 K 抗原）可用来辅助鉴定。其致病力可用神奈川（Kanagawa）试验来区分。该菌能使人或家兔的红细胞发生溶血，在血琼脂培养基上出现 β 溶血带，称为"神奈川试验"阳性。神奈川试验阳性菌的感染能力强，引起食物中毒的副溶血性弧菌 90% 神奈川试验阳性（K$^+$），通常在 12h 内出现症状。K$^+$ 菌株能产生一种耐热型直接溶血素，K$^-$ 菌株能产生一种热敏型溶血素，而有些菌株能产生这两种溶血素。

（二）中毒机制

副溶血弧菌食物中毒属于混合型细菌性食物中毒。摄入一定数量的致病性副溶血性弧菌数小时后，引起肠黏膜细胞及黏膜下炎症反应等病理病变，并可产生肠毒素及耐热性溶血毒素。大量的活菌及耐热性溶血毒素共同作用于肠道，引起急性胃肠道症状。

（三）流行病学特点

1. 地区分布　我国沿海地区为副溶血性弧菌食物中毒的高发区。近年来，随着海产食品大量流向内地，内地也有此类食物中毒事件的发生。

2. 季节性及易感性　7～9 月是副溶血性弧菌食物中毒的高发季节。男女老幼均可发病，但以青壮年为多。

3. 中毒食品　主要是海产食品，其中以墨鱼、带鱼、黄花鱼、虾、蟹、贝、海蜇最为多见，如墨鱼的带菌率达 93%，其次为盐渍食品，如咸菜、腌制的肉禽类食品等。

4. 食品中副溶血性弧菌的来源

（1）直接污染：海水及沉积物中含有副溶血性弧菌。

沿海地区的饮食从业人员、健康人群及渔民副溶血性弧菌的带菌率为 11.7% 左右，有肠道病史者带菌率可达 31.6%～88.8%。

（2）间接污染：沿海地区炊具副溶血性弧菌的带菌率为 61.9%；被副溶血性弧菌污染的食物在较高温度下存放，食用前加热不彻底或生吃；熟制品受到带菌者、带菌的生食品、容器及工具等污染。

（四）中毒症状

潜伏期为 2～40h，多为 14～20h。发病初期主要为腹部不适，尤其是上腹部疼痛或胃痉挛。继之恶心、呕吐、腹泻，体温一般为 37.7～39.5℃，发病 5～6h 后，腹痛加剧，以脐部阵发性绞痛为特点。粪便多为水样、血水样、黏液或脓血便，里急后重不明显。重症病人可出现脱水、意识障碍、血压下降等，病程 3～4d，预后良好。近年来国内报道的副溶血性弧菌食物中毒，临床表现不一，可呈胃肠炎型、菌痢型、中毒性休克型或少见的慢性肠炎型。

（五）诊断和治疗

1. 诊断　按《副溶血性弧菌食物中毒诊断标准及处理原则》（WS/T 81—1996）进行。根据流行病学特点与临床表现，结合细菌学检验可做出诊断。

（1）流行病学特点：在夏秋季进食海产品或间接被副溶血性弧菌污染的其他食品。

（2）临床表现：发病急，潜伏期短，上腹部阵发性绞痛，腹泻后出现恶心、呕吐。

（3）实验室诊断包括：①细菌学检验：按《食品安全国家标准　食品微生物学检验副溶血性弧菌检验》（GB 4789.7—2013）操作；②血清学检验：在中毒初期的 1～2d 内，病人血清与细菌学检验分离的菌株或已知菌株的凝集价通常增高至 1:40～1:320，一周后显著下降或消失，健康人的血清凝集价通常在 1:20 以下；③动物试验：将细菌学检验分离的菌株注入小鼠的腹腔，观察毒性反应；④快速检测：采用 PCR 等快速诊断技术，24h 内即可直接从可疑食物、呕吐物或腹泻物样品中检出副溶血性弧菌。

2. 治疗　以补充水分和纠正电解质紊乱等对症治疗为主。

（六）预防措施

与沙门氏菌食物中毒的预防基本相同，也要抓住防止污染、控制繁殖和杀灭病原菌三个主要环节，其中控制繁殖和杀灭病原菌尤为重要。各种食品，尤其是海产食品及各种熟制品应低温贮藏。鱼、虾、蟹、贝类等海产品应煮透。凉拌食物清洗干净后在食醋中浸泡 10min 或在 100℃沸水中漂烫数分钟即可杀灭副溶血性弧菌。此外，盛装生、熟食品的器具要分开，并注意消毒，以防止交叉污染。

四、李斯特氏菌食物中毒

（一）病原学特点

李斯特氏菌属（*Listeria*）是革兰氏阳性、短小的无芽胞的杆菌，包括格氏李斯特氏菌、单核细胞增生李斯特氏菌、默氏李斯特氏菌等 8 个种。引起食物中毒的主要是单核细胞增生李斯特氏菌，这种细菌本身可致病，并可在血液琼脂上产生被称为李斯特氏菌溶血素 O 的 β-溶血素。

李李斯特氏菌在 5～45℃均可生长。在 5℃的低温条件下仍能生长是该菌的特征。该菌在 58～59℃ 10min 可被杀死，在 -20℃可存活一年。该菌耐碱不耐酸，在 pH 为 9.6 的条件下仍能生长，在含 10% NaCl 的溶液中可生长，在 4℃的 20% NaCl 中可存活 8 周，该菌可以在潮湿的土壤中存活 295d 或更长时间。

李斯特氏菌分布广泛，在土壤、健康带菌者和动物的粪便、江河水、污水、蔬菜、青贮饲料及多种食品中均可分离出该菌，而且该菌在土壤、污水、粪便、牛乳中存活的时间比沙门氏菌长，稻田、牧场、淤泥、动物粪便、野生动物饲养场和有关地带的样品，单核细胞李斯特氏菌的检出率为 8.4%～44%。

（二）中毒机制

李斯特氏菌引起食物中毒主要为大量李斯特氏菌的活菌侵入肠道所致。此外也与李斯特氏菌溶血素 O 有关。

（三）流行病学特点

1．季节性　春季可发生，在夏、秋季发病率呈季节性增高。

2．中毒食品种类　主要有乳及乳制品、肉类制品、水产品、蔬菜及水果。尤以在冰箱中保存时间过长的乳制品、肉制品最为多见。

3．易感人群　孕妇、婴儿、50 岁以上的人群、因患其他疾病而身体虚弱者和处于免疫功能低下状态的人。

4．污染来源及中毒发生的原因　牛乳中的李斯特氏菌主要来自粪便，人类、哺乳动物、鸟类的粪便均可携带李斯特氏菌，如人粪便的带菌率为 0.6%～6%。即使是消毒的牛乳，污染率也在 21% 左右。此外，由于肉尸在屠宰的过程易被污染，在销售过程中，食品从业人员的手也可造成污染，以致在生的和直接入口的肉制品中该菌的污染率高达 30%。受热处理的香肠也可再污染该菌。国内有人从冰糕、雪糕中检出了李斯特氏菌，检出率为 17.39%，其中单核细胞增生性李斯特氏菌为 4.35%。由于该菌能在低温条件下生长繁殖，故用冰箱冷藏食品不能抑制它的繁殖。

（四）临床表现

临床表现有两种类型：侵袭型和腹泻型。侵袭型的潜伏期在 2～6 周。病人开始常有胃肠炎的症状，最明显的表现是败血症、脑膜炎、脑脊膜炎、发热，有时可引起心内膜炎。孕妇可出现流产、死胎等后果，幸存的婴儿则易患脑膜炎，导致智力缺陷或死亡，免疫系统有缺陷的人则易出现败血症、脑膜炎。少数轻症病人仅有流感样表现。病死率高达 20%～50%。腹泻型病人的潜伏期一般为 8～24h，主要症状为腹泻、腹痛、发热。

（五）诊断和治疗

1．诊断

（1）流行病学特点：符合李斯特氏菌食物中毒的流行病学特点，在同一人群中短期发病，且进食同一可疑食物。

（2）特有的临床表现：侵袭型的临床表现与常见的其他细菌性食物中毒的临床表现有明显的差别，突出的表现有脑膜炎、败血症、流产或死胎等。

（3）细菌学检验：按《食品安全国家标准　食品微生物学检验单核细胞增生李斯特氏菌检验》（GB 4789.30—2016）操作。

2．治疗　进行对症和支持治疗，用抗生素治疗时可选择氨苄西林 / 舒巴坦、亚胺培南、莫西沙星、左氧氟沙星等。

（六）预防措施

由于李斯特氏菌在自然界广泛存在，且对杀菌剂有较强的抵抗力，因而从食品中消灭李斯特氏菌不切实际。食品生产者和加工者应该把注意力集中在减少李斯特氏菌对食品的污染方面。必须按照严格的食品生产程序生产,用危害分析与关键控制点(hazard analysis and critical control point,HACCP)原理进行监控。

五、大肠埃希氏菌食物中毒

(一)病原学特点

埃希氏菌属(*Escherichia*)俗称大肠杆菌属,为革兰氏阴性杆菌,多数菌株有周身鞭毛,能发酵乳糖及多种糖类,产酸产气。该菌主要存在于人和动物的肠道内,属于肠道的正常菌群,通常不致病。该菌随粪便排出后,广泛分布于自然界中。该菌在自然界的生活力强,在土壤、水中可存活数月,繁殖所需的最小水分活性为0.94~0.96。

在大肠埃希氏菌中,也有致病性的,当人体的抵抗力降低或食入被大量的致病性大肠埃希氏菌活菌污染的食品时,便会发生食物中毒。引起食物中毒的致病性大肠埃希氏菌的血清型主要有O157:H7、O111:B4、O55:B5、O26:B6、O86:B7、O124:B17等。目前已知的致病性大肠埃希氏菌包括如下5个型:

1. 肠产毒性大肠埃希氏菌(ETEC) 是婴幼儿和旅游者腹泻的病原菌,可从水中和食物中分离到,主要的血清群为:O6、O8、B15、O25、O27等。ETEC的毒力因子包括菌毛和毒素,致病物质是不耐热肠毒素和耐热肠毒素。

2. 肠侵袭性大肠埃希氏菌(EIEC) 较少见,主要感染少儿和成人,具有类似于志贺氏菌和伤寒沙门氏菌侵入肠黏膜上皮细胞的能力,发病特点很像细菌性痢疾,因此,又称它为志贺样大肠埃希氏菌。不同的是,EIEC不具有痢疾志贺氏菌I型所具有的产生肠毒素的能力。EIEC不产生不耐热肠毒素和耐热肠毒素,不具有与致病性有关的CFA I等菌毛,其主要特征是能侵入小肠黏膜上皮细胞,并在其中生长繁殖。

3. 肠致病性大肠埃希氏菌(EPEC) 是引起流行性婴儿腹泻的病原菌。EPEC不产生肠毒素,不具有与致病性有关的K88、CFA I样菌毛,但能产生一种与痢疾志贺样大肠埃希氏菌类似的毒素,侵袭点是十二指肠、空肠和回肠上段,发病特点很像细菌性痢疾,因此容易误诊。

4. 肠出血性大肠埃希氏菌(EHEC) 是1982年首次在美国发现的引起出血性肠炎的病原菌,主要血清型是O157:H7、O26:H11。EHEC不产生肠毒素,不具有K88、K99、987P、CFA I、CFA II等黏附因子,不具有侵入细胞的能力,但可产生志贺样Vero毒素,有极强的致病性,主要感染5岁以下儿童。临床特征是出血性结肠炎,剧烈的腹痛和便血,严重者出现溶血性尿毒症。

5. 肠黏附(集聚)型大肠埃希氏菌(Enteroaggregative escherichia coli.,EAEC) 也是新近报道的一种能引起腹泻的大肠埃希氏菌,能引起婴儿持续性腹泻,脱水,偶有血便。不侵袭细胞,有4种不同形态的菌毛,细菌通过菌毛黏附于肠黏膜上皮细胞,在细胞表面聚集,形成砖状排列,阻止液体吸收,并产生毒素。毒素为肠集聚耐热毒素和大肠埃希氏菌的α溶血素。

(二)中毒机制

与致病性埃希氏菌的类型有关。肠产毒性大肠埃希氏菌、肠出血性大肠埃希氏菌引起毒素型中毒;肠致病性大肠埃希氏菌和肠侵袭性大肠埃希氏菌引起感染型中毒。

(三)流行病学特点

1. 季节性多发生在夏秋季。

2. 中毒食品种类　引起中毒的食品种类与沙门氏菌相同。

3. 食品中大肠埃希氏菌的来源　健康人肠道致病性大肠埃希氏菌的带菌率为 2%～8%，高者可达 44%。成人患肠炎、婴儿患腹泻时，带菌率较健康人高，可达 29%～52%。大肠埃希氏菌随粪便排出而污染水源和土壤，进而直接或间接污染食品。食品中致病性大肠埃希氏菌的检出率高低不一，高者可达 18.4%。饮食行业的餐具易被大肠埃希氏菌污染，检出率高达 50%，致病性大肠埃希氏菌的检出率为 0.5%～1.6%。

（四）临床表现

临床表现因致病性埃希氏菌的类型不同而有所不同，主要有以下三种类型：

1. 急性胃肠炎型　主要由肠产毒性大肠埃希氏菌引起，易感人群主要是婴幼儿和旅游者。潜伏期一般为 10～15h，短者 6h，长者 72h。临床症状为水样腹泻、腹痛、恶心，体温可达 38～40℃。

2. 急性菌痢型　主要由肠侵袭性大肠埃希氏菌引起。潜伏期一般为 48～72h，主要表现为血便或脓黏液血便、里急后重、腹痛、发热，病程 1～2 周。

3. 出血性肠炎型　主要由肠出血性大肠埃希氏菌引起，潜伏期一般为 3d～4d，主要表现为突发性剧烈腹痛、腹泻，先水便后血便。病程 10d 左右，病死率为 3%～5%，老人、儿童多见。

（五）诊断和治疗

1. 诊断　按《病源性大肠埃希氏菌食物中毒诊断标准及处理原则》（WS/T 8—1996）进行。

（1）流行病学特点：引起中毒的常见食品为各类熟肉制品，其次为蛋及蛋制品，中毒多发生在 3～9 月，潜伏期 4～48h。

（2）临床表现：因病原的不同而不同。主要为急性胃肠炎型、急性菌痢型及出血性肠炎型。

（3）实验室诊断包括：①细菌学检验，按《食品安全国家标准　食品微生物学检验　致泻大肠埃希菌检验》（GB 4789.6—2016）操作；②对肠产毒素大肠埃希氏菌应进行肠毒素测定，而对侵袭性大肠埃希氏菌则应进行豚鼠角膜试验；③血清学鉴定，取经生化试验证实为大肠埃希氏菌的琼脂培养物，与致病性大肠埃希氏菌、侵袭性大肠埃希氏菌和肠产毒性大肠埃希氏菌多价 O 血清和出血性大肠埃希氏菌 O157 血清进行凝集试验，凝集价明显升高者，再进行血清分型鉴定；④产毒大肠埃希氏菌（ETEC）基因探针，从大肠菌 C600 的质粒 pEWD299 上分离的一个 850bp 片段，可用于鉴别不耐热肠毒素的存在。用这个探针对被污染的食品进行检测时发现，样品如不经浓缩，探针的敏感程度可达 100 个菌 /g 样品。编码耐热肠毒素的基因已经克隆，但尚未见用于食品检测的报道。

2. 治疗　主要是对症治疗和支持治疗，对部分重症患者应尽早使用抗生素。首选药物为亚胺培南、美洛匹宁、哌拉西林＋他唑巴坦。

（六）预防措施

大大肠埃希氏菌食物中毒的预防同沙门氏菌食物中毒的预防。

六、变形杆菌食物中毒

（一）病原学特点

变形杆菌（*Proteus*）属肠杆菌科，为革兰氏阴性杆菌。变形杆菌食物中毒是我国常见的食物中毒之一,引起食物中毒的变形杆菌主要是普通变形杆菌、奇异变形杆菌。变形杆菌属腐败菌,一般不致病,需氧或兼性厌氧,生长繁殖对营养的要求不高,在4~7℃即可繁殖,属低温菌。因此,该菌可以在低温储存的食品中繁殖。变形杆菌对热的抵抗力不强,加热55℃持续1h即可将其杀灭。变形杆菌在自然界分布广泛,在土壤、污水和垃圾中均可检测出该菌。据报道,健康人肠道的带菌率为1.3%~10.4%,其中以奇异变形杆菌为最高,可达半数以上,其次为普通变形杆菌和摩根菌,雷氏普罗威登斯菌最低。腹泻病人肠道的带菌率可达13.3%~52.0%。人和食品中变形杆菌的带菌率的高低因季节而异,夏秋季较高,冬春季下降。

(二)中毒机制

主要是大量活菌侵入肠道引起的感染型食物中毒。

(三)流行病学特点

1. 季节性　全年均可发生,大多数发生在5~10月,7~9月最多。

2. 中毒食品种类　主要是动物性食品,特别是熟肉以及内脏的熟制品。变形杆菌常与其他腐败菌同时污染生食品,使生食品发生感官上的改变,但熟制品被变形杆菌污染后通常无感官性状的变化,极易被忽视而引起中毒。

3. 食物中变形杆菌的来源　变形杆菌广泛分布于自然界,也可寄生于人和动物的肠道,食品受其污染的机会很多。生的肉类食品,尤其是动物内脏变形杆菌的带菌率较高。在食品的烹调加工过程中,由于处理生、熟食品的工具及容器未严格分开,被污染的食品工具、容器可污染熟制品。受污染的食品在较高温度下存放较长的时间,变形杆菌便会在其中大量繁殖,食用前未加热或加热不彻底,食后即可引起食物中毒。

(四)临床表现

潜伏期一般为12~16h,短者1~3h,长者60h。主要表现为恶心、呕吐、发冷、发热、头晕、头痛、乏力、脐周边阵发性剧烈绞痛。腹泻物为水样便,常伴有黏液,恶臭,一日数次。体温一般在37.8~40℃,但多在39℃以下。发病率较高,一般为50%~80%。病程较短,为1~3d,多数在24h内恢复,一般预后良好。

(五)诊断和治疗

1. 诊断　按《变形杆菌食物中毒诊断标准及处理原则》(WS/T 9—1996)进行。内容包括流行病学特点、临床表现、细菌学和血清学检验等。

(1)流行病学特点:除具有一般食物中毒的流行病学特点外,变形杆菌食物中毒的来势比沙门氏菌食物中毒更迅猛,病人更集中,但病程短,恢复快。

(2)临床表现:符合变形杆菌食物中毒的临床表现,以上腹部似刀绞样疼痛和急性腹泻为主。

(3)实验室诊断:①细菌学检验:由于普通变形杆菌、雷氏普罗威登斯菌和摩氏摩根菌在自然界分布较为广泛,一般条件下无致病性,故在可疑中毒食品或患者的吐泻物中检出时,尚不能肯定是由该菌引起的食物中毒,需进一步通过血清学试验验证。②血清学凝集分型试验:通过血清学凝集分型试验可以确定从可疑中毒食品中或患者吐泻物中检出的变形杆菌是否为同一血清型。③患者血清凝集效价测定:取患者早期(2~3d)及恢复期(12~15d)血清,与从可疑食物中分离的变形杆菌进行抗原抗体反应,观察血清凝集效价的变化。恢复期凝集价升高4倍有诊断意义。④动物试验:通过动物毒力试验可进一步确定分离菌株的致病性。通常用检出菌株的 24h 肉汤培养物给小白鼠进行皮下或腹腔注射，通过观察死亡情况，检测肝、脾、血液中有无注射的变形杆菌菌株以及脏器有无器质性病变来判断。

2. 治疗 变形杆菌食物中毒的治疗一般不必用抗生素，仅需补液等对症处理。对重症患者可给予氯霉素、庆大霉素等抗菌药物。

（六）预防措施

同沙门氏菌食物中毒。

七、金黄色葡萄球菌食物中毒

（一）病原学特点

葡萄球菌属微球菌科，有 19 个菌种，在人体内可检出 12 个菌种，包括金黄色葡萄球菌、表皮葡萄球菌等。葡萄球菌为革兰氏阳性兼性厌氧菌，生长繁殖的最适 pH 为 7.4，最适温度为 30～37℃，可以耐受较低的水分活性（0.86），能在含氯化钠 10%～15% 的培养基或在含糖浓度较高的食品中繁殖。葡萄球菌的抵抗能力较强，在干燥的环境中可生存数月。

金黄色葡萄球菌是引起食物中毒的常见菌种，对热具有较强的抵抗力，在 70℃时需 1h 方可灭活。有 50% 以上的菌株可产生肠毒素，并且一个菌株能产生两种以上的肠毒素。能产生肠毒素的菌株凝固酶试验常呈阳性。多数金黄色葡萄球菌肠毒素能耐 100℃、30min，并能抵抗胃肠道中蛋白酶的水解。因此，若要完全破坏食物中的金黄色葡萄球菌肠毒素需在 100℃加热 2h。

引起食物中毒的肠毒素是一组对热稳定的单纯蛋白质，由单个无分枝的肽链组成，分子量为 26 000～30 000Da。根据抗原性的不同将肠毒素分为 A、B、C_1、C_2、C_3、D、E、F 共 8 个血清型，其中 F 型为引起毒性休克综合征的毒素，其余各型均能引起食物中毒，以 A、D 型较多见，B、C 型次之。也有两种肠毒素混合引起的中毒。各型肠毒素的毒力不同，A 型较强，B 型较弱。

（二）中毒机制

金黄色葡萄球菌食物中毒属毒素型食物中毒。摄入含金黄色葡萄球菌活菌而无肠毒素的食物不会引起食物中毒，摄入达到中毒剂量的肠毒素才会中毒。肠毒素作用于胃肠黏膜，引起充血、水肿、甚至糜烂等炎症变化及水与电解质代谢紊乱，出现腹泻，同时刺激迷走神经的内脏分支而引起反射性呕吐。

（三）流行病学特点

1. 季节性 全年皆可发生，但多见于夏秋季。

2. 中毒食品种类 引起中毒的食品种类很多，主要是营养丰富且含水分较多的食品，如乳类及乳制品、肉类、剩饭等，其次为熟肉类，偶见鱼类及其制品、蛋制品等。近年来，由熟鸡、鸭制品引起的食物中毒事件增多。

3. 食品被污染的原因

（1）食物中金黄色葡萄球菌的来源：金黄色葡萄球菌广泛分布于自然界，人和动物的鼻腔、咽、消化道的带菌率均较高。上呼吸道被金黄色葡萄球菌感染者，鼻腔的带菌率为 83.3%，健康人的带菌率也达 20%～30%。人和动物的化脓性感染部位常成为污染源，如奶牛患化脓性乳腺炎时，乳汁中就可能带有金黄色葡萄球菌；畜、禽有局部化脓性感染时，感染部位可对其他部位造成污染；带菌从业人员常对各种食物造成污染。

（2）肠毒素的形成：与温度、食品受污染的程度、食品的种类及性状有密切的关系。食品被葡萄球菌污染后，如果没有形成肠毒素的合适条件（如在较高的温度下保存较长的时间），就不会引起中毒。一般说来，在37℃以下，温度越高，产生肠毒素需要的时间越短，在20～37℃时，经4～8h即可产生毒素，而在5～6℃时，需经18d方可产生毒素。食物受污染的程度越严重，葡萄球菌繁殖越快，也越易形成毒素。此外，含蛋白质丰富，水分较多，同时又含一定量淀粉的食物，如奶油糕点、冰激凌、冰棒等及含油脂较多的食物，如油煎荷包蛋，受金黄色葡萄球菌污染后更易产生毒素。

（四）临床表现

发病急骤，潜伏期短，一般为2～5h，极少超过6h。主要表现为明显的胃肠道症状，如恶心、呕吐、中上腹部疼痛、腹泻等，以呕吐最为显著。呕吐物常含胆汁，或含血及黏液。剧烈吐泻可导致虚脱、肌痉挛及严重失水。体温大多正常或略高。病程较短，一般在数小时至1～2d内迅速恢复，很少死亡。发病率为30%左右。儿童对肠毒素比成人更为敏感，故其发病率较成人高，病情也较成人重。

（五）诊断和治疗

1. 诊断　按《金黄色葡萄球菌食物中毒诊断标准及处理原则》（WS/T 80—1996）进行。

（1）流行病学特点及临床表现：符合金黄色葡萄球菌食物中毒的流行病学特点及临床表现。

（2）实验室诊断：实验室诊断以毒素鉴定为主，细菌学检验意义不大。分离培养出葡萄球菌并不能确定肠毒素的存在；反之，有肠毒素存在而细菌学分离培养阴性时也不能否定诊断，因为葡萄球菌在食物中繁殖后因环境不适宜而死亡，但肠毒素依然存在，而且不易被加热破坏。因此，应进行肠毒素检测。

常规的诊断包括：①从中毒食品中直接提取肠毒素，用双向琼脂扩散（微玻片）法、动物（幼猫）试验法检测肠毒素，并确定其型别；②按《食品安全国家标准　食品微生物学检验　金黄色葡萄球菌检验》（GB 4789.10—2016）操作；③从不同患者呕吐物中检测出金黄色葡萄球菌，肠毒素为同一型别。

凡符合上述三项中一项者即可诊断为金黄色葡萄球菌食物中毒。

2. 治疗　按照一般急救处理的原则，以补水和维持电解质平衡等对症治疗为主，一般不需用抗生素。对重症者或出现明显菌血症者，除对症治疗外，还应根据药物敏感性试验结果采用有效的抗生素，不可滥用广谱抗生素。

（六）预防措施

1. 防止金黄色葡萄球菌污染食物

（1）避免带菌人群对各种食物的污染：要定期对食品加工人员、饮食从业人员、保育员进行健康检查，有手指化脓、化脓性咽炎、口腔疾病时应暂时调换工作。

（2）避免葡萄球菌对畜产品的污染：应经常对奶牛进行兽医卫生检查，对患有乳腺炎、皮肤化脓性感染的奶牛应及时治疗。奶牛患化脓性乳腺炎时，其乳不能食用。在挤乳的过程中要严格按照卫生要求操作，避免污染。健康奶牛的乳挤出后，除应防止金黄色葡萄球菌污染外，还应迅速冷却至10℃以下，防止该菌在较高的温度下繁殖和产生毒素。此外，乳制品应以消毒乳为原料。

2. 防止肠毒素的形成 食物应冷藏，或置阴凉通风的地方，放置的时间不应超过 6h，尤其在气温较高的夏、秋季节，食用前还应彻底加热。

八、肉毒梭菌食物中毒

（一）病原学特点

肉毒梭菌（Clostridium botulinum）为革兰氏阳性、厌氧、产孢子的杆菌，广泛分布于自然界，特别是土壤中。所产的孢子为卵形或圆筒形，着生于菌体的端部或亚端部，在 20～25℃ 可形成椭圆形的芽胞。当 pH 小于 4.5 或大于 9.0 时，或当环境温度低于 15℃ 或高于 55℃ 时，芽胞不能繁殖，也不能产生毒素。食盐能抑制芽胞的形成和毒素的产生，但不能破坏已形成的毒素。提高食品的酸度也能抑制肉毒梭菌的生长和毒素的形成。芽胞的抵抗力强，需在 180℃ 干热加热 5～15min，或在 121℃ 高压蒸气加热 30min，或在 100℃ 湿热加热 5h 方可致死。

肉毒梭菌食物中毒是由肉毒梭菌产生的毒素即肉毒毒素（botulinus toxin）所引起。肉毒毒素是一种毒性很强的神经毒素，对人的致死量为 $10^{-9}mg/(kg \cdot bw)$。肉毒毒素对消化酶（胃蛋白酶、胰蛋白酶）、酸和低温稳定，但对碱和热敏感。在正常的胃液中，24h 不能将其破坏，故可被胃肠道吸收。根据血清反应特异性的不同，可将肉毒毒素分为 A、B、C_a、C_β、D、E、F、G 共 8 型，其中 A、B、E、F 4 个型别可引起人类中毒，A 型比 B 型或 E 型的致死能力更强。

（二）中毒机制

肉毒毒素经消化道吸收进入血液后，主要作用于中枢神经系统的脑神经核、神经肌肉的连接部和自主神经末梢，抑制神经末梢乙酰胆碱的释放，导致肌肉麻痹和神经功能障碍。

（三）流行病学特点

1. 季节性 一年四季均可发生，主要发生在 4～5 月。

2. 地区分布 肉毒梭菌广泛分布于土壤、水及海洋中，且不同的菌型分布存在差异。A 型主要分布于山区和未开垦的荒地，如新疆察布查尔地区是我国肉毒梭菌中毒多发地区，未开垦荒地该菌的检出率为 28.3%，土壤中为 22.2%；B 型多分布于草原区耕地；E 型多存在土壤、湖海淤泥和鱼类肠道中，我国青海省发生的肉毒梭菌中毒主要为 E 型；F 型分布于欧、亚、美洲海洋沿岸及鱼体。

3. 中毒食品种类 引起中毒的食品种类因地区和饮食习惯的不同而异。国内以家庭自制植物性发酵品为多见，如臭豆腐、豆酱、面酱等，对罐头瓶装食品、腊肉、酱菜和凉拌菜等引起的中毒也有报道。在日本，90% 以上的肉毒梭菌食物中毒由家庭自制的鱼和鱼类制品引起。欧洲各国的中毒食物多为火腿、腊肠及其他肉类制品。美国主要为家庭自制的蔬菜、水果罐头、水产品及肉、乳制品。

4. 来源及食物中毒的原因 食物中的肉毒梭菌主要来源于带菌的土壤、尘埃及粪便，尤其是带菌的土壤，并对各类食品原料造成污染。在家庭自制发酵和罐头食品的生产过程中，加热的温度或压力尚不足以杀死存在于食品原料中的肉毒梭菌芽胞，却为芽胞的形成与萌发及其毒素的产生提供了条件，如果有食品制成后不经加热而食用的习惯，更容易引起中毒的发生。

（四）临床表现

以运动神经麻痹的症状为主，而胃肠道症状少见。潜伏期数小时至数天，一般为 12～48h，短者 6h,长者 8～10d,潜伏期越短,病死率越高。临床特征表现为对称性脑神经受损的症状。早期表现为头痛、头晕、乏力、走路不稳,以后逐渐出现视力模糊、眼睑下垂、瞳孔散大等神经麻痹症状。重症患者则首先表现为对光反射迟钝,逐渐发展为语言不清、吞咽困难、声音嘶哑等,严重时出现呼吸困难,常因呼吸衰竭而死亡。病死率为 30%～70%,多发生在中毒后的 4～8d。国内由于广泛采用多价抗肉毒毒素血清治疗本病,病死率已降至 10% 以下。病人经治疗可于 4～10d 恢复,一般无后遗症。

婴儿肉毒中毒的主要症状为便秘、头颈部肌肉软弱、吮吸无力、吞咽困难、眼睑下垂、全身肌张力减退,可持续 8 周以上。大多数在 1～3 个月自然恢复,重症者可因呼吸麻痹猝死。

(五)诊断和治疗

1. 诊断　按《肉毒梭菌食物中毒诊断标准及处理原则》(WS/T 83—1996)进行,主要根据流行病学调查、特有的中毒表现以及毒素检验和菌株分离进行诊断。为了及时救治,在食物中毒现场则主要根据流行病学资料和临床表现进行诊断,不需等待毒素检测和菌株分离的结果。

(1)流行病学特点:多发生在冬春季;中毒食品多为家庭自制的发酵豆、谷类制品,其次为肉类和罐头食品。

(2)临床表现:具有特有的对称性脑神经受损的症状,如眼症状、延髓麻痹和分泌障碍等。

(3)实验室诊断:按《食品安全国家标准 食品微生物学检验 肉毒梭菌及肉毒毒素检验》(GB 4789.12—2016)操作,从可疑食品中检出肉毒毒素并确定其类别。

2. 治疗　早期使用多价抗肉毒毒素血清,并及时采用支持疗法及进行有效的护理,以预防呼吸肌麻痹和窒息。

(六)预防措施

1. 加强卫生宣教,建议牧民改变肉类的贮藏方式或生吃牛肉的饮食习惯。

2. 对食品原料进行彻底的清洁处理,以除去泥土和粪便。家庭制作发酵食品时应彻底蒸煮原料,加热温度为 100℃,并持续 10～20min,以破坏各型毒素。

3. 加工后的食品应迅速冷却并在低温环境贮存,避免再污染和在较高温度或缺氧条件下存放,以防止毒素产生。

4. 食用前对可疑食物进行彻底加热是破坏毒素预防中毒发生的可靠措施。

5. 生产罐头食品时,要严格执行卫生规范,彻底灭菌。

九、志贺氏菌食物中毒

(一)病原学特点

志贺氏菌属(*Shigella*)通称为痢疾杆菌,依据 O 抗原的性质分为 4 个血清组:A 群,即痢疾志贺氏菌;B 群,也称福氏志贺氏菌群;C 群,亦称鲍氏志贺氏菌群;D 群,又称宋内氏志贺氏菌群。痢疾志贺氏菌是导致典型细菌性痢疾的病原菌,对敏感人群很少数量就可以致病。虽然典型细菌性痢疾可以由食物传播,但它们并不像其他 3 种志贺氏菌那样,被认为是导致食物中毒的病原菌。

志贺氏菌在人体外的生存力弱,在 10～37℃的水中可生存 20d,在牛乳、水果、蔬菜中也可生存 1～2 周，在粪便中（15～25℃）可生存 10d，光照 30min 可被杀死，58～60℃加热 10～30min 即死亡。志贺氏菌耐寒，在冰块中能生存 3 个月。志贺氏菌食物中毒主要由宋内志贺氏菌和福氏志贺氏菌引起，因它们在体外的生存力相对较强。

（二）中毒机制

对痢疾志贺氏菌的毒性性质了解得较多，而对其他三种志贺氏菌中毒机制的了解甚少。一般认为，志贺氏菌食物中毒是由于大量活菌侵入肠道引起的感染型食物中毒。

（三）流行病学特点

1. 季节性　多发生于 7～10 月。

2. 中毒食品种类　主要是凉拌菜。

3. 食品被污染和中毒发生的原因　在食品生产加工企业、集体食堂、饮食行业的从业人员中，痢疾患者或带菌者的手是造成食品污染的主要因素。熟食品被污染后，存放在较高的温度下，经过较长的时间，志贺氏菌就会大量繁殖，食用后就会引起中毒。

（四）临床表现

潜伏期一般为 10～20h，短者 6h，长者 24h。病人常突然出现剧烈的腹痛、呕吐及频繁的腹泻，并伴有水样便，便中混有血液和黏液，有里急后重、恶寒、发热，体温高者可达 40℃以上，有的病人可出现痉挛。

（五）诊断和治疗

1. 诊断

（1）流行病学和临床特点：符合志贺氏菌食物中毒的流行病学特点，病人有类似菌痢样的症状，粪便中有血液和黏液。

（2）细菌学检验：按《食品安全国家标准　食品微生物学检验　志贺氏菌检验》（GB 4789.5—2012）操作。

（3）血清凝集试验：宋内氏志贺氏菌凝集效价在 1∶50 以上有诊断意义。

2. 治疗　一般采取对症和支持治疗方法。

（六）预防措施

同沙门氏菌食物中毒。

十、空肠弯曲菌食物中毒

（一）病原学特点

空肠弯曲菌（*Campylobacter*）属螺旋菌科，革兰氏染色阴性，在细胞的一端或两端着生有单极鞭毛。弯曲菌属包括约 17 个菌种，与人类感染有关的菌种有：胎儿弯曲菌胎儿亚种、空肠弯曲菌、结肠弯曲菌，其中与食物中毒最密切相关的是空肠弯曲菌（空肠亚种）和结肠弯曲菌。

空肠弯曲菌是氧化酶和触酶阳性菌，在 25℃、含 NaCl 3.5% 的培养基中不能生长。它是微好氧菌，需要少量的 O_2（3%～6%），在含氧量达 21% 的情况下生长实际上被抑制，而在 CO_2 的含量约为 10% 时才能良好地生长。当空肠弯曲菌接种到真空包装的加工火鸡肉中时，在 4℃储存 28d 后菌数有所减少，但仍有相当多的细菌存活。空肠弯曲菌在水中可存活 5 周，在人或动物排出的粪便中可存活 4 周。它在所有的肉食动物的粪便中出现的比例都很高，如鸡粪的检出率为 39%～83%、猪粪为 66%～87%。

（二）中毒机制

空肠弯曲菌食物中毒部分是大量活菌侵入肠道引起的感染型食物中毒，部分与热敏型肠毒素有关。

（三）流行病学特点

1. 季节性　多发生在5～10月，尤以夏季为最多。

2. 中毒食品种类　主要为牛乳及肉制品等。

3. 食品被污染和中毒发生的原因　空肠弯曲菌在猪、牛、羊、狗、猫、鸡、鸭、火鸡和野禽的肠道中广泛存在。此外，健康人的带菌率为1.3%，腹泻患者的检出率为5%～10.4%。食品中的空肠弯曲菌主要来自动物粪便，其次是健康带菌者。处理受空肠弯曲菌污染的肉类的工具、容器等未经彻底洗刷消毒，也可对熟食品造成交叉污染。当进食被空肠弯曲菌污染的食品，且食用前又未彻底消毒时，就会发生空肠弯曲菌食物中毒。

（四）临床表现

潜伏期一般为3～5d，短者1d，长者10d。临床表现以胃肠道症状为主，主要表现为突然腹痛和腹泻。腹痛可呈绞痛，腹泻物一般为水样便或黏液便，重症病人有血便，腹泻次数达10余次，腹泻物带有腐臭味。体温可达38～40℃，特别是当有菌血症时，常出现发热，但也有仅腹泻而无发热者。此外，还有头痛、倦怠、呕吐等，重者可致死亡。集体暴发时，各年龄组均可发病，而在散发的病例中，小儿较成人多。

（五）诊断和治疗

1. 诊断

（1）初步诊断：根据流行病学调查，确定发病与食物的关系，再依据临床表现进行初步诊断。

（2）病因诊断：依据实验室检验资料进行，包括①细菌学检验，按《食品安全国家标准　食品微生物学检验　空肠弯曲菌检验》（GB 4789.9—2014）操作；②血清学试验，采集病人急性期和恢复期血清，同时采集健康人血清作对照，进行血清学试验。空肠弯曲菌食物中毒患者恢复期血清的凝集效价明显升高，较健康者高4倍以上。

2. 治疗　临床上一般可用抗生素治疗。空肠弯曲菌对红霉素、庆大霉素、四环霉素敏感。此外，尚需对症和支持治疗。

（六）预防措施

空肠弯曲菌不耐热，乳品中的空肠弯曲菌可在巴氏灭菌的条件下被杀死。预防空肠弯曲菌食物中毒要注意避免食用未煮透或灭菌不充分的食品，尤其是乳品。

十一、其他细菌性食物中毒

（一）蜡样芽胞杆菌食物中毒

蜡样芽胞杆菌（*Bacillus cereus*）为革兰氏阳性、需氧或兼性厌氧芽胞杆菌，有鞭毛，无荚膜，生长6h后即可形成芽胞。营养体不耐热，生长繁殖的温度范围为28～35℃，10℃以下不能繁殖，在100℃时经20min可被杀死，在pH为5以下时对营养体的生长繁殖有明显的抑制作用。蜡样芽胞杆菌在发芽的末期可产生引起人类食物中毒的肠毒素，包括腹泻毒素和呕吐毒素。腹泻毒素系不耐热肠毒素，毒性作用类似大肠埃希氏菌和霍乱弧菌产生的毒素。腹泻毒素对胰蛋白酶敏感，45℃加热30min或56℃加热5min均可失去活性，几乎所有的蜡样芽胞杆菌均可在多种食品中产生不耐热肠毒素。呕吐毒素系低分子耐热肠毒素，126℃加热 90min 也不失活，且对酸、碱、胃蛋白酶、胰蛋白酶均不敏感。呕吐毒素常在米饭类食品中形成。

蜡样芽胞杆菌食物中毒发生的季节性明显，以夏、秋季，尤其是 6～10 月为多见。引起中毒的食品种类繁多，包括乳及乳制品、肉类制品、蔬菜、米粉、米饭等。在我国引起中毒的食品以米饭、米粉最为常见。食物受蜡样芽胞杆菌污染的机会很多，带菌率较高，肉及其制品为 13%～26%，乳及其制品为 23%～77%，米饭为 10%，豆腐为 4%，蔬菜为 1%。污染源主要为泥土、尘埃、空气，其次为昆虫、苍蝇、不洁的用具与容器。受该菌污染的食物在通风不良及温度较高的条件下存放时，其芽胞便可发芽，并产生毒素，若食用前不加热或加热不彻底，即可引起食物中毒。

蜡样芽胞杆菌食物中毒的发生为大量活菌侵入肠道所产生的肠毒素所致，临床表现因毒素的不同而分为腹泻型和呕吐型两种。

蜡样芽胞杆菌食物中毒的诊断按《蜡样芽胞杆菌食物中毒诊断标准及处理原则》（WS/T 82—1996）进行；检验按《食品安全国家标准　食品微生物学检验　蜡样芽胞杆菌检验》（GB 4789.14—2014）检验。治疗以对症治疗为主，重症者可采用抗生素治疗，预防以减少污染为主。在食品的生产加工过程中，企业必须严格执行食品良好操作规范。此外，剩饭及其他熟食品只能在 10℃以下短时间贮存，且食用前须彻底加热，一般应在 100℃加热 20min。

（二）产气荚膜梭菌食物中毒

产气荚膜梭菌（Clostridium perfringens）为厌氧的革兰氏阳性粗大芽胞杆菌，在烹调的食品中很少产生芽胞，而在肠道中却容易形成芽胞。产气荚膜梭菌食物中毒为该菌产生的肠毒素所引起。该毒素的抵抗力弱，在 60℃加热 45min 后丧失生物活性，在 100℃瞬时也可被破坏，但对胰蛋白酶和木瓜蛋白酶有抗性。

产气荚膜梭菌在自然界分布较广，在污水、垃圾、土壤、人和动物的粪便、食品中以及昆虫的体内均可检出，在受无症状带菌者的粪便直接或间接污染的食品中亦可检测出。产气荚膜梭菌食物中毒的发生有明显的季节性，以夏、秋气温较高的季节为多见。引起中毒的食品主要是鱼、肉、禽等动物性食品，主要原因是加热不彻底或冷食这些食品。

产气荚膜梭菌肠毒素食物中毒的潜伏期多为 10～20h，短者 3～5h，长者可达 24h。发病急，多呈急性胃肠炎症状，以腹泻、腹痛为多见，每日腹泻次数达 10 余次，一般为稀便和水样便，很少有恶心、呕吐。

诊断按《产气荚膜梭菌食物中毒诊断标准及处理原则》（WS/T 7—1996）执行。

治疗一般以对症和支持治疗为主。预防措施同沙门氏菌食物中毒。

（三）椰毒假单胞菌酵米面亚种食物中毒

椰毒假单胞菌酵米面亚种（Pseudomonas cocovenenans subsp. Farinofermentans）食物中毒传统上称为臭米面食物中毒（或酵米面食物中毒），是由椰毒假单胞菌酵米面亚种所产生的外毒素引起的。椰毒假单胞菌为革兰氏阴性菌，在自然界分布广泛，产毒的椰毒假单胞菌检出率为 1.1%，在玉米、臭米面、银耳中都能检出。

椰毒假单胞菌酵米面亚种食物中毒主要发生在东北三省，以 7、8 月份为最多。这类食物中毒的发生与当地居民特殊的饮食习惯有关，引起中毒的食品主要是谷类发酵制品，为米酵菌酸和毒黄素所致的毒素型食物中毒。

临床上胃肠道症状和神经症候群的出现较早。继消化道症状后，也可能出现肝肿大、肝功能异常等中毒型肝炎为主的临床表现，重症者出现肝昏迷，甚至死亡。对肾脏的损害一般出现得较晚，轻者出现血尿、蛋白尿等，重者出现血中尿素氮含量增加、少尿、无尿等尿毒症症状，严重时可因肾衰竭而死亡。因椰毒假单胞菌毒素的毒性较强，且目前尚缺乏特效的解毒药，致使该类食物中毒的病死率高达30%～50%。

由于该类食物中毒发病急、多种脏器受损、病情复杂、进展快、病死率高，应及早作出诊断。中毒发生后应进行急救和对症治疗。

（四）小肠结肠炎耶尔森菌食物中毒

耶尔森氏菌属属于肠杆菌科，引起人类食物中毒和小肠结肠炎的主要是小肠结肠炎耶尔森菌（*Yersinia enterocolitica*）。这种革兰氏阴性杆菌的特点是能在30℃以下运动，而在37℃以上不运动。该菌耐低温，在0～5℃也可生长繁殖，是一种独特的嗜冷病原菌，故应特别注意冷藏食品被该菌污染。

小肠结肠炎耶尔森氏菌广泛分布在陆地、湖水、井水和溪流中，具有侵袭性，并能产生耐热肠毒素，引起的食物中毒多发生在秋冬、冬春季节，引起中毒的食物主要是动物性食品，如猪肉、牛肉、羊肉等，其次为生牛乳，尤其是在0～5℃的低温条件下运输或贮存的乳类或乳制品。

该菌所引起的食物中毒潜伏期较长，为3～7天。多见于1～5岁的幼儿，以腹痛、腹泻和发热为主要表现，体温达38～39.5℃，病程1～2天。此外，该菌也可引起结肠炎、阑尾炎、肠系膜淋巴结炎、关节炎及败血症。对这类食物中毒一般采用对症治疗的方法，对重症病例可用抗生素。

第三节　真菌毒素和霉变食品中毒

一、赤霉病麦中毒

麦类、玉米等谷物被镰刀菌（*Fusarium*）侵染引起的赤霉病是一种世界性病害，它的流行除了造成严重的减产外，还会引起人畜中毒。从赤霉病麦中分离的主要菌种是禾谷镰刀菌（无性繁殖期的名称，其有性繁殖期的名称叫玉米赤霉）。此外，还从病麦中分离出串珠镰刀菌、燕麦镰刀菌、木贼镰刀菌、黄色镰刀菌、尖孢镰刀菌等。赤霉病麦中的主要毒性物质是这些镰刀菌产生的毒素，包括单端孢霉烯族化合物中的脱氧雪腐镰刀菌烯醇（deoxynivalenol，DON）、雪腐镰刀菌烯醇（nivalenol，NIV）和另一种镰刀菌毒素玉米赤霉烯酮。DON主要引起呕吐，故也称呕吐毒素。这些镰刀菌毒素对热稳定，一般的烹调方法不能将它们破坏而去毒。摄入的数量越多，发病率越高，病情也越严重。

（一）流行病学特点

赤霉病多发生于多雨、气候潮湿地区。在全国各地均有发生，以淮河和长江中下游一带最为严重。

（二）中毒症状及处理

潜伏期一般为10～30min，也可长至2～4h，主要症状有恶心、呕吐、腹痛、腹泻、头昏、头痛、嗜睡、流涎、乏力，少数病人有发热、畏寒等。症状一般在一天左右自行消失，缓慢者持续一周左右，预后良好。个别重病例呼吸、脉搏、体温及血压波动，四肢酸软，步态不稳，形似醉酒，故有的地方称之为"醉谷病"。一般患者无需治疗而自愈，对呕吐严重者应补液。

（三）预防

关键在于防止麦类、玉米等谷物受到霉菌的侵染和产毒。

1. 制定粮食中毒素的限量标准，加强粮食的卫生管理。

2. 去除或减少粮食中的病粒或毒素。

3. 加强田间和贮藏期间的防霉措施，包括选用抗霉品种、降低田间的水位、改善田间的小气候，使用高效、低毒、低残留的杀菌剂，及时脱粒、晾晒，使谷物的水分含量降至安全水分以下，贮存的粮食要勤加翻晒，并注意通风。

二、霉变甘蔗中毒

霉变甘蔗中毒是指食用了保存不当而霉变的甘蔗引起的食物中毒。甘蔗霉变主要是由于甘蔗在不良的条件下长期储存，如过冬，导致微生物大量繁殖所致。霉变甘蔗的质地较软，瓤部的色泽比正常甘蔗深，一般呈浅棕色，闻之有霉味，其中含有大量的有毒霉菌及其毒素，这些毒素对神经系统和消化系统有较大的损害。

将霉变甘蔗切成薄片，在显微镜下可见有真菌菌丝侵染，从霉变甘蔗中分离出的产毒真菌为甘蔗节菱孢霉。甘蔗新鲜时甘蔗节菱孢霉的侵染率仅为 0.7%～1.5%，但经过 3 个月的储藏，侵染率可达 34%～56%，因长期贮藏的甘蔗是节菱孢霉繁殖的良好培养基。

（一）流行病学特点

霉变甘蔗中毒常发生于我国北方地区的初春季节，2～3 月为发病高峰期，多见于儿童和青少年，病情常较严重，甚至危及生命。

（二）中毒机制

甘蔗节菱孢霉产生的 3-硝基丙酸（3-nitropropionic acid，3-NPA）是一种强烈的嗜神经毒素，主要损害中枢神经系统。

（三）中毒表现

潜伏期短，最短仅十几分钟，轻度中毒者的潜伏期较长，重度中毒者多在 2h 内发病。中毒症状最初表现为一时性消化道功能紊乱，表现为恶心、呕吐、腹疼、腹泻、黑便，随后出现头昏、头痛和复视等神经系统症状。重者可发生阵发性抽搐。抽搐时四肢强直，屈曲内旋，手呈鸡爪状，眼球向上，偏侧凝视，瞳孔散大，继而进入昏迷状态。患者可死于呼吸衰竭，幸存者则留下严重的神经系统后遗症，导致终身残疾。

（四）治疗与预防

发生中毒后应尽快洗胃、灌肠，以排除毒物，并对症治疗。由于目前尚无特殊的治疗方法，故应加强宣传教育，教育群众不买、不吃霉变的甘蔗。因不成熟的甘蔗容易霉变，故应成熟后再收割。为了防止甘蔗霉变，贮存的时间不能太长，同时应注意防捂、防冻，并定期进行感官检查。严禁出售霉变的甘蔗。

第四节 有毒动植物中毒

有毒动植物中毒是指一些动植物本身含有某种天然有毒成分或由于贮存条件不当形成

某种有毒物质,被人食用后所引起的中毒。在近年的食物中毒事件中,有毒动植物引起的食物中毒导致的死亡人数最多,应引起注意。

一、河豚中毒

河豚(globefish)又名河鲀,我国沿海各地及长江下游均有出产,属无鳞鱼的一种,在淡水、海水中均能生活。河豚味道鲜美,但由于其含有剧毒,民间自古就有"拼死吃河豚"的说法。

(一)有毒成分的来源

引起中毒的河豚毒素(tetrodotoxin,TTX)是一种非蛋白质神经毒素,可分为河豚素、河豚酸、河豚卵巢毒素及河豚肝脏毒素。其中河豚卵巢毒素毒性最强,其毒性比氰化钠强1000倍,0.5mg可致人死亡。河豚毒素为无色针状结晶、微溶于水、易溶于稀醋酸,对热稳定,煮沸、盐腌、日晒均不能将其破坏。

河豚毒素存在于除了鱼肉之外的所有组织中,其中以卵巢毒性最强,肝脏次之。每年春季为河豚卵巢发育期,毒性最强。通常情况下,河豚的肌肉大多不含毒素或仅含少量毒素,但产于南海的河豚不同于其他海区,肌肉中也含有毒素。另外,不同品种的河豚所含有的毒素量相差很大,人工养殖的河豚不含有河豚毒素。

(二)中毒机制及中毒症状

河豚毒素可直接作用于胃肠道,引起局部刺激作用;河豚毒素还选择性地阻断细胞膜对 Na^+ 的通透性,使神经传导阻断,呈麻痹状态,首先感觉神经麻痹,随后运动神经麻痹,严重者脑干麻痹,引起外周血管扩张,血压下降,最后出现呼吸中枢和血管运动中枢麻痹,导致急性呼吸衰竭,危及生命。

河豚中毒的特点是发病急速而剧烈,潜伏期一般在10min至3h。起初感觉手指、口唇和舌有刺痛,然后出现恶心、呕吐、腹泻等胃肠症状。同时伴有四肢无力、发冷、口唇、指尖和肢端知觉麻痹,并有眩晕。重者瞳孔及角膜反射消失,四肢肌肉麻痹,以致身体摇摆、共济失调,甚至全身麻痹、瘫痪,最后出现语言不清、血压和体温下降。一般预后较差。常因呼吸麻痹、循环衰竭而死亡。一般情况下,患者直到临死前意识仍然清楚,死亡通常发生在发病后4~6h以内,最快时1.5h,最迟不超过8h。由于河豚毒素在体内排泄较快,中毒后若超过8h未死亡者,一般可恢复。

(三)流行病学特点

河豚中毒多发生在沿海居民中,以春季发生中毒的次数、中毒人数和死亡人数为最多。引起中毒的河豚有鲜鱼、内脏,以及冷冻的河豚和河豚干。引起中毒的河豚主要来源于市售、捡食、渔民自己捕获等。

(四)急救与治疗

河豚毒素中毒尚无特效解毒药,一般以排出毒物和对症处理为主。

1. 催吐、洗胃、导泻,及时清除未吸收毒素。

2. 大量补液及利尿,促进毒素排泄。

3. 早期给以大剂量激素和莨菪碱类药物。肾上腺皮质激素能减少组织对毒素的反应和改善一般情况;莨菪碱类药物能兴奋呼吸循环中枢,改善微循环。

4. 支持呼吸、循环功能。必要时行气管插管,心搏骤停者行心肺复苏。

（五）预防措施

1. 加强卫生宣传教育，首先让广大居民认识到野生河豚有毒，不要食用；其次让广大居民能识别河豚，以防误食。

2. 水产品收购、加工、供销等部门应严格把关，防止鲜野生河豚进入市场或混进其他水产品中。

3. 采用河豚去毒工艺。活河豚加工时先断头、放血（尽可能放净）、去内脏、去鱼头、扒皮，肌肉经反复冲洗，直至完全洗去血污为止，经专职人员检验，确认无内脏、无血水残留，作好记录后方可食用。将所有的废弃物投入专用处理池，加碱、加盖、密封发酵，待腐烂后用作肥料。冲洗下来的血水，也应排入专用处理池，经加碱去毒后再排放。

二、鱼类引起的组胺中毒

鱼类引起组胺（histamine）中毒的主要原因是食用了某些不新鲜的鱼类（含有较多的组胺），同时也与个人体质的过敏性有关，组胺中毒是一种过敏性食物中毒。

（一）有毒成分的来源

海产鱼类中的青皮红肉鱼，如鲣鱼、参鱼、鲐巴鱼、鱼师鱼、竹夹鱼、金枪鱼等鱼体中含有较多的组氨酸。当鱼体不新鲜或腐败时，产生自溶作用，组氨酸被释放出来。污染于鱼体的细菌，如组胺无色杆菌或摩氏摩根菌产生脱羧酶，使组氨酸脱羧基形成大量的组胺。一般认为当鱼体中组胺含量超过 200mg/100g 即可引起中毒。也有食用虾、蟹等之后发生组胺中毒的报道。

（二）中毒机制及中毒症状

组胺是一种生物胺，可导致支气管平滑肌强烈收缩，引起支气管痉挛；循环系统表现为局部或全身的毛细血管扩张，病人出现低血压，心律失常，甚至心脏骤停。

组胺中毒临床表现的特点是发病急、症状轻、恢复快。病人在食鱼后 10min～2h 内出现面部、胸部及全身皮肤潮红和热感，全身不适，眼结膜充血并伴有头痛、头晕、恶心、腹痛、腹泻、心动过速、胸闷、血压下降、心律失常、甚至心脏骤停。有时可出现荨麻疹，咽喉烧灼感，个别患者可出现哮喘。一般体温正常，大多在 1～2d 内恢复健康。

（三）流行病学特点

组胺中毒在国内外均有报道。多发生在夏秋季，在温度 15～37℃、有氧、弱酸性（pH 6.0～6.2）和渗透压不高（盐分含量 3%～5%）的条件下，组氨酸易于分解形成组胺引起中毒。

（四）急救与治疗

一般可采用抗组胺药物和对症治疗的方法。常用药物为口服盐酸苯海拉明，或静脉注射 10% 葡萄糖酸钙，同时口服维生素 C。

（五）预防措施

1. 防止鱼类腐败变质，禁止出售腐败变质的鱼类。

2. 鱼类食品必须在冷冻条件下贮藏和运输，防止组胺产生。

3. 避免食用不新鲜或腐败变质的鱼类食品。

4. 对于易产生组胺的青皮红肉鱼类，家庭在烹调前可采取一些去毒措施。首先应彻底刷洗鱼体，去除鱼头、内脏和血块，然后将鱼体切成两半后以冷水浸泡。在烹调时加入少许醋或雪里蕻或红果，可使鱼中组胺含量下降65%以上。

5. 制定鱼类食品中组胺最大允许含量标准。我国《食品安全国家标准 鲜、冻动物性水产品》（GB 2733—2015）中规定，鲐鱼、鲹鱼、竹荚鱼、鲭鱼、鲣鱼、金枪鱼、秋刀鱼、青占鱼、沙丁鱼等高组胺鱼类低于 40mg/100g，其他含组胺的鱼类低于 20mg/100g。

三、麻痹性贝类中毒

麻痹性贝类中毒（paralysis shell poisoning，PSP）是由贝类毒素引起的食物中毒。麻痹性贝类毒素是一种毒性极强的海洋毒素，几乎全球沿海地区都有过麻痹性贝类毒素中毒致死的报道，中毒特点为神经麻痹，故称为麻痹性贝类中毒。

（一）有毒成分的来源

贝类含有毒素，与海水中的藻类有关。当贝类食入有毒的藻类（如双鞭甲藻、膝沟藻科的藻类等）后，其所含的有毒物质即进入贝体内，呈结合状态，对贝类本身没有毒性。当人食用这种贝类后，毒素可迅速从贝肉中释放出来对人呈现毒性作用。藻类是贝类毒素的直接来源，但它们并不是唯一的或最终的来源，与藻类共生的微生物也可产生贝类毒素。目前已从贝类中分离出 18 种毒素，依基因的相似性可将这 18 种毒素分为 4 类：石房蛤毒素（saxitoxins，STX）、新石房蛤毒素、膝沟藻毒素及脱氨甲酰基石房蛤毒素。其中石房蛤毒素发现的最早、毒性最强，其毒力是眼镜蛇毒力的 80 倍，与神经毒气沙林相同，在国际公约中已被列为化学武器。STX 是一种白色、溶于水、耐热、分子量较小的非蛋白质毒素，很容易被胃肠道吸收而不被消化酶所破坏。该毒素对酸、热稳定，碱性条件下发生氧化，毒性消失。

（二）中毒机制及中毒症状

石房蛤毒素为神经毒，中毒机制是对细胞膜 Na^+ 通道的阻断造成了神经系统传导障碍而产生麻痹作用，该毒素的毒性很强，对人的经口致死量为 0.5～1.0mg。

麻痹性贝类中毒的潜伏期短，仅数分钟至 20min。开始为唇、舌、指尖麻木，随后颈部、腿部麻痹，最后运动失调。病人可伴有头痛、头晕、恶心和呕吐，最后出现呼吸困难。膈肌对此毒素特别敏感，重症者常在 2～24h 因呼吸麻痹而死亡，病死率为 5%～18%。病程超过 24h 者，则预后良好。

（三）流行病学特点

麻痹性贝类中毒在全世界均有发生，有明显的地区性和季节性，以夏季沿海地区多见，这一季节易发生赤潮（大量的藻类繁殖使水产生微黄色或微红色的变色，称为赤潮），而且贝类也容易捕获。

（四）急救与治疗

麻痹性贝类毒素的毒性强，纯石房蛤毒素 0.5mg 即可使人毙命。目前对贝类中毒尚无有效解毒剂，有效的抢救措施是尽早采取催吐、洗胃、导泻的方法，及时去除毒素，同时对症治疗。

（五）预防措施

主要应进行预防性监测，当发现贝类生长的海水中有大量海藻存在时，应测定捕捞的贝类所含的毒素量。我国标准中规定，鲜、冻动物性水产品的麻痹性贝类毒素最高允许含量不应超过 4 鼠单位/克（MU/g）。

四、毒蕈中毒

蕈类（mushroom）通常称蘑菇，属于真菌植物。我国有可食用蕈300多种，毒蕈80多种，其中含剧毒能对人致死的有10多种。毒蕈（toxic mushroom）与可食用蕈不易区别，常因误食而中毒。

（一）有毒成分的来源

不同类型的毒蕈含有不同的毒素，也有一些毒蕈同时含有多种毒素。

1. 胃肠毒素　含有这种毒素的毒蕈很多，主要为黑伞蕈属和乳菇属的某些蕈种，毒性成分可能为类树脂物质、苯酚、类甲酚、胍啶或蘑菇酸等。

2. 神经、精神毒素　存在于毒蝇伞、豹斑毒伞、角鳞灰伞、臭黄菇及牛肝菌等毒蘑菇中。这类毒素主要有4大类：①毒蝇碱（muscarine），存在于毒蝇伞蕈、丝盖伞属及杯伞属蕈、豹斑毒伞蕈等毒蕈中；②鹅膏蕈氨酸（ibotenic acid）及其衍生物，存在于毒伞属的一些毒蕈中；③光盖伞素（psilocybin）及脱磷酸光盖伞素（psilocin），存在于裸盖菇属及花褶伞属蕈类中；④幻觉原（hallucinogens），主要存在于桔黄裸伞蕈中。

3. 溶血毒素　鹿花蕈（gyromitra esculenta）也叫马鞍蕈，含有马鞍蕈酸，属甲基联胺化合物，有强烈的溶血作用。此毒素具有挥发性，对碱不稳定，可溶于热水，烹调时如弃去汤汁可去除大部分毒素。这种毒素抗热性差，加热至70℃或在胃内消化酶的作用下可失去溶血性能。

4. 肝肾毒素　引起此型中毒的毒素有毒肽类、毒伞肽类、鳞柄白毒肽类、非环状肽的肝肾毒等。这些毒素主要存在于毒伞属蕈、褐鳞小伞蕈及秋生盔孢伞蕈中。此类毒素为剧毒，如毒肽类对人类的致死量为0.1mg/（kg·bw），因此肝肾损害型中毒危险性大，死亡率高，大连报告为57%（2008年），湖南报告为50%（2002年），因此一旦发生中毒，应及时抢救。

5. 类光过敏毒素　在胶陀螺（又称猪嘴蘑）中含有光过敏毒素。

（二）流行病学特点及中毒症状

毒蕈中毒在云南、广西、四川三省区发生的起数较多，毒蕈中毒多发生于春季和夏季，在雨后，气温开始上升，毒蕈迅速生长，常由于不认识毒蕈而采摘食用，引起中毒。

毒蕈中毒的临床表现各不相同，一般分为以下几类。

1. 胃肠型　主要刺激胃肠道，引起胃肠道炎症反应。一般潜伏期较短，多为0.5~6h，病人有剧烈恶心、呕吐、阵发性腹痛，以上腹部疼痛为主，体温不高。经过适当处理可迅速恢复，一般病程2~3d，很少死亡。

2. 神经精神型　潜伏期约为1~6h，临床症状除有轻度的胃肠反应外，主要有明显的副交感神经兴奋症状，如流涎、流泪、大量出汗、瞳孔缩小、脉缓等。少数病情严重者可有精神兴奋或抑制、精神错乱、谵妄、幻觉、呼吸抑制等表现。

误食牛肝蕈者，除胃肠炎症状外，多有幻觉（小人国幻视症）、谵妄等症状，部分病例有迫害妄想，类似精神分裂症。

3. 溶血型　中毒潜伏期多为6~12h，红细胞大量破坏，引起急性溶血。主要表现为恶心、呕吐、腹泻、腹痛。发病3~4d后出现溶血性黄疸、肝脾肿大，少数病人出现血红蛋白尿。病程一般2~6d，病死率低。

4. 肝肾损害型　此型中毒最严重，可损害人体的肝、肾、心脏和神经系统，其中对肝脏损害最大，可导致中毒性肝炎。病情凶险而复杂，病死率非常高。按其病情发展一般可分为 6 期：①潜伏期，多为 10～24h，短者为 6～7h。②胃肠炎期，患者出现恶心、呕吐、脐周腹痛、水样便腹泻，多在 1～2d 后缓解。③假愈期，胃肠炎症状缓解后病人暂时无症状或仅有轻微乏力、不思饮食，而实际上毒素已逐渐进入内脏，肝脏损害已开始，轻度中毒病人肝损害不严重可由此进入恢复期。④内脏损害期，严重中毒病人在发病 2～3d 后出现肝、肾、脑、心等内脏损害的症状。可出现肝肿大、黄疸、转氨酶升高，甚至出现肝坏死、肝昏迷，肾损害症状可出现少尿、无尿或血尿，严重时可出现肾衰竭、尿毒症。⑤精神症状期，此期的症状主要是由于肝脏的严重损害出现肝昏迷所引起，病人主要表现为烦躁不安、表情淡漠、思睡，继而出现惊厥、昏迷，甚至死亡，一些病人在胃肠炎期后很快出现精神症状，但看不到肝损害明显症状，此种情况属于中毒性脑病。⑥恢复期，经过积极治疗的病人，一般在 2～3 周进入恢复期，各项症状体征逐渐消失而痊愈。

5. 类光过敏型　误食后可出现类似日光性皮炎的症状。在身体暴露部位出现明显的肿胀、疼痛，特别是嘴唇肿胀外翻。另外还有指尖疼痛，指甲根部出血等。

（三）急救与治疗

1. 及时催吐、洗胃、导泻、灌肠，迅速排出毒物　凡食毒蕈后 10h 内均应彻底洗胃，洗胃后可给予活性炭吸附残留的毒素。无腹泻者，洗胃后用硫酸镁 20～30g 或蓖麻油 30～60ml 导泻。

2. 对各型毒蕈中毒根据不同症状和毒素情况采取不同治疗方案。

（1）胃肠炎型可按一般食物中毒处理。

（2）神经精神型可采用阿托品治疗。

（3）溶血型可用肾上腺皮质激素治疗，一般状态差或出现黄疸者，应尽早应用较大量的氢化可的松，同时给予保肝治疗。

（4）肝肾型可用二巯基丙磺酸钠治疗，可保护体内含巯基酶的活性。

3. 对症治疗和支持治疗。

（四）预防措施

预防毒蕈中毒最根本的方法是不要采摘自己不认识的蘑菇食用；毒蕈与可食用蕈很难鉴别，民间百姓有一定的实际经验，如在阴暗肮脏处生长的、颜色鲜艳的、形状怪异的、分泌物浓稠易变色的、有辛辣酸涩等怪异气味的蕈类一般为毒蕈。但以上经验不够完善，不够可靠。

五、含氰苷类食物中毒

含氰苷类食物中毒是指因食用苦杏仁、桃仁、李子仁、枇杷仁、樱桃仁、木薯等含氰苷类食物引起的食物中毒。

（一）有毒成分的来源

含氰苷类食物中毒的有毒成分为氰苷，其中苦杏仁含量最高，平均为 3%，而甜杏仁则平均为 0.1%，其他果仁平均为 0.4%～0.9%。木薯中亦含有氰苷。当果仁在口腔中咀嚼和在胃肠内进行消化时，氰苷被果仁所含的水解酶水解释放出氢氰酸并迅速被黏膜吸收入血引起中毒。

（二）中毒机制及中毒症状

氢氰酸的氰离子可与细胞色素氧化酶中的铁离子结合，使呼吸酶失去活性，氧不能被组织细胞利用导致组织缺氧而陷于窒息状态。另外氢氰酸可直接损害延髓的呼吸中枢和血管运动中枢。苦杏仁氰苷为剧毒,对人的最小致死量为 0.4～1.0mg/(kg·bw),约相当于 1～3 粒苦杏仁。

苦杏仁中毒的潜伏期短者 0.5h,长者 12h,一般 1.0～2.0h。木薯中毒的潜伏期短者 2.0h,长者 12h,一般为 6.0～9.0h。

苦杏仁中毒时,出现口中苦涩、流涎、头晕、头痛、恶心、呕吐、心悸、四肢无力等。较重者胸闷、呼吸困难、呼吸时可嗅到苦杏仁味。严重者意识不清、呼吸微弱、昏迷、四肢冰冷、常发生尖叫,继之意识丧失、瞳孔散大、对光反射消失、牙关紧闭、全身阵发性痉挛,最后因呼吸麻痹或心脏停搏而死亡。此外,还可引起多发性神经炎。

木薯中毒的临床表现与苦杏仁相似。

(三)流行病学特点

苦杏仁中毒多发生在杏子成熟的初夏季节,儿童中毒多见,常因儿童不知道苦杏仁的毒性食用后引起中毒;还有因为吃了加工不彻底未完全消除毒素的凉拌杏仁造成的中毒。

(四)急救与治疗

1. 催吐　用 5% 的硫代硫酸钠溶液洗胃。

2. 解毒治疗　首先吸入亚硝酸异戊酯 0.2ml,每隔 1～2min 一次,每次 15～30s,数次后,改为缓慢静脉注射亚硝酸钠溶液,成人用 3% 溶液,小儿用 1% 溶液,每分钟 2～3ml。然后静脉注射新配制的 50% 硫代硫酸钠溶液 25～50ml,小儿用 20% 硫代硫酸钠溶液,每次 0.25～0.5ml/(kg·bw),如症状仍未改善者,重复静注硫代硫酸钠溶液,直到病情好转。

3. 对症治疗　根据病人情况给予吸氧,呼吸兴奋剂、强心剂及升压药等。对重症患者可静脉滴注细胞色素 C。

(五)预防措施

1. 加强宣传教育　向广大居民,尤其是儿童进行宣传教育,勿食苦杏仁等果仁,包括干炒果仁。

2. 采取去毒措施　加水煮沸可使氢氰酸挥发,可将苦杏仁等制成杏仁茶、杏仁豆腐。木薯所含氰苷 90% 存在于皮内,因此食用时通过去皮、蒸煮等方法可使氢氰酸挥发掉。

六、粗制棉籽油棉酚中毒

棉籽加工后的主要产品为棉籽油,棉籽未经蒸炒加热直接榨油,所得油即为粗制生棉籽油。粗制生棉籽油色黑、黏稠,含有毒物质,食用后可引起急性或慢性棉酚中毒(gossypol poisoning)。

(一)有毒成分的来源

粗制生棉籽油中主要含有棉酚、棉酚紫和棉酚绿三种有毒物质,其中以游离棉酚含量最高,可高达 24%～40%,未经精炼的粗制棉籽油中棉酚类物质未被彻底清除,可引起中毒。

(二)中毒机制及中毒症状

游离棉酚是一种毒苷,为血液毒和细胞原浆毒,可损害人体肝、肾、心等实质器官及血管、神经系统等,并损害生殖系统。

棉酚中毒的发病,可有急性与慢性之分。急性棉酚中毒表现为恶心呕吐、腹胀腹痛、便秘、头晕、四肢麻木、周身乏力、嗜睡、烦躁、畏光、心动过缓、血压下降,进一步可发展为肺水肿、黄疸、肝昏迷、肾功能损害，最后可因呼吸循环衰竭而死亡。

慢性中毒的临床表现主要有三个方面。

1. 引起"烧热病"   长期食用粗制棉籽油，可出现疲劳乏力、皮肤潮红、烧灼难忍、口干、无汗或少汗、皮肤瘙痒如针刺、四肢麻木、呼吸急促、胸闷等症状。

2. 生殖功能障碍   棉酚对生殖系统有明显的损害。对女性病人，可破坏子宫内膜、使子宫萎缩，血液循环减少，子宫变小变硬，出现闭经，孕卵不能着床，导致不育症。对男性病人，可使睾丸精曲小管中的精子细胞、精母细胞受损，导致精曲小管萎缩，精子数量减少甚至无精。对男性的生殖系统损害较女性更为明显。

3. 引起低血钾   以肢体无力、麻木、口渴、心悸、肢体软瘫为主。部分患者心电图异常，女性及青壮年发病较多。

（三）流行病学特点

棉酚中毒有明显的地区性，主要见于产棉区食用粗制棉籽油的人群。我国湖北、山东、河北、河南、陕西等产棉区均发生过急性或慢性中毒。本病在夏季多发，日晒及疲劳常为发病诱因。由于多年来大力普及宣传棉籽油的危害和推广棉籽油精制技术，发病者已大大减少。然而由于棉籽饼粕进入动物饲料中，以及家畜冬春季在棉茬地里放牧等原因，家畜的棉酚中毒事件时有发生。

（四）急救与治疗

目前尚无特效解毒剂治疗棉酚中毒，一般给予对症治疗，并采取以下急救措施。

1. 立即刺激咽后壁诱导催吐。

2. 口服大量糖水或淡盐水稀释毒素，并服用大量维生素 C 和 B 族维生素。

3. 对症处理   有昏迷、抽搐的患者，应有专人护理并清除口腔内毒物，保持呼吸道畅通。

（五）预防措施

1. 加强宣传教育，勿食粗制生棉籽油。

2. 由于棉酚在高温条件下易分解，可采取榨油前将棉籽粉碎，经蒸炒加热后再榨油的方法，榨出的油再经过加碱精炼，则可使棉酚逐渐分解破坏。

3. 加强对棉籽油中棉酚含量的监测、监督与管理，我国规定棉籽油中棉酚含量不得超过 0.02%，超过此标准的棉籽油不得出售。

4. 开发研制低酚的棉花新品种。

七、其他有毒动植物中毒

见表 7-1。

表 7-1   其他有毒动植物中毒

名称	有毒成分	临床特点	急救处理	预防措施
动物甲状腺中毒	甲状腺素	潜伏期 10～24h，头疼、乏力、烦躁、抽搐、震颤、脱发、脱皮、多汗、心悸等	抗甲状腺素药，促肾上腺皮质激素，对症处理	加强兽医检验，屠宰牲畜时除净甲状腺
动物肝脏中毒（狗、鲨鱼，海豹、北极熊等）	大量维生素 A	潜伏期 0.5～12h，头疼、恶心、呕吐、腹部不适、皮肤潮红、脱皮等	对症处理	含大量维生素 A 的动物肝脏不宜过量食用

续表

名称	有毒成分	临床特点	急救处理	预防措施
发芽马铃薯中毒	龙葵素	潜伏期数分钟至数小时，咽部瘙痒、发干、胃部烧灼、恶心、呕吐、腹痛、腹泻、伴头晕、耳鸣、瞳孔散大	催吐、洗胃、对症处理	马铃薯贮存干燥阴凉处。食用前挖去芽眼、削皮，烹调时加醋
四季豆中毒（扁豆）	皂素，植物血凝素	潜伏期1～5h，恶心、呕吐、腹痛、腹泻，头晕，出冷汗等	对症处理	扁豆煮熟煮透至失去原有的绿色
鲜黄花菜中毒	类秋水仙碱	潜伏期0.5～4h，呕吐、腹泻、头晕、头痛、口渴、咽干等	及时洗胃、对症处理	鲜黄花菜须用水浸泡或用开水烫后弃水炒煮后食用
有毒蜂蜜中毒	生物碱	潜伏期1～2d，口干、舌麻、恶心、呕吐、头痛、心慌、腹痛、肝肿大、肾区疼痛	输液、保肝、对症处理	加强蜂蜜检验，防止有毒蜂蜜进入市场
白果中毒	银杏酸，银杏酚	潜伏期1～12h，呕吐，腹泻、头痛、恐惧感、惊叫、抽搐、昏迷甚至死亡	催吐、洗胃、灌肠，对症处理	白果须去皮加水煮熟煮透后弃水食用

（冯任南）

第五节　化学性食物中毒

化学性食物中毒是指由于食用了被有毒有害化学物污染的食品、被误认为是食品及食品添加剂或营养强化剂的有毒有害物质、添加了非食品级的或伪造的或禁止食用的食品添加剂和营养强化剂的食品、超量使用了食品添加剂的食品或营养素发生了化学变化的食品（如油脂酸败）等所引起的食物中毒。化学性食物中毒发生的起数和中毒人数相对微生物食物中毒较少，但病死率较高。

一、亚硝酸盐中毒

（一）理化特性

常见的亚硝酸盐有亚硝酸钠和亚硝酸钾，为白色和嫩黄色结晶，呈颗粒状粉末，无臭，味咸涩，易潮解，易溶于水。

（二）毒性

亚硝酸盐具有很强的毒性，其生物半衰期24h，摄入0.3～0.5g就可以中毒，1～3g可致人死亡。亚硝酸盐摄入过量会使血红蛋白中的Fe^{2+}氧化为Fe^{3+}，使正常血红蛋白转化为高铁血红蛋白，失去携氧能力导致组织缺氧。另外亚硝酸盐对周围血管有麻痹作用。

（三）引起中毒的原因

1. **意外事故中毒**　亚硝酸盐价廉易得，外观上与食盐相似，容易误将亚硝酸盐当作食盐食用而引起中毒。

2. **食品添加剂滥用中毒**　（亚）硝酸盐不仅可以起到护色作用，还具有增强肉制品特殊风味的作用，此外，还对微生物的繁殖有一定的抑制作用，特别是对肉毒梭状芽胞杆菌，在肉类食品加工中被广泛应用。虽然（亚）硝酸盐的使用由于其安全性的考虑而受到了很大限制，有的国家甚至禁止使用，但是，由于尚未发现理想的替代品，所以（亚）硝酸盐还是作为护色剂使用，当然，婴幼儿食品中是不得使用的。

3. 食用含有大量硝酸盐、亚硝酸盐的蔬菜而引起中毒   例如贮存过久的蔬菜、腐烂的蔬菜、煮熟后放置过久的蔬菜及刚腌制不久的蔬菜亚硝酸盐含量增加（一般腌 20d 后亚硝酸盐含量降低）。

4. 饮用含硝酸盐较多的井水中毒   个别地区的井水含硝酸盐较多（一般称为"苦井"水），用这种水煮饭，如存放过久，硝酸盐在细菌的作用下可被还原成亚硝酸盐。

（四）流行病学特点及中毒症状

亚硝酸盐食物中毒全年均有发生，多数由于误将亚硝酸盐当作食盐食用而引起食物中毒，也有食入含有大量硝酸盐、亚硝酸盐的蔬菜而引起的食物中毒，多发生在农村或集体食堂。

亚硝酸盐中毒发病急速，潜伏期一般为 1～3h，短者 10min，大量食用蔬菜引起的中毒可长达 20h。中毒的主要症状为口唇、指甲以及全身皮肤出现青紫等组织缺氧表现，也称为"肠源性青紫症"。病人自觉症状有头晕、头痛、无力、乏力、胸闷、心率快、嗜睡或烦躁不安、呼吸急促，并有恶心、呕吐、腹痛、腹泻，严重者昏迷、惊厥、大小便失禁，可因呼吸衰竭导致死亡。

（五）急救与治疗

轻症中毒一般不需治疗，重症中毒要及时抢救和治疗。

1. 尽快排出毒物   采用催吐、洗胃和导泻的办法，尽快将胃肠道还没有吸收的亚硝酸盐排出体外。

2. 及时应用特效解毒剂   主要应用解毒剂亚甲蓝（又称美蓝）。亚甲蓝用量为每次 1～2mg/（kg·bw）。通常将 1% 的亚甲蓝溶液以 25%～50% 葡萄糖 20ml 稀释后，缓慢静脉注射。1～2h 后如青紫症状不退或再现，可重复注射以上剂量或半量。亚甲蓝也可口服，剂量为每次 3～5mg/（kg·bw），每 6h 一次或一日三次。同时补充大剂量维生素 C，有助于高铁血红蛋白还原成亚铁血红蛋白，起到辅助解毒作用。

亚甲蓝的用量要准确，可小量多次使用。因亚甲蓝具有氧化剂和还原剂双重作用，过量使用时，体内的还原型辅酶Ⅱ不能把亚甲蓝全部还原，从而发挥其氧化剂的作用，不但不能解毒，反而会加重中毒。

3. 对症治疗。

（六）预防措施

1. 肉类食品企业要严格按国家食品添加剂使用标准（GB 2760—2014）规定添加硝酸盐和亚硝酸盐，肉制品中硝酸盐（包括硝酸钠、硝酸钾）使用量不得超过 0.5g/kg，最终残留量（以亚硝酸钠计）不得超过 30mg/kg。亚硝酸盐（包括亚硝酸钠、亚硝酸钾）使用量不得超过 0.15g/kg，最终残留量（以亚硝酸钠计）在不同食品的要求不同，但大多不得超过 30mg/kg。

2. 保持蔬菜的新鲜，勿食存放过久或变质的蔬菜；剩余的熟蔬菜不可在高温下存放过久；腌菜时所加盐的含量应达到 12% 以上，至少需腌制 15d 以上再食用。

3. 尽量不用苦井水煮饭，不得不用时，应避免长时间保温后的水又用来煮饭菜。

二、砷中毒

（一）理化特性

砷是有毒的类金属元素。砷的化学性质复杂，化合物众多，在自然界中以 As^{3-}、As^{1-}、As、As^{1+}、As^{3+}、As^{5+} 的形式存在。食物中含有机砷和无机砷，而饮水中则主要含有无机砷。

（二）砷的毒性

无机砷化合物一般都有剧毒，As^{3+} 的毒性大于 As^{5+}。砷的成人经口中毒剂量以 As_2O_3 计为 5～50mg，致死量为 60～300mg。As^{3+} 为原浆毒，毒性比 As^{5+} 大 35～60 倍，主要为表现在如下几方面。

1. 对消化道的直接腐蚀作用。接触部位如口腔、咽喉、食管和胃等可产生急性炎症、溃疡、糜烂、出血、甚至坏死。

2. 在机体内与细胞内酶的巯基结合而使其失去活性，从而影响组织细胞的新陈代谢，引起细胞死亡。这种毒性作用如发生在神经细胞，则可引起神经系统病变。

3. 麻痹血管运动中枢和直接作用于毛细血管，使血管扩张、充血、血压下降。

4. 砷中毒严重者可出现肝脏、心脏及脑等器官的缺氧性损害。

（三）引起中毒的原因

1. 误将砒霜当成食用碱、团粉、糖、食盐等加入食品，或误食含砷农药拌的种粮、污染的水果、毒死的畜禽肉等而引起中毒。

2. 不按规定滥用含砷农药喷洒果树和蔬菜，造成水果、蔬菜中砷的残留量过高。喷洒含砷农药后不洗手即直接进食等。

3. 盛装过含砷化合物的容器、用具，不经清洗直接盛装或运送食物，致使食品受砷污染。

4. 食品工业用原料或添加剂质量不合格，砷含量超过食品卫生标准。

（四）流行病学特点及中毒症状

砷中毒多发生在农村，夏秋季多见，常由于误用或误食而引起中毒。

砷中毒的潜伏期短，仅为十几分钟至数小时。患者口腔和咽喉有烧灼感，口渴及吞咽困难，口中有金属味。随后出现恶心，反复呕吐，甚至吐出黄绿色胆汁。重者呕血、腹泻，初为稀便，后呈米泔样便并混有血液。继而全身衰竭，脱水，体温下降，虚脱，意识消失。肝肾损害可出现黄疸、蛋白尿、少尿等症状。重症患者出现神经系统症状，如头痛、狂躁、抽搐、昏迷等。抢救不及时可因呼吸中枢麻痹于发病 1～2 天内死亡。

（五）急救与治疗

1. 尽快排出毒物　采用催吐、洗胃的办法。然后立即口服氢氧化铁，它可与三氧化二砷结合形成不溶性的砷酸盐，从而保护胃肠黏膜并防止砷化合物的吸收。

2. 及时应用特效解毒剂　特效解毒剂有二巯基丙磺酸钠，二巯基丙醇等。此类药物的巯基与砷有很强的结合力，能夺取组织中与酶结合的砷，形成无毒物质并随同尿液排出。一般首选二巯基丙磺酸钠，因其吸收快、解毒作用强，毒性小。采用肌内注射，每次用量为 5mg/（kg•bw）。第 1 天每 6h 注射 1 次，第 2 天每 8h 注射 1 次，以后 1～2 次/d，共计 5～7d。

3. 对症处理　应注意纠正水、电解质紊乱。

（六）预防措施

1. 对含砷化合物及农药要健全管理制度，实行专人专库、领用登记。农药不得与食品混放、混装。

2. 盛装含砷农药的容器、用具必须有鲜明、易识别的标志并标明"有毒"字样，并不得再用于盛装食品。拌过农药的粮种亦应专库保管，防止误食。

3. 砷中毒死亡的家禽家畜，应深埋销毁，严禁食用。

4. 砷酸钙、砷酸铅等农药用于防治蔬菜、果树害虫时，于收获前半个月内停止使用，以防蔬菜水果农药残留量过高；喷洒农药后必须洗净手和脸后才能吸烟、进食。

5. 食品加工过程中所使用的原料、添加剂等其砷含量不得超过国家允许标准。

三、有机磷农药中毒

（一）理化特性

有机磷农药在酸性溶液中较稳定，在碱性溶液中易分解失去毒性，故绝大多数有机磷农药与碱性物质，如肥皂、碱水、苏打水接触时可被分解破坏，但敌百虫例外，其遇碱可生成毒性更大的敌敌畏。

（二）毒性及中毒机制

有机磷农药有 100 多种，根据目前农业生产上常用农药（原药）的毒性综合评价（急性口服、经皮毒性、慢性毒性等）可分三类：①高毒类：如甲拌磷（3911）、对硫磷（1605）、内吸磷（1059）；②中等毒类：如敌敌畏、甲基 1059、异丙磷；③低毒类：如敌百虫、乐果、杀螟松、马拉硫磷。

有机磷农药进入人体后与体内胆碱酯酶迅速结合，形成磷酰化胆碱酯酶，使胆碱酯酶活性受到抑制，失去催化水解乙酰胆碱的能力，结果使大量乙酰胆碱在体内蓄积，导致以乙酰胆碱为传导介质的胆碱能神经处于过度兴奋状态，从而出现中毒症状。

（三）引起中毒的原因

1. 误食农药拌过的种子或误把有机磷农药当作酱油或食用油而食用，或把盛装过农药的容器再盛装油、酒以及其他食物等引起中毒。

2. 喷洒农药不久的瓜果、蔬菜，未经安全间隔期即采摘食用，可造成中毒。

3. 误食被农药毒杀的家禽家畜。

（四）流行病学特点及中毒症状

有机磷农药是我国生产使用最多的一类农药。我国目前食物中有机磷农药残留是相当普遍和严重的。南方比北方严重，污染的食物以水果和蔬菜为主，尤其是叶菜类；夏秋季高于冬春季，夏秋季节害虫繁殖快，农药使用量大，污染严重。

中毒的潜伏期一般在 2h 以内，误服农药纯品者可立即发病，在短期内引起以全血胆碱酯酶活性下降出现毒蕈碱样、烟碱样和中枢神经系统症状为主的全身症状。根据中毒症状的轻重可将急性中毒分为三度。

1. 急性轻度中毒　进食后短期内出现头晕、头疼、恶心、呕吐、多汗、胸闷无力、视力模糊等，瞳孔可能缩小。全血中胆碱酯酶活力一般在 50%～70%。

2. 急性中度中毒　除上述症状外，还出现肌束震颤、瞳孔缩小、轻度呼吸困难、流涎、腹痛、步履蹒跚、意识清楚或模糊。全血胆碱酯酶活力一般在 30%～50%。

3. 急性重度中毒　除上述症状外，如出现下列情况之一，可诊断为重度中毒：①肺水肿；②昏迷；③脑水肿；④呼吸麻痹。全血中胆碱酯酶活性一般在 30% 以下。

需要特别注意的是某些有机磷农药，如马拉硫磷、敌百虫、对硫磷、伊皮恩、乐果、甲基对硫磷等有迟发性神经毒性，即在急性中毒后的2～3周，有的病例出现感觉运动型周围神经病，主要表现为下肢软弱无力、运动失调及神经麻痹等。神经-肌电图检查显示神经源性损害。

（五）急救与治疗

1. 迅速排出毒物　迅速给予中毒者催吐、洗胃。必须反复、多次洗胃，直至洗出液中无有机磷农药臭味为止。洗胃液一般可用2%苏打水或清水，但误服敌百虫者不能用苏打水等碱性溶液，可用1∶5 000高锰酸钾溶液或1%氯化钠溶液。但对硫磷、内吸磷、甲拌磷及乐果等中毒时不能用高锰酸钾溶液，以免这类农药被氧化而增强毒性。

2. 应用特效解毒药　轻度中毒者可单独给予阿托品，以拮抗乙酰胆碱对副交感神经的作用，解除支气管痉挛，防止肺水肿和呼吸衰竭。中度或重度中毒者需要阿托品和胆碱酯酶复能剂（如解磷定、氯磷定）两者并用。胆碱酯酶复能剂可迅速恢复胆碱酯酶活力，对于解除肌束震颤、恢复病人神态有明显的疗效。敌敌畏、敌百虫、乐果、马拉硫磷中毒时，由于胆碱酯酶复能剂的疗效差，治疗应以阿托品为主。

3. 对症治疗。

4. 急性中毒者临床表现消失后，应继续观察2～3d。乐果、马拉硫磷、久效磷等中毒者，应适当延长观察时间；中度中毒者，应避免过早活动，以防病情突变。

（六）预防措施

在遵守农药安全使用相关标准的基础上应特别注意以下几点：

1. 有机磷农药必须由专人保管，必须有固定的专用贮存场所，其周围不得存放食品。

2. 喷药及拌种用的容器应专用，配药及拌种的操作地点应远离畜圈、饮水源和瓜菜地，以防污染。

3. 喷洒农药必须穿工作服，戴手套、口罩，并在上风向喷洒，喷药后须用肥皂洗净手、脸，方可吸烟、饮水和进食。

4. 喷洒农药及收获瓜、果、蔬菜，必须遵守安全间隔期。

5. 禁止食用因有机磷农药致死的各种畜禽。

6. 禁止孕妇、乳母参加喷药工作。

四、锌中毒

（一）理化特性

锌是人体所必需的微量元素，保证锌的营养素供给量对于促进人类生长发育和维持健康具有重要意义。然而锌的供给量与中毒剂量相距很近，即安全带很窄，如摄入过量则可引起食物中毒。

（二）毒性

锌的中毒量为0.2～0.4g，一次摄入80～100mg以上的锌盐即可引起急性中毒。氯化锌的致死量为3～5g，硫酸锌的致死量为5～15g。儿童对锌盐更敏感，易于发生中毒。

（三）引起中毒的原因

到目前为止，锌中毒发生的原因主要由于使用镀锌容器存放酸性食品和饮料所致。锌不溶于水，能在弱酸或果酸中溶解，致使被溶解下来的锌以有机盐的形式大量混入食品，即可引起食物中毒。

（四）流行病学特点及中毒症状

国内曾报告几起由于使用锌桶盛装食醋、大白铁壶盛放酸梅汤和清凉饮料而引起的锌中毒事件。目前市场上补锌制剂和保健食品琳琅满目，滥补现象严重，曾经有儿童因为补锌过量而导致锌中毒的报道。

锌中毒潜伏期很短，仅数分钟至1h。临床上主要表现为胃肠道刺激症状，如恶心、持续性呕吐、上腹部绞痛、口中烧灼感及麻辣感，伴有眩晕及全身不适。体温不升高，甚至降低。严重中毒者可因剧烈呕吐，腹泻而虚脱。病程短，几小时至1天可痊愈。

（五）急救与治疗

对误服大量锌盐者可用1%鞣酸液、5%活性炭或1:2 000高锰酸钾液洗胃。如果呕吐物中带血，应避免用胃管及催吐剂。可酌情服用硫酸钠导泻，口服牛奶以沉淀锌盐。必要时输液以纠正水和电解质紊乱，并给以巯基解毒剂。慢性中毒时，还应尽快停止服用补锌制剂。

（六）预防措施

1. 禁止使用锌铁桶盛放酸性食物、食醋及清凉饮料；食品加工、运输和贮存过程均不可使用镀锌容器和工具接触酸性食品。

2. 补锌产品的服用应在医生指导下进行，不可盲目乱补。

第六节 食物中毒调查处理

食物中毒是最常见的食品安全事故之一。按《中华人民共和国食品安全法》的定义，食品安全事故指食源性疾病（包括食物中毒）、食品污染等源于食品，对人体健康有危害或者可能有危害的事故。因此，食物中毒的调查处理，应按《中华人民共和国突发事件应对法》《中华人民共和国食品安全法》《中华人民共和国食品安全法实施条例》《突发公共卫生事件应急条例》《国家突发公共事件总体应急预案》《国家食品安全事故应急预案》等的要求进行。

一、食物中毒调查处理的准备

（一）明确职责，建立协调机制

1. 明确职责 明确各部门职责，建立协调机制，调动各相关机构在食物中毒调查处理中的主动性，充分发挥其职能。

按照我国目前的食品安全监管体制及其部门分工，国家市场监督管理总局负责食品安全监督管理综合协调工作，并"负责食品安全事故应急体系建设，组织和指导食品安全事故应急处置和调查处理工作，监督事故查处落实情况"。国家卫生行政部门负责"突发公共卫生事件监测和风险评估计划，组织和指导突发公共卫生事件预防控制和各类突发公共事件的医疗卫生救援，发布法定报告传染病疫情信息、突发公共卫生事件应急处置信息"。

按《中华人民共和国食品安全法》（以下简称《食品安全法》）规定，发生食品安全事故的单位应当立即采取措施，防止事故扩大。事故单位和接收病人进行治疗的单位应当及时向事故发生地县级人民政府食品药品监督管理、卫生行政部门报告。县级以上人民政府质量监督、农业行政等部门在日常监督管理中发现食品安全事故或者接到事故举报，应当立即向同级食品药品监督管理部门通报。

医疗机构发现其接收的病人属于食源性疾病病人或者疑似病人的，应当按照规定及时将相关信息向所在地县级人民政府卫生行政部门报告。县级人民政府卫生行政部门认为与食品安全有关的，应当及时通报同级食品药品监督管理部门。

县级以上人民政府卫生行政部门在调查处理传染病或者其他突发公共卫生事件中发现与食品安全相关的信息，应当及时通报同级食品药品监督管理部门。

县级以上人民政府食品药品监督管理部门接到食品安全事故的报告后，应当立即会同同级卫生行政、质量监督、农业行政等部门进行调查处理，并采取相应措施，防止或者减轻社会危害。

疾病预防控制机构负责食物中毒事件的流行病学调查和对事故现场的卫生处理；进行实验室检验，调查诊断中毒原因；填报食物中毒登记报告表，完成流行病学调查报告并向同级食品药品监督管理、卫生行政部门提交；并承担日常的技术培训工作等。

食品药品监督管理部门应当会同有关部门进行事故责任调查，督促有关部门履行职责，向本级人民政府和上一级人民政府食品药品监督管理部门提出事故责任调查处理报告。

2. 制定食物中毒应急预案　食物中毒属于食品安全事故。《食品安全法》规定，由国务院组织制定国家食品安全事故应急预案。

县级以上地方人民政府应当根据有关法律、法规的规定和上级人民政府的食品安全事故应急预案以及本地区的实际情况，制定本行政区域的食品安全事故应急预案，并报上一级人民政府备案。食品安全事故应急预案应当对食品安全事故分级、事故处置组织指挥体系与职责、预防预警机制、处置程序、应急保障措施等作出规定。

食品生产经营企业应当制订食品安全事故处置方案，定期检查各项食品安全防范措施的落实情况，及时消除食品安全事故隐患。

3. 开展食物中毒调查处理的监测和培训工作

（1）省级卫生行政部门应建立由流行病学、病原微生物、分析化学、毒理学、卫生监督及临床医学等相关专业技术人员组成的常设专家小组，有计划地开展食物中毒流行病学监测和常见食物中毒的病原学研究。

（2）开展经常性培训工作。卫生行政部门和其他相关部门应经常对有关人员进行食物中毒报告及处理的技术培训，提高对食物中毒的诊断、抢救和控制水平。

（3）食品药品监督管理部门应定期向食品经营单位和个人宣传食物中毒的防控知识，并使其掌握食物中毒发生后的报告和应急处理方法。

（二）保障经费和所需物资设备

各级政府部门应充分满足食物中毒和相关突发事件调查处理的人力、物资和经费需求；疾病预防控制机构应配备常用的食物中毒诊断试剂和调查处理所需的工具器材；医疗机构应配备食物中毒特效治疗药物，并定期更新、补充。

二、食物中毒报告制度

按《食品安全事件调查处理办法（征求意见稿）》的要求，发生食品安全事件的单位，应当在 2h 内向所在地县级食品药品监督管理部门、卫生行政部门报告。医疗机构发现其收治的病人可能与食品安全事件有关的，应当在 2h 内向所在地县级食品药品监督管理部门、卫生行政部门报告。发现食品安全事件的单位或个人，应当及时向所在地县级食品药品监督管理部门、卫生行政部门报告。食品安全事件的报告应当及时、客观、真实,任何单位或者个人不得隐瞒、谎报、缓报。

食品药品监督管理部门接到食品安全事件报告或者通报后,应当立即进行初步核实,报告本级人民政府和上级食品药品监督管理部门。各级食品药品监督管理部门应当按照食品安全事件级别逐级上报,每级上报时间不得超过 2h。特别重大食品安全事件和重大食品安全事件报至国家市场监督管理总局,由国家市场监督管理总局上报国务院。较大食品安全事件上报至省级食品药品监督管理部门,一般食品安全事件上报至市级食品药品监督管理部门。必要时,在向上一级食品药品监督管理部门报告的同时可以越级报告。

食品药品监督管理部门应当采用书面形式报告食品安全事件,情况紧急时可以先行口头报告。初次报告后,应根据调查处理情况及时续报。

报告主要包括下列内容:

1. 事件发生单位、时间、地点,事件简要经过。
2. 事件造成的发病和死亡人数、主要症状、救治情况。
3. 可疑食品基本情况。
4. 已采取的措施。
5. 其他已经掌握的情况。

三、食物中毒诊断及技术处理

(一)食物中毒诊断

食物中毒诊断主要以流行病学调查资料及病人的潜伏期和中毒的特有表现为依据,中毒的病因诊断则应根据实验室检查结果进行确定。

食物中毒的确定应尽可能有实验室诊断资料,但由于采样不及时或已用药或其他技术、学术上的原因而未能取得实验室诊断资料时,可判定为原因不明食物中毒,但一般应由三名副主任医师以上的食品卫生专家进行评定。

(二)食物中毒技术处理

1. 对病人采取紧急处理,并及时报告专门负责机构
(1) 停止食用中毒食品。
(2) 采取病人标本,以备送检。
(3) 对病人的急救治疗:包括急救(催吐、洗胃、清肠);对症治疗和特殊治疗。
2. 对中毒食品控制处理
(1) 保护现场,封存中毒食品或疑似中毒食品。
(2) 追回已售出的中毒食品或疑似中毒食品。
(3) 对中毒食品进行无害化处理或销毁。
3. 对中毒场所采取的消毒处理根据不同的中毒食品,对中毒场所采取相应的消毒处理。

四、食物中毒调查处理程序与方法

按《食品安全事件调查处理办法(征求意见稿)》的要求,食品安全事件调查应当成立调查组,由食品药品监督管理部门主要负责人或者主管食品安全应急管理工作的负责人担任组长,根据需要,由应急管理、食品生产监管、食品经营监管、稽查执法等有关机构的人员参

加。食品药品监督管理部门可以根据食品安全事件实际情况,组织卫生行政、质量监督、农业行政等有关部门和食品检验、疾病预防控制等有关机构参加调查工作。

发生食物中毒或疑似食物中毒事故时,卫生行政部门应按照《食品安全事件调查处理办法(征求意见稿)》《食品安全事故流行病学调查工作规范》等的要求,及时组织县级以上疾病预防控制机构开展现场流行病学调查,并参与对可疑食品的控制、处理等工作,同时注意收集与食物中毒事故有关的证据。

县级以上疾病预防控制机构应当按照规定及时向调查组提交流行病学调查报告,明确事件范围、发病人数、死亡人数、事件原因、致病因素、污染食品及污染原因等。

(一)食物中毒现场调查处理的主要目的

1. 查明食物中毒暴发事件发病原因,确定是否为食物中毒及中毒性质;确定食物中毒病例;查明中毒食品;确定食物中毒致病因子;查明致病因子的致病途径。

2. 查清食物中毒发生的原因和条件,并采取相应的控制措施防止蔓延。

3. 为病人的急救治疗提供依据,并对已采取的急救措施给予补充或纠正。

4. 积累食物中毒资料,分析中毒发生的特点、规律,制订有效措施以减少和控制类似食物中毒发生。

5. 收集对违法者实施处罚的证据。

(二)报告登记

食物中毒或疑似食物中毒事故的流行病学调查应使用统一的调查登记表,登记食物中毒事故的有关内容,尽可能包括发生食物中毒的单位、地点、时间、可疑及中毒病人的人数、进食人数、可疑中毒食品、临床症状及体征、病人就诊地点、诊断及抢救和治疗情况等。同时应通知报告人采取保护现场、留存病人呕吐物及可疑中毒食物等措施,以备后续的取样和送检。

(三)食物中毒的调查

接到食物中毒报告后,应立即指派二名以上相关专业人员赴现场调查,对涉及面广、事故等级较高的食物中毒,应成立由 3 名以上调查员组成的流行病学调查组。调查员应携带采样工具、无菌容器、生理盐水和试管、棉拭子等;以及卫生监督笔录、采样记录、卫生监督意见书、卫生行政控制书等法律文书;取证工具、录音机、摄像机、照相机等;食物中毒快速检测箱;各类食物中毒的特效解毒药;记号笔、白大衣、帽及口罩等。

1. 现场卫生学和流行病学调查　包括对病人、同餐进食者的调查,对可疑食品加工现场的卫生学调查。应尽可能采样进行现场快速检验,根据初步调查结果提出可能的发病原因、防控及救治措施。

(1) 对病人和进食者进行调查,以了解发病情况:调查内容包括各种临床症状、体征及诊治情况,应详细记录其主诉症状、发病经过、呕吐和排泄物的性状、可疑餐次(无可疑餐次应调查发病前 72h 的进食情况)的时间和食用量等信息。

通过对病人的调查,应确定发病人数,共同进食的食品,可疑食物的进食者人数范围及其去向,临床表现及其共同点(包括潜伏期、临床症状、体征),掌握用药情况和治疗效果,并提出进一步的救治和控制措施建议。

对病人的调查应注意:①调查人员首先要积极参与组织抢救病人,切忌不顾患者病情而只顾向患者询问;②应重视首发病例,并详细记录第一次发病的症状和发病时间;③尽可能调查到所发生的全部病例的发病情况，如人数较多，可先随机选择部分人员进行调查；④中毒患者临床症状调查应按规范的"食物中毒患者临床表现调查表"进行逐项询问调查和填写，并须经调查对象签字认可，对住院病人应抄录病历有关症状、体征及化验结果；⑤进餐情况应按统一制定的"食物中毒患者进餐情况调查表"调查患者发病前24～48h进餐食谱，进行逐项询问和填写，以便确定可疑中毒食物，中毒餐次不清时，需对发病前72h内的进餐情况进行调查，调查结果亦须经调查对象签字认可；⑥调查时应注意了解是否存在食物之外的其他可能的发病因子，以确定是否为食物中毒，对可疑刑事中毒案件应及时通报公安部门。

（2）可疑中毒食物及其加工过程调查：在上述调查的基础上追踪可疑中毒食物的来源、食物制作单位或个人。对可疑中毒食物的原料及其质量、加工烹调方法、加热温度和时间、用具和容器的清洁度、食品贮存条件和时间、加工过程是否存在直接或间接的交叉污染、进食前是否再加热等进行详细调查。在现场调查过程中发现的食品污染或违反食品安全法规的情况，应进行详细记录，必要时进行照相、录像、录音等取证。

（3）食品从业人员健康状况调查：疑为细菌性食物中毒时，应对可疑中毒食物的制作人员进行健康状况调查，了解近期有无感染性疾病或化脓性炎症等，并进行采便及咽部、皮肤涂抹采样等。

2. 样品的采集和检验

（1）样品的采集

1）食物样品采集：尽量采集剩余可疑食物。无剩余食物时可采集用灭菌生理盐水洗刷可疑食物的包装材料或容器后的洗液，必要时还应采集可疑食物的半成品或原料。

2）可疑中毒食物制、售环节的采样：应对可疑中毒食品生产过程中所用的容器、工（用）具如刀、墩、砧板、筐、盆、桶、餐具、冰箱等进行棉拭子采样。

3）患者呕吐物和粪便的采集：采集患者吐泻物应在患者服药前进行，无吐泻物时，可取洗胃液或涂抹被吐泻物污染的物品。

4）血、尿样采集：疑似细菌性食物中毒或发热病人，应采集患者急性期（3天内）和恢复期（2周左右）静脉血各3ml，同时采集正常人血样作对照。对疑似化学性食物中毒者，还需采集其血液和尿液样品。

5）从业人员可能带菌样品的采集：使用采便管采集从业人员大便（不宜留便）。对患有呼吸道感染或化脓性皮肤病的从业人员，应对其咽部或皮肤病灶处进行涂抹采样。

6）采样数量：对发病规模较大的中毒事件，一般至少应采集10～20名具有典型症状患者的相关样品，同时采集部分具有相同进食史但未发病者的同类样品作为对照。

（2）样品的检验

1）采集样品时应注意避免污染并在采样后尽快送检，不能及时送样时应将样品进行冷藏保存。

2）结合病人临床表现和流行病学特征，推断导致食物中毒发生的可能原因和致病因子的性质，从而选择针对性的检验项目。

3）对疑似化学性食物中毒，应将所采集的样品尽可能地用快速检验方法进行定性检验，以协助诊断和指导救治。

4）实验室在收到有关样品后应在最短的时间内开始检验，若实验室检验条件不足时，应请求上级机构或其他有条件的部门予以协助。

3．取证　调查人员在食物中毒调查的整个过程中必须注意取证的科学性、客观性、法律性，可充分利用录音机、照相机、录像机等手段，客观地记录下与当事人的谈话及现场的卫生状况。在对有关人员进行询问和交谈时，必须做好个案调查笔录并经调查者复阅签字认可。

（四）调查资料的技术分析

1．确定病例　病例的确定主要根据患者发病的潜伏期和各种症状（包括主诉症状和伴随症状）与体征的发生特点；并同时确定患者病情的轻重分级和诊断分级；确定流行病学相关因素。提出中毒病例的共同性，确定相应的诊断或鉴定标准，对已发现或报告的可疑中毒病例进行鉴别。

2．对病例进行初步的流行病学分析　绘制发病时间分布图，可有助于确定中毒餐次；绘制发病的地点分布地图，可有助于确定中毒食物被污染的原因。

3．分析病例发生的可能病因　根据确定的病例和流行病学资料，提出是否属于食物中毒的意见，并根据病例的时间和地点分布特征、可疑中毒食品、可能的传播途径等，形成初步的病因假设，以采取进一步的救治和控制措施。

4．对食物中毒的性质作出综合判断　根据现场流行病学调查、实验室检验、临床症状和体征、可疑食品的加工工艺和储存情况等进行综合分析，按各类食物中毒的判定标准、依据和原则作出综合分析和判断。

（五）食物中毒事件的控制和处理

1．现场处理　食品安全事件发生单位应当妥善保护可能造成事件的食品及其原料、工具、用具、设施设备和现场。任何单位和个人不得隐匿、伪造、毁灭相关证据。调查组成立后应当立即赶赴现场，按照监督执法的要求开展调查。根据实际情况，可以采取以下措施：①通过取样、拍照、录像、制作现场检查笔录等方法记录现场情况，提取相关证据材料；②责令食品生产经营者暂停涉事食品、食品添加剂及食品相关产品的生产经营和使用，责令食品生产经营者开展全面自查，及时发现和消除潜在的食品安全风险；③封存可能导致食品安全事件的食品、食品添加剂及食品相关产品，必要时立即进行检验，确属食品质量安全问题的，责令相关食品生产经营者将问题产品予以下架、退市，依法召回；④查封可能导致食品安全事件的生产经营活动的场所；⑤根据调查需要，对发生食品安全事件的有关单位和人员进行询问，并制作询问调查笔录。

2．对救治方案进行必要的纠正和补充　通过以上调查结果和对中毒性质的判断，对原救治方案提出必要的纠正和补充，尤其应注意对有毒动、植物中毒和化学性食物中毒是否采取针对性的特效治疗方案提出建议。

3．处罚　调查过程中发现相关单位涉及食品违法行为的，调查组应当及时向相关食品药品监督管理部门移交证据，提出处罚建议。相关食品药品监督管理部门应当依法对事发单位及责任人予以行政处罚；涉嫌构成犯罪的，依法移送司法机关追究刑事责任。发现其他违法行为的，食品药品监督管理部门应当及时向有关部门移送。

4．信息发布　依法对食物中毒事件及其处理情况进行发布，并对可能产生的危害加以解释和说明。

5．撰写调查报告　调查工作结束后，应及时撰写食物中毒调查总结报告，按规定上报有关部门,同时作为档案留存和备查。调查报告的内容应包括发病经过、临床和流行病学特点、病人救治和预后情况、控制和预防措施、处理结果和效果评估等。

(朱惠莲)

小结:

本章主要包括食源性疾病及其预防以及食物中毒各论的内容。在食源性疾病及其预防中,介绍了食源性疾病的概况、人畜共患传染病的特点和预防措施、食物过敏以及食物中毒的概念、发病特征和预防措施。在食物中毒各论中介绍了细菌、真菌及其毒素、有毒动植物、化学性物质引起的食物中毒,重点掌握各种食物中毒的中毒机制、临床特点、引起中毒的食品和预防措施,熟悉其流行特点和急救治疗,最后介绍了食物中毒的调查处理。

第八章 食品质量安全管理体系

食品质量与安全是企业赖以生存的基础,走食品质量与安全管理的标准化、规范化道路,是食品生产企业的必然选择,也是确保食品质量的有力屏障。食品质量与安全管理体系主要包括良好生产规范(good manufacturing practice,GMP)和卫生标准操作程序(sanitation standard operating procedure,SSOP)体系、危害分析与关键控制点(hazard analysis and critical control point,HACCP)体系、ISO9000 体系、ISO22000 体系、良好农业规范(good agriculture practice,GAP)等。

第一节 良好生产规范

一、良好生产规范的概念及分类

(一)概念

食品良好生产规范(good manufacturing practice,GMP),是贯彻于食品生产安全过程的一系列方法、监控手段和技术要求,其目的是为保障食品安全、提高食品质量。GMP 要求食品生产企业具备良好的生产设备、合理的生产过程、完善的质量管理和检测系统,以确保终产品的质量符合国家标准。

GMP 管理制度来源于药品的生产,美国 FDA 于 1963 年颁布了世界上第一部药品 GMP。1969 年,美国将 GMP 的观点引入食品生产中,制定了《食品制造、加工包装及贮存的良好工艺规范》(*Current Good Manufacturing Practice in Manufacturing, Processing, Packing or Holding Human Food, CGMP*),同一时期 WTO 向各成员国推荐 GMP,并公布了实施 GMP 的指导方针。之后美国又陆续制定了低酸性罐头食品等几类食品的 GMP。1985 年,食品法典委员会(Codex Alimentarius Commission,CAC)制定了《食品卫生通用 GMP》。1996 年,FDA 颁布了通用良好生产操作规范。加拿大、澳大利亚、日本、英国等也相继制定了相关食品企业的 GMP。

我国食品企业 GMP 的相关工作起步较晚,于 20 世纪 80 年代中期颁布了《食品企业通用卫生规范》《乳品厂卫生规范》等食品企业卫生规范。1998 年首次颁布了国家标准《保健食品良好生产规范》和《膨化食品良好生产规范》,2003 年又颁布了《熟肉制品企业良好卫生规范》《乳制品企业良好生产规范》及《定型包装饮用水企业生产卫生规范》等。近年来我国对各类"食品企业卫生规范"进行修订补充,如颁布了《乳制品良好生产规范》(GB 12693—

2010)、《特殊医学用途配方食品良好生产规范》(GB 29923—2013)等 GMP 标准。形成我国完整的 GMP 规范体系,并逐渐与国际和发达国家接轨。

（二）分类

根据 GMP 的适用范围和法律效力,有两种不同的分类方式。

1. 根据 GMP 的制定机构和适用范围,现行的 GMP 大致可分为三类:

（1）由国家权力机构颁布的 GMP:如美国 FDA 制定的低酸性罐头 GMP,我国颁布的《保健食品良好生产规范》和《膨化食品良好生产规范》。

（2）行业组织制定的 GMP:可作为同类食品企业共同参照、自愿遵守的管理规范。

（3）食品企业自己制定的 GMP 作为企业内部管理的规范。

2. 根据 GMP 的法律效力,现行的 GMP 可分为两类:

（1）强制性 GMP:是食品生产企业必须遵守的法律规定,由国家权力机构或有关政府部门制定并颁布并监督实施。如美国 FDA 制定的低酸性罐头 GMP,我国颁布的《保健食品良好生产规范》和《膨化食品良好生产规范》。

（2）指导性（或推荐性）GMP:由国家有关政府部门或行业组织、协会等制定并推荐给食品企业参照执行,但遵循自愿遵守的原则,不执行不属于违法。

食品良好生产规范（GMP）是为保障食品安全、质量而制定的贯穿食品生产全过程的一系列措施、方法和技术要求。GMP 要求食品生产企业具备良好的生产设备、合理的生产过程、完善的质量管理和检测系统,以确保终产品的质量符合有关标准。

二、实现 GMP 的目标及基本原则

（一）实现 GMP 的目标

GMP 体系要求食品工厂在食品的生产、包装及储运等过程中相关人员配置、建筑、设施、设备等的设置,以及卫生、制造过程、产品质量等管理均能符合良好生产规范,以确保食品安全卫生和品质稳定。

1. 将人为的差错控制到最低限度　　在管理方面的措施是质量管理部门从生产管理部门中独立,建立相互督促检查的制度,制定规范的实施细则和作业程序,严格复核生产工序等;设施方面则要求各工作间要保持宽敞,消除生产障碍,不同品种操作须有一定间距。

2. 预防可能造成食品污染的因素　　在管理方面的措施是制定操作室清扫和设备洗净的标准并严格实施,操作人员定期进行体检,限制非生产人员进入工作间等;设施方面则要求操作室专用化,对直接接触食品的机械设备、工具、宣传品等须选用不导致食品变化的材质制成,注意防止机械润滑油对食品的污染等。

3. 保证质量管理体系有效运行　　在管理方面的措施是质量管理部门独立行使质量管理职责,定期进行机械设备工具的维修校正;设施方面则要求操作室和机械设备的合理配备,采用合理的工艺布局和先进的设备,为实施质量管理配备必要的实验检验设备工具等。

（二）基本原则

GMP 体系要求食品工厂在食品的生产、包装及贮运等过程中相关人员配置、建筑、环境、设施、设备等的设置以及卫生、制造过程、产品质量等管理均能符合良好生产规范,以确保食品安全卫生和品质稳定。基本原则包括以下几点:①食品生产企业必须有足够的资历,合格的与生产的食品相适应的技术人员承担食品生产和质量管理,并且明确其职责;

②操作者应进行培训，以便正确地按照规程操作；③应保证产品采用批准的质量标准进行生产和控制；④应按每批生产任务下达书面的生产指令操作，不能以生产计划安排来替代生产指令；⑤所有生产加工应按批准的工艺规程进行，根据经验进行系统的检查，并证明能够按照质量要求和其规格标准生产食品；⑥确保生产厂房、环境、生产设备、卫生符合要求；⑦符合规定要求的物料、包装容器和标签；⑧合适的贮存和运输设备；⑨全生产过程严密的有效控制和管理；⑩应对生产加工的关键步骤和加工产生的重要变化进行验证；⑪合格的质量检验人员、设备和实验室；⑫生产中使用手工或记录仪进行生产记录，以证明已完成的所有生产步骤是按规定的规程和指令要求进行的，产品达到预期的数量和质量，任何出现的偏差都应记录和调查；⑬对产品的贮存和销售中影响质量的危险应降至最低限度；⑭建立由销售和供应渠道收回任何一批产品的有效系统；⑮了解市售产品的用户意见，调查质量问题的原因，提出处理措施和防止再发生的预防措施；⑯对一个新的生产过程、生产工艺及设备和物料进行验证，通过系统的验证以证明是否可以达到预期的结果。

三、GMP 的基本内容

（一）人员

1. 人员素质　食品企业生产和质量管理部门的负责人应具有相应学历，应能按 GMP 的要求组织生产或进行质量管理。工厂应有足够的质量管理和检验人员，能做到按批进行产品检验。

2. 教育与培训　从业人员上岗前必须经过卫生法规教育及相应的技术培训，企业应建立培训考核制度。企业负责人及生产和质量管理部门的负责人应接受更高层次的专业培训并取得相应合格证书。

（二）企业的设计与设施

1. 厂房环境　食品厂不得设置在容易受污染的区域，厂区周围不得有各类污染源和昆虫大量滋生的场所。

2. 厂房及设施　包括厂房和车间的合理布局与配置，以及对地面、屋顶及天花板、墙壁、门窗、通风设施、给排水、照明设施、洗手设施、更衣室、沐浴室和厕所等的具体要求。

3. 设备、工具　包括接触食品物料的设备、工具、管道的设计和构造、材料和制作；生产设备的排列；配备必需的检验设备和用于测定、控制或记录的测量仪、记录仪等。

（三）质量管理

1. 机构　食品企业必须建立相应的质量管理部门或组织。质量管理部门应配备具有相应资格的专职或兼职的质量管理人员。

2. 质量管理部门的任务　质量管理部门负责生产全过程的质量监督管理。应贯穿预防为主的管理原则，把管理工作的重点从事后检验移到事前设计和控制上，消除产生不合格产品的各种隐患。

3. 生产过程管理　如制定和严格执行"生产管理手册"；原、辅料必须经过检验，合格者方可使用；所有的生产作业（包括包装、运输和储存）都应符合卫生安全原则；生产设备、工具、容器、场地等在使用前后均应彻底清洗消毒，维修、检查设备时不得污染食品。

4. 原料、半成品和成品的品质管理　如制定和严格执行"产品品质管理标准手册"；制定原料及包装材料的质量标准、检验项目、抽样及检验方法等，并保证实施；对半成品的品质管理应采用 HACCP 的原则和方法，找出预防污染、保证产品卫生质量的关键控制点，以及控制标准和监测方法等，并保证执行。发现异常现象应迅速查明原因并加以矫正；对成品的品质管理应制定其质量标准、检验项目、抽样及检验方法等，并保证实施；每批成品均须检验和留样保存，对不合格者予以适当处理。

（四）成品的储存与运输

储存成品时应防止阳光直射、雨淋、撞击。仓库应设有防鼠防虫等设施，并定期进行清扫消毒。仓库出货时应遵循先进先出的原则。运输工具应符合运输要求，应根据产品特点配备防雨、防尘、冷藏、保温等设施。运输作业应轻拿轻放，防止剧烈振荡和撞击；不得与有毒有害物品混装、混运。

（五）标识

食品标识应符合 GB 7718《预包装食品标签通则》的规定。

（六）卫生管理

建筑物和各种机械设备、装置、设施、给排水系统等均应保持良好的卫生状态；制定有效的消毒方法和制度，以确保所有场所的清洁卫生，防止食品污染；厂房应定期或必要时开展除虫灭害工作，采取防鼠、防蚊蝇、防昆虫等滋生的有效措施；各类卫生设施应有专人管理，经常保持良好状态；应对食品从业人员定期进行健康检查，必须取得体检合格证后持证上岗。

（七）成品售后意见的处理

应建立顾客意见处理制度，对顾客提出的书面或口头意见，质量管理负责人应调查原因并予以妥善处理。应建立不合格产品召回制度和相应的运作体系，包括召回制度、召回品的鉴定、处理和防止再度发生的措施。

不同种类食品的生产过程都有各自的特点和要求，因此 GMP 体系所规定的只是一个基本的框架，企业应根据食品生产的具体情况，在此框架的基础上制订出适合本企业生产情况的详细条款。

四、GMP 认证

（一）认证程序

GMP 是一种自主性的质量管理制度，虽然国际上暂时还没有一套通用的食品 GMP 认证准则，但每个国家进行 GMP 认证的基本程序和方法大同小异。GMP 认证程序如下：①申请受理；②资料审查；③现场评审；④产品检验；⑤确认；⑥授予证书；⑦追踪管理。

食品企业应递交申请书。申请书包括产品类别、名称、成分规格、包装形式、质量、性能，并附公司注册登记复印件、工厂厂房配置图、机械设备配置图、技术人员学历证书和培训证书等。

食品企业还应提供：《质量管理标准书》《制造作业标准书》《卫生管理标准书》《顾客投诉处理办法》和《成品回收制度》等技术文件。

质量管理标准书的内容包括：质量管理机构的组成和职责、原材料的规格和质量验收标准、过程质量管理标准和控制图、成品规格及出厂抽样标准、检验控制点和检验方法、异常处理方法、食品添加剂管理办法、员工教育训练计划和实施记录、食品良好操作规范考核制度和记录、仪器校验管理办法等。

制造作业标准书的内容包括：产品加工流程图、作业标准、机械操作及维护制度、配方材料标准、仓储标准和管理办法、运输标准和管理办法等。

卫生管理标准书的内容包括：环境卫生管理标准、人员卫生管理标准、厂房设施卫生管理标准、机械设备卫生管理标准、清洁和消毒用品管理标准。

（二）食品 GMP 认证标志

食品 GMP 认证标志如下图所示（图 8-1）。认证编号由 9 位数字组成，1～2 号代表产品类别，3～5 号代表工厂编号，6～9 号代表产品编号。

图 8-1　食品 GMP 认证标志

第二节　卫生标准操作程序

一、卫生标准操作程序的概念

卫生标准操作程序（sanitation standard operating procedure，SSOP）是食品企业为了保证食品生产操作达到 GMP 所规定的要求，而在卫生环境和加工要求等方面所需实施的具体程序，是食品企业在食品生产过程中如何做到清洗、消毒、卫生保持的指导性文件。

20 世纪 90 年代美国的食源性疾病频繁暴发，造成每年大约 700 万人次感染，7 000 人死亡。调查数据显示，大部分感染或死亡和肉、禽产品有关。这一结果促使美国农业部不得不重视肉、禽生产的状况，决心建立一套包括生产、加工、运输、销售所有环节在内的肉禽产品生产安全措施，从而保障公众的健康。1995 年 2 月农业部颁布的《美国肉、禽类产品 HACCP 法规》中第一次提出了要求建立一种书面的常规可行的程序（卫生标准操作程序 SSOP），确保生产出安全、无掺杂的食品。同年 12 月美国 FDA 颁布的《美国水产品 HACCP 法规》中进一步明确了 SSOP 必须包括的八个方面及验证等相关程序，从而建立了 SSOP 的完整体系，并一直作为 GMP 的基础程序和 HACCP 的前提。

SSOP 是为了确保消除食品生产加工过程中的不良因素，使加工的食品符合卫生要求而制定的，用于指导食品生产加工过程中如何实施清洗、消毒和卫生保持。SSOP 是 GMP 的基本卫生条件，其正确制定和有效执行，对控制危害具有非常重要的意义。企业可根据法规和自身需要建立文件化的 SSOP。

二、SSOP 的主要内容

（一）水和冰的安全

生产用水（冰）的卫生质量是影响食品卫生的关键因素。对于任何食品的加工，首要的一点就是要保证水（冰）的安全。食品加工企业一个完整的 SSOP 计划，首先要考虑与食品接触或与食品接触物表面接触的水（冰）的来源与处理应符合有关规定，并要考虑非生产用水及污水处理的交叉污染问题。

1. 符合国家饮用水标准　食品加工者必须提供在适宜的温度下足够的饮用水，对于自备水井，通常要认可水井周围环境、深度，井口必须斜离水井以促进适宜的排水，它们也应密封以禁止污水的进入。对储水设备（水塔、储水池、蓄水罐等）要定期进行清洗和消毒。

无论是城市供水还是自备水源都必须有效地加以控制，有合格的证明后方可使用。

2．供水网络图　对于公共供水系统必须提供供水网络图，并清楚标明出水口编号和管道区分标记。合理地设计供水、废水和污水管道，防止饮用水与污水的交叉污染及虹吸倒流造成的交叉污染。

3．在加工操作中易产生交叉污染的关键区域要求

（1）水龙头：需要一个典型的真空中断器或其他阻止回流装置以避免产生负压情况。如果水管中浸满水，而水管没有防止回流装置保护，脏水可能被吸入饮用水中。

（2）清洗／解冻／漂洗槽：水位不应低于水边缘之间有两倍于进水管直径的空气间隙以防止回吸。

（3）要定期对大肠菌群和其他影响水质的成分进行分析。企业至少每月 1 次进行微生物监测，每天对水的 pH 和余氯进行监测，当地主管部门对水的全项目的监测报告每年 2次。水的监测取样，每次必须包括总的出水口，一年内做完所有的进水口。取样方法：先进行消毒并放水 5min。

（4）对于废水排放的要求：①要求地面有一定坡度易于排水，加工用水、台案或清洗消毒池的水不能直接流到地面、地沟，水流向要从清洁区到非清洁区，与外界接口要防异味、防蚊蝇。当冰与食品或食品表面相接触时，它必须以一种卫生的方式生产和储藏。由于这种原因，制冰用水必须符合饮用水标准，制冰设备卫生、无毒、不生锈，储存、运输和存放的容器卫生、无毒、不生锈，食品与不卫生的物品不能同存于冰中。冰必须防止由于人员在其上走动引起的污染，制冰机内部应检验以确保清洁并不存在交叉污染。②若发现加工用水存在问题，应终止使用，直到问题得到解决。水的监控、维护及其他问题处理都要记录保持。

（二）食品接触表面的卫生

保持食品接触表面卫生是为了防止污染食品。与食品接触表面一般的包括：直接（加工设备、工器具和台案、加工人员的手或手套、工作服等）和间接（未经清洗消毒的冷库、卫生间的门把手、垃圾箱等）两种。

1．食品接触表面　在加工前和加工后都应彻底清洁，并在必要时消毒。加工设备和器具的清洗消毒：首先必须进行彻底清洗（除去微生物赖以生长的营养物质，确保消毒效果），再进行冲洗，然后进行消毒（选 82℃水，如肉类加工厂；消毒剂，如次氯酸钠 100～150mg/L；物理方法，如紫外线、臭氧等）。加工设备和器具的清洗消毒的频率：大型设备在每班加工结束之后，工器具每 2～4h，加工设备、器具（包括手）被污染之后应立即进行。

2．检验者需要判断是否达到了适度的清洁，为达到这一点，需要检查和监测难清洗的区域和产品残渣可能出现的地方，如加工台面下或钻在桌子表面的排水孔内等是产品残渣聚集、微生物繁殖的理想场所。

3．设备的设计和安装应易于清洁，这对卫生极为重要。设计和安装应无粗糙焊缝、破裂和凹陷，表里如一，以防止细菌避开清洁和消毒化合物。在不同表面接触处应具有平滑的过渡。

4．设备必须用适用于食品表面接触的材料制作，要耐腐蚀、光滑、易清洗、不生锈。多孔和难于清洁的木头等材料，不应被用作为食品接触表面。食品接触里面是食品可与之接触的任意表面。若食品与墙壁相接触，那么这堵墙是一个产品接触表面，需要一同设计，满

足维护和清洁要求。其他的产品接触表面还包括那些人员的手接触后不再经清洁和消毒而直接接触食品的表面，例如不能充分清洗和消毒的冷藏库、卫生间的门把手、垃圾箱和原材料包装。

5. 对手套和工作服的要求　手套和工作服也是食品接触表面，手套比手更容易清洗和消毒，如使用手套的话，每一个食品加工厂应提供适当的清洁和消毒的程序。不得使用线手套，或易破损的手套。工作服应集中清洗和消毒，应有专用的洗衣房，洗衣设备、能力要与实际相适应，不同区域的工作服要分开，并每天清洗消毒（工作服是用来保护产品的，不是保护加工人员的）。不使用时它们必须储藏于不被污染的地方。

6. 工器具清洗消毒几点注意事项　固定的场所或区域；推荐使用热水、注意蒸汽排放和冷凝水；要用流动的水；注意排水问题；注意科学程序，防止清洗剂、消毒剂的残留。在检查发现问题时应采取适当的方法及时纠正，如再清洁、消毒、检查消毒剂浓度、培训员工等。记录包括检查食品接触面状况；消毒剂浓度；表面微生物检验结果等。记录的目的是提供证据，证实工厂消毒计划充分，并已执行。发现问题能及时纠正。

（三）防止交叉污染

交叉污染是通过生的食品、食品加工者或食品加工环境把生物或化学的污染物转移到食品的过程。此方面涉及预防污染的人员要求、原材料和熟食产品的隔离和工厂预防污染的设计。

1. 人员要求　适宜地对手进行清洗和消毒能防止污染。手清洗的目的是去除有机物质和暂存细菌，所以消毒能有效地减少和消除细菌。但如果人员戴着珠宝或涂抹手指，佩戴管形、线形饰物或缠绷带，手的清洗和消毒将不可能有效。藏匿有机物的皮肤和珠宝或线带是微生物迅速生长的理想部位，当然也成为污染源。个人物品也能导致污染，需要远离生产区存放，它们能从加工厂外引入污物和细菌，存放设施不必是精心制作的小室，它甚至可以是一些小柜子，只要远离生产区。在加工区内吃、喝或抽烟等行为不应发生，这是基本的食品卫生要求。在几乎所有情况下，手经常会靠近鼻子，约50%人的鼻孔内有金黄色葡萄球菌。皮肤污染也是一个相关点。未经消毒的肘、胳膊或其他裸露皮肤表面不应与食品或食品接触表面相接触。

2. 隔离　防止交叉污染的一种方式是工厂的合理选址和车间的合理设计布局。一般在建造以前应本着减小问题的原则反复看加工厂草图，提前与有关部门取得联系。这个问题一般是在生产线增加产量和新设备安装时发生。食品原材料和成品必须在生产和储藏中分离以防止交叉污染。可能发生交叉污染的例子是生、熟品相接触，或用于储藏原料的冷库同样储存了即食食品。原料和成品必须分开，原料冷库和熟食品冷库分开是解决这种交叉污染的最好办法。产品储存区域应每日检查。另外注意人流、物流、水流和气流的走向，要从高清洁区到低清洁区，要求人走门、物走传递口。

3. 人员操作　人员操作也能导致产品污染。当人员处理非食品的表面，然后未经清洗和消毒手就处理食物产品时易发生污染。

食品加工的表面必须维持清洁和卫生这包括保证食品接触表面不受一些行为的污染，如把接触过地面的货箱或原材料包装袋放置到干净的台面上，或因来自地面或其他加工区域的水、油溅到食品加工的表面而污染。

若发生交叉污染要及时采取措施防止再发生，必要时停产直到改进；如有必要，要评估产品的安全性,记录采取的纠正措施。记录一般包括:每日卫生监控记录、消毒控制记录、纠正措施记录。

(四)手的清洗、消毒以及和卫生设施的维护

手的清洗和消毒的目的是防止交叉污染。一般的清洗方法和步骤为:清水洗手,擦洗洗手皂液,用水冲净洗手液,将手浸入消毒液中进行消毒,用清水冲洗,擦干手;卫生间的设施要求:位置要与车间相连接、门不能直接朝向车间、通风良好、地面干燥、整体清洁;数量要与加工人员相适应;使用蹲坑厕所或不易被污染的坐便器;清洁的手纸和纸篓;洗手及防蚊蝇设施;进入厕所前要脱下工作服和换鞋;一般情况下要达到三星酒店的水平。

(五)防止外来污染物造成的掺杂

食品加工企业经常要使用一些化学物质,如润滑剂、燃料、杀虫剂、清洁剂、消毒剂等,生产过程中还会产生一些污物和废弃物,如冷凝物和地板污物等。下脚料在生产中要加以控制,防止污染食品及包装。关键卫生条件是保证食品、食品包装材料和食品接触面不被生物性、化学性和物理性的污染物污染。

加工者需要了解可能导致食品被间接或不被预见的污染,而导致食用不安全的所有途径,如被润滑剂、燃料、杀虫剂、冷凝物和有毒清洁剂中的残留物或烟雾剂污染。工厂的员工必须经过培训,达到防止和认清这些可能造成污染的间接途径。

(六)化学物品的标识、存储和使用

食品加工需要特定的有毒物质,这些有害有毒化合物主要包括:洗涤剂、消毒剂(如次氯酸钠)、杀虫剂(如1605)、润滑剂、试验室用药品(如氰化钾)、食品添加剂(如硝酸钠)等。没有它们工厂设施无法运转,但使用时必须小心谨慎,按照产品说明书使用,做到正确标记、贮存安全,否则会导致企业加工的食品被污染的风险。

所有这些物品需要适宜的标记并远离加工区域,应有主管部门批准生产、销售、使用的证明;主要成分、毒性、使用剂量和注意事项;带锁的柜子;要有清楚的标识、有效期;严格的使用登记记录;自己单独的贮藏区域,如果可能,清洗剂和其他毒素及腐蚀性成分应贮藏于密贮存区内;要有经过培训的人员进行管理。

(七)雇员的健康状况

食品加工者(包括检验人员)是直接接触食品的人,其身体健康及卫生状况直接影响食品卫生质量。管理好患病或有外伤或其他身体不适的员工,他们可能成为食品的微生物污染源。对员工的健康要求一般包括:不得患有碍食品卫生的传染病(如肝炎、结核等);不能有外伤、化妆、佩戴首饰和带入个人物品;必须具备工作服、帽、口罩、鞋等,并及时洗手消毒。应持有效的健康证,制订体检计划并设有体验档案,包括所有和加工有关的人员及管理人员,应具备良好的个人卫生习惯和卫生操作习惯。涉及有疾病、伤口或其他可能成为污染源的人员要及时隔离。食品生产企业应制订卫生培训计划,定期对加工人员进行培训,并记录存档。

(八)害虫的扑灭及控制

害虫主要包括中啮齿类动物、鸟和昆虫等携带某种人类疾病病源菌的动物。通过害虫传播的食源性疾病的数量巨大,因此虫害的防治对食品加工厂是至关重要的。害虫的灭除和控制包括加工厂(主要是原料区)全范围,甚至包括加工厂周围,重点是厕所、下脚料出口、垃圾箱周围、食堂、贮藏室等。食品和食品加工区域内保持卫生对控制害虫至关重要。

(李　颖)

第三节　危害分析与关键控制点

一、危害分析与关键控制点的概念和意义

（一）HACCP 的基本概念

危害分析与关键控制点（hazard analysis critical control point，HACCP）是一种食品安全保证体系，其基本含义是，为保障食品安全，对食品生产加工过程中造成食品污染发生或发展的各种危害因素进行系统和全面的分析，在分析过程中确定能有效预防、减轻或消除危害的加工环节（即"关键控制点"），进而在关键控制点对危害因素进行控制，同时监测控制效果，随时进行纠正发生的偏差并对控制方法进行补充。HACCP 系统是食品工业中的一种有效的保证产品安全质量的体系，越来越受到世界各国的重视。

（二）实施 HACCP 体系的意义

国内外的经验表明，HACCP 体系对于保障食品安全、应对食物中毒或其他食源性疾病发生具有重要意义。

1. 能有效保证食品的安全性，防止食源性疾病的发生，保护国民健康，提高劳动生产力，有利于经济发展和社会稳定。

2. 提高食品生产加工企业的质量管理水平，满足国际食品贸易中重视生产过程质量控制的基本要求，促进食品出口。

3. 能提高食品生产加工企业自身的质量控制意识，加强自身管理。

4. 在目前我国经济水平仍然较低的情况下，可以减少控制食品安全的成本。

二、HACCP 体系的由来与发展

HACCP 系统是 20 世纪 60 年代由美国 Pillsbury 公司、宇航局和美国陆军 Natick 研究所共同建立的，主要用于对航天食品进行质量控制。1971 年，美国第一次在国家食品保护会议上提出 HACCP 的概念，随后被美国 FDA 确定为低酸性罐头 GMP 的基本内容。1989 年11 月，美国食品微生物咨询委员起草了《用于食品生产的 HACCP 原理的基本准则》，该准则历经多次修改完善，形成了 HACCP 的七个基本原理。1993 年 CAC 的食品卫生分委会制定了《应用 HACCP 原理的指导准则》并批准了《HACCP 体系应用准则》。同年，欧盟通过了《关于食品生产运用 HACCP 的决议》。1997 年 CAC 颁布了新版的食品法典指南《HACCP 体系及其应用准则》，并在国际上得到了普遍的采纳应用。目前，美国已对肉禽加工业、果汁等食品的加工过程采取强制性 HACCP 管理。我国从 20 世纪 90 年代起就开始了对HACCP 体系的宣传、培训和试点工作，已经对饮料、水产品、乳制品、肉制品、酱油、益生菌类保健食品、凉果和餐饮业等各类企业食品开展了试点研究。2001 年，我国科技部把《食品企业 HACCP 实施指南研究》列入十五期间国家科技攻关计划项目，对水产品、乳制品、畜禽肉类制品、果蔬汁饮料、酱油类调味品等多个食品企业进行了 HACCP 应用性研究，并据此提出了相应的 HACCP 实施指南和评价准则。2002 年 7 月，原卫生部制定并颁布了《食品企业 HACCP 实施指南》。同年，国家认证认可监督管理委员会发布实施了《食品生产企业危害分析与关键控制点管理体系（HACCP）认证管理规定》，进一步推动了国内食品行业

HACCP 认证工作。2003 年,参照 CAC《食品卫生通则》附录《HACCP 体系及其应用准则》,制定了国家标准 GB/T 19538《危害分析研究与关键控制点(HACCP)体系及其应用指南》,其后又颁布了乳制品、速冻食品、肉制品、调味品等 HACCP 的应用指南。2009 年 2 月 17 日,发布《危害分析与关键控制点体系食品生产企业通用要求》(GB/T 27341—2009),并于 2009 年 6 月 1 日开始实施。《食品安全法》也明确规定,国家鼓励食品生产经营企业符合良好生产规范要求,实施危害分析与关键控制点体系,提高食品安全管理水平。

三、HACCP 体系的建立与实施

在食品生产加工企业或餐饮业建立一套完整的 HACCP 系统,通常需要以下 12 个步骤。不同类型的企业根据其产品种类和用途、生产规模的大小等差异,HACCP 的内容也会有所不同,但建立 HACCP 的原则和步骤是类似的。

1. 组建 HACCP 工作组　建立企业 HACCP 系统首先就是组建 HACCP 工作组,这是首要步骤。工作组应由生产企业的最高管理者或其代表组织,由生产管理、安全质量控制、设备维护、产品检验等多部门的专业人员组成,职责是制订 HACCP 计划,验证修改 HACCP 计划,并保证 HACCP 计划的实施,对企业工作人员进行 HACCP 相关培训等。HACCP 工作组必须熟悉食品安全相关常识和 HACCP 原理。

2. 描述产品　对产品的全面描述,有利于危害分析。包括所有主要特性,如成分、理化特性(包括水分活度、pH 等)、杀菌或抑菌方法、包装方式、贮存期限、条件和销售方式等。

3. 确定产品的预期用途　明确产品的食用方式及食用人群,如产品是即食食用还是加热后食用,消费对象是普通人群还是特殊的亚人群(如免疫力较低的老年人或儿童)。还应考虑产品的食用条件,如是否是在大规模集体用餐时食用该食品。

4. 制作产品加工流程图　产品加工流程图是对产品生产加工过程清晰、简明和全面的说明。流程图应包括食品加工操作的所有环节,包括从原料及辅料的接收、加工直到成品贮藏运输的所有步骤。HACCP 的制定,应按照流程图的各个环节进行危害分析。

5. 现场确认流程图　HACCP 工作组应到现场,对照流程图,对操作的所有阶段加以确认,必要时对流程图做适当修改。

6. 危害分析　危害是指食品中可能造成人类健康损害的生物、化学或物理性污染物,以及影响食品污染发生发展的各种因素。危害分析,通过既往资料分析、现场实地监测、实验室采样检测等方式,评估和确定有关的危害及其来源,以确定哪些危害对食品安全有重要影响因而需要在 HACCP 计划中予以解决。HACCP 要求危害分析中不仅要确定潜在的危害及其发生点,并且要对危害程度进行评价,包括:危害发生的可能性及对健康影响的严重性;危害出现的性质和规模;相关微生物的存活和繁殖情况;动植物毒素、化学物质或物理因素在食品中的出现或残留,以及导致这些情况出现的条件等。

7. 确定关键控制点(CCP)　食品生产销售过程中,当某一环节(点)出现食品被污染或食品腐败变质,若不加以控制或降低到安全水平,则将影响到终产品(食品)的质量,从而危害人群健康。这一环节(点)即关键控制点,即能将危害预防、消除或降低到可接受水平的关键环节。关键控制点的确定取决于产品或生产工艺的性质和复杂性,以及研究的范围等。一种危害可由几个关键控制点来控制,若干种危害也可由一个关键控制点来控制。分析某一环节是否为关键控制点应考虑以下几个因素:①该环节是否有影响终产品安全的危害存

在；②在该环节是否可采取控制措施以减小或消除危害；③该环节此后的环节是否有有效的控制措施。在食品生产加工过程中，以下几类关键控制点一般需要纳入分析：食品原料、生产加工工艺、生产加工环境、生产所用水、车间的空气、直接接触食品的设备和机器、食品包装材料和容器等，这些均可成为食品生产加工过程中的关键控制点。

8. 确定关键限值　关键限值（critical limit）是指应用控制措施时确定的能确保消除或降低危害的技术指标，即区分可接受水平和不可接受水平的标准值。关键限值是在多次实验的基础上得出的，达到这一限值即可保证危害的有效控制。在一个具体环节上可能会有多个关键限值，其所使用的指标应能达到快速测量和观察的目的，如时间、温度、湿度、pH、水分活性及感观指标等。

9. 建立监控程序　通过有效的监控程序，可以发现关键控制点是否失控及产生危害或不安全因素即为临界缺陷（critical defect），还可通过监控程序对关键控制点及其关键限值进行定时检测或观察，以评价关键控制点是否处于控制之中。由于在生产线上的分析不允许实验和分析的时间过长，监控 CCP 的方法要求能迅速获得实验结果。通常可将物理和化学测量法结合使用，其应用范围包括监测 pH、时间、温度、相对湿度、交叉污染的改善措施及特殊食品加工过程等。微生物测定通常需要消耗较长的时间，在 CCP 的监控中具有一定局限性，但也可用于监控 CCP 是否处于有效控制的随机检查。

10. 建立纠偏措施　在 HACCP 系统中，对每一个关键控制点都应当建立相应的纠偏措施，以便在监控出现偏离关键限值时采取措施。常见的纠偏措施包括改变温度或时间、调整 pH、改进加工工艺、后期重新加工等。纠偏措施须事先明确，采取纠偏措施后关键控制点必须被证实已达到控制范围之内。

11. 建立审核 HACCP 计划正常运转的评价程序　审核 HACCP 计划是否按预定程序正常运转的方式，包括随机抽样和检验等各种方法、程序或实验。验证的频率应足以确认HACCP 系统的有效运行，验证工作可以包括审核 HACCP 系统及其记录、审核偏差产品的处理、确认关键控制点的控制措施是否有效等。

12. 建立有效记录保存程序　建立有效记录保存程序对 HACCP 计划存档极其重要。存档的 HACCP 文件应能够提供有关关键控制点、预防／纠偏措施及产品处理等方面的各种记录文件。记录填写要求清晰、明了，以便自查和验证。HACCP 的保存文件应包括以下内容：HACCP 小组成员名单及其职责说明；产品描述及其预期用途说明；标有关键控制点的完整的生产流程图；危害说明以及针对每一种危害所采取的预防措施；每个关键限值的细节；监控方法实施的说明；偏离临界值时需采取纠正措施的说明；HACCP 计划审核程序说明；记录保存程序说明等。

四、HACCP 体系的特点

HACCP 是一种质量保证体系，是一种预防性策略，是一种简便、易行、合理、有效的食品安全保证系统，为实行食品安全管理提供了实际内容和程序。其具有以下特点：① HACCP体系不是一个孤立的体系，而是建立在企业良好的食品卫生管理传统的基础上的管理体系。如 GMP、职工培训、设备维护保养、产品标识、批次管理等都是 HACCP 体系实施的基础。如果企业的卫生条件很差，那么便不适应实施 HACCP 管理体系，企业首先需要建立良好的卫生管理规范。② HACCP 体系是预防性的食品安全控制体系，要对所有潜在的生物性、物理性、化学性的危害进行分析,确定预防措施,防止危害发生。③ HACCP 体系是根据不同食品加工过程来确定的,要反映出某一种食品从原材料到成品、从加工场所到加工设施、从加工人员到消费者方式等到各方面的特性,其原则是具体问题具体分析,实事求是。④ HACCP 体系强调关键控制点的控制,在对所有潜在的生物性、物理性、化学性的危害进行分析的基础上来确定哪些是显著危害,找出关键控制点,在食品生产中将精力集中在解决关键问题上,而不是面面俱到。⑤ HACCP 体系是一个基于科学分析建立的体系,需要强有力的技术支持,当然也可以寻找外援,吸收和利用他人的科学研究成果,但最重要的还是企业根据自身情况所作的实验和数据分析。⑥ HACCP 体系并不是没有风险,只是能减少或者降低食品安全中的风险。作为食品生产企业,光有 HACCP 体系是不够的,还要有具备相关的检验、卫生管理等手段来配合共同控制食品生产安全。⑦ HACCP 体系不是一种僵硬的、一成不变的、理论教条的、一劳永逸的模式,而是与实际工作密切相关的发展变化和不断完善的体系。⑧ HACCP 体系是一个应进行实践—认识—再实践—再认识的过程,而不是搞形式主义。企业在制订 HACCP 体系计划后,要积极推行,认真实施,不断对其有效性进行验证,在实践中加以完善和提高。

五、HACCP 体系的审核和认证

国家认证认可监督管理委员会 2009 年、2011 年相继发布《危害分析与关键控制点(HACCP)体系认证实施规则》《乳制品生产企业危害分析与关键控制点(HACCP)体系认证实施规则(试行)》以来,HACCP 体系认证在规范食品企业管理、加强政府监管、促进进出口采信、提高消费者信心方面起到了积极的作用。

HACCP 体系的审核是验证食品安全活动及其结果是否达到生产安全食品目标的系统性的、独立的审核。审核依据审核准则评审企业自身的 HACCP 体系,验证体系是否有效并能持续满足企业内部策划的安排和要求。审核程序应该执行 ISO19011《质量和环境体系审核指南》的要求 HACCP 体系的审核,包括了对 GMP、SSOP 和 HACCP 计划的审核。

HACCP 体系的认证是由经国家相关政府机构认可的第三方认证机构依据经认可的认证程序,对食品生产企业的食品安全管理体系是否符合规定的要求进行审核和评价,并依据评价结果,对符合要求的食品企业的食品安全管理体系给予书面保证。

HACCP 认证相关要求:

(一)专项 HACCP 审核方案要求

《危害分析与关键控制点(HACCP)体系认证实施规则》要求认证机构按照适用的我国和进口国(地区)相关法律、法规、标准和规范要求制定专项审核方案。认证机构实施 HACCP 认证(包括乳制品 HACCP 认证)需制定 HACCP 专项审核方案时,应充分考虑生产特性、目标市场相关法规标准、市场需求和监管采信需要等因素。为体现具体产品的特性,专项 HACCP 审核方案应考虑满足 ISO/IEC 17065 的要求。

专项 HACCP 审核方案应当包括以下两方面内容:

1. 专项 HACCP 审核方案应当考虑各相关方的具体需求确定具体产品的检验验证要求,明确产品检验的频次、项目、内容、方法和判定依据。在满足相关法律法规和标准要求的基础上,为相关方采信提供必要信息。

2. 专项 HACCP 审核方案应当根据相关方的需求制定必要的可追溯要求。获证组织需

及时向认证机构报送获证产品每个批次的追溯信息，可包括认证证书信息、产品名称、生产企业相关信息、生产日期及保质期、主要原料来源、关键加工参数、检测报告、进口商信息、出入境口岸等。认证机构应建立并维护相应的追溯信息系统，向相关方提供公开的查询途径。

认证机构制定的专项 HACCP 审核方案应在认证证书上注明并随认证证书信息上传到国家认监委食品农产品认证信息系统。

（二）标志使用

HACCP 认证使用统一的认证标志。HACCP 认证标志标有中文"危害分析与关键控制点"字样和英文"HACCP"字样（图 8-2）。认证标志使用时可以等比例放大或缩小，但不允许变形、变色。

图 8-2　HACCP 认证标志

第四节　其他认证体系

一、ISO22000 认证体系

（一）ISO22000 应用范围

ISO22000 适用于整个食品供应链中所有的组织，包括原料加工、初级产品加工、食品的制造、运输和储存以及零售商和饮食业等。另外，与食品生产紧密关联的其他组织也可以采用该标准，如食品设备的生产、食品包装材料的生产、食品清洁剂的生产、食品添加剂的生产和其他食品配料的生产等。

（二）ISO22000 安全管理体系主要内容

为了确保整个食品链直至最终消费的食品安全，ISO22000《食品安全管理体系要求》规定了食品安全管理体系的要求。该体系结合了互相沟通、前提方案、HACCP 计划和体系管理等普遍认同的关键要素。

1. 相互沟通　食品链每个环节所有相关的食品危害均必须确保得到识别和充分控制，所以整个食品链中各组织的沟通必不可少。因此，组织与其在食品链中的上游和下游的组织之间均需要进行沟通。特别是有助于明确顾客和供方的要求的一些手段，如对于已确定的危害和采取的控制措施，应与顾客和供方进行沟通。为了确保整个食品链中组织进行有效的相互沟通，向最终消费者提供安全的食品，很必要的一点是认清组织在食品链中的作用和所处的位置。

2. 前提方案　前提方案（PRP）是针对组织运行的性质和规模，用以改善和保持运行条件，从而更有效地控制食品安全危害，为有效控制食品安全危害引入产品和产品加工环境，以及对危害在产品和产品加工环境中污染和扩散的可能性进行控制，而规定的程序或作业指导书。组织在食品链中的位置及类型是决定前提方案的重要因素，等同术语如 GAP、GMP、良好分销操作规范（GDP）、良好卫生操作规范（GHP）、良好贸易操作规范（GTP）、良好兽医操作规范（GVP）、良好生产操作规范（GPP）等。

组织应建立、实施和保持前提方案，以助于控制产品的生物性、化学性和物理性污染，包括产品之间的交叉污染，控制食品安全危害通过工作环境引入产品的可能性，还可控制产品和产品加工环境的食品安全危害水平。

前提方案应与组织运行的规模和类型、制造和处置的产品性质相适宜，并与组织在食品安全方面的需求相适宜。前提方案无论是普遍适用还是只用于特定产品或生产线，都应获得食品安全小组的批准，并在整个生产系统中实施。此外，组织应识别与符合相关的法律法规要求。当选择和制订前提方案时，组织应考虑和利用适当信息，如法律法规要求，国际食品法典委员会的法典原则和操作规范，顾客要求，国家、国际或行业标准，公认的指南等。在制订这些方案时，组织应考虑如下信息：建筑物和相关设施的构造和布局；工作空间和员工设施在内的厂房布局；空气、水、能源和其他基础条件的供给；废弃物和污水处理的支持性服务；对采购材料（如原料、辅料、化学品和包装材料）、供给（如水、空气、蒸汽、冰等）、清理（如废弃物和污水处理）和产品处置（如储存和运输）的管理；设备的适宜性及其清洁、保养和预防性维护的可实现性；交叉污染的预防措施；清洁和消毒；虫害控制；人员卫生以及其他适用的方面；此外，应对前提方案的验证进行策划，必要时应对前提方案进行更改，并保持验证和更改的记录。

操作性前提方案是为了控制食品安全危害在产品或加工环境中引入、污染或扩散的可能性，通过危害分析确定的必不可少的前提方案。操作性前提方案是通过危害分析所制订的实施作业程序或作业指导书，以规范有序地实施食品安全危害的控制措施，其可靠性的结果可通过经常的监视获得。操作性前提方案应在整个生产体系中实施。当建立方案时只要考虑以下因素：①个人卫生的控制；②清洁与消毒的程序；③虫害控制；④交叉污染的预防措施；⑤包装程序；⑥对采购材料，如原料、辅料、化学用品的控制；⑦供给，如水、冰、蒸汽、送风等卫生控制措施；⑧清理，如废弃物和排水系统的处理措施；⑨产品储存和运输的管理措施等。

3. HACCP 计划　HACCP 计划，应根据 CAC/RCPI—1996, Rev,（1999 年）HACCP 体系及其应用准则的要求将 HACCP 计划形成文件，应包括以下信息：①关键控制点所控制的食品安全危害；②采取控制措施；③确定关键限值；④监视控制程序；⑤关键限值超出时，应采取的纠正和纠正措施；⑥明确职责和权限；⑦监视的记录。

（1）CCP 的识别：需要 HACCP 计划控制的每种显著危害都应针对确定的控制措施识别关键控制点。

（2）CCP 中关键限值的确定：在每一个关键控制点都应设计关键限值以确保相应的食品安全危害得到有效控制，确保最终产品的安全危害不超过已知的可接受水平。关键限值选定的理由和依据应形成文件。关键限值应可以测量。基于主观信息，如对产品、加工过程、处置的视觉检验等的关键限值，应有指导书、规范、教育及培训的支持。

（3）CCP 的监视系统：对每个关键控制点应建立监视系统，以确保关键控制点处于受控状态。该系统应包括所有针对关键限值的有计划的测量或观察。监视系统应由相关程序、指导书和记录构成，记录包括：①在适当的时间间隔内提供结果的测量或观察值；②所用的监视装置或设备；③适用的校准方法；④监视频次；⑤与监视和评价监视结果有关的职责和权限；⑥记录的要求和方法。

监视的方法和频次应能够及时识别测量或观察是否超出关键限值，以便及时发现偏差，并在实施纠偏措施和产品评估前对相关产品进行隔离。

（4）监视结果超出关键限值时采取的措施：应在 HACCP 计划中规定关键限值出现偏差时采取的纠正预案和纠正措施。这些措施应确保查明出现偏差的原因，使关键控制点控制的参数恢复正常并持续受控，以防止再次发生偏差。为适当地处置在出现偏差时产生的潜在不安全产品，应建立和保持形成文件的程序，以确保对其进行评估并确认产品符合安全要求后再放行。

4．体系管理

（1）食品安全管理体系文件：形成文件的食品安全方针和相关目标的声明。本准则要求的形成文件的程序和记录。组织为确保食品安全管理体系有效建立、实施和更新所需的文件。

（2）文件控制：食品安全管理体系所要求的文件应妥善保存。记录是一种特殊类型的文件，建立并持续记录，是提供符合要求的产品和食品安全管理体系有效运行的证据。记录应保持清晰、易于识别和检索。应规范形成文件的程序，要对记录的标识、储存、保护、检索、保存期限和处理所需的控制进行规定。文件控制应确保所有提出的需更改的要在实施前加以评审，以明确其对食品安全的效果以及对食品安全管理体系的影响。

体系所形成的所有文件均必须处于受控状态，运作时重点控制以下几点：①发布前要经过批准，以确保文件是适宜的；②必要时对文件进行评审与更新，并再次进行批准；③确保文件的更改和现行修订状态得到识别；④确保在使用处获得适用文件的有关版本；⑤确保文件保持清晰、易于识别；⑥确保相关的外来文件得到识别并控制其分发；⑦防止作废文件的非预期使用，若因特殊原因需保留作废文件时，确保对这些文件进行适当的标识。

二、ISO9000 质量管理体系

ISO9000 质量管理体系是国际标准化组织（ISO）制定的国际标准之一，在 1994 年提出的概念，是指"由 ISO/TC176（国际标准化组织质量管理和质量保证技术委员会）制定的所有国际标准"。该标准可帮助组织实施并有效运行质量管理体系，是质量管理体系通用的要求和指南。我国在 20 世纪 90 年代将 ISO9000 系列标准转化为国家标准，随后，各行业也将 ISO9000 系列标准转化为行业标准。

ISO9000 质量管理体系是由国际标准化组织（ISO）制定，该组织是世界上最主要的非政府间国际标准化机构，成立于第二次世界大战以后，总部位于瑞士日内瓦。该组织成立的目的是在世界范围内促进标准化及有关工作的发展，以利于国际贸易的交流和服务，并发展在知识、科学、技术和经济活动中的合作，以促进产品和服务贸易的全球化。ISO 组织制定的各项国际标准是在全球范围内得到该组织的 100 多个成员国家和地区的认可。

贯彻 ISO9000 标准，是企业走向国际市场的需要，也是企业建立和完善质量体系的需要。在实施质量保证模式标准时,不同的企业可根据情况,采用不同的步骤和方法。从已有的经验来看,质量保证体系的建立和实施一般包括质量体系的确立、质量体系文件的编制、质量体系的实施运行和质量体系认证注册4个阶段。

(一)质量体系的确立

1. 领导决策、统一认识　建立和实施质量体系的关键是企业领导的重视和直接参与。只有领导层统一思想,下定决心并作出正确决策,才能建立起有效的质量体系。

2. 组织落实、成立贯彻小组　作出决策后,就要制定政策,选择合适的人员组成贯彻小组。

3. 培训、制订工作计划　首先要对贯彻小组成员进行培训,在此基础上,有计划地对各级领导、管理人员、技术人员或具体操作人员进行必要的培训,提高每个职工的质量意识,了解建立和实施质量体系的重要意义。

ISO9000标准是现代质量管理和质量保证的结晶,要真正领会这套标准并付诸实施,就必须制定全面而周密的实施计划。制订计划时,应明确目标,控制进程,突出重点。

4. 制定质量方针、确立质量目标　质量方针是企业进行质量管理,建立和实施质量体系,开展各项质量活动的根本准则。制定质量方针时,应根据企业的具体情况、发展趋势和市场形势。制定出具有特色、生动具体的质量方针。确定质量方针后,应制定有关产品质量、工作质量、质量保证和质量体系等方面的质量目标。

5. 调查现状、找出薄弱环节　只有充分了解企业的现状,认识到存在的问题,才能建立适合企业需要的有效的质量体系。必须明确:企业当前存在的主要问题就是今后建立质量体系时要重点解决的内容。

广泛调查企业产品质量形成过程中各阶段、各环节的质量现状、存在问题、各部门所承担的质量职责及完成情况,相互之间的协调关系及不协调情况;收集有关质量体系的标准文件或有关资料以及在以往合同中需方所提的一些要求;收集同行中通过质量体系认证企业的资料;收集企业应遵循的法律、规定,以及与国际贸易相关的规定、协定、准则和惯例等。

6. 与模式标准对比分析、合理剪裁　将调查结果与所选的模式标准进行逐条、逐项的对比分析,从而确定企业所需要的质量体系要素及采用程度。

7. 进行职能分配、确定资源配置　职能分配是指将所选择的质量体系要素分解成具体的质量活动,并将完成这项质量活动的相应职责和权限分配到各职能部门。职能分配的通常做法是:一个职能部门可以负责或参与多项质量活动,但绝不应让多个职能部门共同负责一项质量活动。

资源是质量体系的重要组成部分,企业应根据设计、开发、检验等活动的需要,积极引进先进的技术设备,提高设计、工艺水平,确保产品质量满足顾客的需要。同时,还要对涉及的软件和人员进行适当的调配和充实。

(二)质量体系文件的编制

质量体系文件是企业开展质量管理和质量保证的基础,是质量体系审核和质量体系认证的主要依据。质量体系文件必须具有系统性、协调性、科学性和可操作性。质量体系文件由四部分组成:质量手册、质量体系程序、质量计划和质量记录。

1. 质量手册是企业开展质量活动的纲领性文件,是企业建立、实施和保持质量体系应长期遵循的文件。企业的质量手册至少包括以下内容:质量方针;对质量有影响的相关人员的职责、权限和相互关系；质量体系程序和说明；有关质量手册本身的信息(手册的修改、评审和控制的规定)。

2.质量体系程序是质量体系文件的重要组成部分，上接质量手册，下接作业文件。编制质量体系程序的最佳办法是对企业现有文件和规章制度进行整理，然后按所选的质量保证模式标准的要求加以修订和补充。

每个质量体系程序应包括下列内容：程序目的和范围，应做什么，由谁来做，何时、何地以及如何做，应使用什么材料，设备的文件，以及如何进行控制和记录。

3.质量计划是针对特定的产品、项目和合同，规定专门的质量措施、资源和活动顺序的文件。当企业已建立了文件化的质量体系，在编制计划时就可根据需要，对质量手册和质量体系程序中包含的大多数通用文件进行选择、采用或补充。

当企业尚未确立明确的质量体系时，质量计划可作为一套独立的文件，对企业的质量管理和质量保证作出具体要求和规定。

4.质量记录是为完成的活动或达到的结果提供客观证据的文件。产品记录可反映产品质量形成过程的真实状况，为正确、有效地控制和评价产品质量提供客观证据。质量体系记录将如实地记录企业质量体系中每一要素、过程和活动运行状态和结果，为评价质量体系的有效性，进一步健全质量体系提供依据。质量记录应具有系统性，以完整地反映企业的产品质量情况和质量体系运行情况；质量记录应具有可溯性；质量记录应满足企业内、外部质量保证的要求；质量记录的内容要真实、准确、可靠；质量记录应便于管理。

(三)质量体系的实施运行

质量体系的实施运行实质是指执行质量体系文件并达到预期目标的过程，其根本问题就是把质量体系规定的职能和要求，按部门、专业、岗位加以落实，并严格执行。企业可以通过全员培训、组织协调、内部审核和管理评审来达到这一目的。

1.全员培训　在质量体系的运行阶段，首先要对全体员工进行培训，使其都了解各自的工作要求和行为准则。通过培训，在思想上认识到：建立新的质量体系，是为了适应国际贸易发展的需要，是提高企业竞争能力的需要；新的质量体系是对过去质量体系的变革；无论设想多么好，经过实践都可能出现变化。

2.组织协调　组织协调主要解决质量体系在运行过程中出现的问题。新建立的质量体系在全面实施运行之前可试运行。对于发现的问题，要及时研究解决，并对程序文件和质量手册中的内容作出相应的修改。质量体系的运行是动态的，而且涉及企业各个部门的各项活动，相互交织，因此协调工作就显得尤为重要。

3.内部审核和管理　评审内部审核和管理评审是质量保证模式的重要内容，是质量体系运行的关键环节，也是保证质量体系有效运行的重要措施和手段。

内部审核指由企业自己来确定质量活动及其有关结果是否符合计划安排，以及这些安排是否有效并适合于达到目标的有系统的独立的审查。其中心内容是：审核质量体系程序是否与质量手册相协调；审核是否执行了文件中的有关规定；审核是否按规定要求、自身要求和环境条件变化；是否需要改进所进行的综合评价。管理评审由企业最高管理者主持定期进行。

有效地实施 ISO9000 系列标准是构筑良好质量保证体系的基础，通过建立质量保证体系，规范作业，完善质量文件，减少质量损失，提高效率，开拓市场，对一个企业来说，肯定有很大的帮助。但是,质量标准体系并不是万能的。因为国际标准化组织为了让 ISO9000 系列标准适用于不同国家和不同行业,制定的标准就比较原则,不够具体,比较粗,缺乏针对性。而且标准体系的建立往往取决于组织领导者的水平,同一企业按某咨询师的指导,可能设定 100 种文件及记录,而按另一咨询师的指导,可能设立 150 种文件的记录。也就是说,并不是设立的文件和记录越多,管理水平就越高。此外,我国一部分企业建立和实施质量标准体系的态度不端正,只是为了抬升企业的外部形象,而不是为了真正提高质量管理水平,因此常常出现突击编造数据、应付审核的情况。同时,ISO 标准系列需要开展大量的书面工作,其中一些是大可不必的,因此也常常被抱怨有太多的官僚主义和缺乏效率。

（四）质量体系认证注册

1. 概念

（1）质量认证的发展:质量认证已成为一个覆盖全球的潮流。对认证机构实施国家认可制度已成为各国认证机构的通行做法。统一的国家认可制度有利于加强对认证机构的管理,规范认证的行为。特别是有利于实施双边或多边互认。1992 年,我国组建了第一个第三方质量体系认证机构,此后,我国质量体系认证工作迅速发展。

（2）质量认证和质量体系认证:质量认证是第三方根据程序对产品、过程和服务符合规定的要求给予书面保证。质量认证是随着现代工业的发展作为一种外部质量保证的手段逐步发展起来的,开始时,采用"合格声明"的方式,以取得买方对产品质量的信任。随着科学技术的发展,产品结构和性能日趋复杂,仅凭买方的能力很难判断产品是否符合要求,并且企业的"合格声明"并不总是可信。在此情况下,由第三方来证实产品质量的现代质量认证制度便应运而生。现代的第三方质量认证制度始于英国,1903 年使用第一个质量标志——风筝标志,并且已于 1922 年注册,成为受法律保护的认证标志。

质量认证只能证明企业的产品设计符合规范要求,并不能担保企业以后继续遵守技术规范。1970 年以后,质量认证制度有了新的发展,出现了单独对企业质量体系进行评定的认证形式。国际标准化委员会(ISO)1970 年建立了认证委员会,1985 年又改为合格评定委员会(CASCO)。其主要任务是研究评定产品、过程、服务和质量体系符合适用标准或其他技术规范的方法,制定有关认证方面的国际指南,促进各国和各地区合格评定制度的互相承认。

质量体系认证是非分明,由第三方依据公开发布的质量体系标准对企业的质量体系实施评定,评定合格的颁发质量体系认证证书,并予以注册公布,证明企业在特定的产品范围内具有必要的质量保证能力。

2. 质量认证的实施程序

（1）认证的申请:申请认证的条件包括申请方持有法律地位证明文件;申请方建立、实施和保持了文件化的质量体系。

（2）认证申请的提出:申请方应根据自身的需要和产品特点确定:①申请认证的质量体系所覆盖的产品范围;②申请质量体系认证所采用的质量保证模式。向质量体系认证机构正式提出申请后,要按要求填写申请书,提交所需的附件。申请书的附件是指说明申请方质量体系状况的文件。包括以下几方面:覆盖所申请认证质量体系的质量手册;申请认证质量体系所覆盖的产品名录;申请方的基本情况。

（3）认证申请的受理和合同的签订:认证机构收到正式申请后,经审查若符合规定的申请要求,决定受理申请,并发出"受理申请通知书",签订认证合同。

(4) 建立审核组:签订认证合同后,认证机构应建立审核组,审核组名单和审核计划一起向受审核方提供,由受审核方确定。审核组一般由2~4人组成,其正式成员必须是注册审核员,其中至少有1名熟悉审核方生产技术特点的成员。对于审核的组成人员,若申请方认为会与本单位构成利益冲突时,可要求认证机构作出更换。

(5) 质量体系文件的审查:质量体系文件审查的主要对象是申请方的质量手册及其他说明质量体系的材料,审查的内容包括:了解申请方的基本情况;企业的产品及生产特点、人员、设备质量保证模式标准的要求;是否有明确的质量方针和质量目标;审查质量职能的落实情况;审核质量体系要素是否包含了相应质量保证模式要求证实的全部质量体系要素。

了解质量体系文件的总体构成状况。质量体系文件审查合格后,审核组到现场检查之前,质量体系文件不允许作任何修改。

(6) 现场审核

1) 现场审核的准备:确定现场审核的时间,制订审核计划,并征求受审核方意见,根据质量体系特点,编制现场审核检查表,明确检查项目与检查方法。

2) 现场审核的目的:通过查证质量手册的实际执行情况,对质量体系运行的有效性作出评价,判定是否真正具有满足相应质量保证模式标准的能力。

现场审核的程序如下:

①首次会议:向受审核方介绍审核组成员;确认审核目的、范围和依据文件;简要介绍审核的方法和程序。

②现场检查:审核组按事先编制的检查表所制定的检查项目,并根据现场情况适当调整后,对受审核方质量体系的具体建立情况和实际运行有效性进行深入细致的检查取证和评价。检查取证的方法:第一,面谈。通过面谈,调查有关人员履行所承担质量职责、从事相应质量有关活动的能力;第二,查阅文件和记录;第三,观察。通过对工作现场和活动的观察,了解质量控制措施的执行情况及有效性。

③不合格的报告:对于现场检查过程中发现的不合格,审核组将向受审核方提交书面,并需取得受审核方的签字确认。

④不合格的原因:质量体系文件与选定的质量体系标准或法规、合同的要求不符;未执行质量体系文件的规定或实际执行不符合质量体系文件的规定;虽按文件规定执行,但缺乏有效性。

⑤严重不合格:质量体系与约定的质量体系标准或文件的要求不符;造成系统性区域严重失效的不合格;可造成严重后果的不合格。

⑥一般不合格:孤立的人为错误;文件偶尔未被遵守,造成的后果不太严重;对系统不会产生重要影响的不合格等。

⑦内部评定:由审核组全体成员研究检查情况,对检查结果进行评定,作出审核结论。审核结论有3种:第一,建议通过认证。第二,进行复审。要求对发现的不合格的纠正措施效果进行现场复审,证实对不合格确已采取了适当的纠正措施后,再建议通过认证。第三,要求进行重审。这实际上表示本次审核不能通过,若想通过认证,尚需重新接受一次全面的质量体系审核。

⑧末次会议:审核组完成内部审核后,与受审核方举行末次会议,报告审核过程总体情

况、发现的不合格项、审核结论、现场审核结束后的有关安排等。

⑨提出审核报告：审核报告是现场审核结果的证明文件，由审核组编写，经组长签署后，报认证机构。

（7）注册和发证：认证机构对审核组提出的报告进行全面的审查，若批准通过认证，由认证机构颁发质量体系认证证书并予以注册。

三、GAP认证

良好农业规范（good agriculture practice，GAP），是应用现有的知识来处理农场生产过程和产后的环境、经济和社会的可持续性，农业生产者通过环境控制、病虫害综合防治、养分综合管理和保护性农业等可持续性发展方法来建立GAP控制体系，从而获得安全健康的农产品食物。良好农业规范对可追溯性、食品安全、环境保护和工人福利等提出要求，增强了消费者对GAP产品的信心。总体上进，GAP在控制食品安全危害的同时，兼顾了可持续发展的要求，以及区域文化和法律法规的要求，并以第三方认证的方式来推广实施。

2003年中国国家认证认可监督管理委员会首次提出在中国食品链源头建立"良好农业规范"。2005年年底正式发布中国良好农业规范（China GAP）认证标准并于2006年年初开始实施。China GAP是结合中国国情，根据中国的法律法规，参照Eurep GAP《良好农业规范综合农场保证控制点与符合性规范》制定的用来认证安全和可持续发展农业的规范性标准。

1. GAP适用范围　GAP适用于生产用水与农业用水、肥料使用、农药使用、作物和饲料生产、畜禽生产、收获、加工及储存、工人健康和卫生、卫生设施、田地卫生、包装设备卫生、运输等农业生产的各个环节，保证农产品质量安全，促进环境、经济和社会可持续发展。

2. GAP认证的内容　2005年年底正式发布中国良好农业规范（China GAP）认证标准的认证内容根据认证标准分3层：第一，农场基础标准。它是一个通用标准（模块），标准中提出了适用于所有作物、水产品养殖等的控制点和符合性规范。第二，种类标准（模块）。它是作物、畜禽、水产养殖3大类产品生产必须遵守的基础要求。第三，产品标准（模块）。它是涵盖种植类、畜禽养殖类和水产养殖类具体产品的认证要求。

在随后的近10年中，GAP认证范围不断扩大，GAP认证数量也在快速增长，在2011年认证总量达到最高峰，直至2013年年底，各认证机构累计发放证书3 085张。由此可见，近几年良好农业规范在中国得到了快速发展。

3. GAP认证的特点　中国良好农业规范认证具有以下特征：

第一，区域分布明显受地区资源、气候等因素的影响，GAP认证表现出明显的东部地区好于西部地区，并且对于品牌农业也是存在这一现象。

第二，创新性。中国GAP标准的建立既借鉴了全球良好农业规范的全面性，又结合中国农业生产的特点进行了创新，不但提高了在中国的适应性，而且为消除贸易壁垒奠定了一定的基础。

第三，形成了企业为主、合作组织为辅的认证格局。GAP认证的主体涵盖了各行各业，但企业是各行业中认证主体的主力军，合作组织则是认证主体的重要组成部分，两者共同推动GAP的发展。

（冯任南）

小结：

本章系统地介绍了各种食品质量安全管理体系，包括良好生产规范（GMP）和卫生标准操作程序（SSOP）体系、危害分析与关键控制点（HACCP）体系以及其他认证体系。GMP 介绍良好生产规范的概念及分类、实现 GMP 的目标及基本原则、GMP 的基本内容、GMP 认证程序。SSOP 介绍其由来、主要内容。HACCP 介绍了由来与发展、建立与实施、特点、审核和认证。其他认证体系介绍 ISO9000 体系、ISO22000 体系以及良好农业规范（GAP）。重点掌握 GMP 的基本内容、HACCP 体系的建立与实施；熟悉 SSOP 的主要内容；了解其他认证体系。

第九章　食品安全监督管理

食品安全监督管理（food safety supervision and administration）主要有两个方面：一是政府相关行政部门开展的食品安全执法监督和食品安全管理工作，涉及食品生产、经营等从农田到餐桌的各个环节食品安全的日常监督检查、实施生产和经营许可、强制检验以及食品质量安全产地准出和市场准入制度、查处生产经营不合格食品及其他违法行为等；二是食品行业和企业内部自律性的食品安全自身监督和管理活动等。另外还有不包括食品安全管理活动的消费者协会、新闻媒体乃至公民个人的食品安全社会监督。

第一节　食品安全法律法规体系

食品安全法律法规是食品生产经营者从事食品生产经营活动必须遵守的行为准则，也是政府相关部门实施食品安全监督管理和消费者保护自身权益的法律依据。食品安全法律法规体系是由中央及地方权力机构和政府颁布的保障食品安全的现行法律法规等有机联系而构成的统一整体。

一、食品安全法律法规体系的构成及效力

依据食品安全法律规范的具体表现形式及其法律效力层级，这个系统由法律、法规、规章和标准等规范性文件构成，包含了从食品生产到消费各个环节的法律规范。

（一）食品安全法律

法律（laws）是指全国人民代表大会及其常务委员会制定的规范性文件，立法通过后，由国家主席签署主席令予以公布，其地位和效力仅次于宪法。食品安全法律在国家法律体系中属于第三层次法律，其制定必须以宪法为依据，涉及相关刑事案件的条文，要以刑法为依据，相关民事纠纷的内容，必须以民法通则为准，涉及的刑事案件、民事案件、行政诉讼案件内容，必须分别符合三部诉讼法的相关规定。食品安全相关法律主要包括《中华人民共和国食品安全法》（2015 年）（以下称《食品安全法》）、《中华人民共和国农产品质量安全法》（2006 年）（以下称《农产品质量安全法》）、《中华人民共和国进出境动植物检疫法》（1992年）、《中华人民共和国产品质量法》（2006 年）（以下称《产品质量法》）和《消费者权益保护法》（2014 年）等。

《食品安全法》在食品安全法律体系中是法律效力层次最高的规范性文件，是我国现行的食品安全专门法律，是制定从属性的食品安全相关法规、规章及其他规范性文件的依据。

在《食品安全法》颁布实施之前，我国食品安全专门法律是《中华人民共和国食品卫生法》(1995 年)(简称食品卫生法)，旨在保证食品卫生，防止食品污染和有害因素对人体的危害，保障人民身体健康，增强人民体质。在《食品卫生法》实施的 14 年里以《食品卫生法》为核心的法律体系发挥了非常重要的作用。

2004 年阜阳"大头娃娃"劣质奶粉事件及其后的"苏丹红"、PVC 保鲜膜致癌、猪肉瘦肉精超标和 2008 年"三鹿三聚氰胺奶粉"等一系列食品安全事件均说明食品安全法律的修订内容已经超出《食品卫生法》的范畴。因此，《食品安全法》于 2009 年 2 月 28 日第十一届全国人民代表大会常务委员会第七次会议通过，同年 6 月 1 日起实施。《食品安全法》(2009 年)共十章 104 条，其立法目的是为保证食品安全，保障公众身体健康和生命安全制定，引入了"从农田到餐桌"的食品安全全程监管理念，规定的是食品产生的潜在危害，《食品卫生法》则更加关注食品外在的食品卫生，更多强调食品卫生方面的标准。从《食品卫生法》到《食品安全法》，由"卫生"到"安全"，两个字的改变，折射的是我国食品安全从立法观念到监管模式的全方位巨大转变。

十八大以来，党中央、国务院就加强食品安全工作提出许多新思想、新论断，要求进一步改革完善我国食品安全监管体制，将食品安全监管纳入公共安全体系，着力建立覆盖全过程的食品安全监管制度，积极推进食品安全社会共治，用"最严谨的标准、最严格的监管、最严厉的处罚、最严肃的问责"，确保人民群众饮食安全。为巩固和深化食品安全监管体制改革成果，以法治方式解决当前食品安全领域存在的突出问题，决定对 2009 年颁布实施的《食品安全法》进行修订。

2015 年 4 月 24 日第十二届全国人民代表大会常务委员会第十四次会议修订，同年 10 月 1 日起实施。新修订的《食品安全法》共十章 154 条，对原文进行实质性修改，主要体现在以下方面：①巩固食品安全监管体制改革成果；②突出食品安全风险治理；③实施最严格的全程监管；④强化食品安全源头控制；⑤突出对特殊食品的严格监管；⑥强化食品安全社会共治；⑦严惩重处违法违规行为。

《食品安全法》作为食品安全法律体系的主导，明确了与《农产品质量安全法》相衔接的规定，即"食用农产品的质量安全管理，遵守《中华人民共和国农产品质量安全法》的规定。但是，食用农产品的市场销售、有关质量安全标准的制定、有关安全信息的公布和本法对农业投入品作出规定的，应当遵守《食品安全法》的规定"。通过《食品安全法》这一衔接规定，将《农产品质量安全法》与《食品安全法》调整范畴结合，从而使食品安全实现了从农田到餐桌的全程监督管理，贯彻实施好《农产品质量安全法》就是从源头上加强了食品安全监督管理。

《食品安全法》在实施的过程中，凡是《食品安全法》有规定的，应适用《食品安全法》，在《食品安全法》没有规定，且其他相关食品安全的法律有规定的，可以适用。

（二）食品安全法规

由于法律关于行政权力的规定是原则的、抽象的，不具有很强的操作性，因而需要行政机关制定法规(regulations)进一步将法律具体化。法规包括行政法规和地方法规两类。

1. 行政法规 行政法规(administrative regulation)是指作为国家最高行政机关的国务院根据宪法和法律所制定的规范性文件，通过后由国务院总理签署国务院令公布，具有全国通用性，是对法律的补充，在成熟的情况下被补充进法律，其法律地位和效力仅次于宪法和法律，多以"** 条例"命名。如《中华人民共和国食品安全法实施条例》（以下称食品安全法实施条例）即为国务院制定的具体实施《食品安全法》的行政法规。《食品安全法》是《食品安全法实施条例》的上位法，《食品安全法实施条例》不得违背《食品安全法》，但比《食品安全法》更具体、更具有可操作性，是对《食品安全法》具体实施的安排和要求，其内容建立在《食品安全法》的内容之上，是对《食品安全法》细节的补充和说明，两者在法律术语的使用和含义上具有一致性。因此，为配合新修订的《食品安全法》的贯彻实施，国家食品安全监督管理行政部门正在按照国务院的要求，起草修订《食品安全法实施条例》。

2. 地方性法规　地方法规（local decrees）是省、自治区、直辖市以及省、自治区的人民政府所在地的市、经济特区所在地的市和国务院已经批准的较大的市的人民代表大会及其常务委员会（各地方的最高权力机构），根据本行政区域的具体情况和实际需要，在不与宪法、法律、行政法规相抵触的前提下，按法定程序而制定的在本行政区域内具有法律效力的规范性文件。如《广东省食品安全条例》《北京市食品安全条例》《浙江省实施〈中华人民共和国食品安全法〉办法》《上海市实施〈中华人民共和国食品安全法〉办法》等即为根据《食品安全法》和《食品安全法实施条例》，结合本省或本市实际，制定并颁布实施的有关食品安全监督管理的地方性法规。地方性法规是《食品安全法》配套法规的重要组成部分，由地方政府人民代表大会常务委员会发布公告予以公布。

（三）规章

包括国务院相关行政部门制定的部委规章和地方人民政府范围内按照规定的程序所制定的规定、办法实施细则、规则等规范文件。

1. 部门规章　部门规章（administration rules）指国务院各部门根据法律和国务院的行政法规、决定、命令，在本部门的权限范围规定、制定的部门规章，由部务会议或者委员会会议决定，部门首长签署命令予以公布。如目前国家食品安全监督管理行政部门根据新修订《食品安全法》制定相关的配套规章已有 11 部，包括《食品生产许可管理办法》《食品经营许可管理办法》《保健食品注册与备案管理办法》《特殊医学用途配方食品注册管理办法》《婴幼儿配方乳粉产品配方注册管理办法》《食用农产品市场销售质量安全监督管理办法》《食品生产经营日常监督检查管理办法》《食品安全抽样检验管理办法》《食品召回管理办法》《食品药品投诉举报管理办法》《食品药品行政处罚程序规定》等。

2. 地方规章　地方规章（local rules）指省、自治区、直辖市以及省、自治区人民政府所在地的市和经国务院批准的较大市的人民政府根据法律和行政法规，按照规定程序所制定的适用于本地区行政管理工作的规定、办法、实施细则、规则等规范性文件，由政府常务会议或者全体会议决定，省长或者自治区主席或者市长签署命令予以公布。如《重庆市食品安全管理办法》就是根据《食品安全法》及其实施条例和有关法律法规，结合本市实际，制定的地方规章。

（四）食品安全标准

法律法规属于社会规范，而标准则属于技术规范，其目的是建立起有利于社会发展的技术秩序。食品安全标准（food safety standards）是依据《标准化法》形成的与食品生产经营活动相关的标准，是国务院卫生行政部门依照《食品安全法》明确授权所制定的行政规则，以强制性标准文件的形式发布和实施，如《食品安全国家标准 预包装食品标签通则》（GB 7718—2011）、《食品安全国家标准 食品添加剂使用标准》（GB 2760—2014）等。《食品安全法》规定食品安全标准为强制性标准,将社会规范和技术规范紧密结合在一起,赋予食品安全标准技术法规的性质。

(五)其他规范性文件

我国食品安全法律体系还包括一些既不属于食品安全法律、法规和规章,也不属于食品安全标准的规范性文件,此类规范性文件虽然是由不具有规章以上规范性文件制定权的相关行政部门制定的,但也是依据《食品安全法》授权制定的,属于委任性的食品安全法律规范文件(norms)。如省、自治区、直辖市政府卫生行政部门制定的有关食品安全管理办法,以及不属于以上范围的各级政府及其职能部门制定的各种政策、规定、文件等。

《食品安全法》与《农产品质量安全法》以及食品安全相关的法律,及其与《食品安全法》和《农产品质量安全法》相配套的行政法规、地方性法规、部门规章和食品安全标准共同构成我国现行食品安全法律体系,其框架如图9-1所示。

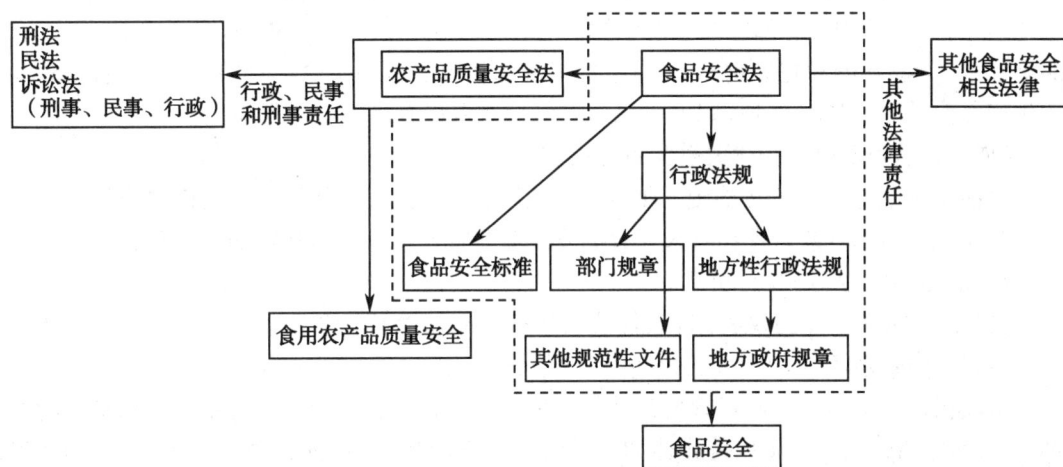

图9-1　现行食品安全法律法规体系框架

二、食品安全法律调整的法律关系

食品安全法律调整的法律关系指的是各级人民政府食品安全监督管理行政部门和其他法定授权部门在食品安全监督管理活动中与行政管理相对人产生的权利和义务关系,由食品安全法律关系的主体、客体和内容三个要素构成。

(一)食品安全法律关系的种类

食品安全法律关系包括行政法律关系、民事法律关系和刑事法律关系。

1. 行政法律关系　主要体现为行政主体和食品生产经营者之间形成的许可、监督检查、处罚等法律关系。主要依据《食品安全法》和《行政诉讼法》等,《食品安全法》属于行政法的范畴。

2. 民事法律关系　主要包括消费者和食品生产经营者之间的合同法律关系和侵权法律关系。主要依据《民法通则》《民事诉讼法》等。

3. 刑事法律关系　主要根据我国刑法的规定,对食品生产经营者的犯罪行为予以惩处所形成的法律关系等。主要依据《刑法》《刑事诉讼法》等。

（二）食品安全行政法律关系的主体

行政法律关系的主体即行政法律关系的当事人，指的是在行政法律关系中享有权利和承担义务的组织或个人，一般以国家行政机关和法律、法规授权的组织作为执法主体，相关企业和公民作为行政管理相对人。如《食品安全法》规定食品安全监督管理行政部门、农业行政部门为执法主体；行政管理相对人为食品、食品添加剂和食品相关产品的生产经营者，食品生产经营者使用的食品添加剂、食品相关产品以及对食品、食品添加剂和食品相关产品的安全管理等活动的法人、公民和其他组织。执法主体和行政管理相对人两者之间是一种监督与被监督的关系，行政管理相对人在食品生产经营活动中，违反食品安全法律法规应承担的法律责任，只需要执法主体单方面作出行政行为，该法律关系即成立，不需要征得食品生产经营者的同意。

（三）食品安全行政法律关系的客体

行政法律关系的客体指的是行政法律关系主体的权利和义务所指向的目标或对象，包括物质、行为和精神等。如食品安全法律的客体主要由物质和行为组成，涉及一切食品、食品添加剂、食品容器和包装材料、洗涤剂、消毒剂和用于食品生产经营的工具、设备及食品的生产经营场所、设施、环境，以及食品生产经营者保证食品安全的行为。

（四）食品安全行政法律关系关系的内容

食品安全法律关系的内容是《食品安全法》规定的食品安全监督管理相关的行政部门（行政执法主体）和行政管理相对人在食品安全监督管理过程中所形成的权利和义务。

1. 行政执法主体的权利和义务

（1）行政执法主体的权利：行政执法主体行政权在食品安全监督管理工作中主要体现在形成权、管理权、命令权和处罚权四个方面。

形成权是指食品安全监督管理行政部门依法赋予行政管理相对人一定的法律身份的权利，如依法作出产生、变更或终止诸如核发食品生产、经营许可证和食品、食品添加剂及食品相关产品审批等某种法律关系的权利。

管理权是指食品安全监督管理行政部门根据《食品安全法》规定的职责，在辖区内实施食品安全监督管理的权利，如食品安全日常监督检查、抽样检测等。

处罚权是指食品安全监督管理行政部门对违反《食品安全法》的行政管理相对人依法实施行政处罚的权利，处罚种类包括罚款、没收违法所得、销毁违法产品、吊销许可证等。《食品安全法》中涉及行为人构成犯罪承担刑事责任的就需要移交公安部门依照《刑法》追究刑事责任。

（2）行政执法主体的义务：食品安全监督管理各部门在享有食品安全监督行政权的同时，也必须履行《食品安全法》规定的义务，如食品安全信息公布、营养知识宣传、卫生技术指导等。

2. 行政管理相对人的权利和义务　《食品安全法》中也规定了行政管理相对人的权利和义务，如相对人享有合法生产经营的权利，要求食品安全监督管理各部门对所采集的样品提供检验报告、对检验结果有异议可申请复检和行政诉讼等权利；同时也应承担《食品安全法》规定的必须履行的义务。

三、食品安全法律规范

法律规范就是法律的具体化，诸如《刑法》《民法通则》以及《食品安全法》等都是一种法律规范。法律规范是指由国家制定或认可的、反映国家意志的、具体规定权利义务及法律后果的行为准则。

食品安全法律规范与其他法律规范基本相同，都是由适用条件、行为模式和法律后果三部分构成，按照不同的标准划分为不同的类型，其效力范围由法律规范的空间效力、时间效力和对人的效力组成。

（一）食品安全法律规范的分类

1. 根据食品安全法律规范的行为模式，可将其分为授权性规范、义务性规范和禁止性规范。

（1）授权性规范：指授予主体某种权利的法律规范。它不规定主体作为或者不作为，而是授予主体自主选择。在法律条文中表述此类法律规范，常用"有权""可以"等文字表达。如《食品安全法》规定："食品生产经营者未依照本条规定召回或者停止经营的，县级以上人民政府食品安全监督管理部门可以责令其召回或者停止经营"。

（2）义务性规范：指规定主体必须作出某种行为的法律规范。法律条文在表述此类规范时，多用"必须""应当"等字样。如《食品安全法》规定："食品生产经营者应当依照法律、法规和食品安全标准从事生产经营活动，保证食品安全，诚信自律，对社会和公众负责，接受社会监督，承担社会责任。"

（3）禁止性规范：指规定主体不得作出某种行为的法律规范。法律条文在表述此类规范时，多用"禁止""不得"等字样。如《食品安全法》第四章第四十五条："患有国务院卫生行政部门规定的有碍食品安全疾病的人员，不得从事接触直接入口食品的工作。"

2. 根据食品安全法律规范强制性的程度，可将其分为强制性规范和任意性规范。

（1）强制性规范：指主体必须严格按照规定作为或者不作为，不允许主体作任何选择的法律规范。此类法律规范多属于义务性规范和禁止性规范。

（2）任意性规范：指主体在不违反法律和道德的前提下，可按照自己的意志，选择作为或不作为的法律规范。任意性规范多属授权性规范。

3. 按食品安全法律规范内容的确定性程度，可将其分为确定性规范、准用性规范和委任性规范。

（1）确定性规范：是指法律规范直接而明确地规定了行为规则的内容，适用时无须再援用其他的法律规范来补充或说明的法律规范。大多数法律规范是确定性规范。

（2）准用性规范：没有明确规定行为规则内容，但明确指出可以援引其他的规则是本规则的内容得以明确的法律规范。

（3）委任性规范：法律规范没有明确规定行为规则的内容，而是授权由某一专门机构加以规定的法律规范。

准用性规范只需列入它所准用的规范内容，即成为确定性规范。准用性规范与委任性规范都属没有直接规定某一行为规则具体内容的法律规范，但两者之间的区别是，前者准予援用的规范是已有明文规定的法律规范，后者则是尚无明文规定的非确定性规范。

（二）食品安全法律规范的效力

食品安全法律规范的效力指的是法律规范的时间、空间和对人的效力范围，即法律的适用范围。

1. 空间效力 即食品安全法律规范生效的地域范围。法律规范的空间效力是由国家的立法体制决定的,《食品安全法》等法律适用范围是中华人民共和国境内。

2. 时间效力　即食品安全法律规范何时生效、何时失效及对生效前发生的行为有无溯及力等。

(1) 法律规范的生效时间:法律规范的生效时间通常有三种:①从法律公布之日起生效;②法律本身规定了生效的具体时间;③法律本身规定了其生效时间取决于其他法律的生效施行。

(2) 法律规范终止生效的时间:法律规范终止生效的时间通常有五种:①新的法律公布实施后,原有法律自然失去效力;②新的法律公布生效时,明文规定原有的同类法律废止;③有的法律因已完成其历史任务而自然失去效力;④法律本身明确规定生效期限,期限届满自行终止效力;⑤由有关机关颁发专门的决议、决定,宣布废除某些法律,从宣布废除之日起,该法即停止生效。

(3) 法律规范的溯及力:法律规范的溯及力是指法律规范对其生效前发生的事件和行为是否适用,一般情况下,法律不溯及既往。

《食品安全法》(2009 年)第 104 条"本法自 2009 年 6 月 1 日起施行。《中华人民共和国食品卫生法》同时废止"规定了生效时间和终止生效时间,并对其生效前的行为没有溯及力。

3. 对人的效力　即食品安全法律规范在确定的时间和空间范围内适用于哪些公民、法人和其他组织。如《食品安全法》第二条规定:"在中华人民共和国境内从事下列活动,应当遵守本法:……"。其中"从事下列活动"(活动内容详见《食品安全法》(2015 年)的集体或个人即为《食品安全法》的适用人。

第二节　食品安全标准

食品安全法律法规具有很强的技术性,大多要求有与其配套的相关标准。食品安全标准是法定的强制性标准,是判定食品是否符合质量安全要求的重要技术依据,是保障食品安全的重要措施,属于技术法规范畴。建立科学、完善、适宜的食品安全标准,将会增强全社会的食品安全意识,有利于国家政府有关部门监督管理,指导食品生产企业生产安全的食品,切实保障公众健康。

一、食品安全标准的概念、性质和意义

(一)食品安全标准的概念

标准(standards)是对重复事物和概念所做的统一规定,是为了在一定范围内获得最佳秩序,经协商一致制定并由公认机构批准,共同使用的或重复使用的一种规范性文件。随着食品工业标准化(food industry standardization)的发展,在食品工业领域内,通过制定、发布和实施、修订食品标准(food standard),达到统一,以获得食品工业的最佳秩序和良好社会效益。食品标准是依据《标准化法》形成的与食品生产活动相关的标准。

食品安全标准是《食品安全法》首次确立的法定概念,没有明确的定义。食品安全标准是特殊的一类食品标准,根据食品、食品安全以及食品标准的定义可以理解为:食品安全标准(food safety standard)是指为保证食品安全,防止疾病的发生,政府行政管理部门对食品生产、经营(即"从农田到餐桌"的食品链)全过程中影响食品营养、卫生和质量等与安全相

关的各种要素以及各关键环节进行控制和管理,经协商一致制定并由公认机构批准,共同使用的和重复使用的一种规范性文件。

(二) 食品安全标准的性质

食品安全标准是建立在科学分析的基础之上,为实现食品安全目标而制定的技术规范,具有强制性、政策法规性、科学技术性以及社会经济性,其中强制执行性是对食品安全标准整体特性的界定,即食品安全标准的性质是国家强制性标准。

1. 强制性　《食品安全法》规定"食品安全标准是强制执行的标准。除食品安全标准外,不得制定其他食品强制性标准。"并要求"食品生产经营者应当依照法律、法规和食品安全标准从事生产经营活动,……"。《中华人民共和国标准化法》也规定,凡是涉及人体健康与安全的标准,都应是强制性标准。

2. 政策法规性　食品安全标准是规范食品生产经营,保障消费者健康的重要技术规范,由《食品安全法》法定的国家行政机关制定、公布,并强制执行。因此,食品安全标准被赋予了其在食品安全法制化管理中的法规特性。

3. 科学技术性　伴随着科技的发展,食品安全危害也不断发生变化,所以要建立动态的食品安全监测和评估机制,监测食源性疾病、食品污染和食品中的有害因素,评估食品中的生物性、化学性与物理性危害。《食品安全法》确立了以食品安全风险监测和评估为基础的科学管理制度,明确了以食品安全风险评估结果作为制定、修订食品安全标准的科学依据,并经过多领域专家审核通过,因而具有科学技术性。

4. 社会性和经济性　食品安全标准是对食物中成分危害性的判断,涉及食品消费者、食品生产经营者等多方主体的利益,执行食品安全标准能产生明显的社会和经济效益。如实施食品安全标准,可有效控制食品中与健康相关的质量要素,防止食源性疾病的发生,保障消费者健康,具有社会效益;食品安全标准的经济效益包括减少食品资源的浪费、避免食品安全问题引发的经济纠纷、促进食品的进出口贸易等直接经济效益,以及减少因食源性疾病产生的疾病负担、提高国民劳动生产力、促进经济发展等间接经济效益。

(三) 食品安全标准的意义

食品安全标准不仅是食品安全监督管理行政部门安全管理和执法监督检查、食品生产经营者依法生产经营以及消费者争取合法权益的依据,还关系到与他国的国际贸易关系,因此食品安全标准的制定与实施对食品安全和各方利益主体都具有重要的意义。

1. 食品安全标准是食品安全法律法规体系的重要组成部分　技术规范本身不具有法律性,但是一旦国家通过法律规范把遵守和执行技术规范确定为法律义务,技术规范则成为法律规范,成为法律规范所规定义务的具体内容,即成为法律法规的有机组成部分。食品安全标准虽然不同于法律法规,但是作为实施《食品安全法》的技术支撑,也是食品安全法律法规体系中不可缺少的重要组成部分。

2. 食品安全标准是食品安全法制化管理及社会共治的重要依据　《食品安全法》明确规定,食品安全标准是强制执行的标准,食品生产经营者应当依照法律、法规和食品安全标准从事生产经营活动,凡生产不符合食品安全标准的食品或者经营明知是不符合食品安全标准的食品,将予以相应的行政处罚。因此,根据食品安全标准可以鉴别和评价食品安全质量及其生产经营行为是否合法,为食品企业依法生产经营、政府行政部门食品安全管理和监督执法以及消费者和新闻媒体对食品企业生产的产品进行社会监督提供重要依据。

3. 食品安全标准是维护国家主权、促进食品国际贸易的技术保障　WTO 在《卫生和植物卫生措施协定》(SPS 协定)及《贸易技术壁垒协定》(TBT 协定)中指出,各成员国有权根据各国国民的健康需要制定各自的涉及健康与安全的食品标准。随着我国加入 WTO,食品进出口贸易日趋增长,我国制定食品安全标准,一方面可有效阻止国外低劣食品进入国内市场,保障我国消费者健康,对维护国家主权和利益起到技术保障作用;另一方面为提高我国出口食品的安全性,增强我国食品的国际竞争力起到技术支持作用,对于我国国际食品贸易的发展有重要作用。

二、食品安全标准的历史沿革及分类

(一)食品安全标准的历史沿革

食品标准是食品工业标准化生产的结果,20 世纪 50 年代初期,我国食品工业尚处于手工业作坊式的生产方式,规模小,未形成标准化。1953—1957 年我国国营食品工业企业中制糖、酿酒、罐头等行业,借鉴苏联的经验对少数食品产品制定了产品标准,按行业标准组织生产、检验产品,以保障食品产品的质量。

1963 年国务院制定《一九六三年至一九七二年标准化发展规划》,在全国范围内组建各级标准化管理机构,负责国家标准和行业标准的制、修订工作。如轻工业部制定、发布若干罐头品种的部颁产品标准,并制定了相应的工艺操作要点、检测方法和罐头工厂卫生制度。一些省、市政府也组织企业制定了各自罐头品种企业标准。

以上食品标准为食品质量标准,尚无食品卫生标准。1977 年原卫生部提出并组织制定食品卫生国家标准 14 类 54 项(包括粮食、肉禽蛋、水产食品、饮料、酒、食品添加剂等)、卫生管理办法 12 项,由国家标准总局批准发布,在全国试行。此后,食品质量标准和食品卫生标准陆续由各部门制定,国家标准总局批准发布实施。据统计自 1980 年至 1989 年,国家标准总局、国家标准局、国家技术监督局和原卫生部批准发布的食品国家标准共 725 项,包括食品加工产品及农副产品标准、食品工业基础及相关标准、食品检验方法标准、食品及加工产品卫生标准、食品包装材料及容器标准和食品添加剂标准。

1993 年国家技术监督局公布了清理整顿后列为强制性国家标准的食品标准共 232 项。1994 年至 1999 年期间主要修订"标龄"较长、水平较低的标准,制定市场经济急需的产品标准。至此,中国已经形成门类齐全、结构合理、配套性较强、基本完整的食品工业标准化体系。截至 2000 年 12 月底发布食品国家标准 1 035 项,行业标准 1 089 项。

食品卫生标准在我国加入 WTO 后受到重视,截至 2004 年,我国原卫生部组织制定了食品卫生标准 500 多项,食品卫生标准的类别覆盖率达 90% 以上,形成了与《食品卫生法》基本配套的包括基础标准、产品标准、卫生规范、方法标准等内容的食品卫生标准体系。

纵观我国食品工业标准化的历史进程,我国存在着两套国家强制执行的标准:一套是食品质量标准,另一套是食品卫生标准。这些标准对我国食品安全保障发挥了巨大的作用。但是,受食品产业发展水平、风险评估能力等因素制约,部分食品标准存在一些突出问题,如标准内容矛盾、交叉、重复,个别重要标准重要指标缺失,部分标准科学性和合理性有待提高等,给企业生产经营和监管部门执法等方面带来了诸多不必要的困难。此外,我国还有一部分食品的行业标准也是强制执行的,就更增加了标准乱象。

在《食品安全法》颁布实施之前,我国食品相关标准制定实行的是部门化管理,食品标准有食品质量标准、食品卫生标准、食用农产品质量安全标准等,这些标准依据《标准化法》又分为国家标准、行业标准、地方标准、企业标准4级。食品标准按照标准的约束性分类,食品标准可分为强制性标准与推荐性标准。

2009年《食品安全法》颁布实施后,法律规定将食品标准中强制性标准整合为食品安全标准,除了食品安全标准外,不得制定其他的食品强制性标准。按此规定,政府相关行政部门对现行的食用农产品质量安全标准、食品卫生标准、食品质量标准和有关食品的行业标准中强制执行的标准予以整合,统一公布为食品安全国家标准,构建与《食品安全法》配套的食品安全标准体系。

(二)食品安全标准的分类

1. 根据《食品安全法》规定,食品安全标准分为食品安全国家标准、食品安全地方标准、食品安全企业标准3级标准。

(1)食品安全国家标准:由国务院卫生行政部门会同相关部门制定、公布,国务院标准化行政部门提供国家标准编号,在全国范围内统一施行,食品安全国家标准编号由国家标准代号(GB)、顺序号和年代号三部分组成。

(2)食品安全地方标准:由省、自治区、直辖市卫生行政部门负责制定、公布、解释,在本行政区域内统一实施,国务院卫生行政部门负责食品安全地方标准备案。食品安全国家标准公布实施后,相应的食品安全地方标准应当废止。汉语拼音字母"DBS"加上省、自治区、直辖市行政区划代码前两位数再加斜线,组成食品安全地方标准代号。食品安全地方标准编号由代号、顺序和年代号三部分组成,如DBSxx/xxx-xxxx 代号顺序号年代号。

(3)食品安全企业标准:企业生产的食品没有食品安全国家标准或者地方标准的,应当制定企业标准,作为组织生产的依据,在本企业内部适用。企业标准的编号格式为:Q/(企业代号)(四位顺序号)S——(年号)。

食品安全标准根据其适用范围,按照上述三个层级可以分为食品安全国家标准、食品安全地方标准和食品安全企业标准三类。

2. 按标准的适用范围食品安全标准可分为基础标准、产品标准、生产经营卫生规范及配套的检验方法标准等。

(1)基础标准:主要设置食品中的环境污染物、农药残留、真菌毒素、生物毒素、微生物污染等影响人体健康的各类物质的允许限量,以及食品添加剂、营养强化剂使用标准和标签、标识、说明书等标准。这些标准作为基础(通用)标准适用于所有类别食品,在产品标准中引用。

(2)产品标准:是根据食品的不同特性和主要危害因素制定的各类产品特定微生物、重金属等质量安全要求,涵盖食品原料、成品等,还包括针对特殊人群营养需要的特殊膳食用食品标准。食品产品标准技术要求包括原料、感官要求、理化指标、污染物限量[执行《食品安全国家标准 食品中污染物限量》(GB 2762—2017)]、真菌毒素限量[执行《食品安全国家标准 食品中真菌毒素限量》(GB 2761—2017)]、微生物限量[执行《食品安全国家标准 食品中致病菌限量》(GB 29921—2013),并说明在该标准中的食品类别]、食品添加剂及营养强化剂:基于食品安全风险监测、风险评估结果确定的相关指标,应当说明[执行《食品安全国家标准 食品添加剂使用标准》(GB 2760—2014)和《食品安全国家标准 食品营养强化剂使用标准》(GB 14880—2012)]、其他需要规定的食品安全指标(如农药残留或兽药残留等,说明其与相应食品安全国家标准的关系)、其他需要规定的指标。

(3)食品检验方法标准:检验方法标准是上述食品安全标准的配套和补充,规定了食品微生物学检验、食品毒理学检验、食品理化指标检验标准。目前食品检验方法标准主要包括:GB 15193 系列标准,如《食品安全国家标准　食品安全性毒理学评价程序》(GB 15193.1—2014)、《食品安全国家标准　致畸试验》(GB 15193.14—2015)等;GB 4789 系列标准,如《食品安全国家标准　食品微生物学检验　总则》(GB 4789.1—2016)、《食品安全国家标准　食品微生物学检验　蜡样芽胞杆菌检验》(GB 4789.14—2014)等;GB 5009 系列标准,如《食品安全国家标准　食品中水分的测定》(GB 5009.3—2016)、《食品安全国家标准　食品中总砷及无机砷的测定》(GB 5009.11—2014)等。

(4)食品生产经营规范标准:食品生产规范标准《食品安全国家标准　食品生产通用卫生规范》(GB 14881—2013),规定了食品生产过程中原料采购、加工、包装、贮存和运输等环节的场所、设施、人员的基本要求和管理准则,适用于各类食品的生产,如果确有必要制定某类食品生产的专项卫生规范,应当以本标准作为基础,如《食品安全国家标准　罐头食品生产卫生规范》(GB 8950—2016)等;食品经营卫生规范标准《食品安全国家标准　食品经营过程卫生规范》(GB 31621—2014)规定了食品采购、运输、验收、贮存、分装与包装、销售等经营过程中的食品安全要求,适用于各种类型的食品经营活动。还有诸如《食品安全国家标准　肉和肉制品经营卫生规范》(GB 20799—2016)这种各类食品的经营规范标准,规定了各类食品采购、运输、验收、贮存、销售等经营过程中的食品安全要求,适用于特定种类食品的经营活动。但是食品经营卫生规范标准均不适用于网络食品交易、餐饮服务、现制现售的食品经营活动。

三、食品安全标准的内容及主要指标

(一)食品安全标准的内容

《食品安全法》规定,食品安全标准应当包括以下八个方面的内容。

1. 食品、食品添加剂、食品相关产品中的致病性微生物,农药残留、兽药残留、生物毒素、重金属等污染物质以及其他危害人体健康物质的限量规定。

2. 食品添加剂的品种、使用范围、用量。

3. 专供婴幼儿和其他特定人群的主辅食品的营养成分要求。

4. 对与卫生、营养等食品安全要求有关的标签、标志、说明书的要求。

5. 食品生产经营过程的卫生要求。

6. 与食品安全有关的质量要求。与食品安全有关的质量要求,主要包括营养要求;食品的物理或化学要求,如酸、碱等指标;食品的感觉要求,如味道、颜色等。

7. 与食品安全有关的食品检验方法与规程。

8. 其他需要制定为食品安全标准的内容。此项包括其他没有明确列举,但是涉及食品安全,需要制定标准的内容。

(二)食品安全标准的主要指标

食品安全标准指标主要包括三个方面,即感官指标、理化指标和微生物指标。

1. 感官指标　食品安全标准规定了食品正常状态下的感官性状,即感官指标,在食品质量安全鉴定中至关重要。感官检查就是利用人体的感觉器官,通过视觉、嗅觉、触觉等对

食品的色、香、味、形进行鉴定,其对食品的判定具有一定的法律效力,如《食品安全法》规定,禁止生产经营腐败变质、油脂酸败、霉变生虫、污秽不洁、混有异物、掺假掺杂或者感官性状异常的食品。

2. 理化指标　　主要是对食品中各种农药、环境污染物、食品添加剂、营养强化剂的限量指标,也包括反映食品卫生质量变化情况的一些化学性指标,如酸价、过氧化值、酸度等。在儿童食品和营养食品中理化指标还应包括营养学指标;在保健食品中还应包括具有功能性作用的有关指标。理化指标通常采用化学法或仪器法进行检验。

3. 微生物指标　　食品安全标准中控制食品微生物污染的指标主要有菌落总数、大肠菌群、致病菌计数、霉菌菌落总数、酵母菌落总数等。

四、食品安全标准的管理

(一)食品安全标准的制定主体

1. 食品安全国家标准　　由国务院卫生行政部门、国务院农业行政部门会同国务院食品安全监督管理部门制定。其中食品中农药残留、兽药残留的限量规定及其检验方法与规程由国务院卫生行政部门、国务院农业行政部门会同国务院食品安全监督管理部门制定;屠宰畜、禽的检验规程由国务院农业行政部门会同国务院卫生行政部门制定。

国务院卫生行政部门组织成立食品安全国家标准审评委员会(以下简称审评委员会),负责审查食品安全国家标准草案,对食品安全国家标准工作提供咨询意见。审评委员会设专业分委员会和秘书处。

2. 食品安全地方标准　　对地方特色食品,没有食品安全国家标准的,可以由省、自治区、直辖市卫生行政部门负责制定并公布食品安全地方标准,在国务院卫生行政部门备案。

3. 食品安全企业标准　　在没有食品安全国家标准或者地方标准的情况下,企业可以制定企业标准,依据生产企业所制定的食品安全企业标准组织生产。企业采用的企业标准不允许低于食品安全国家标准的要求,且应在省级卫生行政部门备案。

(二)食品安全标准制定

1. 食品安全国家标准制(修)订

(1)食品安全国家标准制定原则:制定食品安全国家标准应当以保障公众健康为宗旨,以食品安全风险评估结果为依据,做到科学合理、公开透明、安全可靠。

(2)食品安全国家标准制定依据:《食品安全法》规定,制定食品安全国家标准,应当依据食品安全风险评估结果并充分考虑食用农产品安全风险评估结果,参照相关的国际标准和国际食品安全风险评估结果,并将食品安全国家标准草案向社会公布,广泛听取食品生产经营者、消费者、有关部门等方面的意见。

(3)食品安全国家标准制(修)订程序:根据《中华人民共和国食品安全法》及其实施条例,国务院卫生行政部门制定的《食品安全国家标准管理办法》于2010年9月20日经原卫生部部务会议审议通过,自2010年12月1日起施行,以规范食品安全国家标准制(修)订工作。

食品安全国家标准制(修)订工作程序为规划、计划、立项、起草、审查、批准、发布以及修改与复审等。且鼓励公民、法人和其他组织参与食品安全国家标准制(修)订工作,提出意见和建议。

1)规划、计划、立项:原卫生部会同国务院农业行政、质量监督、工商行政管理和国家食品安全监督管理以及国务院商务、工业和信息化等部门制订食品安全国家标准规划及其实施计划。任何公民、法人和其他组织都可以提出食品安全国家标准立项建议。根据食品安全风险评估结果和食品安全监管中发现的重大问题，可以紧急增补食品安全国家标准制（修）订项目。

2）起草：原卫生部采取招标、委托等形式，择优选择具备相应技术能力的单位承担食品安全国家标准起草工作。提倡由研究机构、教育机构、学术团体、行业协会等单位组成标准起草协作组共同起草标准。起草单位应当在委托协议书规定的时限内完成起草和征求意见工作，并将送审材料及时报送审评委员会秘书处（以下简称秘书处）。

3）审查：食品安全国家标准应当经食品安全国家标准审评委员会审查通过。食品安全国家标准审评委员会由医学、农业、食品、营养等方面的专家以及国务院有关部门的代表组成。

4）批准和发布：审查通过的标准，以国务院卫生行政部门公告的形式发布。食品安全国家标准自发布之日起20个工作日内在国务院卫生行政部门网站上公布，供公众免费查阅。国务院卫生行政部门负责食品安全国家标准的解释工作。食品安全国家标准的解释以原卫生部发文形式公布，与食品安全国家标准具有同等效力。

5）修改和复审：食品安全国家标准公布后，个别内容须作调整时，以国务院卫生行政部门公告的形式发布食品安全国家标准修改单。食品安全国家标准实施后，审评委员会应当适时进行复审，提出继续有效、修订或者废止的建议。对需要修订的食品安全国家标准，应当及时纳入食品安全国家标准修订立项计划。卫生行政部门应当组织审评委员会、省级卫生行政部门和相关单位对标准的实施情况进行跟踪评价。任何公民、法人和其他组织均可以对标准实施过程中存在的问题提出意见和建议。

2. 食品安全地方标准的制定、公布及备案　食品安全标准制定、公布及备案管理的法律依据有《食品安全法》及其实施条例、《食品安全地方标准管理办法》《关于加强食品安全标准工作的指导意见》《食品安全地方标准制定及备案指南》《国家卫生计生委办公厅关于进一步加强食品安全标准管理工作的通知》等。

（1）食品安全地方标准制定范围：省级卫生计生行政部门对没有食品安全国家标准的地方特色食品制定食品安全地方标准。食品安全地方标准包括地方特色食品的产品标准、生产经营过程的卫生要求、与地方标准配套的检验方法与规程等，不包括食品安全国家标准已经涵盖的食品类别和保健食品、特殊医学用途配方食品、婴幼儿配方食品、食品添加剂、食品相关产品等。

（2）食品安全地方标准制定原则：制定食品安全地方标准应当以保障公众健康为宗旨，以食品安全风险评估结果为依据，充分考虑地方食品特色和饮食习惯，做到科学合理、公开透明、安全可靠。

（3）食品安全地方标准制定程序：食品安全地方标准的制定、修订程序可参考食品安全国家标准的相关程序，包括征集立项建议，形成食品安全地方标准立项建议草案；公开征求意见，咨询食品安全国家标准审评委员会秘书处意见；确定项目计划及具体标准承担单位；起草单位开展调研和收集风险评估资料，形成标准草案；形成征求意见稿，公开征求意见；形成送审稿，送地方食品安全标准审评委员会审查；形成报批稿，并批准发布；报食品安全国家标准审评委员会秘书处备案。

（4）食品安全地方标准备案程序：食品安全国家标准审评委员会秘书处受国务院卫生行政部门委托，承担食品安全地方标准备案工作。标准备案程序主要包括：各省级卫生计生行政部门在食品安全地方标准公布之日起20日内向秘书处提交纸质和电子文件形式的备案材料（标准批准发布文件、标准正式文本、标准编制说明等其他资料）；省级卫生计生行政部门在修订已备案的地方标准后，应当按上述程序重新报送备案；省级卫生计生行政部门应当及时关注食品安全国家标准发布情况，如发现有与已备案的地方标准相对应的国家标准发布实施，应当及时废止相应的地方标准，并将废止的文件于废止之日起20日内报送秘书处。

（5）食品安全地方标准跟踪评价：省级卫生行政部门应当组织卫生监督机构、相关单位对食品安全地方标准的执行情况进行跟踪评价，评价情况应当及时通报相关部门。

（6）食品安全地方标准复审：食品安全标准实施后，省级卫生行政部门应当根据科学技术发展、相关食品安全标准制定和跟踪评价结果等情况，组织卫生监督机构对标准复审，确定其继续有效、修订或废止。复审周期原则上不超过五年。

3. 食品安全企业标准制定及备案　食品安全企业标准管理法律依据有《食品安全法》及其实施条例、《食品安全企业标准备案办法》《国家卫生计生委办公厅关于进一步加强食品安全标准管理工作的通知》等。

（1）企业标准制定要求：企业标准应当包括食品原料（包括主料、配料和使用的食品添加剂）、生产工艺以及与食品安全相关的指标、限量、技术要求。

企业标准的编写应当符合GB/T1.1《标准化工作导则第1部分：标准的结构和编写规则》的要求。

企业标准编制说明应当详细说明企业标准制定过程和与相关国家标准、地方标准、国际标准、国外标准的比较情况。标准比较适用原则为：①有国家标准或者地方标准时，与国家标准或者地方标准比较；②没有国家标准和地方标准时，与国际标准比较；③没有国家标准、地方标准、国际标准时，与两个以上国家或者地区的标准比较。

当企业标准发生如下变化时企业应当主动对标准进行复审：①有关法律、法规、规章和食品安全国家标准、地方标准发生变化时；②企业生产工艺或者食品原料（包括主料、配料和使用的食品添加剂）及配方发生改变时；③其他应当进行复审的情形。

（2）企业标准备案要求：食品生产企业制定企业标准，应当在组织生产之前向省级卫生行政部门备案。企业标准备案是指卫生计生部门将企业标准中食品安全相关内容材料进行登记、存档、公开、备查的过程。

企业标准备案时企业应当：①提交企业标准备案登记表、企业标准文本（一式八份）及电子版、企业标准编制说明以及省级卫生行政部门规定的其他资料。②企业应当确保备案的企业标准的真实性、合法性，确保根据备案的企业标准所生产的食品的安全性，并对其实施后果承担全部法律责任。备案的企业标准由企业的法定代表人或者主要负责人签署。③企业要求不公开涉及商业秘密的企业标准内容的，应当在备案时提出书面意见，并同时提供可向社会公布的企业标准文本。

企业标准备案时省级卫生行政部门应当确定一个受理企业标准备案的机构，并予以公示。①省级卫生行政部门收到企业标准备案材料时，应当对提交材料是否齐全等进行核对，并根据企业标准依法是否需要备案、提交材料是否齐全和符合规定要求作出处理，企业提交的材料不齐全或者不符合规定要求的,应当立即或者在5个工作日内告知当事人补正。②省级卫生行政部门受理企业标准备案后,应当在受理之日起10个工作日内在备案登记表上标注备案号并加盖备案章。标注的备案号和加盖的备案章作为企业标准备案凭证。备案号编排格式为:(各省、自治区、直辖市行政区划代码前两位)(四位顺序号)S——(年代号)。顺序号由省级卫生行政部门自行编排。③省级卫生行政部门应当在发给企业备案凭证之日起20个工作日内向社会公布备案的企业标准,并同时将备案的企业标准文本发送同级农业行政、质量监督、工商行政管理、食品安全监督管理部门。

(3)企业标准延续备案的要求:企业标准备案有效期为三年。①有效期届满需要延续备案的,企业应当对备案的企业标准进行复审,并填写企业标准延续备案表,到原备案的卫生行政部门办理延续备案手续。②企业经复审认为需要修订企业标准的,应当在修订后重新备案。备案的企业标准有效期届满,但企业未办理延续备案手续的,原备案的卫生行政部门应当通知企业在规定的期限内办理相关手续;企业在规定的期限内仍未办理的,原备案的卫生行政部门应当注销备案。③省级卫生行政部门应当在延续企业标准备案或者注销企业标准备案之日起20个工作日内向社会公布延续或者注销情况。

(4)企业标准注销备案:注销企业标准备案的情形主要有①省级卫生行政部门接到有关监管部门通报,企业没有按照备案的企业标准组织生产时,应当按照下列情况作出处理:对没有食品安全国家标准或者地方标准的企业标准,有关监管部门建议注销备案的,予以注销;对严于食品安全国家标准或者地方标准的企业标准,予以注销。②省级卫生行政部门发现备案的企业标准弄虚作假的,应当予以注销。③省级卫生行政部门在注销备案前,应当告知企业有听证的权利。企业要求听证的,卫生行政部门应当按规定组织听证。

五、我国食品安全标准与国际标准的比较

WTO是与食品安全标准制定关系最为密切的国际组织。WTO在其制定的"卫生和植物卫生措施协定(SPS)"中规定,其成员国应按照两种形式制定国家食品标准:一是按照食品国际法典委员会(Codex Alimentary Commission,CAC)的法典标准、导则、卫生规范和推荐指标,制定食品标准或等同采用进口国标准。二是出于对本国国民实施特殊的健康保护目的,要求必须首先对以下两种危害进行评价:①某种疾病在本国的流行及其可能造成的健康和经济危害;②食品、饮料或饲料中的添加剂、污染物、毒素、致病菌对人或动物健康的潜在危害。WTO认为只有在上述评价的基础上才能制定既能保护本国国民身体健康又不致对食品国际贸易产生技术壁垒作用的食品标准。

(一)国际食品法典委员会CAC简介

1961年,联合国粮农组织(FAO)和世界卫生组织(WHO)召开会议,讨论建立一套国际食品标准,以指导日趋发展的全球食品工业,保护人类健康,促进食品的公平国际贸易。其后,FAO/WHO联合成立了食品法典委员会。目前CAC共有包括我国在内的187个成员国和一个成员组织(欧盟)。CAC的首要职责是保护消费者健康和保证食品国际贸易的公平性,其主要工作包括:

1. 制定推荐性的食品标准及食品加工规范。

2. 促进国际政府和非政府组织间有关食品标准工作的协作并协调各国的食品标准。

3. 指导各成员国和全球食品安全标准体系的建立。

（二）食品法典

CAC 向各成员国推荐的有关食品标准、最大残留限量、卫生规范和指南等通称为食品法典（Codex Alimentarius，CA），包括所有加工、半加工食品或食品原料的标准、有关食品卫生、食品添加剂、农药残留、污染物、标签及说明、采样与分析方法等方面的通用条款及准则，还包括食品加工的卫生规范及其他指导性条款。

CAC 制定法典标准考虑的原则为保护消费者健康、促进公正国际食品贸易、以科学危险性评价（定性与定量）为基础等，并考虑其他合理因素，如经济、不同地区和国家的情况等。在相关食品标准方面，食品法典成为唯一的最重要的国际参考标准，得到了国际和各国政府的认知，增强了对消费者的保护。

食品法典是推荐性的标准，它不对国际食品贸易构成直接的强制约束力，但由于它是在大量科学研究的基础上制定并经各成员国协商确定的，因此，食品法典具有科学性、协调性和权威性，在国际食品贸易中有举足轻重的作用。CAC 已被 WTO 在其 SPS 协定中认可为解决国际食品贸易争端的依据之一，故已成为公认的食品安全国际标准。

（三）我国食品安全标准与国际标准的比较

加入 WTO 后，我国食品标准工作逐步与国际接轨，目前正在按照《食品安全法》要求，逐步清理完善形成统一的食品安全标准体系，基本符合或接近国际食品法典标准。以食品中污染物限量标准为例，我国食品安全标准与国际食品法典标准项目和指标值的符合率超过 70%。但是食品安全标准与发达国家和国际食品法典标准仍有差距，诸如食品安全标准基础研究滞后，科学性和实用性有待提高，部分农药兽药残留等相关标准缺失、检验方法不配套等。

食品中污染物是影响食品安全的重要因素之一，是食品安全管理的重点内容。国际上通常将常见的食品污染物在各种食品中的限量要求，统一制定公布为食品污染物限量通用标准，如 CAC 制定公布的《食品和饲料中污染物和毒素通用标准》，涉及食品污染物、毒素和放射性核素限量规定；欧盟委员会 No 1881/2006 指令，规定了食品中特定污染物（含真菌毒素）限量；澳新食品标准局公布的《食品法典标准》的 1.4.1《污染物及天然毒素》中规定了特定的金属和非金属污染物、天然毒素限量。

我国食品安全国家标准 GB 2761 及 GB 2762 是食品安全通用标准，对保障食品安全、规范食品生产经营、维护公众健康具有重要意义。GB 2761 中规定了我国食品中真菌毒素的限量要求，GB 2762 中规定了除农药残留、兽药残留、生物毒素和放射性物质以外的化学污染物限量要求，我国对食品中农药残留限量、兽药残留限量、放射性物质限量另行制定相关食品安全国家标准。标准修订工作遵照《食品安全法》及其实施条例规定，以风险评估为依据，科学合理设置污染物指标及限量，主要工作原则为：①坚持《食品安全法》立法宗旨，以保障公众健康为基础，重点对我国居民健康构成较大风险的食品污染物和对居民膳食暴露量有较大影响的食品种类设置限量规定，突出安全性要求；②坚持以风险评估为基础，遵循国际食品法典委员会食品中污染物标准制定原则，结合污染物监测和暴露评估，确定污染物及其在相关食品中的限量，确保科学性；③坚持食品污染物源头控制和生产过程控制相结合，重点对食品原料中污染物进行控制，通过严格生产过程卫生控制，降低食品终产品中相关污染物含量；④强调无论是否制定污染物限量，食品生产和加工者均应采取控制措施，突出食品生产经营过程中的污染物控制要求，使食品中各种污染物的含量达到最低水平，从而最大程度维护消费者健康利益；⑤坚持标准工作的公开透明和各领域专家广泛参与。

（闻　颖）

第三节　食品安全监督管理

食品安全需要社会共治，即调动各方社会力量，包括政府监督管理行政部门、食品生产经营者、行业协会、消费者协会乃至公民个人，共同参与食品安全工作，形成共管共治格局。

一、食品安全的责任主体

政府监管部门、食品生产经营者、行业协会、消费者协会乃至公民个人等各方社会力量均是食品安全的责任主体。

1. 政府的监督管理责任　政府的行政监督管理部门通过制定标准、加强风险监测防控、建立食品安全监督检查、监控、处罚制度等督促食品生产经营者履行职责，依法施行食品安全监督管理工作。

2. 食品生产经营者的主体责任　食品生产经营者对其生产经营食品的安全负责。食品生产经营者应当依照法律、法规和食品安全标准从事生产经营活动，保证食品安全，诚信自律，对社会和公众负责，接受社会监督，承担社会责任。

3. 食品行业协会的引导督促责任　食品行业协会应当加强行业自律，按照章程建立健全行业规范和奖惩机制，提供食品安全信息、技术等服务，引导和督促食品生产经营者依法生产经营，推动行业诚信建设，宣传、普及食品安全知识。

4. 新闻媒体的舆论监督责任　新闻媒体应当开展食品安全法律、法规以及食品安全标准和知识的公益宣传，并对食品安全违法行为进行舆论监督。有关食品安全的宣传报道应当真实、公正。

5. 消费者的社会监督责任　消费者协会和其他消费者组织对违反《食品安全法》规定，损害消费者合法权益的行为，依法进行社会监督。任何组织或者个人有权举报食品安全违法行为，依法向有关部门了解食品安全信息，对食品安全监督管理工作提出意见和建议。

二、食品安全监督管理工作的原则

食品安全工作实行预防为主、风险管理、全程控制、社会共治，建立科学、严格的监督管理制度。

（一）预防为主

坚持关口前移，全面排查、及时发现处置苗头性、倾向性问题，严把食品安全的源头关、生产关、流通关、入口关，坚决守住不发生系统性区域性食品安全风险的底线。

（二）风险管理

树立风险防范意识，强化风险评估、监测、预警和风险交流，建立健全以风险分析为基础的科学监管制度，严防严管严控风险隐患，确保监管跑在风险前面。

（三）全程控制

严格实施从"农田到餐桌"全链条监管，建立健全覆盖全程的监管制度、覆盖所有食品类型的安全标准、覆盖各类生产经营行为的良好操作规范,全面推进食品安全监管法治化、标准化、专业化、信息化建设。

(四)社会共治

全面落实企业食品安全主体责任,严格落实地方政府属地管理责任和有关部门监管责任。充分发挥市场机制作用,鼓励和调动社会力量广泛参与,加快形成企业自律、政府监管、社会协同、公众参与的食品安全社会共治格局。

(五)建立科学、严格的监督管理制度

1. 增设风险分级管理制度　新修订的《食品安全法》规定食品安全监管部门应当根据食品安全风险监测、评估结果和食品安全状况等确定监管重点、方式和频次,实施风险分级管理,以提高监管效果,合理分配监管力量和监管资源。

2. 增设责任约谈制度　食品安全监管部门可以对未及时采取措施消除隐患的食品生产经营者的主要负责人进行责任约谈;政府可以对未及时发现系统性风险、未及时消除监管区域内的食品安全隐患的监管部门主要负责人和下级人民政府主要负责人进行责任约谈,以督促履行有关方面食品安全监管责任。

3. 实行食品安全信用档案公开和通报制度　食品安全监管部门应当建立食品生产经营者食品安全信用档案,记录许可颁发、日常监督检查结果、违法行为查处等情况,依法向社会公布并实时更新,可以向投资、证券等管理部门通报。

三、食品安全监督管理体制

食品安全监督管理体制是指国家对食品安全实施监督管理采取的组织形式和基本制度,是国家有关食品安全法律、法规和方针、政策得以有效贯彻落实的组织保障和制度保障。

(一)食品安全监督管理体制的沿革

我国食品安全监督管理体制经历了从卫生部门一家统一监管到多个部门实施分段监管,经由原食品药品监督管理总局到现行的市场监督管理总局一家统一监管的体制变化过程。

1. 以卫生部门为主的食品卫生监督体制　1953年国务院批准建立各级卫生防疫站,各级卫生防疫站内设立食品卫生监督机构,负责食品卫生监督工作,而食品企业生产经营则由轻工业部门管理。

1993年国务院机构改革撤销了轻工业部,食品生产经营方式发生很大变化,食品企业在体制上不再由轻工业部管理。1995年《食品卫生法》确定了卫生部门食品卫生执法主体地位,废除原有政企合一体制下主管部门的管理职权,明确规定国家实行食品卫生监督制度,注重食品卫生,监督管理体制如图9-2所示。

1998年,国务院机构改革后,国家质检局和原国家工商局分别升格为质检总局和工商总局,监管食品的部门除了卫生部门以外,增加了质检、工商两个部门。

原先食品企业办理食品卫生许可证,进行工商登记后,就可以生产经营,而如今某些食品品种(如酒类、乳制品、肉制品、饮料)还需要取得工业产品生产许可证后方能生产经营,即注重食品的卫生也注重食品质量。

2003年以前是以卫生行政部门为主的食品卫生监督管理体制。该阶段在国家质检总局成立以前,中国的食品监管工作一直是由原卫生部主管,主要的监管职责是制定国家食品卫生管理体系,包括食品卫生标准的制定、许可证的发放、食品卫生检测和对违规者处罚

我国食品卫生监督管理基本体制

国务院卫生行政部门（主管监督管理）

中央军委（监督管理）
（制定军队专用食品和自供食品卫生管理办法）

铁道、交通行政主管部门的
食品卫生监督机构
（监督管理）

国务院有关部门（管理）

各兵种部队

食品生产经营者
食品生产经营者活动

省级人民政府卫生行政部门
（公共卫生监督所）（监督）

省级人民政府的食品生产
经营管理部门（管理）

地市级人民政府卫生行政部门
（公共卫生监督所）（监督）

市级人民政府的食品生产
经营管理部门（管理）

县级人民政府卫生行政部门
（公共卫生监督所）（监督）

县级人民政府的食品生产
经营管理部门（管理）

食品生产经营者
食品生产经营者活动

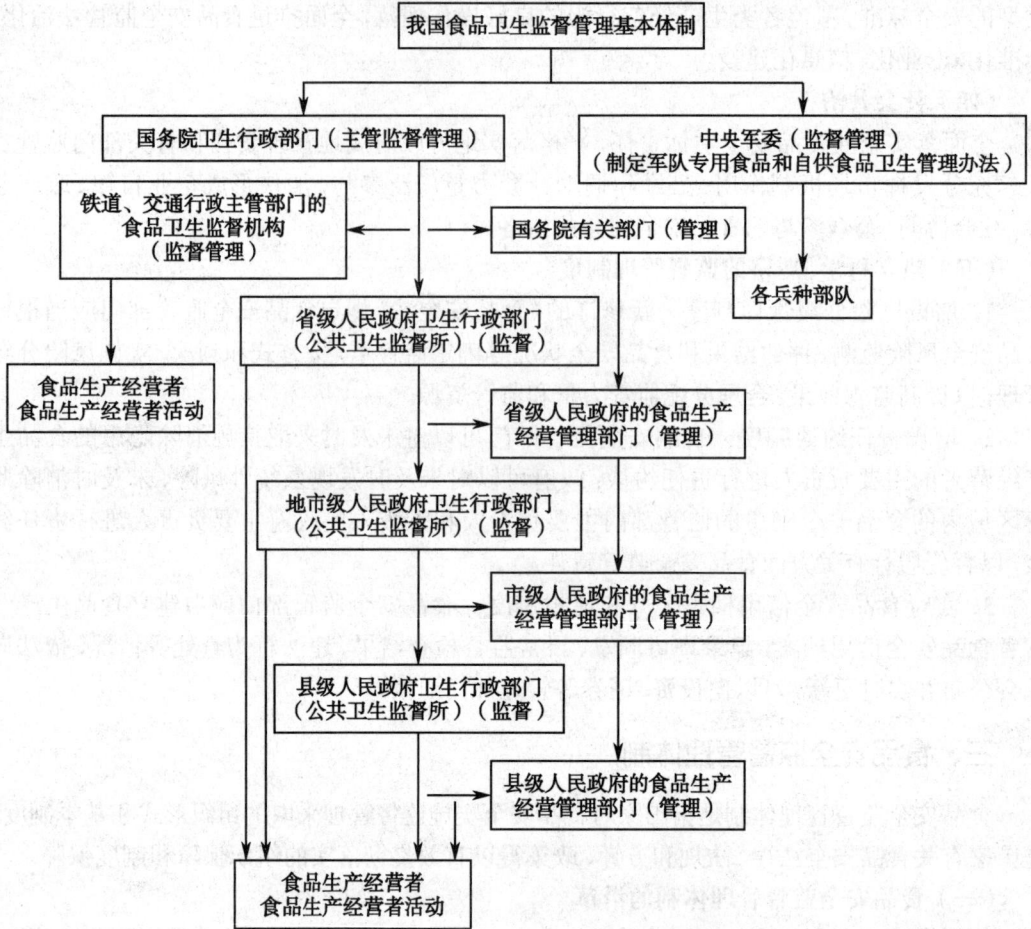

图 9-2　我国早期食品卫生监督管理体制框架

等职能。质检总局成立后，原卫生部监管食品的部分职能就被陆续分解到农业、工商、科技、工信、质检、药监等部门，形成"九龙治水"的多头监管格局，其基本的特征是一个部门负责食品链一个或者几个环节的监管，部门之间的协调性较差。

2. 分段监管与综合协调相结合的食品安全监督管理体制

（1）食品药品监督管理部门负责综合协调：2003 年，国务院机构改革，在原国家药品监督管理局的基础上组建了国家食品药品监督管理局。2004 年国务院《关于进一步加强食品安全工作的决定》规定按照一个监管环节由一个部门监管的原则，采取分段监管为主、品种监管为辅的方式与综合协调相结合的食品安全监督管理体制，初步体现了食品安全全程治理理念。

农业部门负责初级农产品生产环节的监管；质检部门负责食品生产加工环节的监管；工商部门负责食品流通环节的监管；卫生部门负责餐饮业和食堂等消费环节的监管；食品药品监督管理部门负责食品安全组织协调、综合监督、查处重大食品安全事故。

（2）卫生行政部门负责综合协调：2008 年，国务院机构改革将食品药品监督管理局并入原国家卫生部，由原卫生部管理，明确由原卫生部承担食品安全综合协调、组织查处食品安全重大事故的责任；食品药品监督管理局负责食品卫生许可、餐饮、食堂等消费环节的食品安全监督管理；农业部、国家质检总局和国家工商总局按照原职责分工，继续负责农产品生产环节、食品生产加工环节和食品流通环节的监督管理。

2009年《食品安全法》从法律上明确了分段监管和综合协调相结合的体制，并规定国务院成立食品安全委员会作为高层议事协调机构，其工作职责由国务院规定；国务院卫生行政部门承担食品安全综合协调职责，负责食品安全风险评估、食品安全标准制定、食品安全信息公布、食品检验机构的资质认定条件和检验规范的制定，组织查处食品安全重大事故；国务院质量监督、工商行政管理和国家食品药品监督管理部门依照《食品安全法》和国务院规定的职责，分别对食品生产、食品流通、餐饮服务活动实施监督管理。

（3）国务院食品安全委员会办公室负责综合协调：2011年《关于国务院食品安全委员会办公室机构编制和职责调整有关问题的批复》决定将原卫生部的综合协调、牵头组织食品安全重大事故调查、统一发布重大食品安全信息职责划入国务院安全办。三项职能划归食安委后，原卫生部保留三项职能，食品安全标准的制定、食品安全风险监测评估、对检验机构资质条件的认定。原卫生部承担的各项食品安全职责是食品安全的基础性工作，是食品安全监管的重要技术依据。

这一时期的食品安全监管体制在国家层面，实行分段监管为主、品种监管为辅和综合协调相结合体制；在地方政府层面，实行地方政府负总责下的部门分段监管和综合协调相结合体制。

3. 食品安全统一监管体制

（1）原食品药品监督管理总局统一监督管理：2013年根据第十二届全国人民代表大会第一次会议审议的《国务院关于提请审议国务院机构改革和职能转变方案》的议案，组建国家食品药品监督管理总局，将国务院食品安全委员会办公室的职责、国家食品药品监督管理局的职责、国家质量监督检验检疫局的生产环节食品安全监督管理职责、国家工商行政管理总局的流通环节食品安全监督管理职责整合，主要职责是对生产、流通、消费环节的食品安全和药品的安全性、有效性实施统一监督管理。不再保留国家食品药品监督管理局、单设的国务院食品安全委员会办公室，但是保留国务院食品安全委员会，具体工作由国家食品药品监督管理总局承担。原农业部负责农产品质量安全监督管理，将商务部生猪定点屠宰监督管理职责划入原农业部。

国务院《关于地方改革完善食品药品监督管理体制的指导意见》规定省、市、县级政府原则上参照国务院整合食品药品监督管理职能和机构的模式，结合本地实际，将原食品安全办、原食品药品监管部门、工商行政管理部门、质量技术监督部门的食品安全监管和药品管理职能进行整合，组建食品药品监督管理机构，食品药品实行集中统一监管，同时承担本级政府食品安全委员会的具体工作。

至此，我国食品安全监督管理从分段监管变革到统一监管体制。这一食品安全监督管理体制在2015年新修订的《食品安全法》中以法律的形式确定下来，并进行调整完善。

（2）国家市场监督管理局统一监督管理：2018年根据第十三届全国人民代表大会第一次会议批准的国务院机构改革方案，组建国家市场监督管理总局，作为国务院直属机构之一。食品安全监督管理的综合协调工作由新组建的国家市场监督管理总局负责，具体工作由其内设机构食品安全协调司、食品生产安全监督管理司、食品经营安全监督管理司、特殊食品安全监督管理司及食品安全抽检监测司负责。同年对2015年修订的《食品安全法》进行修正,主要是将条款中的"食品药品监督管理部门"和"质量监督部门"均修正为"食品安全监督管理部门"。

(二)我国现行食品安全监督管理体制

1. 国家层面的食品安全监督管理体制

(1)国务院设立食品安全委员会,其职责由国务院规定。

(2)国务院食品安全监督管理部门依照《食品安全法》和国务院规定的职责,对食品生产经营活动实施监督管理。

(3)国务院卫生行政部门依照《食品安全法》和国务院规定的职责,组织开展食品安全风险监测和风险评估,会同国务院食品安全监督管理部门制定并公布食品安全国家标准。

(4)国务院其他有关部门依照《食品安全法》和国务院规定的职责,承担有关食品安全工作。

2. 地方政府层面的食品安全监督管理体制

(1)县级以上地方人民政府对本行政区域的食品安全监督管理工作负责,统一领导、组织、协调本行政区域的食品安全监督管理工作以及食品安全突发事件应对工作,建立健全食品安全全程监督管理工作机制和信息共享机制。

(2)县级以上地方人民政府依照《食品安全法》和国务院的规定,确定本级食品安全监督管理、卫生行政部门和其他有关部门的职责。有关部门在各自职责范围内负责本行政区域的食品安全监督管理工作。

(3)县级人民政府食品安全监督管理部门可以在乡镇或者特定区域设立派出机构。

四、食品安全监督管理的范围

1. 食品生产和加工(以下称食品生产),食品销售和餐饮服务(以下称食品经营)活动。

2. 食品添加剂的生产经营活动。

3. 用于食品的包装材料、容器、洗涤剂、消毒剂和用于食品生产经营的工具、设备(以下称食品相关产品)的生产经营。

4. 食品生产经营者使用食品添加剂、食品相关产品。

5. 食品的贮存和运输。

6. 对食品、食品添加剂、食品相关产品的安全管理。

五、食品安全监督管理的工作内容

1. 确定监督管理的重点、方式和频次,实施风险分级管理 县级以上地方人民政府组织本级食品安全监督管理、农业行政等部门根据食品安全风险监测、风险评估结果和食品安全状况等,确定监督管理的重点、方式和频次,实施风险分级管理。

2. 制订食品安全年度监督管理计划 县级以上地方人民政府组织本级食品安全监督管理、农业行政等部门制定本行政区域的食品安全年度监督管理计划,向社会公布并组织实施。

食品安全年度监督管理计划应当将下列事项作为监督管理的重点:①专供婴幼儿和其他特定人群的主辅食品;②保健食品生产过程中的添加行为和按照注册或者备案的技术要求组织生产的情况,保健食品标签、说明书以及宣传材料中有关功能宣传的情况;③发生食品安全事故风险较高的食品生产经营者；④食品安全风险监测结果表明可能存在食品安全隐患的事项。

3. 对食品生产经营者进行执法监督检查　县级以上人民政府食品安全监督管理履行食品安全监督管理职责，有权采取下列措施，对生产经营者遵守《食品安全法》的情况进行监督检查：①进入生产经营场所实施现场检查；②对生产经营的食品、食品添加剂、食品相关产品进行抽样检验；③查阅、复制有关合同、票据、账簿以及其他有关资料；④查封、扣押有证据证明不符合食品安全标准或者有证据证明存在安全隐患以及用于违法生产经营的食品、食品添加剂、食品相关产品；⑤查封违法从事生产经营活动的场所。

4. 规定食品中有害物质的临时限量值和临时检验方法　对食品安全风险评估结果证明食品存在安全隐患，需要制定、修订食品安全标准的，在制定、修订食品安全标准前，国务院卫生行政部门应当及时会同国务院有关部门规定食品中有害物质的临时限量值和临时检验方法，作为生产经营和监督管理的依据。

5. 对监督检查的食品进行抽查检测　县级以上人民政府食品安全监督管理部门在食品安全监督管理工作中可以采用国家规定的快速检测方法对食品进行抽查检测。对抽查检测结果表明可能不符合食品安全标准的食品，应当依照《食品安全法》的规定进行检验。抽查检测结果确定有关食品不符合食品安全标准的，可以作为行政处罚的依据。

6. 建立食品生产经营者食品安全信用档案

（1）县级以上人民政府食品安全监督管理部门应当建立食品生产经营者食品安全信用档案，记录许可颁发、日常监督检查结果、违法行为查处等情况，依法向社会公布并实时更新。

（2）对有不良信用记录的食品生产经营者增加监督检查频次，对违法行为情节严重的食品生产经营者，可以通报投资主管部门、证券监督管理机构和有关的金融机构。

7. 对食品生产经营者进行责任约谈

（1）食品生产经营过程中存在食品安全隐患，未及时采取措施消除的，县级以上人民政府食品安全监督管理部门可以对食品生产经营者的法定代表人或者主要负责人进行责任约谈。

（2）食品生产经营者应当立即采取措施，进行整改，消除隐患。责任约谈情况和整改情况应当纳入食品生产经营者食品安全信用档案。

8. 接受食品安全咨询、投诉、举报并及时答复、核实、处理

（1）县级以上人民政府食品安全监督管理部门应当公布本部门的电子邮件地址或者电话，接受咨询、投诉、举报。接到咨询、投诉、举报，对属于本部门职责的，应当受理并在法定期限内及时答复、核实、处理；对不属于本部门职责的，应当移交有权处理的部门并书面通知咨询、投诉、举报人。有权处理的部门应当在法定期限内及时处理，不得推诿。对查证属实的举报，给予举报人奖励。

（2）有关部门应当对举报人的信息予以保密，保护举报人的合法权益。举报人举报所在企业的，该企业不得以解除、变更劳动合同或者其他方式对举报人进行打击报复。

9. 加强食品安全监督检查人员执法能力的培训和考核　县级以上人民政府食品安全监督管理部门应当加强对执法人员食品安全法律、法规、标准和专业知识与执法能力等的培训，并组织考核。不具备相应知识和能力的，不得从事食品安全执法工作。

10. 接受社会对食品安全执法人员违纪违规等行为的投诉举报与核实处理　食品生产

经营者、食品行业协会、消费者协会等发现食品安全执法人员在执法过程中有违反法律、法规规定的行为以及不规范执法行为的,可以向本级或者上级人民政府食品安全监督管理部门或者监察机关投诉、举报。接到投诉、举报的部门或者机关应当进行核实,并将经核实的情况向食品安全执法人员所在部门通报;涉嫌违法违纪的,按照《食品安全法》和有关规定处理。

11. 对未有效履行食品安全职责的有关部门主要负责人进行责任约谈

(1)县级以上人民政府食品安全监督管理等部门未及时发现食品安全系统性风险,未及时消除监督管理区域内的食品安全隐患的,本级人民政府可以对其主要负责人进行责任约谈。

(2)地方人民政府未履行食品安全职责,未及时消除区域性重大食品安全隐患的,上级人民政府可以对其主要负责人进行责任约谈。

(3)被约谈的食品安全监督管理部门、地方人民政府应当立即采取措施,对食品安全监督管理工作进行整改。

(4)责任约谈情况和整改情况应当纳入地方人民政府和有关部门食品安全监督管理工作评议、考核记录。

12. 食品安全信息发布

(1)国家建立统一的食品安全信息平台,实行食品安全信息统一公布制度。国家食品安全总体情况、食品安全风险警示信息、重大食品安全事故及其调查处理信息和国务院确定需要统一公布的其他信息由国务院食品安全监督管理部门统一公布。

(2)食品安全风险警示信息和重大食品安全事故及其调查处理信息的影响限于特定区域的,也可以由有关省、自治区、直辖市人民政府食品安全监督管理部门公布。未经授权不得发布上述信息。

(3)县级以上人民政府食品安全监督管理、农业行政部门依据各自职责公布食品安全日常监督管理信息。

(4)县级以上地方人民政府食品安全监督管理、卫生行政、农业行政部门获知《食品安全法》规定需要统一公布的信息,应当向上级主管部门报告,由上级主管部门立即报告国务院食品安全监督管理部门;必要时,可以直接向国务院食品安全监督管理部门报告。

(5)县级以上人民政府食品安全监督管理、卫生行政、农业行政部门应当相互通报获知的食品安全信息。

(6)公布食品安全信息,应当做到准确、及时,并进行必要的解释说明,避免误导消费者和社会舆论。任何单位和个人不得编造、散布虚假食品安全信息。

(7)县级以上人民政府食品安全监督管理部门发现可能误导消费者和社会舆论的食品安全信息,应当立即组织有关部门、专业机构、相关食品生产经营者等进行核实、分析,并及时公布结果。

13. 将涉嫌食品安全犯罪者移送公安机关

(1)县级以上人民政府食品安全监督管理部门发现涉嫌食品安全犯罪的,应当按照有关规定及时将案件移送公安机关。对移送的案件,公安机关应当及时审查;认为有犯罪事实需要追究刑事责任的,应当立案侦查。

(2)公安机关在食品安全犯罪案件侦查过程中认为没有犯罪事实,或者犯罪事实显著轻微，不需要追究刑事责任，但依法应当追究行政责任的，应当及时将案件移送食品安全监督管理部门和监察机关，有关部门应当依法处理。

（3）公安机关商请食品安全监督管理、生态环境等部门提供检验结论、认定意见以及对涉案物品进行无害化处理等协助的，有关部门应当及时提供，予以协助。

（黄国伟）

小结：

本章首先介绍了食品安全监督管理的依据食品安全法律法规体系和食品安全标准，主要内容包括食品安全法律法规体系的构成及效力、食品安全法律调整的法律关系、食品安全法律规范；食品安全标准的概念、性质、意义和分类、内容范围和主要指标、食品安全标准的管理以及与国际标准的比较。其次阐述了食品安全的责任主体、食品安全监督管理的原则、体制、范围及工作内容等食品安全监督管理的基础知识。

第十章 食用农产品质量安全监督管理

近年来利用剧毒农药、化肥、膨大剂等对蔬菜瓜果进行病虫害防治、催肥的问题，是最主要的食品安全问题之一。从农田到餐桌的食品安全系统工程中，必须做好源头治理，确保食用农产品质量安全，守住食品原料生产经营的食品安全第一道关口。

第一节 食用农产品生产经营概述

一、基本概念

（一）食用农产品

1. 定义 食用农产品（edible agricultural product）是指供人类食用的来源于农业的初级产品，即在农业活动中获得的供人食用的植物、动物、微生物及其产品。

农业活动包括传统的种植、养殖、采摘、捕捞等农业活动，也包括设施农业和生物工程等现代农业活动。

植物、动物、微生物及其产品：是指在农业活动中直接获得的以及经过分拣、去皮、剥壳、粉碎、清洗、切割、冷冻、打蜡、分级、包装等加工，但未改变其基本自然性状和化学性质的产品。

2. 分类 食用农产品根据其生产经营特点和产品来源可以划分为三大类：

（1）种植业产品：可以分为粮食（原粮、经脱壳或碾磨的粮食产品）和园艺植物（蔬菜、生茶和毛茶、油料植物、调味植物等可食用的人工种植和野生的植物及其初加工产品）两大类。

（2）畜牧业产品：人工饲养、繁殖取得和捕获的各种陆生动物、卵及其初加工品（生肉类、生蛋类、生鲜乳类、蜂蜜类及昆虫类等可食用产品）。

（3）水产类：人工放养、捕捞的水产动物和水生植物产品及其初加工品（鱼类、甲壳类、贝类、软体类等水产品）。

（二）农业投入品及其相关概念

1. 农业投入品 是指在农业和农产品生产过程中使用或添加的物质，主要包括生物投入品、化学投入品和农业设施设备等三大类。

生物投入品：主要包括种子、苗木、微生物制剂（包括疫苗）、天敌生物和转基因种苗等。

化学投入品：农兽药（包括生物源农药）、化学肥料、植物生长调节剂、饲料及饲料添加剂、动物激素、抗生素、保鲜剂等。

农业设施设备：农机具、农膜、温室大棚、灌溉设施、养殖设施、环境调节设施等。

2．安全间隔期　是指农产品在最后一次施用农药到收获上市之间的最短时间。不同品种的农药有不同的安全间隔期。

3．休药期　是指食用动物在最后一次使用兽药到屠宰上市或者其产品（蛋、奶）上市销售的最短期间。不同品种的兽药有不同的休药期。

（三）食用农产品市场销售

食用农产品市场销售（edible agricultural products market sales）是指通过集中交易市场、商场、超市、便利店等销售食用农产品的活动。

集中交易市场：是指销售食用农产品的批发市场和零售市场（含农贸市场）。

（四）食用农产品集中交易市场开办者

指依法设立、为食用农产品交易提供平台、场地、设施、服务以及日常管理的企业法人或者其他组织。

二、食用农产品生产经营主体

（一）食用农产品生产经营者

农产品生产经营者是保障农产品质量安全的重要行为主体，一般包括农民家庭和个人、农产品生产企业和农民专业合作经济组织。由于农产品生产者大多参与销售其产品，还包括其他从事农产品收购的单位或者个人。

我国人均耕地面积小，农产品生产经营总体处于分散、规模小和组织化程度相对低的状况，而影响我国食品安全的主要因素中，首先是产业布局分散、素质总体偏低、生产方式落后、缺乏有效管理。随着工业化、城市化的推进，农业经营逐步由单一的家庭经营向多元主体经营转变。新型农业生产经营主体把分散的农户和瞬息万变的市场联系起来，将各种生产要素向优势产业和特色企业集聚，已成为推进适度规模经营的有效载体。

（二）新型农业经营主体

1．新型农业经营主体　在家庭承包经营制度下，经营规模大、集约化程度高、市场竞争力强的农业经营组织和有文化、懂技术、会经营的职业农民。

2．新型农业经营主体的类型　我国现有农业经营主体，是在以家庭承包经营为基础、统分结合的双层经营体制基础上形成和发展起来。主要有承包农户、专业大户、家庭农场、农民专业合作组织、农业产业化龙头企业和其他各类农业社会化服务组织等。

三、食用农产品存在的主要质量安全问题

食用农产品种植和养殖过程是所有食品生产加工的基础，食用农产品质量安全问题主要体现在生态环境的污染物、农兽药残留问题、人畜共患病传染病、农业生产过程的造假售假和违法添加非食用物质以及滥用饲料添加剂等问题。

（一）生态环境污染

食用农产品种植养殖的生态环境主要包括土壤、水和大气，还包括影响生态环境的社会和自然因素，如工业发展、气候变化、水灾、旱灾等。生态环境的污染物主要包括以下4类：

1．重金属及其他无机和有机化学物质污染　生态环境中的重金属污染主要来自采矿、冶炼、"工业三废"，以及城市垃圾、生产用化肥、饲料添加剂等。受重金属污染的土壤、水源

及空气均可对食用农产品造成重金属污染。无机化工和有机化工中许多有害物都会造成环境污染，对食用农产品的安全性产生不利影响，如氟、苯、酚、苯胺、氰化物、多氯联苯以及放射性物质。

2. 病毒和致病微生物　人类、动物感染的致病性细菌、病毒、寄生虫（卵）随粪便排入环境，对环境造成污染。目前已经得到确认的食源性病毒有甲型肝炎病毒、诺沃克病毒、轮状病毒、小圆病毒、非甲非乙型肝炎病毒和戊型肝炎病毒等。在致病微生物方面，沙门氏菌、致病性大肠埃希氏菌以及其他一些人畜共患病致病微生物是造成食用农产品污染的重要来源。

3. 真菌　农产品受潮湿气候影响会导致污染的真菌增长产生毒素，最常见和危害最大的有黄曲霉产生的黄曲霉毒素、展青霉产生的展青霉毒素等，甘蔗储存不当会被产毒节菱孢霉污染产生 3- 硝基丙酸，导致变质甘蔗中毒。

4. 寄生虫　动物、植物都可受环境中寄生虫的感染，常见的有囊虫、肺吸虫、包虫、华支睾吸虫、旋毛虫、弓形虫、螨等。

（二）农兽药残留

1. 农药残留　农药是影响食用农产品安全的最常见污染源，其滥用造成的食用农产品有害农药残留问题十分突出。

（1）国家允许使用或限用的农药因使用不当造成食用农产品中残留超标。

（2）国家明令禁止生产和使用的甲胺磷、双氟磷、氟乙酰胺等农药引起的食物中毒时有发生。

2. 兽药残留

（1）滥用兽药：超范围、超量并违背隔药期的规定使用兽药，甚至违规销售尚处在用药期、休药期内的动物或者水产品。

（2）违法使用禁用兽药：一些养殖户及饲料经营者为了追求高额暴利，在饲料产品中超剂量或滥加兽药和其他违禁药品，如在饲料中添加"瘦肉精"、喹乙醇等禁用兽药。

（三）人畜共患病的危害

1. 人畜共患致病菌　许多动物易感的病原性微生物能对人造成感染，如沙门氏菌、空肠弯曲菌、单核细胞增生李斯特氏菌、肉毒梭菌、致泻大肠埃希氏菌、溶血性链球菌、金黄色葡萄球菌、志贺氏菌等是动物和畜肉中最易发现的致病菌。

2. 人畜共患传染病　在动物和人之间互相传播的人畜共患传染病，是动物疫病控制的重点内容，人畜共患传染病主要包括炭疽、口蹄疫、猪丹毒、囊尾蚴病、旋毛虫病、弓形虫病、棘球蚴病等。

（四）食用农产品生产经营过程中主要质量安全问题

食用农产品种植、养殖环节之后，在进行初加工、包装、附加标识以及进入市场销售的过程中，存在的主要危害有食品污染和腐败变质、滥用食品添加剂和违法使用非食用物质、假冒伪劣食用农产品。

第二节　食用农产品质量安全监督管理

中国食品主要来源于农产品生产经营者，他们的生产经营过程决定了食品安全的保障水平。因此，为进一步加强农产品质量安全源头监管，就需要对农产品生产企业、农民专业合作经济组织、种养大户、畜禽屠宰企业、收购储运企业、经纪人和农产品批发、零售市场等规模化生产经营主体进行监督管理,提升农业生产经营主体质量安全意识,确保农产品质量安全。

一、食用农产品质量安全监督管理的法律依据

食用农产品属于食品或食品原料的范围,食用农产品与食品的区别在于监管的法律依据和部门分工有所区别,而不在于产品自身的性质。我国农产品质量安全和食品安全形成了《农产品质量安全法》与《食品安全法》两法并行、各有侧重、相互衔接的法律框架。此外在农产品种植养殖环节还要遵守《畜牧法》《渔业法》《动物防疫法》等有关法律、法规的规定。按照《农药管理条例》《兽药管理条例》《饲料和饲料添加剂管理条例》等有关规定,健全农业投入品的市场准入制度。

(一)《农产品品质量安全法》

农产品质量安全问题因瘦肉精群体性中毒等事件,引起了高度重视和公众的广泛关注。2001年国家启动了新时期的菜篮子工程,提出了国家无公害行动计划,用行政担保的方式,来解决中国供求基本平衡的食物的自然安全。2006年11月1日起《农产品质量安全法》施行,共有八章五十六条,其立法目的是为保障农产品质量安全,维护公众健康,促进农业和农村经济发展,至此,农产品质量安全管理工作进入依法管理时期。

1.《农产品质量安全法》调整的范围

(1)明确调整的产品是农业的初级产品,即在农业活动中获得的植物、动物、微生物及其产品,其中包括食用农产品。

(2)调整的行为主体既包括农产品的生产者,也包括农产品质量安全管理者和相应的检测技术机构和人员等。

(3)调整的管理环节既包括产地环境、农业投入品的科学合理使用、农产品生产和产后处理的标准化管理,也包括农产品的包装、标识、标志和市场准入管理。

2.《农产品质量安全法》确立的农产品质量安全监管制度

(1)各级政府及其农业部门以及其他相关职能部门配合的管理体制。

(2)农产品质量安全信息发布制度。

(3)农产品生产记录制度。

(4)农产品包装与标识制度。

(5)农产品质量安全市场准入制度。

(6)农产品质量安全监测和监督检查制度。

(7)农产品质量安全事故报告制度。

(8)农产品质量安全责任追究制度。

《农产品质量安全法》虽然调整的主要目的是食用农产品,但由于对食用农产品质量安全管理的内容和体制规定不具体、不全面,使其在与相关法律法规的界限划分方面存在困难。

(二)《食品安全法》

《食品安全法》对农产品质量安全管理的法条做了增加,主要有5个方面。

1. 供食用的源于农业的初级产品(以下称食用农产品)的质量安全管理,遵守《中华人民共和国农产品质量安全法》的规定。但是,食用农产品的市场销售、有关质量安全标准的

制定、有关安全信息的公布和本法对农业投入品作出规定的,应当遵守本法的规定。

2.新增了"国家对农药的使用实行严格的管理制度,加快淘汰剧毒、高毒、高残留农药,推动替代产品的研发和应用,鼓励使用高效低毒低残留农药"的规定。

3.省级以上人民政府卫生行政、农业行政部门应当及时相互通报食品、食用农产品安全风险监测信息。国务院卫生行政、农业行政部门应当及时相互通报食品、食用农产品安全风险评估结果等信息。

4.进一步明确了原农业部在食用农产品农药残留、兽药残留的限量规定及其检验方法与规程及畜禽屠宰检验规程方面制定的责任。

5.《食品安全法》参照《农产品质量安全法》对农产品进入市场后的监管,明确了食用农产品进货查验记录制度、配合有关部门进行抽样检查的义务和转基因食品需设有显著标示等责任和义务。

(三)《生猪屠宰管理条例》(以下简称《条例》)

1997年12月19日中华人民共和国国务院令第238号公布,2007年12月19日国务院第201次常务会议第一次修订通过,根据2016年2月6日《国务院关于修改部分行政法规的决定》第三次修订,全文共五章三十六条。

1.立法目的　为了加强生猪屠宰管理,保证生猪产品质量安全,保障人民身体健康,制定本条例。

2.《条例》中对屠宰地点、监督管理、法律责任进行了限制和说明,省、自治区、直辖市人民政府确定实行定点屠宰的其他动物的屠宰管理办法,由省、自治区、直辖市根据本地区的实际情况,参照本条例制定。

(四)《农业部食品药品监管总局关于加强食用农产品质量安全监督管理工作的意见》(以下简称《意见》)

2014年10月31日,原农业部、国家食品药品监督管理总局以农质发〔2014〕14号印发《关于加强食用农产品质量安全监督管理工作的意见》,共分为9部分。

1.严格落实食用农产品监管职责。

2.加快构建食用农产品全程监管制度。

3.稳步推行食用农产品产地准出和市场准入管理。

4.加快建立食用农产品质量追溯体系。

5.深入推进突出问题专项整治。

6.加强监管能力建设和监管执法合作。

7.强化检验检测资源共享。

8.加强舆情监测和应急处置。

9.建立高效的合作会商机制。

(五)《食用农产品市场销售质量安全监督管理办法》(以下简称《办法》)

1.《办法》的颁布实施　《办法》于2015年12月8日经原国家食品药品监督管理总局会议审议通过,自2016年3月1日起施行,是与2015年新修订的《食品安全法》相配套的部门规章,共六章六十条。

2.《办法》调整的范围　食用农产品市场销售质量安全及其监督管理适用本办法。主要包括:

（1）食用农产品市场销售质量安全监督管理。

（2）通过批发市场、零售市场（含农贸市场）等集中交易市场、商场、超市、便利店等销售食用农产品的活动。

（3）柜台出租者和展销会举办者销售食用农产品的，参照集中交易市场开办者的规定执行。

（六）国家食品药品监管总局关于印发食用农产品批发市场落实《食用农产品市场销售质量安全监督管理办法》推进方案的通知（以下简称《方案》）

1.《方案》制定目的　《食用农产品市场销售质量安全监督管理办法》强化了食用农产品集中交易市场开办者尤其是食用农产品批发市场（以下简称批发市场）开办者的责任。为加强批发市场质量安全监督管理，规范批发市场销售行为，2016 年 6 月 31 日国家食品药品监督管理总局以食药监食监二〔2016〕71 号印发批发市场落实《办法》推进方案。

2.《方案》的工作目标

（1）通过推进批发市场落实《办法》，督促批发市场开办者、入场销售者全面落实《办法》规定的各项义务。到 2017 年年底，所有批发市场各项管理制度得到建立和健全。

（2）食用农产品市场准入制度得到有效落实，批发市场可追溯体系基本建立。

（3）批发市场质量安全监管机制基本形成。

（4）批发市场开办者检验检测能够充分发挥其质量安全监管效能；批发市场销售行为得到有效规范。

（七）原农业部关于开展食用农产品合格证管理试点工作的通知（以下简称《通知》）

2016 年 7 月 22 日，原农业部以农质发〔2016〕11 号印发农业部关于开展食用农产品合格证管理试点工作的通知，并附有《食用农产品合格证管理办法》（试行）。

1.《通知》的目的　根据《农产品质量安全法》及《农业部和食品药品监管总局关于加强食用农产品质量安全监督管理工作的意见》的有关要求，进一步加快建立以食用农产品质量合格为核心内容的产地准出管理与市场准入管理衔接机制，农业部决定在部分省先行开展主要食用农产品合格证管理试点工作。

2．食用农产品合格证管理试点工作的意义

（1）当前，我国农产品生产经营主体数量庞大，主体责任意识淡薄，基层监管力量薄弱，食用农产品生产经营不规范等问题尚未得到根本解决。建立与市场准入制度相衔接的食用农产品合格证管理制度，推动生产经营者采取一系列质量控制措施，确保其生产经营的农产品质量安全，并以合格证的形式作出明示保证，有利于规范食用农产品生产经营行为，有利于形成有效的倒逼机制，这既是落实生产经营主体责任的迫切需要，也是构建农产品质量安全长效监管机制的现实需求，更是落实《农产品质量安全法》的必然选择，对于促进农业产业健康发展、确保农产品消费安全具有重大意义。

（2）为稳步推进这一制度建设，原农业部优先选择具有一定工作基础、农产品生产供应量较大的河北、黑龙江、浙江、山东、湖南、陕西等省开展主要食用农产品合格证管理试点，坚持面上整体推进与点上重点推进相结合，按照《食用农产品合格证管理办法（试行）》的要求，积极探索食用农产品合格证管理的有效模式，进一步转变农产品质量安全监管方式，创新部门间业务协作机制，全面提升我国农产品质量安全监管能力和水平。

3．食用农产品合格证管理试点工作的重点任务

（1）推动生产经营者规范开具和使用合格证。试点省农业（含畜牧兽医、渔业，下同）部门要推动各类生产经营者按照《食用农产品合格证管理办法（试行）》的要求，规范开具和使用食用农产品合格证，分批组织合格证管理业务培训，加大宣传动员力度，必要时进行现场指导。合格证开具主体应是食用农产品生产经营者，而不是政府相关部门，要坚持"谁开具、谁负责"的原则，强化食用农产品生产经营者的主体责任，对其生产经营食用农产品的质量安全负责。

（2）统一食用农产品合格证样式。试点省农业部门要按照《食用农产品合格证管理办法（试行）》规定的合格证参考样式，推行统一的食用农产品合格证，并逐步替代原有的产地证明、购货凭证和合格证明文件，便于生产经营者操作。

（3）加强食用农产品合格证的指导和服务。试点省农业部门要把食用农产品合格证作为对生产经营主体指导和服务的重要内容，督促其规范开具和使用合格证，落实质量安全主体责任。要加强与农产品质量安全监测的有机结合，对于具有合格证的监测不合格样品生产经营主体，要加强督促、指导和教育，及时纠正不负责任虚假开具合格证的行为。

（4）探索食用农产品合格证管理的有效模式。推行食用农产品合格证管理，是农产品质量安全管理一项全新的政策措施。试点省农业部门要结合实际，勇于创新，积极探索食用农产品合格证管理的有效模式，逐步优化部门间协作机制，进一步转变监管方式，全面提升我国农产品质量安全监管能力和水平。

（八）食品安全标准

1．农产品质量安全标准　是指关于农产品质量安全的强制性技术规范，必须依照有关法律、行政法规的规定制定和发布。按照《食品安全法》的规定，食用农产品质量安全标准都要依法整合为食品安全国家标准。

2．食品安全标准制定主体

（1）食品中农药残留、兽药残留的限量规定及其检验方法与规程由国务院卫生行政部门、国务院农业行政部门会同国务院食品药品监督管理部门制定。

（2）屠宰畜、禽的检验规程由国务院农业行政部门会同国务院卫生行政部门制定。

二、食用农产品质量安全监督管理体制机制

（一）现行食用农产品质量安全监督管理体制

现行的食用农产品质量安全分段监管，不包括农业生产技术、动植物疫病防控和转基因生物安全监督管理。

农业部门履行食用农产品从种植养殖到进入批发、零售市场或生产加工企业前的监管职责，但是可以根据监管工作需要，进入批发、零售市场开展食用农产品质量安全风险评估和风险监测工作；食品安全监管部门履行食用农产品进入批发、零售市场或生产加工企业后的监管职责。

（二）地方政府的监管职责

省级农业、食品安全监管部门要联合推动市县两级政府抓紧落实食用农产品质量安全属地管理责任，将食用农产品质量安全监管纳入县、乡政府绩效考核范围，建立相应的考核规范和评价机制。每年要组织开展一次食用农产品质量安全监管工作联合督查，切实推动监管责任落实。

（三）食用农产品质量安全全程监管制度和机制

食用农产品质量安全监管涉及的品种多、链条长,两部门要在依法依规认真履职的基础上,密切协作、加强配合,构建"从农田到餐桌"全程监管的制度和机制。

1. 构建食用农产品全程监管制度

（1）各地农业、食品安全监管部门要在地方政府统一领导下,共同研究解决食用农产品质量安全监管中职能交叉和监管空白问题,进一步厘清监管职责,细化任务分工,消除监管空白,形成监管合力。

（2）对于现行法律法规和规章制度尚未完全明确的监管职责和监管事项,要在统筹协调的基础上,提请地方政府因地制宜明确监管部门,出台相应的监管措施,避免出现监管漏洞和盲区。

（3）农业部门要依法抓紧完善并落实农业投入品监管、产地环境管理、种植养殖过程控制、包装标识、食用动物及其产品检验检疫等制度规范;食品安全监管部门要研究制定食用农产品进入批发、零售市场或生产加工企业后的管理制度,落实好监管职责。

2. 食用农产品产地准出和市场准入管理衔接机制　农业部门和食品安全监管部门共同建立以食用农产品质量合格为核心内容的产地准出管理与市场准入管理衔接机制。

（1）农业部门要抓紧建立食用农产品产地准出制度,因地制宜地按照产品类别和生产经营主体类型,将有效期内"三品一标"质量标志、动植物病虫害检疫合格证明及规模化生产经营主体（逐步实现覆盖全部生产经营主体）出具的食用农产品产地质量检测报告等质量合格证明作为食用农产品产地准出的基础条件。

（2）食品安全监管部门要着手建立与食用农产品产地准出制度相对接的市场准入制度,将查验农业行政主管部门认可的作为食用农产品产地准出基础条件的质量合格证明作为食用农产品进入批发、零售市场或生产加工企业的基本条件。

（3）农业部门和食品安全监管部门要依托基层执法监管和技术服务机构,加强督导巡查和监督管理,确保产地准出和市场准入过程中的质量合格证明真实、有效。

3. 食用农产品质量追溯体系构建

（1）农业部门按照职责分工,加快建立食用农产品质量安全追溯体系,可率先在"菜篮子"产品主产区推动农业产业化龙头企业、农民专业合作社、家庭农场开展质量追溯试点,优先将生猪和"三品一标"食用农产品纳入追溯试点范围,推动食用农产品从生产到进入批发、零售市场或生产加工企业前的环节可追溯。

（2）食品安全监管部门在有序推进食品安全追溯体系建设的同时,积极配合农业部门推进食用农产品质量安全追溯体系的建设,并通过监督食用农产品经营者建立并严格落实进货查验和查验记录制度,做好与农业部门建设的食用农产品质量安全追溯体系的有机衔接,逐步实现食用农产品生产、收购、销售、消费全链条可追溯。

4. 突出问题专项整治机制

（1）农业、食品安全监管部门针对食用农产品在生产、收购、销售和消费过程中存在的突出问题,有计划、有步骤、有重点地联合开展专项治理整顿。始终保持高压态势,严厉惩处各类违法违规行为。

（2）在专项整治和执法监管过程中需要联合行动的,要统筹协调、统一调度和统一行动;在各环节查处的违法违规案件,该移交的要依法按程序及时移交;需要相互配合的,要及时跟进。

5. 监管能力建设和监管执法合作机制

（1）农业、食品安全监管部门要不断推进食用农产品质量安全监管机构和食品安全监管机构的建设与人员配备，并抓紧与编制、发改、财政等部门衔接沟通，加快建立健全基层食用农产品质量安全监管和食品安全监管队伍，将基层监管能力建设纳入年度财政预算和基本建设计划，采取多项措施，着力提高基层食用农产品质量安全和食品安全监管能力。

（2）农业、食品安全监管部门要建立食用农产品质量安全监管信息共享制度，定期和不定期互换食用农产品质量安全监管中的相关信息。

（3）农业、食品安全监管部门建立风险评估结果共享制度，加强食用农产品质量安全风险交流合作。

（4）建立违法案件信息相互通报制度，密切行政执法的协调与协作。

（5）加强应急管理方面的合作，开展食用农产品质量安全（食品安全）突发事件应急处置合作和经验交流。

（6）共同建立、完善食用农产品质量安全监管统计制度，强化统计数据共享。可根据需要就食用农产品质量安全和食品安全领域重大问题开展联合调研，为解决食用农产品质量安全和食品安全领域突出问题提供政策建议。

6. 强化检验检测资源共享

（1）根据农业、食品安全监管部门新的职能分工和监管工作需要，由农业部门和食品安全监管部门共同对已经建立的批发、零售市场（含超市、专营店等食用农产品销售单位）食用农产品质量安全检验检测资源（包括机构、人员、设备设施等）实施指导管理。

（2）建在市场外的食用农产品质量安全检验检测资源，以农业部门为主进行监督管理和技术指导；建在市场内的食用农产品质量安全检验检测资源，以食品安全监管部门为主进行监督管理和技术指导。

（3）农业部门和食品安全监管部门根据食用农产品质量安全监管和食品安全监管工作需要，可共享农业系统和食品安全监管系统建立的农产品质量安全检测机构和食品安全检验机构。

7. 舆情监测和应急处置机制

（1）农业、食品安全监管部门加强食用农产品质量安全突发事件、重大舆情跟踪监测，建立重大舆情会商分析和信息通报机制，及时联合研究处置突发事件和相关舆情热点问题。

（2）农业、食品安全监管部门根据科普宣传工作的需要，加强食用农产品质量安全和食品安全科技知识培训和法制宣传。重大节日和节庆期间，要适时联合开展食用农产品质量安全宣传活动，全面普及食品科学知识，指导公众放心消费。

8. 建立高效的合作会商机制

（1）国务院农业行政部门、国务院食品安全监管部门建立部际合作会商机制，成立分别由两部门主管食用农产品质量安全监管工作的部级领导任组长的领导小组，积极推动和明确食用农产品质量安全监管工作的协调与合作事宜。

（2）地方政府参照国务院农业行政部门和食品安全监管部门的做法，尽快建立两部门合作机制，明确对口的协调联络处（局、办），加强食用农产品质量安全监管工作的协作配合。

（闻　颖）

第三节　食用农产品种植、养殖环节质量安全监督管理

一、食用农产品生产经营者质量安全主体责任

农产品生产经营者是保障食用农产品质量安全的第一责任者,要严格落实主体责任,对照法律法规和制度文件的要求,认真履行法定责任和义务。

1. 禁止在有毒有害物质超过规定标准的区域生产、捕捞、采集食用农产品和建立农产品生产基地。

2. 禁止违反法律、法规的规定向农产品产地排放或者倾倒废水、废气、固体废物或者其他有毒有害物质。

3. 农业生产用水和用作肥料的固体废物,应当符合国家规定的标准。

4. 农产品生产者应当合理使用化肥、农药、兽药、农用薄膜等化工产品,防止对农产品产地造成污染。

5. 农产品生产企业和农民专业合作经济组织应当建立农产品生产记录,如实记载下列事项:

(1) 使用农业投入品的名称、来源、用法、用量和使用、停用的日期。

(2) 动物疫病、植物病虫草害的发生和防治情况。

(3) 收获、屠宰或者捕捞的日期。

农产品生产记录应当保存两年。禁止伪造农产品生产记录。国家鼓励其他农产品生产者建立农产品生产记录。

6. 食用农产品生产者应当按照食品安全标准和国家有关规定使用农药、肥料、兽药、饲料和饲料添加剂等农业投入品,严格执行农业投入品使用安全间隔期或者休药期的规定,不得使用国家明令禁止的农业投入品。禁止将剧毒、高毒农药用于蔬菜、瓜果、茶叶和中草药材等国家规定的农作物。

食用农产品的生产企业和农民专业合作经济组织应当建立农业投入品使用记录制度。

7. 农民专业合作经济组织和农产品行业协会对其成员应当及时提供生产技术服务,建立农产品质量安全管理制度,健全农产品质量安全控制体系,加强自律管理。

种植业实现保障农产品质量安全的方法是达到良好农业规范(GAP)的条件,养殖业按照法规和标准要求制定饲养规程。农产品质量符合国家规定的有关优质农产品标准的,生产者可以申请使用相应的农产品质量标志。我国对食用农产品采用了强制认证和自愿认证相结合的方式。

8. 农产品生产企业和农民专业合作经济组织,应当自行或者委托检测机构对农产品质量安全状况进行检测;经检测不符合农产品质量安全标准的农产品,不得销售。

9. 农产品生产企业、农民专业合作经济组织以及从事农产品收购的单位或者个人销售的农产品,按照规定应当包装或者附加标识的,须经包装或者附加标识后方可销售。

10. 农产品在包装、保鲜、贮存、运输中所使用的保鲜剂、防腐剂、添加剂等材料,应当符合国家有关强制性的技术规范。

11. 属于农业转基因生物的农产品,应当按照农业转基因生物安全管理的有关规定进

行标识。

12. 依法需要实施检疫的动植物及其产品，应当附具检疫合格标志、检疫合格证明。

13. 销售的农产品必须符合农产品质量安全标准，生产者可以申请使用无公害农产品标志。农产品质量符合国家规定的有关优质农产品标准的，生产者可以申请使用相应的农产品质量标志。禁止冒用上述优质农产品质量标志。

14. 生猪屠宰的管理按照国家有关规定执行，如《生猪屠宰管理条例》。

二、食用农产品种植养殖环节质量安全政府监管职责

1. 农业部门负责食用农产品从种植养殖环节到进入批发、零售市场或生产加工企业前的质量安全监督管理。

2. 农业部门负责兽药、饲料、饲料添加剂和职责范围内的农药、肥料等其他农业投入品质量及使用的监督管理。

3. 农业部门负责畜禽屠宰环节和生鲜乳收购环节质量安全监督管理。

4. 农业部门根据监管工作需要，可进入批发、零售市场开展食用农产品质量安全风险评估和风险监测工作。

三、食用农产品种植养殖环节质量安全监督管理

（一）落实农产品种植养殖环节质量安全主体责任

1. 健全准出管理制度　农产品生产企业、农民合作社等规模生产主体以及"三品"获证单位要按照保障农产品质量安全要求，制定产地环境管理、农业投入品管理、动植物疫病防控、生产记录审核和质量安全追溯等制度，充分考虑可能影响农产品质量安全的各方面因素，明确标准化管理要求，通过操作规程将质量安全责任落实到岗、落实到人，实现制度化、常态化管理。

2. 规范农产品生产记录　农产品生产单位要按照《农产品质量安全法》的规定，真实全面记录农产品生产全过程操作和质量控制情况及产品销售对象，严格记录管理，记录保存两年。农产品销售前，应当对农产品的生产、用药等记录进行审核，确认符合生产标准和安全采摘期（休药期）规定的，经企业质量安全负责人审核签字后方可销售。

3. 开展自律性检测　农产品生产企业、农民合作社等规模生产主体以及"三品"获证单位必须建立与其生产经营规模、品种相适应的质量检测制度。所生产的农产品在上市前，应当分期分批安排自律性检测或委托农产品质量安全检测机构检测，并妥善保存检测报告或记录；检测不合格的产品，不得上市销售。没有及时检测的农产品，销售时应当提供"三品"认证等质量证明，或产地准出证明、销售凭证等责任证明。

4. 规范农产品包装标识　农产品生产单位要按照农业农村部《农产品包装和标识管理办法》规定进行包装标识。包装标识须标明产品名称、生产日期、保质期、生产者及联系方式、产品认证登记情况等信息，并严格档案管理，确保产品流向可追踪。未包装的农产品，应当采取附加标签、标识牌、标识带、说明书等形式标明农产品的品名、生产地、生产者或者销售者名称等内容。

5. 加强质量追溯管理　各区县农业主管部门要积极引导农产品生产企业、农民合作社等规模生产主体以及"三品"获证单位，运用物联网、互联网等信息技术手段，建立生产主体

农产品质量安全追溯信息平台或数据库。鼓励有条件的区县建立农产品质量安全可追溯管理系统,以追溯到责任主体为基本要求,建立农产品编码数据库、生产主体数据库、农产品检测数据库等,逐步实现农产品质量安全全程可追溯。

(二)开展食用农产品合格证管理试点工作

为落实食用农产品生产经营者的主体责任,健全产地准出制度,保障农产品质量安全,根据《中华人民共和国农产品质量安全法》等法律法规,制定《农产品合格证管理办法》(试行)。

食用农产品合格证(以下简称合格证)是指食用农产品生产经营者对所生产经营食用农产品自行开具的质量安全合格标识。食用农产品合格证视同于产地证明、购货凭证和合格证明文件。合格证的开具、使用、查验以及相关管理等行为,适用本办法。生鲜乳依据《生鲜乳生产收购管理办法》执行。

违反本办法规定的,县级以上农业行政主管部门及其所属的农产品质量安全监督管理机构应加强督促、指导和教育。对于虚假开具合格证的,纳入生产经营主体信用记录。

(三)食用农产品质量安全执法监测管理

1. 检验检测 对实行产地准出管理的食用农产品,加强质量安全检验检测,定期或不定期开展专项监督抽检。

2. 执法检查 农业主管部门履行食用农产品从种植养殖到进入批发、零售市场或生产加工企业前的监管职责,针对食用农产品在生产中存在的突出问题,有计划、有重点地开展专项整治,强化执法检查,及时纠正农产品生产中的不规范行为,严肃查处违法违规行为。

四、食用农产品质量安全法律责任

(一)农产品质量安全监督管理人员

农产品质量安全监督管理人员不依法履行监督职责,或者滥用职权的,依法给予行政处分。

(二)农产品质量安全检测

1. 农产品质量安全检测机构伪造检测结果的,责令改正,没收违法所得,并处五万元以上十万元以下罚款,对直接负责的主管人员和其他直接责任人员处一万元以上五万元以下罚款;情节严重的,撤销其检测资格;造成损害的,依法承担赔偿责任。

2. 农产品质量安全检测机构出具检测结果不实,造成损害的,依法承担赔偿责任;造成重大损害的,并撤销其检测资格。

(三)产地环境污染

违反法律、法规规定,向农产品产地排放或者倾倒废水、废气、固体废物或者其他有毒有害物质,依照有关环境保护法律、法规的规定处罚;造成损害的,依法承担赔偿责任。

(四)农业投入品

使用农业投入品违反法律、行政法规和国务院农业行政主管部门的规定的,依照有关法律、行政法规的规定处罚。

(五)食用农产品生产过程

1. 农产品生产企业、农民专业合作经济组织未建立或者未按照规定保存农产品生产记录的,或者伪造农产品生产记录的,责令限期改正;逾期不改正的,可以处二千元以下罚款。

2. 使用的保鲜剂、防腐剂、添加剂等材料不符合国家有关强制性的技术规范的,责令停止销售,对被污染的农产品进行无害化处理,对不能进行无害化处理的予以监督销毁;没收违法所得,并处二千元以上二万元以下罚款。

3. 冒用农产品质量标志的,责令改正,没收违法所得,并处二千元以上二万元以下罚款。

（六）其他责任

1. 违反《农产品质量安全法》规定,构成犯罪的,依法追究刑事责任。

2. 生产、销售下列农产品,给消费者造成损害的,依法承担赔偿责任。

（1）含有国家禁止使用的农药、兽药或者其他化学物质的。

（2）农药、兽药等化学物质残留或者含有的重金属等有毒有害物质不符合农产品质量安全标准的。

（3）含有的致病性寄生虫、微生物或者生物毒素不符合农产品质量安全标准的。

（4）使用的保鲜剂、防腐剂、添加剂等材料不符合国家有关强制性的技术规范的。

（5）其他不符合农产品质量安全标准的。

第四节　食用农产品市场销售质量安全监督管理

一、食用农产品市场销售主体的责任与义务

（一）食用农产品销售主体责任

1. 食用农产品销售者　食用农产品销售者（以下简称销售者）应当依照法律法规和食品安全标准从事销售活动,保证食用农产品质量安全。

2. 集中交易市场开办者

（1）集中交易市场开办者应当依法对入场销售者履行管理义务,保障市场规范运行。

（2）集中交易市场开办者相关行业协会和食用农产品相关行业协会应当加强行业自律,督促集中交易市场开办者和销售者履行法律义务。

3. 两者共同的责任

（1）集中交易市场开办者和销售者应当按照食品安全监督管理部门的要求提供并公开食用农产品质量安全数据信息。

（2）鼓励集中交易市场开办者和销售者建立食品安全追溯体系,利用信息化手段采集和记录所销售的食用农产品信息。

4. 贮存服务提供者和运输承运人责任　贮存服务提供者应当按照食用农产品质量安全的要求贮存食用农产品,履行其法定义务。承运人应当按照有关部门的规定履行相关食品安全义务。

（二）食用农产品销售主体应履行的食品安全义务

1. 满足食用农产品销售的基本条件要求

（1）销售者应当具有与其销售的食用农产品品种、数量相适应的销售和贮存场所,保持场所环境整洁,并与有毒、有害场所以及其他污染源保持适当的距离。

（2）销售者应当具有与其销售的食用农产品品种、数量相适应的销售设备或者设施。销售冷藏、冷冻食用农产品的,应当配备与销售品种相适应的冷藏、冷冻设施,并符合保证食用农产品质量安全所需要的温度、湿度和环境等特殊要求。鼓励采用冷链、净菜上市、畜

禽产品冷鲜上市等方式销售食用农产品。

2. 不销售违禁食用农产品，禁止销售的食用农产品包括：

（1）使用国家禁止的兽药和剧毒、高毒农药，或者添加食品添加剂以外的化学物质和其他可能危害人体健康的物质的。

（2）致病性微生物、农药残留、兽药残留、生物毒素、重金属等污染物质以及其他危害人体健康的物质含量超过食品安全标准限量的。

（3）超范围、超限量使用食品添加剂的。

（4）腐败变质、油脂酸败、霉变生虫、污秽不洁、混有异物、掺假掺杂或者感官性状异常的。

（5）病死、毒死或者死因不明的禽、畜、兽、水产动物肉类。

（6）未按规定进行检疫或者检疫不合格的肉类。

（7）未按规定进行检验或者检验不合格的肉类。

（8）使用的保鲜剂、防腐剂等食品添加剂和包装材料等食品相关产品不符合食品安全国家标准的。

（9）被包装材料、容器、运输工具等污染的。

（10）标注虚假生产日期、保质期或者超过保质期的。

（11）国家为防病等特殊需要明令禁止销售的。

（12）标注虚假的食用农产品产地、生产者名称、生产者地址，或者标注伪造、冒用的认证标志等质量标志的。

（13）其他不符合法律、法规或者食品安全标准的。

3. 食用农产品采购销售应符合相应的要求

（1）销售者采购食用农产品，应当按照规定查验相关证明材料，不符合要求的，不得采购和销售。

（2）销售者应当建立食用农产品进货查验记录制度，如实记录食用农产品名称、数量、进货日期以及供货者名称、地址、联系方式等内容，并保存相关凭证。记录和凭证保存期限不得少于6个月。

（3）从事食用农产品批发业务的销售企业，应当建立食用农产品销售记录制度；所属各销售门店应当保存总部的配送清单以及相应的合格证明文件。配送清单和合格证明文件保存期限不得少于6个月。

（4）鼓励和引导有条件的销售企业采用扫描、拍照、数据交换、电子表格等方式，建立食用农产品进货查验记录制度。

4. 食用农产品贮存应符合相应的要求

（1）销售者贮存食用农产品，应当定期检查库存、及时清理腐败变质、油脂酸败、霉变生虫、污秽不洁或者感官性状异常的食用农产品。

（2）销售者贮存食用农产品、应当如实记录食用农产品名称、产地、贮存日期、生产者或者供货者名称或者姓名、联系方式等内容，并在贮存场所保存记录。记录和凭证保存期限不得少于6个月。

（3）销售者租赁仓库的，应当选择能够保障食用农产品质量安全的食用农产品贮存服务提供者。

5. 食用农产品运输的要求   销售者自行运输或者委托承运人运输食用农产品的,运输容器、工具和设备应当安全无害,保持清洁,防止污染,并符合保证食用农产品质量安全所需的温度、湿度和环境等特殊要求,不得将食用农产品与有毒、有害物品一同运输。

6. 食用农产品质量安全制度建设

(1)销售企业应当建立健全食用农产品质量安全管理制度,配备必要的食品安全管理人员,对职工进行食品安全知识培训,制定食品安全事故处置方案,依法从事食用农产品销售活动。

(2)销售者应当建立食用农产品质量安全自查制度,定期对食用农产品质量安全情况进行检查,发现不符合食用农产品质量安全要求的,应当立即停止销售并采取整改措施;有发生食品安全事故潜在风险的,应当立即停止销售并向所在地县级食品安全监督管理部门报告。

7. 食用农产品质量安全检验   鼓励销售企业配备相应的检验设备和检验人员,加强食用农产品检验工作。

8. 食用农产品包装标识

(1)销售按照规定应当包装或者附加标签的食用农产品,在包装或者附加标签后方可销售。

(2)包装或者标签上应当按照规定标注食用农产品名称、产地、生产者、生产日期等内容;对保质期有要求的,应当标注保质期;保质期与贮藏条件有关的,应当予以标明;有分级标准或者使用食品添加剂的,应当标明产品质量等级或者食品添加剂名称。

(3)食用农产品标签所用文字应当使用规范的中文,标注的内容应当清楚、明显,不得含有虚假、错误或者其他误导性内容。

(4)销售获得无公害农产品、绿色食品、有机农产品等认证的食用农产品以及省级以上农业行政部门规定的其他需要包装销售的食用农产品应当包装,并标注相应标志和发证机构,鲜活畜、禽、水产品等除外。

(5)销售未包装的食用农产品,应当在摊位(柜台)明显位置如实公布食用农产品名称、产地、生产者或者销售者名称或者姓名等信息。

(6)鼓励采取附加标签、标示带、说明书等方式标明食用农产名称、产地、生产者或者销售者名称或者姓名、保存条件以及最佳食用期等内容。

(7)进口食用农产品的包装或者标签应当符合我国法律、行政法规的规定和食品安全国家标准的要求,并载明原产地,境内代理商的名称、地址、联系方式。

(8)进口鲜冻肉类产品的包装应当标明产品名称、原产国(地区)、生产企业名称、地址以及企业注册号、生产批号;外包装上应当以中文标明规格、产地、目的地、生产日期、保质期、储存温度等内容。

(9)分装销售的进口食用农产品,应当在包装上保留原进口食用农产品全部信息以及分装企业、分装时间、地点、保质期等信息。

9. 不安全食用农产品召回

(1)销售者发现其销售的食用农产品不符合食品安全标准或者有证据证明可能危害人体健康的,应当立即停止销售,通知相关生产经营者、消费者,并记录停止销售和通知情况。

(2)由于销售者的原因造成其销售的食用农产品不符合食品安全标准或者有证据证明

可能危害人体健康的,销售者应当召回。

(3)对于停止销售的食用农产品,销售者应当按照要求采取无害化处理、销毁等措施,防止其再次流入市场。

(4)因标签、标志或者说明书不符合食品安全标准而被召回的食用农产品,在采取补救措施且能保证食用农产品质量安全的情况下可以继续销售;销售时应当向消费者明示补救措施。

(三)贮存服务提供者的义务

1.如实向所在地县级食品安全监督管理部门报告其名称、地址、法定代表人或者负责人姓名、社会信用代码或者身份证号码、联系方式以及所提供服务的销售者名称、贮存的食用农产品品种、数量等信息。

2.查验所提供服务的销售者的营业执照或者身份证明和食用农产品产地或者来源证明、合格证明文件,并建立进出货台账,记录食用农产品名称、产地、贮存日期、出货日期、销售者名称或者姓名、联系方式等。进出货台账和相关证明材料保存期限不得少于6个月。

3.保证贮存食用农产品的容器、工具和设备安全无害,保持清洁,防止污染,保证食用农产品质量安全所需的温度、湿度和环境等特殊要求,不得将食用农产品与有毒、有害物品一同贮存。

4.贮存肉类冻品应当查验并留存检疫合格证明、肉类检验合格证明等证明文件。

5.贮存进口食用农产品,应当查验并记录出入境检验检疫部门出具的入境货物检验检疫证明等证明文件。

6.定期检查库存食用农产品,发现销售者有违法行为的,应当及时制止并立即报告所在地县级食品安全监督管理部门。

7.法律、法规规定的其他义务。

(四)集中交易市场开办者的义务

1.集中交易市场开办者应当如实向所在地县级食品安全监督管理部门报告市场名称、住所、类型、法定代表人或者负责人姓名、食品安全管理制度、食用农产品主要种类、摊位数量等信息。

2.食品安全管理

(1)集中交易市场开办者应当建立健全食品安全管理制度,督促销售者履行义务,加强食用农产品质量安全风险防控。

(2)集中交易市场开办者主要负责人应当落实食品安全管理制度,对本市场的食用农产品质量安全工作全面负责。

(3)集中交易市场开办者应当配备专职或者兼职食品安全管理人员、专业技术人员,明确入场销售者的食品安全管理责任,组织食品安全知识培训。

(4)集中交易市场开办者应当制定食品安全事故处置方案,根据食用农产品风险程度确定检查重点、方式、频次等,定期检查食品安全事故防范措施落实情况,及时消除食用农产品质量安全隐患。

3.食用农产品销售管理

(1)集中交易市场开办者应当按照食用农产品类别实行分区销售。

(2)集中交易市场开办者销售和贮存食用农产品的环境、设施、设备等应当符合食用农产品质量安全的要求。

(3) 集中交易市场开办者应当建立入场销售者档案,如实记录销售者名称或者姓名、社会信用代码或者身份证号码、联系方式、住所、食用农产品主要品种、进货渠道、产地等信息。

销售者档案信息保存期限不少于销售者停止销售后 6 个月。集中交易市场开办者应当对销售者档案及时更新,保证其准确性、真实性和完整性。

(4) 集中交易市场开办者应当查验并留存入场销售者的社会信用代码或者身份证复印件,食用农产品产地证明或者购货凭证、合格证明文件。

4. 食用农产品市场准入管理

(1) 销售者无法提供食用农产品产地证明或者购货凭证、合格证明文件的,集中交易市场开办者应当进行抽样检验或者快速检测;抽样检验或者快速检测合格的,方可进入市场销售。

(2) 食用农产品生产企业或者农民专业合作经济组织及其成员生产的食用农产品,由本单位出具产地证明;其他食用农产品生产者或者个人生产的食用农产品,由村民委员会、乡镇政府等出具产地证明;无公害农产品、绿色食品、有机农产品以及农产品地理标志等食用农产品标志上所标注的产地信息,可以作为产地证明。

(3) 供货者提供的销售凭证、销售者与供货者签订的食用农产品采购协议,可以作为食用农产品购货凭证。

(4) 有关部门出具的食用农产品质量安全合格证明或者销售者自检合格证明等可以作为合格证明文件。

(5) 销售按照有关规定需要检疫、检验的肉类,应当提供检疫合格证明、肉类检验合格证明等证明文件。

(6) 销售进口食用农产品,应当提供出入境检验检疫部门出具的入境货物检验检疫证明等证明文件。

5. 食用农产品质量安全检查

(1) 集中交易市场开办者应当建立食用农产品检查制度,对销售者的销售环境和条件以及食用农产品质量安全状况进行检查。

(2) 集中交易市场开办者发现存在食用农产品不符合食品安全标准等违法行为的,应当要求销售者立即停止销售,依照集中交易市场管理规定或者与销售者签订的协议进行处理,并向所在地县级食品安全监督管理部门报告。

(3) 集中交易市场开办者应当在醒目位置及时公布食品安全管理制度、食品安全管理人员、食用农产品抽样检验结果以及不合格食用农产品处理结果、投诉举报电话等信息。

(五) 批发市场开办者

1. 批发市场开办者应当与入场销售者签订食用农产品质量安全协议,明确双方食用农产品质量安全权利义务;未签订食用农产品质量安全协议的,不得进入批发市场进行销售。

鼓励零售市场开办者与销售者签订食用农产品质量安全协议,明确双方食用农产品质量安全权利义务。

2. 批发市场开办者应当配备检验设备和检验人员,或者委托具有资质的食品检验机构,开展食用农产品抽样检验或者快速检测,并根据食用农产品种类和风险等级确定抽样检验或者快速检测频次。

鼓励零售市场开办者配备检验设备和检验人员，或者委托具有资质的食品检验机构，开展食用农产品抽样检验或者快速检测。

3．批发市场开办者应当印制统一格式的销售凭证，载明食用农产品名称、产地、数量、销售日期以及销售者名称、地址、联系方式等项目。销售凭证可以作为销售者的销售记录和其他购货者的进货查验记录凭证。

销售者应当按照销售凭证的要求如实记录。记录和销售凭证保存期限不得少于6个月。

4．与屠宰厂（场）、食用农产品种植养殖基地签订协议的批发市场开办者应当对屠宰厂（场）和食用农产品种植养殖基地进行实地考察，了解食用农产品生产过程以及相关信息，查验种植养殖基地食用农产品相关证明材料以及票据等。

5．鼓励食用农产品批发市场开办者改造升级，更新设施、设备和场所，提高食品安全保障能力和水平。

鼓励批发市场开办者与取得无公害农产品、绿色食品、有机农产品、农产品地理标志等认证的食用农产品种植养殖基地或者生产加工企业签订食用农产品质量安全合作协议。

（六）集中交易市场开办者和销售者共同承担的义务

1．集中交易市场开办者、销售者应当将食用农产品停止销售、召回和处理情况向所在地县级食品安全监督管理部门报告，配合政府有关部门根据有关法律法规进行处理，并记录相关情况。

2．集中交易市场开办者、销售者未依照本办法停止销售或者召回的，县级以上地方食品安全监督管理部门可以责令其停止销售或者召回。

二、食用农产品销售质量安全政府监管职责

《食用农产品市场销售质量安全监督管理办法》明确了各级食品安全监督管理部门的职责，并强化了属地监管责任。

1．国家食品安全监督管理部门负责监督指导全国食用农产品市场销售质量安全的监督管理工作。

2．省、自治区、直辖市食品安全监督管理部门负责监督指导本行政区域食用农产品市场销售质量安全的监督管理工作。

3．市、县级食品安全监督管理部门负责本行政区域食用农产品市场销售质量安全的监督管理工作。

县级以上食品安全监督管理部门应当与相关部门建立健全食用农产品市场销售质量安全监督管理协作机制。

三、食用农产品市场销售质量安全监督管理

食用农产品市场销售质量安全及其监督管理工作坚持预防为主、风险管理原则，推进产地准出与市场准入衔接，保证市场销售的食用农产品可追溯。

（一）制订食品安全年度监督管理计划，进行日常监督检查

1．县级以上地方食品安全监督管理部门应当按照当地人民政府制订的本行政区域食品安全年度监督管理计划，开展食用农产品市场销售质量安全监督管理工作。

2．市、县级食品安全监督管理部门应当根据年度监督检查计划、食用农产品风险程度

等,确定监督检查的重点、方式和频次,对本行政区域的集中交易市场开办者、销售者、贮存服务提供者进行日常监督检查。

3. 县级食品安全监督管理部门按照地方政府属地管理要求,可以依法采取下列措施,对集中交易市场开办者、销售者、贮存服务提供者遵守本办法情况进行日常监督检查,集中交易市场开办者、销售者、贮存服务提供者对食品安全监督管理部门实施的监督检查应当予以配合,不得拒绝、阻挠、干涉。

(1)对食用农产品销售、贮存和运输等场所进行现场检查。

(2)对食用农产品进行抽样检验。

(3)向当事人和其他有关人员调查了解与食用农产品销售活动和质量安全有关的情况。

(4)检查食用农产品进货查验记录制度落实情况,查阅、复制与食用农产品质量安全有关的记录、协议、发票以及其他资料。

(5)对有证据证明不符合食品安全标准或者有证据证明存在质量安全隐患以及用于违法生产经营的食用农产品,有权查封、扣押、监督销毁。

(6)查封违法从事食用农产品销售活动的场所。

(二)建立食品安全信用档案,依法向社会公布并实时更新

1. 市、县级食品安全监督管理部门应当建立本行政区域集中交易市场开办者、销售者、贮存服务提供者食品安全信用档案,如实记录日常监督检查结果、违法行为查处等情况,依法向社会公布并实时更新。

2. 对有不良信用记录的集中交易市场开办者、销售者、贮存服务提供者增加监督检查频次;将违法行为情节严重的集中交易市场开办者、销售者、贮存服务提供者及其主要负责人和其他直接责任人的相关信息,列入严重违法者名单,并予以公布。

3. 市、县级食品安全监督管理部门应当逐步建立销售者市场准入前信用承诺制度,要求销售者以规范格式向社会作出公开承诺,如存在违法失信销售行为将自愿接受信用惩戒。信用承诺纳入销售者信用档案,接受社会监督,并作为事中事后监督管理的参考。

(三)对食用农产品市场销售责任主体进行责任约谈

1. 食用农产品在销售过程中存在质量安全隐患,未及时采取有效措施消除的,市、县级食品安全监督管理部门可以对集中交易市场开办者、销售者、贮存服务提供者的法定代表人或者主要负责人进行责任约谈。

2. 被约谈者无正当理由拒不按时参加约谈或者未按要求落实整改的,食品安全监督管理部门应当记入集中交易市场开办者、销售者、贮存服务提供者食品安全信用档案。

(四)对市场销售的食用农产品进行监督抽检

1. 县级以上地方食品安全监督管理部门应当将食用农产品监督抽检纳入年度检验检测工作计划,对食用农产品进行定期或者不定期抽样检验,并依据有关规定公布检验结果。

2. 市、县级食品安全监督管理部门可以采用国家规定的快速检测方法对食用农产品质量安全进行抽查检测,抽查检测结果表明食用农产品可能存在质量安全隐患的,销售者应当暂停销售;抽查检测结果确定食用农产品不符合食品安全标准的,可以作为行政处罚的依据。

3. 被抽查人对快速检测结果有异议的,可以自收到检测结果时起 4h 内申请复检。复检结论仍不合格的,复检费用由申请人承担。复检不得采用快速检测方法。

（五）公布食用农产品监督管理信息

1．县级以上食品安全监督管理部门应当加强信息化建设，汇总分析食用农产品质量安全信息，加强监督管理，防范食品安全风险。

2．市、县级食品安全监督管理部门应当依据职责公布食用农产品监督管理信息。

3．公布食用农产品监督管理信息，应当做到准确、及时、客观，并进行必要的解释说明，避免误导消费者和社会舆论。

（六）食用农产品监督管理各部门上报、通报和移交工作

1．市、县级食品安全监督管理部门发现批发市场有《食用农产品市场销售质量安全监督管理办法》禁止销售的食用农产品，在依法处理的同时，应当及时追查食用农产品来源和流向，查明原因、控制风险并报告上级食品安全监督管理部门，同时通报所涉地同级食品安全监督管理部门；涉及种植养殖和进出口环节的，还应当通报相关农业行政部门和出入境检验检疫部门。

2．市、县级食品安全监督管理部门发现超出其管辖范围的食用农产品质量安全案件线索，应当及时移送有管辖权的食品安全监督管理部门。

（七）食用农产品质量安全事故处理

县级以上地方食品安全监督管理部门在监督管理中发现食用农产品质量安全事故，或者接到有关食用农产品质量安全事故的举报，应当立即会同相关部门进行调查处理，采取措施防止或者减少社会危害，按照应急预案的规定报告当地人民政府和上级食品安全监督管理部门，并在当地人民政府统一领导下及时开展调查处理。

四、食用农产品市场销售质量安全法律责任

（一）食用农产品销售者

1．食用农产品销售者未按要求建立食用农产品进货查验记录制度，并保存凭证者由县级以上人民政府食品安全监督管理部门责令改正，给予警告；拒不改正的，处五千元以上五万元以下罚款；情节严重的，责令停产停业，直至吊销许可证。

2．销售者未按要求配备与销售品种相适应的冷藏、冷冻设施，或者温度、湿度和环境等不符合特殊要求的，由县级以上食品安全监督管理部门责令改正，给予警告；拒不改正的，处五千元以上三万元以下罚款。

3．销售者销售下列食用农产品，尚不构成犯罪的，由县级以上人民政府食品安全监督管理部门没收违法所得和违法生产经营的食品，并可以没收用于违法生产经营的工具、设备、原料等物品；违法生产经营的食品货值金额不足一万元的，并处十万元以上十五万元以下罚款；货值金额一万元以上的，并处货值金额十五倍以上三十倍以下罚款；情节严重的，吊销许可证，并可以由公安机关对其直接负责的主管人员和其他直接责任人员处五日以上十五日以下拘留。

（1）使用国家禁止的兽药和剧毒、高毒农药，或者添加食品添加剂以外的化学物质和其他可能危害人体健康的物质的。

（2）病死、毒死或者死因不明的禽、畜、兽、水产动物肉类。

（3）未按规定进行检疫或者检疫不合格的肉类。

（4）国家为防病等特殊需要明令禁止销售的。

4.销售者销售下列食用农产品,尚不构成犯罪的,由县级以上人民政府食品安全监督管理部门没收违法所得和违法生产经营的食品、食品添加剂,并可以没收用于违法生产经营的工具、设备、原料等物品;违法生产经营的食品、食品添加剂货值金额不足一万元的,并处五万元以上十万元以下罚款;货值金额一万元以上的,并处货值金额十倍以上二十倍以下罚款;情节严重的,吊销许可证。

(1)致病性微生物、农药残留、兽药残留、生物毒素、重金属等污染物质以及其他危害人体健康的物质含量超过食品安全标准限量的。

(2)超范围、超限量使用食品添加剂的。

(3)腐败变质、油脂酸败、霉变生虫、污秽不洁、混有异物、掺假掺杂或者感官性状异常的。

(4)标注虚假生产日期、保质期或者超过保质期的。

5.销售下列情形之一的食用农产品,由县级以上食品安全监督管理部门责令改正,处一万元以上三万元以下罚款。

(1)未按规定进行检验或者检验不合格的肉类。

(2)标注虚假的食用农产品产地、生产者名称、生产者地址,或者标注伪造、冒用的认证标志等质量标志的。

6.销售的食用农产品有下列情形之一的,由县级以上人民政府食品安全监督管理部门没收违法所得和违法生产经营的食品、食品添加剂,并可以没收用于违法生产经营的工具、设备、原料等物品;违法生产经营的食品、食品添加剂货值金额不足一万元的,并处五千元以上五万元以下罚款;货值金额一万元以上的,并处货值金额五倍以上十倍以下罚款;情节严重的,责令停产停业,直至吊销许可证。

(1)使用的保鲜剂、防腐剂等食品添加剂和包装材料等食品相关产品不符合食品安全国家标准的。

(2)被包装材料、容器、运输工具等污染的。

7.销售者未按要求选择贮存服务提供者,或者贮存服务提供者违反《食用农产品市场销售质量安全监督管理办法》第二十八条第二款规定,未履行食用农产品贮存相关义务的,由县级以上食品安全监督管理部门责令改正,给予警告;拒不改正的,处五千元以上三万元以下罚款。

8.销售者未按要求进行包装或者附加标签的,由县级以上食品安全监督管理部门责令改正,给予警告;拒不改正的,处五千元以上三万元以下罚款。

9.销售者未按要求公布食用农产品相关信息的,由县级以上食品安全监督管理部门责令改正,给予警告;拒不改正的,处五千元以上一万元以下罚款。

10.销售者履行了规定的食用农产品进货查验等义务,有充分证据证明其不知道所采购的食用农产品不符合食品安全标准,并能如实说明其进货来源的,可以免予处罚,但应当依法没收其不符合食品安全标准的食用农产品;造成人身、财产或者其他损害的,依法承担赔偿责任。

11.违法销售食用农产品涉嫌犯罪的,由县级以上地方食品安全监督管理部门依法移交公安机关追究刑事责任。

（二）集中交易市场开办者

集中交易市场开办者有下列情形之一的,由县级以上食品安全监督管理部门责令改正,给予警告；拒不改正的，处五千元以上三万元以下罚款。

1．未建立或者落实食品安全管理制度的。

2．未按要求配备食品安全管理人员、专业技术人员，或者未组织食品安全知识培训的。

3．未制定食品安全事故处置方案的。

4．未按食用农产品类别实行分区销售的。

5．环境、设施、设备等不符合有关食用农产品质量安全要求的。

6．未按要求建立入场销售者档案，或者未按要求保存和更新销售者档案的。

7．未如实向所在地县级食品安全监督管理部门报告市场基本信息的。

8．未查验并留存入场销售者的社会信用代码或者身份证复印件、食用农产品产地证明或者购货凭证、合格证明文件的。

9．未进行抽样检验或者快速检测，允许无法提供食用农产品产地证明或者购货凭证、合格证明文件的销售者入场销售的。

10．发现食用农产品不符合食品安全标准等违法行为，未依照集中交易市场管理规定或者与销售者签订的协议处理的。

11．未在醒目位置及时公布食用农产品质量安全管理制度、食品安全管理人员、食用农产品抽样检验结果以及不合格食用农产品处理结果、投诉举报电话等信息的。

（三）批发市场开办者

批发市场开办者未与入场销售者签订食用农产品质量安全协议，或者未印制统一格式的食用农产品销售凭证的，由县级以上食品安全监督管理部门责令改正，给予警告；拒不改正的，处一万元以上三万元以下罚款。

（四）食用农产品市场销售监督管理人员

县级以上地方食品安全监督管理部门不履行食用农产品质量安全监督管理职责，或者滥用职权、玩忽职守、徇私舞弊的，依法追究直接负责的主管人员和其他直接责任人员的行政责任。

（蓝荣琦）

📚 小结：

本章主要介绍了食用农产品质量安全监督管理相关的食用农产品、农业投入品、食用农产品市场销售和食用农产品集中交易市场开办者等基本概念，以及食用农产品生产经营主体类型和生产经营过程中存在的主要质量安全问题。然后总括了食用农产品质量安全监督管理的法律依据和监督管理的体制机制。最后根据食用农产品质量安全分段监管的机制，分别阐述了食用农产品种植养殖环节的质量安全监督管理和市场销售质量安全监督管理相关知识。

第十一章　食品生产经营安全监督管理

食品安全没有"零风险"，因为生物性危害、化学性危害以及物理性危害不仅存在，而且无法完全消除。这些食品安全危害不仅存在于食用农产品种植养殖和市场销售阶段，也存在于以食用农产品为原料的食品生产及其食品经营环节。为此《食品安全法》规定食品生产经营者是食品安全第一责任人，应当依照法律、法规和食品安全标准从事生产经营活动，诚信自律，对社会和公众负责，保证食品安全，接受社会监督，承担社会责任。

第一节　食品生产监督管理

一、概述

《食品安全法》规定食品生产和加工称为食品生产，但是并没有对食品生产给予确切的定义。根据现有的食品安全相关法律法规食品生产可以理解为食用农产品作为食品原料进入食品生产加工企业加工为成品的过程，涉及食品生产和食品加工行为，食品原料、中间产品及成品的包装、贮藏和运输等环节。

我国的食品工业起步较晚，居民的食品消费一直以直接的食用农产品消费为主。随着生活节奏的加快和食用农产品加工业的发展，人们消费食品的习惯逐渐由初级农副产品为主向加工食品过渡，当前加工食品消费占食品消费总量的比重越来越大。然而在食品生产加工过程中，因加工设备、加工工序与加工技术落后，以及食品生产加工企业未能严格按照工艺要求、食品安全标准操作，不合理和违法使用食品添加剂，加工场地的环境严重污染等都会产生食品生产加工过程的污染，同时无证、无照非法生产经营食品、食品弄虚作假屡禁不止等问题都将给食品安全带来极大的风险。

食品生产是食品安全很重要的一道关口，产业链条长、涉及环节多、产品辐射面广、社会影响大。加强食品生产环节的监督管理，全面落实食品生产企业食品安全主体责任，是防范食品安全风险的重要手段。

二、食品生产安全监督管理的法律依据

（一）相关法律

《食品安全法》和《产品质量法》都涉及食品生产加工环节，理解执行好两部法律的衔接和分工对于做好食品生产加工环节的监督管理非常重要。

相对于《食品安全法》来说，《产品质量法》是规范所有产品质量的法律，是一般法，而《食品安全法》是特别法，《食品安全法》未作规定的，应当按照《产品质量法》的规定执行。例如《食品安全法》规定了禁止生产经营"掺假掺杂"的食品，但并没有规定如何管理"掺假掺杂"过程，就需要按照《产品质量法》有关掺假掺杂的具体规定进行管理。而食品广告的管理在《食品安全法》中只作了简单的规定，而食品广告有关规定的实施就需要按照《广告法》加以规范。

（二）相关法规

1.《食品安全法实施条例》(2009 年 7 月 20 日国务院令第 557 号公布，自 2009 年 7 月 20 日起施行）。

2.《乳品质量安全监督管理条例》(2008 年 10 月 9 日国务院令第 536 号公布，自 2008 年 10 月 9 日起施行）。

3.《生猪屠宰管理条例》(1997 年 12 月 19 日国务院令第 238 号公布；2008 年 5 月 25 日国务院令第 525 号修订；2011 年 1 月 8 日国务院令 588 号修正；2016 年 2 月 6 日发布修订）。

（三）部门规章及规范性文件

1.《食品生产许可管理办法》原国家食品药品监督管理总局令 16 号，2015 年 10 月 1 日起正式实施。为规范食品、食品添加剂生产许可活动，加强食品生产监督管理，保障食品安全，根据《中华人民共和国食品安全法》《中华人民共和国行政许可法》等法律法规，制定本办法。在中华人民共和国境内，从事食品生产活动，应当依法取得食品生产许可。食品生产许可的申请、受理、审查、决定及其监督检查，适用本办法。2019 年 5 月 28 日至 6 月 27 日，国家市场监督管理总局组织修订的《食品生产许可管理办法（征求意见稿）》向社会各界广泛征求意见，后续将依据相关规定完成后发布实施。

2.《食品召回管理办法》原国家食品药品监督管理总局令第 12 号发布，2015 年 9 月 1 日起正式实施。

3.《食品生产经营日常监督检查管理办法》原国家食品药品监督管理总局令 23 号，2016 年 5 月 1 日起施行。为加强对食品生产经营活动的日常监督检查，落实食品生产经营者主体责任，保证食品安全，根据《中华人民共和国食品安全法》等法律法规，制定本办法。原食品药品监督管理部门对食品（含食品添加剂）生产经营者执行食品安全法律、法规、规章以及食品安全标准等情况实施日常监督检查，适用本办法。

4.《食品生产许可审查通则》本通则自 2016 年 10 月 1 日起施行。《食品生产许可管理办法》实施后，其配套技术文件的发布已迫在眉睫。《通则》是企业获得食品生产许可必须达到的技术要求，对指导食品生产企业完善生产条件，严格过程控制，加强原料把关和出厂检验，保证食品安全具有重要的作用。本《通则》加强生产许可与日常监管的衔接，体现加强事中事后监管的原则，实现了许可与监管的联通。《通则》共 5 章 56 条，主要内容包括适用范围、申请材料审查、现场核查、核查结果上报和检查整改要求等。

5.《食品药品监管总局关于印发食品生产经营日常监督检查有关表格的通知》（食药监食监一〔2016〕58 号）。

三、食品生产者食品安全主体责任

食品生产者应当依法承担食品安全第一责任人的义务，建立健全相关管理制度，收集、分析食品安全信息,依法履行不安全食品的停止生产、召回和处置义务,对社会和公众负责,保证食品安全,接受社会监督,承担社会责任。

(一)申请并取得生产许可

1. 食品生产许可 国家对食品生产实行许可制度,在中华人民共和国境内,从事食品生产活动,应当依法取得食品生产许可。食品生产许可证申请规定如下:

(1)申请食品生产许可,应当先行取得营业执照等合法主体资格。企业法人、合伙企业、个人独资企业、个体工商户等,以营业执照载明的主体作为申请人。

(2)申请食品生产许可,应当按照以下食品类别提出:粮食加工品,食用油、油脂及其制品,调味品,肉制品,乳制品,饮料,方便食品,饼干,罐头,冷冻饮品,速冻食品,薯类和膨化食品,糖果制品,茶叶及相关制品,酒类,蔬菜制品,水果制品,炒货食品及坚果制品,蛋制品,可可及焙烤咖啡产品,食糖,水产制品,淀粉及淀粉制品,糕点,豆制品,蜂产品,保健食品,特殊医学用途配方食品,婴幼儿配方食品,特殊膳食食品,其他食品等。

国家食品安全监督管理部门可以根据监督管理工作需要对食品类别进行调整。

(3)申请食品生产许可,应当符合下列条件:

1)具有与生产的食品品种、数量相适应的食品原料处理和食品加工、包装、贮存等场所,保持该场所环境整洁,并与有毒、有害场所以及其他污染源保持规定的距离。

2)具有与生产的食品品种、数量相适应的生产设备或者设施,有相应的消毒、更衣、盥洗、采光、照明、通风、防腐、防尘、防蝇、防鼠、防虫、洗涤以及处理废水、存放垃圾和废弃物的设备或者设施;保健食品生产工艺有原料提取、纯化等前处理工序的,需要具备与生产的品种、数量相适应的原料前处理设备或者设施。

3)有专职或者兼职的食品安全管理人员和保证食品安全的规章制度。

4)具有合理的设备布局和工艺流程,防止待加工食品与直接入口食品、原料与成品交叉污染,避免食品接触有毒物、不洁物。

5)法律、法规规定的其他条件。

(4)申请食品生产许可,应当向申请人所在地县级以上地方食品安全监督管理部门提交下列材料:

1)食品生产许可申请书。

2)营业执照复印件。

3)食品生产加工场所及其周围环境平面图、各功能区间布局平面图、工艺设备布局图和食品生产工艺流程图。

4)食品生产主要设备、设施清单。

5)进货查验记录、生产过程控制、出厂检验记录、食品安全自查、从业人员健康管理、不安全食品召回、食品安全事故处置等保证食品安全的规章制度。

申请人委托他人办理食品生产许可申请的,代理人应当提交授权委托书以及代理人的身份证明文件。

6)申请保健食品、特殊医学用途配方食品、婴幼儿配方食品的生产许可,还应当提交与所生产食品相适应的生产质量管理体系文件以及相关注册和备案文件。

2. 食品添加剂生产许可 国家对食品添加剂生产实行许可制度。

(1)从事食品添加剂生产活动,应当依法取得食品添加剂生产许可。申请食品添加剂生产许可,应当具备与所生产食品添加剂品种相适应的场所、生产设备或者设施、食品安全管理人员、专业技术人员和管理制度。

(2)申请食品添加剂生产许可,应当向申请人所在地县级以上地方食品监督管理部门提交下列材料:

1)食品添加剂生产许可申请书。

2)营业执照复印件。

3)食品添加剂生产加工场所及其周围环境平面图和生产加工各功能区间布局平面图。

4)食品添加剂生产主要设备、设施清单及布局图。

5)食品添加剂安全自查、进货查验记录、出厂检验记录等保证食品添加剂安全的规章制度。

3.食品相关产品生产许可

(1)生产食品相关产品应当符合法律、法规和食品安全国家标准。

(2)对直接接触食品的包装材料等具有较高风险的食品相关产品,按照国家有关工业产品生产许可证管理的规定实施生产许可。食品安全监督管理部门应当加强对食品相关产品生产活动的监督管理。

4.申请人应当如实向食品安全监督管理部门提交有关材料和反映真实情况,对申请材料的真实性负责,并在申请书等材料上签名或者盖章。

(二)食品生产过程质量安全控制要求

1.食品生产质量安全认证体系 国家鼓励食品生产企业符合良好生产规范要求,实施危害分析与关键控制点体系,提高食品安全管理水平。对通过良好生产规范、危害分析与关键控制点体系认证的食品生产企业,认证机构应当依法实施跟踪调查;对不再符合认证要求的企业,应当依法撤销认证,及时向县级以上人民政府食品安全监督管理部门通报,并向社会公布。认证机构实施跟踪调查不得收取费用。

2.按照食品安全标准组织生产 食品生产企业应当就下列事项制定并实施控制要求,保证所生产的食品符合食品安全标准:

(1)原料采购、原料验收、投料等原料控制。

(2)生产工序、设备、贮存、包装等生产关键环节控制。

(3)原料检验、半成品检验、成品出厂检验等检验控制。

(4)运输和交付控制。

3.健全食品生产企业管理制度

(1)落实食品安全管理制度:食品生产企业的主要负责人应当落实企业食品安全管理制度,对本企业的食品安全工作全面负责。

食品生产企业应当配备食品安全管理人员,加强对其培训和考核。经考核不具备食品安全管理能力的,不得上岗。食品安全监督管理部门应当对企业食品安全管理人员随机进行监督抽查考核并公布考核情况。监督抽查考核不得收取费用。

(2)建立并执行从业人员健康管理制度:食品生产者应当建立并执行从业人员健康管理制度。患有国务院卫生行政部门规定的有碍食品安全疾病的人员,不得从事接触直接入口食品的工作。患有痢疾、伤寒、病毒性肝炎等消化道传染病的人员,以及患有活动性肺结核、化脓性或者渗出性皮肤病等有碍食品安全的疾病的人员,不得从事接触直接入口食品的工作。从事接触直接入口食品工作的食品生产人员应当每年进行健康检查,取得健康证明后方可上岗工作。

(3)建立食品安全自查制度:食品生产者应当建立食品安全自查制度,定期对食品安全状况进行检查评价。生产条件发生变化,不再符合食品安全要求的,食品生产者应当立即采取整改措施;有发生食品安全事故潜在风险的,应当立即停止食品生产活动,并向所在地县级人民政府食品安全监督管理部门报告。

(4)建立进货查验及记录制度:食品生产者采购食品原料、食品添加剂、食品相关产品,应当查验供货者的许可证和产品合格证明;对无法提供合格证明的食品原料,应当按照食品安全标准进行检验;不得采购或者使用不符合食品安全标准的食品原料、食品添加剂、食品相关产品。

食品生产企业应当建立食品原料、食品添加剂、食品相关产品进货查验记录制度,如实记录食品原料、食品添加剂、食品相关产品的名称、规格、数量、生产日期或者生产批号、保质期、进货日期以及供货者名称、地址、联系方式等内容,并保存相关凭证。记录和凭证保存期限不得少于产品保质期满后六个月;没有明确保质期的,保存期限不得少于两年。

(5)建立出厂检验记录制度:食品、食品添加剂、食品相关产品的生产者,应当按照食品安全标准对所生产的食品、食品添加剂、食品相关产品进行检验,检验合格后方可出厂或者销售。

食品生产企业以及食品添加剂生产者应当建立食品出厂检验记录制度,查验出厂食品的检验合格证和安全状况,如实记录食品的名称、规格、数量、生产日期或者生产批号、保质期、检验合格证号、销售日期以及购货者名称、地址、联系方式等内容,并保存相关凭证。记录和凭证保存期限不得少于产品保质期满后六个月;没有明确保质期的,保存期限不得少于二年。

4.加强食品添加剂生产和使用管理

(1)生产食品添加剂应当符合法律、法规和食品安全国家标准。

(2)食品添加剂应当在技术上确有必要且经过风险评估证明安全可靠,方可列入允许使用的范围;有关食品安全国家标准应当根据技术必要性和食品安全风险评估结果及时修订。

(3)食品生产者应当按照食品安全国家标准使用食品添加剂。

5.食品生产相关各环节的质量要求

(1)贮存、运输和装卸食品的容器、工具和设备应当安全、无害,保持清洁,防止食品污染,并符合保证食品安全所需的温度、湿度等特殊要求,不得将食品与有毒、有害物品一同贮存、运输。

(2)直接入口的食品应当使用无毒、清洁的包装材料、餐具、饮具和容器。

(3)食品生产人员应当保持个人卫生,生产食品时,应当将手洗净,穿戴清洁的工作衣、帽等。

(4)用水应当符合国家规定的生活饮用水卫生标准。

(5)使用的洗涤剂、消毒剂应当对人体安全、无害。

6.禁止生产下列食品、食品添加剂、食品相关产品

(1)用非食品原料生产的食品或者添加食品添加剂以外的化学物质和其他可能危害人体健康物质的食品,或者用回收食品作为原料生产的食品。

（2）致病性微生物，农药残留、兽药残留、生物毒素、重金属等污染物质以及其他危害人体健康的物质含量超过食品安全标准限量的食品、食品添加剂、食品相关产品。

（3）用超过保质期的食品原料、食品添加剂生产的食品、食品添加剂。

（4）超范围、超限量使用食品添加剂的食品。

（5）营养成分不符合食品安全标准的专供婴幼儿和其他特定人群的主辅食品。

（6）腐败变质、油脂酸败、霉变生虫、污秽不洁、混有异物、掺假掺杂或者感官性状异常的食品、食品添加剂。

（7）病死、毒死或者死因不明的禽、畜、兽、水产动物肉类及其制品。

（8）未按规定进行检疫或者检疫不合格的肉类，或者未经检验或者检验不合格的肉类制品。

（9）被包装材料、容器、运输工具等污染的食品、食品添加剂。

（10）标注虚假生产日期、保质期或者超过保质期的食品、食品添加剂。

（11）无标签的预包装食品、食品添加剂。

（12）国家为防病等特殊需要明令禁止生产经营的食品。

（13）其他不符合法律、法规或者食品安全标准的食品、食品添加剂、食品相关产品。

7. 利用新的食品原料生产食品，或者生产食品添加剂新品种、食品相关产品新品种，应当向国务院卫生行政部门提交相关产品的安全性评估材料。国务院卫生行政部门应当自收到申请之日起六十日内组织审查；对符合食品安全要求的，准予许可并公布；对不符合食品安全要求的，不予许可并书面说明理由。

8. 生产经营的食品中不得添加药品，但是可以添加按照传统既是食品又是中药材的物质。按照传统既是食品又是中药材的物质目录由国务院卫生行政部门会同国务院食品安全监督管理部门制定、公布。

（三）国家建立食品安全全程追溯制度

1. 食品生产者应当依照《食品安全法》的规定，建立食品安全追溯体系，保证食品可追溯。

2. 国家鼓励食品生产经营者采用信息化手段采集、留存生产经营信息，建立食品安全追溯体系。

3. 国务院食品安全监督管理部门会同国务院农业行政等有关部门建立食品安全全程追溯协作机制。

（四）国家建立食品召回制度

食品生产者通过自检自查、公众投诉举报、经营者和监督管理部门告知等方式知悉其生产经营的食品属于不安全食品的，应当主动召回。

食品生产者应当主动召回不安全食品而没有主动召回的，县级以上食品安全监督管理部门可以责令其召回。

1. 食品生产者发现其生产的食品不符合食品安全标准或者有证据证明可能危害人体健康的，应当立即停止生产，召回已经上市销售的食品，通知相关生产经营者和消费者，并记录召回和通知情况。

（1）根据食品安全风险的严重和紧急程度，食品召回分为三级：

1）一级召回：食用后已经或者可能导致严重健康损害甚至死亡的，食品生产者应当在知悉食品安全风险后24h内启动召回,并向县级以上地方食品安全监督管理部门报告召回计划。

2)二级召回:食用后已经或者可能导致一般健康损害,食品生产者应当在知悉食品安全风险后48h内启动召回,并向县级以上地方食品安全监督管理部门报告召回计划。

3)三级召回:标签、标识存在虚假标注的食品,食品生产者应当在知悉食品安全风险后72h内启动召回,并向县级以上地方食品安全监督管理部门报告召回计划。标签、标识存在瑕疵,食用后不会造成健康损害的食品,食品生产者应当改正,可以自愿召回。

(2)食品生产者应当按照召回计划召回不安全食品。

县级以上地方食品安全监督管理部门收到食品生产者的召回计划后,必要时可以组织专家对召回计划进行评估。评估结论认为召回计划应当修改的,食品生产者应当立即修改,并按照修改后的召回计划实施召回。食品召回计划应当包括下列内容:

1)食品生产者的名称、住所、法定代表人、具体负责人、联系方式等基本情况。

2)食品名称、商标、规格、生产日期、批次、数量以及召回的区域范围。

3)召回原因及危害后果。

4)召回等级、流程及时限。

5)召回通知或者公告的内容及发布方式。

6)相关食品生产经营者的义务和责任。

7)召回食品的处置措施、费用承担情况。

8)召回的预期效果。

2.不安全食品在本省、自治区、直辖市销售的,食品召回公告应当在省级食品安全监督管理部门网站和省级主要媒体上发布。省级食品安全监督管理部门网站发布的召回公告应当与国家市场监督管理总局网站链接。

不安全食品在两个以上省、自治区、直辖市销售的,食品召回公告应当在国家市场监督管理总局网站和中央主要媒体上发布。

(1)食品召回工作完成时间要求

1)实施一级召回的,食品生产者应当自公告发布之日起10个工作日内完成召回工作。

2)实施二级召回的,食品生产者应当自公告发布之日起20个工作日内完成召回工作。

3)实施三级召回的,食品生产者应当自公告发布之日起30个工作日内完成召回工作。

情况复杂的,经县级以上地方食品药品监督管理部门同意,食品生产者可以适当延长召回时间并公布。

(2)食品召回公告应当包括下列内容:

1)食品生产者的名称、住所、法定代表人、具体负责人、联系电话、电子邮箱等。

2)食品名称、商标、规格、生产日期、批次等。

3)召回原因、等级、起止日期、区域范围。

4)相关食品生产经营者的义务和消费者退货及赔偿的流程。

3.食品生产者应当对召回的食品采取无害化处理、销毁等措施,防止其再次流入市场。但是,对因标签、标志或者说明书不符合食品安全标准而被召回的食品,食品生产者在采取补救措施且能保证食品安全的情况下可以继续销售;销售时应当向消费者明示补救措施。

(1)食品生产经营者应当依据法律法规的规定,对因停止生产经营、召回等原因退出市场的不安全食品采取补救、无害化处理、销毁等处置措施。

食品生产经营者未依法处置不安全食品的，县级以上地方食品安全监督管理部门可以责令其依法处置不安全食品。

（2）对违法添加非食用物质、腐败变质、病死畜禽等严重危害人体健康和生命安全的不安全食品，食品生产经营者应当立即就地销毁。

不具备就地销毁条件的，可由不安全食品生产经营者集中销毁处理。食品生产经营者在集中销毁处理前，应当向县级以上地方食品安全监督管理部门报告。

（3）对因标签、标识等不符合食品安全标准而被召回的食品，食品生产者可以在采取补救措施且能保证食品安全的情况下继续销售，销售时应当向消费者明示补救措施。

（4）对不安全食品进行无害化处理，能够实现资源循环利用的，食品生产经营者可以按照国家有关规定进行处理。

（5）食品生产经营者对不安全食品处置方式不能确定的，应当组织相关专家进行评估，并根据评估意见进行处置。

（6）食品生产经营者应当如实记录停止生产经营、召回和处置不安全食品的名称、商标、规格、生产日期、批次、数量等内容。记录保存期限不得少于2年。

4. 食品生产者应当将食品召回和处理情况向所在地县级人民政府食品安全监督管理部门报告；需要对召回的食品进行无害化处理、销毁的，应当提前报告时间、地点。

四、食品生产安全监督管理

本部分主要从实施食品生产许可、食品生产日常监督检查和不安全食品召回三个方面介绍食品安全监督管理机构督促食品生产者落实食品安全主体责任的监督管理职责。

（一）实施食品生产许可和监督检查

食品生产许可应当遵循依法、公开、公平、公正、便民、高效的原则，实行一企一证，即同一个食品生产者从事食品生产活动，应当取得一个食品生产许可证。

1. 实施食品生产许可的职责 食品安全监督管理部门按照食品的风险程度对食品生产实施分类许可。

（1）国家食品安全监督管理部门负责监督指导全国食品生产许可管理工作。

县级以上地方食品安全监督管理部门负责本行政区域内的食品生产许可管理工作。

（2）省、自治区、直辖市食品安全监督管理部门可以根据食品类别和食品安全风险状况，确定市、县级食品安全监督管理部门的食品生产许可管理权限。

保健食品、特殊医学用途配方食品、婴幼儿配方食品的生产许可由省、自治区、直辖市食品安全监督管理部门负责。

（3）国家食品安全监督管理部门负责制定食品生产许可审查通则和细则。

省、自治区、直辖市食品安全监督管理部门可以根据本行政区域食品生产许可审查工作的需要，对地方特色食品等食品制定食品生产许可审查细则，在本行政区域内实施，并报国家食品安全监督管理部门备案。国家食品安全监督管理部门制定公布相关食品生产许可审查细则后，地方特色食品等食品生产许可审查细则自行废止。

县级以上地方食品安全监督管理部门实施食品生产许可审查，应当遵守食品生产许可审查通则和细则。

（4）县级以上食品安全监督管理部门应当加快信息化建设，在行政机关的网站上公布生产许可事项，方便申请人采取数据电文等方式提出生产许可申请，提高办事效率。

2．食品生产许可监督检查

（1）县级以上地方食品安全监督管理部门应当依据法律法规规定的职责，对食品生产者的许可事项进行监督检查。

（2）县级以上地方食品安全监督管理部门应当建立食品许可管理信息平台，便于公民、法人和其他社会组织查询。

（3）县级以上地方食品安全监督管理部门应当将食品生产许可颁发、许可事项检查、日常监督检查、许可违法行为查处等情况记入食品生产者食品安全信用档案，并依法向社会公布；对有不良信用记录的食品生产者应当增加监督检查频次。

（4）县级以上地方食品安全监督管理部门日常监督管理人员负责所管辖食品生产者许可事项的监督检查，必要时，应当依法对相关食品仓储、物流企业进行检查。

日常监督管理人员应当按照规定的频次对所管辖的食品生产者实施全覆盖检查。

（5）县级以上地方食品安全监督管理部门及其工作人员履行食品生产许可管理职责，应当自觉接受食品生产者和社会监督。

接到有关工作人员在食品生产许可管理过程中存在违法行为的举报，食品安全监督管理部门应当及时进行调查核实。情况属实的，应当立即纠正。

（6）县级以上地方食品安全监督管理部门应当建立食品生产许可档案管理制度，将办理食品生产许可的有关材料、发证情况及时归档。

（7）国家食品安全监督管理部门可以定期或者不定期组织对全国食品生产许可工作进行监督检查；省、自治区、直辖市食品安全监督管理部门可以定期或者不定期组织对本行政区域内的食品生产许可工作进行监督检查。

（二）实施食品生产日常监督检查

食品安全监督管理部门对食品、食品添加剂生产者执行食品安全法律、法规、规章以及食品安全标准等情况实施日常监督检查。食品生产日常监督检查遵循属地负责、全面覆盖、风险管理、信息公开的原则。

1．国家食品安全监督管理部门负责监督指导全国食品生产日常监督检查工作。

省级食品安全监督管理部门负责监督指导本行政区域内食品生产日常监督检查工作。

市、县级食品安全监督管理部门负责实施本行政区域内食品生产日常监督检查工作。

2．市、县级食品安全监督管理部门实施食品生产日常监督检查，在全面覆盖的基础上，可以在本行政区域内随机选取食品生产者、随机选派监督检查人员实施异地检查、交叉互查。食品生产环节监督检查事项包括：

（1）食品生产者的生产环境条件、进货查验结果、生产过程控制、产品检验结果、贮存及交付控制、不合格品管理和食品召回、从业人员管理、食品安全事故处置等情况。

（2）保健食品生产环节监督检查事项除了上述内容，还包括生产者资质、产品标签及说明书、委托加工、生产管理体系等情况。

3．食品生产者及其从业人员应当配合食品安全监督管理部门实施食品生产经营日常监督检查，保障监督检查人员依法履行职责。

4. 省级以上食品安全监督管理部门应当加强食品生产日常监督检查信息化建设,市、县级食品安全监督管理部门应当记录、汇总、分析食品生产日常监督检查信息,完善日常监督检查措施。

食品生产者应当按照食品安全监督管理部门的要求提供食品生产相关数据信息。

（三）监督不安全食品召回

1. 国家食品安全监督管理部门负责指导全国不安全食品停止生产经营、召回和处置的监督管理工作。

2. 县级以上地方食品安全监督管理部门负责本行政区域的不安全食品停止生产经营、召回和处置的监督管理工作。

（1）县级以上地方食品安全监督管理部门发现不安全食品的,应当通知相关食品生产者停止生产或者召回,采取相关措施消除食品安全风险。

（2）县级以上地方食品安全监督管理部门发现食品生产者生产的食品可能属于不安全食品的,可以开展调查分析,相关食品生产者应当积极协助。

（3）县级以上地方食品安全监督管理部门可以对食品生产者停止生产、召回和处置不安全食品情况进行现场监督检查。

（4）食品生产者停止生产、召回和处置的不安全食品存在较大风险的,应当在停止生产、召回和处置不安全食品结束后 5 个工作日内向县级以上地方食品安全监督管理部门书面报告情况。

（5）县级以上地方食品安全监督管理部门可以要求食品生产者定期或者不定期报告不安全食品停止生产、召回和处置情况。

（6）县级以上地方食品安全监督管理部门可以对食品生产者提交的不安全食品停止生产、召回和处置报告进行评价。

评价结论认为食品生产者采取的措施不足以控制食品安全风险的,县级以上地方食品安全监督管理部门应当责令食品生产者采取更为有效的措施停止生产、召回和处置不安全食品。

（7）为预防和控制食品安全风险,县级以上地方食品安全监督管理部门可以发布预警信息,要求相关食品生产者停止生产不安全食品,提示消费者停止食用不安全食品。

（8）县级以上地方食品安全监督管理部门将不安全食品停止生产、召回和处置情况记入食品生产者信用档案。

3. 县级以上食品安全监督管理部门组织建立由医学、毒理、化学、食品、法律等相关领域专家组成的食品安全专家库,为不安全食品的停止生产经营、召回和处置提供专业支持。

4. 国家食品安全监督管理部门负责汇总分析全国不安全食品的停止生产经营、召回和处置信息,根据食品安全风险因素,完善食品安全监督管理措施。

县级以上地方食品安全监督管理部门负责收集、分析和处理本行政区域不安全食品的停止生产经营、召回和处置信息,监督食品生产经营者落实主体责任。

5. 鼓励和支持食品行业协会加强行业自律,制定行业规范,引导和促进食品生产经营者依法履行不安全食品的停止生产经营、召回和处置义务。鼓励和支持公众对不安全食品的停止生产经营、召回和处置等活动进行社会监督。

五、食品生产安全法律责任

本部分重点从食品生产许可、食品生产日常监督检查和不安全食品召回三个方面介绍了食品生产加工环节违反食品安全法律法规应该承担的法律责任,其他方面的法律责任详见《食品安全法》等法律法规的相关规定。

(一) 食品生产许可法律责任

1. 未取得食品生产许可从事食品生产活动的,由县级以上地方食品安全监督管理部门依照《中华人民共和国食品安全法》第一百二十二条的规定给予处罚。

2. 许可申请人隐瞒真实情况或者提供虚假材料申请食品生产许可的,由县级以上地方食品安全监督管理部门给予警告。申请人在1年内不得再次申请食品生产许可。

3. 被许可人以欺骗、贿赂等不正当手段取得食品生产许可的,由原发证的食品安全监督管理部门撤销许可,并处一万元以上三万元以下罚款。被许可人在三年内不得再次申请食品生产许可。

4. 食品生产者伪造、涂改、倒卖、出租、出借、转让食品生产许可证的,由县级以上地方食品安全监督管理部门责令改正,给予警告,并处一万元以下罚款;情节严重的,处一万元以上三万元以下罚款。

5. 食品生产者未按规定在生产场所的显著位置悬挂或者摆放食品生产许可证的,由县级以上地方食品安全监督管理部门责令改正;拒不改正的,给予警告。

6. 食品生产者工艺设备布局和工艺流程、主要生产设备设施、食品类别等事项发生变化,需要变更食品生产许可证载明的许可事项,未按规定申请变更的,由原发证的食品安全监督管理部门责令改正,给予警告;拒不改正的,处二千元以上一万元以下罚款。

7. 食品生产许可证副本载明的同一食品类别内的事项、外设仓库地址发生变化,食品生产者未按规定报告的,或者食品生产者终止食品生产,食品生产许可被撤回、撤销或者食品生产许可证被吊销,未按规定申请办理注销手续的,由原发证的食品安全监督管理部门责令改正;拒不改正的,给予警告,并处二千元以下罚款。

8. 被吊销生产许可证的食品生产者及其法定代表人、直接负责的主管人员和其他直接责任人员自处罚决定作出之日起5年内不得申请食品生产经营许可,或者从事食品生产经营管理工作、担任食品生产经营企业食品安全管理人员。

9. 食品安全监督管理部门对不符合条件的申请人准予许可,或者超越法定职权准予许可的,依照《中华人民共和国食品安全法》第一百四十四条的规定给予处分。

(二) 食品生产日常监督检查相关法律责任

1. 食品生产者撕毁、涂改日常监督检查结果记录表,或者未保持日常监督检查结果记录表至下次日常监督检查的,由市、县级食品安全监督管理部门责令改正,给予警告,并处二千元以上三万元以下罚款。

2. 食品生产者日常监督检查结果为不符合,有发生食品安全事故潜在风险的,食品生产经营者应当立即停止食品生产经营活动,由县级以上人民政府食品安全监督管理部门责令改正,给予警告;拒不改正的,处五千元以上五万元以下罚款;情节严重的,责令停产停业,直至吊销许可证。

3. 食品生产者有下列拒绝、阻挠、干涉食品安全监督管理部门进行监督检查情形之一的，由有关主管部门按照各自职责分工责令停产停业，并处二千元以上五万元以下罚款；情节严重的，吊销许可证；构成违反治安管理行为的，由公安机关依法给予治安管理处罚。

（1）拒绝、拖延、限制监督检查人员进入被检查场所或者区域的，或者限制检查时间的。

（2）拒绝或者限制抽取样品、录像、拍照和复印等调查取证工作的。

（3）无正当理由不提供或者延迟提供与检查相关的合同、记录、票据、账簿、电子数据等材料的。

（4）声称主要负责人、主管人员或者相关工作人员不在岗，或者故意以停止生产经营等方式欺骗、误导、逃避检查的。

（5）以暴力、威胁等方法阻碍监督检查人员依法履行职责的。

（6）隐藏、转移、变卖、损毁监督检查人员依法查封、扣押的财物的。

（7）伪造、隐匿、毁灭证据或者提供虚假证言的。

（8）其他妨碍监督检查人员履行职责的。

4. 食品生产者拒绝、阻挠、干涉监督检查，违反治安管理处罚法有关规定的，由食品安全监督管理部门依法移交公安机关处理。

5. 食品生产者以暴力、威胁等方法阻碍监督检查人员依法履行职责，涉嫌构成犯罪的，由食品安全监督管理部门依法移交公安机关处理。

6. 监督检查人员在日常监督检查中存在失职渎职行为的，由任免机关或者监察机关依法对相关责任人追究行政责任；涉嫌构成犯罪的，依法移交司法机关处理。

（三）不安全食品召回相关法律责任

1. 不立即停止生产经营、不主动召回、不按规定时限启动召回、不按照召回计划召回不安全食品或者不按照规定处置不安全食品的，由食品安全监督管理部门给予警告，并处一万元以上三万元以下罚款。

2. 食品经营者违反《食品召回管理办法》第十九条的规定，不配合食品生产者召回不安全食品的，由食品安全监督管理部门给予警告，并处五千元以上三万元以下罚款。

3. 未按规定履行相关报告义务的，由食品安全监督管理部门责令改正，给予警告；拒不改正的，处二千元以上二万元以下罚款。

4. 食品安全监督管理部门责令食品生产经营者依法处置不安全食品，食品生产经营者拒绝或者拖延履行的，由食品药品监督管理部门给予警告，并处二万元以上三万元以下罚款。

5. 未按规定记录保存不安全食品停止生产经营、召回和处置情况的，由食品安全监督管理部门责令改正，给予警告；拒不改正的，处二千元以上二万元以下罚款。

6. 食品生产经营者停止生产经营、召回和处置不安全食品，不免除其依法应当承担的其他法律责任。

食品生产经营者主动采取停止生产经营、召回和处置不安全食品措施，消除或者减轻危害后果的，依法从轻或者减轻处罚；违法情节轻微并及时纠正，没有造成危害后果的，不予行政处罚。

7. 县级以上地方食品安全监督管理部门不依法履行《食品召回管理办法》规定的职责，造成不良后果的，依照《中华人民共和国食品安全法》的有关规定，对直接负责的主管人员和其他直接责任人员给予行政处分。

（闻　颖）

第二节　食品经营安全监督管理

一、概述

《食品安全法》规定食品销售和餐饮服务称为食品经营。食品经营环节包括食品采购、运输、验收、贮存、分装与包装、销售或者餐饮服务等过程。

（一）食品经营的主体业态及相关概念的含义

食品经营主体业态分为食品销售经营者、餐饮服务经营者、单位食堂三类。食品经营者申请通过网络经营、建立中央厨房或者从事集体用餐配送的，应当在主体业态后以括号标注。

1. 餐饮服务　指通过即时制作加工直接向消费者提供食品的服务活动，上述餐饮服务经营者、单位食堂、中央厨房以及集体用餐配送都属于餐饮服务范畴。

2. 单位食堂　指设于机关、事业单位、社会团体、民办非企业单位、企业等，供应内部职工、学生等集中就餐的餐饮服务提供者。

3. 中央厨房　指由餐饮单位建立的，具有独立场所及设施设备，集中完成食品成品或者半成品加工制作并配送的食品经营者。

4. 集体用餐配送单位　指根据服务对象订购要求，集中加工、分送食品但不提供就餐场所的食品经营者。

（二）食品经营项目及相关概念的含义

食品经营项目分为销售和制售两类。

销售包括预包装食品销售、散装食品销售、特殊食品销售和其他类食品销售，为食品销售经营者主要经营的食品。制售包括热食类食品、冷食类食品、生食类食品、糕点类食品、自制饮品和其他类食品等的制售，为餐饮服务经营者和单位食堂等餐饮服务主要经营的食品。

1. 食品销售

（1）预包装食品销售（含冷藏冷冻食品、不含冷藏冷冻食品）。

（2）散装食品销售（含冷藏冷冻食品、不含冷藏冷冻食品）。

（3）特殊食品销售（保健食品、特殊医学用途配方食品、婴幼儿配方乳粉、其他婴幼儿配方食品）。

（4）其他类食品销售（其他类食品指区域性销售食品、民族特色食品、地方特色食品等）。

2. 相关概念的含义

（1）预包装食品：指预先定量包装或者制作在包装材料和容器中的食品，包括预先定量包装以及预先定量制作在包装材料和容器中并且在一定限量范围内具有统一的质量或体积标识的食品。

（2）散装食品：指无预先定量包装，需称重销售的食品，包括无包装和带非定量包装的食品。

（三）食品制售

1. 热食类食品制售（热食类食品指食品原料经粗加工、切配并经过蒸、煮、烹、煎、炒、烤、炸等烹饪工艺制作，在一定热度状态下食用的即食食品，含火锅和烧烤等烹饪方式加工而成的食品等)。

2.冷食类食品制售(冷食类食品指一般无需再加热,在常温或者低温状态下即可食用的食品,含熟食卤味、生食瓜果蔬菜、腌菜等)。

3.生食类食品制售(生食类食品一般特指生食水产品)。

4.糕点类食品制售(糕点类食品指以粮、糖、油、蛋、奶等为主要原料经焙烤等工艺现场加工而成的食品,含裱花蛋糕等)。

5.自制饮品制售(自制饮品,指经营者现场制作的各种饮料,含冰激凌等)。

6.其他类食品制售等。

食品经营者在食品流通过程中是连接食品生产者和消费者的纽带,同时也是食品在售卖给消费者之前,其质量安全的最后把关者。所以和食品生产者一样,食品经营者也需要履行自己在食品安全方面的主体责任,监督机构对其应加强监督管理,以保障食品安全。

二、食品经营安全监督管理的法律依据

(一)相关法律、法规

食品经营安全监督管理主要法律依据为《食品安全法》《产品质量法》《消费者权益保护法》和《食品安全法实施条例》《行政许可法》等法律法规。

(二)部门规章及规范性文件

1.《食品经营许可管理办法》(国家食品药品监督管理总局令17号2015年10月1日起实施)。

2.《食品生产经营日常监督检查管理办法》(国家食品药品监督管理总局令第23号,2016年5月1日施行)。

3.《食品召回管理办法》(国家食品药品监督管理总局令第12号发布,2015年9月1日起正式实施)。

4.《食品药品监管总局关于印发食品生产经营日常监督检查有关表格的通知》(食药监食监一〔2016〕58号)。

5.《网络食品安全违法行为查处办法》(国家食品药品监督管理总局令第27号,2016年10月1日起施行)。

6.《网络餐饮服务食品安全监督管理办法》《网络餐饮服务食品安全监督管理办法》(国家食品药品监督管理总局令第36号)。

为加强网络餐饮服务食品安全监督管理,保证餐饮食品安全,保障公众身体健康,原国家食品药品监督管理总局制定颁布了《网络餐饮服务食品安全监督管理办法》(以下简称《办法》),于2018年1月1日起施行。该《办法》属于与《网络食品安全违法行为查处办法》并列的规章。按照后法优于先法,特别法优于一般法的原则,对于网络餐饮服务食品安全的监督管理,优先适用《办法》。《办法》对网络餐饮服务食品安全违法行为的查处未作规定的,按照《网络食品安全违法行为查处办法》的规定执行。

三、食品经营者食品安全主体责任

(一)申请并取得经营许可

1.申请食品经营许可,应当先行取得营业执照等合法主体资格。

（1）企业法人、合伙企业、个人独资企业、个体工商户等，以营业执照载明的主体作为申请人。

（2）机关、事业单位、社会团体、民办非企业单位、企业等申办单位食堂，以机关或者事业单位法人登记证、社会团体登记证或者营业执照等载明的主体作为申请人。

2．申请食品经营许可，应当按照食品经营主体业态和经营项目分类提出。

列入其他类食品销售和其他类食品制售的具体品种应当报国家食品安全监督管理部门批准后执行，并明确标注。具有热、冷、生、固态、液态等多种情形，难以明确归类的食品，可以按照食品安全风险等级最高的情形进行归类。

国家食品安全监督管理部门可以根据监督管理工作需要对食品经营项目类别进行调整。

3．申请食品经营许可，应当符合下列条件：

（1）具有与经营的食品品种、数量相适应的食品原料处理和食品加工、销售、贮存等场所，保持该场所环境整洁，并与有毒、有害场所以及其他污染源保持规定的距离。

（2）具有与经营的食品品种、数量相适应的经营设备或者设施，有相应的消毒、更衣、盥洗、采光、照明、通风、防腐、防尘、防蝇、防鼠、防虫、洗涤以及处理废水、存放垃圾和废弃物的设备或者设施。

（3）有专职或者兼职的食品安全管理人员和保证食品安全的规章制度。

（4）具有合理的设备布局和工艺流程，防止待加工食品与直接入口食品、原料与成品交叉污染，避免食品接触有毒物、不洁物。

（5）法律、法规规定的其他条件。

4．申请食品经营许可，应当向申请人所在地县级以上地方食品安全监督管理部门提交下列材料：

（1）食品经营许可申请书。

（2）营业执照或者其他主体资格证明文件复印件。

（3）与食品经营相适应的主要设备设施布局、操作流程等文件。

（4）食品安全自查、从业人员健康管理、进货查验记录、食品安全事故处置等保证食品安全的规章制度。

（5）利用自动售货设备从事食品销售的，申请人还应当提交自动售货设备的产品合格证明、具体放置地点，经营者名称、住所、联系方式、食品经营许可证的公示方法等材料。

（6）申请人委托他人办理食品经营许可申请的，代理人应当提交授权委托书以及代理人的身份证明文件。

5．申请人应当如实向食品安全监督管理部门提交有关材料和反映真实情况，对申请材料的真实性负责，并在申请书等材料上签名或者盖章。

（二）食品经营过程质量安全控制要求

1．健全食品经营企业管理制度

（1）落实食品安全管理制度：食品经营企业的主要负责人应当落实企业食品安全管理制度，对本企业的食品安全工作全面负责。

食品经营企业应当配备食品安全管理人员，加强对其培训和考核。经考核不具备食品安全管理能力的，不得上岗。食品安全监督管理部门应当对企业食品安全管理人员随机进行监督抽查考核并公布考核情况。监督抽查考核不得收取费用。

（2）建立并执行从业人员健康管理制度：食品经营者应当建立并执行从业人员健康管理制度。患有国务院卫生行政部门规定的有碍食品安全疾病的人员，不得从事接触直接入口食品的工作。患有痢疾、伤寒、病毒性肝炎等消化道传染病的人员，以及患有活动性肺结核、化脓性或者渗出性皮肤病等有碍食品安全的疾病的人员，不得从事接触直接入口食品的工作。从事接触直接入口食品工作的食品经营人员应当每年进行健康检查，取得健康证明后方可上岗工作。

（3）建立食品安全自查制度：食品经营者应当建立食品安全自查制度，定期对食品安全状况进行检查评价。经营条件发生变化，不再符合食品安全要求的，食品经营者应当立即采取整改措施；有发生食品安全事故潜在风险的，应当立即停止食品经营活动，并向所在地县级人民政府食品安全监督管理部门报告。

（4）建立进货查验及记录制度

1）食品经营者采购食品，应当查验供货者的许可证和食品出厂检验合格证或者其他合格证明（以下称合格证明文件）。

2）食品经营企业应当建立食品进货查验记录制度，如实记录食品的名称、规格、数量、生产日期或者生产批号、保质期、进货日期以及供货者名称、地址、联系方式等内容，并保存相关凭证。记录和凭证保存期限应当符合《食品安全法》第五十条第二款的规定。

3）实行统一配送经营方式的食品经营企业，可以由企业总部统一查验供货者的许可证和食品合格证明文件，进行食品进货查验记录。

（5）建立食品销售记录制度：从事食品批发业务的经营企业应当建立食品销售记录制度，如实记录批发食品的名称、规格、数量、生产日期或者生产批号、保质期、销售日期以及购货者名称、地址、联系方式等内容，并保存相关凭证。记录和凭证保存期限不得少于产品保质期满后六个月；没有明确保质期的，保存期限不得少于两年。

2．加强食品添加剂经营管理　食品添加剂经营者采购食品添加剂，应当依法查验供货者的许可证和产品合格证明文件，如实记录食品添加剂的名称、规格、数量、生产日期或者生产批号、保质期、进货日期以及供货者名称、地址、联系方式等内容，并保存相关凭证。记录和凭证保存期限不得少于产品保质期满后六个月；没有明确保质期的，保存期限不得少于二年。

3．食品经营相关各环节的质量要求

（1）食品经营者应当按照保证食品安全的要求贮存食品，定期检查库存食品，及时清理变质或者超过保质期的食品。

食品经营者贮存散装食品，应当在贮存位置标明食品的名称、生产日期或者生产批号、保质期、生产者名称及联系方式等内容。

贮存、运输和装卸食品的容器、工具和设备应当安全、无害，保持清洁，防止食品污染，并符合保证食品安全所需的温度、湿度等特殊要求，不得将食品与有毒、有害物品一同贮存、运输。

（2）直接入口的食品应当使用无毒、清洁的包装材料、餐具、饮具和容器。

（3）食品经营人员应当保持个人卫生，经营食品时，应当将手洗净，穿戴清洁的工作衣、帽等。

（4）用水应当符合国家规定的生活饮用水卫生标准。

（5）使用的洗涤剂、消毒剂应当对人体安全、无害。

4．禁止经营下列食品、食品添加剂、食品相关产品：

（1）用非食品原料生产的食品或者添加食品添加剂以外的化学物质和其他可能危害人体健康物质的食品，或者用回收食品作为原料生产的食品。

（2）致病性微生物，农药残留、兽药残留、生物毒素、重金属等污染物质以及其他危害人体健康的物质含量超过食品安全标准限量的食品、食品添加剂、食品相关产品。

（3）用超过保质期的食品原料、食品添加剂生产的食品、食品添加剂。

（4）超范围、超限量使用食品添加剂的食品。

（5）营养成分不符合食品安全标准的专供婴幼儿和其他特定人群的主辅食品。

（6）腐败变质、油脂酸败、霉变生虫、污秽不洁、混有异物、掺假掺杂或者感官性状异常的食品、食品添加剂。

（7）病死、毒死或者死因不明的禽、畜、兽、水产动物肉类及其制品。

（8）未按规定进行检疫或者检疫不合格的肉类，或者未经检验或者检验不合格的肉类制品。

（9）被包装材料、容器、运输工具等污染的食品、食品添加剂。

（10）标注虚假生产日期、保质期或者超过保质期的食品、食品添加剂。

（11）无标签的预包装食品、食品添加剂。

（12）国家为防病等特殊需要明令禁止生产经营的食品。

（13）其他不符合法律、法规或者食品安全标准的食品、食品添加剂、食品相关产品。

5．经营的食品中不得添加药品，但是可以添加按照传统既是食品又是中药材的物质。按照传统既是食品又是中药材的物质目录由国务院卫生行政部门会同国务院食品安全监督管理部门制定、公布。

（三）国家建立食品安全全程追溯制度

1．食品经营者应当依照《食品安全法》的规定，建立食品安全追溯体系，保证食品可追溯。

2．国家鼓励食品经营者采用信息化手段采集、留存生产经营信息，建立食品安全追溯体系。

3．国务院食品安全监督管理部门会同国务院农业行政等有关部门建立食品安全全程追溯协作机制。

（四）国家建立食品召回制度

1．食品经营者发现其经营的食品不符合食品安全标准或者有证据证明可能危害人体健康的，应当立即停止经营，通知相关生产经营者和消费者，并记录停止和通知情况。食品生产者认为应当召回的，应当立即召回。由于食品经营者的原因造成其经营的食品有前款规定情形的，食品经营者应当召回。

2．食品经营者知悉食品生产者召回不安全食品后，应当立即采取停止购进、销售，封存不安全食品，在经营场所醒目位置张贴生产者发布的召回公告等措施，配合食品生产者开展召回工作。

3．食品经营者对因自身原因所导致的不安全食品，应当根据法律法规的规定在其经营的范围内主动召回。

4. 食品经营者召回不安全食品应当告知供货商。供货商应当及时告知生产者。食品经营者在召回通知或者公告中应当特别注明系因其自身的原因导致食品出现不安全问题。因生产者无法确定、破产等原因无法召回不安全食品的，食品经营者应当在其经营的范围内主动召回不安全食品。

5. 食品经营者应当对召回的食品采取无害化处理、销毁等措施，防止其再次流入市场。但是，对因标签、标志或者说明书不符合食品安全标准而被召回的食品，食品生产者在采取补救措施且能保证食品安全的情况下可以继续销售；销售时应当向消费者明示补救措施。

6. 食品经营者应当将食品召回和处理情况向所在地县级人民政府食品安全监督管理部门报告；需要对召回的食品进行无害化处理、销毁的，应当提前报告时间、地点。食品安全监督管理部门认为必要的，可以实施现场监督。

7. 食品经营者未依照法律规定召回或者停止经营的，县级以上人民政府食品安全监督管理部门可以责令其召回或者停止经营。

（五）集中交易市场开办者特定要求

1. 集中交易市场的开办者、柜台出租者和展销会举办者，应当依法审查入场食品经营者的许可证，明确其食品安全管理责任，定期对其经营环境和条件进行检查，发现其有违反《食品安全法》规定行为的，应当及时制止并立即报告所在地县级人民政府食品安全监督管理部门。

2. 食品集中交易市场的开办者、食品经营柜台的出租者、食品展销会的举办者发现食品经营者经营的食品属于不安全食品的，应当及时采取有效措施，确保相关经营者停止经营不安全食品。

（六）网络食品交易第三方平台提供者特定要求

1. 网络食品交易第三方平台提供者应当对入网食品经营者进行实名登记，明确其食品安全管理责任；依法应当取得许可证的，还应当审查其许可证。

2. 网络食品交易第三方平台提供者发现入网食品经营者有违反《食品安全法》规定行为的，应当及时制止并立即报告所在地县级人民政府食品安全监督管理部门；发现严重违法行为的，应当立即停止提供网络交易平台服务。

3. 网络食品交易第三方平台提供者发现网络食品经营者经营的食品属于不安全食品的，应当依法采取停止网络交易平台服务等措施，确保网络食品经营者停止经营不安全食品。

（七）餐饮服务提供者的特定要求

1. 餐饮服务提供者应当制定并实施原料控制要求，不得采购不符合食品安全标准的食品原料。倡导餐饮服务提供者公开加工过程，公示食品原料及其来源等信息。

2. 餐饮服务提供者在加工过程中应当检查待加工的食品及原料，发现有腐败变质、油脂酸败、霉变生虫、污秽不洁、混有异物、掺假掺杂或者感官性状异常的食品、食品添加剂，不得加工或者使用。

3. 餐饮服务提供者应当定期维护食品加工、贮存、陈列等设施、设备；定期清洗、校验保温设施及冷藏、冷冻设施。

4. 餐饮服务提供者应当按照要求对餐具、饮具进行清洗消毒，不得使用未经清洗消毒的餐具、饮具；餐饮服务提供者委托清洗消毒餐具、饮具的，应当委托符合《食品安全法》规定条件的餐具、饮具集中消毒服务单位。

（八）单位食堂的特定管理规定

学校、托幼机构、养老机构、建筑工地等集中用餐单位的食堂应当严格遵守法律、法规和食品安全标准；从供餐单位订餐的，应当从取得食品生产经营许可的企业订购，并按照要求对订购的食品进行查验。供餐单位应当严格遵守法律、法规和食品安全标准，当餐加工，确保食品安全。

学校、托幼机构、养老机构、建筑工地等集中用餐单位的主管部门应当加强对集中用餐单位的食品安全教育和日常管理，降低食品安全风险，及时消除食品安全隐患。

（九）餐具、饮具集中消毒服务单位要求

餐具、饮具集中消毒服务单位应当具备相应的作业场所、清洗消毒设备或者设施，用水和使用的洗涤剂、消毒剂应当符合相关食品安全国家标准和其他国家标准、卫生规范。

餐具、饮具集中消毒服务单位应当对消毒餐具、饮具进行逐批检验，检验合格后方可出厂，并应当随附消毒合格证明。消毒后的餐具、饮具应当在独立包装上标注单位名称、地址、联系方式、消毒日期以及使用期限等内容。

（十）标签、说明书和广告的特定要求

1. 预包装食品的包装上应当有标签。标签应当标明下列事项：

（1）名称、规格、净含量、生产日期。

（2）成分或者配料表。

（3）生产者的名称、地址、联系方式。

（4）保质期。

（5）产品标准代号。

（6）贮存条件。

（7）所使用的食品添加剂在国家标准中的通用名称。

（8）生产许可证编号。

（9）法律、法规或者食品安全标准规定应当标明的其他事项。

（10）专供婴幼儿和其他特定人群的主辅食品，其标签还应当标明主要营养成分及其含量。

（11）食品安全国家标准对标签标注事项另有规定的，从其规定。

2. 食品经营者销售散装食品，应当在散装食品的容器、外包装上标明食品的名称、生产日期或者生产批号、保质期以及生产经营者名称、地址、联系方式等内容。

3. 生产经营转基因食品应当按照规定显著标示。

4. 食品添加剂应当有标签、说明书和包装。标签、说明书应当载明《食品安全法》第六十七条第一款第一项至第六项、第八项、第九项规定的事项，以及食品添加剂的使用范围、用量、使用方法，并在标签上载明"食品添加剂"字样。

5. 食品和食品添加剂的标签、说明书，不得含有虚假内容，不得涉及疾病预防、治疗功能。生产经营者对其提供的标签、说明书的内容负责。

6. 食品和食品添加剂的标签、说明书应当清楚、明显，生产日期、保质期等事项应当显著标注，容易辨识。食品和食品添加剂与其标签、说明书的内容不符的，不得上市销售。

7. 食品经营者应当按照食品标签标示的警示标志、警示说明或者注意事项的要求销售食品。

8. 食品广告的内容应当真实合法，不得含有虚假内容，不得涉及疾病预防、治疗功能。食品生产经营者对食品广告内容的真实性、合法性负责。

9. 县级以上人民政府食品安全监督管理部门和其他有关部门以及食品检验机构、食品行业协会不得以广告或者其他形式向消费者推荐食品。消费者组织不得以收取费用或者其他牟取利益的方式向消费者推荐食品。

四、食品经营安全监督管理

（一）实施食品经营许可和监督检查

食品经营许可应当遵循依法、公开、公平、公正、便民、高效的原则，实行一地一证，即食品经营者在一个经营场所从事食品经营活动，应当取得一个食品经营许可证。

1. 实施食品经营许可的职责　食品安全监督管理部门按照食品经营主体业态和经营项目的风险程度对食品经营实施分类许可。

（1）国家食品安全督管理部门负责监督指导全国食品经营许可管理工作。

县级以上地方食品安全监督管理部门负责本行政区域内的食品经营许可管理工作。

（2）省、自治区、直辖市食品安全监督管理部门可以根据食品类别和食品安全风险状况，确定市、县级食品安全监督管理部门的食品经营许可管理权限。

（3）国家食品安全监督管理部门负责制定食品经营许可审查通则。

县级以上地方食品安全监督管理部门实施食品经营许可审查，应当遵守食品经营许可审查通则。

（4）县级以上食品安全监督管理部门应当加快信息化建设，在行政机关的网站上公布经营许可事项，方便申请人采取数据电文等方式提出经营许可申请，提高办事效率。

2. 食品经营许可监督检查

（1）县级以上地方食品安全监督管理部门应当依据法律法规规定的职责，对食品经营者的许可事项进行监督检查。

（2）县级以上地方食品安全监督管理部门应当建立食品许可管理信息平台，便于公民、法人和其他社会组织查询。

（3）县级以上地方食品安全监督管理部门应当将食品经营许可颁发、许可事项检查、日常监督检查、许可违法行为查处等情况记入食品经营者食品安全信用档案，并依法向社会公布；对有不良信用记录的食品经营者应当增加监督检查频次。

（4）县级以上地方食品安全监督管理部门日常监督管理人员负责所管辖食品经营者许可事项的监督检查，必要时，应当依法对相关食品仓储、物流企业进行检查。日常监督管理人员应当按照规定的频次对所管辖的食品经营者实施全覆盖检查。

（5）县级以上地方食品安全监督管理部门及其工作人员履行食品经营许可管理职责，应当自觉接受食品经营者和社会监督。

接到有关工作人员在食品经营许可管理过程中存在违法行为的举报，食品安全监督管理部门应当及时进行调查核实。情况属实的，应当立即纠正。

（6）县级以上地方食品安全监督管理部门应当建立食品经营许可档案管理制度，将办理食品经营许可的有关材料、发证情况及时归档。

（7）国家食品安全监督管理部门可以定期或者不定期组织对全国食品经营许可工作进

行监督检查; 省、自治区、直辖市食品安全监督管理部门可以定期或者不定期组织对本行政区域内的食品经营许可工作进行监督检查。

（二）实施食品经营日常监督检查

食品安全监督管理部门对食品和食品添加剂经营者执行食品安全法律、法规、规章以及食品安全标准等情况实施日常监督检查。食品经营日常监督检查遵循属地负责、全面覆盖、风险管理、信息公开的原则。

1. 国家食品安全监督管理部门负责监督指导全国食品经营日常监督检查工作。

省级食品安全监督管理部门负责监督指导本行政区域内食品经营日常监督检查工作。

市、县级食品安全监督管理部门负责实施本行政区域内食品经营日常监督检查工作。

2. 市、县级食品安全监督管理部门实施食品经营日常监督检查, 在全面覆盖的基础上, 可以在本行政区域内随机选取食品经营者、随机选派监督检查人员实施异地检查、交叉互查。

（1）食品销售环节监督检查事项包括食品销售者资质、从业人员健康管理、一般规定执行、禁止性规定执行、经营过程控制、进货查验结果、食品贮存、不安全食品召回、标签和说明书、特殊食品销售、进口食品销售、食品安全事故处置、食用农产品销售等情况, 以及食用农产品集中交易市场开办者、柜台出租者、展销会举办者、网络食品交易第三方平台提供者、食品贮存及运输者等履行法律义务的情况。

（2）餐饮服务环节监督检查事项包括餐饮服务提供者资质、从业人员健康管理、原料控制、加工制作过程、食品添加剂使用管理及公示、设备设施维护和餐饮具清洗消毒、食品安全事故处置等情况。

3. 食品经营者及其从业人员应当配合食品安全监督管理部门实施食品经营日常监督检查, 保障监督检查人员依法履行职责。

4. 省级以上食品安全监督管理部门应当加强食品经营日常监督检查信息化建设, 市、县级食品安全监督管理部门应当记录、汇总、分析食品经营日常监督检查信息, 完善日常监督检查措施。食品经营者应当按照食品安全监督管理部门的要求提供食品生产经营相关数据信息。

（三）监督不安全食品的召回

1. 县级以上地方食品安全监督管理部门发现不安全食品的, 应当通知相关食品经营者停止生产经营或者召回, 采取相关措施消除食品安全风险。

2. 县级以上地方食品安全监督管理部门发现食品经营者生产经营的食品可能属于不安全食品的, 可以开展调查分析, 相关食品经营者应当积极协助。

3. 县级以上地方食品安全监督管理部门可以对食品经营者停止经营、召回和处置不安全食品情况进行现场监督检查。

4. 食品经营者停止生产经营、召回和处置的不安全食品存在较大风险的, 应当在停止经营、召回和处置不安全食品结束后 5 个工作日内向县级以上地方食品安全监督管理部门书面报告情况。

5. 县级以上地方食品安全监督管理部门可以要求食品经营者定期或者不定期报告不安全食品停止经营、召回和处置情况。

6. 县级以上地方食品安全监督管理部门可以对食品生产经营者提交的不安全食品停止生产经营、召回和处置报告进行评价。

评价结论认为食品经营者采取的措施不足以控制食品安全风险的,县级以上地方食品安全监督管理部门应当责令食品经营者采取更为有效的措施停止经营、召回和处置不安全食品。

7. 为预防和控制食品安全风险,县级以上地方食品安全监督管理部门可以发布预警信息,要求相关食品经营者停止经营不安全食品,提示消费者停止食用不安全食品。

8. 县级以上地方食品安全监督管理部门将不安全食品停止经营、召回和处置情况记入食品经营者信用档案。

五、食品经营安全法律责任

（一）食品经营许可相关法律责任

1. 未取得食品经营许可从事食品经营活动的,由县级以上地方食品安全监督管理部门依照《中华人民共和国食品安全法》第一百二十二条的规定给予处罚。

2. 许可申请人隐瞒真实情况或者提供虚假材料申请食品经营许可的,由县级以上地方食品安全监督管理部门给予警告。申请人在1年内不得再次申请食品经营许可。

3. 被许可人以欺骗、贿赂等不正当手段取得食品经营许可的,由原发证的食品安全监督管理部门撤销许可,并处一万元以上三万元以下罚款。被许可人在3年内不得再次申请食品经营许可。

4. 食品经营者伪造、涂改、倒卖、出租、出借、转让食品经营许可证的,由县级以上地方食品安全监督管理部门责令改正,给予警告,并处一万元以下罚款;情节严重的,处一万元以上三万元以下罚款。

5. 食品经营者未按规定在经营场所的显著位置悬挂或者摆放食品经营许可证的,由县级以上地方食品安全监督管理部门责令改正;拒不改正的,给予警告。

6. 食品经营许可证载明的许可事项发生变化,食品经营者未按规定申请变更经营许可的,由原发证的食品安全监督管理部门责令改正,给予警告;拒不改正的,处二千元以上一万元以下罚款。

7. 食品经营者外设仓库地址发生变化,未按规定报告的,或者食品经营者终止食品经营,食品经营许可被撤回、撤销或者食品经营许可证被吊销,未按规定申请办理注销手续的,由原发证的食品安全监督管理部门责令改正;拒不改正的,给予警告,并处二千元以下罚款。

8. 被吊销经营许可证的食品经营者及其法定代表人、直接负责的主管人员和其他直接责任人员自处罚决定作出之日起5年内不得申请食品生产经营许可,或者从事食品生产经营管理工作、担任食品生产经营企业食品安全管理人员。

9. 食品安全监督管理部门对不符合条件的申请人准予许可,或者超越法定职权准予许可的,依照《中华人民共和国食品安全法》第一百四十四条的规定给予处分。

（二）食品经营日常监督检查相关法律责任

1. 食品经营者撕毁、涂改日常监督检查结果记录表,或者未保持日常监督检查结果记录表至下次日常监督检查的,由市、县级食品安全监督管理部门责令改正,给予警告,并处二千元以上三万元以下罚款。

2. 食品经营者违反《食品生产经营日常监督检查管理办法》第二十四条规定的,由县级以上食品安全监督管理部门按照《食品安全法》第一百二十六条第一款的规定进行处理。

3. 食品经营者有下列拒绝、阻挠、干涉食品安全监督管理部门进行监督检查情形之一的，由县级以上食品安全监督管理部门按照《食品安全法》第一百三十三条第一款的规定进行处理：

（1）拒绝、拖延、限制监督检查人员进入被检查场所或者区域的，或者限制检查时间的。

（2）拒绝或者限制抽取样品、录像、拍照和复印等调查取证工作的。

（3）无正当理由不提供或者延迟提供与检查相关的合同、记录、票据、账簿、电子数据等材料的。

（4）声称主要负责人、主管人员或者相关工作人员不在岗，或者故意以停止生产经营等方式欺骗、误导、逃避检查的。

（5）以暴力、威胁等方法阻碍监督检查人员依法履行职责的。

（6）隐藏、转移、变卖、损毁监督检查人员依法查封、扣押的财物的。

（7）伪造、隐匿、毁灭证据或者提供虚假证言的。

（8）其他妨碍监督检查人员履行职责的。

4. 食品经营者拒绝、阻挠、干涉监督检查，违反治安管理处罚法有关规定的，由食品安全监督管理部门依法移交公安机关处理。

5. 食品经营者以暴力、威胁等方法阻碍监督检查人员依法履行职责，涉嫌构成犯罪的，由食品安全监督管理部门依法移交公安机关处理。

6. 监督检查人员在日常监督检查中存在失职渎职行为的，由任免机关或者监察机关依法对相关责任人追究行政责任；涉嫌构成犯罪的，依法移交司法机关处理。

（三）食品召回相关法律责任

1. 不立即停止经营、不主动召回、不按规定时限启动召回、不按照召回计划召回不安全食品或者不按照规定处置不安全食品的，由食品安全监督管理部门给予警告，并处一万元以上三万元以下罚款。

2. 食品经营者违反《食品召回管理办法》第十九条的规定，不配合食品生产者召回不安全食品的，由食品安全监督管理部门给予警告，并处五千元以上三万元以下罚款。

3. 未按规定履行相关报告义务的，由食品安全监督管理部门责令改正，给予警告；拒不改正的，处二千元以上二万元以下罚款。

4. 食品安全监督管理部门责令食品经营者依法处置不安全食品，食品经营者拒绝或者拖延履行的，由食品安全监督管理部门给予警告，并处二万元以上三万元以下罚款。

5. 未按规定记录保存不安全食品停止经营、召回和处置情况的，由食品安全监督管理部门责令改正，给予警告；拒不改正的，处二千元以上二万元以下罚款。

6. 食品生产经营者停止生产经营、召回和处置不安全食品，不免除其依法应当承担的其他法律责任。

食品生产经营者主动采取停止生产经营、召回和处置不安全食品措施，消除或者减轻危害后果的，依法从轻或者减轻处罚；违法情节轻微并及时纠正，没有造成危害后果的，不予行政处罚。

7. 县级以上地方食品安全监督管理部门不依法履行本办法规定的职责，造成不良后果的，依照《中华人民共和国食品安全法》的有关规定，对直接负责的主管人员和其他直接责任人员给予行政处分。

（罗 杰）

小结：

本章主要内容包括食品生产和经营两个环节的食品安全监督管理相关知识，分为两节进行介绍。食品生产和经营安全监督管理两节内容均首先对相关领域进行概述，然后依次介绍食品安全监督管理的法律依据，食品生产和经营者的食品安全主体责任，从实施食品生产许可、食品生产日常监督检查和不安全食品召回三个方面介绍食品安全监督管理机构督促食品生产者落实食品安全主体责任的监督管理职责及食品生产和经营环节食品安全法律责任。

第十二章 特殊食品安全监督管理

新修订的《食品安全法》规定国家对保健食品、特殊医学用途配方食品和婴幼儿配方食品等特殊食品实行严格监督管理，并在第四章生产经营第四节对特殊食品做了特别规定。特殊食品本质上属于食品范畴，因此特殊食品生产经营不仅要符合《食品安全法》对食品的一般规定，还要严格遵守对特殊食品的特别规定。

第一节 特殊食品概述

一、基本概念

特殊食品的范围包括保健食品、特殊医学用途配方食品和婴幼儿配方食品和其他专供特定人群的主辅食品。

（一）保健食品

1.保健食品是指声称并具有特定保健功能或者以补充维生素、矿物质为目的的食品。即适用于特定人群食用，具有调节机体功能，不以治疗疾病为目的，并且对人体不产生任何急性、亚急性或慢性危害的食品。

2.首次进口的保健食品，是指非同一国家、同一企业、同一配方申请中国境内上市销售的保健食品。

（二）特殊医学用途配方食品

特殊医学用途配方食品是指为满足进食受限、消化吸收障碍、代谢紊乱或者特定疾病状态人群对营养素或者膳食的特殊需要，专门加工配制而成的配方食品，包括适用于0月龄至12月龄的特殊医学用途婴儿配方食品和适用于1岁以上人群的特殊医学用途配方食品。

（三）婴幼儿配方食品

婴幼儿配方食品包括婴儿配方食品与较大婴儿和幼儿配方食品，婴儿是指0~12月龄的人；较大婴儿是指6~12月龄的人；幼儿是指12~36月龄的人。

1.婴儿配方食品 包括乳基婴儿配方食品和豆基婴儿配方食品。

（1）乳基婴儿配方食品：是指以乳类及乳蛋白制品为主要原料，加入适量的维生素、矿物质和 / 或其他成分，仅用物理方法生产加工制成的液态或粉状产品。适于正常婴儿食用，其能量和营养成分能够满足0~6月龄婴儿的正常营养需要。

（2）豆基婴儿配方食品：是指以大豆及大豆蛋白制品为主要原料，加入适量的维生素、矿物质和／或其他成分，仅用物理方法生产加工制成的液态或粉状产品。适于正常婴儿食用，其能量和营养成分能够满足0～6月龄婴儿的正常营养需要。

2. 较大婴儿和幼儿配方食品　较大婴儿和幼儿配方食品是指以乳类及乳蛋白制品和／或大豆及大豆蛋白制品为主要原料，加入适量的维生素、矿物质和／或其他辅料，仅用物理方法生产加工制成的液态或粉状产品，适用于较大婴儿和幼儿食用，其营养成分能满足正常较大婴儿和幼儿的部分营养需要。

（四）婴幼儿配方乳粉产品配方

1. 婴幼儿配方乳粉　婴幼儿配方乳粉是指符合相关法律法规和食品安全国家标准要求，以乳类及乳蛋白制品为主要原料，加入适量的维生素、矿物质和／或其他成分，仅用物理方法生产加工制成的粉状产品，适用于正常婴幼儿食用。

2. 婴幼儿配方乳粉产品配方　婴幼儿配方乳粉产品配方是指生产婴幼儿配方乳粉使用的食品原料、食品添加剂及其使用量，以及产品中营养成分的含量。

二、特殊食品安全监督管理

特殊食品不同于普通食品的风险特点和食用人群，因此，食品生产经营者的义务与国家对相关产品或者配方都有不同于普通食品的管理要求，国家对特殊食品严格监督管理。

1. 强制建立GMP质量管理体系，定期自查并报告　新修订的《食品安全法》专门规定特殊食品的监管，并从建立质量管理体系和自查制度的角度，要求对特殊食品实行严格管理："生产保健食品、特殊医学用途配方食品、婴幼儿配方食品和其他专供特定人群的主辅食品的企业，应当按照良好生产规范（GMP）的要求建立与所生产食品相适应的生产质量管理体系，定期对该体系的运行情况进行自查，保证其有效运行，并向所在地县级人民政府食品安全监督管理部门提交自查报告。"而对普通食品没有强制建立GMP质量管理体系，则是采取鼓励态度。

2. 特殊食品采取注册或备案管理制度　新修订的《食品安全法》规定：省级以上人民政府食品安全监督管理部门应当及时公布注册或者备案的保健食品、特殊医学用途配方食品、婴幼儿配方乳粉目录，并对注册或者备案中获知的企业商业秘密予以保密。

保健食品、特殊医学用途配方食品、婴幼儿配方乳粉生产企业应当按照注册或者备案的产品配方、生产工艺等技术要求组织生产。

3. 规定严格的法律责任　新修订的《食品安全法》规定，生产经营未按规定注册的保健食品、特殊医学用途配方食品、婴幼儿配方乳粉，或者未按注册的产品配方、生产工艺等技术要求组织生产，尚不构成犯罪的，由县级人民政府食品安全监督管理部门没收违法所得和违法生产经营的食品、食品添加剂，并可以没收用于违法生产经营的工具、设备、原料等物品；违法生产经营的食品、食品添加剂货值金额不足一万元的，并处五万元以上十万元以下罚款；货值金额一万元以上的，并处货值金额十倍以上二十倍以下罚款；情节严重的，吊销许可证。

4. 启用特殊食品注册专用章　《总局办公厅关于启用特殊食品注册专用章和特殊食品注册检验抽样专用章的通知》（原食药监办特食管〔2017〕107号）：根据《保健食品注册与备案管理办法》（原国家食品药品监督管理总局令第22号）、《特殊医学用途配方食品注册管理办法》（原国家食品药品监督管理总局令第24号）和《婴幼儿配方乳粉产品配方注册管理办法》（原国家食品药品监督管理总局令第 26 号），自 2017 年 8 月 1 日起，启用"国家食品药品监督管理总局特殊食品注册专用章（1）"用于保健食品注册，"原国家食品药品监督管理总局特殊食品注册专用章（2）"用于特殊医学用途配方食品和婴幼儿配方乳粉产品配方注册，"原国家食品药品监督管理总局特殊食品注册检验抽样专用章"用于特殊食品抽样。2018 年国务院机构改革后，国家市场监督管理总局发布《国家市场监督管理总局关于启用特殊食品注册专用章的通知》，自 2019 年 3 月 1 日起，启用"国家市场监督管理总局特殊食品注册专用章（1）"用于特殊食品行政许可受理相关工作，"国家市场监督管理总局特殊食品注册专用章（2）"用于特殊食品行政许可审批结果发放相关工作，"国家市场监督管理总局特殊食品注册检验抽样专用章"用于特殊食品检验抽样工作。原"国家食品药品监督管理总局特殊食品注册专用章"同时废止。启用印章式样见图 12-1。

图 12-1　启用印章式样

第二节　保健食品注册与备案及其监督管理

　　保健食品实行产品注册与备案相结合的基本管理制度，《保健食品注册与备案管理办法》（原国家食品药品监督管理总局令第 22 号）已于 2016 年 2 月 4 日，经原国家食品药品监督管理总局局务会议审议通过，自 2016 年 7 月 1 日起施行。保健食品注册号和备案号为保健食品的"身份证号"。

一、概述

（一）保健食品注册与备案的定义

　　1. 保健食品注册　是指食品安全监督管理部门根据注册申请人申请，依照法定程序、条件和要求，对申请注册的保健食品的安全性、保健功能和质量可控性等相关申请材料进行系统评价和审评，并决定是否准予其注册的审批过程。

　　2. 保健食品备案　是指保健食品生产企业依照法定程序、条件和要求，将表明产品安全性、保健功能和质量可控性的材料提交食品安全监督管理部门进行存档、公开、备查的过程。

（二）保健食品监督管理的原则及法律依据

　　1. 原则　保健食品的注册与备案及其监督管理应当遵循科学、公开、公正、便民、高效的原则。

　　2. 法律依据　现行保健食品相关法律法规除了《食品安全法》及其实施条例、《食品生产许可管理办法》《食品经营许可管理办法》《食品召回管理办法》《食品安全日常监督检查管理办法》等通用法律法规外,主要是《保健食品注册与备案管理办法》以及相关各种通知、通告等。目前,为全面落实《食品安全法》关于保健食品备案管理要求,根据《保健食品注册与备案管理办法》等相关规定,原食品药品监督管理总局研究起草《保健食品备案工作细则(2017年版)》(征求意见稿),公开征求意见和建议。

保健食品相关的食品安全标准主要有基础标准《食品安全国家标准　保健食品》(GB 16740—2014)和《保健食品良好生产规范》(GB 17405—1998)以及保健食品产品检测标准。

(三)保健食品注册与备案分类管理制度

依据新修订的《食品安全法》,与以往的注册管理制度相比,保健食品实行注册与备案相结合的分类管理制度。

对使用保健食品原料目录以外原料的保健食品和首次进口的保健食品实行注册管理。

对使用的原料已经列入保健食品原料目录的和首次进口的属于补充维生素、矿物质等营养物质的保健食品实行备案管理。首次进口属于补充维生素、矿物质等营养物质的保健食品,其营养物质应当是列入保健食品原料目录的物质。

产品声称的保健功能应当已经列入保健食品功能目录。保健食品原料目录和允许保健食品声称的保健功能目录由国家食品安全监督管理部门会同国务院卫生行政部门、国家中医药管理部门制定、调整和公布,相关配套管理办法另行制定。

(四)保健食品注册与备案申请人的基本要求

1. 保健食品注册申请人或者备案人应当具有相应的专业知识,熟悉保健食品注册管理的法律、法规、规章和技术要求。

2. 保健食品注册申请人或者备案人应当对所提交材料的真实性、完整性、可溯源性负责,并对提交材料的真实性承担法律责任。

3. 保健食品注册申请人或者备案人应当协助食品安全监督管理部门开展与注册或者备案相关的现场核查、样品抽样、复核检验和监督管理等工作。

二、保健食品监督管理行政部门的职责

(一)国家食品安全监督管理部门职责

1. 国家食品安全监督管理部门负责保健食品注册管理,以及首次进口的属于补充维生素、矿物质等营养物质的保健食品备案管理,并指导监督省、自治区、直辖市食品安全监督管理部门承担的保健食品注册与备案相关工作。

2. 国家食品安全监督管理部门行政受理机构(以下简称受理机构)负责受理保健食品注册和接收相关进口保健食品备案材料。

3. 国家食品安全监督管理部门保健食品审评机构(以下简称审评机构)负责组织保健食品审评,管理审评专家,并依法承担相关保健食品备案工作。

4. 国家食品安全监督管理部门审核查验机构(以下简称查验机构)负责保健食品注册现场核查工作。

(二)地方政府食品安全监督管理部门职责

1. 省、自治区、直辖市食品安全监督管理部门负责本行政区域内保健食品备案管理,并配合国家食品安全监督管理部门开展保健食品注册现场核查等工作。

2. 省、自治区、直辖市食品安全监督管理部门负责接收相关保健食品备案材料。

3. 省级以上食品安全监督管理部门应当加强信息化建设,提高保健食品注册与备案管理信息化水平,逐步实现电子化注册与备案。

4. 市、县级食品安全监督管理部门负责本行政区域内注册和备案保健食品的监督管理,承担上级食品安全监督管理部门委托的其他工作。

三、保健食品的注册与备案管理

(一)保健食品注册管理

1. 保健食品注册申请

(1)申请注册的保健食品范围

1)使用保健食品原料目录以外原料(以下简称目录外原料)的保健食品。

2)首次进口的保健食品(属于补充维生素、矿物质等营养物质的保健食品除外)。

(2)保健食品注册申请人资质要求

1)国产保健食品注册申请人应当是在中国境内登记的法人或者其他组织;进口保健食品注册申请人应当是上市保健食品的境外生产厂商(境外生产厂商,是指产品符合所在国(地区)上市要求的法人或者其他组织)。

2)进口保健食品注册的申请,应当由其常驻中国代表机构或者由其委托中国境内的代理机构办理。

(3)申请保健食品注册应当提交的材料

1)国产保健食品:保健食品注册申请表,以及申请人对申请材料真实性负责的法律责任承诺书;注册申请人主体登记证明文件复印件;产品研发报告,包括研发人、研发时间、研制过程、中试规模以上的验证数据,目录外原料及产品安全性、保健功能、质量可控性的论证报告和相关科学依据,以及根据研发结果综合确定的产品技术要求等;产品配方材料,包括原料和辅料的名称及用量、生产工艺、质量标准,必要时还应当按照规定提供原料使用依据、使用部位的说明、检验合格证明、品种鉴定报告等;产品生产工艺材料,包括生产工艺流程简图及说明,关键工艺控制点及说明;安全性和保健功能评价材料,包括目录外原料及产品的安全性、保健功能试验评价材料,人群食用评价材料;功效成分或者标志性成分、卫生学、稳定性、菌种鉴定、菌种毒力等试验报告,以及涉及兴奋剂、违禁药物成分等检测报告;直接接触保健食品的包装材料种类、名称、相关标准等;产品标签、说明书样稿;产品名称中的通用名与注册的药品名称不重名的检索材料;3个最小销售包装样品;其他与产品注册审评相关的材料。

2)进口保健食品:申请首次进口保健食品注册,除提交上述材料外,还应当提交下列材料:产品生产国(地区)政府主管部门或者法律服务机构出具的注册申请人为上市保健食品境外生产厂商的资质证明文件;产品生产国(地区)政府主管部门或者法律服务机构出具的保健食品上市销售一年以上的证明文件,或者产品境外销售以及人群食用情况的安全性报告;产品生产国(地区)或者国际组织与保健食品相关的技术法规或者标准;产品在生产国(地区)上市的包装、标签、说明书实样。

由境外注册申请人常驻中国代表机构办理注册事务的,应当提交《外国企业常驻中国代表机构登记证》及其复印件;境外注册申请人委托境内的代理机构办理注册事项的,应当提交经过公证的委托书原件以及受委托的代理机构营业执照复印件。

2. 保健食品注册申请受理　　受理机构收到申请材料后,应当根据下列情况分别作出处理:

(1) 申请事项依法不需要取得注册的,应当即时告知注册申请人不受理。

(2) 申请事项依法不属于国家食品安全监督管理部门职权范围的,应当即时作出不予受理的决定,并告知注册申请人向有关行政机关申请。

(3) 申请材料存在可以当场更正的错误的,应当允许注册申请人当场更正。

(4) 申请材料不齐全或者不符合法定形式的,应当当场或者在 5 个工作日内一次告知注册申请人需要补正的全部内容,逾期不告知的,自收到申请材料之日起即为受理。

(5) 申请事项属于国家食品安全监督管理部门职权范围,申请材料齐全、符合法定形式,注册申请人按照要求提交全部补正申请材料的,应当受理注册申请。

(6) 受理或者不予受理注册申请,应当出具加盖国家食品安全监督管理部门行政许可受理专用章和注明日期的书面凭证。受理机构应当在受理后 3 个工作日内将申请材料一并送交审评机构。

3. 保健食品注册申请审评

(1) 审评机构应当组织审评专家对申请材料进行审查,并根据实际需要组织查验机构开展现场核查,组织检验机构开展复核检验,在 60 个工作日内完成审评工作,并向国家食品安全监督管理部门提交综合审评结论和建议。

特殊情况下需要延长审评时间的,经审评机构负责人同意,可以延长 20 个工作日,延长决定应当及时书面告知申请人。

(2) 审评机构应当组织对申请材料中的下列内容进行审评,并根据科学依据的充足程度明确产品保健功能声称的限定用语:

1) 产品研发报告的完整性、合理性和科学性。

2) 产品配方的科学性,及产品安全性和保健功能。

3) 目录外原料及产品的生产工艺合理性、可行性和质量可控性。

4) 产品技术要求和检验方法的科学性和复现性。

5) 标签、说明书样稿主要内容以及产品名称的规范性。

(3) 审评机构在审评过程中可以调阅原始资料。审评机构认为申请材料不真实、产品存在安全性或者质量可控性问题,或者不具备声称的保健功能的,应当终止审评,提出不予注册的建议。

(4) 审评机构认为需要注册申请人补正材料的,应当一次告知需要补正的全部内容。注册申请人应当在 3 个月内按照补正通知的要求一次提供补充材料;审评机构收到补充材料后,审评时间重新计算。

注册申请人逾期未提交补充材料或者未完成补正,不足以证明产品安全性、保健功能和质量可控性的,审评机构应当终止审评,提出不予注册的建议。

(5) 审评机构认为需要开展现场核查的,应当及时通知查验机构按照申请材料中的产品研发报告、配方、生产工艺等技术要求进行现场核查,并对下线产品封样送复核检验机构检验。

(6) 查验机构应当自接到通知之日起 30 个工作日内完成现场核查,并将核查报告送交审评机构。

复核检验机构应当严格按照申请材料中的测定方法以及相关说明进行操作,对测定方法的科学性、复现性、适用性进行验证,对产品质量可控性进行复核检验,并应当自接受委托之日起60个工作日内完成复核检验,将复核检验报告送交审评机构。

首次进口的保健食品境外现场核查和复核检验时限,根据境外生产厂商的实际情况确定。

保健食品审评涉及的试验和检验工作应当由国家食品安全监督管理部门选择的符合条件的食品检验机构承担。

(7)核查报告认为申请材料不真实、无法溯源复现或者存在重大缺陷的,审评机构应当终止审评,提出不予注册的建议。

复核检验结论认为测定方法不科学、无法复现、不适用或者产品质量不可控的,审评机构应当终止审评,提出不予注册的建议。

(8)审评机构认为申请材料真实,产品科学、安全、具有声称的保健功能,生产工艺合理、可行和质量可控,技术要求和检验方法科学、合理的,应当提出予以注册的建议。

审评机构提出不予注册建议的,应当同时向注册申请人发出拟不予注册的书面通知。注册申请人对通知有异议的,应当自收到通知之日起20个工作日内向审评机构提出书面复审申请并说明复审理由。复审的内容仅限于原申请事项及申请材料。

审评机构应当自受理复审申请之日起30个工作日内作出复审决定。改变不予注册建议的,应当书面通知注册申请人。

(9)审评机构作出综合审评结论及建议后,应当在5个工作日内报送国家食品安全监督管理部门。

4.保健食品注册申请决定

(1)国家食品安全监督管理部门应当自受理之日起20个工作日内对审评程序和结论的合法性、规范性以及完整性进行审查,并作出准予注册或者不予注册的决定。

(2)现场核查、复核检验、复审所需时间不计算在审评和注册决定的期限内。

(3)国家食品安全监督管理部门作出准予注册或者不予注册的决定后,应当自作出决定之日起10个工作日内,由受理机构向注册申请人发出保健食品注册证书或者不予注册决定。

(4)注册申请人对国家食品安全监督管理部门作出不予注册的决定有异议的,可以向国家食品安全监督管理部门提出书面行政复议申请或者向法院提出行政诉讼。

5.保健食品注册后技术转让

(1)保健食品注册人转让技术的,受让方应当在转让方的指导下重新提出产品注册申请,产品技术要求等应当与原申请材料一致。

(2)审评机构按照相关规定简化审评程序。符合要求的,国家食品安全监督管理部门应当为受让方核发新的保健食品注册证书,并对转让方保健食品注册予以注销。

(3)受让方除提交本办法规定的注册申请材料外,还应当提交经公证的转让合同。

6.保健食品注册后变更与延续

(1)保健食品注册证书及其附件所载明内容变更的,应当由保健食品注册人申请变更并提交书面变更的理由和依据。注册人名称变更的,应当由变更后的注册申请人申请变更。

(2)已经生产销售的保健食品注册证书有效期届满需要延续的,保健食品注册人应当在有效期届满6个月前申请延续。

（3）获得注册的保健食品原料已经列入保健食品原料目录，并符合相关技术要求，保健食品注册人申请变更注册，或者期满申请延续注册的，应当按照备案程序办理。

（4）申请变更国产保健食品注册的，除提交保健食品注册变更申请表（包括申请人对申请材料真实性负责的法律责任承诺书）、注册申请人主体登记证明文件复印件、保健食品注册证书及其附件的复印件外，还应当按照下列情形分别提交材料：

1）改变注册人名称、地址的变更申请，还应当提供该注册人名称、地址变更的证明材料。

2）改变产品名称的变更申请，还应当提供拟变更后的产品通用名与已经注册的药品名称不重名的检索材料。

3）增加保健食品功能项目的变更申请，还应当提供所增加功能项目的功能学试验报告。

4）改变产品规格、保质期、生产工艺等涉及产品技术要求的变更申请，还应当提供证明变更后产品的安全性、保健功能和质量可控性与原注册内容实质等同的材料、依据及变更后3批样品符合产品技术要求的全项目检验报告。

5）改变产品标签、说明书的变更申请，还应当提供拟变更的保健食品标签、说明书样稿。

（5）申请延续国产保健食品注册的，应当提交下列材料：

1）保健食品延续注册申请表，以及申请人对申请材料真实性负责的法律责任承诺书。

2）注册申请人主体登记证明文件复印件。

3）保健食品注册证书及其附件的复印件。

4）经省级食品安全监督管理部门核实的注册证书有效期内保健食品的生产销售情况。

5）人群食用情况分析报告、生产质量管理体系运行情况的自查报告以及符合产品技术要求的检验报告。

（6）申请进口保健食品变更注册或者延续注册的，需提交申请变更国产保健食品注册、申请延续国产保健食品注册以及申请首次进口保健食品注册相关材料。

（7）变更申请的理由依据充分合理，不影响产品安全性、保健功能和质量可控性的，予以变更注册；变更申请的理由依据不充分、不合理，或者拟变更事项影响产品安全性、保健功能和质量可控性的，不予变更注册。

（8）申请延续注册的保健食品的安全性、保健功能和质量可控性符合要求的，予以延续注册。

申请延续注册的保健食品的安全性、保健功能和质量可控性依据不足或者不再符合要求，在注册证书有效期内未进行生产销售的，以及注册人未在规定时限内提交延续申请的，不予延续注册。

（9）接到保健食品延续注册申请的食品安全监督管理部门应当在保健食品注册证书有效期届满前作出是否准予延续的决定。逾期未作出决定的，视为准予延续注册。

（10）准予变更注册或者延续注册的，颁发新的保健食品注册证书，同时注销原保健食品注册证书。

7. 保健食品注册证书管理

（1）保健食品注册证书应当载明产品名称、注册人名称和地址、注册号、颁发日期及有效期、保健功能、功效成分或者标志性成分及含量、产品规格、保质期、适宜人群、不适宜人群、注意事项。

（2）保健食品注册证书附件应当载明产品标签、说明书主要内容和产品技术要求等。产品技术要求应当包括产品名称、配方、生产工艺、感官要求、鉴别、理化指标、微生物指标、功效成分或者标志性成分含量及检测方法、装量或者重量差异指标（净含量及允许负偏差指标）、原辅料质量要求等内容。

（3）保健食品注册证书有效期为 5 年。变更注册的保健食品注册证书有效期与原保健食品注册证书有效期相同。

（4）国产保健食品注册号格式为：国食健注 G＋4 位年代号＋4 位顺序号；进口保健食品注册号格式为：国食健注 J＋4 位年代号＋4 位顺序号。

（5）保健食品注册有效期内，保健食品注册证书遗失或者损坏的，保健食品注册人应当向受理机构提出书面申请并说明理由。因遗失申请补发的，应当在省、自治区、直辖市食品安全监督管理部门网站上发布遗失声明；因损坏申请补发的，应当交回保健食品注册证书原件。

国家食品安全监督管理部门应当在受理后 20 个工作日内予以补发。补发的保健食品注册证书应当标注原批准日期，并注明"补发"字样。

（二）保健食品备案管理

1. 保健食品备案申请

（1）申请备案的保健食品范围：生产和进口下列保健食品应当依法备案：

1）使用的原料已经列入保健食品原料目录的保健食品。

2）首次进口的属于补充维生素、矿物质等营养物质的保健食品。

首次进口的属于补充维生素、矿物质等营养物质的保健食品，其营养物质应当是列入保健食品原料目录的物质。

（2）保健食品备案申请人资质

1）国产保健食品的备案人应当是保健食品生产企业，原注册人可以作为备案人；进口保健食品的备案人，应当是上市保健食品境外生产厂商。

2）备案的产品配方、原辅料名称及用量、功效、生产工艺等应当符合法律、法规、规章、强制性标准以及保健食品原料目录技术要求的规定。

（3）保健食品备案需提交的材料

1）国产保健食品备案：申请保健食品备案，应当提交国产保健食品注册材料的各项规定的材料，还应当提交下列材料：保健食品备案登记表，以及备案人对提交材料真实性负责的法律责任承诺书；备案人主体登记证明文件复印件；产品技术要求材料；具有合法资质的检验机构出具的符合产品技术要求全项目检验报告；其他表明产品安全性和保健功能的材料。

2）进口保健食品备案：申请进口保健食品备案的，提交上述材料和申请首次进口保健食品注册相关材料。

2. 保健食品备案决定

（1）食品安全监督管理部门收到备案材料后，备案材料符合要求的，当场备案；不符合要求的，应当一次告知备案人补正相关材料。

（2）食品安全监督管理部门应当完成备案信息的存档备查工作，并发放备案号。对备案的保健食品，食品安全监督管理部门应当按照相关要求的格式制作备案凭证，并将备案信息表中登载的信息在其网站上公布。

（3）保健食品备案信息应当包括产品名称、备案人名称和地址、备案登记号、登记日期以及产品标签、说明书和技术要求。

国产保健食品备案号格式为：食健备 G＋4 位年代号＋2 位省级行政区域代码＋6 位顺序编号；进口保健食品备案号格式为：食健备 J＋4 位年代号＋00＋6 位顺序编号。

3. 备案保健食品变更　已经备案的保健食品，需要变更备案材料的，备案人应当向原备案机关提交变更说明及相关证明文件。备案材料符合要求的，食品安全监督管理部门应当将变更情况登载于变更信息中，将备案材料存档备查。

四、保健食品标签、说明书管理

（一）保健食品标签、说明书载明的事项及要求

1. 申请保健食品注册或者备案的，产品标签、说明书样稿应当包括产品名称、原料、辅料、功效成分或者标志性成分及含量、适宜人群、不适宜人群、保健功能、食用量及食用方法、规格、贮藏方法、保质期、注意事项等内容及相关制定依据和说明等。

2. 保健食品的标签、说明书主要内容不得涉及疾病预防、治疗功能，并声明"本品不能代替药物"。

（二）保健食品命名及要求

1. 保健食品名称命名规则　保健食品的名称由商标名、通用名和属性名组成。

（1）商标名：是指保健食品使用依法注册的商标名称或者符合《商标法》规定的未注册的商标名称，用以表明其产品是独有的、区别于其他同类产品。

（2）通用名：是指表明产品主要原料等特性的名称。

（3）属性名：是指表明产品剂型或者食品分类属性等的名称。

2. 保健食品名称的要求

（1）保健食品名称不得含有下列内容：

1）虚假、夸大或者绝对化的词语。

2）明示或者暗示预防、治疗功能的词语。

3）庸俗或者带有封建迷信色彩的词语。

4）人体组织器官等词语。

5）除"®"之外的符号。

6）其他误导消费者的词语。

（2）保健食品名称不得含有人名、地名、汉语拼音、字母及数字等，但注册商标作为商标名、通用名中含有符合国家规定的含字母及数字的原料名除外。

（3）通用名不得含有下列内容：

1）已经注册的药品通用名，但以原料名称命名或者保健食品注册批准在先的除外。

2）保健功能名称或者与表述产品保健功能相关的文字。

3）易产生误导的原料简写名称。

4）营养素补充剂产品配方中部分维生素或者矿物质。

5）法律法规规定禁止使用的其他词语。

（4）备案保健食品通用名应当以规范的原料名称命名。同一企业不得使用同一配方注册或者备案不同名称的保健食品；不得使用同一名称注册或者备案不同配方的保健食品。

五、保健食品注册与备案的监督管理

（一）保健食品注册的监督管理

1. 国家食品安全监督管理部门应当及时制定并公布保健食品注册申请服务指南和审查细则，方便注册申请人申报。

2. 承担保健食品审评、核查、检验的机构和人员应当对出具的审评意见、核查报告、检验报告负责。

保健食品审评、核查、检验机构和人员应当依照有关法律、法规、规章的规定，恪守职业道德，按照食品安全标准、技术规范等对保健食品进行审评、核查和检验，保证相关工作科学、客观和公正。

3. 食品安全监督管理部门接到有关单位或者个人举报的保健食品注册受理、审评、核查、检验、审批等工作中的违法违规行为后，应当及时核实处理。

4. 有下列情形之一的，国家食品安全监督管理部门根据利害关系人的请求或者依据职权，可以撤销保健食品注册证书：

（1）行政机关工作人员滥用职权、玩忽职守作出准予注册决定的。

（2）超越法定职权或者违反法定程序作出准予注册决定的。

（3）对不具备申请资格或者不符合法定条件的注册申请人准予注册的。

（4）注册人以欺骗、贿赂等不正当手段取得保健食品注册的，国家食品安全监督管理部门应当予以撤销。

（5）有下列情形之一的，国家食品安全监督管理部门应当依法办理保健食品注册注销手续：

1）保健食品注册有效期届满，注册人未申请延续或者国家食品安全监管部门不予延续的。

2）保健食品注册人申请注销的。

3）保健食品注册人依法终止的。

4）保健食品注册依法被撤销，或者保健食品注册证书依法被吊销的。

5）根据科学研究的发展，有证据表明保健食品可能存在安全隐患，依法被撤回的。

6）法律、法规规定的应当注销保健食品注册的其他情形。

（二）保健食品备案的监督管理

有下列情形之一的，食品安全监督管理部门取消保健食品备案：

1. 备案材料虚假的。

2. 备案产品生产工艺、产品配方等存在安全性问题的。

3. 保健食品生产企业的生产许可被依法吊销、注销的。

4. 备案人申请取消备案的。

5. 依法应当取消备案的其他情形。

（三）保健食品注册与备案相关机密的监督管理

1. 参与保健食品注册与备案管理工作的单位和个人，应当保守在注册或者备案中获知的商业秘密。属于商业秘密的，注册申请人和备案人在申请注册或者备案时应当在提交的资料中明确相关内容和依据。

2. 除涉及国家秘密、商业秘密外，食品安全监督管理部门应当自完成注册或者备案工作之日起20个工作日内根据相关职责在网站公布已经注册或者备案的保健食品目录及相关信息。

六、保健食品注册与备案相关的法律责任

（一）保健食品备案相关法律责任

保健食品生产企业未按规定向食品安全监督管理部门备案，或者未按备案的产品配方、生产工艺等技术要求组织生产的，由县级以上人民政府食品安全监督管理部门责令改正，给予警告；拒不改正的，处五千元以上五万元以下罚款；情节严重的，责令停产停业，直至吊销许可证。

（二）保健食品注册相关法律责任

1. 注册申请人隐瞒真实情况或者提供虚假材料申请注册的，国家食品安全监督管理部门不予受理或者不予注册，并给予警告；申请人在一年内不得再次申请注册该保健食品；构成犯罪的，依法追究刑事责任。

2. 注册申请人以欺骗、贿赂等不正当手段取得保健食品注册证书的，由国家食品安全监督管理部门撤销保健食品注册证书，并处一万元以上三万元以下罚款。被许可人在三年内不得再次申请注册；构成犯罪的，依法追究刑事责任。

3. 擅自转让保健食品注册证书、伪造、涂改、倒卖、出租、出借保健食品注册证书的，由县级以上人民政府食品安全监督管理部门处以一万元以上三万元以下罚款；构成犯罪的，依法追究刑事责任。

（三）食品安全监督管理部门及其工作人员相关法律责任

1. 食品安全监督管理部门及其工作人员对不符合条件的申请人准予注册，或者超越法定职权准予注册的，对直接负责的主管人员和其他直接责任人员给予记大过处分；情节较重的，给予降级或者撤职处分；情节严重的，给予开除处分；造成严重后果的，其主要负责人还应当引咎辞职。

2. 食品安全监督管理部门及其工作人员在注册审评过程中滥用职权、玩忽职守、徇私舞弊的，造成不良后果的，对直接负责的主管人员和其他直接责任人员给予警告、记过或者记大过处分；情节较重的，给予降级或者撤职处分；情节严重的，给予开除处分。

（闻　颖）

第三节　特殊医学用途配方食品质量安全监督管理

特殊医学用途配方食品于20世纪80年代末，基于临床需要，以肠内营养制剂形式进入中国，按照药品进行监管，经药品注册后上市销售。新修订《食品安全法》规定特殊医学用途配方食品应当经国务院食品安全监督管理部门注册，即按食品实行注册管理。自2018年1月1日起，在我国境内生产或向我国境内出口的特殊医学用途配方食品应当依法取得特殊医学用途配方食品注册证书。

一、概述

（一）特殊医学用途配方食品分类

1. 0～12月龄的特殊医学用途婴儿配方食品　0～12月龄的特殊医学用途婴儿配方食

品包括：①无乳糖配方食品或者低乳糖配方食品；②乳蛋白部分水解配方食品；③乳蛋白深度水解配方食品或者氨基酸配方食品；④早产或者低出生体重婴儿配方食品；⑤氨基酸代谢障碍配方食品；⑥母乳营养补充剂等。

2. 适用于 1 岁以上人群的特殊医学用途配方食品　适用于 1 岁以上人群的特殊医学用途配方食品包括全营养配方食品、特定全营养配方食品、非全营养配方食品。

（1）全营养配方食品：指可以作为单一营养来源满足目标人群营养需求的特殊医学用途配方食品。

（2）特定全营养配方食品：指可以作为单一营养来源满足目标人群在特定疾病或者医学状况下营养需求的特殊医学用途配方食品。

常见特定全营养配方食品：糖尿病全营养配方食品，呼吸系统疾病全营养配方食品，肾病全营养配方食品，肿瘤全营养配方食品，肝病全营养配方食品，肌肉衰减综合征全营养配方食品，创伤、感染、手术及其他应激状态全营养配方食品，炎性肠病全营养配方食品，食物蛋白过敏全营养配方食品，难治性癫痫全营养配方食品，胃肠道吸收障碍、胰腺炎全营养配方食品，脂肪酸代谢异常全营养配方食品，肥胖、减脂手术全营养配方食品。

（3）非全营养配方食品：指可以满足目标人群部分营养需求的特殊医学用途配方食品，不适用于作为单一营养来源。

常见非全营养配方食品：营养素组件（蛋白质组件、脂肪组件、碳水化合物组件），电解质配方，增稠组件，流质配方和氨基酸代谢障碍配方。

（二）特殊医学用途配方食品注册定义

特殊医学用途配方食品注册是指国家食品安全监督管理部门根据申请，依照《特殊医学用途配方食品注册管理办法》规定的程序和要求，对特殊医学用途配方食品的产品配方、生产工艺、标签、说明书以及产品安全性、营养充足性和特殊医学用途临床效果进行审查，并决定是否准予注册的过程。

（三）特殊医学用途配方食品注册管理原则及法律依据

1. 原则　特殊医学用途配方食品注册管理，应当遵循科学、公开、公平、公正的原则。

2. 法律依据　原卫生部发布的《食品安全国家标准 特殊医学用途婴儿配方食品通则》（GB 25596—2010），适用于一岁以下的特殊医学用途婴儿；原国家卫生和计划生育委员会发布的《食品安全国家标准 特殊医学用途配方食品通则》（GB 29922—2013），适用于一岁以上的人群。GB 25596—2010 和 GB 29922—2013 两者相配合，以及《食品安全国家标准 特殊医学用途配方食品良好生产规范》（GB 29923—2013）完善了此类食品的食品安全国家标准。

2018 年新修订的《食品安全法》规定"特殊医学用途配方食品"应当经国务院食品安全监督管理部门注册。注册时，应当提交产品配方、生产工艺、标签、说明书以及表明产品安全性、营养充足性和特殊医学用途临床效果的材料。

为贯彻落实修订的《食品安全法》，保障特定疾病状态人群的膳食安全，进一步规范特殊医学用途配方食品监管，原食品药品监督管理总局制定颁布了《特殊医学用途配方食品注册管理办法》，于 2016 年 7 月 1 日起施行，适用于在中华人民共和国境内生产销售和进口的特殊医学用途配方食品的注册管理。

（四）特殊医学用途配方食品监督管理行政部门职责

1. 国家食品安全监督管理部门负责特殊医学用途配方食品的注册管理工作。

2．国家食品安全监督管理部门行政受理机构（以下简称受理机构）负责特殊医学用途配方食品注册申请的受理工作。

3．国家食品安全监督管理部门食品审评机构（以下简称审评机构）负责特殊医学用途配方食品注册申请的审评工作。

4．国家食品安全监督管理部门审核查验机构（以下简称核查机构）负责特殊医学用途配方食品注册审评过程中的现场核查工作。

5．国家食品安全监督管理部门组建由食品营养、临床医学、食品安全、食品加工等领域专家组成的特殊医学用途配方食品注册审评专家库。

6．国家食品安全监督管理部门应当加强信息化建设，提高特殊医学用途配方食品注册管理信息化水平。

（五）特殊医学用途配方食品注册和食品生产许可的关系

特殊医学用途配方食品注册和食品生产许可是我国境内企业生产特殊医学用途配方食品的必要条件。拟在我国境内生产并销售特殊医学用途配方食品的生产企业，需要完成下列程序方可生产特殊医学用途配方食品。

1．生产特殊医学用途配方食品企业应当依法取得相应经营范围的营业执照。

2．根据《特殊医学用途配方食品注册管理办法》规定的条件和程序提出特殊医学用途配方食品注册申请，取得产品注册证书。

3．根据《食品生产许可管理办法》规定的条件和程序提出特殊医学用途配方食品的生产许可申请，取得对应产品的食品生产许可证。

二、特殊医学用途配方食品注册管理

（一）特殊医学用途配方食品注册申请

1．注册申请人资质条件

（1）特殊医学用途配方食品注册申请人应当为拟在我国境内生产并销售特殊医学用途配方食品的生产企业和拟向我国境内出口特殊医学用途配方食品的境外生产企业。

（2）申请人应当具备与所生产特殊医学用途配方食品相适应的研发、生产能力，设立特殊医学用途配方食品研发机构，配备专职的产品研发人员、食品安全管理人员和食品安全专业技术人员。

（3）申请人应当按照良好生产规范要求建立与所生产食品相适应的生产质量管理体系，具备按照特殊医学用途配方食品国家标准规定的全部项目逐批检验的能力。

（4）研发机构中应当有食品相关专业高级职称或者相应专业能力的人员。

2．特殊医学用途配方食品注册申请需要提交的材料 申请人应当向国家食品安全监督管理部门提交下列材料，并对其申请材料的真实性负责。

（1）特殊医学用途配方食品注册申请书。

（2）产品研发报告和产品配方设计及其依据。

（3）生产工艺资料。

（4）产品标准要求。

（5）产品标签、说明书样稿。

（6）试验样品检验报告。

（7）研发、生产和检验能力证明材料。

（8）其他表明产品安全性、营养充足性以及特殊医学用途临床效果的材料。

（9）申请特定全营养配方食品注册，还应当提交临床试验报告。

（二）行政受理

受理机构对申请人提出的特殊医学用途配方食品注册申请，应当根据下列情况分别作出处理：

1. 申请事项依法不需要进行注册的，应当即时告知申请人不受理。

2. 申请事项依法不属于国家食品安全监督管理部门职权范围的，应当即时作出不予受理的决定，并告知申请人向有关行政机关申请。

3. 申请材料存在可以当场更正的错误的，应当允许申请人当场更正。

4. 申请材料不齐全或者不符合法定形式的，应当当场或者在 5 个工作日内一次告知申请人需要补正的全部内容，逾期不告知的，自收到申请材料之日起即为受理。

5. 申请事项属于国家食品安全监督管理部门职权范围，申请材料齐全、符合法定形式，或者申请人按照要求提交全部补正申请材料的，应当受理注册申请。

受理机构受理或者不予受理注册申请，应当出具加盖国家食品安全监督管理部门行政许可受理专用章和注明日期的书面凭证。

（三）技术审评

1. 审评机构应当对申请材料进行审查，并根据实际需要组织对申请人进行现场核查、对试验样品进行抽样检验、对临床试验进行现场核查和对专业问题进行专家论证。

2. 审评机构可以从特殊医学用途配方食品注册审评专家库中选取专家，对审评过程中遇到的问题进行论证，并形成专家意见。

3. 审评机构应当自收到受理材料之日起 60 个工作日内根据核查报告、检验报告以及专家意见完成技术审评工作，并作出审查结论。

4. 审评过程中需要申请人补正材料的，审评机构应当一次告知需要补正的全部内容。申请人应当在 6 个月内一次补正材料。补正材料的时间不计算在审评时间内。

特殊情况下需要延长审评时间的，经审评机构负责人同意，可以延长 30 个工作日，延长决定应当及时书面告知申请人。

5. 审评机构认为申请材料真实，产品科学、安全，生产工艺合理、可行和质量可控，技术要求和检验方法科学、合理的，应当提出予以注册的建议。

审评机构提出不予注册建议的，应当向申请人发出拟不予注册的书面通知。申请人对通知有异议的，应当自收到通知之日起 20 个工作日内向审评机构提出书面复审申请并说明复审理由。复审的内容仅限于原申请事项及申请材料。

审评机构应当自受理复审申请之日起 30 个工作日内作出复审决定。改变不予注册建议的，应当书面通知注册申请人。

（四）现场核查

核查机构应当自接到审评机构通知之日起 20 个工作日内完成对申请人的研发能力、生产能力、检验能力等情况的现场核查，并出具核查报告。

核查机构应当通知申请人所在地省级食品安全监督管理部门参与现场核查，省级食品安全监督管理部门应当派员参与现场核查。

核查机构应当自接到审评机构通知之日起 40 个工作日内完成对临床试验的真实性、完整性、准确性等情况的现场核查，并出具核查报告。

（五）抽样检验

1. 审评机构应当委托具有法定资质的食品检验机构进行抽样检验。

2. 检验机构应当自接受委托之日起 30 个工作日内完成抽样检验。

（六）行政审批

国家食品安全监督管理部门应当自受理申请之日起 20 个工作日内对特殊医学用途配方食品注册申请作出是否准予注册的决定。

现场核查、抽样检验、复审所需要的时间不计算在审评和注册决定的期限内。

对于申请进口特殊医学用途配方食品注册的，应当根据境外生产企业的实际情况，确定境外现场核查和抽样检验时限。

（七）制证发证

1. 国家食品安全监督管理部门作出准予注册决定的，受理机构自决定之日起 10 个工作日内颁发、送达特殊医学用途配方食品注册证书；作出不予注册决定的，应当说明理由，受理机构自决定之日起 10 个工作日内发出特殊医学用途配方食品不予注册决定，并告知申请人享有依法申请行政复议或者提起行政诉讼的权利。

2. 特殊医学用途配方食品注册证书有效期限为 5 年。

3. 特殊医学用途配方食品注册证书及附件应当载明下列事项：①产品名称；②企业名称、生产地址；③注册号及有效期；④产品类别；⑤产品配方；⑥生产工艺；⑦产品标签、说明书。

特殊医学用途配方食品注册号的格式为：国食注字 TY＋4 位年号＋4 位顺序号，其中 TY 代表特殊医学用途配方食品。

（八）注册证书变更与延续注册

1. 申请人需要变更特殊医学用途配方食品注册证书及其附件载明事项的，应当向国家食品安全监督管理部门提出变更注册申请，并提交下列材料：

（1）特殊医学用途配方食品变更注册申请书。

（2）变更注册证书及其附件载明事项的证明材料。

2. 申请人变更产品配方、生产工艺等可能影响产品安全性、营养充足性以及特殊医学用途临床效果的事项，国家食品安全监督管理部门应当进行实质性审查，并在《特殊医学用途配方食品注册管理办法》第十八条规定的期限内完成变更注册工作。

3. 申请人变更企业名称、生产地址名称等不影响产品安全性、营养充足性以及特殊医学用途临床效果的事项，国家食品安全监督管理部门应当进行核实，并自受理之日起 10 个工作日内作出是否准予变更注册的决定。

4. 国家食品安全监督管理部门准予变更注册申请的，向申请人换发注册证书，原注册号不变，证书有效期不变；不予批准变更注册申请的，应当作出不予变更注册决定。

5. 特殊医学用途配方食品注册证书有效期届满，需要继续生产或者进口的，应当在有效期届满 6 个月前，向国家食品安全监督管理部门提出延续注册申请，并提交下列材料：

（1）特殊医学用途配方食品延续注册申请书。

（2）特殊医学用途配方食品质量安全管理情况。

（3）特殊医学用途配方食品质量管理体系自查报告。

（4）特殊医学用途配方食品跟踪评价情况。

6. 国家食品安全监督管理部门根据需要对延续注册申请进行实质性审查，并在《特殊医学用途配方食品注册管理办法》第十八条规定的期限内完成延续注册工作。逾期未作决定的，视为准予延续。

7. 国家食品安全监督管理部门准予延续注册的，向申请人换发注册证书，原注册号不变，证书有效期自批准之日起重新计算；不批准延续注册申请的，应当作出不予延续注册决定。

8. 有下列情形之一的，不予延续注册

（1）注册人未在规定时间内提出延续注册申请的。

（2）注册产品连续 12 个月内在省级以上监督抽检中出现 3 批次以上不合格的。

（3）企业未能保持注册时生产、检验能力的。

（4）其他不符合法律法规以及产品安全性、营养充足性和特殊医学用途临床效果要求的情形。

三、临床试验

1. 特定全营养配方食品需要进行临床试验的，由申请人委托符合要求的临床试验机构出具临床试验报告。临床试验报告应当包括完整的统计分析报告和数据。

2. 临床试验应当按照特殊医学用途配方食品临床试验质量管理规范开展。特殊医学用途配方食品临床试验质量管理规范由国家食品安全监督管理部门发布。

3. 申请人组织开展多中心临床试验的，应当明确组长单位和统计单位。

4. 申请人应当对用于临床试验的试验样品和对照样品的质量安全负责。

用于临床试验的试验样品应当由申请人生产并经检验合格，生产条件应当符合特殊医学用途配方食品良好生产规范。

四、特殊医学用途配方食品标签和说明书要求

1. 特殊医学用途配方食品的标签，应当依照法律、法规、规章和食品安全国家标准的规定进行标注。

2. 特殊医学用途配方食品的标签和说明书的内容应当一致，涉及特殊医学用途配方食品注册证书内容的，应当与注册证书内容一致，并标明注册号。标签已经涵盖说明书全部内容的，可以不另附说明书。

3. 特殊医学用途配方食品标签、说明书应当真实准确、清晰持久、醒目易读。

4. 特殊医学用途配方食品标签、说明书不得含有虚假内容，不得涉及疾病预防、治疗功能。生产企业对其提供的标签、说明书的内容负责。

5. 特殊医学用途配方食品的名称应当反映食品的真实属性，使用食品安全国家标准规定的分类名称或者等效名称。

6. 特殊医学用途配方食品标签、说明书应当按照食品安全国家标准的规定在醒目位置标示下列内容：

（1）请在医生或者临床营养师指导下使用。

（2）不适用于非目标人群使用。

（3）本品禁止用于肠外营养支持和静脉注射。

五、特殊医学用途配方食品的监督检查

（一）特殊医学用途配方食品生产企业

1. 应当按照批准注册的产品配方、生产工艺等技术要求组织生产，保证特殊医学用途配方食品安全。

2. 特殊医学用途配方食品生产企业提出的变更注册申请未经批准前，应当严格按照已经批准的注册证书及其附件载明的内容组织生产，不得擅自改变生产条件和要求。

3. 特殊医学用途配方食品生产企业提出的变更注册申请经批准后，应当严格按照变更后的特殊医学用途配方食品注册证书及其附件载明的内容组织生产。

（二）注册申请相关工作人员和专家

参与特殊医学用途配方食品注册申请受理、技术审评、现场核查、抽样检验、临床试验等工作的人员和专家，应当保守注册中知悉的商业秘密。

申请人应当按照国家有关规定对申请材料中的商业秘密进行标注并注明依据。

（三）特殊医学用途配方食品注册的撤销

国家食品安全监督管理部门根据利害关系人的请求或者依据职权，可以撤销特殊医学用途配方食品注册：

1. 工作人员滥用职权、玩忽职守作出准予注册决定的。

2. 超越法定职权作出准予注册决定的。

3. 违反法定程序作出准予注册决定的。

4. 对不具备申请资格或者不符合法定条件的申请人准予注册的。

5. 食品生产许可证被吊销的。

6. 依法可以撤销注册的其他情形。

（四）特殊医学用途配方食品注册注销手续

国家食品安全监督管理部门应当依法办理特殊医学用途配方食品注册注销手续：

1. 企业申请注销的。

2. 有效期届满未延续的。

3. 企业依法终止的。

4. 注册依法被撤销、撤回，或者注册证书依法被吊销的。

5. 法律法规规定应当注销注册的其他情形。

六、特殊医学用途配方食品相关法律责任

1. 申请人隐瞒真实情况或者提供虚假材料申请注册的，国家食品安全监督管理部门不予受理或者不予注册，并给予警告；申请人在 1 年内不得再次申请注册。

2. 被许可人以欺骗、贿赂等不正当手段取得注册证书的，由国家食品安全监督管理部门撤销注册证书，并处一万元以上 3 万元以下罚款；申请人在三年内不得再次申请注册。

3. 伪造、涂改、倒卖、出租、出借、转让特殊医学用途配方食品注册证书的，由县级以上食品安全监督管理部门责令改正，给予警告，并处一万元以下罚款；情节严重的，处一万元以上三万元以下罚款。

4.注册人变更不影响产品安全性、营养充足性以及特殊医学用途临床效果的事项，未依法申请变更的，由县级以上食品安全监督管理部门责令改正，给予警告；拒不改正的，处一万元以上三万元以下罚款。

注册人变更产品配方、生产工艺等影响产品安全性、营养充足性以及特殊医学用途临床效果的事项，未依法申请变更的，由县级以上食品安全监督管理部门没收违法所得和违法生产经营的特殊医学用途配方食品，并可以没收用于违法生产经营的工具、设备、原料等物品；违法生产经营的特殊医学用途配方食品货值金额不足一万元的，并处五万元以上十万元以下罚款；货值金额一万元以上的，并处货值金额十倍以上二十倍以下罚款；情节严重的，吊销许可证。

5.食品安全监督管理部门及其工作人员对不符合条件的申请人准予注册，或者超越法定职权准予注册的，对直接负责的主管人员和其他直接责任人员给予记大过处分；情节较重的，给予降级或者撤职处分；情节严重的，给予开除处分；造成严重后果的，其主要负责人还应当引咎辞职。

食品安全监督管理部门及其工作人员在注册审批过程中滥用职权、玩忽职守、徇私舞弊的，造成不良后果的，对直接负责的主管人员和其他直接责任人员给予警告、记过或者记大过处分；情节较重的，给予降级或者撤职处分；情节严重的，给予开除处分。

第四节　婴幼儿配方食品质量安全监督管理

婴幼儿配方食品关系下一代的健康成长，与成年人相比，婴幼儿的免疫系统尚未发育完全，更易受到不合格食品的伤害。2008年，三鹿集团奶粉中掺加三聚氰胺事件引爆全国奶粉质量安全危机后，国家对婴幼儿配方食品实行严格监督管理，设立最严格的全过程监督管理法律制度。

一、概述

（一）婴幼儿配方食品监督管理制度

1.实施婴幼儿配方食品生产全过程质量控制

（1）婴幼儿配方食品生产企业应当实施从原料进厂到成品出厂的全过程质量控制，对出厂的婴幼儿配方食品实施逐批检验，保证食品安全。

（2）生产婴幼儿配方食品使用的生鲜乳、辅料等食品原料、食品添加剂等，应当符合法律、行政法规的规定和食品安全国家标准，保证婴幼儿生长发育所需的营养成分。

2.婴幼儿配方食品备案管理　婴幼儿配方食品生产企业应当将食品原料、食品添加剂、产品配方及标签等事项向省、自治区、直辖市人民政府食品安全监督管理部门备案。备案人应当对其提交的材料真实性负责。

3.婴幼儿配方食品注册管理　婴幼儿配方乳粉的产品配方应当经国务院食品安全监督管理部门注册。注册时，应当提交配方研发报告和其他表明配方科学性、安全性的材料。注册人应当对其提交的材料真实性负责。不得以分装方式生产婴幼儿配方乳粉，同一企业不得用同一配方生产不同品牌的婴幼儿配方乳粉。

（二）婴幼儿配方食品监督管理法律依据

1.《食品安全法》及《食品安全法实施条例》。

2.《食品生产许可管理办法》《关于印发食品生产许可审查通则的通知》。

3.《婴幼儿配方乳粉产品配方注册管理办法》及其配套文件《婴幼儿配方乳粉产品配方注册申请材料项目要求》《婴幼儿配方乳粉产品配方注册现场核查规定》《婴幼儿配方乳粉产品配方注册管理办法》解读、总局关于婴幼儿配方乳粉产品配方注册管理过渡期的公告等。

4. 食品安全标准　《婴儿配方食品》(GB 10765—2010)和《较大婴儿和幼儿配方食品》(GB 10767—2010)，即一般称为婴幼儿配方奶粉标准，覆盖了适用于0～36个月龄婴幼儿的产品。无论是宏量营养素(能量、蛋白质、脂肪、碳水化合物)，还是微量营养素(维生素、矿物质)的含量规定都与国际食品法典委员会(CAC)的标准或美国、欧盟、澳新标准基本相同。同时，对于微生物、黄曲霉毒素、重金属等安全指标也有严格规定。

二、婴幼儿配方乳粉产品配方注册管理

据统计，目前我国婴幼儿乳粉有近1 900个配方，平均每个企业有20多个配方，因此，新修订的《食品安全法》要求对婴幼儿配方乳粉的配方实行注册管理，以保证这类特殊食品的安全。

（一）婴幼儿配方乳粉产品配方注册定义

婴幼儿配方乳粉产品配方注册是指国家食品安全监督管理部门依据《婴幼儿配方乳粉产品配方注册管理办法》规定的程序和要求，对申请注册的婴幼儿配方乳粉产品配方进行审评，并决定是否准予注册的活动。

（二）婴幼儿配方乳粉产品配方注册范围及原则

1. 范围　在中华人民共和国境内生产销售和进口的婴幼儿配方乳粉产品配方需要注册管理。

2. 原则　婴幼儿配方乳粉产品配方注册管理，应当遵循科学、严格、公开、公平、公正的原则。

（三）监督管理行政部门职责

1. 国家食品安全监督管理部门负责婴幼儿配方乳粉产品配方注册管理工作。

2. 国家食品安全监督管理部门行政受理机构(以下简称受理机构)负责婴幼儿配方乳粉产品配方注册申请的受理工作。

3. 国家食品安全监督管理部门食品审评机构(以下简称审评机构)负责婴幼儿配方乳粉产品配方注册申请的审评工作。

4. 国家食品安全监督管理部门审核查验机构(以下简称核查机构)负责婴幼儿配方乳粉产品配方注册的现场核查工作。

省、自治区、直辖市食品安全监督管理部门负责配合国家食品安全监督管理部门开展本行政区域婴幼儿配方乳粉产品配方注册的现场核查等工作。

（四）申请与注册

1. 注册申请人条件

(1)申请人应当为拟在中华人民共和国境内生产并销售婴幼儿配方乳粉的生产企业或者拟向中华人民共和国出口婴幼儿配方乳粉的境外生产企业。

(2)申请人应当具备与所生产婴幼儿配方乳粉相适应的研发能力、生产能力、检验能

力,符合粉状婴幼儿配方食品良好生产规范要求,实施危害分析与关键控制点体系,对出厂产品按照有关法律法规和婴幼儿配方乳粉食品安全国家标准规定的项目实施逐批检验。

2.注册的产品配方条件

(1)申请注册产品配方应当符合有关法律法规和食品安全国家标准的要求,并提供证明产品配方科学性、安全性的研发与论证报告和充足依据。

申请婴幼儿配方乳粉产品配方注册,应当向国家食品安全监督管理部门提交下列材料:

1)婴幼儿配方乳粉产品配方注册申请书。

2)申请人主体资质证明文件。

3)原辅料的质量安全标准。

4)产品配方研发报告。

5)生产工艺说明。

6)产品检验报告。

7)研发能力、生产能力、检验能力的证明材料。

8)其他表明配方科学性、安全性的材料。

(2)同一企业申请注册两个以上同年龄段产品配方时,产品配方之间应当有明显差异,并经科学证实。每个企业原则上不得超过3个配方系列9种产品配方,每个配方系列包括婴儿配方乳粉(0~6月龄,1段)、较大婴儿配方乳粉(6~12月龄,2段)、幼儿配方乳粉(12~36月龄,3段)。

(3)同一集团公司已经获得婴幼儿配方乳粉产品配方注册及生产许可的全资子公司可以使用集团公司内另一全资子公司已经注册的婴幼儿配方乳粉产品配方。组织生产前,集团公司应当向国家食品安全监督管理部门提交书面报告。

(五)注册程序

1.行政受理

(1)受理机构对申请人提出的婴幼儿配方乳粉产品配方注册申请,应当根据下列情况分别作出处理:

1)申请事项依法不需要进行注册的,应当即时告知申请人不受理。

2)申请事项依法不属于国家食品安全监督管理部门职权范围的,应当即时作出不予受理的决定,并告知申请人向有关行政机关申请。

3)申请材料存在可以当场更正的错误的,应当允许申请人当场更正。

4)申请材料不齐全或者不符合法定形式的,应当当场或者在5个工作日内一次告知申请人需要补正的全部内容;逾期不告知的,自收到申请材料之日起即为受理。

5)申请材料齐全、符合法定形式,或者申请人按照要求提交全部补正申请材料的,应当受理注册申请。

受理机构受理或者不予受理注册申请,应当出具加盖国家食品安全监督管理部门行政许可受理专用章和注明日期的书面凭证。

(2)受理机构应当在受理后3个工作日内将申请材料送交审评机构。

2.技术审评

(1)审评机构应当对申请材料以及产品配方声称与产品配方注册内容的一致性进行审查,并根据实际需要通知核查机构对申请人开展现场核查,组织检验机构开展抽样检验,组织专家对专业问题进行论证,自收到受理材料之日起 60 个工作日内完成审评工作。

特殊情况下需要延长审评时间的,经审评机构负责人同意,可以延长 30 个工作日,延长决定应当书面告知申请人。

(2) 审评机构应当委托具有法定资质的食品检验机构开展抽样检验。

(3) 审评机构应当根据申请人申请材料、现场核查报告、产品检验报告开展审评,并作出审评结论。

(4) 审评机构作出不予注册审评结论的,应当向申请人发出拟不予注册的书面通知。申请人对通知有异议的,应当自收到通知之日起 20 个工作日内向审评机构提出书面复审申请并说明复审理由。复审的内容仅限于原申请事项及申请材料。

审评机构应当自受理复审申请之日起 30 个工作日内作出复审决定,并书面通知申请人。

(5) 审评机构认为需要申请人补正材料的,应当一次性告知需要补正的全部内容。申请人应当在 3 个月内按照补正通知的要求一次补正材料。补正材料的时间不计算在审评时间内。逾期未补正的,按申请人不再提供补正材料处理。

3. 现场核查与抽样检验

(1) 核查机构应当自接到审评机构通知之日起 20 个工作日内完成对申请人研发能力、生产能力、检验能力等情况的现场核查,出具现场核查报告。

(2) 核查机构应当通知申请人所在地省级食品安全监督管理部门参与现场核查,省级食品安全监督管理部门应当派员参与。

(3) 食品检验机构开展抽样检验。

检验机构应当自接受委托之日起 30 个工作日内完成抽样检验工作,出具产品检验报告。

(4) 对境外生产企业现场核查、抽样检验的工作时限,根据实际情况确定。

4. 注册决定与注册证书颁发

(1) 国家食品安全监督管理部门自受理申请之日起 20 个工作日内根据审评结论作出准予注册或者不予注册的决定。

(2) 受理机构应当自国家食品安全监督管理部门作出决定之日起 10 个工作日内向申请人发出婴幼儿配方乳粉产品配方注册证书或者不予注册决定。

现场核查、抽样检验、复审所需时间不计算在技术审评和注册决定的期限内。审评时间不计算在注册决定的期限内。

(3) 申请人对国家食品安全监督管理部门作出不予注册决定有异议的,可以向国家食品安全监督管理部门提出书面行政复议申请或者向人民法院提起行政诉讼。

(4) 婴幼儿配方乳粉产品配方注册证书及附件应当载明下列事项:①产品名称;②企业名称、法定代表人、生产地址;③注册号、批准日期及有效期;④生产工艺;⑤产品配方。

(5) 婴幼儿配方乳粉产品配方注册号格式为:国食注字 YP + 4 位年代号 + 4 位顺序号,其中 YP 代表婴幼儿配方乳粉产品配方。

(6) 婴幼儿配方乳粉产品配方注册证书有效期为 5 年。

5. 注册证书补发、变更与延续

(1) 婴幼儿配方乳粉产品配方注册有效期内,婴幼儿配方乳粉产品配方注册证书遗失或者损毁的,申请人应当向受理机构提出书面申请并说明理由。因遗失申请补发的,应当在省、自治区、直辖市食品安全监督管理部门网站上发布遗失声明;因损坏申请补发的,应当交回婴幼儿配方乳粉产品配方注册证书原件。

（2）国家食品安全监督管理部门自受理之日起20个工作日内予以补发。补发的婴幼儿配方乳粉产品配方注册证书应当标注原批准日期，并注明"补发"字样。

6. 注册证书变更

（1）婴幼儿配方乳粉产品配方注册证书有效期内，需要变更注册证书及其附件载明事项的，申请人应当向国家食品安全监督管理部门提出变更注册申请，并提交下列材料：

1）婴幼儿配方乳粉产品配方变更注册申请书。

2）婴幼儿配方乳粉产品配方注册证书及附件。

3）与变更事项有关的证明材料。

（2）申请人申请产品配方变更等可能影响产品配方科学性、安全性的，审评机构应当根据实际需要按照《婴幼儿配方乳粉产品配方注册管理办法》第十三条的规定组织开展审评，并作出审评结论。

（3）申请人申请企业名称变更、生产地址名称变更等不影响产品配方科学性、安全性的，审评机构应当进行核实，并自受理机构受理之日起10个工作日内作出结论。申请人名称变更的，应当由变更后的申请人申请变更。

（4）国家食品安全监督管理部门自接到审评结论之日起10个工作日内，根据审评结论作出准予变更或者不予变更的决定。对符合条件的，依法办理变更手续，注册证书发证日期以变更批准日期为准，原注册号不变，证书有效期保持不变；不予变更注册的，作出不予变更注册决定。

7. 注册证书延续

（1）婴幼儿配方乳粉产品配方注册证书有效期届满需要延续的，申请人应当在注册证书有效期届满6个月前向国家食品安全监督管理部门提出延续注册申请，并提交下列材料：

1）婴幼儿配方乳粉产品配方延续注册申请书。

2）申请人主体资质证明文件。

3）企业研发能力、生产能力、检验能力情况。

4）企业生产质量管理体系自查报告。

5）产品营养、安全方面的跟踪评价情况。

6）生产企业所在地省、自治区、直辖市食品安全监督管理部门延续注册意见书。

7）婴幼儿配方乳粉产品配方注册证书及附件。

（2）审评机构应当根据实际需要对延续注册申请按照《婴幼儿配方乳粉产品配方注册管理办法》第十三条组织开展审评，并作出审评结论。

（3）国家食品安全监督管理部门自受理申请之日起20个工作日内作出准予延续注册或者不予延续注册的决定。准予延续注册的，向申请人换发注册证书，原注册号不变，证书有效期自批准之日起重新计算；不予延续注册的，应当作出不予延续注册决定。逾期未作决定的，视为准予延续。

（4）有下列情形之一的，不予延续注册：

1）未在规定时限内提出延续注册申请的。

2）申请人在产品配方注册后5年内未按照注册配方组织生产的。

3）企业未能保持注册时研发能力、生产能力、检验能力的。

4）其他不符合有关规定的情形。

（六）标签与说明书要求

1.申请人申请婴幼儿配方乳粉产品配方注册的,应当提交标签和说明书样稿及标签、说明书中声称的说明、证明材料。

2.标签和说明书涉及婴幼儿配方乳粉产品配方的,应当与获得注册的产品配方的内容一致,并标注注册号。

3.产品名称中有动物性来源的,应当根据产品配方在配料表中如实标明使用的生乳、乳粉、乳清(蛋白)粉等乳制品原料的动物性来源。使用的乳制品原料有两种以上动物性来源时,应当标明各种动物性来源原料所占比例。

配料表应当将食用植物油具体的品种名称按照加入量的递减顺序标注。

营养成分表应当按照婴幼儿配方乳粉食品安全国家标准规定的营养素顺序列出,并按照能量、蛋白质、脂肪、碳水化合物、维生素、矿物质、可选择性成分等类别分类列出。

4.声称生乳、原料乳粉等原料来源的,应当如实标明具体来源地或者来源国,不得使用"进口奶源""源自国外牧场""生态牧场""进口原料"等模糊信息。

5.声称应当注明婴幼儿配方乳粉适用月龄,可以同时使用"1段、2段、3段"的方式标注。

6.标签和说明书不得含有下列内容:

(1)涉及疾病预防、治疗功能。

(2)明示或者暗示具有保健作用。

(3)明示或者暗示具有益智、增加抵抗力或者免疫力、保护肠道等功能性表述。

(4)对于按照食品安全标准不应当在产品配方中含有或者使用的物质,以"不添加""不含有""零添加"等字样强调未使用或者不含有。

(5)虚假、夸大、违反科学原则或者绝对化的内容。

(6)与产品配方注册的内容不一致的声称。

三、婴幼儿配方食品生产许可

1.婴幼儿配方食品的生产许可由省、自治区、直辖市食品安全监督管理部门负责。

2.申请婴幼儿配方食品的生产许可,应当提交与所生产食品相适应的生产质量管理体系文件以及相关注册和备案文件。

3.婴幼儿配方食品生产企业申请变更的,应当就申请人变化事项提交与所生产食品相适应的生产质量管理体系文件,以及相应的产品注册和备案文件。

4.生产企业申请延续食品生产许可的,还应当就申请人变化事项提供与所生产食品相适应的生产质量管理体系运行情况的自查报告,以及相应的产品注册和备案文件。

5.经注册或备案的婴幼儿配方食品生产工艺发生变化的,相关生产企业应当在办理食品生产许可的变更前,办理产品注册或者备案变更手续。

四、婴幼儿配方乳粉产品配方注册与食品生产许可衔接的规定

"关于进一步加强婴幼儿配方乳粉监管有关工作的公告(2016年第184号)"规定,对在2016年10月1日《婴幼儿配方乳粉产品配方注册管理办法》实施前已取得生产许可证的婴幼儿配方乳粉生产企业,其在2018年1月1日前生产许可证到期的,可按《食品生产许可管

理办法》有关要求申请延续换证。2018 年 1 月 1 日后，婴幼儿配方乳粉生产企业申请延续换证的，应提交婴幼儿配方乳粉产品配方注册文件。对于 2016 年 10 月 1 日《婴幼儿配方乳粉产品配方注册管理办法》实施后新申请的婴幼儿配方乳粉企业申请生产许可的，应提交婴幼儿配方乳粉产品配方注册文件。

五、监督管理

1. 承担婴幼儿配方乳粉产品配方注册技术审评、现场核查、抽样检验、专家论证的机构和人员应当对出具的审评结论、现场核查报告、产品检验报告、专家意见等负责。

2. 婴幼儿配方乳粉产品配方注册技术审评、现场核查、抽样检验、专家论证的机构和人员应当依照有关法律、法规、规章的规定，恪守职业道德，按照食品安全国家标准、技术规范等对婴幼儿配方乳粉产品配方进行技术审评、现场核查和抽样检验，保证相关工作科学、客观和公正。

3. 食品安全监督管理部门接到有关单位或者个人举报的婴幼儿配方乳粉产品配方注册受理、技术审评、现场核查、抽样检验、专家论证、审批等工作中的违法违规行为，应当及时核实处理。

4. 国家食品安全监督管理部门自批准之日起 20 个工作日内公布婴幼儿配方乳粉产品配方注册目录信息。

5. 参与婴幼儿配方乳粉注册申请受理、技术审评、现场核查、抽样检验、专家论证等工作的机构和人员，应当保守在注册中知悉的商业秘密。申请人应当按照国家有关规定对申请材料中的商业秘密进行标注并注明依据。

6. 申请人拒绝现场核查或者抽样检验的，国家食品安全监督管理部门不批准其产品配方注册申请。

7. 有下列情形之一的，国家食品安全监督管理部门依据职权或者根据利害关系人的请求，可以撤销婴幼儿配方乳粉产品配方注册：

（1）工作人员滥用职权、玩忽职守作出准予注册决定的。

（2）超越法定职权作出准予注册决定的。

（3）违反法定程序作出准予注册决定的。

（4）对不具备申请资格或者不符合法定条件的申请人准予注册的。

（5）依法可以撤销注册的其他情形。

（6）有下列情形之一的，由国家食品安全监督管理部门注销婴幼儿配方乳粉产品配方注册：

1）企业申请注销的。

2）企业依法终止的。

3）注册证书有效期届满未延续的。

4）注册依法被撤销、撤回，或者注册证书依法被吊销的。

5）法律法规规定应当注销的其他情形。

六、相关法律责任

1.《食品安全法》等法律法规对婴幼儿配方乳粉产品配方注册违法行为已有规定的，从其规定。

2．申请人隐瞒有关情况或者提供虚假材料、样品申请婴幼儿配方乳粉产品配方注册的，国家食品安全监督管理部门不予受理或者不予注册，对申请人给予警告，并向社会公告。申请人在1年内不得再次申请婴幼儿配方乳粉产品配方注册；涉嫌犯罪的，依法移送公安机关，追究刑事责任。

3．申请人以欺骗、贿赂等不正当手段，或者隐瞒真实情况、提交虚假材料等方式取得婴幼儿配方乳粉产品配方注册证书的，国家食品安全监督管理部门依法予以撤销，处一万元以上三万元以下罚款。被许可人在3年内不得再次申请注册；涉嫌犯罪的，依法移送公安机关，追究刑事责任。

4．申请人变更不影响产品配方科学性、安全性的事项，未依法申请变更的，由县级以上食品安全监督管理部门责令改正，给予警告；拒不改正的，处一万元以上三万元以下罚款。

申请人变更可能影响产品配方科学性、安全性的事项，未依法申请变更的，由县级以上食品安全监督管理部门依照《食品安全法》第一百二十四条的规定处罚。

5．伪造、涂改、倒卖、出租、出借、转让婴幼儿配方乳粉产品配方注册证书的，由县级以上食品安全监督管理部门责令改正，给予警告，并处一万元以下罚款；情节严重的，处一万元以上三万元以下罚款；涉嫌犯罪的，依法移送公安机关，追究刑事责任。

6．婴幼儿配方乳粉生产销售者违反《婴幼儿配方乳粉产品配方注册管理办法》第三十条至第三十四条规定的，由食品安全监督管理部门责令改正，并依法处以一万元以上三万元以下罚款。

7．食品安全监督管理部门及其工作人员对不符合条件的申请人准予注册，或者超越法定职权准予注册的，依照《食品安全法》第一百四十四条的规定处理。

食品安全监督管理部门及其工作人员在注册审评过程中滥用职权、玩忽职守、徇私舞弊的，依照《食品安全法》第一百四十五条的规定处理。

（黄国伟）

📚 小结：

本章首先概括了特殊食品的范围以及保健食品、特殊医学用途配方食品、婴幼儿配方食品、婴幼儿配方乳粉产品配方等特殊食品相关的基本概念；特殊医学用途配方食品的分类、特殊食品的监督管理。然后在此基础上分别介绍了各类特殊食品的监督管理，主要包括保健食品注册与备案及其监督管理、特殊医学用途配方食品质量安全监督管理和婴幼儿配方食品质量安全监督管理。

第十三章　食品安全事故处置

食品安全事故危害人群健康，对食品安全事故进行有效的监管，发生食品安全事故后进行积极有效的调查，对保证人民群众健康至关重要。

第一节　食品安全事故概述

一、食品安全事故的概念

食品安全事故是指食源性疾病、食品污染等源于食品，对人体健康有危害或者可能有危害的事故。

二、食品安全事故的分级及响应

（一）食品安全事故的分级

根据《国家突发公共卫生事件应急预案》，食品安全事故共分四类，即特别重大食品安全事故（Ⅰ级）、重大食品安全事故（Ⅱ级）、较大食品安全事故（Ⅲ级）、一般食品安全事故（Ⅳ级）。事故等级的评估核定，由卫生行政部门会同有关部门依照有关规定进行。有关监管部门应当按有关规定及时向卫生行政部门提供相关信息和资料，由卫生行政部门统一组织协调开展食品安全事故评估。食品安全事故评估是为核定食品安全事故级别和确定应采取的措施而进行的评估。评估内容包括：①污染食品可能导致的健康损害及所涉及的范围，是否已造成健康损害后果及严重程度；②事故的影响范围及严重程度；③事故发展蔓延趋势。

（二）应急响应

1. 分级响应　根据食品安全事故分级情况，食品安全事故应急响应分为Ⅰ级、Ⅱ级、Ⅲ级和Ⅳ级响应。核定为特别重大食品安全事故，报经国务院批准并宣布启动Ⅰ级响应后，指挥部立即成立运行，组织开展应急处置。重大、较大、一般食品安全事故分别由事故发生地的省、市、县级人民政府启动相应级别响应，成立食品安全事故应急处置指挥机构进行处置。必要时上级人民政府派出工作组指导、协助事故应急处置工作。

启动食品安全事故Ⅰ级响应期间，指挥部成员单位在指挥部的统一指挥与调度下，按相应职责做好事故应急处置相关工作。事发地省级人民政府按照指挥部的统一部署，组织协调地市级、县级人民政府全力开展应急处置，并及时报告相关工作进展情况。事故发生单位按照相应的处置方案开展先期处置，并配合卫生行政部门及有关部门做好食品安全事故的应急处置。

食源性疾病中涉及传染病疫情的，按照《中华人民共和国传染病防治法》和《国家突发公共卫生事件应急预案》等相关规定开展疫情防控和应急处置。

2. 应急处置措施　事故发生后，根据事故性质、特点和危害程度，立即组织有关部门，依照有关规定采取下列应急处置措施，以最大限度减轻事故危害。

（1）卫生行政部门有效利用医疗资源，组织指导医疗机构开展食品安全事故患者的救治。

（2）卫生行政部门及时组织疾病预防控制机构开展流行病学调查与检测，相关部门及时组织检验机构开展抽样检验，尽快查找食品安全事故发生的原因。对涉嫌犯罪的，公安机关及时介入，开展相关违法犯罪行为侦破工作。

（3）农业行政、质量监督、检验检疫、工商行政管理、食品药品监管、商务等有关部门应当依法强制性就地或异地封存事故相关食品及原料和被污染的食品用工具及用具，待卫生行政部门查明导致食品安全事故的原因后，责令食品生产经营者彻底清洗消毒被污染的食品用工具及用具，消除污染。

（4）对确认受到有毒有害物质污染的相关食品及原料，农业行政、质量监督、工商行政管理、食品药品监管等有关监管部门应当依法责令生产经营者召回、停止经营及进出口并销毁。检验后确认未被污染的应当予以解封。

（5）及时组织研判事故发展态势，并向事故可能蔓延到的地方人民政府通报信息，提醒做好应对准备。事故可能影响到国（境）外时，及时协调有关涉外部门做好相关通报工作。

3. 检测分析评估　应急处置专业技术机构应当对引发食品安全事故的相关危险因素及时进行检测，专家组对检测数据进行综合分析和评估，分析事故发展趋势、预测事故后果，为制定事故调查和现场处置方案提供参考。有关部门对食品安全事故相关危险因素消除或控制，事故中伤病人员救治，现场、受污染食品控制，食品与环境，次生、衍生事故隐患消除等情况进行分析评估。

4. 响应级别调整及终止　在食品安全事故处置过程中，要遵循事故发生发展的客观规律，结合实际情况和防控工作需要，根据评估结果及时调整应急响应级别，直至响应终止。

响应级别调整及终止条件如下：

（1）级别提升：当事故进一步加重，影响和危害扩大，并有蔓延趋势，情况复杂难以控制时，应当及时提升响应级别。

当学校或托幼机构、全国性或区域性重要活动期间发生食品安全事故时，可相应提高响应级别，加大应急处置力度，确保迅速、有效控制食品安全事故，维护社会稳定。

（2）级别降低：事故危害得到有效控制，且经研判认为事故危害降低到原级别评估标准以下或无进一步扩散趋势的，可降低应急响应级别。

（3）响应终止：当食品安全事故得到控制，并达到以下两项要求，经分析评估认为可解除响应的，应当及时终止响应：食品安全事故伤病员全部得到救治，原患者病情稳定24h以上，且无新的急性病症患者出现，食源性感染性疾病在末例患者后经过最长潜伏期无新病例出现；现场、受污染食品得以有效控制，食品与环境污染得到有效清理并符合相关标准，次生、衍生事故隐患消除。

响应级别调整及终止程序如下：指挥部组织对事故进行分析评估论证。评估认为符合级别调整条件的,指挥部提出调整应急响应级别建议,报同级人民政府批准后实施。应急响应级别调整后,事故相关地区人民政府应当结合调整后级别采取相应措施。评估认为符合响应终止条件时,指挥部提出终止响应的建议,报同级人民政府批准后实施。上级人民政府有关部门应当根据下级人民政府有关部门的请求,及时组织专家为食品安全事故响应级别调整和终止的分析论证提供技术支持与指导。

5.信息发布　事故信息发布由指挥部或其办公室统一组织,采取召开新闻发布会、发布新闻通稿等多种形式向社会发布,做好宣传报道和舆论引导。

三、食品安全事故调查处理工作的任务及工作原则

(一)调查处理食品安全事故的任务

事故调查的任务是通过开展现场流行病学调查、食品卫生学调查和实验室检验工作,调查事故有关人群的健康损害情况、流行病学特征及其影响因素,调查事故有关的食品及致病因子、污染原因,作出事故调查结论,提出预防和控制事故的建议,并向同级卫生行政部门(或政府确立的承担组织查处事故的部门,以下同)提交事故调查报告,为同级卫生行政部门判定事故性质和事故发生原因提供科学依据。

(二)事故处置原则

1.以人为本,减少危害　把保障公众健康和生命安全作为应急处置的首要任务,最大限度减少食品安全事故造成的人员伤亡和健康损害。

2.统一领导,分级负责　按照"统一领导、综合协调、分类管理、分级负责、属地管理为主"的应急管理体制,建立快速反应、协同应对的食品安全事故应急机制。

3.科学评估,依法处置　有效使用食品安全风险监测、评估和预警等科学手段;充分发挥专业队伍的作用,提高应对食品安全事故的水平和能力。

4.居安思危,预防为主　坚持预防与应急相结合,常态与非常态相结合,做好应急准备,落实各项防范措施,防患于未然。建立健全日常管理制度,加强食品安全风险监测、评估和预警;加强宣教培训,提高公众自我防范和应对食品安全事故的意识和能力。

四、调查处理食品安全事故的主要工作内容

(一)应急机制启动

食品安全事故发生后,卫生行政部门依法组织对事故进行分析评估,核定事故级别。特别重大食品安全事故,由国务院卫生行政部门会同食品安全办向国务院提出启动Ⅰ级响应的建议,经国务院批准后,成立国家特别重大食品安全事故应急处置指挥部(以下简称指挥部),统一领导和指挥事故应急处置工作;重大、较大、一般食品安全事故,分别由事故所在地省、市、县级人民政府组织成立相应应急处置指挥机构,统一组织开展本行政区域事故应急处置工作。

(二)指挥部设置

指挥部成员单位根据事故的性质和应急处置工作的需要确定,主要包括国务院卫生行政部门、农业行政部门、商务部、食品安全监督管理部门、铁道部门、粮食部门、中央宣传部、教育部、工业和信息化部、公安部、国家监察委员会、民政部、财政部、生态环境部、交通运输部、海关总署、旅游局、新闻办、民航局和食品安全办等部门以及相关行业协会组织。

当事故涉及国外、我国港澳台时，增加外交部、港澳办、台办等部门为成员单位。由国务院卫生行政部门、食品安全办等有关部门人员组成指挥部办公室。

（三）指挥部职责

指挥部负责统一领导事故应急处置工作；研究重大应急决策和部署；组织发布事故的重要信息；审议批准指挥部办公室提交的应急处置工作报告；应急处置的其他工作。

（四）指挥部办公室职责

指挥部办公室承担指挥部的日常工作，主要负责贯彻落实指挥部的各项部署，组织实施事故应急处置工作；检查督促相关地区和部门做好各项应急处置工作，及时有效地控制事故，防止事态蔓延扩大；研究协调解决事故应急处理工作中的具体问题；向国务院、指挥部及其成员单位报告、通报事故应急处置的工作情况；组织信息发布。指挥部办公室建立会商、发文、信息发布和督查等制度，确保快速反应、高效处置。

（五）成员单位职责

各成员单位在指挥部统一领导下开展工作，加强对事故发生地人民政府有关部门工作的督促、指导，积极参与应急救援工作。

（六）工作组设置及职责

根据事故处置需要，指挥部可下设若干工作组，分别开展相关工作。各工作组在指挥部的统一指挥下开展工作，并随时向指挥部办公室报告工作开展情况。

1. 事故调查组　由国务院卫生行政部门牵头，会同公安部、国家监察委员会及相关部门负责调查事故发生原因，评估事故影响，尽快查明致病原因，作出调查结论，提出事故防范意见；对涉嫌犯罪的，由公安部负责，督促、指导涉案地公安机关立案侦办，查清事实，依法追究刑事责任；对监管部门及其他机关工作人员的失职、渎职等行为进行调查。根据实际需要，事故调查组可以设置在事故发生地或派出部分人员赴现场开展事故调查（简称前方工作组）。

2. 危害控制组　由事故发生环节的具体监管职能部门牵头，会同相关监管部门监督、指导事故发生地政府职能部门召回、下架、封存有关食品、原料、食品添加剂及食品相关产品，严格控制流通渠道，防止危害蔓延扩大。

3. 医疗救治组　由国务院卫生行政部门负责，结合事故调查组的调查情况，制定最佳救治方案，指导事故发生地人民政府卫生部门对健康受到危害的人员进行医疗救治。

4. 检测评估组　由国务院卫生行政部门牵头，提出检测方案和要求，组织实施相关检测，综合分析各方检测数据，查找事故原因和评估事故发展趋势，预测事故后果，为制定现场抢救方案和采取控制措施提供参考。检测评估结果要及时报告指挥部办公室。

5. 维护稳定组　由公安部牵头，指导事故发生地人民政府公安机关加强治安管理，维护社会稳定。

6. 新闻宣传组　由中央宣传部牵头，会同新闻办、国务院卫生行政部门等部门组织事故处置宣传报道和舆论引导，并配合相关部门做好信息发布工作。

7. 专家组　指挥部成立由有关方面专家组成的专家组，负责对事故进行分析评估，为应急响应的调整和解除以及应急处置工作提供决策建议，必要时参与应急处置。

（七）应急处置专业技术机构

医疗、疾病预防控制以及各有关部门的食品安全相关技术机构作为食品安全事故应急处置专业技术机构,应当在卫生行政部门及有关食品安全监管部门组织领导下开展应急处置相关工作。

(杨建军)

第二节　食品安全事故流行病学调查

食品安全事故流行病学调查结果直接关系到事故因素的及早发现和控制,是责任认定的重要证据之一,是一项程序规范性和科学技术性很强的工作。

一、调查机构和人员的工作要求

(一)属地管理、分级负责

1. 分级管辖　各级调查机构应当按照国家和地方政府规定的分级负责和属地管理规定承担事故调查任务。一般管辖分工为:县级调查机构负责一般食品安全事故的调查;市级调查机构负责较大食品安全事故的调查;省级调查机构负责重大食品安全事故的调查;国家级调查机构负责特别重大食品安全事故的调查。事故分级和管辖权限按照国家和地方政府制定的食品安全事故应急预案的规定执行。

2. 调查启动　调查机构接到同级卫生行政部门开展事故调查的通知后,应当根据事故的危害程度、波及范围,选派一定数量的调查员组成事故调查组,启动事故调查工作。调查组应当由3名以上调查员组成,并指定1名负责人。调查员与所调查的食品安全事故有利害关系的,应当回避。

3. 多辖区联合调查　调查机构在事故调查中发现事故涉及范围跨辖区的,应及时报告同级卫生行政部门,由同级卫生行政部门报请上级卫生行政部门,由上级卫生行政部门指定牵头机构开展多辖区调查。相关辖区调查机构应根据牵头调查机构的要求做好本辖区事故调查工作。调查机构发现以下情况,应提出多辖区联合调查的建议:

(1)可疑进食场所与发病场所不在同一辖区的。如旅行团在旅游景点就餐,返回居住地后发病。

(2)病例分布范围超出本辖区的。例如某次大型聚餐后发生的食源性疾病,病例可能分布于不同辖区。

(3)其他需要联合调查的情况。

(二)依法有序、协调配合

调查机构开展事故调查工作应当在同级卫生行政部门的领导下进行,与有关食品安全监管部门对食品安全事故的调查处理工作同步进行、相互配合。

承担事故调查任务的调查机构现有技术与资源不能满足事故调查有关要求时,应当报请同级卫生行政部门协调解决。

调查机构专家组成员应当为调查机构提出的有关技术问题提供咨询意见,并给予必要的指导帮助。

上级调查机构也可根据下级调查机构的请求,给予必要的技术支持和指导。

(三)科学循证、效率优先

事故调查必须坚持实事求是、客观公正和科学循证的原则,调查过程中重视收集现场流行病学调查、食品卫生学调查、实验室检验等相关信息和数据,各项调查结果应当考虑相互联系和佐证。

1.边调查边分析　现场流行病学调查初步结果可为开展食品卫生学调查、采样和实验室检验提供重要线索。首赴现场人员应根据事故流行病学特点优先考虑采集标本和样品(以下简称样本)。现场流行病学调查、食品卫生学调查、采样和实验室检验均应尽早开展。

调查组在调查中应当及时沟通分析工作进展情况,相互补充验证调查结果。调查员调查中发现新的线索和重要情况,应当及时向调查组负责人报告。调查组应每日汇总调查进展,向调查机构负责人报告,必要时随时报告。

2.边调查边控制　调查过程中,发现高危人群、致病因子或重要的食品污染信息的,应及时向同级卫生行政部门提出采取控制措施和卫生处理措施的建议。同时视控制措施效果情况,及时调整调查内容和调查重点。

3.边调查边报告　调查组调查过程中发现以下情况,应及时向同级卫生行政部门报告:

(1)发现病人人数有变化或分类(指疑似、可能、确诊)有变化的。

(2)发现需要多辖区联合调查的。

(3)发现致病因子可能存在人-人传播、水体污染因素、职业接触、投毒、超出管辖范围等需要移交的情况的。

(4)有证据认为需要及时采取防控措施的。

(5)发现可疑食品或原料来自外辖区或流出本辖区的。

(6)调查工作遇到困难和阻挠,不能正常开展调查工作的。

(7)卫生行政部门要求提交阶段性调查结果的。

(8)其他需要及时报告的事项。

二、现场(人群)流行病学调查

现场流行病学调查步骤一般包括核实诊断、制定病例定义、病例搜索、个案调查、描述性流行病学分析、分析性流行病学研究等内容。具体调查步骤和顺序由调查组结合实际情况确定。

(一)核实诊断

调查组到达现场应核实发病情况、访谈患者、采集患者标本和食物样品等。

1.核实发病情况　通过接诊医生了解患者主要临床特征、诊治情况,查阅患者在接诊医疗机构的病历记录和临床实验室检验报告,摘录和复制相关资料。

2.开展病例访谈　根据事故情况制定访谈提纲、确定访谈人数并进行病例访谈。访谈对象首选首例、末例等特殊病例;访谈内容主要包括人口统计学信息、发病和就诊情况以及发病前的饮食史等。

3.采集样本　调查员到达现场后应立即采集病例生物标本、食品和加工场所环境样品以及食品从业人员的生物标本。如未能采集到相关样本的,应做好记录,并在调查报告中说明相关原因。

(二)制定病例定义

病例定义应当简洁,具有可操作性,可随调查进展进行调整。病例定义可包括以下内容:

1. 时间　限定事故时间范围。

2. 地区　限定事故地区范围。

3. 人群　限定事故人群范围。

4. 症状和体征　通常采用多数病例具有的或事故相关病例特有的症状和体征。症状如头晕、头痛、恶心、呕吐、腹痛、腹泻、里急后重、抽搐等；体征如发热、发绀、瞳孔缩小、病理反射等。

5. 临床辅助检查阳性结果　包括临床实验室检验、影像学检查、功能学检查等，如嗜酸性粒细胞增多、高铁血红蛋白增高等。

6. 特异性药物治疗有效　该药物仅对特定的致病因子效果明显。如用亚甲蓝治疗有效提示亚硝酸盐中毒，抗肉毒毒素治疗有效提示肉毒毒素中毒等。

7. 致病因子检验阳性结果　病例的生物标本或病例食用过的剩余食物样品检验致病因子有阳性结果。

病例定义可分为疑似病例、可能病例和确诊病例。疑似病例定义通常指有多数病例具有的非特异性症状和体征；可能病例定义通常指有特异性的症状和体征，或疑似病例的临床辅助检查结果阳性，或疑似病例采用特异性药物治疗有效；确诊病例定义通常指符合疑似病例或可能病例定义，且具有致病因子检验阳性结果。

在调查初期，可采用灵敏度高的疑似病例定义开展病例搜索，并将搜索到的所有病例（包括疑似、可能、确诊病例）进行描述性流行病学分析。在进行分析性流行病学研究时，应采用特异性较高的可能病例和确诊病例定义，以分析发病与可疑暴露因素的关联性。

（三）开展病例搜索

调查组应根据具体情况选用适宜的方法开展病例搜索，可参考以下方法搜索病例：

1. 对可疑餐次明确的事故，如因聚餐引起的食物中毒，可通过收集参加聚餐人员的名单来搜索全部病例。

2. 对发生在工厂、学校、托幼机构或其他集体单位的事故，可要求集体单位负责人或校医（厂医）等通过收集缺勤记录、晨检和校医（厂医）记录，收集可能发病的人员。

3. 事故涉及范围较小或病例居住地相对集中，或有死亡或重症病例发生时，可采用入户搜索的方式。

4. 事故涉及范围较大，或病例人数较多，应建议卫生行政部门组织医疗机构查阅门诊就诊日志、出入院登记、检验报告登记等，搜索并报告符合病例定义者。

5. 事故涉及市场流通食品，且食品销售范围较广或流向不确定，或事故影响较大等，应通过疾病监测报告系统收集分析相关病例报告，或建议卫生行政部门向公众发布预警信息，设立咨询热线，通过督促类似患者就诊来搜索病例。

病例搜索时可采用一览表记录病例发病时间、临床表现等信息。一览表可参考《食品安全事故调查病例临床信息一览表》（附表 3-2）制定。

（四）进行个案调查

1. 调查方法　根据病例的文化水平及配合程度，并结合病例搜索的方法要求，可选择面访调查、电话调查或自填式问卷调查。个案调查可与病例搜索相结合，同时开展。个案调查应使用一览表或个案调查表，采用相同的调查方法进行。个案调查范围应结合事故调查需要和可利用调查资源等确定，避免因完成所有个案调查而延误后续调查的开展。

2. 调查内容 个案调查应收集的信息主要包括：

(1) 人口统计学信息：包括姓名、性别、年龄、民族、职业、住址、联系方式等。

(2) 发病和诊疗情况：开始发病的症状、体征及发生、持续时间，随后的症状、体征及持续时间，诊疗情况及疾病预后，已进行的实验室检验项目及结果等。

(3) 饮食史：进食餐次、各餐次进食食品的品种及进食量、进食时间、进食地点，进食正常餐次之外的所有其他食品，如零食、饮料、水果、饮水等，特殊食品处理和烹调方式等。

(4) 其他个人高危因素信息：外出史、与类似病例的接触史、动物接触史、基础疾病史及过敏史等。

3. 设计个案调查表 可根据不同事故特点设计个案调查表。

（五）描述性流行病学分析

个案调查结束后，应根据一览表或个案调查表建立数据库，及时录入收集的信息资料，对录入的数据核对后，按照以下内容进行描述性流行病学分析。

1. 临床特征分析 应统计病例中出现各种症状、体征等的人数和比例，并按比例的高低进行排序。

2. 时间分布 时间分布可采用流行曲线等描述，流行曲线可直观地显示事故发展所处的阶段，并描述疾病的传播方式，推断可能的暴露时间，反映控制措施的效果。直方图是流行曲线常用形式。

3. 地区分布 通过绘制标点地图或面积地图描述事故发病的地区分布。

4. 人群分布 按病例的性别、年龄、职业等人群特征进行分组，分析各组人群的罹患率是否存在统计学差异，以推断高危人群，并比较有统计学差异的各组人群在饮食暴露方面的异同，以寻找病因线索。

5. 描述性流行病学结果分析 根据访谈病例、临床特征和流行病学分布，应当提出描述性流行病学的结果分析，并由此对引起事故的致病因子范围、可疑餐次和可疑食品作出初步判断，用于指导临床救治、食品卫生学调查和实验室检验，提出预防控制措施建议。

6. 分析性流行病学 研究分析性流行病学研究用于分析可疑食品或餐次与发病的关联性，常采用病例对照研究和队列研究。

在完成描述性流行病学分析后，存在以下情况的，应当继续进行分析性流行病学研究。

(1) 描述性流行病学分析未得到食品卫生学调查和实验室检验结果支持的。

(2) 描述性流行病学分析无法判断可疑餐次和可疑食品的。

(3) 事故尚未得到有效控制或可能有再次发生风险的。

(4) 调查组认为有继续调查必要的。

在难以调查事故全部病例或事故暴露人群不确定时，适合开展病例对照研究。在事故暴露人群已经确定且人群数量较少时，适合开展队列研究。

三、现场卫生学调查

食品卫生学调查不同于日常监督检查，应针对可疑食品污染来源、途径及其影响因素，对相关食品种植、养殖、生产、加工、储存、运输、销售各环节开展卫生学调查，以验证现场流行病学调查结果，为查明事故原因、采取预防控制措施提供依据。食品卫生学调查应在发现可疑食品线索后尽早开展。

（一）调查方法与内容

调查方法包括访谈相关人员，查阅相关记录，进行现场勘察、样本采集等。

1. 访谈相关人员　访谈对象包括可疑食品生产经营单位负责人、加工制作人员及其他知情人员等。访谈内容包括可疑食品的原料及配方、生产工艺，加工过程的操作情况及是否出现停水、停电、设备故障等异常情况，从业人员中是否有发热、腹泻、皮肤病或化脓性伤口等。

2. 查阅相关记录　查阅可疑食品进货记录、可疑餐次的食谱或可疑食品的配方、生产加工工艺流程图、生产车间平面布局图等资料，生产加工过程关键环节时间、温度等记录，设备维修、清洁、消毒记录，食品加工人员的出勤记录，可疑食品销售和分配记录等。

3. 现场勘查　在访谈和查阅资料基础上，可绘制流程图，标出可能的危害环节和危害因素，初步分析污染原因和途径，便于进行现场勘查和采样。

现场勘查应当重点围绕可疑食品从原材料、生产加工、成品存放等环节存在的问题进行。

（1）原材料：根据食品配方或配料，勘查原料储存场所的卫生状况、原料包装有无破损情况、是否与有毒有害物质混放，测量储存场所内的温度；检查用于食品加工制作前的感官状况是否正常，是否使用高风险食品，是否误用有毒有害物质或者含有有毒有害物质的原料等。

（2）配方：食品配方中是否存在超量、超范围使用食品添加剂、非法添加有毒有害物质的情况，是否使用高风险配料等。

（3）加工用水：供水系统设计布局是否存在隐患；是否使用自备水井及其周围有无污染源。

（4）加工过程：生产加工过程是否满足工艺设计要求。

（5）成品储存：查看成品存放场所的条件和卫生状况，观察有无交叉污染环节，测量存放场所的温度、湿度等。

（6）从业人员健康状况：查看接触可疑食品的工作人员健康状况，是否存在可能污染食品的不良卫生习惯，有无发热、腹泻、皮肤化脓破损等情况。

4. 样本采集　根据病例的临床特征、可疑致病因子或可疑食品等线索，应尽早采集相关原料、半成品、成品及环境样品。对怀疑存在生物性污染的，还应采集相关人员的生物标本。如未能采集到相关样本，应做好记录，并在调查报告中说明原因。

（二）基于致病因子类别的重点调查

初步推断致病因子类型后，应针对生产加工环节有重点地开展食品卫生学调查。

四、采样和实验室检验

采样和实验室检验是事故调查的重要工作内容。实验室检验结果有助于确认致病因子、查找污染来源和途径、及时救治病人。

（一）采样原则

采样应本着及时性、针对性、适量性和不污染的原则进行，以尽可能采集到含有致病因子或其特异性检验指标的样本。

1. 及时性原则　考虑到事故发生后现场有意义的样本有可能不被保留或被人为处理，应尽早采样，提高实验室检出致病因子的机会。

2．针对性原则　根据病人的临床表现和现场流行病学初步调查结果，采集最可能检出致病因子的样本。

3．适量性原则　样本采集的份数应尽可能满足事故调查的需要；采样量应尽可能满足实验室检验和留样需求。当可疑食品及致病因子范围无法判断时，应尽可能多地采集样本。

4．不污染原则　样本的采集和保存过程应避免微生物、化学毒物或其他干扰检验物质的污染，防止样本之间的交叉污染。同时也要防止样本污染环境。

（二）样本的采集、保存和运送

样本的采集、登记和管理应符合有关采样程序的规定，采样时应填写采样记录，记录采样时间、地点、数量等，由采样人和被采样单位或被采样人签字。

所有样本必须有牢固的标签，标明样本的名称和编号；每批样本应按批次制作目录，详细注明该批样本的清单、状态和注意事项等。样本的包装、保存和运输，必须符合生物安全管理的相关规定。

（三）确定检验项目和送检

为提高实验室检验效率，调查组在对已有调查信息认真研究分析基础上，根据流行病学初步判断提出检验项目。在缺乏相关信息支持、难以确定检验项目时，应妥善保存样本，待相关调查提供初步判断信息后再确定检验项目和送检。调查机构应组织有能力的实验室开展检验工作，如有困难，应及时联系其他实验室或报请同级卫生行政部门协调解决。

（四）实验室检验

1．实验室应依照相关检验工作规范的规定，及时完成检验任务，出具检验报告，对检验结果负责。

2．当样本量有限的情况下，要优先考虑对最有可能导致疾病发生的致病因子进行检验。

3．开始检验前可使用快速检验方法筛选致病因子。

4．对致病因子的确认和报告应优先选用国家标准方法，在没有国家标准方法时，可参考行业标准方法、国际通用方法。如需采用非标准检测方法，应严格按照实验室质量控制管理要求实施检验。

5．承担检验任务的实验室应当妥善保存样本，并按相关规定期限留存样本和分离到的菌毒株。

（五）致病因子检验结果的解释

致病因子检验结果不仅与实验室的条件和技术能力有关，还可能受到样本的采集、保存、送样条件等因素的影响，对致病因子的判断应结合致病因子检验结果与事故病因的关系进行综合分析。

1．检出致病因子阳性或者多个致病因子阳性时，需判断检出的致病因子与本次事故的关系。事故病因的致病因子应与大多数病人的临床特征、潜伏期相符，调查组应注意排查别除偶合病例、混杂因素以及与大多数病人的临床特征、潜伏期不符的阳性致病因子。

2．可疑食品、环境样品与病人生物标本中检验到相同的致病因子，是确认事故食品或污染原因较为可靠的实验室证据。

3．未检出致病因子阳性结果，亦可能为假阴性，需排除以下原因：①没能采集到含有致病因子的样本或采集到的样本量不足，无法完成有关检验；②采样时病人已用药治疗，原有环境已被处理；③因样本包装和保存条件不当导致致病微生物失活、化学毒物分解等；④实验室检验过程存在干扰因素；⑤现有的技术、设备和方法不能检出；⑥存在尚未被认知的新致病因子等。

4. 不同样本或多个实验室检验结果不完全一致时，应分析样本种类、来源、采样条件、样本保存条件、不同实验室采用检验方法、试剂等的差异。

五、综合分析调查结果

调查结论包括是否定性为食品安全事故，以及事故范围、发病人数、致病因子、污染食品及污染原因。不能作出调查结论的事项应当说明原因。

（一）作出调查结论的依据

调查组应当在综合分析现场流行病学调查、食品卫生学调查和实验室检验三方面结果基础上作出调查结论。卫生行政部门认为需要开展补充调查时，调查机构应当根据卫生行政部门通知开展补充调查，结合补充调查结果，再作出调查结论。

在确定致病因子、致病食品或污染原因等时，应当参照相关诊断标准或规范，并参考以下推论原则。

1. 现场流行病学调查结果、食品卫生学调查结果和实验室检验结果相互支持的，调查组可以作出调查结论。

2. 现场流行病学调查结果得到食品卫生学调查或实验室检验结果之一支持的，如结果具有合理性且能够解释大部分病例的，调查组可以作出调查结论。

3. 现场流行病学调查结果未得到食品卫生学调查和实验室检验结果支持，但现场流行病学调查结果可以判定致病因子范围、致病餐次或致病食品，经调查机构专家组 3 名以上具有高级职称的专家审定，可以作出调查结论。

4. 现场流行病学调查、食品卫生学调查和实验室检验结果不能支持事故定性的，应当作出相应调查结论并说明原因。

（二）调查结论中因果推论应当考虑的因素

1. 关联的时间顺序　可疑食品进食在前，发病在后。

2. 关联的特异性　病例均进食过可疑食品，未进食者均未发病。

3. 关联的强度　OR 值或 RR 值越大，可疑食品与事故的因果关联性越大。

4. 剂量反应关系　进食可疑食品的数量越多，发病的危险性越高。

5. 关联的一致性　病例临床表现与检出的致病因子所致疾病的临床表现一致，或病例生物标本与可疑食品或相关的环境样品中检出的致病因子相同。

6. 终止效应　停止食用可疑食品或采取针对性的控制措施后，经过疾病的一个最长潜伏期后没有新发病例。

（三）撰写调查报告

调查机构可参考《食品安全事故流行病学调查信息整理表》（附表 3-8）的格式和内容整理资料，按《食品安全事故流行病学调查报告提纲》（附表 3-9）的框架和内容撰写调查报告，向同级卫生行政部门提交对本次事故的流行病学调查报告。撰写调查报告应注意以下事项：

1. 按照先后次序介绍事故调查内容、结果汇总和分析等调查情况，并根据调查情况提出调查结论和建议，事故调查范围之外的事项一般不纳入报告内容。

2. 调查报告的内容必须客观、准确、科学，报告中有关事实的认定和证据要符合有关法律、标准和规范的要求,防止主观臆断。

3. 调查报告要客观反映调查过程中遇到的问题和困难,以及相关部门的支持配合情况和相关改进建议等。

4. 复制用于支持调查结论的分析汇总表格、病例名单、实验室检验报告等作为调查报告的附件。

5. 调查报告内容与初次报告、进程报告不一致的,应当在调查报告中予以说明。

对于符合突发公共卫生事件报告要求的事故,应按相关规定进行网络直报。

(四)工作总结和评估

事故调查结束后,调查机构应对调查情况进行工作总结和自我评估,总结经验,分析不足,以更好地应对类似事故的调查。总结评估的重点内容包括:

1. 调查实施情况。日常准备是否充分,调查是否及时、全面地开展,调查方法有哪些需要改进,调查资料是否完整,事故结论是否科学、合理。

2. 协调配合情况。调查是否得到有关部门的支持和配合,调查人员之间的沟通是否畅通,信息报告是否及时、准确。

3. 调查中的经验和不足,需要向有关部门反映的问题和意见等。

(五)案卷归档

调查机构应当将相关的文书、资料和表格原件整理、存档。

(肖 荣)

小结:

本章介绍了食品安全事故的概念、分级及响应,以及食品安全事故调查处理工作的任务及工作原则、调查处理食品安全事故的主要工作内容、食品安全事故流行病学调查的工作要求,和现场流行病学调查的步骤。通过本章的学习,有助于提升从事相关工作的技能。

第十四章　食品安全风险评估

危害和风险是食品安全风险评估中最基础的两个概念，风险评估也是围绕这两个概念来展开。危害（hazard）是指食品中所含有的对健康有潜在不良影响的生物、化学、物理因素或食品存在状况；风险（risk）是指食品中的危害因子产生对健康不良作用和严重后果的概率函数。食品安全风险评估是指对食品、食品添加剂、食品相关产品中生物性、化学性和物理性危害对人体健康可能造成的不良影响所进行的科学评估；由危害识别（hazard identification）、危害特征描述（hazard characterization）、暴露评估（exposure assessment）和风险特征描述（risk characterization）4 个步骤组成的以科学为基础的一个过程。

第一节　危 害 识 别

危害识别是为确定某种物质的毒性的过程。危害识别的主要方法包括毒理学研究、食源性疾病监测、食品中污染物监测和流行病学研究等。通常在实施这些方法时，需要对危害因素进行化学表征。

一、定义

危害识别是根据流行病学、动物实验、体外实验、结构 - 活性关系等科学数据和文献信息确定人体暴露于某种危害后是否会对健康造成不良影响、造成不良影响的可能性，以及可能处于风险之中的人群和范围。危害识别是风险评估过程中的基础和起点，是识别可能存在于某种或某类食品中的生物性、化学性和物理性危害；这一阶段的主要任务是根据已知的毒理学资料确定某种危害是否对健康有不良影响，影响的性质和特点，以及这种影响在什么条件下可能表现出来。

二、危害的暴露途径和方式

食品安全危害按其性质可分成三类：生物性危害、化学性危害、物理性危害，各种危害可通过多种途径污染食品，进而进入机体并产生毒性作用。

（一）暴露途径和方式

外源性危害可以通过不同的途径和方式进入生物体内，暴露是外源性危害对生物体产生毒性的前提条件。外源性危害对生物体是否产生毒性，不仅取决于其本身的性质，还与暴露途径和方式有直接的关系。外源性危害所引起的毒性反应大小会随着暴露途径和方式的不同而有很大的差别。

食物中外源性危害进入人体的主要途径是消化道。外源性危害在消化道中的主要吸收部位是小肠和胃。外源性危害的理化性质、胃肠的蠕动和内容物的多少以及胃肠道内的酸碱度都是影响吸收速度的主要因素。

皮肤和呼吸道虽不是食品中外源性危害的暴露途径，但通过皮肤、呼吸道暴露的外源性危害与消化道暴露的同一物质可形成人体的共同暴露。皮肤是人类的一道重要屏障，一般的外源性危害不易透过皮肤而被吸收。经皮肤吸收的主要是小分子化合物，尤其是既具有脂溶性又具有一定水溶性的化学物质很容易经皮肤吸收，如大多数有机磷农药可通过皮肤吸收引起中毒；而分子量大的化合物不易透过皮肤吸收。人类与外界环境不断进行着气体交换。经呼吸道吸收是气态毒物、气溶胶和颗粒物进入人体的主要途径。由于肺泡上皮细胞对脂溶性、水溶性分子及离子均具有很高的通透性，所以，外源性危害经肺吸收的速度极快。进入肺部的外源性危害有的进入血液，有的被咳出或吞咽进入肠胃，还有的可能长久留在肺泡内形成病灶。除上述 3 种主要暴露途径外，还有静脉注射、皮下注射和腹腔注射等暴露。

暴露时间、暴露频率和暴露间隔是影响外源性危害吸收及其毒性的另一重要因素。同一种外源性危害的短期大剂量暴露所引起的急性毒性，与长期小剂量暴露所引起的慢性毒性，在毒性作用部位和作用性质方面都会有很大的不同。在评价外源性危害的毒性时，不仅要考虑急性和慢性毒性，还应该研究亚急性毒性和亚慢性毒性。此外，暴露频率及其间隔也可以直接影响外源性危害对机体的毒性效应，这与外源性危害在体内的排泄速率有关。

（二）毒作用分类

1. 速发性或迟发性作用 某些外源性危害在一次暴露后的短时间内所引起的毒作用称为速发性毒作用，如氰化钾引起的急性中毒。一般来说，暴露毒物后迅速中毒，说明其吸收、分布快，作用直接。迟发性毒性作用则是指在一次或多次暴露外源物后间隔一段时间才出现的毒性作用，如有些有机磷农药具有迟发性神经毒性。

2. 局部或全身作用 在生物体最初暴露外源性危害的部位直接发生的毒性作用即为局部毒性效应。全身毒性效应是指外源性危害进入机体后，经吸收和转运分布至全身或靶器官（靶组织）而引起的毒性效应。大多数外源性化学性危害都可引起全身毒性效应，有些则同时具有局部毒性和全身毒性作用。

3. 可逆或不可逆作用 可逆毒性作用是指机体停止接触引起毒性效应的外源性危害后，已造成的损害可逐渐消失的效应。不可逆毒性作用则是指机体停止接触外源性危害后已造成的损害作用仍不能消失甚至可能进一步加重的效应。危害的毒作用是否可逆，在很大程度上取决于所受损伤组织的修复和再生能力，如对肝脏等再生能力强的组织器官的损害，大部分是可逆效应；而对中枢神经系统的损害，则基本上是不可逆毒性效应。

4. 超敏反应 超敏反应是机体对外源性危害产生的一种病理性免疫反应。引起这种超敏反应的外源性危害称为过敏原或致敏原。致敏源可以是完全抗原，也可以是半抗原。外源性危害进入机体后，首先与内源性蛋白结合为抗原，然后再一次激发免疫系统。当再次暴露该危害或结构类似的物质时，即可产生超敏反应。超敏反应是机体的一种有害免疫应答，对机体具有损伤效应，是一种损害作用，机体在接触很小剂量的外源性危害即可引起严重的过敏性反应，甚至死亡。

5. 特异体质反应　特异体质反应通常是指机体对外源性危害的一种遗传性异常反应。一般是指某些个体表现为对某种危害的异常敏感或者异常不敏感。例如，常规剂量的琥珀酰胆碱在机体内能迅速被胆碱酯酶分解，通常引起的肌肉松弛时间较短，而有特异体质反应的个体，由于先天缺乏这种酶而不能被分解，在接受相同剂量的琥珀酰胆碱后，会表现为持续的肌肉松弛甚至呼吸暂停。

三、毒理学研究方法

识别危害的主要毒理学研究方法包括动物毒理学实验、体外实验、定量构效关系分析和流行病学研究等。以上资料按重要性排序依次为流行病学研究 > 动物毒理学研究 > 体外实验 > 定量构效关系分析。

（一）结构 - 活性关系

物质的化学结构是决定其毒性的基础，结构不同的物质其毒作用的靶器官和毒效应不同，毒性强度也不同；同时，物质的化学结构也决定其理化性质，进而影响其在体内的毒效动力学过程。

结构 - 活性关系对于识别人类健康危害的加权分析有用。在对化合物作为一类（如多氯联苯和四氯苯二噁英）进行评价时，若此类危害的一种或多种有足够的毒理学资料，可采用结构 - 活性关系分析的方法来预测人类摄入该类化合物中其他物质对健康的危害。一般化学物结构和活性具有一个定量关系，主要反映其化学结构与其对生物体效应的因果关系和量变规律。结构 - 活性关系对于暴露评估过程中了解化学物与度量终点之间关系的效应也非常重要。

（二）体外实验

利用游离的器官、培养的细胞或细胞器以及一些微生物进行毒理学研究，适用于外源性危害对机体毒作用的初步筛检、作用机制和代谢转化过程等研究。由于许多外源性危害的毒性作用难以直接在人体内观察获得，所以实验室研究就成为毒理学研究的重要手段。体外实验方法是现代毒理学发展的重要标志之一，是毒理学研究中发展最为迅速的方向，占有越来越重要的地位。

体外实验系统主要用于毒性筛选以及积累更全面的毒理学资料，也可用于局部、组织或靶器官的特异毒效应研究。一般来说，体外实验资料对于计算每日允许摄入量没有直接的意义，不能作为预测对人危害的唯一资料来源。但体外实验方法提供的对实验动物和对人毒性作用机制方面的信息具有重要意义，体外实验体系需要遵循"良好细胞培养规范"，并且有必要充分确定所用的亚细胞、细胞、组织、器官系统的来源、质量和特征。

（三）动物实验

动物实验是毒理学的基本研究方法。毒理学上研究危害对人体健康的损害作用，不可能直接对人体进行研究，需借助于实验动物，观察所研究的危害对动物所致的毒性反应、剂量 - 效应（反应）关系、毒作用靶器官等，并最终将动物实验的结果外推至人。

大鼠和小鼠是食品毒理学研究中常用的实验动物，所有动物实验必须在 GLP 和标准化质量保证 / 质量控制条件下实施，并保证资料真实可靠。长期（慢性）动物实验至关重要，必须针对主要的毒理学作用终点，包括肿瘤、生殖 / 发育毒性、神经毒性、免疫毒性等毒性效应。这样才可保证长期终身食用对健康危害的风险是可忽略的。短期（急性）毒理学实验资料对于农药等外源性危害的急性风险评估也非常有用。动物实验有助于毒理学作用范围/终点的确定，其设计应考虑到找出可观察到有害效应的最低剂量水平（LOAEL）、未观察到有害效应的剂量水平（NOAEL）；并应选择较高剂量以尽可能减少产生假阳性，所选择中等剂量应可以提供剂量-反应曲线形状的有关信息。

动物实验可严格控制实验条件，测定多种类型的毒作用，能评价宿主特征作用（如年龄、性别、遗传等）和其他调控因素（如饮食等）的影响，其实验结果原则上可外推至人。在可能的情况下，动物实验不仅要确定对人体健康可能引起的不良效应，而且要提供这些不良效应对人体健康风险的相关资料，包括阐明作用机制、给药剂量、剂量-反应关系以及药代动力学和毒效学研究结果。

（四）流行病学研究

体内实验（动物实验）和体外实验的研究结果均无法准确直接反映暴露危害后人体反应的真实情况，而人群流行病学调查可获得危害对人体损害作用的一些直接数据。如由于意外事故，某些人群可能摄入有毒有害物质或含有有毒有害物质的食物，通过对这些人群进行流行病学调查，可了解他们出现的异常反应或特殊病症。流行病学研究的优点是暴露条件真实，观察对象包括全部个体，可获得直接的人体健康损害的资料，但流行病学调查结果易受许多混杂因素的影响和干扰，需去伪存真，同时观察的毒效应往往不够深入。风险评估采用的流行病学研究必须采用公认的标准程序进行，并充分考虑遗传易感性、与年龄和性别有关的易感性、社会经济和营养状况及其他潜在混杂因素的影响。

第二节　危害特征描述

经过危害识别确定了危害因子后，风险评估的第二步为危害特征描述，即确定摄入危害因子的剂量与发生不良影响的可能性的数学关系。

一、定义

危害特征描述是对与危害相关的不良健康作用进行定性或定量描述，包括剂量-反应评价及其相关的不确定性。可以利用动物实验、临床研究以及流行病学研究确定危害与各种不良健康作用之间的剂量-反应关系、作用机制等。在食品安全风险评估中，可用于风险评估的人类资料往往有限，常要用到动物实验的资料。而风险评估最关心的是处于低剂量接触水平的人群，这一接触水平往往要低于动物试验观察的范围。因此，需要有从高剂量向低剂量外推及从动物毒性资料向人的风险外推的方法，这也构成了危害特征描述的主要方面。就食品中化学性危害的风险评估而言，根据化学性危害作用类型的不同，剂量-反应关系评价又可分为有阈值化学物的剂量-反应关系和无阈值化学物的剂量-反应关系。

二、有阈值化学物的剂量-反应关系评价

阈值是指化学性危害引起一组群体中只有少数个别个体在某项生理、生化或其他观察指标出现最轻微效应的剂量或浓度，高于此剂量时效应将发生，低于此剂量时效应不发生。一种化学性危害对每种效应可分别有一个阈值；对某种效应，敏感性不同的个体可有不同的阈值；同一个体对某种效应的阈值也可随时间而改变。习惯上将阈值分为急性阈值和慢性

阈值，前者指使少数个体出现某种急性毒效应的最低剂量，后者指使少数个体出现某种慢性毒效应的最低剂量。在实际工作中，由于受多种因素的影响，准确测定阈值是十分困难的。

动物试验中确定的未观察到有害作用水平（no observed adverse effect level，NOAEL）或观察到有害作用的最低剂量水平（lowest observed adverse effect level，LOAEL）是制定健康指导值的基本数据，所以必须准确可靠。用于制定健康指导值的 NOAEL 或 LOAEL 应采用动物最敏感的指标或最易受到毒性损害的指标。

（一）健康指导值

健康指导值是指人体在终生或 24h 内摄入给定的化学物不会引起可察觉的健康风险的剂量，包括参考剂量（reference dose，RfD）、每日允许摄入量（acceptable daily intake，ADI）、每日耐受摄入量（tolerable daily intake，TDI）等。RfD 是对某一物质每日接触的估计值，在此水平下对人群的健康将不会产生有害作用。对于农药和食品添加剂，WHO 采用 ADI 作为每日容许摄入量标准，其定义为每日按此量摄入某化学物，即使持续终生也不致造成可觉察的健康危害。TDI 类似于 ADI，主要用于那些非人为有意添加的物质，如环境污染物等。因其处于在现有水平下人们不得不接受的"可耐受"状态，因此通常都是"暂定"的，有条件的情况下将会进一步下调。

长期以来，一直将 NOAEL 作为风险评估的基础，用于健康指导值的计算。以 RfD 或 ADI 值为例，通常是用 NOAEL 值除以不确定系数（uncertainly factor，UF）和 / 或修正系数（modifying factor，MF）而得出的。计算公式如下：

$$RfD = NOAEL/(UF \times MF)$$
$$ADI = NOAEL/(UF \times MF)$$

（二）不确定系数

在把动物实验结果向人外推的过程中，存在许多不确定因素，会造成误差，尤其是以 mg/kg 体重表示剂量时更是如此。因此，在计算健康指导值时，应把动物实验的 NOAEL 或者 LOAEL 缩小一定倍数来校正误差，确保安全。这一缩小的倍数即为不确定系数（UF），UF 具有保守的性质，可以防止低估有阈值化学毒物对人类健康的危害，推导慢性健康指导值时不确定性系数和修正系数包括如下内容。

1．人群个体敏感性的变异估计　指在由人体的实验或职业性暴露外推时，估计人群中个体敏感性的差异。

2．使用动物资料外推到人的变异估计　指当无人类长期暴露的资料或人类的资料不合适时，由慢性动物试验结果外推到人类时，估计动物外推到人的不确定性。

3．亚慢性研究外推到慢性研究　指由人或动物亚慢性暴露 NOAEL 结果推导慢性暴露的不确定性。

4．由 LOAEL 代替 NOAEL 的变异估计　指由 LOAEL 代替 NOAEL 推导 RfD 时，说明由 LOAEL 推导 NOAEL 的不确定性。

5．数据库不完整的不确定性　当数据库不完整，而需要通过部分判断来弥补时，说明用单个研究来解释全部有害结局的不确定性。

6．修正系数（MF）　由专家判断而确定的附加的 UF，它在 0 和 10 之间，取决于对 UF 没有考虑到的存在于研究和数据库中的其他不确定性的专业判断。

对于食品中外源化学性危害的 UF 通常定为 100，同时可以根据毒性性质与反应强度、暴露人群的种类不同而有所变化,如毒性损害强烈或可能是婴幼儿等生理特殊人群经常接触的有毒物质,安全系数还将扩大。

(三)基准剂量

通常在有阈值化学性危害的危险度评价中长期使用 NOAEL 法推导参考剂量,在应用过程中,逐渐发现此方法在许多方面存在局限性,如根据定义,NOAEL 必须是实验剂量之一,一旦确定,剂量 - 反应曲线的其他部分往往被忽略;实验动物较少的实验会导致较大的 NOAEL,从而得到较大的健康指导值,使得 NOAEL 值的不确定程度增大;NOAEL 不能确定 NOAEL 水平下的实际反应,并随实验设计而变化,这将使管理限值处于不同危险度水平上,难以一致。因此,在有阈健康危险评定中,目前逐渐提倡使用基准剂量(benchmark dose, BMD)法推导健康指导值。

BMD 是依据动物试验剂量 - 反应关系的结果,用一定的统计学模式求得的引起一定比例(通常为 5%)动物出现阳性反应剂量的 95% 可信限区间的下限值(BMDL)。用此值代替 NOAEL,除以不确定系数即可推导出健康指导值。BMD 法的优点可以概括为以下几个方面:首先它是依据临界效应的剂量 - 反应关系的全部数据推导出来的,而不是像 NOAEL 那样只注重某个单一的实验剂量,增加了可靠性和准确性;此外,它是采用引起反应剂量的单侧 95% 可信限区间的下限值,在计算时必须把试验组数、试验动物数及指标观察值的离散度等作为参数纳入,这样 BMDL 值可反映剂量 - 反应关系和所用资料质量的高低。

另外,目前 FAO/WHO 联合专家委员会(JECFA)、FAO/WHO 农药残留联席会议(JMPR)对于食品添加剂、污染物、农药残留等经过毒理学评估后所制定的 ADI 值、暂定每周耐受量(PTWI)或暂定每日最大耐受量(PMTD),均考虑了物种、人种以及个体之间的差异,因此这些指标在世界范围内都是通用有效的。所以我国在制定相应限值标准时,可以直接采用上述国际组织的相关安全性评价的结论,通常不需要再花费大量人力、物力、财力去重复大量的动物毒理学试验。

三、无阈值化学物的剂量 - 反应关系评价

无阈值化学性危害主要是指遗传毒性致癌物及致突变物。对于遗传毒性致癌物,一般不采用 NOAEL 除以不确定性系数的方法来制定暴露量的限值,因为即使在低暴露时,仍然有一定致癌危险。因此,对遗传毒性致癌物的管理有两种主要办法:一是禁止生产和使用某些化学性危害(如二溴乙烷农药、致癌性的食品添加剂等);二是制定一个剂量极低的、对健康影响可忽略的、社会可以接受的危险性水平的剂量。

对于致癌物的风险评估通常是用数学模型来对某致癌物的可接受风险的剂量水平进行推导,即用合适的数学外推模型从动物试验的致癌剂量外推到人暴露的低剂量。用数学外推模型进行评定时,可分为两个步骤:第一,对在观察接触剂量范围内的资料选用一定的数学模型进行剂量 - 反应关系的表达;第二,对观察范围之下的情况进行外推。目前已提出多种拟合度较高的外推模型,主要有两类:一类是概率分布模型或称统计学模型,如概率单位模型、Logistic 模型及 Weibull 模型等;另一类是机制模型,如致癌物评价的一次命中模型、多次命中模型、多阶段模型等。致癌物风险评估的机制模型有可能过度简单化了毒物在体内的转运及代谢过程,所以又发展出了基于生理学毒代动力学模型(PBTK)和基于生物学的剂量 - 反应关系模型(BBDR),以更好地确定靶剂量与毒效应之间的定量关系。

对非遗传毒性致癌物,鉴于其本身并不诱发遗传物质突变,主要是通过促进靶细胞的增殖来诱发癌变,因此原则上非遗传毒性致癌物可以按阈值方法进行管理,但需要完整的有关致癌机制的科学资料。

（赵秀娟）

第三节　暴　露　评　估

暴露评估是量化风险并最终确定某种危害是否对公众健康带来风险的必需技术过程。

一、定义

暴露评估是描述危害进入人体的途径,估算目标人群摄入危害的水平。根据危害在膳食中的水平和人群膳食消费量,初步估算危害的膳食总摄入量,同时考虑其他非膳食进入人体的途径,估算人体总摄入量并与安全摄入量进行比较。

由于各国食品生产、消费习惯以及有害因素污染水平不同,因此膳食暴露评估原则上应当使用本国的膳食消费和有害因素污染水平数据。

二、膳食暴露评估的基本原则和结果表达的一般原则

在膳食暴露评估中,获取精确的食物中危害的浓度数据和食物消费数据是很重要的。进行膳食暴露评估所需要的数据取决于评估的目的。

据 FAO/WHO（1995）关于食品风险分析的声明,CAC 必须保证食品中化合物暴露评估方法的协调一致性。这并不是所有程序都是一样的,但是程序应该对消费者产生相同的保护水平。

暴露评估应该包括一般人群和特殊人群,特殊人群包括易感人群或那些与普通人群有显著不同的人群,如婴儿、儿童、孕妇或老人。

在进行膳食暴露评估的时候,不管评估的危害的毒性终点强弱,也不论危害在食品中的形式、关注的亚人群以及进行膳食暴露评估的原因,都应该使用最合适的可获得数据和方法学。

暴露评估应当在保证精确性的情况下适当保守,粗略的筛选性的评估方法应当是高估的。例如,国际水平的膳食暴露评估提供的暴露估计应该相当于或高于（营养素缺乏的情况应该是低于）可获得的国家水平的暴露估计。如果国际水平的膳食暴露评估没有超过相关的毒性参考值（或者不低于营养参考值）,那么国家水平上的暴露评估水平是可接受的,因为国际膳食暴露评估的方法不会低估暴露。这适用于急性和慢性暴露评估。如果国际水平的膳食暴露评估超过相关的毒性参考值,那么有关国家机构应通过 CAC 或其技术部门提供本国的暴露评估,或者直接上报 JMPR 或 JECFA。

开展本国的膳食暴露评估时,可以采用国际公认的营养及毒理学的参数,但需要本国的食物消费量及危害在食物中的含量。WHO 也建议这些地区或国家机构向 GEMS/Food 报告该国国家水平的食物消费量、食物中危害的含量及其开展的膳食暴露评估的结果。

膳食暴露评估结果的表达必须清晰地表达所使用的方法学,而且该方法学是具有可重复性的;有关使用的模型和数据的假设、限制和不确定性也应该记录。必须清晰表达暴露

评估中化合物浓度相关联的假设。必须清晰表示用来表示高暴露人群的百分位数（如 95 或 97.5 百分位数）及其偏差。

三、膳食暴露的评估

（一）摄入量的评估

开展摄入量评估所需要的基本数据是食物中危害的含量和含有该危害食物的消费量，包括居民食物消费的平均数和百分位数或者数据分布，以及不同人群的食物消费资料，特别是敏感人群的资料。食品添加剂、农药和兽药残留的膳食摄入量可根据规定的使用范围和使用量来估计，但在许多情况下，食物中这些危害的实际水平可能远远低于最大允许使用量或残留量，这时在进行实际摄入量评估时，食品添加剂的含量可以从食品制造商那里获得，而包括农药和兽药残留在内的危害的含量则要通过敏感和可靠的分析方法对代表性食品进行检测获得。一般来说，膳食摄入量评估有三种方法：总膳食研究、单个食品的选择性研究和双份饭研究。总膳食研究是将某一国家或地区的食物进行聚类，对聚类之后的食物按当地菜谱进行烹调，成为能够直接入口的膳食样品，通过化学分析获得整个人群的膳食摄入量。该方法考虑了烹调因素的影响，能够以较小的资源投入估计一个国家或较大区域内人群的平均膳食暴露水平。单个食品的选择性研究，是通过测定某些具有代表性的食物样品中的化学性危害或营养素的含量，结合这些食物的消费数据，计算每日膳食摄入量，因而可以针对不同目的的需要估计不同食物、不同人群或个体的暴露，灵活性较好，缺点是往往未考虑烹调因素的影响。双份饭研究需要收集调查对象在调查期间的相等份量的全部膳食，然后进行实验室的测定，其对个体危害摄入量的变异研究更加有效，结果更加准确，但资源消耗较高，不适用于大人群的暴露量估计。

全球食品污染物监测规划（GEMS/Food）已经建立了 5 个地区性（亚洲、非洲、东地中海、欧洲和拉丁美洲）和全球性的膳食数据库，这是依据联合国粮农组织（FAO）食物平衡表数据制定的。WHO 自 1975 年以来应用全球环境监测系统 / 食品规划部分（GEMS/Food），制定了膳食中化学性危害和农药摄入量的研究准则。膳食中食品添加剂、农药和兽药的摄入量必须低于相应的 ADI 值。由于对污染物确定 ADI 值存在困难，常采用暂定允许摄入量的办法。污染物的膳食摄入量偶然会比暂定允许摄入量高。

（二）利用生物标志物进行内暴露量的评估

利用生物标志物来评估进入机体的危害的量即为内暴露量，这包括：生物组织或体液（血液、尿液、呼出气、头发、脂肪组织等）中危害及其代谢产物的含量、危害进入机体后所引起的生物学效应的改变以及进入机体后与靶器官相互作用生成继发产物的量。在过去十几年中，已经建立的生物学标志物主要是各种危害和致癌物在体内的代谢产物或与机体内大分子物质如 DNA 和蛋白质形成的加合物，将其作为反映机体内暴露的监测指标，如食品中污染物黄曲霉毒素、亚硝胺、多环芳烃、杂环胺与机体 DNA 和蛋白质形成的加合物等。通过这些标志物的检测，可以对人群内暴露水平及引起的危害进行评估。在食品污染物的生物监测中，除了上面这些以 DNA 和蛋白质加合物为主的效应性生物标志物外，还有一些接触性生物标志物可以反应机体负荷水平，如脂肪中有机氯农药六六六和滴滴涕、多氯联苯和二噁英等可反映环境持久性污染物机体内暴露水平。而有机磷农药等则可以测定血液胆碱酯酶活性作为接触 / 效应性生物学标志物；伏马菌素则可通过测定尿液中二氢神经鞘氨醇／神经鞘氨醇比值作为评估接触水平的有效接触／效应性生物学标志物。合适的内暴露评估方法可以准确地反应机体通过各种途径的总暴露水平。

第四节　风险特征描述

风险特征描述是风险评估过程的第四个步骤，这个步骤要结合危害识别、危害特征描述和暴露评估的信息，为风险管理者提供科学的建议。

一、定义

风险特征描述是指在危害识别、危害特征描述和暴露评估的基础上，综合分析危害对人群健康产生不良作用的可能性及其程度，同时应当描述和解释风险评估过程中的不确定性。风险特征描述是风险评估的最后环节，主要通过对上述几个环节进行综合分析、判定、估算获得评估对象对接触评估终点引起的风险概率，最后以明确的结论、标准的文件形式和可被风险管理者理解的方式表述出来，最终为风险管理的部门和政府提供科学的决策依据。

二、不同类型化合物的风险特征描述

风险描述中对有阈值的毒性作用和无阈值的毒性作用采用不同的方法来进行风险描述。对于阈值效应，JECFA 和 JMPR 曾用每日允许摄入量（ADI）、耐受摄入量（TI）和急性参考剂量（ARfD）这些指标来进行风险描述。ADI 和 ARfD 一般用于故意添加到食品中的物质、农药残留和兽药残留（这些物质的含量可以人为控制）的风险描述。对于不可避免的污染物，常常用 TI 来描述。

对具有遗传毒性的物质，传统假设它们没有阈值，并且在任意暴露水平都会存在一定的风险。所以，JECFA 没有对具有遗传毒性和致癌性的物质制定健康指导值。但是必须注意的是，对于某些在动物试验中会以非遗传毒性机制增加癌症发病率的物质，有必要制定像暂定每周耐受摄入量（PTWI）这样的健康指导值。对具有遗传毒性和致癌性的物质的风险描述一般遵循以下原则：①把剂量保持在可以合理达到的最低水平原则（as low as reasonably achievable）；②把不同暴露水平的风险量化（如黄曲霉毒素）；③把能产生类似危害的不同化学物进行风险分级（如具有遗传毒性和致癌性的物质）。

由上可以看出，原则①中的建议是限定值，因为它不考虑人的暴露量或致癌效力，而且在这种情况下，风险管理者不能把不同的污染物进行优先次序排列或者采取目标风险管理措施。原则②可以为某个具体物质的风险管理提供建议，但是它不能提供不同危害优先排序的必要信息。原则③包括"暴露边界值（margin of exposure，MOE）"的方法，MOE 是对人或者动物产生很小但可测量作用的剂量与估计的人的暴露量之间的比率。如该物质引起不良反应的剂量与一般人的摄取量越接近，暴露限值便越低，代表对公众健康的影响越大。

$$暴露边界值 = NOAEL/EED 或 LOAEL/EED$$

式中，EED 为暴露评估剂量

对既有遗传毒性又有致癌性的物质，这个方法能使风险管理者了解人的暴露剂量和预期能产生不良作用的剂量之间的接近程度。另外，不同物质的 MOE 相比较，方便风险管理者对不同物质采取优先管理措施。

三、不确定性和变异性

风险特征描述应考虑到不确定性和变异性，并对之进行描述。将动物试验的结果外推到人时存在不确定性，因此在实际工作中要尽可能收集人体接触某化学物的相关资料，开展以生物学标志物为手段的人群暴露水平监测和健康效应评估，这样可以大大降低危险性评估中的不确定性。个体易感性的差异在风险评估中，也是一个值得重视的问题，它可以帮助制定相应标准，保护人群中的敏感亚群或个体。影响环境接触易感性的宿主因素，包括遗传特性、性别、年龄、已有的疾病、生活行为（如吸烟）、联合接触、服用药物情况以及保护措施等。随着人类基因组计划的进展，人类基因多态性生物标志物得以发展和广泛应用，将有利于进一步识别人群中敏感亚群，使风险评估能够在更精细的水平进行，真正做到从群体风险评估到个体风险评估的过渡。

四、为风险管理提供信息和建议

风险特征描述应该尽可能提供易感人群的信息，包括潜在的高暴露人群、具有特定诱发性生理条件或遗传因素的人群。可以采用对各种风险管理措施的相对风险进行比较的形式，为风险管理者提供建议。这些信息和建议可以是定性的或者定量的。定性信息可能包括：①因为毒性较低，即使在较高膳食暴露水平下也不需引起毒理学关注的陈述和证据；②在规定的用途下（如作为食品添加剂）相对安全的陈述和证据；③避免、减少或降低暴露的建议。定量信息可能包括：①膳食暴露与健康指导值的比较；②不同膳食暴露水平下的风险估计；③最小（如营养素）和最大膳食摄入量导致的风险和暴露限值。

（刘烈刚）

第五节 风险评估的应用

《中华人民共和国食品安全法》规定了国家建立食品安全风险评估制度，同时风险评估也是国际公认的制定食品安全政策法规和标准以及解决国际食品贸易争端的重要依据。

一、食品安全风险评估的法规规定

《中华人民共和国食品安全法》第二章第十八条规定以下几种情形应当进行食品安全风险评估：①通过食品安全风险监测或者接到举报发现食品、食品添加剂、食品相关产品可能存在安全隐患的；②为制定或者修订食品安全国家标准提供科学依据需要进行风险评估的；③为确定监督管理的重点领域、重点品种需要进行风险评估的；④发现新的可能危害食品安全因素的；⑤需要判断某一因素是否构成食品安全隐患的；⑥国务院卫生行政部门认为需要进行风险评估的其他情形。

二、食品中有毒有害物质限量标准的制定

《中华人民共和国食品安全法》第二十一条规定食品安全风险评估结果是制定、修订食品安全标准和实施食品安全监督管理的科学依据。

1. 确定动物未观察到有害作用水平（NOAEL）　在确定NOAEL时，应采用动物最敏

感的指标或最易受到毒性损害的指标；除观测一般毒性指标外，还应考虑受试物的特殊毒性指标，如致癌、致畸、致突变、迟发性神经毒性等，对具有这些特殊毒性的物质，在制定食品中最大限量标准时应慎重。FAO/WHO 食品添加剂与污染物联合专家委员会（JECFA）提出，对经流行病学确认的已知致癌物，在制定食品中最大限量标准时不必考虑 NOAEL，而是容许限量越小越安全，最好为零含量。

2. 确定人体每日容许摄入量   人体每日容许摄入量（acceptable daily intake，ADI）是指人类终生每日摄入该物质而对机体不产生任何已知不良效应的剂量，以相对于人体每千克体重的该物质摄入量表示，即 mg/（kg•bw）。制定 ADI 的毒理学数据一般不可能在人体实际测定，主要是根据动物长期毒性试验所得到的 NOAEL，按体重（kg）换算而来。为安全起见，在从动物的 NOAEL 外推到人体 ADI 值时，必须考虑动物与人的种间差异以及人群个体之间的差异。因此，从动物实验所得的 NOAEL 外推到人体的 ADI 时应有一定的"安全系数"，此安全系数一般规定为 100，即种间差异与个体差异各为 10 倍。但此系数并非固定不变的，它可根据有毒有害物质的性质与毒性反应强度、暴露人群的种类等的不同而有所不同，如有特殊毒性，或可能是婴幼儿等生理特殊人群经常接触的物质，其安全系数还应扩大。

$$ADI[mg/(kg•bw)]=NOAEL[mg/(kg•bw)]×1/100$$

在不考虑对儿童的安全问题时，人群（成人）的平均体重通常以 60kg 计，故：

$$ADI[mg/(人•d)]=NOAEL[mg/(kg•bw)]×1/100×人体体重(kg)$$

例如，某物质的动物 NOAEL 为 10mg/kg 体重，则此物质的 ADI 为 $10mg×1/100×60=6mg/(人•d)$[或 $0.1mg/(kg×bw×d)$]。

3. 确定每日总膳食中的容许含量   即组成人体每日膳食的所有食品中含有该物质的总量。由于人体每日接触的有毒物质不仅来源于食品，还可能来源于空气、饮水或职业性皮肤接触和呼吸道暴露等，所以，当按 ADI 计算该物质在食品中的最高容许量时，须先确定在人体摄入该物质的总量中来源于食品的部分所占的比例。一般对于非职业性接触者，食品仍然是有毒物质的主要来源，大致占总量的 80%～85%，而来自饮水、空气及其他途径者，一般不超过 20%。如已知某物质的人体 ADI 为 $0.1mg/(kg×bw×d)$[$6mg/(人•d)$]，且根据调查，此物质进入人体总量的 80% 来自于食品，则每日摄入的各种食品中含该物质的总量不应超过 $6mg×80%=4.8mg$，此即该物质在食品中的总最高容许含量。

4. 确定每种食物中的最大容许量   为确定某物质分别在各种食物中的最高容许量，必须通过膳食调查，了解含有该物质的食品种类与人群每日膳食量。以上述物质为例，如只有一种食物含有该物质，且这种食物的每日摄入量为 500g，那么，此种食物中该物质的最大容许量（限量）为：$4.8mg×1\,000/500=9.6mg/kg$（食物）。如还有另外一种食物中含有该物质，此食物的摄入量为 250g，那么，这两种食物中该物质的平均最大容许量为：$4.8mg×1\,000/(500+250)=6.4mg/kg$。如果还有第三种或更多种食物含有该物质，其平均最大容许量的计算以此类推。

5. 制定食品中有毒有害物质的限量标准   一般而言，根据上述方法计算出的各种食品中某有毒物质的最大容许量即是其限量标准。但实际上常需要在保障人体健康的前提下，根据具体情况进行适当调整。原则上，限量标准不能超过最大容许量。但在具体制订容许限量标准的界限数值时，往往需考虑较为严格或稍加放宽，这主要应根据该物质的毒性特点、污染水平和人类实际摄入情况而定。例如：该物质在人体内是否易于排泄解毒或是蓄积性很强或在代谢过程中可能形成毒性更强的物质；该物质仅具有一般易于控制的毒性或是可特异性地损害重要器官、系统或具有致癌、致畸和致突变作用。凡属于前者可略予放宽，属后者应严加控制。再如：含有该物质的食品属于季节性食品、甚至偶尔食用还是常年大量食用；是供一般成人食用还是专供儿童、病人等特殊人群食用；该物质在烹调加工中易于挥发破坏还是性质极为稳定；该物质是生产、储存中必需的还是必要性不大；凡属前者可略予放宽，属后者则应从严掌握。另外，还应对污染或残留该有毒物质的食品进行符合统计学样本量的抽样检测，如在原料和工艺稳定的情况下，食品中有毒物质实际污染或残留量小于前述研究获得的最大容许量，那么以实际污染或残留量制定限量标准既安全，也符合实际。在最大限量标准的制定过程中，还应收集和参考有关权威机构的分析和评价结果，如 JECFA 和 JMPR 等认可的各种毒理学评价结果、暴露评估结论、ADI 值等。标准制订之后，也还须进行验证，包括人群调查和重复必要的动物试验等。

在我国，国家食品安全风险评估中心作为负责食品安全风险评估的国家级技术机构，承担着"从农田到餐桌"全过程食品安全风险管理的技术支撑任务。自成立以来，我国的风险评估技术已经取得了一些突破，国际标准制定有了话语权。我国牵头制定了蔬果中黄曲霉毒素污染预防国际规范，实现了国际标准"零"的突破，牵头制定了"大米中无机砷限量"和"控制规范"，首次实现将中国国家标准直接转化为国际标准的突破。

（张　磊）

🔺 小结：

本章围绕食品安全风险评估的概念，系统讲述了危害识别、危害特征描述、暴露评估、风险特征描述四大模块的基本概念、基本原理及方法；进一步依据《中华人民共和国食品安全法》关于食品安全风险评估的法规规定，结合实际风险评估的案例，对风险评估的方法进行了解析。

第十五章　食品安全风险监测与风险分析

食品安全风险监测是食品安全监督管理的基础工作，通过系统收集、分析和评价食品污染物数据，进而对发现的问题及时进行风险分析。风险分析是评价食品中存在或农业生产操作过程中带来的危害对公众健康所产生的有害效应并对该危害实施规避或削减措施的过程。

第一节　食品安全风险监测

2000 年原卫生部食品卫生监督检验所组织并建立全国食品污染物监测体系，在 2005 年，化学污染物监测覆盖 11 个省（直辖市），食源性疾病及病原菌监测覆盖 16 个省（自治区、直辖市）。2009 年颁布的《中华人民共和国食品安全法》规定国家建立食品安全风险监测制度，对食源性疾病、食品污染以及食品中有害因素进行监测，为贯彻落实《中华人民共和国食品安全法》对食品安全风险监测的实施要求，2010 年在全国 31 个省（自治区、直辖市）和新疆生产建设兵团全面开展国家食品安全风险监测工作，建立了以国家为龙头、省为核心、地市为骨干、县为基础的国家风险监测制度和技术网络。在 2014 年，食源性疾病及食品污染监测工作已经覆盖了全国 31 个省和新疆生产建设兵团，国家、省、地和县的 2 962 个疾病控制中心实施食源性疾病报告工作。

一、食品安全风险监测的内涵

2010 年 1 月，原卫生部正式印发了《食品安全风险监测管理规定（试行）》，其中第二条规定：食品安全风险监测是通过系统和持续地收集食源性疾病、食品污染以及食品中有害因素的监测数据及相关信息，并进行综合分析和及时通报的活动。这个定义揭示出食品安全风险监测的含义：首先，食品安全风险监测是一项具有系统性和持续性的活动；第二，食品安全风险监测包括收集数据和信息、综合分析和通报等过程；第三，食品安全风险监测对象为食源性疾病、食品污染以及食品中有害因素。

二、食品安全风险监测的目的

一是了解掌握国家或地区特定食品或特定污染物的水平，掌握污染物变化趋势，开展风险评估并适时制定 / 修订食品安全标准，指导食品生产经营企业做好食品安全管理；二是了解我国食品安全的整体状况，科学评价食品污染和食源性疾病对健康带来的危害及造成的经济负担，为有效制定食品安全管理政策提供技术依据；三是从一个侧面了解一个地区食品安全监管工作的水平,指导确定监督抽检重点领域,评价干预实施效果,为政府食品安全监管提供科学信息;四是指导食品安全信息的科学发布,客观评价并发布食品安全情况,科学宣传食品安全知识,维护人民群众的知情权,增强我国消费者的信心,促进国际食品贸易发展。

三、食品安全风险监测的法律法规

为确保人民身体健康和生命安全,国务院于 2004 年 9 月公布了《国务院关于进一步加强食品安全工作的决定》,要求建立畅通的信息监测和通报网络体系,对食品安全问题做到早发现、早预防、早整治、早解决。2009 年实施的《中华人民共和国食品安全法》,强调国家建立食品安全风险监测制度,对食源性疾病、食品污染以及食品中的有害因素进行监测;同年公布的《食品安全法实施条例》明确了国务院卫生行政部门会同国务院质量监督、工商、食药等部门制订、实施国家食品安全风险监测计划。我国于 2010 年年初通过了《食品安全风险监测管理规定》,对食品安全风险监测第一次进行了法律界定与约束;《食品安全风险监测管理规定》的第一章(总则中)要求"省、自治区、直辖市卫生行政部门会同省级有关部门,根据国家和本地区食品安全风险监测工作的需要,制定和实施本地区食品安全风险监测能力建设规划,建立覆盖各市(地)、县(区),并逐步延伸到农村的食品安全风险监测体系"。2015 年修订实施的《中华人民共和国食品安全法》第二章第十四条强调国家建立食品安全风险监测制度,对食源性疾病、食品污染以及食品中的有害因素进行监测;第十五条规定承担食品安全风险监测工作的技术机构应当根据食品安全风险监测计划和监测方案开展监测工作,保证监测数据真实、准确,并按照食品安全风险监测计划和监测方案的要求报送监测数据和分析结果。

四、食品安全风险监测的方法

食品安全风险监测在工作形式上主要分为常规监测、专项监测和应急监测三种。常规监测主要为获得具有我国代表性和连续性的数据,针对食用范围较广、食用量较大的食品,通过监测反映出我国的整体污染状况。专项监测则以发现风险、查找隐患为主要目的,有一定的针对性。应急监测则是为应对和解决突发食品安全事件或掌握某些特殊安全形势的需要,要求快速有效地掌握问题现状,针对性更强。

五、食品安全风险监测在食品安全监管体系中的作用

食品安全风险监测是实施食品安全监督管理的重要手段,承担着为政府提供技术服务、技术咨询和技术决策的重要职能。尽快建立与国际接轨的食品安全风险监测制度,有利于早发现、早报告、早处置食品安全风险,积累食品安全管理经验,防范可能发生的系统性和区域性的食品安全事故,为食品安全风险评估和食品安全标准的制定等提供科学数据和实践经验,有助于提高我国的食品安全水平、保证食品安全并保障公众的生命健康权利。在整个食品安全监管体系中,食品安全风险监测制度与市场准入制度、监督抽查制度和食品召回制度等监管制度共同作用,从产前、产中和产后等全过程和多角度,确保整个食品链的质量和安全。

(裴晓燕)

第二节   食品安全风险分析

风险分析（risk analysis）最先出现在环境科学危害控制中，到 20 世纪 80 年代末开始被引入食品安全领域。在联合国粮农组织、世界卫生组织、国际食品法典委员会等国际组织的推动下，经过 10 多年的发展，逐渐建立起食品风险分析的原则和标准体系，使风险分析技术成为评价食物链中的危害与人体健康风险相关性的首选方法，成为国际上制定食品安全标准和解决食品贸易争端的依据。

食品安全风险分析是评价食品中存在或农业生产操作过程中带来的危害对公众健康所产生的有害效应并对该危害实施规避或消减措施的过程。FAO/WHO 定义的风险分析框架，包括风险评估、风险管理、风险交流。

一、食品安全风险分析

（一）风险评估

内容见第十四章。

（二）风险管理

风险管理是对现有食品安全信息和备选政策措施进行权衡，并且在需要时选择和实施适当的预防和控制措施（包括制定最高限量、制定食品标签标准、开展公众教育等）以保护消费者健康的过程。一般情况下，风险管理可以分为四个部分：风险评价、风险管理措施评估、管理措施实施以及实施后的监控和效果审议。

1. 风险管理的工作程序

（1）风险评价：风险评价主要包括食品安全问题的识别和描述、描述风险概况、就风险评估和风险管理的优先性对危害进行排序、制定风险评估政策、授权风险评估以及风险评估结果的审议等内容。这是风险管理框架的第一阶段。当发现并确认某一食品安全问题后，通过查阅科学资料初步描述风险特征，作为指导下一步行动的依据。风险管理者在确定风险管理目标后，可以利用现有的风险评估、风险分级或者流行病学方法（如溯源分析）等途径获得更多和更详尽的科学资料，为选择风险控制措施提供依据。

在此阶段，风险评估并不是必须的，风险管理者根据具体情况确定是否需要开展风险评估。当需要进行风险评估时，一般由风险管理者将任务委托给风险评估专业机构。风险评估的范围以及需要解决的问题通常由风险管理者与风险评估者反复讨论后确定。在初步风险管理活动的最后阶段，风险评估者将结果反馈给风险管理者，后者可以组织其他资源对风险评估结果进行评议。

风险交流在此阶段是非常重要的。为确认食品安全问题并阐明风险评估需要解决的问题，风险管理者需要与其他利益相关方进行相互交流。例如，在委托风险评估任务时，风险管理者与风险评估者进行充分交流，可以确保风险评估范围的合理性和可行性，保证风险评估结果的表述形式更容易被非专业人员理解等。

（2）风险管理措施评估：主要包括针对风险评估的结果评价，可采用的风险管理措施、选择最佳的风险管理措施以及形成风险管理决定等内容。这是风险管理框架的第二阶段，主要包括寻找多种可能会被采用的风险管理方法（例如控制、预防、降低、消除或其他方式），并选择和确定最合适的措施。通常来说，这一阶段是在风险评估完成之后进行。但在有些情况下，寻找潜在的管理措施可能在风险分析的第一阶段就已经开始，并随着食品安全问题的明晰以及风险信息资料的完善，在风险评估过程中不断进行。尤其在应对食品安全突发事件时，必须尽快确定针对紧急事态的管理决策，要求在风险评估实施之前就要选择并运用临时的风险管理方法。

（3）风险管理措施的实施：根据风险管理策略评估中关于风险管理的决定来实施风险管理。这是风险管理框架的第三阶段。当风险管理者选择了针对某一特定食品安全问题的管理措施后（可能是一种也可能是多种），通常应由政府官员、食品企业与消费者等多方面来实施。食品生产者与加工者以前在食品生产链中建立的危害控制措施（如良好生产规范、良好卫生规范以及危害分析关键控制点体系）将会在此阶段中发挥重要作用。除了一些需要由消费者在日常烹调和饮食行为中实施的非监管性自愿措施之外，企业应承担实施食品安全管理措施的主体责任。例如，乳品公司应通过原料、生产、包装等过程的良好控制规范来降低乳制品中危害因素，以符合相关标准的要求，蔬菜种植基地应严格按照农药良好使用规范，合理使用农药，禁止使用禁用的高毒农药，避免蔬菜中的农药残留不符合相关标准的规定。

（4）监控和评议：邀请各利益相关方、学者和管理者经常性地对风险评价和风险管理过程及其所做出的决定进行监控和评议。

风险管理在实施管理措施之后并没有结束，而是要接着进入风险管理框架的第四阶段，即对管理措施的实施开展监控与评价。该阶段活动的目的在于确定实施的管理措施是否达到了预期目标以及能否长期维持，管理措施是否带来了其他非预期结果。企业与政府通常都会参与这类监控活动，而政府通常还要进行人群健康监测来确定食源性疾病的水平。如果监控结果表明没有达到预期的食品安全目的，则政府与企业需要重新设计新的食品安全控制措施。当出现新的科学数据或在监测过程中收集到新的数据后，需要对风险管理决策的效果进行评估（此处的评估并不是风险评估）。如果监控和评估结果均表明需要重新进行风险评估，且有必要重新审查风险管理措施时，则要在所有利益相关方的参与下开始新一轮的风险管理过程。

2. 风险管理的原则

（1）遵循结构性方法：风险管理应当选择最优的管理方法，可在管理框架内根据具体情况选择管理项目。风险管理应当是一个持续的过程，该过程应不断评估和审查风险管理决策中已经产生的所有新的资料和信息。应定期对风险管理决策进行评估和审查。

（2）保护人类健康：保护人类健康是风险管理决策的首要考虑因素。

（3）风险管理的决策和执行应当透明：风险管理应当包含风险管理过程（包括决策）所有方面的资料和系统文件，从而保证决策和执行的理由对所有相关参与机构是透明和开放的。

（4）风险管理应充分考虑风险评估的结果：从某种意义上讲，风险评估政策的确定应是风险管理的内容之一。

（5）确保风险评估过程的科学独立性：风险管理在功能上应当与风险评估严格分离，确保风险评估过程的独立性和科学完整性，减少风险评估和风险管理之间的利益冲突。但风险分析是一个循环反复的过程，风险管理人员和风险评估人员之间的相互作用在实际应用中是至关重要的。

（6）考虑风险评估结果的不确定性：在任何可能的情况下，风险管理都应考虑风险评估结果中的不确定性，即应包含关于风险不确定性的定量分析。

（7）应当保持与所有利益相关者进行充分的信息交流：保持与所有利益相关者的相互交流是风险管理整体过程中不可缺少的一项重要工作。风险交流不仅仅是一个信息交换的过程，其更为主要的功能是通过风险交流，使那些对于风险管理来说切实有效的信息和意见能够真正应用到管理决策之中。

（8）风险管理应当是一个持续的过程：该过程应不断评估和审查风险管理决策中所有新的资料和信息。在应用风险管理决策之后，应该进行定期评估，以确定其在实现食品安全目标方面的有效性。

（三）风险交流

CAC 将风险交流定义为在风险分析过程中就危害、风险、风险相关因素和风险认知在风险相关各方中（包括风险评估者、风险管理者、消费者、业界、学术团体和其他利益相关方）相互交换或交流有关信息和观点的过程。内容包括对风险评估结果的解释以及风险管理措施的阐释。风险交流所参与的人员应包括政府机构、企业、消费者组织、学术界和研究机构及大众传播媒介等。从风险管理的过程来看，风险交流是风险评估结果和风险管理意见的传递及表现形式，也是风险管理的延伸。风险评估、风险管理和风险交流一起构成了当代食品安全保障体系的三个核心环节。

1. 风险交流的目的　在风险分析过程中，使所有的参与者提高对所研究的特定问题的认识和理解；在达成和执行风险管理决定时增加一致性和透明度；为理解建议或执行中的风险管理决定提供坚实的基础；改善风险分析过程中的整体效果和效率；制订和实施作为风险管理选项的有效的信息和教育计划；培养公众对于食品供应安全性的信任和信心；增强所有参与者的工作关系和相互尊重；在风险情况交流过程中，促进所有有关团体的适当参与；就有关团体对于与食品及相关问题的风险的知识、态度、估价、实践、理解进行信息交流。

2. 风险交流的要素

（1）风险的性质：包括危害的特征和重要性、风险的大小和严重程度、情况的紧迫性、风险的变化趋势、危害暴露的可能性、暴露的分布、能够构成显著风险的暴露量、风险人群的性质和规模、最高风险人群。

（2）利益的性质：包括与每种风险有关的实际或者预期利益、受益者和受益方式、风险和利益的平衡点、利益的大小和重要性、所有受影响人群的全部利益。

（3）风险评估的不确定性：包括评估风险的方法、每种不确定性的重要性、所得资料的缺点或不准确度、估计所依据的假设、假设中各因素变化对评估的敏感度影响及风险评估结论变化对风险管理的影响。

（4）风险管理的选择：包括控制或管理风险的行动、减少个人风险的个人行动、选择特定风险管理措施的理由、特定措施的有效性、特定措施的利益、风险管理的费用和来源及执行风险管理措施后仍然存在的风险。

风险交流过程有两个要素方面不可忽略，第一，是互动，不是单向交流；第二，不仅是信息的交流，还包括观点、看法的交流。要实现充分的食品安全风险交流，既要在制订食品安全标准和相关政策过程中广泛征求社会各方的意见，也要针对社会关注的食品安全事件和相关问题及时发布权威、准确的信息。风险交流是一个双向甚至多向的全方位过程。风险管理者往往会把风险交流看作一个对外公布信息的过程，但是获得信息的交流也同等重要。通过风险交流，决策者可以获取关键信息，这样的过程有助于形成正确的决策依据，作出更合理、更有效的决策，能更充分地表达各利益相关方的关切。通过风险交流一方面尽早发现潜在的健康风险，并可使社会各方通过充分的交流建立起足够的信任。

3．风险交流的原则

（1）了解交流对象：在制作风险交流的信息资料时，应该分析交流对象，了解他们的动机和观点。除明确交流对象外，更需要把他们分组对待，甚至于把他们作为个体，来了解其情况，并与他们保持开放的交流渠道，倾听有关各方的意见是风险交流的一个重要组成部分。

（2）学术界的参与：学术界（包括权威机构和专家）作为风险评估者必须有能力解释风险评估的概念和过程。他们要能够根据科学数据解释评估的结论并评估所基于的假设和主观判断，以使风险管理者及其他有关各方清楚了解其所处风险。他们还必须能够清楚表达出其知道什么，不知道什么，并解释风险评估过程的不确定性。

（3）建立交流的专门技能：能更好地向有关各方传达易于理解的有用信息，促进风险交流过程的顺利实施。及时沟通，定向覆盖目标人群，并做好及时互动。

（4）信息来源要可靠：政府及相关权威机构应该是最具有公信力的信息来源，决定其可靠性的因素包括被承认的能力或技能、可信任度、公正性及无偏见性。

（5）责任分担：国家、地区和地方政府机构都对风险交流负有根本的责任。公众希望政府在管理公众健康的风险方面起领导作用。此外，媒体和企业在风险交流的过程中也扮演着重要角色，尽管各方的作用不同，但都对交流的结果负有共同责任。所以，所有参与风险交流的各方都应该了解风险评估的基本原则和支持数据以及作出风险管理决定的政策依据。

（6）区分"科学"和"价值判断"：在考虑风险管理措施时，有必要将"事实"与"价值"分开。在实际中，及时报道所了解的事实以及在建议的或实施中的风险管理决定中包含的不确定性是十分有用的。风险交流有责任说明所了解的事实，以及这种认识的局限性。而"价值判断"包含在"可接受的风险水平"这个概念中。因此，风险交流者应该能够对公众说明可接受的风险水平的理由。许多人将"安全的食品"理解为零风险的食品，而零风险通常是不可能达到的。在实际中，"安全的食品"通常意味着食品是"足够安全的"。解释清楚这一点，是风险交流的一个重要功能。

（7）保证透明度：要使公众接受风险分析的过程和结果，这个过程必须透明公开。在风险管理者、公众和有关各方之间进行有效的双向交流是风险管理的重要组成部分，也是确保透明度的关键，应尽量避免出现信息真空。

（8）全面认识风险：要正确认识风险，一种方法是研究形成风险的工艺或加工过程；另一种方法是将所讨论的风险与其他相似的更熟悉的风险相比较。风险比较只在下列情况下采用：两个（或所有）风险评估是同样合理的；两个（或所有）风险评估都与特定对象有关；在所有风险评估中，不确定性的程度是相似的；对象所关注的问题得到认可并着手解决；有关物质、产品或活动本身都是直接可比的。

4．风险交流的作用和责任

（1）政府：不管采用什么方法来管理危害公众健康的风险，政府都对风险交流负有根本的责任。当风险管理的职责放在使有关各方充分了解和交流信息的职责上时,政府的决策就有义务保证参与风险分析的有关各方有效地交流信息。同时风险管理者还有义务了解和回答公众关注的危害健康的风险问题。

在交流风险信息时,政府应该尽力采用一致的和透明的方法。进行交流的方法应根据不同问题和不同对象而有所不同。这在处理不同特定人群对某一风险有着不同看法时最为明显。这些认识上的差异可能取决于经济、社会和文化上的不同,应该得到承认和尊重。只有其所产生的结果(即有效地控制风险)才是最重要的,用不同方法产生相同结果是可以接受的。

通常政府有责任进行公共健康教育,并向卫生界传达有关信息。

(2)企业界:企业有责任保证其生产的食品的质量和安全。同时,企业也同政府一样,有责任将风险信息传递给消费者。企业全面参与风险分析工作,对作出有效的决定是十分必要的,其可以为风险评估和管理提供一个主要的信息来源。企业和政府间经常性的信息交流通常涉及在制定标准或批准新技术、新成分或新标签的过程中的各种交流。在这方面,食品标签已经并通常用于传递有关食物成分以及如何安全食用的信息。将标签作为交流手段,使之成为风险管理的一种方法。

风险管理的一个目标是确定最低的、合理的和可接受的风险。这就要求对食品加工和处理过程中一些特定信息有一定了解,而企业对这些信息具有最好的认识,这对风险管理和风险评估者拟定有关文件和方案时将发挥至关重要的作用。

(3)消费者和消费者组织:在公众看来,广泛而公开地参与国内的风险分析工作,是切实保护公众健康的一个必要因素。在风险分析过程的早期,公众或消费者组织的参与有助于确保消费者关注的问题得到重视和解决,并且还会使公众更好地理解风险评估过程,以及如何作出风险决定;同时为由风险评估产生的风险管理决定提供支持。消费者和消费者组织有责任向风险管理者表达他们对健康风险的关注和观点。消费者组织应经常和企业、政府一起工作,以确保消费者关注的风险信息得到很好的传播。

(4)学术界和研究机构:学术界和研究机构的人员,利用他们对于健康和食品安全的科学专业知识,以及识别危害的能力,在风险分析过程中发挥重要作用。媒体或其他有关各方可能会邀请他们评论政府的决定。他们通常在公众和媒体心目中具有很高的可信度,同时也可作为不受其他影响的信息来源,研究消费者对风险的认识或如何与消费者进行交流以及评估交流的有效性,进而对风险管理者提供风险交流方法和策略的建议。

(5)媒体:媒体在风险交流中也起到非常关键的作用。公众得到的有关食品的健康风险信息大部分是通过媒体获得的。各种媒体针对不同事件、不同场合发挥着不同的作用。媒体可以传播信息,但也可制造或说明信息;媒体并不局限于从官方获得信息,它们的信息常常反映出公众和社会其他部门所关注的问题。这使得风险管理者可以从媒体中了解到以前未认识到的公众关注的问题,所以媒体能够促进风险交流的工作。

二、风险分析三要素的关系

风险分析框架(图 15-1)描述了食品安全风险分析的过程。从风险分析框架的构成来看,风险评估、风险管理和风险交流三部分在功能上相互独立,各有侧重,在必要时三者之间或相互之间保持信息互动,组成了一个相互补充且高度统一的连续、动态整体。风险评估是整个风险分析体系的核心和基础,强调所引入的数据、模型、假设的科学性;风险管理是政府机构根据风险评估结果制定相应的政策和采取管理措施,注重所作出的风险管理决策的实用性;风险交流是贯穿风险分析整个过程的信息和观点的相互交流过程,是风险分析过程中联系利益各方的重要纽带,强调在风险分析中的信息互动,成功的风险交流是有效的风险管理和风险评估的前提,且有助于风险分析过程的透明化,风险交流是风险分析方法中必不可少的组成部分,在食品风险的管理决策过程中起着极其重要的作用。这三个部分紧密地结合成为风险分析的框架,整合运作,缺一不可,这是解决当前面临的食品安全问题的一个基本准则。

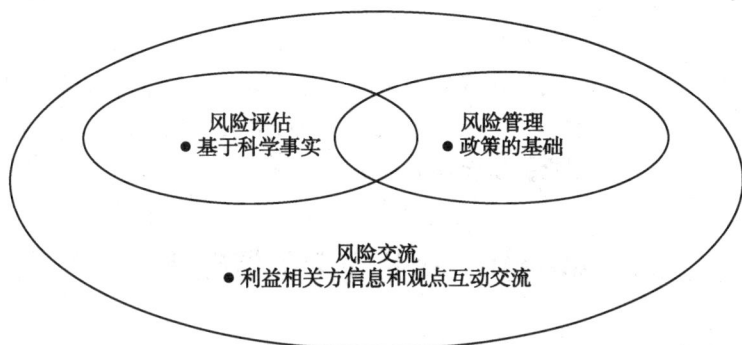

图 15-1　食品安全风险分析框架

三、CAC 在实施风险分析时的基本要求

CAC 在实施风险分析时,要求遵循:①遵循风险评估、风险管理和风险交流的框架性过程;②建立在现有的最可靠的科学依据之上;③保持应用过程中的一致性,如每个国家处理不同类型危害时应保持一致;④实施过程中应公开、透明和认真记录,包括处理不确定性和变异性的办法;⑤适时地根据新的信息进行评价和审议。

需要指出的是,在进行一个风险分析的实际项目时,并非必须包括风险分析三个部分的所有具体步骤,但整个风险分析的总体框架结构应当是完整的。若省略某个部分的某些步骤,必须有合理的依据和理由。

（赵秀娟）

🔖 小结：

本章介绍了食品安全风险监测的定义、目的、方法及我国关于食品安全风险监测的法律法规等;在介绍食品安全风险分析框架的基础上,进一步对风险评估、风险管理、风险交流三要素的相关内容及三要素间的关系进行了详细阐述。

第十六章 食品安全预警理论及预警分析方法

在解决食品安全问题时,人们逐渐发现进行积极预防和全程控制的作用大于事后处理。因此,对食品安全问题的预警研究日益受到重视。食品安全预警是整个食品安全管理的重要组成部分,对于预防和控制食品安全问题十分重要。

第一节 食品安全预警概述

一、基本概念

预警(early warning)即"预先警告",是应对突发公共卫生事件的重要内容,《中华人民共和国突发事件应对法》释义对其进行了定义:预警是指在已经发现可能引发突发事件的某些征兆,但突发事件仍未发生前所采取的管理措施,即对监测到的事件信息进行分析,对发现到的征兆或异常现象,依据有关法律法规、应急预案中的相关规定,及时发布警示信息,并提出相关应急措施建议。预警通常有两层含义,一是对目标事件进行常规监测,对事件的状态及其变动进行风险评估和判断,监测事件并防止事态的非正常运行或超限度变化,这一层意义重在监测预防;二是目标事件因风险积累或放大,或是突发事件而引发危机或有害影响,需对危机进行调控,以消除危机,稳定趋势和恢复正常运行,这一层意义主要是控制和消除危机。由于预警具有预防和控制这两层内涵,使得"预警"并不简单等同于"预测",而是在预测基础上的预防和控制。

食品安全预警(food safety early warning)是指专门针对食品安全状况进行的"预先警告",是对食品可能产生的影响身体健康或国家、地区、企业等进行决策时预先警示,并在发生情况下能够实施有效控制。食品安全预警的运行,是实现预警内涵,实施监测、追踪、分析、预报、控制等功能,形成有效监控食品安全风险的机制。

预警系统是应用预警理论和其他数据处理工具、预测模型等来完成特定预警功能的系统。食品安全预警系统就是为了达到降低风险、减小损失和避免发生食品安全问题的目的,运用预警理论和方法,按照预警的一般流程运行,并针对食品安全特性而建立的一整套预警制度和预警管理系统。食品安全预警系统的预防功能主要是对可能产生的食品安全风险进行预测、预报,能够在信息采集与监测的基础上,通过数据分析和预警判断,识别风险,评估食品安全的状况以及变化趋势,采取各种预防性措施,以防止可能产生的食品安全问题。对食品安全状况变化趋势的预测,是监测状态波动有超出安全倾向时,即食品可能出现危害征兆，预警系统立即发出预警信号，及时启动纠偏程序，将征兆消除在萌芽状态，使食品保持在安全的运行状态。食品安全预警系统的控制功能主要是对风险进行化解，对食品安全产生的危害实施有效地控制，对于食品安全突发事件，采用应急预案方式快速、高效地应对和控制。

二、食品安全预警的意义

1. 研究食品安全预警的紧迫性　随着食品安全预警的不断推广及深入，产生了一些适用于食品安全预警的思想和理念，逐渐形成了相应的理论基础。另外，在食品安全问题的预防控制中也越来越需要理论的指导，需要在定性分析的基础上开展定量计算，需要有实用、科学的分析方法和评估手段。因此，建立食品安全预警理论体系，研究针对性强、实用性好、简单方便的分析方法，具有极其重要的实际应用价值和理论指导意义。

2. 建设食品安全预警系统的重要性　食品安全问题引起了世界上许多国家的政府、消费者和食品企业的广泛关注，在我国也已成为重大的民生问题。我国作为发展中国家，需要建设适合我国国情的食品安全预警系统，提高我国防控食品安全问题的能力。预警系统建设有助于真正实现预防为主、科学控制的食品安全监管作用。

食品出现重大特大、突发性安全问题时，往往会导致严重的公共安全问题，例如三聚氰胺污染婴幼儿乳粉事件，直接关系到广大人民群众特别是婴幼儿的身体健康和生命安全，也影响着社会的稳定以及国家的经济发展。预警系统的建设过程实际上是预警功能的完善过程，是防范监测风险的过程，这个监测过程是有累积的、连续的、科学分析和评估的过程。此外，提高我国食品安全风险评估和预警决策，在进出口贸易方面对提高国家安全水平有着举足轻重的作用。在科学、合理使用技术性贸易壁垒规则的前提下，预警系统的功能可以在一定的弹性限度内，调整和判断所获得的信息，既要防止不符合贸易双边要求的产品产生贸易，又可以提前警示，杜绝国外的风险流入国内，也避免出口过程中被扣留或者返回。通过预警系统的建立，能够促进我国进出口贸易，增强国家安全防控能力。

3. 解决食品安全信息不对称的可行性　食品安全问题如果存在信息沟通不畅，可能会导致问题非正常扩散、甚至扩大化，引发公众恐慌。预警系统提供了相应的警告通道，尊重消费者的知情权和选择权，有利于防止和控制安全问题的出现、扩散和传播，从而有利于提高消费者的信心。

4. 适应食品国际贸易的多变性　随着食品加工技术的迅猛发展和新食品原料的开发，农药、兽药、激素、抗生素、添加剂的大量使用，新的食品危害因素不断出现，食品安全管理日益受到各国政府的重视。开展食品安全控制技术的研究，建立以风险评估为基础的进出口食品安全检测与预警系统成为促进国际贸易的必要手段。

三、食品安全预警的功能

食品安全预警是一种预防性的安全保障措施，是不可或缺的有效管理手段，主要功能有：

1. 预测功能　食品安全突发事件具有不可预知性，在事件发生之初，很难在短时间内弄清楚事件暴发的确切原因，这会给公众带来一定的恐慌。预警在系统收集和分析监测资料的基础上，寻找食品生产经营过程中的不安全因子，对可能引发的食源性疾病进行预警，并将掌握的事件基本概况及时准确地发布，采取措施迅速控制局面，减少恐慌。

2.控制功能　食品安全控制是用来对消费者进行保护并确保所有的食品在生产、储藏、加工和销售过程中对人体是安全、卫生和健康的,符合安全和质量要求的。预警通过全面掌握相关环节和因素,协调各有关部门和机构的工作,形成综合性的预防和控制体系,是实现超前管理的有效工具,有利于及早发现问题,并把问题解决在萌芽状态,减少不必要的损失。

3.避险功能　不安全食品不仅危害消费者的身心健康,还可影响社会经济生活。预警功能的实现使得决策者和管理者能够有效地把握未来的风险与管理决策,从而科学地识别、判断和治理风险。预警系统的正确运行,对于降低食源性疾病的危害和影响,保证社会稳定,促进社会可持续发展将起重要作用。

4.沟通功能　食品安全管理是对食品供应链的安全管理,离不开供应商、制造商、分销商与消费者之间的密切合作,也离不开食品生产经营者、消费者与政府之间的有效沟通。政府需要定期收集汇总食品安全信息,开展食品安全现状调查,了解食品安全基本状况,为政府制定统一的监管政策和措施提供依据。而消费者及时了解食品质量信息,有助于根据需要选择安全的食品。质量信息透明化,可对食品生产者的质量安全控制形成有效约束。

5.发布功能　通过权威的信息传播媒介和渠道,向社会公众快速、准确、及时地发布各类食品安全信息,实现安全信息的迅速扩散,使消费者能够定期稳定地获取充分的、有价值的食品安全信息。预警信息的发布,一方面可以不断强化消费者的食品安全和自我保护意识,另一方面可节约社会获取安全信息的成本。

四、国内外食品安全预警的研究与应用

随着世界各国对食品安全的重视和国际贸易全球化的发展,世界上一些发达国家和国际组织先后开展了预警的研究,并在实际应用中积累了宝贵的经验,形成了多个预警系统,同时食品安全的预警还向着跨国家、跨地域的方向发展。

(一)世界卫生组织食品安全预警系统

世界卫生组织(WHO)为了加强对全球公共卫生安全的协调、指导作用,于1996年建设了“全球疫情预报和反应系统”,并于2000年启动了“全球疫情预报和反应网络(global outbreak alert and response network,GOARN)”,共有60多个国家和140多个技术合作伙伴参加,提高了风险评估、信息传播和快速反应的能力。2002年WHO又以GOARN相似的运作方式,建立了“化学事件预警及反应系统”,2006年该系统进一步拓展,预警范围涉及了其他环境卫生领域。2004年,WHO和FAO联合建立了“国际食品安全管理网络(international food safety authorities network,INFOSAN)”,其目的在于防止污染食品和食源性疾病在国际间的传播,加强全球食品安全系统。

(二)美国食品安全预警系统

美国参与食品安全预警的部门有卫生与人类服务部、农业部、环境保护局、商务部等,其中卫生与人类服务部下属的食品和药品管理局(Food and Drug Administration,FDA)和农业部下属的食品安全监督局(Food Safety Inspection Service,FSIS)是食品安全管理和研究的主要机构,负责监测食品安全状况,收集企业和消费者的食品安全报告,进行风险评估,根据风险的性质发布预警信息或采取召回措施;卫生与人类服务部下属的疾病预防控制中心(CDC)负责食源性疾病的监测与控制。

1995年,美国食品安全管理机构建立了食源性疾病主动监测网(FoodNet),将由食品引

发疾病暴发的信息向州和地方卫生部门报告,然后卫生部门和食品管理部门合作来确定疾病暴发的过程和性质,向公众提供咨询,并尽快对问题食品采取有关的执法行动。FoodNet保障和强化了美国的应急反应能力。美国的食品安全相关部门发布食品安全信息,并建立了统一的食品安全信息查询网站,提供食品安全预警、召回、食物中毒、食品安全教育等相关信息,同时提供了报告食品安全问题的途径和专家咨询的途径。

(三)欧盟食品安全预警系统

依据《通用食品法》(EC178/2002),欧盟实施了食品和饲料类快速预警系统(rapid alert system for food and feed,RASFF)。RASFF 是一个涵盖欧盟、欧洲自由贸易联盟、欧洲经济区、欧盟委员会及欧洲食品安全局的网络。欧盟的食品安全管理分为欧盟层面和成员国层面。欧盟层面负责食品安全风险预警的主要机构有欧盟委员会和欧洲食品安全局(European Food Safety Authority,EFSA)。在快速预警系统中,欧盟委员会主要负责预警系统的管理工作,提供方便传输和处理 RASFF 预警信息的知识和技术平台;EFSA 负责为欧盟委员会、欧洲议会和欧盟成员国提供风险评估结果,并为公众提供风险信息。RASFF 成员国的食品安全管理部门负责本国的食品安全管理,并向欧盟委员会提交预警信息,同时从欧盟委员会接收来自其他成员国的预警信息。

RASFF 系统可根据收到的食品安全信息的性质,发布预警、信息、拒绝入境和新闻四种类型的通报。

1. 预警通报(alert notifications)　针对已经上市且存在严重危险的食品或饲料发布的通报,需要立即采取应对措施。将信息告知各成员国,其他各国检查该产品是否出现在自己的市场上,以便采取相应的措施。预警通报也可向消费者解释,通报的商品已经或正在被清除出市场,使消费者明白、安全且有信心的消费,各成员国根据自己的情况来执行这些行动,包括必要时的媒体披露。

2. 信息通报(information notifications)　针对发现危险但还没有到达成员国市场,或认为危险并不严重的食品或饲料发布的通报,不需要其他成员国立即采取应对措施。这类通报主要包括这类食品或饲料在欧盟口岸被检出和处理的情况。

3. 拒绝入境(border rejections)　针对在欧盟边防站检测出的存在健康危险并被拒绝入境的食品及饲料发布的通报。为了加强对该产品的监控及避免该产品通过其他边防站进入欧盟市场,这类通报将分发给欧盟所有的边防站。

4. 新闻通报(news)　信息与食品或饲料的安全有关,但不属于预警、拒绝入境或信息通报的范畴,同时各成员国相关机构又非常关注,这些信息统称为新闻通报。

RASFF 已经成为欧盟乃至世界重要的预警信息平台,帮助欧盟成员国实现了食品安全风险的快速识别和应对。通过 RASFF,欧盟实现了风险管理,有效地控制了食品安全事件的发生。

(四)我国食品安全预警系统

为了提高我国食品安全管理水平,我国各级政府高度关注和重视食品安全问题,政府、企业和消费者的风险防范意识不断强化,相关职能部门加大了预防食品安全风险积累的监管力度,应对突发食品安全事件的能力正在逐渐提高,预警研究和预警系统建设得到了前所未有的发展。

1. 专家支持系统　由于预警内容涉及范围非常广,判断依据相当复杂,因此在食品安全预警系统的构建中,建设专家支持系统是重要的内容之一,相关领域的专家们也正在预警方面发挥着重要的决策与支持作用。

2. 预警机制已在相关职能部门初步形成　近年来,我国政府的各级监管职能部门不断加强食品安全预警建设,通过动态收集、监测和分析,初步实现了食品质量安全问题的早发现、早预警、早控制和早处理。原农业部对于食品安全和农产品质量的控制研究,是我国食品安全预警研究中起步最早、研究范围较广和进展较快的。从粮食安全扩大到整个农产品监测预警系统,通过对农产品的生产、需求、库存、进出口和市场行情进行动态监测和预警。原国家质量监督检验检疫总局在 2001 年颁布了《出入境检验检疫风险预警及快速反应管理规定》;组织建设的"快速预警与快速反应系统"(RARSFS)于 2007 年 4 月正式推广应用,RARSFS 的数据采集范围确定为定期检验、监督抽查、专项检查和日常监督等食品安全监管工作数据,构建了动态监测以及趋势预测网络;进出口食品安全局研发了"进出口食品化妆品风险预警",对进出口食品发布风险预警;先后发布了《进出口商品质量安全风险预警管理技术规范》(SN/T 4838—2017)和《产品质量安全风险预警分级导则》(GB/T 35253—2017)。目前我国由国家食品安全监督管理部门负责食品安全的风险预警;海关总署负责食品相关产品、进出口食品的风险监测预警和跟踪制度、风险管理防控机制。

3. 应急系统建设快速发展　我国的应急处理系统职能由各级政府和职能管理部门共同构建,国务院和各级地方政府负责应急处理,并设置了食品安全委员会。我国已形成食品安全应急处置系统,应急处置的范围不断扩大,应急预案进一步规范化、制度化和科学化,构建了食品安全重大事故应急控制系统构架,形成了覆盖全国的食品安全应急预警网络。

我国在 2009 年颁布了《中华人民共和国食品安全法》,并在 2015 年进行了重大修订,标志着我国的食品安全预警体系已进入了法制轨道。然而,因为起步较晚,法律制度不健全,我国的食品安全预警体系尚缺乏完整的制度保障,还处于探索、学习阶段,这既是对我国食品安全预警体系的挑战,也是我国进一步解决好当前食品安全问题的机遇。因此,要借鉴国际先进经验,积极宣传、贯彻食品安全预警体系的理念和方法,健全法律法规,建立专业机构,培养专业人才,畅通风险交流渠道,创新风险交流方式,建立完善的食品安全预警体系,提高预警管理水平。

(赵　艳)

第二节　食品安全预警系统的特征与分类

一、食品安全预警系统的特征

食品安全预警系统的研究对象是食品,既有一般的系统性问题,又包括食品这一特殊研究对象的个别特征,还有预警的功能性。因此,食品安全预警系统可以归纳为以下几个特点:

1. 风险性　食品安全预警的内涵涉及社会科学、自然科学和经济管理科学,多学科多领域系统之间相互影响,系统面临着各子系统的风险。由于系统风险之间的累加效应大多尚无确定关系,所以还存在着系统性风险。

2. 复杂性　食品安全预警系统相当复杂,系统的关联因素多,变量多,相互的影响错综复杂,而且同时涉及的范围广,使时间和空间的尺度增大,问题也多为综合性的。

3．模糊性　以系统理论划分问题,系统与环境之间"你中有我,我中有你",许多情况难以用精确的数学描述。如对于某个研究对象来说,没有绝对的安全与危险之分,只能是相对而言具有一定程度的安全或危险。没有清晰定量的边界特性,就使得问题的研究不是追求一个具体的数值,而是一段时间、一个范围或者一种程度的模糊的评价和判断。

4．规律性　对于食品安全问题,既存在一定的内在必然性,又存在随机偶然性。食品安全突发事件或意外事件,具有随机性和不确定性,看似事件发生的时间、地点、程度等都无法预知,但是对于不确定突发事件的进一步深入分析发现,事件本身存在着一定的规律性,一定有根源,也必然有征兆,食品安全问题自身存在着必然的内在联系。我国对主要消费食品中的常见污染物监测和食源性疾病状况及动态变化趋势的研究,实质就是在探讨食品安全问题的内在必然性,掌握规律性。根据系统本身具有规律性的特点,可以相对准确地预警食品安全问题。

二、食品安全预警的分类

根据不同的预警要求和特点,可将食品安全预警系统分为以下几种类型。

1．根据预警分析方法分类

(1) 指标预警:选择合适的食品安全评价指标,利用指标信息的变化对食品安全进行预警。指标预警一般分为单因子预警、多因子预警和综合预警三种。

(2) 统计预警:采用统计分析方法对食品安全进行预警,其特点是需要有合适的统计方法和连续的统计数据。

(3) 模型预警:利用数学模型进行定量计算和分析,并对食品安全状态进行评价,对可能产生的变化进行预测预警。

2．根据预警状况分类

(1) 常规预警:对食品进行经常性的检测和安全监测,防止出现不安全状况。常规预警具有一般性的含义,特点是有规律的监测和检测,预警的范围较小。

(2) 突发性预警:即食品安全危机在某一时间突然出现或暴发。突发性食品安全危机的特点是事发突然、时间短、发展快、解决难度大,若未能及时监测或处理不当,则事态可能进一步恶化而产生严重后果。

3．根据预警的时间分类

(1) 短期预警:在较短时间内对食品安全进行预警,往往指最近的几天、一周或者数周。

(2) 中期预警:在一段时间内对食品安全进行预警,是指几个月或者一年,一般不超过三年。

(3) 长期预警:在较长时间内对食品安全进行预警,通常是3～5年或更长,更长的周期可视预警问题而定。例如,粮食安全问题长期研究的时间有5年、10年、20年甚至更长。

4．根据预警的空间范围分类　可分为全球预警、全国预警、省市区域预警等。

5．根据食品产生风险的原因分类　可分为微生物污染、化学物残留、有机污染、添加剂滥用、有毒物质污染、其他物质污染等预警。

6．根据食品的特性分类　可按食物链构成(如食物的产地、加工、运输、流通等环节)进行预警;按食品流通形式,可分为进出口食品、超市食品、农贸市场食品、商场(店)食品、餐饮食品的预警;按食品统计口径,可分为粮食、蔬菜、水果、饮料、乳、禽蛋、水产品、食用油脂、调味品预警等；也可按食品监管责任，分为食品安全综合预警、产品质量监测预警、农产品安全预警、食品商品安全预警、进出口食品安全预警等。

第三节　食品安全预警的基本理论

随着食品安全预警的应用不断深入，逐渐产生了适用于食品安全预警的思想和理念，并借鉴其他领域的预警理论，已初步形成了食品安全预警的基本理论。

一、逻辑预警理论

当食品安全产生问题时，所表现出来的状态和情况称为警情。预警按照逻辑层次可分为四个主要过程，即确定警情的主要影响因素、分析因素变化的原因和条件、因素表征警情程度、控制与趋势预报。这四个过程也简称为警素、警源、警兆和警度。

1. 警素　一般包括两个内容：一是警情要素或称为指标，二是要素的安全界限和条件，也称为警限。选择和确定警素是逻辑预警的第一步，也是进行预警的关键和基础。

2. 警源　是指警情要素发生变化的原因，也是产生食品安全问题的根由。寻找和判断警源就是追踪、积累和挖掘一切与警情相关的不利影响，分析影响途径和影响机制，如何能够探寻到那些既具有关联性、又能够在复杂的关联中挖掘出主要的影响根源，是寻找警源的核心。

3. 警兆　也称为征兆和表现，可分为景气警兆和动向警兆。景气警兆是指对象的表征程度及其直接反映出来的景气程度。动向警兆则是对象具有运动特性时，以其可能的运动方向或趋势作为警兆的表征。一般不同的警素对应着不同的警兆，当警素发生异常变化导致警情暴发之前通常有一定的先兆，如地震发生前可能出现的天气异常、动物行为异常等。警兆可以与警源有直接关系，也可以是间接关系。尽早发现并确定警兆有利于对警情进行判断。

4. 警度　是警情的严重程度。通过对警度的判断来报告警情的可能危害程度，以便于采取相应的措施和对策进行预防和控制。如果警度报告正常，则继续进行常规监测；如果警度报告产生了风险或危机，则要采取相应措施调整和纠正，从而减小和控制风险；如果是风险太高或突发警情，警度预报则要求快速应对，有效解除和控制警情。警度的预报有两种方法：一种方法是建立关于警素的普通模型，先作出预测，然后根据警限来划分警度；另一种方法是建立关于警兆的警度模型，直接由警兆的警级预测警度，是一种等级回归技术。因此，警度的预报是按一定的通道输送并进行规范的科学预报，以达到对警情进行预防和控制的目标。

食品安全的逻辑预警就是要明确食品安全预警的内容（警素），探寻产生食品安全问题的根源（警源），判断和总结食品可能发生安全问题或已经发生安全问题时具有的特性（警兆），分析并给出问题的严重程度（警度）。

二、系统预警理论

食品安全预警研究的对象是综合性问题，系统预警的理论是按照系统的概念划定问题的研究范畴，利用系统科学的原理和方法进行分析、预测和控制。

（一）系统控制理论

1. 系统　系统理论把研究对象作为一个整体，用系统或体系定义，侧重于描述和确定整个研究对象的总体结构、功能和行为，例如风险评估系统、安全状态与发展趋势报告系统、污染监测与安全预警系统等。一般来说，食品安全预警系统不仅存在内部运行问题，还有适应外部环境变化的问题。系统理论强调系统本身作为一个整体，关注整体与局部、局部与局部、系统内部环境与外部环境之间所存在的相互依赖、相互影响、相互制约的动态关系，具有目的性、动态性、有序性三大基本特征。例如，食品安全问题可以通过法律法规的约束，从大问题变为小问题，甚至可以完全化解。

2. 信息　系统理论的手段是以信息为依据，对信息进行采集、分析、推断、转化和更新。预警信息经过采集、处理和动态补充，把握信息运动的规律，使原始信息转化为有用的信息，成为完善、灵敏的预警信息，这些信息能对食品的安全状况给出警报和警度。食品安全预警系统的状况、运行趋势也就是信息的特征、传递、转移和转换。预警最终输出的警报信息以及相关的技术对策和建议信息，是原始信息经推断处理后的有用信息，是一组具有警示性的信息。

3. 控制　是约束系统的状态、行为和变动趋势，调节波动增强稳定性，使系统按预定目标运行的技术科学。预警的控制是防止产生问题。对于系统的非正常运行，控制就是实施有力度的干预、变轨等动作，使系统按照正常的趋势运行。当食品受到污染或者食品安全风险积聚增强时，食品安全预警的控制手段重在减少污染和减小风险，直至彻底消除污染源，完全排除风险。如果出现突发重大食品安全事件，则强调快速应对以控制事态。

食品安全预警的系统控制理论将研究对象作为一个整体，用信息流表达系统内部以及系统和外界的关联，并设计各种流向和控制过程，以实现对食品安全风险的修正、调整，减小和降低风险，使问题的严重程度弱化，使食品处在安全的警戒限度内。

（二）系统工程预警理论

工程是指产品的整个实现过程，从原料到产品，包括选择工艺、设计工艺流程、在选定的装备上由操作者加工完成的过程，中间保证必要的检测。食品安全预警的系统工程理论是按照工程的理念设计预警流程，以工程的工艺分解系统，以工装设备对应为系统功能，从而实现对食品安全的预防和控制。

预警系统的关键是设计一个良好的工艺流程。预警系统工艺的实质是研究适用的数据分析方法，规定具体的监测检测方法，制订有关的制度、方案等，如为了预警所制订的报告制度、通报制度、责任制度等。工装设备是实现工艺的具体载体，预警的工装设备涉及监测网点、检测仪器和设备、数据库、技术人员、管理者，以及出台有关的法律法规文本、规定的报告文本格式等，主要体现预警的技术水平、加工能力、输出精度和成本效益。预警系统工程的辅助支撑通常可以视作系统运行需要的外部环境，如国家食品安全管理战略、发展规划等。

（三）耗散预警理论

耗散的概念最初源于物理的热学研究，是指一个远离平衡态的开放系统出现非对称的涨落现象，在达到非线性区时可能由原来的无序混沌状态自发地转变为一种在时空或功能上的新的稳定有序结构。食品本身是一个开放系统，可自发地由无序混沌状态向食品不安全的耗散结构方向发展，风险自然积聚。如果受到外界适当的控制和干扰，食品开放体系的自发过程就会受到限制和阻碍，食品不安全性就会降低。食品安全问题可以借用"耗散"的理念，食品的不安全程度或风险以耗散度对应表征，食品系统的自然运行趋势就是自发向耗散结构运行的方向，基于耗散的食品安全预警理论，就是研究系统自发向耗散结构运行的规律，防止耗散结构出现，保障食品安全。

（四）协同预警理论

协同理论认为自然界是由许多系统组织起来的统一体，其中许多系统称为小系统，这个统一体就是大系统。在某个大系统中的许多小系统既相互作用，又相互制约，他们的平衡结构以及由旧的结构转变为新的结构，具有一定的规律。系统理论研究的就是这个规律。

食品安全预警系统强调系统总体最优。协同理论的思想有利于解决系统内所有子系统实现相互最有利的影响，衡量影响的优劣和叠加效果，以及外界对系统产生的作用效果。探寻有利的协同作用规律，避免不利的风险增加，是食品安全预警研究必须遵循的基本原则。

三、风险分析预警理论

在食品安全预警研究中，需要对食品的风险进行评估和判断，并根据是否产生危害安全的风险以及风险的程度（警度）来决策是否应该发出警报，以及发出何种程度的警报。食品安全风险分析是在对食品中可能存在的危害进行预测的基础上，实现风险规避或采取降低危害影响的措施，详见第十四章。

四、信号预警理论

信号是工程中常用的一种表示信息的手段，例如交通信号传递的信息，使道路、车辆和行人这样的复杂系统有序地组合在一起，利用信号的变换来改变现状、控制现状和预警。信号指挥、控制和预防的功能也是预警的基本功能，因此，信号学原理也是食品安全预警的基本理论。用不同颜色来区别警情的严重程度差异，就是信号的颜色预警。信号的"有"和"无"可以起到调节作用，也就是开关作用。利用开关作用来判断警情问题和警源状态，反映出预警控制的思想。利用信号传感来表达食品安全状态的特性，用信号的传递、转移和转换反映食品安全状态的变化、发展趋势的演变，从而进行警情的预测预报。

（韩宏伟）

第四节　食品安全预警的分析方法

食品安全预警要实现预防和控制的功能，需要对预警进行分析、评价和预报，提出应对决策。在此过程中，需要在预警理论的指导下，针对不同的食品安全问题选用合适的方法进行预警。

一、基于层次分析的预警方法

层次分析（analytic hierarchy process，AHP）是将与决策有关的元素分解成目标、准则、方案等层次，从而进行定性和定量分析的决策方法。对食品安全状态进行警情分析和评估时，由于目标评价指标的综合性和复杂性，评估时可采用层次分析法分解综合指标，通过构建多层次关联结构，将复杂问题化解为具体的简单问题，同时对于同层次的多指标，需要给予指标不同的权重。利用层次分析法来构建复杂的综合指标结构和分配指标权重,是食品安全预警的基础方法之一。

1. AHP 的基本思想　设 A 为评价目标,$v=\{v_1, v_2, \cdots, v_m\}$ 为评价目标等级集,例如,目标 A ={食品安全事件危害程度评估},根据我国相关的突发食品安全事件应急预案的设定,A 的等级集 $v=\{v_1, v_2, v_3, v_4\}$,$u=\{u_1, u_2, \cdots, u_n\}$ 为评价因素集,共有 n 个指标。AHP 的思路是将复杂问题 A 表示成有序简洁的低阶层次结构。通过人们的判断对评价要素的重要性作出排序,实质上也就是给各要素分配权重。多层递阶结构清晰地表达复杂系统内部各因素的关联,优先级排序有利于对复杂多要素问题做评价和决策,适用于错综复杂、难以定量问题的分析、判断和决策。

2. AHP 的基本步骤

(1)建立多层递阶结构:分析评估目标及其基本要素之间的关系,利用分解法或解释结构模型法等建立系统的递阶层次结构。

(2)按层次构造判断矩阵:构造判断矩阵的目的是将专家对问题判断的非量化评价转化为数字形式,为后续的因素排序提供数字运算的基础。各要素的重要性可以采取专家评分的方法。

(3)层次单排序及一致性检验:单层次排序就是求同一层各因素的权值排序,然后对判断矩阵进行一致性和随机性检验。

(4)层次总排序和一致性检验:计算各层元素对系统目标的合成权重后,进行总排序,以确定递阶结构图中总体优先级的权重。

3. AHP 方法在预警中的应用　设评价指标 A 为某年我国学校发生食物中毒事件的风险,主要从生物性污染风险 B1 和化学性污染风险 B2 两方面考虑。反映食物中毒状态的评价因素有 6 个,$u=\{u_1, u_2, u_3, u_4, u_5, u_6\}$,其中,中小学食物中毒事件发生率 u_1,高校食物中毒发生率 u_2,学校集体食堂中毒发生率 u_3,中毒事件涉及两所学校及以上的发生率 u_4,学校一次中毒事件 100 人及以上的发生率 u_5,中毒事件有死亡的发生率 u_6。目标 A ={食物中毒事件危害状况},A 的等级集为 $v=\{v_1, v_2, v_3, v_4\}$,其中 v_1={特别重大食物中毒事件},v_2={重大食物中毒事件},v_3={较大食物中毒事件},v_4={一般食物中毒事件}。专家按照判断标准对评价因素集 u 相对于 B1 和 B2 进行打分,得到判断矩阵。然后进行单层次排序和总排序及一致性检验,得出引起学校食物中毒风险最大的是中毒死亡,其次是 100 人以上的中毒和两所学校以上的传播。因此,防止学校中毒事件的发生,主要是防止风险最大的中毒死亡事件的发生,其次是发生多人中毒事件或中毒事件有向社会扩散的不安全问题。一旦发生这些大的风险,学校的食品安全问题就很严重了。

二、基于模糊数学的预警方法

模糊数学分析是对难以量化的综合指标进行模糊评价的方法,适合于指标具有很高程度的模糊性、评价和判断属于分类聚合特性的问题研究。在食品安全预警的分析中,由于食品安全的状况往往不是一个具体的绝对数值可以表征的,而是一些具有一定程度的模糊归类问题,如食品安全事件的严重程度、食品受到的污染、食物的安全风险等问题难以定量描述。设计模糊分类等级,给出一个适当的范围,则食品安全问题的预警才具有实际分析价值。如食品安全事件按照事件的危害程度、扩散性、社会影响和应急处置所需调动的资源力量等, 综合评判事件属于的等级。另一方面, 食品安全预警研究的评价指标本身, 往往也是一些模糊概念的指标。例如食品受到危害物的污染, 由于不同危害物的污染程度差异较大, 需要将污染程度模糊化。对于食品安全风险评估、状态评价或预警方案的选择和食品安全预警研究和分析, 使用模糊综合评价法。另外, 把层次分析法和模糊数学法结合起来研究预警问题, 有利于合理分配指标的权重, 因而也会提高模糊评价结果的准确性。

1. 模糊评价的隶属特性 模糊综合评价过程首先需要将研究问题的模糊语言用模糊变量表示。例如铅污染对食品安全的风险表示为模糊变量 A, 模糊集合 $A = \{Q\}$, 然后建立隶属函数: $y = uA(x)$。根据模糊合成运算分析因素 x 隶属模糊集合 A 的等级为 $y, y \in \{0, 1\}$ 程度。

2. 模糊评价过程的基本步骤 一般包括: 确定评价目标 $A = \{A_1, A_2, \cdots, A_n\}$; 设定评价目标的等级集 $v = \{v_1, v_2, \cdots, v_k\}$; 确定评价要素 (指标) 集合 $x = \{x_1, x_2, \cdots, x_m\}$; 确定要素权重 $w = \{w_1, w_2, \cdots, w_m\}$, $\sum wi = 1$; 建立隶属函数 $y = uA(x)$; 建立隶属矩阵; 模糊矩阵合成运算得到隶属度向量; 根据最大隶属度原则作出综合评价。

3. 基于模糊数学的风险评估 根据食品安全风险的形成原因和影响因素进行分析, 对是否安全进行监测, 如果已经产生风险, 则需确定风险的大小, 从而作出解决风险的对策。例如, 为了建立预防猪链球菌病的食品安全预警系统, 以我国主要生猪生产基地和养殖专业户为监测对象, 监测并检测可能感染猪链球菌的风险, 评估分析采用模糊数学方法。

三、基于神经网络的预警方法

在食品安全预警研究中, 采用专家意见评价安全状态时, 难以避免专家个人的主观性和专业局限性、专家人数不满足统计学需要、价值评价分析的时机选择等不确定性因素的干扰, 可能会影响评价结果的准确性。尽管层次分析方法和模糊分析方法各有优点, 但是方法本身无法克服这些不足之处, 还需要借助其他方法。

人工神经网络 (artificial neural networks, ANN) 是以人的大脑生理变化过程和模仿大脑的结构和功能为基础, 对大量的统计资料进行分析, 提炼归纳出蕴含的客观规律, 适合于处理模糊的、非线性、含有噪声干扰及模式模糊的问题等。从模式识别的角度看, 食品安全预警属于模式分类过程。从警素→警源→警兆→警度的逻辑关系来看, 是指标函数逼近的过程, 或者说, 食品安全预警分析的实质, 是由要素向综合目标非线性逼近的映射问题。所以, 利用人工神经网络方法能够实现食品安全预警的建模问题。

1. 神经网络的特点 神经网络技术在应用中具有强大的数字处理能力, 在处理随机性、非线性数据, 多输入、多输出系统等方面具有一定的优越性。神经网络具有以下特点:

(1) 神经网络具有较强的自适应、自学习能力, 通过导师的学习训练, 可以很好地记忆相关知识; 在无导师的情况下, 通过自学习能力记忆和组织, 能够进行关联分析和表达。因此, 如果以高水平专家的意见、观点和分析结果作为训练样本, 则神经网络在学习训练后建立的模型就相当于高水平的专家。神经网络具有知识存储简化和运行效率高的特点。

(2) 神经网络具有较强的非线性函数逼近能力, 有利于解决多指标非线性的复杂系统问题。

(3) 神经网络具有良好的容错性和稳定性, 在网络运行过程出现微小偏差或部分错误时, 神经网络系统能够及时识别和调整。

2. BP 网络结构 目前，在多种神经网络模型中应用最为广泛并且比较成功的是误差反向传播（back propagation，BP）网络模型，是由输入层、输出层以及若干隐含层节点相互连接而成的一种多层次逆向学习的网络（图 16-1）。BP 网络结构中，每一个神经节点也是信息处理元，当信息流由输入层一侧经中间隐含层流向输出层时，为正向流动；如果信息流由输出层向输入层反向流动，则称为逆向流动。无论是正向流动还是逆向流动，所有的流动只能一层层递进，而不能跨越。在正向流动传递信息的学习过程中，输入信息的接受强弱是由层之间关节点阈值单向传递到中间层的各级神经元，最后在输出层得到输出节点信息。如果输出层得不到期望的输出，则转入逆向传递过程，将误差信号沿原来的连接通道由输出层经隐含层向输入层返回，通过修正各层神经元的权值和阈值，使得误差最小。通过正向传递和逆向修正的多次循环，最终实现计算输出逼近理想的期望输出，且逼近的误差满足精度要求，完成学习建模任务。

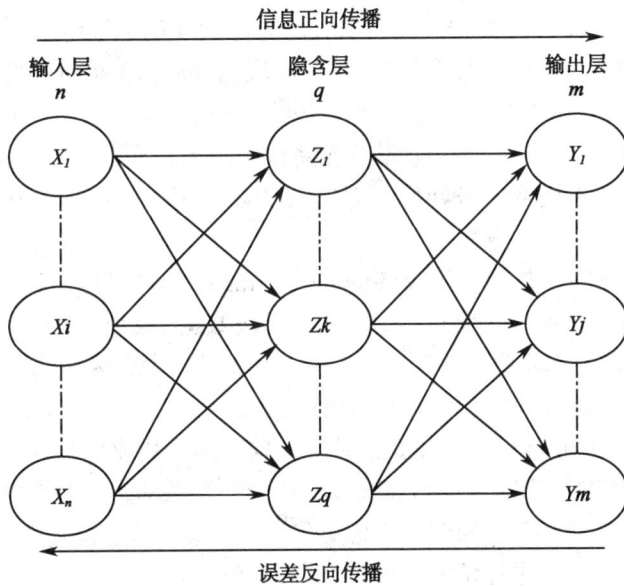

图 16-1 BP 神经网络模型

BP 网络结构是具有非线性动力学特征的系统，BP 网络极强的建模功能和解决实际问题的能力，成为食品安全预警研究中作为 ANN 建模的基本网络而被优先选用。

3. 基于 BP 神经网络的食品安全风险预警 当指标数量很多，而指标与评价目标的函数关系不明时，可选用 BP 网络技术建模和评价。可以采用三层结构的 BP 网络模型，其中网络输入为检测信息的数据，输出为风险程度等级。BP 网络的学习样本根据具体问题确定，也可以用专家评分结果，学习修正后获得评价模型。利用此模型再给定量输入层信息和设定初始权值、阈值时，网络给出输出层的评价结果，从而对其评价的状态给予预警判断。

四、基于时间序列的趋势预测

随着我国食品安全预警分析的基础数据不断充实，可以在定性的基础上，根据过去一段时间的监测信息或评估结果按时间序列排序，构建食品安全状态预测模型，从而预测系统未来的变化趋势。

时间序列是按照实际发生时间的先后次序排列的随机变量，或是由监测得到的按时间先后顺序排列的数据。一般来说，时间序列具有一定的趋势表现特性。当时间序列变量随着时间呈缓慢、稳定的变动时，变化发展的方向性即形成某种趋势。时间序列分析方法是统计学方法，适合于无法建模的问题研究。如系统中某一因素变量的时间序列是离散的数据，不能用确定的变化形式表示，也无法得到确定的时间函数关系，但是可以用概率统计方法，以一定的近似程度来反映变化规律，则可以使用随机时间序列的方法。时间序列预警方法对于统计数据的相关性要求低，因此使用范围较广，可以根据趋势预警的要求进行短期、中期和长期预警，尤其是在短期预警方面具有明显的优势。

1. 时间序列趋势预测　根据系统对象随时间变化的历史资料，考虑系统变量随时间的变化特征、发展趋势和客观规律，对系统对象未来发展变化的方向和轨迹按照时间顺序进行预测。由于时间序列预测只考察变量的时间特性，而无须知道变量之间相互依存的关系，因此，该方法适用于简单统计数据来预测研究对象时间变化的趋势。如食品企业的总产值统计、某些食品化学污染的检测数据统计、某些区域的水质污染数据统计等。

时间序列预测的基本思路是首先构建一个时间序列，然后根据序列的特点设计预测模型，再依据模型表达出趋势特性预测食品安全系统的未来发展趋势。

2. 时间序列的基本模型　时间序列建立数学模型用概率统计方法，基本模型主要有三种。

（1）移动平均线模型：移动平均线（moving average，MA）又称为移动均线法，模型建立思想是以 t 为时间段，对时间序列以此计算 t 时间段数据，取平均值，并将 t 时间段序列平均值作为 t+1 时间段的预测值。均值主要是减小因随机干扰或不同 t 时间段造成的偏差过大，影响趋势性。移动是指每一次新的均值作为预测值时，就舍去了之前的较早时间段的历史均值，具有从 t-1 再向 t+1 "移动"的特点。对于食品中常常检出的限量类污染物，移动平均线反映了检测的污染物含量的高低和变化趋势。虽然历史数值会有不同，但只要波动不超过规定的最大残留限量（MRL）就是安全的。如果跟踪过程发现数值具有上升趋势，那么在没有超过 MRL 之前进行预警，就可以有效避免安全问题的产生。

移动平均线常根据时间段（分钟、小时、日、月、年）划分，记为 MA(q)。如 5 日移动平均线，记为 MA(5)，称为 5 日均线，MA(20) 称为 20 日均线。由于平均数可以避免离散程度较大的监测数据的影响，而且不要求一定是线性关系，所以移动平均趋势方法简单方便，适用范围广，在食品安全预警的预测分析时是趋势预测常选用的模型。

（2）线性趋势自回归模型：线性趋势自回归（autoregressive，AR）模型是线性模型，特点是直接利用时间序列观测值构建线性趋势线，并对时间序列未来某时刻进行预测。AR 模型简单方便，直接将监测数据拟合成线性关系。应用于食品安全预警时，有些问题与时间呈单一线性递增或递减关系，AR 模型能够较好地预测。AR 模型对于数据离散较大时，线性关系预测的准确性较低，所以一般作为初级预测方法。

（3）移动平均趋势自回归模型：移动平均趋势自回归（autoregressive and moving average，ARMA）模型是精确度比较高的短期预测模型，预测精度高于简单的 AR 模型和 MA 模型。ARMA 模型对历史资料的要求较高，适用于平稳的时间序列。ARMA 过程可以看成是 AR 与 MA 过程的组合，或者是几个 AR 过程，或者是 AR 与 ARMA 过程的叠加，也可能是误差较大的 AR 过程。ARMA 模型适用范围较广,在经济预警、灾害预报、企业预警等方面有较好的应用。

3. 时间序列趋势预测的应用 食品安全时间序列趋势适用于存在个别危害物时的短期预测,预警的时间点有明显的趋势变化。例如,用 MA 模型分析焙烤食品中丙烯酰胺的变化趋势,可以用 5 日、10 日和 30 日均线分析一段时间丙烯酰胺的检测情况。

五、基于回归的趋势预测

回归的特点是根据已经积累的若干监测数据,通过匹配数据间相关关系,或分析因素变量之间函数特性,采用曲线拟合方式寻找接近真实情况的最佳拟合趋势线。

1. 回归预测的特点 对未来发展趋势预测到有不利变化时,可以根据拟合曲线变化的趋势斜率估算达到最坏状态的时间,从而为提前判断警兆发出警情预报提供最佳的时机。例如,对于食品中危害物呈阳性率的异常预警,危害物超标率异常预警、危害物检出率异常预警,都是属于对一段时间检测数据总体的考察。回归趋势预测侧重于对危害物的发展趋势进行预警。当趋势表现危害物呈上升趋势时,说明异常趋势出现,可根据趋势的斜率估算出达到限度要求的可能时间。由于回归拟合趋势线仅依靠历史数据,所以对数据的相关性有一定的要求,需要进行相关性检验。对于相关性要求较高的数据,不仅可以拟合出精确度较高的趋势变化规律,而且根据趋势发展态势进行的预测可信度也较高。

2. 回归预测的方法 回归方法适用于有大量监测统计数据又无确定关系的食品安全预警,涉及相关分析、方差分析及其统计检验等基础知识。食品安全趋势预警一般选用简单的线性回归,即因变量 y 与多种因素有线性关系。多元性回归的影响因素不能过多,否则会增大计算和测定的工作量,并且由于对因变量作用差异较大,那些影响很小的自变量会降低预报精度,影响回归方程的稳定。因此要挑选对因变量影响显著的因素作为自变量,以形成最优回归方程。自变量的筛选方法包括向后剔除法、比较筛选法、逐步回归法、向前引入法等。

六、信号预警方法

利用信号的颜色表达和开关功能来进行食品安全状况的预测预报,简单方便,实际应用可操作性强。

1. 基于颜色的预警表达 对于食品安全问题的研究,要判断问题是否产生,评估安全状况以及警情的严重程度,预测可能的发展趋势,以及如何调节和控制问题等,可以用颜色表示状态的程度。如用绿色表示状态安全,没有问题出现,只要采取常规监测预测即可;黄色表示出现了食品安全问题但不严重,要加强监测并采取相应的对策,将问题及时消除;红色则表示问题严重,并有可能向更坏的方向发展,需要及时采取强有力的解决措施,防止问题的扩大与恶化。

在食品安全预警研究中,可用不同的颜色表示警情的严重程度,如用红、橙、黄、蓝分别表示特别严重、严重、较严重和一般。在我国重大食品安全事件应急预案中,红色预警需要国务院指挥协调,事件产生的风险危害在地域扩散和快速蔓延的程度上,都是极其严重的。因此,红色预警通常也是危机状况最严重的预警,以红色的减弱表示危机的降低,如橙色表示危机严重程度低于红色但高于黄色。蓝色表示出现轻微风险或是安全的。

2. 基于开关的预测控制　可以利用开关原理表示风险预警的控制功能，从而使得信息传递通道合理、有序、准确，实现对控制的速度要求和精度要求。例如，有三个开关分别控制常规监测、微小偏差和波动风险纠偏控制、突发食品安全事件应急控制三条通道。一般情况下，常规监测和纠偏通道的开关处于打开状态，当有突发食品安全事件发生时开启应急通道的开关。

七、五色逻辑预警方法

按照逻辑预警的思路，分别考虑警源、警兆、警素、警度的各种情况，并以黑色、黄色、红色、绿色、白色五种颜色表示，称为五色预警法。

1. 黄色预警法　又称为灰色预警方法，也是最常用的一种预警方法。黄色预警方法只考察警兆，并根据警兆的警级特性预报警素的警度，是一种由因到果的分析。食品安全具有一定的灰色性，警兆往往呈现出模糊特性，相比较而言，根据警兆进行食品安全警度预测，要比根据警素的时间序列波动规律进行预测的黑色分析方法准确。

2. 黑色预警法　只考察警素指标的时间序列变化规律，以及循环波动特征。例如各种食物中动物的生长周期、食物消费的市场周期特征，一些食物数量交易的商情指数、商业循环指数、经济波动图等，这些具有时间序列变化规律的食品安全问题，都可以作为黑色预警方法的应用。

3. 绿色预警法　依据警素的生长态势和发展趋势进行预警，如依据农作物生长期的绿色程度分析和评估。绿色预警还可以借助遥感技术对农作物、水质、土壤等进行预警分析研究。

4. 红色预警法　根据外部环境的影响力对影响警素变动的有利因素与不利因素进行全面分析，然后进行不同时期的对比研究，最后结合经验以及专家学者的咨询判断进行预警，其特点是重视稳定性分析。

5. 白色预警法　是在基本掌握警源的条件下用计量技术进行定量预测，该方法目前还处于探索阶段。

第五节　食品安全预警及快速反应

食品安全风险的快速预警已引起了国内外的广泛关注。在具体研究工作中，针对可能出现的不同食品安全风险分为不同的风险预警，并根据不同风险特点，采用了控制图理论、移动平均线、线性回归等多种数理统计方法对系统获取的食品安全基础数据进行分析，构建相应的预警和快速反应数学模型，对食品安全状态实施动态和量化评价，构成了一个较为完整的食品安全预警及快速反应体系。

一、A类预警

近年来，世界范围内食品安全事件不断发生，如二噁英污染（欧洲）、大肠埃希氏菌O157（日本、美国、欧洲各国）污染、疯牛病（欧洲各国和日本）等。针对这些疫情和污染事件，各国积极建立快速反应的食品安全预警机制，严格监控，采取有效措施，防止扩大交叉污染。针对这些从疫区及污染地区进口食品的预警称为A类预警。

（一）A 类预警的产生

由进出口食品监督管理部门根据世界各地发生的疫情、食品污染事件等信息及时在预警系统中设立有关条件，该类预警控制主要在商品报验和现场检验阶段，只要满足设定的条件，无须实验室对其相关的危害物实施进一步的检验，即可发出预警，并拒绝入境。

1. A1 类预警　进口食品来自对该种食品有特殊规定的疫区，如从疯牛病疫区进口的乳粉。当时间、国别、食品类别满足设定的条件时，系统将自动触发一个 A1 类预警，通知相关人员立即采取措施，禁止该批货物入境。

2. A2 类预警　进口食品来自发生污染事故地区，如 1999 年二噁英污染期间从比利时进口的乳制品。当时间、国别、食品类别满足设定的条件时，系统将自动触发一个 A2 类预警信息。

（二）A 类预警的解除

当有关国家或地区的疫情解除或食品污染事件的影响逐渐消除后，由国家进出口食品监督管理部门及时在预警系统中取消所设立的相关条件，系统对相关国家进口的特定食品不再触发 A1 类或 A2 类预警。

（三）A 类预警的特点

1. A 类预警具有影响大、发布要求严格的特点，通常是由国家进出口食品监督管理部门根据各国疫情和食品污染事件等信息来进行设置和发布。该类预警的触发并不需要历史监测数据资料作为统计分析的基础。

2. 触发 A 类预警的食品通常都无须再由实验室进行危害物检测，快速反应控制直接在商品报验和现场查验阶段完成。

3. A 类预警主要是针对进口食品的风险预警，是对进境食品安全进行风险控制的第一道防线，对保护我国的食品安全不受境外疫情和污染事故的影响有着重要意义。

4. 在技术上，A 类预警的预警阈值参数相对简单，只有 0 和 1 两种。只要进口食品满足设定的相关条件，预警函数取值为 1，触发 A 类预警；否则，预警函数取值为 0，不触发 A 类预警。

二、B 类预警

对病原微生物、禁用物质类危害物的风险预警称为 B 类预警。病原微生物、禁用物质类危害物主要包括各类致病性细菌和真菌及其毒素、食品中的农药和兽药残留、化学污染物以及生物毒素，其主要特点是一旦检出该类危害物即被视为阳性，系统需进入预警程序。对该类危害物的预警主要关注危害物的阳性检出以及在一定监测周期内的检出频率。

（一）B1 类预警

1. 预警的产生　无论何时，只要在食品中检出病原微生物或禁用物质，系统将自动触发一个危害物单个值阳性预警，即为 B1 类预警。该预警信息表明，所监测的食品已被病原微生物污染或含有禁止使用的物质，存在着严重的食品安全问题。该类预警通告可帮助管理人员快速、准确识别食品中的病原微生物或禁用物质，及时着手采取相应的处理措施，并可通过联网系统迅速向全国发出预警通告，提醒有关人员加强对相关食品中该类危害物的监测和检验。

2. 预警阈值的确定及检测结果的表示　对于 B1 类预警，并没有一个具体的数值作为其预警阈值，只要该危害物属于系统中病原微生物类或禁用物质类清单的范畴，且检验结果不为"未检出"，系统即可触发预警。

3. 预警的解除　当预警通告发出后，便预示着该类食品中存在着特定的风险，通常会对该类食品中被预警的危害物加强监控和检验。如果在一段时间内实施了多次检验或在较长时间段内进行一定频率的检验后，该危害物不再触发预警，可以认为所预警的特定风险已降低或消除，系统可发出预警解除通告，提醒有关人员降低其施检频率。可解除 B1 类预警的情形包括：①对于报检批次较多的食品类别，当所监测的病原微生物或禁用物质连续 100 个检测结果均为"未检出"，系统不再触发 B1 类预警，可自动解除该预警；②对于报检批次较少的食品类别，在一年内所监测的病原微生物或禁用物质不低于 30 个检测结果且均为"未检出"，系统可自动解除该预警；③对于报检批次特别少的食品类别，在三年内所监测的病原微生物或禁用物质不低于 10 个检测结果且均为"未检出"，系统可自动解除该种预警。

（二）B2 类预警

主要考察一段时间内特定食品中病原微生物、禁用物质等危害物检出的频率（阳性检出率），并评估其是否有异常情况发生。

1. 预警的产生　正常情况下，食品中某种病原微生物、禁用物质在一定时间内的阳性检出率是随机分布的，并在一定范围内上下波动，其阳性检出个数在大量数据中服从正态分布。根据正态分布曲线的特点，凡在 $u+3\delta$ 范围内的阳性率都是正常的，如超出此界限则说明有异常情况发生，需进行预警。基于此原理，可利用控制图理论来监测病原微生物、禁用物质阳性检出情况的异常波动。对相关的历史数据按样本分组，按时间顺序每 100 个数据为一个样本（$n=100$），一个样本中阳性检出数据的个数定义为该样本的 Pn 值，建立阳性检出率控制图（Y-Pn 控制图）。当某个样本的 Pn 值超过控制上限（upper control limit，UCL）以及发生其他控制图异常情况时，系统将产生一个 B2 类预警。

实际上，n 可根据具体情况进行调整，对于阳性检出率较高或施检次数较少的样本，可以减少 n 值，如取 50、30 等；而对于阳性检出率较低或施检次数较多的样品，可以增加 n 值，如取 200、500 等。在阳性检出率异常预警模型中，除了样本量相同的 Y-P n 控制图，亦可建立样本量不同的 Y-P 控制图。

2. 控制图异常情况的判定

（1）中心线（central line，CL）上侧连续出现 7 点或多于 7 点，其概率 $P=(½)^7=0.78\%$。

（2）点在中心线上侧多次出现（间断链）：连续 11 点中至少有 10 点位于中心线上侧；连续 14 点中至少有 12 点位于中心线上侧；连续 17 点中至少有 14 点位于中心线上侧；连续 20 点中至少有 16 点位于中心线上侧。

（3）点呈"趋势上升"状排列：连续 7 点呈上升趋势的概率 $P=0.02\%$。

（4）点经常出现在控制上限（UCL）附近，即值在 $CL+2\delta$ 与 UCL 之间。连续 3 点中有 2 点接近 UCL（$P=0.525\%$）；连续 7 点中有 3 点接近 UCL（$P=0.24\%$）；连续 10 点中有 4 点接近 UCL（$P=0.058\%$）。

3. 预警的解除　根据控制图理论，结合病原微生物、禁用物质阳性检出率的具体情况，出现以下情形时系统可自动解除对危害物的 B2 类预警。

（1）样本的 Pn 值不再大于 UCL。

（2）控制图中最近连续的 7 点、11 点、14 点、17 点和 20 点不再呈"链状"异常排列。

（3）控制图中最近连续的 7 点不再呈"趋势"上升或已呈"趋势"下降。

（4）控制图最近连续的 3 点、7 点和 10 点在 UCL 附近不再呈异常分布。

三、C 类预警

对限量类危害物的风险预警被称为 C 类预警。限量类危害物主要指有最大残留限量（MRL）规定的危害物，主要包括农药残留、兽药残留、食品添加剂、有毒重金属、工业污染物等。由于该类危害物种类繁多、数量庞大，预警参数的选择和设置也涉及危害物的多个因素。因此，C 类预警是食品风险预警方法研究中最重要和最受关注的部分。

（一）C1 类预警

1. 预警的产生　无论何时，只要在食品中检出某限量类危害物的含量超过其相应的最大残留限量（MRL）值，即超过相应的食品安全标准，系统将自动触发一个危害物单个值超标的预警——C1 类预警。该类预警是系统中给出的最大值、最普遍的一类风险预警，直接反映了某类食品中已经产生和存在食品安全问题，该类预警通告可帮助食品管理人员及时准确地作出分析判断并采取相应的处理措施，同时通过联网系统可迅速向全国发出预警通告，提醒有关人员加强对相关食品中该类危害物的检测和检验。

2. 预警阈值的确定　食品中各种危害物的 MRL 就是该类预警的阈值指标，是预警系统在食品安全问题发生后进行正确分析判断并作出预警通告的技术依据，其主要源于国际性技术标准、主要发达国家和地区的标准、国内各类食品安全标准以及部分国内和主要发达国家、地区的监控检测及评价资料等。

3. 预警的解除

（1）对于报检批次较多的食品类别，当所监测的危害物连续 100 个检测结果均未超过 MRL，系统不再触发 C1 类预警，系统可自动解除该种预警。

（2）对于报检批次较少的食品类别，在一年内所监测的危害物不低于 30 个检测结果，且均未超过 MRL，系统可自动解除该种预警。

（3）对于报检批次特别少的食品类别，在三年内所监测的危害物不低于 10 个检测结果，且均未超过 MRL，系统可自动解除该种预警。

（二）C2 类预警

1. 预警的产生　对相关的历史数据按样本分组，一个样本中超标数据的个数定义为该样本的 Pn 值，建立限量类危害物超标率控制图（C-Pn 控制图）。某个样本的 Pn 值超过 UCL 以及发生其他控制图异常情况时，系统将产生一个危害物超标率异常情况预警——C2 类预警。

2. 预警的解除　根据控制图理论，结合限量类危害物超标的具体情况，出现以下情形时系统可自动解除对危害物的 C2 类预警。

（1）样本的 Pn 值不再大于 UCL。

（2）控制图中最近连续的 7 点、11 点、14 点、17 点和 20 点不再呈"链状"异常排列。

（3）控制图中最近连续的 7 点不再呈"趋势"上升或已呈"趋势"下降。

（4）控制图中最近连续的 3 点、7 点和 10 点在 UCL 附近不再呈异常分布。

（三）C3 类预警

1. 预警的产生　对于超标情况较少，且大多数情况为"未检出"的危害物检验数据，比较适合采用检出率控制图（J-Pn 控制图）来进行预警。一个样本中检出数据的个数定义为该样本的 Pn 值，当某个样本的 Pn 值超过 UCL 以及发生其他控制图异常情况时，系统产生一个危害物检出率异常情况预警——C3 类预警。

2. 预警的解除　C3 类预警的解除条件与 C2 类预警完全相同。

（四）C4 类预警

对于超标情况较少，且大多数情况为"检出"、但小于 MRL 的危害物检验数据，可充分利用其具体的检测数据，构建平均值 - 标准偏差控制图（$\bar{x}$-δ 控制图）来进行预警，比 J-Pn 控制图更能充分利用检测结果提供的信息，也能更好地预测危害物未来出现的趋势。对监测危害物的历史检测数据进行分组（一般为 20 个组以上），每组数据 n 个（一般为 4~5 个），计算该组数据的平均值 $\bar{x}$，建立平均值 - 标准偏差控制图（$\bar{x}$-δ 控制图）。当某个样本的平均值超过 UCL 时，将产生一个 C4 类预警。

（五）C5 类预警

1. 预警的产生　对于常常有检出的限量类危害物，检测数值中虽然大小不一，但有时会蕴含着某种趋势的变化。当移动平均线（MA）的均线组合出现下列情况时，系统可触发一个移动平均线趋势预警——C5 类预警。

（1）对于危害物含量变化已形成上升趋势的情形，均线组合仍继续呈上升排列，即短期、中期、长期移动平均线呈自上而下的排列式。

（2）对于危害物含量变化趋势不明显，均线互相交叉和黏合的情形，当均线系统首次黏合向上发散呈上升排列。

（3）当危害物含量变化结束下降趋势后，形成"上升三角"，即短期移动均线上穿中期移动均线和长期移动均线，中期移动均线上穿长期移动均线。

2. 预警的解除　当均线组合成下列情况时，系统可自动解除已发出的 C5 类预警。

（1）对于危害物含量变化已形成下降趋势的情形，均线组合仍继续呈下降排列，即长期、中期、短期移动平均线呈自上而下的排列式。

（2）对于危害物含量变化趋势不明显，均线互相交叉和黏合的情形，当均线系统首次黏合向下发散呈下降排列。

（3）当危害物含量变化结束上升趋势后，形成"下降三角"，即短期移动均线下穿中期移动均线和长期移动均线，中期移动均线下穿长期移动均线。

MA 具有追踪波动趋势和稳定性的特点；但当危害物含量变化的原有趋势发生反转时，MA 的行动往往过于迟缓，具有滞后性。因此，由 MA 触发的预警信息往往比实际趋势变化发生的时间有所滞后，但对于观察中长期危害物的变化趋势来说，其影响可以忽略。

（六）C6 类预警

1. 预警的产生　这是对危害物含量发生趋势上升时触发预警的另一种技术手段，适用于危害物含量和监测日期之间存在着较好的相关性。当用于回归分析的检测数据超过 10 天，危害物含量与检测日期之间呈高度相关或中度相关，且线性回归方程的斜率大于 0 时，系统将触发一个线性回归方程趋势预警——C6 类预警。同时，系统将根据一元线性回归方程计算出危害物含量达到其 MRL 的大概日期。

2．预警的解除　当用于回归分析的监测数据超过 10 天，危害物含量与检测日期之间呈高度相关或中度相关，且线性回归方程的斜率小于 0 时，系统将自动解除 C6 类预警。如果此时危害物的含量已经超过其 MRL，系统将根据一元线性回归方程计算出危害物含量回落到其 MRL 以内所需的大概时间。

（七）C7 类预警

C7 类预警主要是针对一些特殊情况或特殊的危害物而触发的预警，主要有两类：第一类，在历史数据库中从未有过该类危害物检出的情况，一旦首次检出，系统将自动触发一个 C7 类预警；第二类，对一些敏感性较高或需引起特别注意的危害物，可建立一个特殊的危害物清单表，只要该表中的危害物有检出，系统亦将自动触发一个 C7 类预警。C7 类预警只是作为其他预警的一种补充，可以和其他预警同时触发，目的在于提醒人们对一些特殊情况或特殊危害物的关注。

四、D 类预警

某类危害物实施检验的次数占样品总数的比例为该类危害物的施检频率，其值的高低反映了对该类危害物监管检验力度的大小。在实际工作中，往往会对食品中的危害物选择性地进行检验。因此，需要在预警系统中建立一个将历史检验数据、动态的食品安全信息和危害物施检频率有机结合的预警机制。对于风险较高的危害物，应有较高的施检频率；对风险较低的危害物，可适当降低其施检频率。当实际的施检频率与危害物的风险发生背离时，系统将发出一个 D 类预警，提醒管理人员及时调整该类危害物的施检频率。

1．预警的产生

（1）危害物风险程度未知时的施检频率：当某类危害物的施检频率小于 0.10 时，系统将发出施检频率过低的提示，并触发 D1 类预警，提醒相关的业务人员应注意增加该类危害物的施检次数。D1 类预警往往用于在预警系统刚刚建立时，历史的检验数据不是很多，无法对危害物的风险程度进行准确分析的情况。

（2）危害物风险程度上升，而相应的施检频率不够时产生的预警：当危害物的风险达到 B、C 类中的任一一种预警，而此时的施检频率小于 0.50 时，系统将对该类危害物发出施检频率过低的提示，并触发 D2 类预警，提醒相关人员应注意加强对增加该类危害物的监管检验力度。

（3）对于系统后来新增补的危害物清单，而历史数据库中又从未施检过的危害物，系统将自动发出需要施检的 D3 类预警。D3 类预警在作用上相当于一种危害物新开检通告，有助于工作人员及时地了解国内外最新的食品安全动态，并有意识地采取相应的监管检验措施。

2．预警的解除

（1）系统初始化时，当某类危害物的施检频率已大于 0.9，且历史数据库中从未有 C 类的超标记录或 B 类的检出记录，可认为该类危害物风险较低且施检已足够充分，系统将自动提示可降低此类危害物的施检频率。

（2）对于触发了 D1 类预警的危害物，当施检频率大于 0.5，且一直未有超标记录或检出记录出现，系统可发出解除 D1 类预警的提示，降低此类危害物的施检频率。

（3）对于触发了 D2 类或 D3 类预警的危害物，当施检频率大于 0.9，且期间该类危害物不再触发 B、C 类中的任意一种预警,可认为该类危害物风险较低且施检已足够充分,系统可发出解除 D2 类或 D3 类预警的提示,降低此类危害物的施检频率。

(赵　艳)

🔖 小结:

本章介绍了食品安全预警的基本概念、意义、功能、特征、分类及国内外研究与应用情况,并重点介绍了食品安全预警基本理论的原理和特点;食品安全预警分析方法的基本思想、基本步骤和应用;食品安全预警及快速反应各类预警的产生、阈值的确定和预警的解除。

第十七章　食品安全预警系统的构建

建立食品安全预警系统有助于建立健全食品安全预警机制，使食品安全监督管理充分利用动态、高效的监测和预警信息。

第一节　食品安全预警的指标体系

构建食品安全预警系统，要进行系统总体结构和逻辑功能的设计，明确系统的构成、功能和运行。

一、食品安全预警体系的指标

预警指标体系是预警系统定量分析的依据，是预警系统开展识别、诊断、预防、控制等活动的前提。根据食品安全实际监管的指标应用情况和预警的特性，指标可分为单指标和综合指标两种类型，单指标是指可以量化的指标；综合指标则是一种复合型指标，包含可量化的单指标和不可量化的因素指标。食品安全预警指标体系是一个综合指标表达的复杂体系。

1. 因素预警　当预警指标无需量化时，这样的指标又称为因素。因素预警有两种形式：一是当因素 x 出现时，则发出警报；当风险因素 x 不出现时，不发出警报，这是一种非此即彼的预警方式。食品中禁用的工业添加剂、禁用的农药、不得检出的致病菌和毒素等，都可以作为预警因素。二是设定因素 x 的发生概率 $P(x)$，Pa、Pb、Pc 是风险因素 x 在 a、b、c 状态所发生的概率。若 $Pc>Pb>Pa>0$，则：当 $0 \leqslant P(x) \leqslant Pa$ 时，不发出警报；当 $Pa<P(x)<Pb$ 时，发出警报；当 $Pb \leqslant P(x) \leqslant Pc$ 时，发出严重警报；当 $P(x)>Pc$ 时，发出特别严重警报。

2. 单指标预警　是根据单个指标的数值变动发出不同程度的警报。预警的前提是该指标是警素指标，已经建立了量化的警限范围。如将警素指标设为 X，规定 X 的安全范围为 (Xa, Xb)，一般危险区域为 (Xc, Xd) 和 (Xb, Xd)，高度危险区域为 (Xe, Xc) 和 (Xd, Xf)，故而基本警报准则为：当 $Xa \leqslant X \leqslant Xb$ 时，表明食品处于安全区域，没有警情产生，所以不发出警报；当 $Xc<X<Xd$ 时或者 $Xb<X<Xd$ 时，说明已经有食品安全问题产生，发出危机产生警报；当 $Xe \leqslant X \leqslant Xc$ 或者 $Xd \leqslant X \leqslant Xf$ 时，说明食品安全问题有恶化的发展趋势，发出危机严重警报；当 $X<Xe$ 或者 $X>Xf$ 时，问题加剧，事态极其严重，发出特别严重警报。

3. 综合指标预警　由于食品安全问题的复杂性，在进行预警分析时，既存在可数值化计量的指标，也存在着不可直接计量的因素。对可计量的指标，可以采用指标预警的方法；对不可直接计量的因素，可以采取因素预警法。综合指标预警实际上是多个指标共同作用、整体表达的警报应对，可运用有关的数据处理方法来进行分析和处理。

二、食品安全预警指标体系的设计原则

对于预警来说，依据警素指标进行分析，实际上就是先找到产生食品安全问题的警源，利用警源的警兆来判断是否有警情，以及警情的程度，从而及时进行警情预报和应对控制。

（一）指标设计原则

食品安全风险预警指标体系设计时要考虑总体数量的适当，以及能够最有效的表达食品安全预警的特征性、规律性和目标性，应该遵循以下设计原则：

1. 相对最小型原则　相对最小型是指标的总数量合理化精简到最少，形成一个最小集。可以通过主成分分析、权重排序等方式方法客观地精简掉那些权重微弱的指标，以及独立性差的指标和主观性较强的指标，使指标的数量在能够完成预警系统功能和准确程度的基础上，总数量最少。这样的集合既有利于降低分析计算的工作量，又有利于加快指标的分析速度。需要注意的是，对于某个食品安全预警问题的影响，是否可以筛出测量指标有时是很难确定的，因此指标体系的最小型是相对而言的。

2. 完整性原则　指标的设计与选择要尽量覆盖所有可能产生食品安全风险的因素。指标体系在符合总量相对最小原则的同时，要求指标体系还必须满足一定的完整性，能够全面表达食品安全预警问题。对于静态指标和动态指标、宏观指标和微观指标、警情指标和警兆指标等应综合考虑，配备合理、充分、科学。完整性也是相对而言的。由于食品安全预警系统的制度建设和机制运行需要不断完善，监测、检测的技术水平和预警信息、数据的积累都是动态发展的，因此，有些指标对预警的贡献程度也会发生变化，需要适时调整。

3. 灵敏性原则　所选指标对食品安全风险的变化情况能准确、科学、及时地反映，具有较强的敏感性，从而反映食品安全风险的状况。

4. 先行性原则　预警指标按出现时间相对于循环转折点的先后分为先行指标、一致指标和滞后指标。先行指标是指其循环转折点在出现时间上稳定地领先于参照循环中相应的转折点，它是预警系统的主体，功能是为预警系统提供预警信号。在预警指标的选取中应尽量采用先行性指标，要求指标能超前于实际波动，具有先行性或一致性，能及时、准确、科学地反映系统的变化情况。风险防范需要一段时间过程。若时间过长，就起不到风险管理的效果，预警系统也就失去了意义。

5. 实用性和可操作性原则　预警模型最终要应用到实际，因此要求指标体系要实用而且可操作。指标并不是越多越好，指标的选取要考虑到指标数值的获得及其量化的难易程度和准确性；所需资料是否容易统计，应尽可能利用现有统计资料，特别是统计年鉴。要选择主要的、基本的、有代表性的综合指标作为量化计算指标，使指标便于横向和纵向比较。

6. 动态性原则　食品安全风险预警系统应是一种动态的分析与监测系统，而不是一种静态的反应系统。应在分析过去的基础上，把握未来的发展趋势。动态性还应体现在预警系统能够根据新情况的变化不断更新，这样才能保持系统的先进性，增强系统的生命力。

（二）指标选择原则

根据不同问题的研究预警，指标的选择和确定是不同的。对于食品安全预警系统来说，预警指标既要涵盖食品安全涉及的范围和领域，又要具有预防、警示和控制的预警功能，考虑到食品本身的特殊性、复杂性，以及食品安全预警系统的要求，预警指标的选择应遵循以下原则：

1. 科学性原则 指标的科学性是一般性原则,要求所选指标不仅概念清晰,而且有功能特性,能够反映食品安全的基本内涵,具有明确的预警意义。

2. 真实性原则 预警指标的真实性是指能够监测、检测或计算得到的指标,指标的数据、信息来源可靠,能够准确反映实际情况,能及时反映食品安全状态发生的变动。

3. 系统性原则 指标的系统性是指单个指标和指标体系的关系。食品安全涉及生产、储藏、加工、流通、消费等从源头到餐桌的整个过程,是个复杂系统,因此,在确立指标时必须全面考虑各种情况和因素,从系统整体出发进行选择,需要考虑系统最优问题。

4. 可操作性原则 预警指标可操作性要求指标尽可能有统计资料,可测量,可实施,具有表征食品安全状态、对食品安全变化趋势可预测的特性。预警指标的可操作性还要在警兆、警情的表达方面具有实际表征的特点,同时要定性与定量相结合。预警指标的可操作性不仅便于获得,更重要的是能够在实践中应用。

三、食品安全预警指标的设计

(一)指标体系构架的设计

构建系统构架时可以根据研究的需要设计为多层次结构。食品安全预警指标系统考虑为多层次多警情并列式的结构,系统构建为总体层、分类系统层、指标层和指数层4个等级。

1. 总体层 表达的是国家或者地区食品安全的总体警情程度,代表着这个时期食品安全的总体状况和发展态势,指标就是食品安全总体警度。

2. 分类系统层 根据总体层的预警目标设计分类子系统,如将食品安全问题分成数量安全、质量安全和可持续安全,对应的预警系统层就分为数量预警系统、质量预警系统和可持续安全预警系统。由于分类系统层是对预警目标的分解,所以也可以根据食品安全问题的特点和预警的功能特性设计。分类系统层的每个子系统具有独立性质,代表着系统要描述的特定的状态、过程和变化的警情或警兆。

3. 指标层 由表征分类子系统的主要特征要素(指标)组成,要求指标能够充分说明系统、表征系统,尽可能准确反映系统警情状况。

4. 指数层 具体可以通过监测、检测获取到的数值、信息。按照逻辑预警的思想,指数层具有景气警兆和动向警兆特性。

(二)食品安全预警指标体系

评价食品安全状态就是评估食品的安全程度,预警的评价即是根据评价的结果给出预警方案和对策选择。食品安全预警指标体系则是一种可以表征评价特点、实现预警目的的指标、要素。指标的选择以能够表征状态特性和警况为主要依据,指标体系的整体设计涉及预警系统内部和系统外部影响。评价指标体系的完整性是相对而言的,评价目标和具体指标的选择也是普适性的。预警指标体系中的警兆指标应随着不同时期进行调整,一般每3至5年局部调整一次。

(三)预警指标的具体设计

1. 基础项目指标 是检测样品中的具体指标,比如啤酒中的甲醛含量、蔬菜中的六六六含量、DDT含量等,是整个风险预警指标体系的基础指标。根据食品安全状态的特点,筛选出限量标准、平均含量、超标率、超标程度等基础项目指标。

2. 食品合格状态指标 主要用食品的合格率来衡量。食品合格率是针对具体的抽检样品,评价出各个指标的检测数据是否达到国家标准。由于所有样品都可以作出合格性评价,所以可得到整个监测数据集中该食品的合格率。

3. 食品整体状态指标　主要是指基于暴露评估方法的食品安全指数(index of food safety,IFS),表示食品中的危害物对消费者健康是否存在危害以及危害的程度,即 IFS 可以实现对食品安全整体状态的评估。如果 IFS 远小于 1,表示人群的食品安全状态很好;如果 IFS≤1,表示人群的食品安全状态为可以接受;如果 IFS>1,则表示人群的食品安全状态为不可接受。

(赵　艳)

第二节　食品安全预警系统的构建

一、食品安全预警系统的设计思路

食品安全预警系统包含若干子系统,在预警系统总体设计时,要实现各子系统的功能及评估各功能的运行。对于预警系统的总体设计,应把握特性表征和功能设计。

(一)预警系统的模块特性

食品安全预警系统可以视作具有输入、输出和功能特性的模块。根据系统工程学的界定,系统的输入是指外界环境传递给系统的物质、能量和信息。食品安全预警系统受到周围环境各种因素的影响,同时也反作用于周围环境因素。系统的输出是指系统向环境输出的能量、物质和信息。

系统的功能是系统对输入的能量、物质和信息给予处理(加工或转换)后得到新的能量、物质或信息,并转换或传递出人们所需要的输出,这种处理(加工或转换)的能力就是系统的功能。食品安全预警系统具有的功能一般包括检测和监测功能、数据和信息的整理与分析功能、风险识别功能、安全状况评估功能、危害预警应对功能等。

(二)预警系统的设计原则

食品安全预警系统的设计在满足一般系统的特性要求基础上,应突出真实反映和表达预警内涵的特点,所以预警系统的设计应遵循如下原则:

1. 实现快速预警功能　预警系统通过食品流通各环节检测、食品实验室检测等各种科学途径汇集食品安全的检测数据,然后对所得的数据信息进行准确、快速的筛选,提取有效的数据信息。然后预警系统对有效的数据信息进行科学的深入研究分析,判断食品的安全状况,看该食品是否存在隐患和危害,及时发布可能发生的食品安全问题的警示,监控食品安全危险因素,对食品安全进行有效的预防。

2. 系统总体目标最优　根据系统管理理论,食品安全预警系统是由人力、物资、设备、信息和其他资源在一定的目标下组成的一体化系统,它的成长和发展同时受到这些组成要素的影响。食品安全预警系统作为一个总系统包括若干子系统,总系统和子系统之间相互联系,相互作用,相互影响。在构建食品安全系统时,要考虑整体和部分的关系,两者相辅相成。在强调系统总体最优的同时,也要重视局部的作用,使整体功能得到最大限度发挥。

3. 系统运行平稳有序　系统整体运行平稳、可靠性高,能够按照设计的流程准确、规范和有序响应,预报、控制、常规监测等预警任务的通道、接口设计科学合理。系统的运行状态一般是动态可调的,因此,要求运行过程稳定、可靠,避免有大的波动影响。稳定性良好也有利于运行过程实现控制,效果明显结论可信。

二、食品安全预警系统的基本构架

食品安全预警系统基本的预警功能模块包括信息收集系统、风险分析系统、预警应对系统和预警效果评价系统。

1. 信息收集系统　由于食品安全问题中的信息不对称性,食品安全预警系统的专门机关对于食品安全预警信息的收集、记录必须做到真实、快速、全面,提高信息收集的客观性、准确性、时效性;而且,需要建立良好的预警信息传输机制,强化现代信息网络技术的作用,及时发布食品安全信息,定期公布质量抽检结果,发布疫情和有毒有害物质污染警报,以实现有效的风险交流,保证管理决策的有效性、透明性;此外,还应建立食品安全监测反馈机制,建立健全食品安全预警监测信息库,确保预警信息执行的权威性。

信息收集系统的数据信息具有时效性、可靠性和有效性,必须保持信息数据收集的及时补充和更新。纵向来说,信息收集系统要从食品的养殖、加工、流通、消费各环节获取数据信息;横向来说,信息收集系统要收集分布在全国各地的食品流通各环节检测、食品实验室检测的数据信息。通过计算机对这些数据资料汇总、储存、统计分析。信息的收集是分析食品安全问题的基础,因此,在食品安全预警系统的构建中起着非常重要的作用。

信息收集系统要实现对系统数据的收集,通过食品流通各环节检测、食品实验室检测等各种科学途径汇集食品安全的检测数据,将所获得的相关数据进行汇总,然后对所得的数据信息进行准确、快速的筛选,提取有效的数据信息,建立食品安全检测信息数据库。信息收集系统的输入端是汇总整合的各种相关的数据信息,输出端是经过统计分析的非常有效的预警数据信息。把信息收集系统看成一个整体,又可分为数据监测系统、数据筛选系统、数据清洗系统。信息收集系统和其子系统之间相互作用,相互联系。

2. 风险分析系统　风险分析系统是预警系统的关键,它的功能对整个预警系统的性能起到直接的影响作用。风险分析主要是运用科学的方法对食品安全相关问题进行分析研究,判断食品的安全状况,及时发现可能存在的食品安全问题,并采取相关的措施,有效地控制食品风险。风险分析系统是一套综合的、可以最优化运用监测信息、抽样调查资料、统计数据和专家意见对食品安全风险进行评估的系统,以及对运行状态和趋势做出判断性预测的系统。

3. 预警应对系统　预警应对系统的主要功能是根据分析、评估的结果进行预警应对,应对也称为反应。预警应对系统的输入端是预警分析的结果,输出端是预警控制指令。根据警情的不同,预警控制指令将给出预测、预报、警示、控制和快速应对等各种决策措施。

预警应对系统按照反应状况通常有两种情况:一是当预警分析结果给出状况为正常时,反应对策是继续常规监测。二是有危机状况时的防控。如果产生危机状况是由于不可预测的突发事件造成,则危机应对的难度一般较大,危害程度的变化也复杂,突发事件要快速应对;如果危机产生源于风险的累积效应,这类危机理论上是可以预测预防的,关键在于预防性的调控。

预警应对系统的核心是建立危机应对制度和预警机制。危机应对制度主要包括信息发布制度、基本构成报告制度和应急预案制度。预警机制主要是实施预警预案的流程和方法。快速反应系统的实质就是应急预案制度,是危机处理的计划和方法,是针对快速预防和控制食品安全事件而制定的规则和流程。一般应急预案对危机实行等级应对制度,针对不同的等级确定相应的对策和方法。在《国家重大食品安全事故应急预案》中将事件的危害程度分为特别重大（Ⅰ级）、重大（Ⅱ级）、较大（Ⅲ级）、一般（Ⅳ级）四个等级,针对不同等级采取不同的应对方案。

由于食品安全事件产生的复杂性,实行高效的预防和控制往往不是一个企业或者管理部门的问题,常涉及多个部门和单位,因此,建立协同机制开展联合预警行动,政府统一领导,统一组织,各相关监管部门协调配合,是运行食品安全预警机制取得防控效果的重要保证。

4. 预警效果评价系统　预警效果评价系统的主要功能是检验预警体系发布的预警信息和预防措施实施的有效性和合理性,反馈当前预警系统的缺点和不足,完善预警系统,提高和实现预警系统的效率和目的。

三、食品安全预警系统的管理流程

食品安全预警系统的管理运行,不仅要保障系统功能的实现,还要考虑与环境的相互作用,环境对系统的影响如果有利于系统的运行,也就有利于预警的可持续发展。而预警系统对环境的输出,既是系统的目标又是预警的目的。因此,设计食品安全预警系统时,要尽可能利用环境的有利影响,使管理运行的效率最佳。

建立、实施和保持一个有效的食品安全预警体系,任何可能影响食品安全的外部因素,均应在食品安全预警体系中加以识别。食品安全预警系统的运行是实现预警功能的重要保障,一般意义的运行管理流程见图17-1。各职能部门在动态监测状况下,按照风险监测、风

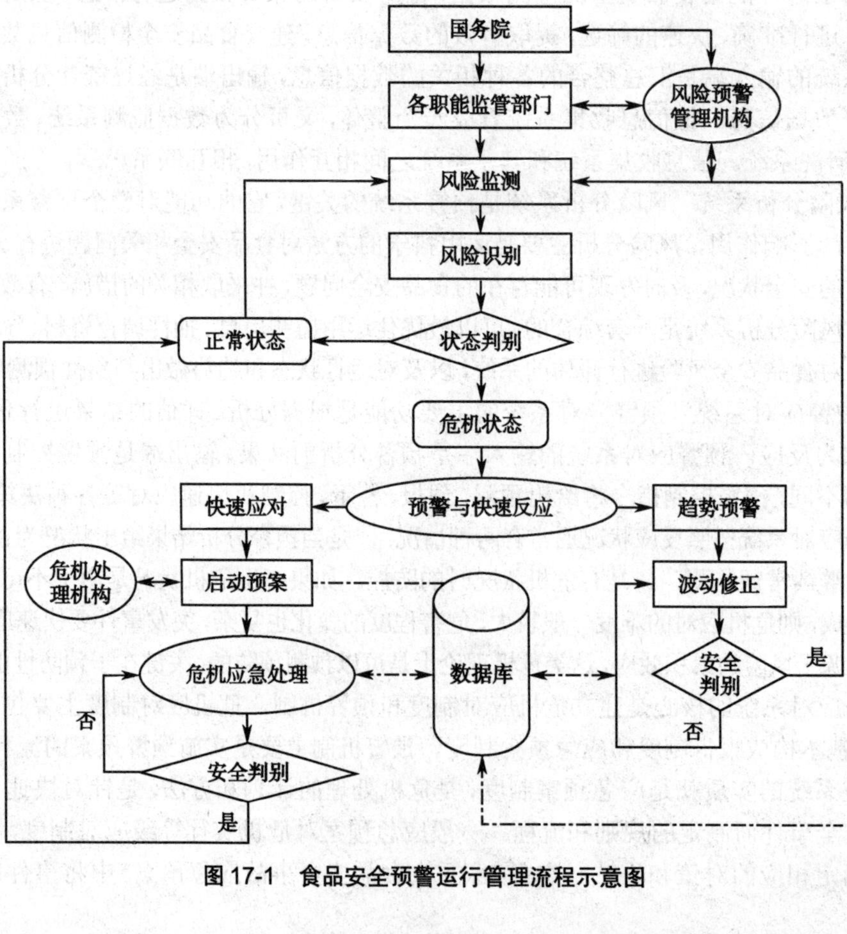

图 17-1　食品安全预警运行管理流程示意图

险分析、危机(警情)识别、预警应对的思路运行预警系统,在危机状态进行预警应对。根据危机形成以及危害特点,预警流程分别实施趋势预警或快速应对。趋势预警主要是对趋势中的状态进行偏差修正,及时向上级部门报告、提交本部门预警管理诊断结果,以及所采取的预防控制措施,向同级部门通报,向下级机构部署和发送有关的指令信息。快速应对则是针对重大食品安全危机事件,实行快速、高效、多部门联合应对机制解决问题。

(王 慧)

小结:

本章介绍了构建食品安全预警体系的指标、指标体系的设计原则和选择原则以及架构的设计和指标体系的设计;构建食品安全预警系统的设计思路,包括信息收集系统、风险分析系统和预警应对系统和预警效果评价系统的基本构架以及预警系统的管理流程。

推荐阅读

[1] 孙长颢. 营养与食品卫生学. 8 版. 北京：人民卫生出版社，2017.

[2] 中国营养学会. 中国居民膳食营养素参考摄入量（2013 版）. 北京：科学出版社，2014.

[3] 肖荣. 预防医学. 3 版. 北京：人民卫生出版社，2013.

[4] 中国营养学会. 中国居民膳食指南 2016. 北京：人民卫生出版社，2016.

[5] 高彦祥. 食品添加剂. 北京：中国轻工业出版社，2013.

[6] 冯翠萍. 食品卫生学. 北京：中国轻工业出版社，2014.

[7] 白晨玥. 食品安全与卫生学. 北京：中国轻工业出版社，2014.

[8] 柳春红，刘烈刚. 食品卫生学. 北京：科学出版社，2015.

[9] 傅维，王苋. 食品安全导论. 北京：北京师范大学出版社，2012.

[10] 石阶平. 食品安全风险评估. 北京：中国农业大学出版社，2010.

[11] 杨杏芬. 食品安全风险评估 - 毒理学原理、方法与应用. 北京：化学工业出版社，2017.

[12] 吴永宁. 食品污染监测与控制 - 理论与实践. 北京：化学工业出版社，2011.

[13] 孙晓红. 食品安全监督管理学. 北京：科学出版社，2017.

[14] 唐晓纯. 食品安全预警理论、方法与应用. 北京：中国轻工业出版社，2008.

[15] 李聪. 食品安全监测与预警系统. 北京：化学工业出版社，2006.

[16] 李泰然. 食品安全监督管理知识读本. 北京：中国法制出版社，2012.

[17] GB 2762—2017 食品安全国家标准. 食品中污染物限量.

[18] 中华人民共和国食品安全法. 中华人民共和国主席令第 21 号. 2015.

[19] 中华人民共和国农产品质量安全法. 中华人民共和国主席令第 49 号. 2006.

[20] 国务院法制办公室关于公布《中华人民共和国食品安全法实施条例（修订草案送审稿）》公开征求意见的通知. 国务院法制办公室. 2016.

[21] 食用农产品市场销售质量安全监督管理办法. 国家食品药品监督管理总局令 20 号. 2016.

[22] 食品生产许可管理办法. 国家食品药品监督管理总局令 16 号. 2015.

[23] 食品生产经营日常监督检查管理办法. 国家食品药品监督管理总局令 23 号. 2016.

[24] 食品经营许可管理办法. 国家食品药品监督管理总局令 17 号. 2015.

[25] 食品召回管理办法. 国家食品药品监督管理总局令第 12 号. 2015.

[26] 保健食品注册与备案管理办法. 国家食品药品监督管理总局令第 22 号. 2016.

[27] 特殊医学用途配方食品注册管理办法. 国家食品药品监督管理总局令第 22 号. 2016.

[28] 婴幼儿配方乳粉产品配方注册管理办法. 国家食品药品监督管理总局令第 26 号. 2016.

[29] 郝煜. 中国食品工业标准化发展史. 中国标准化, 2001, (7): 6-7.

[30] 张建成. 我国食品安全监管体制的历史演变、现实评价和未来选择. 河南财经政法大学学报, 2013, 28 (04): 90-99.

中英文名词对照索引

F

G

H

M

N

P

Q

R

S

T

45